Datenbanken
unter Linux

Hans Dicken, Gunther Hipper,
Peter Müßig-Trapp

Datenbanken unter Linux

Oracle 8i, MySQL, Adabas, Informix,
Sybase, DB2, PostgreSQL, MiniSQL,
Empress

mitp

Die Deutsche Bibliothek – CIP-Einheitsaufnahme

Dicken, Hans:
Ne: Hipper, Gunther und Müßig-Trapp, Peter
Datenbanken unter Linux /
– Bonn:
MITP-Verlag GmbH, 2000
ISBN 3-8266-0555-1

ISBN 3-8266-0555-1

Printed in Germany

Ein Unternehmen der verlag moderne industrie AG & CO. KG, Landsberg

Lektorat: Fernando Schneider & Christine Wöltche
Korrektorat: Sandra Gottmann, Bonn
Druck: Media-Print, Paderborn
Umschlaggestaltung: Kommunikation & Design, Köln
Satz und Layout: reemers publishing services gmbh, Krefeld

Inhaltsverzeichnis

Kapitel 1

Einleitung

Linux besitzt seit geraumer Zeit einen nennenswerten Verbreitungsgrad für Internet-Server-Anwendungen wie http, ftp, smtp oder auch z.B. für Firewall-Anwendungen. Der Tatsache zum Trotz, dass Linux bis vor einigen Jahren auf Grund des Mangels an »intuitiven« Anwendungsmöglichkeiten lediglich ausgewählten Unix-Kennern wirklich zugänglich war (»Wer kann schon Linux überhaupt erst einmal installieren?«), wurde beispielsweise der Apache Web-Server für Windows NT bis vor kurzem ohne Unterstützung von Threads angeboten, während die Linux-Variante wesentlich professioneller ausgerichtet war.

Seit wenigen Jahren allerdings wird Linux auch als Serverplattform für Datenbanken zunehmend interessant. Wir erklären uns diese Tatsache auf Grund mehrerer Aspekte: Erstens wird Linux als Betriebssystem endlich ernst genommen: Man kann ein stabiles und robustes Betriebssystem auch quasi umsonst beziehen: Auch wenn Linux etwa im Vergleich zu Solaris nicht unbedingt schon in jeder Hinsicht mithalten kann, so ist es doch im Vergleich zu den Windows-Betriebssystemen wesentlich leichter und effizienter zu verwalten, und im Vergleich zu Solaris holt es merklich auf.

Zweitens entwickeln sich die Datenbanksysteme zunehmend in Richtung von Internet- und/oder Intranet-Anwendungen (ein Stichwort ist hier *E-Commerce*). Linux besaß in diesem Bereich recht frühzeitig einen nennenswerten Verbreitungsgrad, weshalb sich eine Migration der Datenbanken nach Linux auch aus diesem Grund anbot. Drittens schließlich lässt sich Linux mit seinen mittlerweile zahlreichen Distributionen zunehmend einfacher installieren, konfigurieren und verwalten, was ebenfalls zu einer zunehmenden Akzeptanz dieser Plattform führt.

Wir werden uns in diesem Buch nicht in die Reihe derer stellen, die Windows verteufeln und Linux glorifizieren. Wir sind durchaus der Ansicht, dass man für gewisse Anwendungen lieber einen Windows-Rechner nehmen sollte, insbesondere dann, wenn es sich um Anwendungen handelt, die vor allem auf der Client-Seite eine gewisse Vorbildung voraussetzen: Viele Anwender kennen nur Windows und dessen Anwendungen; die Umstellung auf Linux wäre in solchen Fällen mit relativ kostenträchtigen Schulungen verbunden. Andererseits wird sich die Computerwelt ohnehin vom traditionellen Universal-PC zu Internet-Anwendungen (z.B. auf PDAs) hin bewegen. In einem solchen Umfeld wird sich erst noch ein Betriebssystem als marktführend etablieren müssen.

Wir plädieren in diesem Buch ebenfalls nicht in jedem Fall für einen Umstieg von Betriebssystemen wie Solaris oder AS/400 nach Linux. Stattdessen werden wir lediglich die Möglichkeiten aufzeigen, die Linux als Plattform für relationale Datenbanken bietet. Wir sehen durchaus die Einschränkungen, die Linux derzeit im Vergleich etwa zu Solaris bietet, finden aber, dass Linux hier gewaltig aufholt.

Es existieren zahlreiche tiefgründige Bücher und andere Quellen sowohl speziell zum Thema Linux wie auch zum Thema Datenbanken. Mit diesem Buch versuchen wir einen Spagat zwischen diesen beiden reichhaltigen Themengebieten. Wir werden dabei in beiden Fällen gewisse Grundkenntnisse voraussetzen müssen: Weder werden wir Ihnen die Installation und die Benutzung von Linux auf Ihrem Serverrechner oder gar auf Ihrem Desktop erklären, noch werden Sie hier grundlegende generelle Informationen über Datenbanksysteme finden. Dennoch sollen gewisse Einzelheiten im jeweiligen Kontext besprochen werden, damit auch »einseitig« (d.h. entweder mit Linux oder mit einem gegebenen Datenbank-Managementsystem) vorbelastete Leserinnen und Leser einen Gewinn aus diesem Buch ziehen. Mancher Linux-Spezialist oder mancher Datenbankexperte wird möglicherweise den einen oder anderen Abschnitt mit einem wissenden Lächeln zur Kenntnis nehmen. Wir können hier nur um Nachsicht für die weniger vorgebildeten Berufskollegen bitten.

Im Verlauf der einzelnen Kapitel im vorliegenden Buch werden Sie ferner gelegentlich auf Redundanzen stoßen, die ganz einfach darauf zurückzuführen sind, dass wir auch ein »Querlesen« einzelner Kapitel ermöglichen wollen. Wir gehen davon aus, dass sich manche Leserin oder mancher Leser weniger für einen Überblick über die hier aus Platzgründen teilweise leider nur rudimentär behandelten Datenbanksysteme unter Linux interessiert, sondern z.B. lediglich für zwei Aspekte: »Wie konfiguriere ich mein Linux-System im Hinblick auf Hochverfügbarkeitskriterien im Zusammenhang mit Datenbankanwendungen, und wie installiere, konfiguriere und administriere ich ein Oracle-Datenbanksystem unter Linux?«.

Noch ein Wort an die Leserinnen. Wir werden ab hier in den meisten Fällen nicht mehr die doppelgeschlechtliche Anrede (beispielsweise in der Form »Benutzerin oder Benutzer«) benutzen. Mangels besserer Alternativen haben wir oftmals die verbreitetere männliche Anrede gewählt. Selbstverständlich sind im jeweiligen Kontext auch die Leserinnen, Interessentinnen, Administratorinnen, Entscheiderinnen, Entwicklerinnen usw. gemeint. Wir bitten alle Leserinnen um Nachsicht und bedauern es in diesem Kontext ein wenig, dass das Autorenteam sich ausschließlich aus Männern zusammensetzt.

1.1 Inhalt

Linux hat in den vergangenen Jahren als Plattform für Datenbankserver rapide an Interesse gewonnen. Neben den sich bereits seit geraumer Zeit im Linux-Umfeld tummelnden Datenbanksystemen wie etwa PostgreSQL, MiniSQL oder MySQL sind in den vergangenen Jahren auch die Großen auf den Linux-Zug gesprungen. Oracle, Sybase, DB2, Informix, Adabas: klangvolle Namen in der Datenbankwelt. Sie alle haben Ihre Datenbanken mittlerweile nach Linux migriert und betrachten Linux als gleichwertige Alternative z. B. zu Solaris oder Windows NT.

Im vorliegenden Buch haben wir uns in den meisten Fällen bemüht, die Linux-Spezifika der einzelnen Datenbanksysteme herauszuarbeiten. Selbstverständlich aber konnten wir uns darauf nicht beschränken: Eine Intention des Buches besteht darin, die Leserinnen und Leser in die Lage zu versetzen, die vorgestellten Datenbanken unter Linux zu installieren, zu konfigurieren und zu administrieren. Dass dabei auch Datenbankwerkzeuge oder Umgebungsvariablen zur Sprache kommen, die auf anderen Plattformen ähnlich aussehen, ist unvermeidlich, und wir haben deren Behandlung auch bewusst nicht vermieden.

Das Buch ist (ab Kapitel 5) in der Weise gegliedert, dass in einem Kapitel meist ein Datenbanksystem behandelt wird. Einige davon sind länger ausgefallen als andere. Dies ist keine Wertung für oder gegen ein Datenbanksystem, sondern ganz einfach darauf zurückzuführen, dass wir zwei Datenbank-Managementsysteme als Referenzprodukte heraus gepickt haben, nämlich Oracle als Vertreter einer kommerziellen Datenbank und MySQL als freie Datenbank. Im Übrigen sind auch die Kenntnisse und Erfahrungen der Autoren mit allen möglichen Datenbanksystemen selbstverständlich nicht unendlich, sodass sich auch unsere praktischen Schwerpunkte in der Auswahl und Ausführlichkeit der in diesem Buch behandelten Produkte widerspiegeln.

Im Anschluss an diese Einführung werden wir das Betriebssystem Linux und dessen Eigenschaften in einem kurzen Kapitel vorstellen. Im anschließenden Kapitel 3 werden Infrastrukturen für den Betrieb von Datenbanken unter Linux betrachtet. Ein wichtiger Gesichtspunkt im Zusammenhang mit der Hochverfügbarkeit von

Datenbanken unter Linux sind dabei z.B. RAID-Systeme. In einer kurzen Übersicht werden wir anschließend die für Linux derzeit verfügbaren Datenbanken auflisten, ohne dabei einen Anspruch auf Vollständigkeit oder Aktualität zu erheben. Der Markt ist hier ziemlich schnelllebig. Zudem beschränken wir uns in diesem Buch auf relationale oder objektrelationale Datenbanken. Danach werden wir Linux in einem Abschnitt kurz verlassen, um Ihnen einen kompakten Überblick über die Datenmodellierung und die grundlegendsten Eigenschaften von SQL zu vermitteln. Wir meinen, das gehört zu jedem halbwegs allgemein ausgerichteten Buch über Datenbanken.

Ab Kapitel 5 beginnt die Behandlung einzelner Datenbanksysteme unter Linux. Wir beginnen dabei mit Oracle, das im Unix-Umfeld bei weitem die Marktführerschaft besitzt. Oracle bildet für uns eine Art Referenzprodukt in dem Sinne, dass dieses Datenbanksystem auf Grund seiner großen Komplexität relativ schwer zugänglich ist. Wer den Umgang mit Oracle halbwegs beherrscht, der hat bei weniger komplexen Datenbanken meist geringe Probleme. Einige wichtige Stichwörter in diesem Kapitel sind Installation und Konfiguration, Tuning, Benutzerverwaltung, Backup und Recovery, Speicherverwaltung und die Abbildung von Daten auf das Dateisystem.

In den folgenden Kapiteln werden Sybase, MiniSQL und Informix unter Linux jeweils in kürzerer Form behandelt. Der Fokus liegt dabei jeweils auf der Installation, Konfiguration und Administration. Auch einige Werkzeuge dieser Datenbanken werden vorgestellt, wobei MiniSQL auf Grund seiner nicht so großen Verbreitung ein wenig kürzer abgehandelt wird.

Das Kapitel 9 beschäftigt sich – diesmal wieder ausführlicher – mit der freien MySQL-Datenbank. Neben der Installation und Konfiguration werden wir bei MySQL auch intensiv auf die vorhandenen Werkzeuge und deren Benutzung eingehen, dies gilt insbesondere auch für GUI-Werkzeuge, die in den anderen Kapiteln nur gelegentlich vorkommen. In den folgenden Kapiteln 10 und 11 werden wir in kürzerer Form Adabas und Empress unter Linux vorstellen, bevor in Kapitel 12 noch zwei weitere Datenbanksysteme unter diesem Betriebssystem vorgestellt werden. Dass an dieser Stelle ein »richtig Großer« wie DB2 nur rudimentär behandelt wird, ist – wie gesagt – keine Wertung der Autoren: Wir kennen DB2 unter Linux einfach zu wenig, um hier als Lehrmeister auftreten zu können.

Wichtige Anwendungen von Linux sind seit Jahren im Umfeld des Internet zu finden (Web-Server, Mail-Server, etc.). Dass sich dieser Trend auch im Datenbankbereich durchsetzt, ist sicher ein nicht unwichtiges Argument für den Einsatz von Linux als Plattform für Datenbankserver. Im abschließenden Kapitel 13 werden wir einige Aspekte von Datenbanken unter Linux im Internet betrachten. Besondere Beachtung findet dabei PHP und JDBC.

Last but not least noch ein Hinweis. Autoren und Verlag bieten eine Homepage zum Buch an, über die wir ergänzende Hinweise und Downloadadressen zu den besprochenen Themen zur Verfügung stellen. Außerdem finden Sie dort auch Beispieldatenbanken, die Sie herunterladen können. Die URL der Homepage lautet

```
http://www.mitp.de/linux/0555/0555.html
```

1.2 Danksagungen

Wir sollten an dieser Stelle jedem Entwickler von Open-Source-Produkten einzeln danken, denn ihre Arbeit ermöglichen erst die Verbreitung von Linux als Plattform für den Einsatz von Datenbanksystemen. Aus Platzgründen beschränken wir uns aber an dieser Stelle auf eine allgemeine Danksagung.

Des Weiteren danken wir dem MITP-Verlag für die gute Zusammenarbeit bei der Veröffentlichung des Buches. Zu nennen sind unser Lektor Hans-Jörg Ehren, der das Projekt zu Beginn betreute, sowie sein Nachfolger Fernando Schneider, der ebenfalls jederzeit mit Rat und Tat zur Verfügung stand. Ebenso danken wir Sandra Gottmann und Christine Wöltche für das Korrektorat des Buches.

Hans Dicken dankt wieder einmal seiner Frau Ingrid und seinen Töchtern Julia und Yvonne: Sie mögen es langsam nicht mehr sehen, dass er Bücher oder Artikel schreibt, anstatt anständige Wochenenden mit ihnen zu verbringen. Dass er Besserung gelobt, glauben sie möglicherweise nicht, er hat es sich aber fest vorgenommen. Seinen Anteil an diesem Buch widmet er seinem Bruder Karl-Heinz.

Gunther Hipper bedankt sich bei allen, für die er wieder einmal zu wenig Zeit hatte: seinen Eltern Werner und Irmtrud Hipper, außerdem bei Andreas Plesnik, bei Markus und Claudia Kleinselbeck und vor allem Jan und Tim. Wahrscheinlich war er in letzter Zeit nicht nur privat, sondern auch im Rechenzentrum eher unausstehlich – deswegen auch ein Dank an Jörg Dierks, Astrid Pieper und Michael Frölich für die Nerven, die sie als »klassischen Seiteneffekt« des Buchs aufbringen mussten.

Peter Müßig-Trapp bedankt sich bei seiner Frau Heike und seinen Kindern Kristin, Jascha und Lisa für ihre Unterstützung, ihr Verständnis und ihre Nachsicht, wenn er wieder einmal einen Abend oder ein Wochenende »diesem Buch« geopfert hat. Er weiß, dass das nicht immer leicht war, und auch er gelobt Besserung und hofft auf einen sonnigen Sommer, in dessen Verlauf er beim Badmintonspielen einiges wieder gutmachen kann.

Hannover/Düsseldorf, im Juni 2000
Hans Dicken
Gunther Hipper
Peter Müßig-Trapp

Kapitel 2

Linux

Linux hat bereits in der Vergangenheit als Betriebssystem für Server seinen Ruf verdient und erheblich an Bedeutung gewonnen. An dieser Stelle stechen vor allem die Anwendungen als Internet-Server hervor, d.h. Web-Server, Mail-Server etc. Jedoch nicht nur Linux, sondern auch andere Unixe besitzen ein fast gleichartiges Programmier- und Realisierungsmodell. Im Folgenden sollen kurz das grundlegende Modell von Unix und/oder Linux sowie Dateisysteme und vor allem das Backup unter Linux näher erläutert werden. Es handelt sich hierbei um Grundlagen bezüglich der Realisierung von Datenbanken unter Linux; diese Grundlagen sollten bei Bedarf und vor allem beim produktiven Einsatz von Datenbanken mit Linux als Betriebssystem durch den Leser anderweitig vertieft werden.

2.1 Unix und Linux: Prozesse, SMP und Interprozesskommunikation

Bei Unix (und somit auch Linux) handelt es sich um ein Multiuser-Multitasking-Betriebssystem. Dies bedeutet, dass mehrere verschiedene User gleichzeitig in einer Maschine eingeloggt und unabhängig voneinander verschiedene Applikationen oder Prozesse betreiben können.

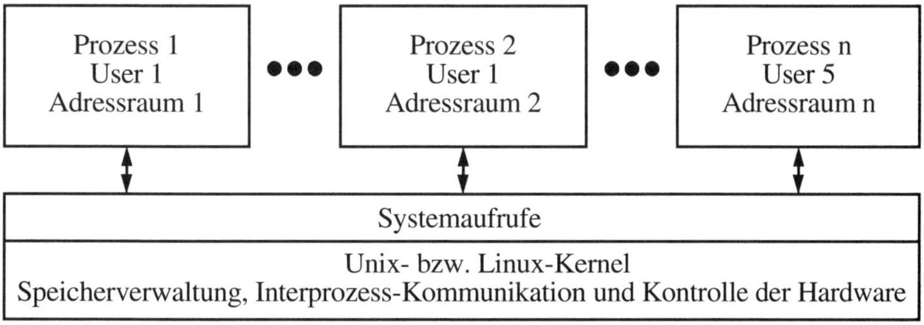

Abb. 2.1: Prozessmodell von Unix

Bei diesem Modell sind einige Tatsachen wichtig. Die einzelnen Prozesse (in der Abbildung die Prozesse 1 bis n) laufen jeweils in einem privaten Speicherbereich eines jeden Prozesses. Der Absturz eines einzigen Prozesses gefährdet auf diese Art und Weise nur den Prozess selbst, nicht aber das gesamte System. Fatal sind hingegen Fehler innerhalb des Betriebssystems: Ein Fehler in einem Treiber oder einem anderen Teil des Unix bzw. Linux zieht natürlich einen Absturz des gesamten Systems inklusive aller Prozesse nach sich.

Die Rechenzeit des Prozessors (oder der Prozessoren in einem Multiprozessorsystem) wird den jeweiligen Prozessen möglichst gleichwertig vom Kernel zugeteilt. Hat ein Prozess seine Zeitscheibe hinter sich oder wartet er auf eine Ressource (wie z.B. einen Plattenzugriff), so kann der Kernel (das eigentliche Betriebssystem) die nun verfügbare Rechenzeit einem anderen Prozess zuteilen. Ein einzelner User kann gleichzeitig mehrere Prozesse innerhalb des Systems starten, wobei auch in diesem Fall jeder Prozess einen eigenen Adressraum erhält (im obigen Beispiel gehören die Prozesse 1 und 2 dem User 1).

Innerhalb eines Multiprozessorsystem können mehrere Prozessoren gleichzeitig in einem Server arbeiten. Der Oberbegriff lautet SMP für symmetrisches Multiprocessing, d.h. identische Prozessoren teilen sich den physikalisch vorhandenen Speicher des Rechners. Wichtig ist hierbei, dass alle Prozessoren denselben Speicher sehen: Konflikte beim Zugriff auf den Speicher, z.B. durch gleichzeitiges Lesen oder Schreiben von Daten verschiedener Prozessoren, werden über die Hardware erkannt (d.h. durch die Memory-Management-Unit, die MMU und die Cache-Controller der Prozessoren). Diese Konflikte können dann entweder durch die Hardware aufgelöst werden (z.B. durch Einlegen von Wait-States bis der Speicher wieder frei ist oder durch Sequentialisieren der Zugriffe bei Konflikten) oder sie werden an das Betriebssystem gemeldet und dort aufgelöst (z.B. durch Beenden eines zugreifenden Prozesses). Für die Zuteilung der User-Prozesse auf die Prozessoren ändert sich durch SMP nicht viel. Anstelle einer Zeitscheibe der Rechenzeit, die verteilt wird, werden bei n Prozessoren entsprechend n Zeitscheiben verteilt.

Beim gleichzeitigen Zugriff mehrerer Prozesse auf Hardware-Ressourcen, wie z.B. eine Datei, wird über das Betriebssystem der Zugriff aufgelöst (oder ein Fehler an den betreffenden Prozess gegeben). Entsprechend werden auch Zugriffe mehrerer Prozesse in einem SMP-System aufgelöst, d.h. aus der Sicht eines Prozesses oder Users besteht zwischen einem SMP-System und einem Ein-Prozessor-System noch kein Unterschied.

Anders ist die Situation auf der Ebene des Betriebssystems. Ein Zugriff auf eine physikalische Hardware-Ressource kann niemals von zwei Prozessoren gleichzeitig durchgeführt werden. Hierbei existieren zwei verschiedene Lösungsansätze. Der erste Lösungsansatz ist dadurch gegeben, dass ein einziger Prozessor des Systems (hier Prozessor 0) alle Hardware-Anforderungen bearbeitet:

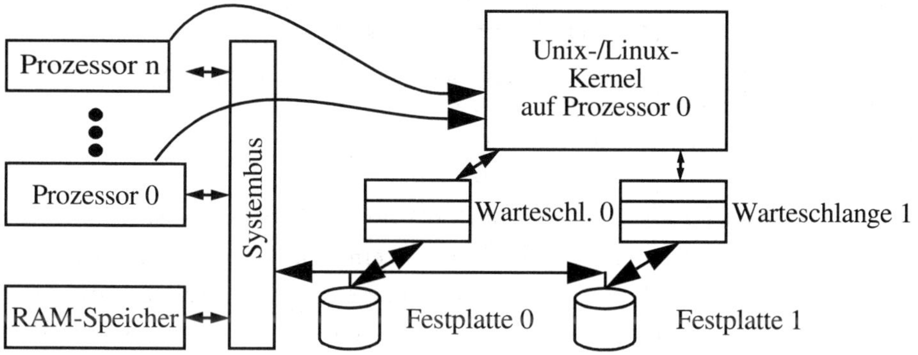

Abb. 2.2: SMP-Betriebssystem (Linux)

Der Vorteil bei dieser Realisierung ist, dass eine einfache Portierung eines Einzelprozessor-Betriebssystems zu einem Multiprozessor-Betriebssystem möglich ist: Alle Anforderungen werden durch einen einzelnen, ausgezeichneten Prozessor bearbeitet. Weitere Prozessoren können nur User-Prozesse bearbeiten und niemals selbst auf Hardware-Anforderungen reagieren. Nachteilig ist, dass sich die Betriebssystem-CPU zum Engpass des Rechners entwickeln kann: Hardware-Anforderungen kommen schneller, als die einzige CPU sie bearbeiten kann (und das, obwohl noch weitere Hardwarezugriffe erfolgen könnten).

Innerhalb eines Multithreaded-Betriebssystems können die verschiedenen Warteschlangen der Hardware-Anforderungen auf verschiedene Prozessoren verteilt werden, d.h. das Betriebssystem besteht intern auch aus verschiedenen Prozessen, die verschiedene Aufgaben des Betriebssystems gleicheitig bearbeiten können. So kann Prozessor 0 die Warteschlange und die Zugriffe der ersten Platte steuern, während ein anderer Porzessor die Aufgaben zur Steuerung einer anderen Platte übernimmt:

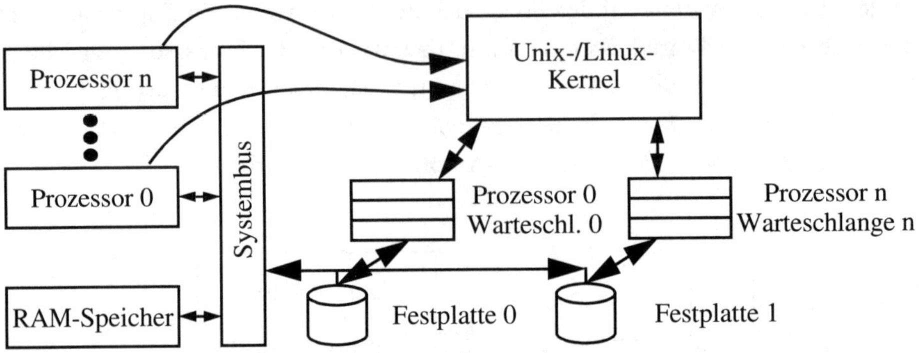

Abb. 2.3: Multithreaded-SMP-Betriebssystem

Eine solche Realisierung bietet erhebliche Vorteile z.B. bei der Bearbeitung von Netzwerk-Zugriffen auf den Rechner. Während ein Prozessor noch Pakete aus der Hardware liest, so kann bereits ein anderer Prozessor die Pakete anhand der nachfolgenden Netzwerkprotokolle innerhalb des Betriebssystems ordnen und ein dritter Prozessor kann den Datenstrom einem User-Prozess zuordnen. Dies erhöht die Performance im Gegensatz zu einem Betriebssystem, bei dem alle Aufgaben durch einen einizgen Betriebssystem-Prozessor bearbeitet werden. Der Nachteil besteht darin, dass alle Anforderungen auch innerhalb des Betriebssystems synchronisiert werden müssen. Im Extremfall läuft dies dann auf ein Mikrokernel-Betriebssystem heraus, d.h. das Betriebssystem selbst ist nur noch ein kleiner Kernel, der Nachrichten zwischen verschiedenen Prozessen des Betriebssystems überträgt, um diese zu synchronisieren und Daten zwischen Platten und User-Prozessen oder zwischen Netzwerkprotokollen zu befördern.

Linux besitzt zur Zeit noch ein einfaches SMP-Modell, d.h. ein einzelner Prozessor bearbeitet das Betriebssystem. Andere Betriebssysteme (wie z.B. Solaris x86) besitzen intern bereits eine Multithreaded-Architektur. Linux ist jedoch auf dem Weg zu einem Multithreading, d.h. es ist nur noch Frage der Zeit.

Die Schnittstelle der User-Prozesse zum Betriebssystem stellen die Systemaufrufe des Betriebssystem-Kernel dar. Durch diese Aufrufe kann ein Prozess Dateien öffnen, die das Betriebssystem über Dateisysteme und Plattentreiber auf den verfügbaren Platten ablegt. Auch Speicher kann über Systemaufrufe angefordert und wieder freigegeben werden. Jedem Prozess wird hierbei ein einheitlicher Adressraum verfügbar gemacht, der über das Betriebssystem in den real verfügbaren RAM abgebildet werden muss. Ist z.B. nicht genügend physikalischer RAM für alle Prozesse verfügbar, so kann Unix bzw. Linux über das Modell des virtuellen Speichers den Speicher von Prozessen ausswappen (d.h. auslagern – aus dem Speicher auf ein Swap-Device auf einer Festplatte).

Ein wichtiger Punkt der Systemaufrufe sind die Aufrufe zur Interprozess- und zur Netzwerkkommunikation. Die Tatsache, dass Prozesse in einem eigenen Adressraum betrieben werden können, ist an sich noch ziemlich sinnlos. Interessant wird das Modell erst dann, wenn verschiedene Programme (bzw. Prozesse) miteinander kommunizieren können. Auf diese Weise können die Dienste, die Prozesse anderen lokalen Prozessen und/oder Rechnern in einem Netzwerk bieten, kombiniert werden. Im Bereich der Datenbanken wird zumeist ein zentraler Datenbankserver eingesetzt, der z.B. auf einer Multiprozessormaschine (unter Linux) betrieben wird. In diesem Fall ist die Kommunikation von Prozessen über Shared-Memory-Segmente und Semaphoren der wichtigste Punkt der lokalen Interprozesskommunikation innerhalb eines einzelnen Rechners.

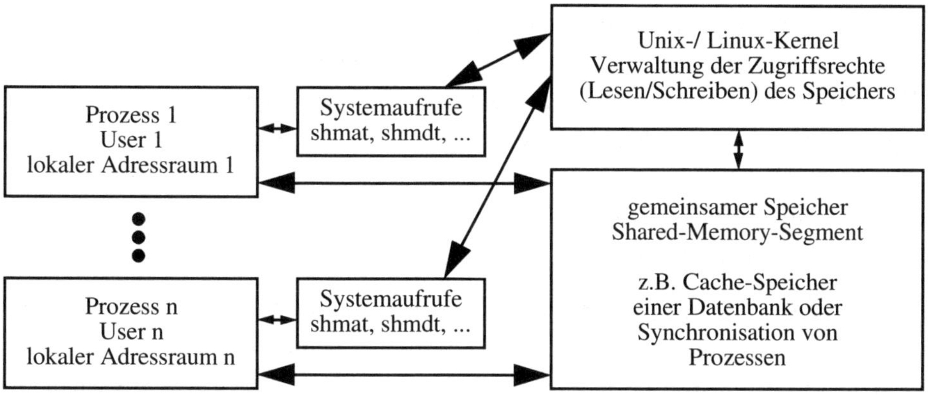

Abb. 2.4: Shared-Memory unter Unix

Der Begriff Shared-Memory-Segment bzw. gemeinsamer Speicher der Prozesse bedeutet, dass sich mehrere Prozesse einen einzelnen Speicherblock teilen, d.h. in einen gemeinsamen Adressbereich schreiben und natürlich auch aus diesem Bereich lesen können. Notwendig sind hierzu die Systemaufrufe

- *shmget* (Shared-Memory-Get) zum Allokieren eines gemeinsamen Speicherbereichs sowie weitere Aufrufe zum Setzen der Zugriffsrechte auf das Segment und zur Freigabe bzw. Zerstörung des Segments,
- *shmat* (Shared-Memory-Attach) zur eigentlichen Kopplung eines Prozesses an ein existierendes Shared-Memory-Segment und
- *shmdt* (Shared-Memory-Detach) zum Entkoppeln eines Prozesses vom Shared-Memory-Segment.

Die Prozesse besitzen weiterhin ihren normalen lokalen Adressraum, können nun allerdings innerhalb des gemeinsamen Speichers Daten ablegen. Auf diese Daten können nun mehrere Prozesse gleichzeitig lesend und schreibend zugreifen. Ein Beispiel für den Einsatz von Shared-Memory-Segmenten im Bereich Datenbanken ist z.B. das Caching von Schreib- und/oder Lesezugriffen auf die Datenbank. Da auf Shared-Memory-Segmente lesend und schreibend durch mehrere Prozesse zugegriffen werden kann, können auf diese Weise verschiedene Prozesse synchronisiert werden.

Zur einfachen Synchronisation von Prozessen wird kein Datenaustausch notwendig. Deswegen existieren unter Unix auch Semaphoren zur Synchronisation von Prozessen. Ein Semaphor kann man als eindeutige Variable definieren, deren Zugriffsrechte analog zu einem Shared-Memory-Segment geregelt werden. Eine Message-Queue kann man sich als Warteschlange vorstellen, in der Datensätze sequentiell von Prozessen abgelegt und dann wiederum sequentiell von anderen Prozessen gelesen werden können.

Die Architektur der Systemaufrufe von Semaphoren und Message-Queues ist identisch zu den Systemaufrufen der Shared-Memory-Segmente: Semaphoren werden gesteuert über die Systemaufrufe *semget* und *semctl* (ein Attach an den Speicher ist hier nicht notwendig), Message-Queues werden gesteuert über die Systemaufrufe *msgget, msgsnd* (Message-Send) und *msgrcv* (Message-Receive). Für weitere Information bezüglich der Interprozess-Kommunikation und -Synchronisation soll an dieser Stelle auf die Man-Pages der Systemaufrufe verwiesen werden.

Die Kommunikation über Shared-Memory besitzt für Datenbanken jedoch erhebliche Bedeutung, wie z.B. an einer Beispiel-Architektur eines Datenbankservers erkennbar ist. In der Architektur der folgenden Abbildung existiert z.B. ein Prozess, der auf einem bestimmten Netzwerk-Port über TCP/IP als Protokoll auf eine Datenbankanforderungen wartet (er hört, deswegen Listener-Prozess).

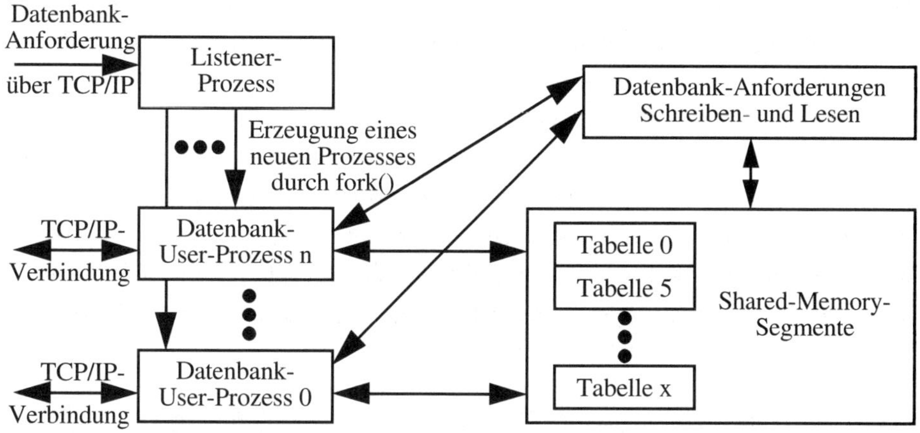

Abb. 2.5: Beispielarchitektur einer Datenbank unter

Erfolgt eine Anfrage z.B. durch das Login eines Users an die TCP/IP-Verbindung des Listeners bzw. des Datenbankservers, so nimmt der Listener diese Anfrage entgegen und baut eine neue Verbindung zu diesem User auf. Danach erfolgt über den Systemaufruf *fork* eine Duplizierung des Listener-Prozesses. Der neu entstehende Prozess geht über in einen Prozess, der die Datenbankabfrage des Users erfüllt. Der bisherige Listener-Prozess wartet weiter auf neue Verbindungen. Auf diese Weise können mehrere Prozesse gleichzeitig existieren, die folglich bei einem Multiprozessor-System auch auf verschiedene Prozessoren verteilt bzw. mit einem Linux-SMP-System zeitgleich bearbeitet werden können.

Wurden die User-Anfragen z.B. von SQL in interne Datenbankaufrufe übersetzt, so kann ein weiterer Datenbankprozess die internen Anfragen entgegennehmen. Wurden die Daten schon von einem anderen User-Prozess angefordert, so können sie ohne einen Zugriff auf den Massenspeicher direkt aus dem Shared-Memory-Segment als Datenbank-Cache gelesen werden. Ein anderer interner Prozess könnte z.B. auch die Aufgabe übernehmen, den Cache durch regelmäßige Schreibzugriffe auf die Platten zu schreiben. Eine weitere Optimierungsmöglichkeit besteht z.B. auch in der Sequentialisierung der Plattenzugriffe: Wenn der Datenbank ungefähr die Position der Daten auf den Platten bekannt ist, so können die Zugriffe auf die Tabellen in der Reihenfolge ihrer Plattenposition geordnet werden. In diesem Fall wird die Positionierung der Schreib-/Leseköpfe der Festplatten optimiert. Durch den auf diese Weise geordneten Zugriff auf die Platten wird die mittlere Zugriffszeit minimiert, wodurch die Performance der Datenbank drastisch zunehmen kann.

Die meisten Datenbanken unter Linux nutzen eine Architektur, die auf dem Datenaustausch von Prozessen über Shared-Memory-Segmente basiert. Die Größe des Shared-Memory ist deswegen ein wesentlicher Faktor der Datenbank-Performance, d.h. ein großer Teil des Gesamtspeichers eines Datenbankserver kann aus Sicht der Datenbank als Shared-Memory-Segment eingesetzt werden. Allerdings wird die maximale Größe des Shared-Memory-Bereichs bei Linux nicht über die Größe des physikalischen oder virtuellen Arbeitsspeichers definiert (wie z.B. bei Solaris), sondern über eine Konstante bei der Kompilierung des Betriebssystems. Die maximale Größe des Shared-Memory-Bereichs kann abgefragt werden über das Kommando *ipcs -l* (Interprocess Communication Status):

```
gunther@jake ~$ ipcs -l

------ Shared Memory Limits --------
max number of segments = 128
max seg size (kbytes) = 32768
max total shared memory (kbytes) = 16777216
min seg size (bytes) = 1

------ Semaphore Limits --------
max number of arrays = 128
max semaphores per array = 32
max semaphores system wide = 4096
max ops per semop call = 32
semaphore max value = 32767

------ Messages: Limits --------
max queues system wide = 128
max size of message (bytes) = 4056
default max size of queue (bytes) = 16384

gunther@jake ~$ uname -a
Linux jake 2.2.10 #13 Tue Jul 20 17:54:42 MEST 1999 i686 unknown
gunther@jake ~$
```

Bei diesem Beispiel wurde ein Linux-Kernel der Version 2.2.10 betrachtet, der mit einem Maximum von 128 Segmenten mit maximal jeweils 32 MB kompiliert wurde. Entsprechend sind die Konstanten für die Semaphoren und Message-Queues erkennbar.

Semaphoren und Message-Queues stellen bei der lokalen Kommunikation der Datenbankprozesse auf einem Server meist kein größeres Problem dar. Im laufenden Betrieb kann das Maximum des Shared-Memory-Werts und somit die Größe des Datenbank-Cache durchaus zu einem Performance-Problem werden. Bei einem stark belasteten Datenbankserver kann es durchaus sinnvoll sein, die Shared-Memory-Parameter anzupassen:

```
gunther@jake ~$ grep SHM_ID_BITS /usr/src/linux/include/asm-i386/shmparam.h
* Keep _SHM_ID_BITS as low as possible since SHMMNI depends on it and
#define _SHM_ID_BITS    7
#define SHM_ID_MASK     ((1<<_SHM_ID_BITS)-1)
#define SHM_IDX_SHIFT   (_SHM_ID_BITS)
* _SHM_ID_BITS + _SHM_IDX_BITS must be <= 24 on the i386 and
#define SHMMNI (1<<_SHM_ID_BITS)        /* max num of segs system wide */
(1<<(_SHM_IDX_BITS+_SHM_ID_BITS))
```

Sollten z.B. mehr als 128 Shared-Memory-Segmente gleichzeitig erforderlich sein, so kann die Konstante *SHM_ID_BITS* von 7 auf 8 erhöht werden (in diesem Fall sind dann nicht nur von 2**7 Segmente bzw. 128 Segmente sondern 2**8 bzw. 256 Segmente verfügbar). Vorher muss natürlich geprüft werden, wie bei der entsprechenden Linux-Distribution der Kernel kompiliert wird. Weiterhin ist nachzuprüfen, ob die eingesetzte Datenbank überhaupt die neuen Werte ausnutzen kann und wie die Konfiguration der Datenbank geändert werden muss.

2.2 Platten, Mounts und Dateisysteme

Da in den folgenden Abschnitten die verschiedenen Plattenkonfigurationen nicht nur theoretisch erklärt, sondern auch an Beipielkonfigurationen demonstriert werden sollen, erfogt nun zuerst eine kurze Darstellung der relevanten Hardware des Server *jake.dus.debis.de*. Dieser Rechner wird schon seit fast zehn Jahren (seit Linux 0.99.13) ausschließlich unter Linux betrieben und verdient deswegen die Ehre, zur Demonstration eingesetzt zu werden (obwohl nur Lautsprecher, Tastatur und Diskettenlaufwerk an alter Hardware verblieben sind).

Die Bootplatte */dev/hdc* am zweiten IDE-Kontroller und das CD-ROM-Laufwerk sollen nur der Installation des Rechners dienen. Ein älteres SCSI-Bandlaufwerk (8 mm Exabyte) wird zum Backup vorgehalten, die insgesamt vier SCSI-Platten sind in Partitionen mit ca. 1 GB Größe eingeteilt:

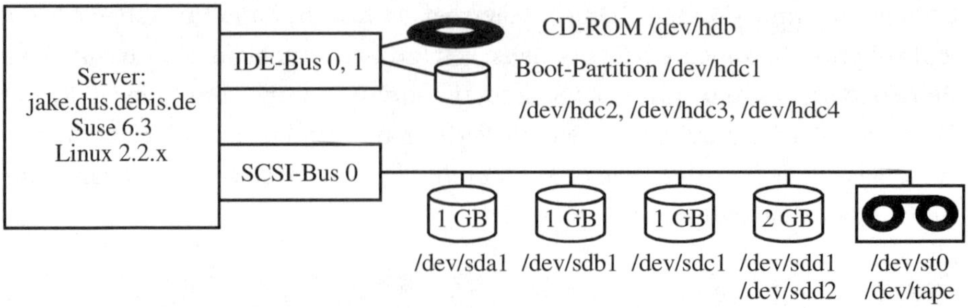

Abb. 2.6: Konfiguration des Beispiel-Servers

```
root@jake:/var/log > for i in a b c d; do fdisk -l /dev/sd${i}; done

Disk /dev/sda: 33 heads, 61 sectors, 1022 cylinders
Units = cylinders of 2013 * 512 bytes
Device Boot    Start    End     Blocks    Id  System
/dev/sda1          1   1022    1028612+   83  Linux

Disk /dev/sdb: 64 heads, 32 sectors, 1003 cylinders
Units = cylinders of 2048 * 512 bytes
Device Boot    Start    End     Blocks    Id  System
/dev/sdb1          1   1003    1027056    83  Linux

Disk /dev/sdc: 33 heads, 61 sectors, 1023 cylinders
Units = cylinders of 2013 * 512 bytes
Device Boot    Start    End     Blocks    Id  System
/dev/sdc1          1   1023    1029619    83  Linux

Disk /dev/sdd: 64 heads, 32 sectors, 2047 cylinders
Units = cylinders of 2048 * 512 bytes
Device Boot    Start    End     Blocks    Id  System
/dev/sdd1          1   1023    1047536    83  Linux
/dev/sdd2       1024   2047    1048576    83  Linux
root@jake:/var/log >
```

Die Platte */dev/sdd* besitzt auf Grund der Größe von 2 GB zwei Partitionen. Ohne weitere Hilfmittel sind unter Linux Standard-Mounts üblich. Hierbei wird eine Festplatte zuerst über *fdisk* partitioniert, danach wird mit *mkfs* ein Dateisystem wie z.B. ext2 in der Partition angelegt. Schließlich wird die neue Platte als Mountpunkt in die */etc/fstab* eingetragen und über *mount -a* oder von Hand gemountet:

```
root@jake:/var/log > mkfs -t ext2 -c -b 4096 /dev/sdd2
.....
root@jake:/var/log > mount -t ext2 -o rw,sync /dev/sdd2 /data/d2
root@jake:/var/log > df /data/d2
Filesystem     1024-blocks  Used Available Capacity Mounted on
/dev/sdd2          1015680     52  963200       0%  /data/d2
```

Bei der Erstellung des Dateisystems ist die Blockung bzw. die Blockgröße für das Zusammenspiel von Platten und Datenbank wichtig. Für gute Performance sollte die Blockung des Dateisystems der Blockung der Datenbank entsprechen. Die Blockgröße des Dateisystems wurde hier mit *mkfs -b 4096* zu 4096 Byte gewählt. Dies ist gleichzeitig der Standard für das *Second Extended Dateisystem* ext2, entsprechend der Page-Größe der x86-Prozessor-Reihe, d.h. ein Block des Dateisystems passt genau in eine Seite des Arbeitsspeichers. Durch die Option *mkfs -c* wird außerdem dafür gesorgt, dass die Partition noch einmal nach defekten Blöcken untersucht wird (das ist nicht unbedingt notwendig, aber bei sehr alten SCSI-Platten wie hier empfehlenswert). Größere Blockungen als 4096 Byte werden vom Dateisystem ext2 leider nicht unterstützt. Besitzt die Datenbank eine interne Block- und/oder Speicherseitengröße von 2048 Byte, so sollte die Platte entsprechend mit einer Blockung von 2048 Byte formatiert werden:

```
root@jake:/var/log > mkfs -t ext2 -c -b 2048 /dev/sdd2
root@jake:/var/log > mount -t ext2 -o rw,sync /dev/sdd2 /data/d2
```

Nach Erstellung des Dateisystems kann die Platte gemountet werden (wobei nicht der Eintrag des Mount in die Datei */etc/fstab* vergessen werden sollte). Falls die Datenbank die notwendige Datei zur Ablage der Daten nicht selbst erzeugt, so wird sie mit dem Befehl *dd* erzeugt:

```
root@jake:/var/log > dd if=/dev/zero of=/data/d2/datafile1 bs=1048576 count=300
300+0 records in
300+0 records out
root@jake:/var/log >
```

Als Argumente dienen hierbei die Eingabedatei */dev/zero* (ein Device, das bei einem lesenden Zugriff einfach nur Nullen als Ausgabedaten liefert), das eigentliche Datenfile (hier */data/d2/datafile1*), die Blockgröße, in der geschrieben werden soll (hier 1048576 Byte bzw. 1 MB) und die Zahl der Blöcke, die in die Ausgabedatei geschrieben werden soll (hier 300 Blöcke). Am Ende dieses Kommandos existiert also eine neue Datendatei mit 300 MB Größe, die der Datenbank übergeben werden kann.

Als Mount-Option beim Einsatz von Datenbanken in Verbindung mit einem Dateisystem ist die Mount-Option *sync* für eine höhere Datenbank-Performance empfehlenswert oder sollte zumindest bei Performance-Problemen ausprobiert werden. Wenn das Dateisystem mit dieser *sync*-Option eingehängt wird, so wird das Dateisystem ungepuffert über das folgende Schema angesprochen (siehe Abb. 2.7).

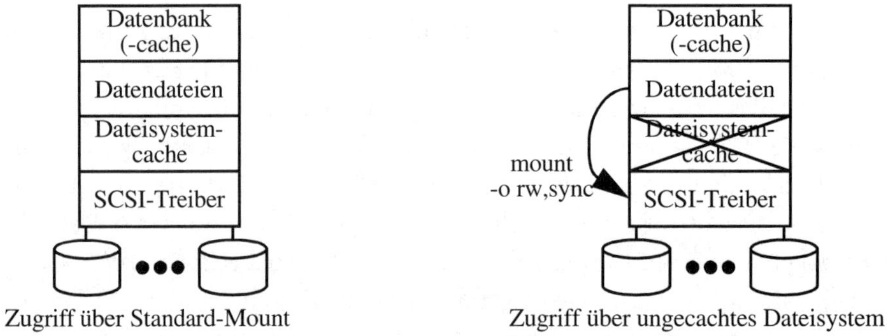

Abb. 2.7: Plattenzugriff über ein normales und über ein ungepuffertes Dateisystem

Da die Datenbank zumeist bereits einen internen Cache besitzt (die Shared-Memory-Segmente), so werden Schreib-/Lesezugriffe auf die Platte bei einem normalen Mount zusätzlich zum Datenbank-Cache auch über den Cache des Dateisystems gepuffert.

Diese doppelten Caches sollten eigentlich nicht schaden. Allerdings müssen dann die Daten auf dem Weg zwischen der Datenbank und der eigentlichen Speicherung auf der Festplatte im Arbeitsspeicher vom Datenbank-Cache in den Dateisystem-Cache umkopiert werden. Durch dieses Hin- und Herschieben der Daten von Cache zu Cache geht Prozessor- und Speicherbandbreite verloren, d.h. es werden unnötig Ressourcen verbraucht. Besser ist in diesem Fall, die einseitige Vergrößerung des Datenbank-Caches und die Abschaltung des Dateisystem-Caches durch den synchronen Mount.

Einige Datenbankhersteller (wie z.B. Sybase) bestehen sogar auf ungepufferten Mounts oder Datenbankplatten, weil ansonsten keine Datenkonsistenz in einem Fehlerfall garantiert werden kann. Da jeder Cache aber irgendwann synchronisiert wird, sollte dies eigentlich kein Problem darstellen.

Eine weitere Option zur Realisierung von Datenbankplatten besteht im direkten Ansprechen des Unix-Devicefiles der Platte (bzw. des *Raw-Devices*), d.h. die Datenbank liest und schreibt ohne Einsatz von Datendateien sofort auf die Platte:

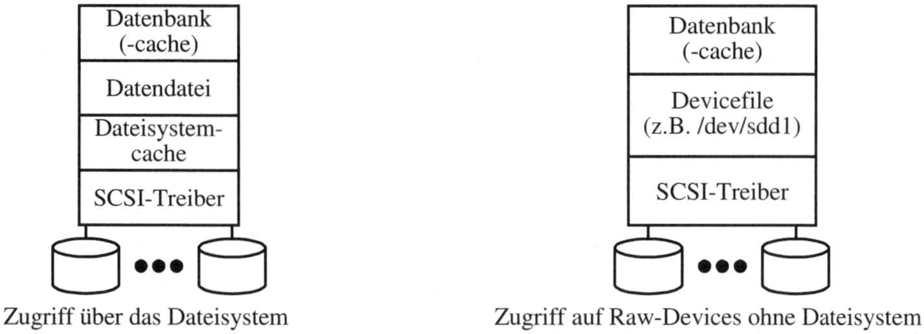

Abb. 2.8: Plattenzugriff über ein Dateisystem und über Raw-Devices ohne Dateisystem

An dieser Stelle taucht aber eine Schwachstelle oder Besonderheit von Linux auf: Eigentlich ist ein Raw-Device ein Ein- und Ausgabegerät mit zeichenweise ungepuffertem Zugriff. Linux kennt Platten jedoch nur mit blockweise gepuffertem Zugriff. Auch dies soll in den nächsten Versionen von Linux verbessert werden. Der Unterschied aus der Sicht der Datenbank ist jedoch müßig, die Daten werden eben auf einem Block-Gerät abgelegt.

Sowohl der Zugriff über Datendateien als auch über Raw-Devices besitzen Vor- und Nachteile. Beim Zugriff auf eine beliebige Stelle einer Datei kann eine Datei performanter sein. Bei Einsatz einer Datei wird die Datei anfangend von einem Root-Inode in verketteten Blöcken (mit der bereits erwähnten Blockgröße) auf der Platte gespeichert (als Beispiel hier das ext2-Dateisystem):

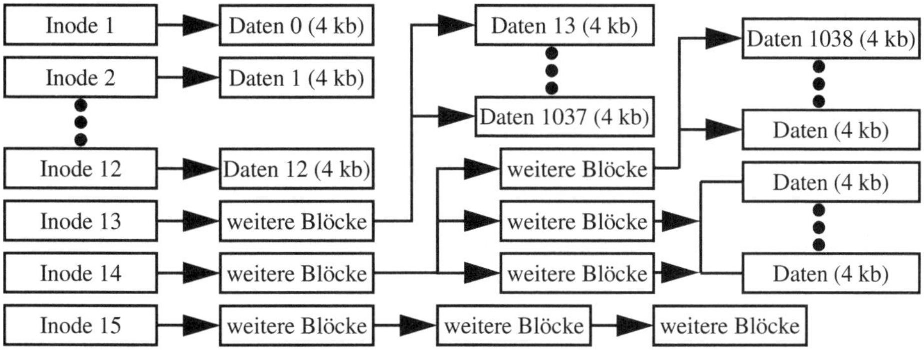

Abb. 2.9: Zugriff auf eine bestimmte Stelle einer Datei über die Indodes des ext2-Dateisystems

Es ist sofort erkennbar, dass beim Einsatz eines Dateisystems eine beliebige Positionierung innerhalb der Datei (d.h. ein Random-Access auf die Daten innerhalb der Datei) sehr schnell möglich ist: Abhängig von der Position, die gesucht wird, wird eine gewisse Anzahl von Inodes durchlaufen, dann ist die Position der eigentlichen Daten auf der Platte bekannt und der Block kann gelesen werden. Bei großen Dateien ab 64 MB bis 4 GB werden im ext2-Dateisystem zwei indirekte Zugriffe notwendig (Inode 14). Von dieser Größe an sind drei indirekte Zugriffe auf Blöcke notwendig, bevor der eigentliche Datenblock ausgelesen werden kann. Der Nachteil ist hier der erhöhte Aufwand vor dem eigentlichen Lesen der Daten bzw. vor dem Schreiben der Daten, da jedes Mal der Baum durchlaufen werden muss. Auch bei anderen Dateisystemen als ext2 ist dies gegeben, auch wenn binäre Bäume zur Ablage der einzelnen Blöcke verwendet werden.

Bei einem Zugriff auf das Device ohne das Dateisystem kann zwar nicht so effizient positioniert werden, aber dafür kann schneller gelesen und geschrieben werden. Der Kopf der Platte sucht nicht erst lange nach der Position des nächsten Blocks auf der Platte, sondern liest oder schreibt sofort den nächsten Block. Dafür sind zufallsmäßige Zugriffe auf die Platte natürlich nicht mehr so effizient, es kann nicht mehr so leicht gesprungen werden. Raw-Devices sind auf jeden Fall zu bevorzugen, wenn eine größere Menge Daten in einem Schlag in sequentieller Reihenfolge geschrieben werden sollen, in diesem Fall ist tatsächlich ein Vorteil gegeben. Ein Beispiel wären hier Archive- oder Log-Dateien, bei denen immer einige Megabyte Daten aufeinanderfolgend gespeichert werden.

Mit Dateisystemen kann allerdings die Last verschiedener Tabellen bzw. Datendateien leichter auf verschiedene Platten verteilt werden. Die Datendateien können verschoben werden, wenn Daten einmal auf Plattendevices liegen, so kann die I/O-Last bei Problemen mit der Performance nicht mehr so einfach neu verteilt werden. Welche der verschiedenen Optionen (*mount -o async, mount -o sync* oder direkter Zugriff der Daten auf das Devicefile der Platte) vorzuziehen sind, hängt von der Datenbankinstallation und von der Art und Weise des gewünschten Backup ab. Fazit ist also, dass keine feste Vorgabe gemacht werden kann, ein Experiment bei mangelnder Platten-Performance einer Datenbank kann also nicht schaden.

Seit der Version 0.99.13 ist das eben näher erläuterte *Second Extended Filesystem* oder ext2-Dateisystem das gängige Dateisystem von Linux (erkennbar an der Mountart *ext2* in der */etc/fstab*). Weitere von Linux unterstützte Dateisysteme sind Minix, Xiafs (und die PC-Abarten NTFS, FAT-16 etc.).

Beim Betrieb einer Datenbank sollte man sich aber wahrscheinlich auf bewährte Standards verlassen, d.h. im Bereich Linux das ext2-Dateisystem. Es kommen aber erhebliche Neuerungen auf Linux zu, z.B. das *ext3*-Dateisystem als direkter Nachfolger des ext2, das *reiserfs*, das *xfs* als Portierung von Irix nach Linux und das *JFS* als Protierung von AIX nach Linux. Die wesentliche Neuerung in diesem Bereich der Nachfolgedateisysteme zu ext2 ist das *Journaling*, d.h. Änderungen an einem Dateisystem (z.B. Dateinamen, Directory-Strukturen etc.) werden innerhalb eine Log-Bereiches des Dateisystems zwischengespeichert.

Wird eine Änderung vorgenommen (z.B. eine Datei geöffnet oder geschlossen), so wird diese Änderung sofort in den Log-Bereich des Dateisystems geschrieben. Wurde die Änderung auch erfolgreich in den Datenbereich der Platte geschrieben, so kann sie aus dem Log-Bereich entfernt werden.

Der Vorteil eines solchen Logging- oder Journaling-Filesystems ist, dass bei einem Rechnerausfall nicht ein vollständiger Dateisystemcheck durchgeführt werden muss. Stattdessen reicht es aus, die in den Log-Bereichen protokollierten Änderungen seit dem letzten konsistenten Stand des Dateisystems zu protokollieren. Dadurch kann eine Überprüfung der Dateisysteme erheblich schneller erfolgen, d.h. die Ausfallzeit wird hierdurch minimiert. War die Überprüfung des Dateisystem-Loggings aus irgendeinem Grund nicht erfolgreich, so kann immer noch ein kompletter Check des Dateisystems ausgeführt werden (der dann natürlich mehr Zeit in Anspruch nimmt).

Eine andere Neuerung bei diesen Dateisystemen ist, dass die Blöcke der Datei bzw. die Struktur der Inodes einer Datei nicht mehr einfach hintereinander geschaltet sind, sondern meist in einer baumartigen Struktur abgelegt werden. Hieraus folgt eine schnellere Suche beim Zugriff auf einzelne Blöcke einer Datei, da die Blocknummern der Datei erheblich schneller ermittelt werden können.

Für den Gebrauch im Zusammenhang mit Datenbanken sind diese Neuerungen jedoch eher auf der Ebene der Ausfallsicherheit wichtig, d.h. es wird eine zusätzliche Sicherheit für die Dateisysteme des Server aufgebaut. Die eigentlichen Datenbereiche der Datenbank sind eher statisch, d.h. Änderungen spielen sich innerhalb der Datendateien der Datenbank ab. Hierdurch kommen keine Änderungen der Dateisysteme zum Zug, deswegen ist der Einsatz von Journaling-Filesystemen für Datenbanken nicht unbedingt erforderlich. Falls sich jedoch ein neuer Standard bezüglich der Dateisysteme unter Linux abzeichnet (zur Zeit scheint es das reiserfs zu werden), so sollte man diesen Standard natürlich auch einsetzen. Allerdings erst, wenn der Standard auch stabil betrieben werden kann.

2.3 Backup und Restore

Ein Backup des Linux-Servers kann mit den bordeigenen Mitteln der Distribution durchgeführt werden. Ebenso kann ein Backup der eigentlichen Datenbank mit den Tools der Datenbank oder auch mit einem speziellen Backup-Tool eines weiteren Herstellers durchgeführt werden (ein Beispiel für ein externes Backup-Tool, das Linux unterstützt, ist Netbackup von Veritas). Als Faustregel gilt: Ein Spezialist sollte entscheiden, wie das Backup durchgeführt wird. Die Kosten für den Einsatz eines Backup-Tools können natürlich reduziert oder ganz eingespart werden, wenn die im Folgenden beschriebenen Beispiele der Unix- oder Linux-Bordmittel eingesetzt werden.

Allerdings sollte in diesem Fall die Backup-Prozedur nicht nur einmal, sondern auch regelmäßig durch Restores getestet werden. Bei einem Backup-Tool sollte man sich nach einem anfänglichen Test auf den Hersteller verlassen können. Sich hingegen alleine auf die Fähigkeiten des Gurus zu verlassen, der die Backup-Skripten erstellt und überprüft, ist bezüglich der Datensicherheit im Falle eines Ausfalls einfach zu riskant.

Nichtsdestotrotz sollen an dieser Stelle einige wichtige Befehle und Vorgehensweisen aus den Standard-Unix-Bordmitteln kurz dargestellt werden. Zumindest zur Sicherung einer heimischen Test- oder Telefonnummerndatenbank sollten diese Hilfsmittel ausreichen.

2.3.1 Backup auf der Ebene des Dateisystems

Die wahrscheinlich einfachste Möglichkeit eines Backup unter Linux ist das Sichern von Dateien mit einem Archiv auf ein Bandlaufwerk. Die Dateien können Datendateien der Datenbank sein oder aber auch Binär- oder Konfigurationsdateien der Datenbank oder des Betriebssystems. Falls es sich um Datendateien der Datenbank handelt, sollte die Datenbank während des Backup auf jeden Fall heruntergefahren werden. Werden die Dateien oder Platten einer laufenden Datenbank auf das Band abgezogen, so können die Daten inkonsistent sein. Die Datenbank kann während des Backup-Laufs noch Änderungen innerhalb der Dateien vornehmen. Die im Backup enthaltenen Daten könnten deswegen inkonsistent sein, ein Hochfahren der Datenbank auf Basis des Backup könnte in diesem Fall unmöglich sein.

Als erstes Beispiel soll ein Backup von mehreren Dateisystemen des Betriebssystems betrachtet werden. Die Daten der Datenbank sind hierbei unter Mountpunkten oder Raw-Devices gespeichert, die den String *data* enthalten; in das Backup sollten die Mount-Punkte */*, */usr*, */var* und */home*:

```
root@jake:/var/log > df
Filesystem        1024-blocks     Used  Available Capacity Mounted on
/dev/hdc1             3041280  2116777     767207      73%  /
/dev/hdc2             2173760  1134277    1039483      56%   /usr
/dev/hdc3             1004020   767207     236813      80%   /var
/dev/hdc4             3075439   335925    2580452      12%   /home
/dev/md0              2023760  1084312     836648      56%   /data
/dev/sdd2             1032056       20     979592       0%   /mnt
root@jake:/var/log >
```

Die Datenbereiche sind größer und sollten deswegen über ein anderes Konzept auf das Band geschrieben werden. Ein Backup der Bereiche */usr*, */var* und */home* kann nun einfach über die Befehle *mt* und *tar* erfolgen. Hierbei wird zuerst das Band in das SCSI-Laufwerk eingelegt und über den Befehl *mt -t /dev/st0* zurückgespult.

```
root@jake:/var/log > mt -t /dev/st0 rewind
root@jake:/var/log > tar cvpf /dev/st0 var usr home
var/
var/lib/
var/lib/rpm/
var/lib/rpm/packages.rpm
...
usr/
...
home/
home/gunther/
home/gunther/.bashrc
root@jake:/var/log > mt -t /dev/st0 offline
```

Der Befehlt *tar* (tape archive) wird mit den Optionen *c* für *create an archive*, *p* für *preserve rights* (d.h. Beibehaltung aller Dateirechte) und *v* für *verbose* (Ausgabe aller archivierten/bearbeiteten Dateien) aufgerufen. Über die Option *f* kann zusätzlich ein Device für *tar* angegeben werden (in diesem Fall */dev/st0*, das erste *sequential tape* oder *scsi tape*). Anstelle von */dev/st0* könnte auch */dev/st1*, eine neu zu erschaffende Datei oder aber auch die Standardausgabe des Prozesses über *tar cfp -* angegeben werden. Der Befehl zum Zurückspulen und Auswerfen des Bandlaufwerks lautet *mt -t* für *magnetic tape* mit */dev/sto* als Device-Datei. Spätestens an dieser Stelle ist der geneigte Leser aufgefordert, seine Unix-Kenntnisse über das Durchforsten der Man- und Info-Pages aufzufrischen....

Das eben geschriebene Band kann nun aus dem Laufwerk herausgenommen werden. Bei einem Restore erfolgt einfach ein Einlegen des Bandes, Zurückspulen und Zurückholen der Dateien z.B. in den leeren Mountpunkt */mnt* über die Kommandos

```
root@jake:/var/log > mt -t /dev/st0 rewind; cd /mnt
root@jake:/mnt > tar xvpf /dev/st0 var usr home
var/
var/lib/
var/lib/rpm/
var/lib/rpm/packages.rpm
...
usr/
...
home/
home/gunther/
home/gunther/.bashrc
root@jake:/mnt >
```

Falls die Unterverzeichnisse noch nicht existieren, so werden sie neu erschaffen. Falls direkt in die Originalverzeichnisse (z.B. */var*) geschrieben werden soll, so kann z.B. mit *tar -k* verhindert werden, dass bereits existierende Log-Dateien durch den Restore überschrieben werden. Links werden von *tar* einfach in das Backup gelegt. Die Devices aus dem Verzeichnis */dev* (die man bei einem kompletten Restore des Betriebssystems auch anlegen sollte) können gegebenenfalls über den Befehl *MAKEDEV* neu erzeugt werden.

Sollen mehrere Archive nacheinander auf ein einzelnes Band geschrieben werden, so muss anstelle von */dev/sto* das Device */dev/nsto* eingesetzt werden:

```
root@jake:/var/log > mt -t /dev/nst0 rewind
root@jake:/var/log > tar cvpf /dev/nst0 var
var/
var/lib/
var/lib/rpm/
var/lib/rpm/packages.rpm
...
var/yp/securenets
```

```
root@jake:/var/log > tar cvpf /dev/nst0 usr home
usr/
...
home/
home/gunther/
home/gunther/.bashrc
root@jake:/var/log > mt -t /dev/st0 rewind
root@jake:/var/log > mt -t /dev/st0 offline
```

Der Unterschied besteht darin, dass nach einem Zugriff aus */dev/sto* ein Zurückspulen des Bandes ausgelöst wird, während beim Zugriff auf */dev/nsto* das Band an der zuletzt geschriebenen Position verbleibt.

Eine gute Seite des Befehls *tar* ist, dass man die bestimmten Dateien, die in das Archiv transportieret werden sollen, sehr einfach angeben kann. Einer der Schwachpunkte von *tar* ist aber auch, dass z.B. im obigen Beispiel die Verzeichnisse */var*, */usr* und */home* im Archiv sind, jedoch nicht das Verzeichnis */*.

Würde / als Argument bei *tar* angegeben, so wären alle Dateisysteme betroffen (also z.B. auch die Dateien der Datenbank, die vielleicht noch gar nicht betroffen sind). Eine Lösungsmöglichkeit ist die händische Auswahl der entsprechenden Verzeichnisse. Eleganter kann man dies z.B. für das */*-Verzeichnis über den Einsatz von *find* lösen:

```
root@jake:/var > mt -t /dev/st0 rewind
root@jake:/var > tar cfp /dev/st0 `find / -xdev -maxdepth 1 | grep -v "^/data"`
```

Die angegebene Kommandozeile erstellt nun ein Backup aller Verzeichnisse auf *jake* in / (d.h. */bin*, */sbin*, */mnt*, */home*, */var*, etc.) mit Ausnahme von */data*. Ansonsten ist die Funktion identisch zu den vorherigen Beispielen, nur dass die Auswahl der Dateien über ein *find* erfolgt. Getestet werden kann diese Funktion z.B. auch über den Einsatz eines einfachen *ls* anstelle des *tar*, das dann die ausgewählten Verzeichnisse angibt.

2.3.2 Backup des Dateisystems/der Platte über Dump und Restore

Die bisherigen Beispiele haben das Backup und den Restore auf der Ebene von Dateien abgewickelt. Der Vorteil dieser Lösung ist vor allem, dass die zu archivierenden Dateien sehr leicht angegeben werden können. Andererseits muss meistens kein selektives Backup einzelner Dateien oder Verzeichnisse erfolgen, sondern es ist vielmehr ein selektives Backup ganzer Platten oder Mountpunkte gefordert.

Zu diesem Zweck existiert die Befehlskombination *dump* und *restore*, mit der nicht einzelne Dateien oder Verzeichnisse, sondern ganze Dateisysteme bzw. Platten behandelt werden. Das Backup erfolgt auf diese Weise immer für einen Mountpunkt und für einen spezifischen Typ von Dateisystemen.

Der *dump*-Befehl gehört explizit zum Dateisystem ext2, mit der Einführung neuer Dateisysteme werden auch neue *dump*-Kommandos benötigt. Außerdem sollte der Befehl *dump* des ext2-Dateisystems nicht mit dem Befehl *dumpe2fs* verwechselt werden, der Informationen bezüglich eines spezifischen ext2-Dateibaums ermittelt. Die Syntax ist einfach:

```
dump -0uf /dev/st0 /#schreibe einen Dump des Devices unter / auf /dev/st0
mt -t /dev/st0 rewind#zurueckspulen
restore -tv /dev/st0#Inhalt des Archivs anzeigen
mt -t /dev/st0 rewind#zurueckspulen
cd /mnt; restore -r /dev/st0#hole alle Dateien aus /dev/st0 unter /mnt zurueck
```

Die Option *dump -ou* steht für ein volles Backup (keine inkrementelle Sicherung, die auch möglich wäre). Bei einem Dump kann natürlich auch ein anderes Verzeichnis oder ein Plattendevice angegeben werden:

```
dump -0uf /dev/st0 /var#schreibe einen Dump des Devices unter /var
dump -0uf /dev/st0 /dev/hdb5#schreibe einen Dump des Devices /dev/hdb5
```

Das Dateisystem muss hierbei nicht gemountet sein. Die Sicherung ist begrenzt auf die Dateien und Verzeichnisse, die rekursiv zu einem Mountpunkt gehören, d.h. im obigen Beispiel würden beim dump von / nur diejenigen Dateien geschrieben, die auch tatsächlich auf der Platte sind (und z.B. nicht die Dateien unter */var* für den Fall, dass */var* ein eigener Mount-Punkt ist).

Der Befehl *dump* ist geeignet, um z.B. mit einem Skript auf der Basis der */etc/fstab* oder der Ausgabe eines *df* ein komplettes Backup der Maschine zu erstellen. Dieses Skript kann regelmäßig über einen Cron-Job gestartet werden. Das Backup der Testmaschine *jake* erfolgt z.B. über folgendes Skript:

```
#!/bin/bash
mt -t /dev/nst0 fsf 1; restore -tf /dev/nst0
# Wenn noch kein Log-Verzeichnis vorhanden, dann erzeugen
mkdir -p /var/adm/backup_logs
# Spule das Band zurueck
mt -f /dev/nst0 rewind
```

```
if [ "$?" != "0" ] ; then
# Abbruch, Fehler beim Spulen
echo "We had a mistake! Please check /dev/st0 and the backups!!" \
| mail -s "severe problem on `hostname`" root@jake
exit
else
(
# Starte den Backup-Lauf
echo "***** Full backup for `hostname` `date` *****"
# Fuer alle mounts, exklusive Datenbereiche unter /data, CDROMs oder aehnliche
# Vorsicht: so nur moeglich, wenn nur ext2-Dateisysteme!!
for i in `df | grep -v /data | grep -v floppy | grep -v iso9660 | grep -v ^File-
system | awk '{ print $6 }'`
do
#df | grep -v /data | grep -v ^Filesystem | awk '{ print $1 }' | read j
j=`df | grep -v /data | grep -v ^Filesystem | grep ${i} | awk '{ print $1 }'`
echo "Dumping full backup of device ${j} mounted on ${i}"
# dump:
# -0u  : Komplettes Backup
# -f   : Tape-Device
# -a   : Tape-Hardwarekompression (fuer Exabyte EXB-8200)
# -d 20: Schreibdichte des Bandes (fuer Exabyte EXB-8200)
dump -a -d 20 -0uf /dev/nst0 ${i}
# Bei Fehler ein Email an den Administrator
if [ "$?" != "0" ] ; then
echo "We had a mistake! Check /dev/st0 and backup for ${i}" \
| mail -s "severe problem on `hostname`" root@jake
             exit
else
echo "Backup completed for ${i}" \
| mail -s "severe problem on `hostname`" root@jake
fi
echo "******** dump returned $? ********"
echo "Backup completed for ${i}" \
| mail -s "Backup completed on `hostname`" root@jake
done
) >> /var/adm/backup_logs/fullbackup.out.`date '+%d_%m_%y'` 2>&1
echo "***** Finished backup for `hostname` `date` *****"
# Band zurueckspulen und auswerfen
mt -t /dev/nst0 rewind
mt -t /dev/nst0 offline
fi
```

Wichtig an diesem Skript sind weniger die eigentlichen Befehle als die zugrunde liegende Vorgehensweise:

- Zum Backup der Datenbereiche muss die Datenbank gestoppt werden. Deswegen werden die Mounts der Datenbank (unter */data*) von diesem Backup ausgeschlossen (durch ein einfaches *grep -v /data*), und müssen über ein gesondertes Skript abgewickelt werden. Dieses Skript sollte dann auch das Stoppen der Datenbank oder anderer Applikationen zum Backup übernehmen.
- Bei eventuellen Fehlern wird eine Mail an den Administrator des Rechners gesendet, damit dieser den Fehler erkennen und beheben kann. Der komplette Log des Backup wird hierzu in einer Datei zur Fehlersuche abgelegt.

Ein Backup ohne Überprüfung ist im Fehlerfall natürlich keine richtige Versicherung. Deswegen sollte nach Erstellung der Backup-Prozedur auch eine Prozedur zum Restore erarbeitet und getestet werden. Da ein Restore hoffentlich niemals erforderlich wird, kann dieser von Hand erfolgen. Wichtig hierbei ist die Kenntnis über den Aufbau des Bandes, das durch das Skript geschrieben wurde:

Anfang von /dev/nst0 — Ende von /dev/nst0

/ /dev/hdc1	/usr /dev/hdc2	/var /dev/hdc3	/home /dev/hdc4	/mnt /dev/sdd2	unbenutzt

Abb. 2.10: Aufbau des Bandes aus dem Beispiel-Skript

Da der Aufbau des Bandes mit Kenntnis z.B. der */etc/fstab* und des */data*-Bereiches bekannt ist, kann ein Restore des Verzeichnisses */home* in das Verzeichnis */mnt/home* z.B. über folgende Befehle erfolgen:

```
mt -t /dev/nst0 rewind#Spule zurueck
mt -t /dev/nst0 fsf 3#fsf: forward special file, spule vor nach /home
cd /mnt/home; restore -rf /dev/nst0#der eigentliche Restore von /home nach /
mnt/home
```

Mit dieser Vorgehensweise kann nun mit ganz einfachen Unix-Werkzeugen z.B. ein komplettes Backup eingespielt werden oder aber selektiv ein Backup einzelner Mounts oder Dateien. Allerdings passen alle Platten auf ein einzelnes Band. Falls auf Grund der Größe der Platten mehrere Bänder für ein Backup notwendig werden, so müssen die Bänder interaktiv gewechselt werden oder aber es muss eine Bandbibliothek über das Skript angesteuert werden. Das obige Skript wird bei einem privaten Beispiel-Server eingesetzt, der nicht an ein spezielles Backup-System angeschlossen ist.

Wie zu erkennen ist, müssen Dateisysteme nicht weggemountet werden, sondern können auch im laufenden Betrieb in einen Dump geschrieben werden. Falls eine Datenbank aktiv auf den Mounts arbeitet (egal ob direkt auf den Raw-Devices oder über das Dateisystem), so muss die Datenbank während des Backup heruntergefahren werden.

Wichtig ist, dass Fehler automatisch an einen User (hier root) gemeldet werden und dass eine Log-Datei des Backup für eine Fehleranalyse geschrieben wird. Falls die Datenbank zu Beginn des Backup gestoppt wird, so wird sich ein fehlerhaftes Backup automatisch zeigen: Nach Fehlern im Backup sollte die Datenbank nicht automatisch hochgefahren werden; auf diese Weise wird der Administrator gezwungen, sich um den Fehler zu kümmern.

2.3.3 Backup von Raw-Devices über das Betriebssystem

Genau wie beim Backup von Dateisystemen mit *dump* oder einzelnen Verzeichnisbäumen kann auch beim Einsatz von Raw-Devices bei einer Datenbank das Backup über das Betriebssystem Unix oder Linux mit Bordmitteln abgewickelt werden. Hierzu ist der Befehl *dd* notwendig, der einen Datenbereich eines Devices z.B. in eine Datei sichern kann.

Für den Fall, dass eine Datenbank z.B. das Device/die Platte */dev/hdc9* als Raw-Device einsetzt, so kann der Inhalt des Devices mit dem Kommando *dd* in die Datei */mnt/dd_hdc9* übertragen werden:

```
[root@jake /raidtest]# dd if=/dev/hdc9 of=/mnt/dd_hdc9
```

Natürlich muss hierfür innerhalb des Dateisystems */mnt* ausreichend Platz für den Inhalt des Raw-Devices verfügbar sein. Falls der Platz nicht ausreicht, so könnte auch mit Unix-Mitteln eine Komprimierung der Datei durch *gzip* zum Erfolg führen:

```
[root@jake /raidtest]# dd if=/dev/hdc9 | gzip > /raidtest/dd_hdc9.gz
41264+0 records in
41264+0 records out
[root@jake /raidtest]# ls -la dd_*
-rw-r--r--   1 root     root     21127168 Apr 24 16:19 dd_hdc9
-rw-r--r--   1 root     root     17849078 Apr 24 16:17 dd_hdc9.gz
```

Wichtig ist, dass bei einem Restore auf ein neues Device ausreichend Platz vorhanden ist. Daher sollte beim Einsatz von Raw-Devices das Layout bzw. die Patritionstabelle der zu sichernden Platten regelmäßig gesichert werden (in diesem Fall für die Platte */dev/hdc9* über *fdisk -l /dev/hdc*). Auf Basis dieser Daten können dann auch Ersatzplatten schnell bereitgestellt und mit einem Restore versehen werden.

Man kann erkennen, dass eine Sicherung von Raw-Devices auf der Ebene des Betriebssystems zwar machbar, aber auf Grund der relativ hardwarenahen Vorgehensweise umständlich ist. Eine weitere Möglichkeit zur Sicherung einer Datenbank auf Basis von Raw-Devices ist durch den Export der Datenbank in eine oder mehrere Dateien gegeben:

- die Datenbank schreibt den zu ihrem Restore notwendigen Inhalt in Dateien auf freie Platten,
- diese Dateien werden dann über tar oder dump im Backup gesichert.

Falls die Datenbank Probleme mit der Plattenperformance besitzt und ein synchroner Mount der Dateisysteme nicht die gewünschte Verbesserung ergibt, so sollten Raw-Devices in Verbindung mit einem Entladen der Datenbank in Dateien bevorzugt werden (was wahrscheinlich weniger fehleranfällig ist). Dauert ein Export der Datenbank in Dateien z.B. wegen mangelnder CPU-Performance zu lange, so könnte eventuell auf die oben beschriebene Vorgehensweise zurückgegriffen werden. Allerdings sollten auch hierfür jedes Backup kontrolliert und regelmäßig der Restore getestet werden.

Bei den hier dargestellten Möglichkeiten handelt es sich um Unix-Werkzeuge. Natürlich existieren auch komfortable Backup-Lösungen verschiedener Hersteller (wie z.B. Veritas oder Legato), die auch Linux unterstützen. Außerdem sollte auf jeden Fall geprüft werden, welche Backup-Tools der Hersteller der Datenbank mitliefert. Im Vergleich zu den Unix-Werkzeugen besitzen diese Tools dann wahrscheinlich zusätzliche Funktionalität (wie z.B. ein selektives Backup der einzelnen, seit dem letzten Backup veränderten Tabellen der Datebank).

Kapitel 3

Infrastrukturen für Datenbanken unter Linux

Ist eine geschäftskritische Applikation nicht verfügbar, so können einem Unternehmen innerhalb von Minuten oder Stunden hohe Verluste entstehen. Die Verfügbarkeit von Linux ist bei den derzeitigen »Standardinstallationen« nicht unbedingt sehr hoch. Durch zusätzliche Maßnahmen kann die Ausfallzeit eines Linux-Servers erhöht werden, um somit für einen eventuellen Betriebsfehler Kosten zur Datenrestauration oder durch »arbeitslose«, auf die Datenbank wartende Mitarbeiter zu vermeiden.

Fällt ein Prozessor, ein Teil des Chipsatzes oder der Speicher aus, so ist bei den heutigen PC-Server-Architekturen zumeist ein Fehler unvermeidbar. Wer auch in diesem Bereich abgesichert sein möchte, muss einen namhaften Hersteller bemühen (wie Hewlett-Packard, Sun oder IBM). Bei diesen Servern wird durch den Einsatz von Parity-Speicher oder ECC-Speicher die Ausfallsicherheit der Maschine erhöht. Fällt ein Speichermodul aus, so wird es vom EPROM bzw. BIOS des Rechners auskonfiguriert, die Maschine läuft einfach mit weniger Speicher automatisch wieder hoch. Werden diese PC-Server-Architekturen mit dieser Ausfallsicherheit eingesetzt, so sind die Kosten hierfür aber auch im Bereich »der teuren« Hardware klassischer Hersteller. Um die Hardwarekosten zu senken und trotzdem die Verfügbarkeit von Applikationen zu erhöhen, existieren mittlerweile neben den klassischen und teuren Tandem-Lösungen für Hochverfügbarkeit auch einige Maßnahmen für Unix-Server.

Die wahrscheinlich besten Ansätze sind natürlich diejenigen Applikationen, welche die Hochverfügbarkeit in sich selbst beinhalten. Hier kann z.B. das Prinzip des NIS (Network Information System) angeführt werden. Der Master-Server hält alle Informationen und verteilt diese an Slave-Server, welche die Information temporär speichern. Fällt der Master aus, so verlieren die Clients die Netzverbindung, können aber sofort eine Verbindung zum Slave übernehmen. Die Hardware zur Hochverfügbarkeit ist hier einfach ein TCP/IP-fähiges Netzwerk, d.h. NIS-Master und Slave-Server können einfach »normale« Rechner sein.

Wer nicht in der glücklichen Lage ist, eine solche Applikation mit einem bereits hochverfügbaren Grund-Layout zu betreiben, der kann jedoch durch die Einführung von Hochverfügbarkeits-Clustern die Downtime seiner Applikationen senken. Die grundlegende Idee ist hierbei meist ein Zwei-Schichten-Modell. In der oberen Schicht kann die hochverfügbare Applikation über eine virtuelle IP-Adresse innerhalb eines lokalen Netzwerks angesprochen werden:

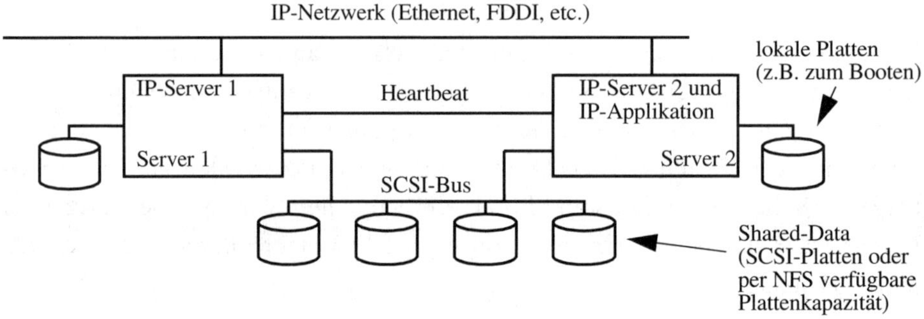

Abb. 3.1: Hochverfügbarkeit unter Unix: Prinzipielle Architektur

Im Beispiel läuft die hochverfügbare Applikation auf Server 2. Fällt dieser aus, dann fällt auch das Signal zwischen Server 1 und Server 2 über die Heartbeat-Leitung weg. Um sicherzustellen, dass die Heartbeat-Leitung nicht defekt ist, kann der nicht defekte Server auch noch nachprüfen, ob der andere Server vielleicht unter seiner normalen Netzwerkadresse oder der Appliaktions-IP-Adresse erreichbar ist. Wenn dies nicht der Fall ist, so sollte der Server definitiv defekt sein: Ein gleichzeitiger Ausfall des Heartbeats zusammen mit der eigenen Netzwerkkarte ist relativ unwahrscheinlich im Vergleich zu einem »normalen« Hardware-Ausfall des anderen Servers.

Bei einem solchen Ausfall übernimmt Server 1 die Platten, an die beide Rechner über einen gemeinsamen SCSI-Bus angeschlossen sind. Danach wird ein Dateisystem-Check durchgeführt, die Platten werden gemountet, die IP-Adresse der Applikation wird als zusätzliche IP-Adresse auf das eigene Netzwerkinterface übernommen und schließlich die Applikation wieder hochgefahren.

Wichtig in diesem Szenario ist, dass z.B. bei einem Mount der Platten über NFS auch der NFS-Server eine ähnliche interne Architektur besitzt. Die gesamte Anordnung kann außerdem noch erheblich komplexer und fehlertoleranter gestaltet werden. Es können z.B. Standby-Netzwerkkarten eingeführt werden, die im Fall eines

Netzwerkdefekts die Funktion der Netzwerkkarten lokal auf einem Rechner austauschen bzw. von der defekten Karte auf die intakte Karte übernehmen. Erst wenn auf einem Rechner beide Netzkarten ausgefallen sind, liegt ein harter Defekt vor. Ein zentrales Problem bei dieser Lösung stellt auch die Applikation dar – fällt z.B. eine Datenbank durch einen Hardwaredefekt herunter, so ist nach dem Hochfahren auf dem neuen Server wahrscheinlich eine Recovery der Datenbank notwendig, da die letzten Transaktionen noch nicht in der Datenbank sind sondern z.B. nur in einem Log.

Man erkennt aber auch, dass die der Hochverfügbarkeitslösung unterliegende Plattenarchitektur wichtig ist. Mit den Datenplatten steht und fällt die gesamte Ausfallsicherheit der Datenbank: Ein Ausfall an dieser Stelle zieht sofort Folgen nach sich. Außerdem besitzen Festplatten als Massenspeicher mechanische Bauteile, sind also auch relativ gefährdet durch Ausfälle (wie auch die Praxis des Serverbetriebs beweist).

Techniken zur Erhöhung der Ausfallsicherheit von Massenspeichern sind aus den eben angeführten Gründen die Basis zur Steigerung der Verfügbarkeit. Weiterhin sind diese Techniken unabhängig von der auf dem Server betriebenen Applikation. Deswegen sollen nun speziell die Techniken und Linux-Tools beschrieben werden, um die Ausfallsicherheit eines Servers bezüglich seiner Platten zu erhöhen und die Plattenadministration eleganter zu gestalten.

3.1 RAID: Redundant Arrays of Inexpensive Disks

Bei einem Defekt am Arbeitsspeicher oder bei der CPU gehen Datenbank-Transaktionen verloren, es muss neuer Speicher eingebaut werden. Der Server läuft aber nach einem Reboot mit weniger Arbeitsspeicher unter geringerer Performance weiter. Die Festplatten des Servers stellen jedoch den Massenspeicher dar und besitzen deswegen erheblich mehr Bedeutung:

- Bei Ausfall des Massenspeichers gehen ältere, nicht akutelle Daten verloren (und nicht etwa eine noch nicht abgeschlossene Transaktion im Hauptspeicher, die zurückgerollt werden könnte).
- Ein Restore der Datenbestände aus einem Backup wird notwendig; dies erfordert je nach Datenmenge eine erhebliche Ausfallzeit und außerdem Arbeitsaufwand (Einspielen des Backups, Nacharbeiten an der Datenbank).

- Gleichzeitig stellen Festplatten auf Grund der Mechanik der Platten ein erhebliches Ausfallrisiko dar. Es ist also klar, dass an dieser Stelle der Einsatz von redundanten Platten die Ausfallsicherheit erhöht und gleichzeitig den Aufwand erheblich senkt.

Im Artikel »A Case for Redundant Arrays of Inexpensive Disks (RAID)« von Patterson, Gibson und Katz aus dem Jahr 1988 wurde das Prinzip des RAID aufgezeigt: Es werden Daten auf zusätzlichen, redundanten Platten als Massenspeicher eingesetzt. Je nach Art und Weise der logischen Verschaltung der Platten wird hierdurch die Performance oder die Ausfallsicherheit erhöht. Der Einsatz von Festplatten-Arrays (RAID, Redundant Arrays of Inexpensive Disks) zur Erhöhung der Ausfallsicherheit ist jedoch heute bei x86-Servern üblich, da die zusätzlich aufzuwendenden Festplatten meist kaum ins Gewicht fallen im Vergleich zu den Kosten und Unwägbarkeiten eines Totalausfalls des Server.

Bei der Idee des RAID dreht es sich darum, aus physikalischen Festplatten logische Festplatten mit verschiedenen Eigenschaften zu realisieren, wie im folgenden Bild dargestellt:

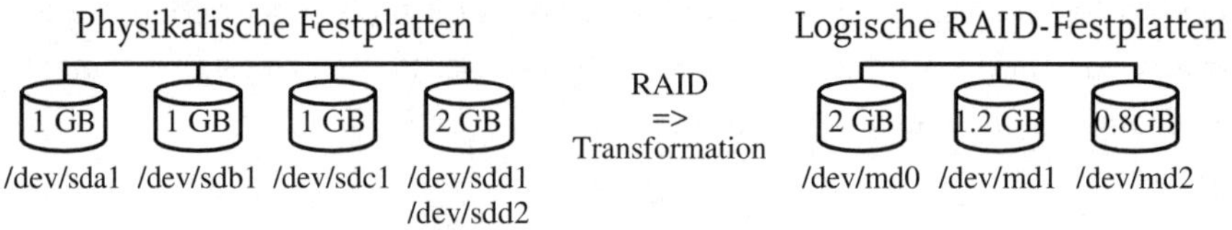

Abb. 3.2: Physikalische und logische Platten

Die verschiedenen physikalischen Partitionen werden entweder durch ein Hardware-RAID (d.h. einen speziellen, programmierbaren RAID-SCSI-Controller) oder durch ein Software-RAID (d.h. durch einen konventionellen SCSI-Controller mit zusätzlichen, im Betriebssystem enthaltenen RAID-Treibern) in logische Platten transformiert. Diese logischen Platten können z.B. einfach nur eine andere Größe als die physikalischen Platten besitzen oder aber auch eine erhöhte Ausfallsicherheit.

In den folgenden Abschnitten werden die unterschiedlichen Speicherungsverfahren, d.h. die gängigen RAID-Level beschrieben; anhand von Beispielen wird die Realisierung als Software-RAID unter Linux dargestellt.

3.1.1 Linear Mode

Der *Linear Mode* stellt die einfachste Version von Meta-Devices dar. Bei diesem Modus werden mehrere physikalische Platten oder Partitionen einfach zu einem größeren virtuellen Device hintereinandergehängt. Hierdurch kann die Plattengröße durch den Administrator unabhängig von der eigentlichen Größe der verfügbaren Festplatten gestaltet werden.

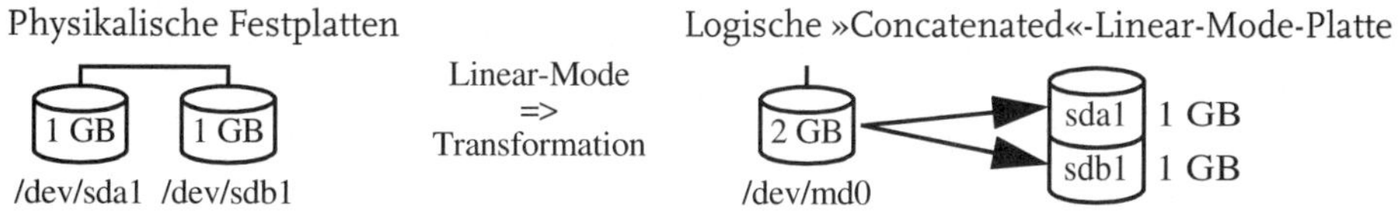

Abb. 3.3: Beispiel einer Concatenated RAID-0-Platte

Ist der Platz der ersten Platte ausgeschöpft (in der Abbildung die Partition */dev/sda1*), so wird auf die zweite Platte geschrieben (die Partition */dev/sda2*). Hierdurch entsteht ein */dev/md0* (*md* für Meta-Device) mit einer Größe von insgesamt 2 GB. Dieses Meta-Device wird durch den Kernel emuliert, d.h. neben dem SCSI- oder IDE-Plattentreiber müssen auch die RAID-Tools in den Kernel einkonfiguriert werden. Neben der Installation des Packages der RAID-Tools kann die grundlegende Funktion der Linux-RAID-Module z.B. über die Befehle *lsmod* und *insmod* geprüft werden:

```
[root@jake /mnt]# rpm -q -a | grep raid
raidtools-0.90-5
[root@jake /root]# insmod linear
[root@jake /root]# insmod raid0
[root@jake /root]# insmod raid1
[root@jake /root]# insmod raid5
[root@jake /root]# lsmod
Module                  Size  Used by
raid5                  22760   0  (unused)
raid1                   8288   0  (unused)
raid0                   2780   0  (unused)
linear                  1148   0  (unused)
[root@jake /root]#
```

Man kann erkennen, dass das Package vorhanden ist und die RAID-Module geladen werden können (beim Modul *AM53C974* handelt es sich um einen SCSI-Treiber). Falls *insmod* nicht erfolgreich sein sollte, so muss gegebenenfalls ein neuer Kernel und neue Module generiert werden. Der aktuelle Status der RAID-Devices ist über das Auslesen der vom Kernel generierten Datei */proc/mdstat* (Meta-Device-Status) abgefragt worden:

```
[root@jake /root]# cat /proc/mdstat
Personalities : [linear] [raid0] [raid1] [raid5]
read_ahead 1024 sectors
unused devices: <none>
[root@jake /root]#
```

Zur Erzeugung eines Linear-Meta-Devices aus den beiden Platten */dev/sda* und */dev/sdb* müssen nun zuerst die Partitionstabellen der Platten auf folgende Form angepasst werden:

```
[root@jake /root]# fdisk -l /dev/sda /dev/sdb

Disk /dev/sda: 33 heads, 61 sectors, 1022 cylinders
Units = cylinders of 2013 * 512 bytes

Device Boot    Start      End    Blocks   Id  System
/dev/sda1          1     1022   1028612+  fd  Linux raid autodetect

Disk /dev/sdb: 33 heads, 61 sectors, 1021 cylinders
Units = cylinders of 2013 * 512 bytes

Device Boot    Start      End    Blocks   Id  System
/dev/sdb1          1     1021   1027606   fd  Linux raid autodetect
[root@jake /root]#
```

Gegebenenfalls muss also mit *fdisk /dev/sda* und *fdisk /dev/sdb* die Partitionstabelle neu erstellt werden, da RAID-Platten den Partitionstyp *oxfd* anstelle des Linux-Standardtyps *ox83* für das ext2-Dateisystem besitzen. Danach wird eine Datei */etc/raidtab* erstellt, die die Konfiguration des Software-RAIDs enthält.

```
[root@jake /root]# cat /etc/raidtab
## Beispielkonfiguration fuer den Linear Mode
raiddev              /dev/md0
```

```
raid-level              linear
persistent-superblock   1
chunk-size              4
nr-raid-disks           2
device                  /dev/sda1
raid-disk               0
device                  /dev/sdb1
raid-disk               1
[root@jake /root]#
```

Die erste Zeile der */etc/raidtab* enthält das zu initialisierende Meta-Device, hier */dev/md0*. Die Zeile *persistent-superblock* gibt an, dass ein gesonderter Superblock in die physikalischen RAID-Partitionen geschrieben wird. Diese Option ist relativ neu in den Linux-RAID-Tools und dient zur Initialisierung des RAID-Systems:

- Würde das System nur über die */etc/raidtab* initialisiert, dann müsste zum Start des RAIDs bereits die Datei */etc/raidtab* vorhanden sein. Folglich müsste aber das /-Verzeichnis zumindest schon lesbar vorhanden sein, um ein RAID-System zu initialisieren.
- Wenn aber das /-Verzeichnis vorhanden sein muss zur Initialisierung des RAID-Systems, so könnte man das /-Verzeichnis nicht auf ein RAID-System legen und somit eine Boot-Platte nicht auf Basis eines Software-RAIDs realisieren.

Dieser Schwachpunkt wird durch den RAID-Superblock behoben: Nachdem der Linux-Kernel geladen wurde, kann auf allen verfügbaren Platten nach RAID-Superblöcken gesucht werden. Die RAID-Systeme können nach diesem Scan aufgebaut, die Systeme aktiviert und die entsprechenden */dev/mdx* gemountet werden. Auf diese Weise kann auch ein komplettes /-Dateisystem auf einem Software-RAID realisiert werden.

Die Option *chunk-size* besitzt im linearen Modus noch keine große Bedeutung und wird später genauer betrachtet. Die weiteren Optionen sind einsichtig: Das Device */dev/md0* besitzt insgesamt zwei Platten (d.h. */dev/sda1* und */dev/sdb1*). Bei */dev/sda1* handelt es sich um die physikalische Platte 0, bei */dev/sdb1* entsprechend um die physikalische Platte 1.

Nach Erstellen der Partitionen und der Partitionstypen sowie der */etc/raidtab* kann das RAID-System nun im linearen Modues mit dem Kommando *mkraid* initialisiert werden:

```
[root@jake /root]# mkraid /dev/md0
handling MD device /dev/md0
analyzing super-block
[root@jake /root]# cat /proc/mdstat
Personalities : [linear]
read_ahead 1024 sectors
md0 : active linear sdb1[1] sda1[0] 2056404 blocks 4k rounding
unused devices: <none>
[root@jake /root]#
```

Am Inhalt von */proc/mdstat* kann man erkennen, dass das erste RAID-System erfolgreich initialisiert wurde. Das Meta-Device */dev/md0* ist nun aktiv und kann formatiert und gemountet werden:

```
[root@jake /root]# mke2fs /dev/md0
mke2fs 1.15, 18-Jul-1999 for EXT2 FS 0.5b, 95/08/09
Filesystem label=
OS type: Linux
Block size=4096 (log=2)
Fragment size=4096 (log=2)
......
Writing inode tables: done
Writing superblocks and filesystem accounting information: done
[root@jake /root]# mount /dev/md0 /raidtest
[root@jake /root]# df /raidtest
Filesystem         1k-blocks     Used Available Use% Mounted on
/dev/md0             2023760       20   1920940   0% /raidtest
[root@jake /root]#
```

Anhand der Ausgabe des *df* ist erkennbar, dass die beiden 1 GB-Platten */dev/sda1* und */dev/sdb1* nun in einem 2 GB-Meta-Device */dev/md0* zusammengefasst wurden. Soll eine weitere Platte hinzugefügt werden, so ist dies nicht ohne Zerstörung des Inhalts des alten Meta-Devices möglich. Zuerst muss die neue Platte (im Beispiel nun */dev/sdc*) partitioniert und wiederum mit dem Partitionstyp *0xfd* ausgestattet werden:

```
[root@jake /root]# fdisk -l /dev/sdc

Disk /dev/sdc: 33 heads, 61 sectors, 1023 cylinders
```

```
Units = cylinders of 2013 * 512 bytes
Device Boot    Start      End   Blocks   Id  System
/dev/sdc1          1     1023  1029619   fd  Linux raid autodetect
[root@jake /root]#
```

Außerdem muss das bisherige RAID-System deaktiviert werden durch ein Abmounten von */dev/md0* und dem Stopp der Operation mit *raidstop*. Zusätzlich muss die neue Platte */dev/sdc1* in die RAID-Konfigurationsdatei eingepflegt werden, d.h. als physikalische Platte 2 und mit jetzt insgesamt drei physikalischen Platten im RAID-System:

```
[root@jake /root]# umount /dev/md0
[root@jake /root]# raidstop /dev/md0
[root@jake /root]# cat /etc/raidtab
## Beispielkonfiguration fuer den Linear Mode
raiddev                 /dev/md0
raid-level              linear
persistent-superblock   1
chunk-size              4
nr-raid-disks           3
device                  /dev/sda1
raid-disk               0
device                  /dev/sdb1
raid-disk               1
device                  /dev/sdc1
raid-disk               2
[root@jake /root]# cat /proc/mdstat
Personalities : [linear]
read_ahead 1024 sectors
unused devices: <none>
```

Nun liefert */proc/mdstat* die Angabe, dass kein Meta-Device mehr aktiviert ist. Eigentlich könnte nun ein Start des RAID-Systems in der neuen Konfiguration durch den Aufruf von *mkraid /dev/md0* erfolgen:

```
[root@jake /root]# mkraid /dev/md0
handling MD device /dev/md0
analyzing super-block
disk 0: /dev/sda1, 1028612kB, raid superblock at 1028544kB
/dev/sda1 appears to be already part of a raid array -- use -f to
```

```
force the destruction of the old superblock
mkraid: aborted, see the syslog and /proc/mdstat for potential clues.
[root@jake /root]#
```

Doch da das RAID-System unabhängig von der eigentlichen Konfigurationsdatei */etc/raidtab* über die Superblöcke der physikalischen Platten konfiguriert wird, bricht der Befehl richtigerweise ab: */dev/sda1* arbeitet nämlich auf Basis der alten Konfiguration des Systems mit zwei Platten. Deswegen muss nun die Brechstange eingesetzt werden, d.h. die Option *--force*, die auf den Einsatz von *--really-force* verweist:

```
[root@jake /root]# mkraid --configfile /etc/raidtab --force /dev/md0
--force and the new RAID 0.90 hot-add/hot-remove functionality should be
used with extreme care! If /etc/raidtab is not in sync with the real array
configuration, then a --force will DESTROY ALL YOUR DATA. It's especially
dangerous to use -f if the array is in degraded mode.

PLEASE dont mention the --really-force flag in any email, documentation or
HOWTO, just suggest the --force flag instead. Thus everybody will read
this warning at least once :) It really sucks to LOSE DATA. If you are
confident that everything will go ok then you can use the --really-force
flag. Also, if you are unsure what this is all about, dont hesitate to
ask questions on linux-raid@vger.rutgers.edu
[root@jake /root]# mkraid --configfile /etc/raidtab --really-force /dev/md0
DESTROYING the contents of /dev/md0 in 5 seconds, Ctrl-C if unsure!
handling MD device /dev/md0
analyzing super-block
disk 0: /dev/sda1, 1028612kB, raid superblock at 1028544kB
disk 1: /dev/sdb1, 1027606kB, raid superblock at 1027520kB
disk 2: /dev/sdc1, 1029619kB, raid superblock at 1029504kB
[root@jake /root]# cat /proc/mdstat
Personalities : [linear]
read_ahead 1024 sectors
md0 : active linear sdc1[2] sdb1[1] sda1[0] 3085568 blocks 4k rounding
unused devices: <none>
[root@jake /root]#
```

Anhand der Ausgabe von */proc/mdstat* kann man erkennen, dass das RAID-System im linearen Modus nun erfolgreich gestartet wurde. Nun könnte die Formatierung und der Mount des Dateisystems erfolgen.

3.1.2 RAID-0 Mode

Im linearen Modus wurden verschiedene Festplatten bzw. Partitionen zu einem größeren Meta-Device hintereinandergeschaltet. Hierbei gehört aber dann z.B. das erste GB von */dev/md0* der ersten Platte */dev/sda1*, während das zweite GB des Meta-Devices auf */dev/sdb1* abgelegt wird. Zur Vergrößerung eines Mountpunkts ist dies ausreichend, aber vor allem aus Gründen der Performance existiert eine elegantere Lösung: der RAID-Level 0. RAID-0 ist der grundlegende und einfachste RAID-Level. Hierbei werden die physikalischen Festplatten als Stripes betrieben:

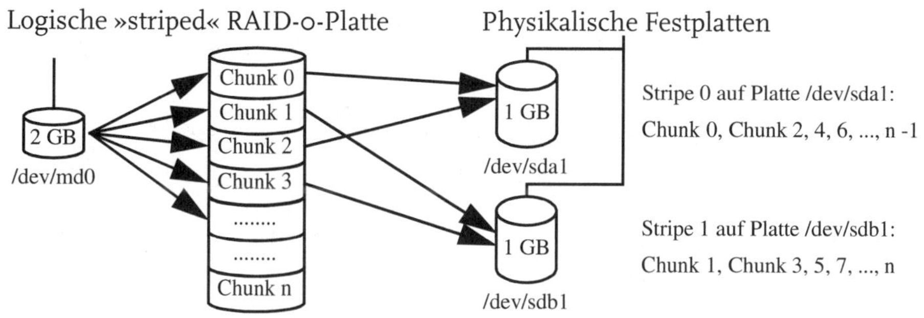

Abb. 3.4: Beispiel einer Striped RAID-0-Platte bestehend aus zwei physikalischen Platten

Die einzelnen Teile des Meta-Device */dev/md0* werden im obigen Beispiel Chunk für Chunk auf die beiden Platten verteilt (im Gegensatz zum Hintereinanderhängen bzw. *Concatenation* im linearen Modus). Hierdurch ergibt sich gegenüber dem linearen Modus ein erheblicher Gewinn an Performance: Setzt man voraus, dass die Schreib- und Lesezugriffe auf die Blöcke von */dev/md0* relativ gleichförmig verteilt sind, so wird man im Mittel zu 50 % Wahrscheinlichkeit die Platte */dev/sda1* und zu 50 % die Platte */dev/sdb1* als physikalische Platte hinter */dev/md0* treffen. Folglich sollten Schreib- und Lesezugriffe bei dieser RAID-0-Konfiguration erheblich beschleunigt werden. Werden noch weitere Platten im RAID-0-Modus eingesetzt, so ergibt sich hierdurch eine weitere Steigerung der Platten-Performance.

Besitzen die physikalischen Platten keine identische Größe, so wird sich das in einer verringerten Performance widerspiegeln: Es werden auf der größeren physikalischen Platte mehr Blöcke gehalten, deswegen erhöht sich die Wahrscheinlichkeit eines Zugriffs auf diese Platte (d.h. die große Platte wird im RAID-0-System zum potenziellen Engpass). Andererseits wird die Performance immer noch besser sein als bei einfachen Plattenzugriffen, außerdem könnte der verbleibende Platz auf der größeren Platte einem anderen bestehenden Mount ohne RAID-System zugeteilt werden.

Zur Konfiguration des RAID-0-Systems muss wiederum zuerst die */etc/raidtab* editiert, das existierende RAID-System gestoppt sowie die neue Konfiguration mit einem *mkraid --really-force* gestartet werden:

```
[root@jake /root]# cat /etc/raidtab
## Beispielkonfiguration fuer den Stripe / RAID-0 Mode
raiddev                 /dev/md0
raid-level              0
persistent-superblock    1
chunk-size              4
nr-raid-disks            2
device                  /dev/sda1
raid-disk               0
device                  /dev/sdb1
raid-disk               1
[root@jake /root]# raidstop --all
nothing to do!
usage: raidstop [--all] [--configfile] [--help] [--version] [-achv] </dev/md?>*
[root@jake /root]# mkraid --configfile /etc/raidtab --really-force /dev/md0
DESTROYING the contents of /dev/md0 in 5 seconds, Ctrl-C if unsure!
handling MD device /dev/md0
analyzing super-block
disk 0: /dev/sda1, 1028612kB, raid superblock at 1028544kB
disk 1: /dev/sdb1, 1027606kB, raid superblock at 1027520kB
[root@jake /root]# mke2fs /dev/md0
mke2fs 1.15, 18-Jul-1999 for EXT2 FS 0.5b, 95/08/09
....
Writing superblocks and filesystem accounting information: done
[root@jake /root]# mount /dev/md0 /raidtest
[root@jake /root]# df /raidtest
Filesystem          1k-blocks     Used Available Use% Mounted on
/dev/md0              2023760       20   1920940   0% /raidtest
[root@jake /root]# umount /raidtest
```

Der RAID-Level 0 besitzt identische Eigenschaften zum linearen Modus (größere virtuelle Platten als physikalisch möglich) sowie eine bessere Performance. Falls jedoch eine Platte eines RAID-0-Systems wegfällt, so sind mit Sicherheit alle Daten verloren. Beim linearen Modus wäre es z.B. noch möglich, einen alternativen Dateisystem-Superblock auf einer intakten Platte zu suchen und das auf den intakten Platten existente Dateisystem mit *fsck* wiederherzustellen; bei RAID-0 gelingt dies auf Grund der gleichförmigen Aufteilung der Plattenzugriffe bzw. der geringeren Größe der Chunks nicht.

3.1.3 RAID-1 Mode

Die bisher betrachteten Modi Linear und RAID-0 beseitigen den Engpass durch eine begrenzte physikalische Plattengröße und erhöhen die Performance. Viel wesentlicher für den stabilen Betrieb ist aber, wie bereits eingangs erwähnt, die Erhöhung der Ausfallsicherheit eines Servers. Hierbei spielen dann auch meist die auf Seite der Hardware anfallenden Kosten eine geringe Rolle.

Ein guter und technisch einfacher Weg zur Erhöhung der Stabilität eines Server ist der Einsatz von RAID-1, d.h. der Spiegelung von Festplatten zu einem Meta-Device:

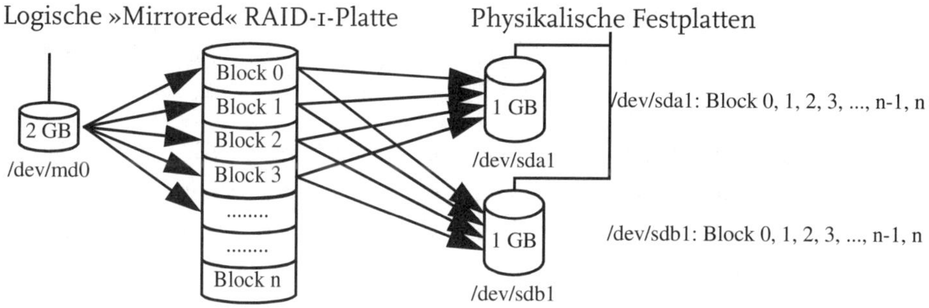

Abb. 3.5: Beispiel einer RAID-1-Spiegelung bestehend aus zwei physikalischen Platten

Es ist erkennbar, dass jeder Block des Meta-Device */dev/md0* auf die beiden Platten */dev/sda1* und */dev/sdb1* gespiegelt wird. Hierdurch ergibt sich die erhöhte Ausfallsicherheit von RAID-1: Eine der beiden physikalischen Platten kann vollständig ausfallen, während alle Daten des Meta-Device noch von der anderen, verbleibenden Platte erhalten bleiben. Der Ausfall einer der beiden Festplatten wird zwar in einer Fehlermeldung resultieren, aber erst der relativ unwahrscheinliche, gleichzeitige Ausfall der zweiten Platte wird in einem Betriebsausfall resultieren.

Die Konfiguration eines RAID-1-Subsystems mit dem Linux-Software-RAID erfolgt fast analog zu den bisherigen beiden Beispielen. Vor der Erstellung des Array sollten etwaige andere RAID-Arrays, die relevante Platten enthalten, gestoppt werden. Dann wird eine Konfigurationsdatei (*/etc/raidtab*) erstellt, und anschließend kann das neue RAID-1-Meta-Device mit einem *mkraid* initialisiert werden:

```
[root@jake /root]# cat /etc/raidtab
## Beispielkonfiguration fuer den Mirror / RAID-1 Mode
raiddev                 /dev/md0
raid-level              1
```

```
persistent-superblock  1
chunk-size             4
nr-raid-disks          2
device                 /dev/sda1
raid-disk              0
device                 /dev/sdb1
raid-disk              1
[root@jake /root]# mkraid --configfile /etc/raidtab --really-force /dev/md0
DESTROYING the contents of /dev/md0 in 5 seconds, Ctrl-C if unsure!
handling MD device /dev/md0
analyzing super-block
disk 0: /dev/sda1, 1028612kB, raid superblock at 1028544kB
disk 1: /dev/sdb1, 1027606kB, raid superblock at 1027520kB
[root@jake /root]#
```

Wenn man direkt nach dem Start die Festplatten-LEDs des RAID-1-Devices beobachtet, so stellt man fest, dass die Platten zunächst ununterbrochen vom Kernel angesprochen werden. Dieser Effekt lässt sich durch die Auswertung von */proc/mdstat* leicht erklären:

```
[root@jake /root]# cat /proc/mdstat
Personalities : [raid0] [raid1]
read_ahead 1024 sectors
md0 : active raid1 sdb1[1] sda1[0] 1027520 blocks [2/2] [UU] resync=2%
finish=10.0min
unused devices: <none>
[root@jake /root]#
```

Die beiden Platten */dev/sda1* und */dev/sdb1* stellen nun ein gespiegeltes Meta-Device dar, das zuerst einmal vollständig abgeglichen, d.h. gesynct werden muss (weil beide Platten zum Zeitpunkt der ersten Initialisierung des Plattenspiegels ja noch einen unterschiedlichen Inhalt besitzen können). Eine entsprechende Systemnachricht ist auch durch den Befehl *dmesg* oder in */var/log/messages* zu beobachten:

```
bind<sda1,1>
bind<sdb1,2>
sdb1's event counter: 00000000
sda1's event counter: 00000000
md: md0: raid array is not clean -- starting background reconstruction
md0: max total readahead window set to 128k
```

```
md0: 1 data-disks, max readahead per data-disk: 128k
raid1: device sdb1 operational as mirror 1
raid1: device sda1 operational as mirror 0
raid1: raid set md0 not clean; reconstructing mirrors
raid1: raid set md0 active with 2 out of 2 mirrors
md: updating md0 RAID superblock on device
sdb1 [events: 00000001](write) sdb1's sb offset: 1027520
md: syncing RAID array md0
md: minimum _guaranteed_ reconstruction speed: 100 KB/sec.
md: using maximum available idle IO bandwith for reconstruction.
md: using 128k window.
sda1 [events: 00000001](write) sda1's sb offset: 1028544
md: md0: sync done.
```

Zuerst bindet der Meta-Device-Treiber die beiden Devices */dev/sda1* und */dev/sdb1* an sich. Beim Start des RAID-1 wird sofort festgestellt, dass der Status nicht *clean* sein kann. Folglich wird durch den Abgleich der Platten erst einmal ein sauberer Status hergestellt.

Die Geschwindigkeit der Herstellung wird begrenzt, um auch noch Zugriffe auf das RAID-System parallel zum syncen der Chunks zu erlauben. Der Abschluss des Syncs wird auch im Systemlog gemeldet, und die Ausgabe von */proc/mdstat* zeigt nun auch ein ordentliches, gesynctes RAID-1-Meta-Device:

```
[root@jake /root]# cat /proc/mdstat
Personalities : [raid1]
read_ahead 1024 sectors
md0 : active raid1 sdb1[1] sda1[0] 1027520 blocks [2/2] [UU]
unused devices: <none>
[root@jake /root]#
```

Fällt im laufenden Betrieb eine der Platten aus (z.B. simuliert durch Trennung des Netzkabels der Platte...), dann wechselt nach dem ersten Zugriff auf das Meta-Device der Zustand von */dev/md0* mit folgender Fehlerausgabe in */proc/mdstat*:

```
[root@jake /root]# cat /proc/mdstat
Personalities : [raid1]
read_ahead 1024 sectors
md0 : active raid1 sdb1[1] sda1[0](F) 1027520 blocks [2/1] [_U]
unused devices: <none>
```

Man erkennt, dass nur noch eine von zwei Platten aktiv ist (am *[_U]* anstelle des vorherigen *[UU]*), während */dev/sda1* mit einem (F) gekennzeichnet wird. Im *dmesg* oder in */var/adm/messages* sieht die Meldung folgendermaßen aus:

```
Apr 24 23:40:12 localhost kernel: SCSI disk error : host 0 channel 0 id 0 lun 0
return code = 25040000
Apr 24 23:40:12 localhost kernel: scsidisk I/O error: dev 08:01, sector 197552
Apr 24 23:40:12 localhost kernel: raid1: Disk failure on sda1, disabling device.
Apr 24 23:40:12 localhost kernel:        Operation continuing on 1 devices
Apr 24 23:40:12 localhost kernel: md: recovery thread got woken up ...
Apr 24 23:40:12 localhost kernel: md0: no spare disk to reconstruct array! --
continuing in degraded mode
Apr 24 23:40:12 localhost kernel: md: recovery thread finished ...
```

Der zum Ausfall der Platte führende *SCSI disk error* und die darauf folgenden Aktionen der RAID-Recovery-Prozedur sind deutlich zu erkennen – der *recovery thread* innerhalb des Linux-Kernels wird aktiviert und stellt fest, dass das System auf einem einzelnen Device fehlerfrei weiterbetrieben werden kann.

In einem produktiven Umfeld für eine Linux-Datenbank sollten entsprechende Meldungen regelmäßig kontrolliert, wenn nicht sogar sofort auf einen Alarm-Pager ausgegeben werden. Ein einfacher Cron-Job, der die Logfiles und/oder */proc/mdstat* überwacht, sollte jedoch schon weiterhelfen. Da nur eine Platte ausgefallen ist, kann der *recovery thread* des RAID-Systems die Operation fortführen. Beim nächsten Ausfall (der nach Murphy's Law bestimmt kommt) ist ein Recover des Systems jedoch mit einem erheblichen Zeit- und Nervenaufwand verbunden.

Wird die fehlerhafte Platte im laufenden Betrieb einkonfiguriert (z.B. durch Wiederherstellen der Stromversorgung der Platte), so wird die Platte wieder gesynct und der Betrieb kann regulär weitergehen:

```
[root@jake /root]# cat /proc/mdstat
Personalities : [raid1]
read_ahead 1024 sectors
md0 : active raid1 sdb1[1] sda1[2] 1027520 blocks [2/1] [_U] recovery=28%
finish=10.1min
unused devices: <none>
```

Falls der Kernel die Platte nicht sofort erkennen will oder kann, so kann man über den Befehl *raidhotadd* im laufenden Betrieb nachhelfen:

```
[root@jake /root]# raidhotadd /dev/md0 /dev/sdc1
[root@jake /root]# cat /proc/mdstat
Personalities : [raid1]
read_ahead 1024 sectors
md0 : active raid1 sdc1[2] sdb1[1] sda1[0](F) 1027520 blocks [2/1] [_U] reco-
very=0% finish=1712.3min
unused devices: <none>
[root@jake /root]#cat /proc/mdstat
Personalities : [raid1]
read_ahead 1024 sectors
md0 : active raid1 sdc1[2] sdb1[1] sda1[0](F) 1027520 blocks [2/1] [_U] reco-
very=4% finish=11.5min
unused devices: <none>
[root@jake /root]#
```

Mit diesem Befehl wird der Kernel gezwungen, über eine Neuinitialisierung von */dev/sdc1* nachzudenken. Der Befehl zum dynamischen Entfernen einer Platte lautet entsprechend *raidhotremove*. Wichtig hierbei ist, dass die */etc/raidtab* nicht editiert wurde, d.h. der aktuelle Zustand des RAID-Systems (Spiegel aus */dev/sdb1* und */dev/sdc1*) ist nicht mehr identisch mit dem in der */etc/raidtab* angegebenen Zustand. Der Administrator sollte also vor dem Einkonfigurieren neuer Platten genau den aktuellen Zustand des RAID-Systems aus */proc/mdstat* beachten.

Nachdem */dev/sdc1* als neue Platte für */dev/md0* akzeptiert wurde, wird die geschätzte Zeit für den Sync des neuen Spiegelsystems aus */dev/sdb1* und */dev/sdc1* vom Kernel zuerst mit 1700 min angegeben, nachher mit realistischen 11.5 min. Dies ist dadurch bedingt, dass der Kernel noch versucht, auf das fehlerhafte Device */dev/sda1* zuzugreifen. Später erfolgen keine Zugriffe mehr und deswegen auch keine SCSI-Timeouts. Dadurch kommt dann wieder eine realistische SCSI-Zugriffszeit zustande.

Es existieren allerdings einige schlechte Erfahrungen bezüglich des dynamischen Entfernens und Hinzufügens von Festplatten bei PC-SCSI-Controllern. Unix-Hardware von Sun Microsystems unter Solaris oder Server von Hewlett-Packard unter HP-UX reagieren in diesen Fällen erheblich »freundlicher« oder gutmütiger als die PC-Hardware, leider auch unter Linux.

Eine andere Möglichkeit für eine automatische Rekonfiguration ist der Wechsel der fehlerhaften Platte während einer geplanten Downtime des Servers. In diesem Fall wird die neue Platte */dev/sda1* so vorbereitet, dass eine ausreichend große Partition mit dem Linux-Autoraid-Partitionstyp *0xfd* vorhanden ist (diese Platte kann z.B. auf einer anderen Maschine oder beim Boot von einer Rescue-CD o.ä. einfach per *fdisk* eingerichtet werden). Erkennt der Kernel beim Boot eine neue */dev/sda1*-Partition von Typ Linux-Autoraid, so wird die neue verfügbare Platte automatisch wieder gesynct.

Eine Spare-Platte als Ersatz einer vielleicht ausgefallenen Platte kann natürlich auch sofort bei der ersten Konfiguration einkonfiguriert werden. Um z.B. */dev/sdc1* als Spare-Platte zum bestehenden RAID-1 hinzuzufügen, muss zuerst wieder die Partitionstabelle der Platte und */etc/raidtab* editiert werden:

```
[root@jake /root]# cat /etc/raidtab
## Beispielkonfiguration fuer den Mirror / RAID-1 Mode mit Ersatzplatte
raiddev                 /dev/md0
raid-level              1
persistent-superblock    1
chunk-size              4
nr-raid-disks             2# die beiden Spiegelplatten
nr-spare-disks            1# war vorher 0
device                  /dev/sda1
raid-disk               0
device                  /dev/sdb1
raid-disk               1
device                  /dev/sdc1# neue Spare-Platte
spare-disk              0# die erste Spare-Platte
[root@jake /root]# mkraid --really-force /dev/md0
DESTROYING the contents of /dev/md0 in 5 seconds, Ctrl-C if unsure!
handling MD device /dev/md0
analyzing super-block
disk 0: /dev/sda1, 1028612kB, raid superblock at 1028544kB
disk 1: /dev/sdb1, 1027606kB, raid superblock at 1027520kB
disk 2: /dev/sdc1, 1029619kB, raid superblock at 1029504kB
bind<sda1,1>
bind<sdb1,2>
bind<sdc1,3>
sdc1's event counter: 00000000
sdb1's event counter: 00000000
sda1's event counter: 00000000
md: md0: raid array is not clean -- starting background reconstruction
raid1: raid set md0 not clean; reconstructing mirrors
sdc1 [events: 00000001](write) sdc1's sb offset: 1029504
sdb1 [events: 00000001](write) sdb1's sb offset: 1027520
sda1 [events: 00000001](write) sda1's sb offset: 1028544
[root@jake /root]#
```

Die entsprechenden Änderungen sind leicht nachzuvollziehen: Einfügen von *nr-spare-disks*, ein Device für die neue Platte */dev/sdc1* und Setzen der Platte als erste *spare-disk*. Ein Sync von */dev/sdc* wird bei der Initialisierung des Array nicht erforderlich, da es sich bei dem neuen Device um eine Ersatzplatte handelt.

Wird nun wiederum */dev/sda1* ausgeschaltet, so erkennt der Kernel dies automatisch. Das Device */dev/sdc1* wird sofort als Ersatzplatte für das fehlerhafte Device eingesetzt:

```
SCSI disk error : host 0 channel 0 id 0 lun 0 return code = 25040000
scsidisk I/O error: dev 08:01, sector 4048
raid1: Disk failure on sda1, disabling device.
Operation continuing on 1 devices
raid1: md0: rescheduling block 506
md: recovery thread got woken up ...
md0: resyncing spare disk sdc1 to replace failed disk
RAID1 conf printout:
--- wd:1 rd:2 nd:3
disk 0, s:0, o:0, n:0 rd:0 us:1 dev:sda1
disk 1, s:0, o:1, n:1 rd:1 us:1 dev:sdb1
disk 2, s:1, o:0, n:2 rd:2 us:1 dev:sdc1
disk 3, s:0, o:0, n:0 rd:0 us:0 dev:[dev 00:00]
.....
disk 11, s:0, o:0, n:0 rd:0 us:0 dev:[dev 00:00]
RAID1 conf printout:
--- wd:1 rd:2 nd:3
disk 0, s:0, o:0, n:0 rd:0 us:1 dev:sda1
disk 1, s:0, o:1, n:1 rd:1 us:1 dev:sdb1
disk 2, s:1, o:1, n:2 rd:2 us:1 dev:sdc1
md: syncing RAID array md0
md: minimum _guaranteed_ reconstruction speed: 100 KB/sec.
md: using maximum available idle IO bandwith for reconstruction.
md: using 128k window.
dirty sb detected, updating.
md: updating md0 RAID superblock on device
sdc1 [events: 00000003](write) sdc1's sb offset: 1029504
sdb1 [events: 00000003](write) sdb1's sb offset: 1027520
(skipping faulty sda1 )
.
raid1: md0: redirecting sector 506 to another mirror
[root@jake /root]# cat /proc/mdstat
```

```
Personalities : [raid1]
read_ahead 1024 sectors
md0 : active raid1 sdc1[2] sdb1[1] sda1[0](F) 1027520 blocks [2/1] [_U] reco-
very=7% finish=11.3min
unused devices: <none>
[root@jake /root]#
```

Man sieht in der obigen Ausgabe deutlich die Veränderung des Zustands von */dev/sdc1* als *disk 3*, außerdem ist bei */proc/mdstat* wieder der Sync-Vorgang erkennbar.

Weitere Maßnahmen sind nicht erforderlich, der Spiegel besteht weiterhin und die fehlerhafte Platte */dev/sda* kann bei der nächsten Downtime ersetzt werden. Vielleicht sollte bei der Entwicklung der Raidtools noch ein zusätzlicher Befehl eingeführt werden, der den aktuellen Zustand eines Meta-Device ausführlich wiedergibt damit nach einem Fehlerfall Spiegel und Ersatzplatte einfacher identifiziert werden können.

3.1.4 RAID-5 Mode

RAID-1 liefert eine hohe Ausfallsicherheit durch die Spiegelung der Platten zu einem Meta-Device. Allerdings wird diese Ausfallsicherheit durch hohe Kosten erkauft, da für jede Platte eine Spiegelplatte eingesetzt werden muss. Es ist jedoch auch bei geringerem Hardwareeinsatz möglich, die Ausfallsicherheit eines Plattensystems bezüglich des Ausfalls einer einzelnen Platte zu erreichen. Die grundsätzliche Idee bzw. das Prinzip bei diesen RAID-Lösungen ist, zu jedem auf eine Platte geschriebenen Datenwort ein Paritätsbit zusätzlich auf einer anderen Platte zu sichern. Inklusive dieses Paritybits enthält jedes Datenwort nun immer eine gerade Anzahl von 1-Bits. Nun kann eine einzelne beliebige Platte des Array ausfallen, und das ursprüngliche Datenwort kann auf Grund des Paritätsbits immer rekonstruiert werden.

In der folgenden Abbildung ist erkennbar, dass bei Ausfall einer einzelnen Platte die eigentliche Dateninformation über das redundante Paritätsbit immer rekonstruiert werden kann (natürlich auch das Paritätsbit selbst bei Verlust der entsprechenden Platte). Erst beim gleichzeitigen Ausfall zweier Platten ist die Information verloren:

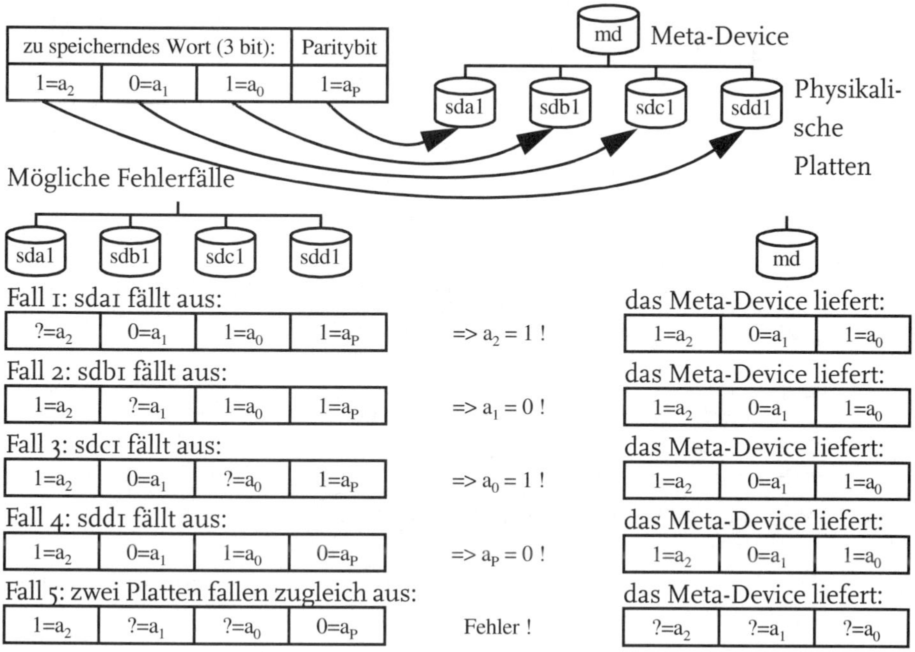

Abb. 3.6: Beispiel bezüglich der Speicherung eines Paritybits bei vier physikalischen Platten

Dieses Prinizip ist natürlich auch schon bei zwei oder drei Platten möglich, aber akademisch: Bei zwei Platten kann sofort gespiegelt werden, bei drei Platten kostet die Redundanz mehr, als an Datensicherheit geliefert wird. Deswegen ist der Einsatz einer solchen Technologie erst ab vier physikalischen Platten sinnvoll, liefert dann aber eine Ausfallsicherheit bezüglich des Ausfalls einer einzelnen Platte bei günstigeren Kosten. Je mehr Platten eingesetzt werden, desto geringer werden die Kosten zur Bereitstellung der Ausfallsicherheit.

Im Beispiel wird aber nur ein einzelnes Datenwort betrachtet, das auf den Platten gespeichert wird (mit der zugegeben krummen Wortbreite von 3 bit). Werden mehrere Datenworte gespeichert, so sollte der Paritätsbereich der Worte über die verschiedenen Platten verteilt gespeichert werden. Werden die Parity-Bereiche nicht gleichmäßig über alle Platten des Array verteilt, so wird die Platte, welche die Parity-Informationen hält, zum Engpass. In diesem Fall erfordert jeder Plattenzugriff immer einen Zugriff auf die einzige Parity-Platte. Dies ist z.B. bei RAID-4 gegeben. Bei RAID-5 wird auf Grund des Performance-Engpasses die Parity-Information immer gleichmäßig über alle Platten verteilt:

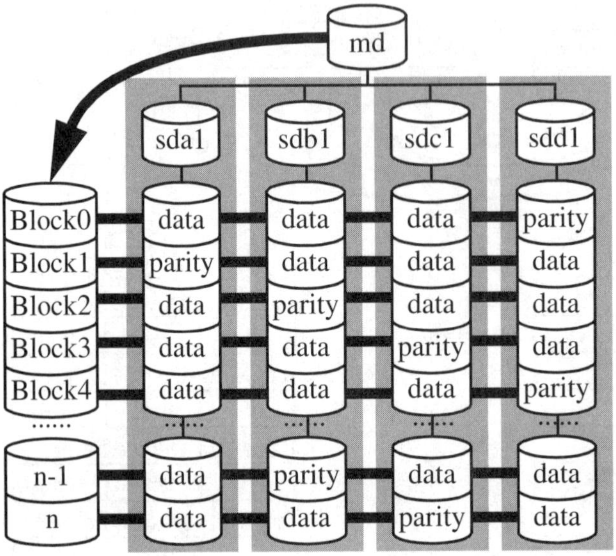

Abb. 3.7: Beispiel bezüglich eines RAID-5-Systems bestehend aus vier physikalischen Platten

Auf diese Weise sind im Mittel alle Daten- und Parityzugriffe gleichmäßig über alle Platten verteilt, und das RAID-Subsystem liefert die optimale Performance. Gleichzeitig ist die Performance höher als beim Einsatz einzelner Platten: Datenblöcke werden auf verschiedenen Platten abgelegt (z.B. könnte ein Schreibzugriff mit einer Breite von 3 KB jeweils einen Schreibvorgang von jeweils 1 KB auf jeder Platte auslösen – das erste KB wird auf Platte */dev/sda1*, das zweite KB auf */dev/sdb1*, das dritte kB wird auf */dev/sdc1* geschrieben, während die Parity-Information auf */dev/sdd1* gespeichert wird.

Die */etc/raidtab* für diese Konfiguration ist mit Kenntnis der anderen Konfiguration leicht verständlich – es handelt sich bei der hier angegebenen Konfiguration um ein RAID-5-System ohne zusätzliche Ersatzplatte.

```
[root@jake /root]# cat /etc/raidtab.raid5
## Beispielkonfiguration fuer den RAID-5 Mode
raiddev                 /dev/md0
raid-level              5
persistent-superblock   1
parity-algorithm         left-symmetric
chunk-size              4
nr-raid-disks            4
nr-spare-disks           0
```

```
device            /dev/sda1
raid-disk         0
device            /dev/sdb1
raid-disk         1
device            /dev/sdc1
spare-disk        2
device            /dev/sdd1
spare-disk        3
[root@jake /root]# mkraid --really-force /dev/md0
DESTROYING the contents of /dev/md0 in 5 seconds, Ctrl-C if unsure!
handling MD device /dev/md0
analyzing super-block
disk 0: /dev/sda1, 1028612kB, raid superblock at 1028544kB
disk 1: /dev/sdb1, 1027606kB, raid superblock at 1027520kB
disk 2: /dev/sdc1, 1029619kB, raid superblock at 1029504kB
disk 3: /dev/sdd1, 1063393kB, raid superblock at 1063296kB
[root@jake /root]# cat /proc/mdstat
Personalities : [raid5]
read_ahead 1024 sectors
md0 : active raid5 sdd1[3] sdc1[2] sdb1[1] sda1[0] 3082560 blocks level 5, 4k
chunk, algorithm 0 [4/4] [UUUU] resync=2% finish=66.1min
unused devices: <none>
[root@jake /root]#
```

Wie der Ausgabe von */proc/mdstat* zu entnehmen ist, muss das neue RAID-5-System zuerst initialisiert werden, da die Parity-Information auf allen Blöcken erstellt werden muss. Hierbei wird erheblich mehr Zeit notwendig als bei den vorherigen RAID-Modi, u.a. weil die vom RAID-System benötigte Parity-Information durch die CPU generiert werden muss.

Bei RAID-5 sollten analog zu RAID-1 die eingesetzten physikalischen Platten bzw. Partitionen ungefähr eine identische Größe besitzen (ansonsten wird Plattenplatz verschenkt). Bei vier Partitionen zu je 1 GB stehen bei einem RAID-5-Subsystem nachher ca. 3 GB zu Verfügung: Da zu jeweils drei Datenbereichen (oder Daten-Chunks) ein Partity-Chunk gespeichert werden muss, verbleiben von den 4 GB brutto verfügbaren Platten ca. 3 GB netto:

```
[root@jake /root]# df
Filesystem          1k-blocks     Used Available Use% Mounted on
/dev/hda3             2023952  1587920    333216  83% /
/dev/md0              3034128       20   2879980   0% /raidtest
```

```
.....
/dev/sdd2            1016004       20    964372   0% /tmp
[root@jake /root]#
```

An dieser Stelle wird außerdem klar, warum die Platte */dev/sdd* zwei Partitionen besitzt: Die Platte besitzt im Gegensatz zu den anderen 1 GB-Platten eine Größe von 2 GB, d.h. beim Betrieb der Partition */dev/sdd1* unter RAID kann die Partition */dev/sdd2* mit dem verbleibenden 1 GB Plattenplatz anders eingesetzt werden (als ganz normaler Mount ohne Software-RAID, z.B. für ein ungesichertes, unter */tmp* gemountetes Dateisystem). Bei der Erstellung des RAID-Systems können auch andere Algorithmen anstelle von *left-symmetric* zur Erstellung und Verteilung der redundanten Information angegeben werden; da hierdurch an der grundsätzlichen Funktion nichts verändert wird, soll dies hier nicht weiter betrachtet werden.

Ist das RAID-5-Array vollständig gesynct, so ist die Ausgabe von */proc/mdstat* analog zu RAID-0/-1:

```
[root@jake /root]# cat /proc/mdstat
Personalities : [raid5]
read_ahead 1024 sectors
md0 : active raid5 sdd1[3] sdc1[2] sdb1[1] sda1[0] 3082560 blocks level 5, 4k
chunk, algorithm 0 [4/4] [UUUU]
unused devices: <none>
[root@jake /root]#
```

Wird bei */dev/sda1* wiederum ein Fehler erzwungen, so erscheint der Fehler unter */proc/mdstat*. Der Ausfall einer einzigen Platte wird aber verkraftet (wie erwartet):

```
[root@jake /root]# cat /proc/mdstat
Personalities : [raid5]
read_ahead 1024 sectors
md0 : active raid5 sdd1[3] sdc1[2] sdb1[1] sda1[0](F) 3082560 blocks level 5, 4k
chunk, algorithm 0 [4/3] [_UUU]
unused devices: <none>
[root@jake /root]# ls /raidtest
dddd  lost+found
[root@jake /root]#
```

Fällt jedoch eine zweite Platte aus, so entstehen Lesefehler auf dem RAID-5-System:

```
[root@jake /root]# cat /proc/mdstat
Personalities : [raid5]
read_ahead 1024 sectors
md0 : active raid5 sdd1[3] sdc1[2] sdb1[1](F) sda1[0](F) 3082560 blocks level 5,
4k chunk, algorithm 0 [4/2] [__UU]
unused devices: <none>
[root@jake /root]# dmesg
EXT2-fs error (device md(9,0)): ext2_write_inode: unable to read inode block -
inode=2, block=4
raid5: md0: unrecoverable I/O error for block 4
EXT2-fs error (device md(9,0)): ext2_write_inode: unable to read inode block -
inode=13, block=4
raid5: md0: unrecoverable I/O error for block 0
.....
raid5: md0: unrecoverable I/O error for block 513
[root@jake /root]#
```

Nichtsdestotrotz bleibt das Meta-Device aktiv, obwohl nicht mehr auf das Device zugegriffen werden kann. Ein Recovery ist nicht möglich. Fällt nur eine Platte aus, so kann ein Recovery eingeleitet werden.

3.1.5 RAID-10 Mode

Neben den bisherigen RAID-Modi existiert noch der RAID-10-Modus. Bei vielen Applikationen werden sowohl gespiegelte Platten zur Ausfallsicherheit gefordert (d.h. RAID-1 für Spiegelung) als auch eine hohe Performance (d.h. RAID-0 für Striping zur Erhöhung des Durchsatzes). Die Realisierung RAID-10 bedeutet, dass ein Satz gestripter RAID-0-Platten zusätzlich gespiegelt wird:

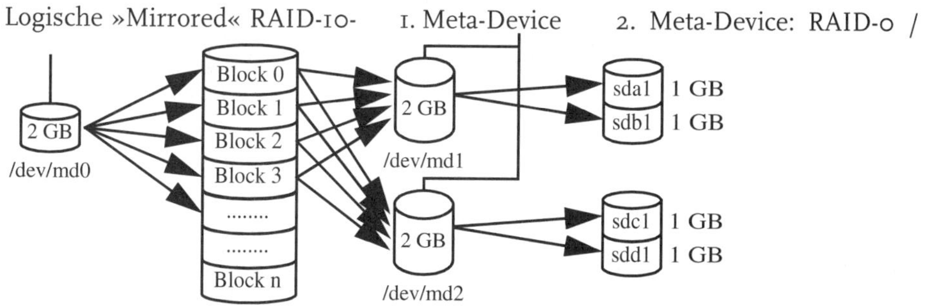

Abb. 3.8: Beispiel eines RAID-10-Array bestehend aus vier physikalischen Platten

Die Konfiguration von RAID-10 beruht genau auf der Idee, zwei RAID-0 Meta-Devices gleicher Größe (nämlich */dev/md1* und */dev/md2*, bestehend aus */dev/sda1* und */dev/sdb1* bzw. aus */dev/sdc1* und */dev/sdd1*) zu einem RAID-1-Meta-Device zu verbinden. Dies ist auch am rekursiven Aufbau der Konfiguration erkennbar:

```
## Beispielkonfiguration fuer den RAID-10-Mode
#### Erstes Device /dev/md1 aus /dev/sda1 und /dev/sdb1
raiddev              /dev/md1
raid-level           0
persistent-superblock  1
chunk-size           4
nr-raid-disks         2
nr-spare-disks        0
device               /dev/sda1
raid-disk            0
device               /dev/sdb1
raid-disk            1
#### Zweites Device /dev/md2 aus /dev/sdc1 und /dev/sdd1
raiddev              /dev/md2
raid-level           0
persistent-superblock  1
chunk-size           4
nr-raid-disks         2
nr-spare-disks        0
device               /dev/sdc1
raid-disk            0
device               /dev/sdd1
raid-disk            1
#### Drittes Device /dev/md0 aus /dev/md1 und /dev/md2
raiddev              /dev/md0
raid-level           1
persistent-superblock  1
chunk-size           4
nr-raid-disks         2
nr-spare-disks        0
device               /dev/md1
raid-disk            0
device               /dev/md2
raid-disk            1
```

Da das gespiegelte Meta-Device */dev/md0* aus den Meta-Devices */dev/md1* und */dev/md2* besteht, müssen diese Meta-Devices vor der Initialisierung von */dev/md0* initialisiert werden (ansonsten droht die Fehlermeldung */dev/md1: device too small (0kB)*:

```
[root@jake ~]# mkraid --configfile /etc/raidtab --really-force /dev/md2
DESTROYING the contents of /dev/md2 in 5 seconds, Ctrl-C if unsure!
handling MD device /dev/md2
analyzing super-block
disk 0: /dev/sdc1, 1029619kB, raid superblock at 1029504kB
disk 1: /dev/sdd1, 1063393kB, raid superblock at 1063296kB
[root@jake ~]# mkraid --configfile /etc/raidtab --really-force /dev/md1
DESTROYING the contents of /dev/md1 in 5 seconds, Ctrl-C if unsure!
handling MD device /dev/md1
analyzing super-block
disk 0: /dev/sda1, 1028612kB, raid superblock at 1028544kB
disk 1: /dev/sdb1, 1027606kB, raid superblock at 1027520kB
[root@jake ~]# mkraid --configfile /etc/raidtab --really-force /dev/md0
DESTROYING the contents of /dev/md0 in 5 seconds, Ctrl-C if unsure!
handling MD device /dev/md0
analyzing super-block
disk 0: /dev/md1, 2056064kB, raid superblock at 2056000kB
disk 1: /dev/md2, 2092800kB, raid superblock at 2092736kB
[root@jake ~]#
```

Es ist hierbei nicht notwendig, ein *fdisk* aufzurufen und auch den Partitionstyp *0xfd* für die Meta-Devices */dev/md1* und */dev/md2* zu setzen. Die Reihenfolge der Aktivierung und Deaktivierung ist auch bei Inbetriebnahme und Abschaltung des RAID-10 wichtig: Werden beide Spiegelseiten durch ein *raidstop* deaktiviert, so kann natürlich auch das resultierende Meta-Device nicht mehr funktionieren. Und ebenso natürlich wird auch keine Fehlermeldung oder ein Hinweis beim Stoppen der Subspiegel geliefert. Die Fehlermeldung sollte man auch nicht unbedingt erwarten, denn unter Unix sollte man wissen, was man tut.

Wie an der Ausgabe von */proc/mdstat* erkennbar ist, ist das RAID-10-System unter */dev/md0* nun aktiviert. Das Device kann nun formatiert und in Betrieb genommen werden:

```
[root@jake /etc]# mount /dev/md0 /raidtest; df
Filesystem           1k-blocks      Used Available Use% Mounted on
/dev/hda3              2023952   1106200    814936  58% /
```

```
/dev/hdc1              3041280  2608093   275891  90% /hdc1
/dev/md0               2023696       20  1920876   0% /raidtest
[root@jake /etc]#
```

Die Größe des Meta-Devices ist 2 GB: */dev/md1* und */dev/md2*, also ergibt sich beim Spiegeln der Device zu */dev/md0* auch eine Größe von 2 GB. Falls ein auf diese Weise erstelltes Dateisystem zu klein ist, so muss man den Fehler bei der kleinsten Partition suchen (da überschüssiger Platz bei RAID-1 einfach nicht verwendet wird). Bei einem Reboot wird ein RAID-10-Subsystem trotz der internen Verschaltung richtig initialisiert, d.h. hier sollten im Gegensatz zur ersten Initialisierung keine Probleme auftreten. Ansonsten würde nach einem sauberen Reboot nur einer der Spiegel als defekt angesehen und neu gesynct werden.

3.1.6 Ein Linux-Software-RAID als Root-Dateisystem

Wie schon vorher erwähnt, existiert bei den neueren Linux-RAID-Tools durch die Einführung des *persistent-superblock* die Option, auch ein Root-Dateisystem (der Mountpunkt /) auf einem Software-RAID-System zu betreiben. Mit der eigentlichen Konfiguration des RAID-Systems hängt diese Möglichkeit weniger zusammen, da die Schritte zur Umstellung des Root-Dateisystems wichtig sind (und eben nicht die Konfiguration des RAID-Systems selbst). Als Anfang soll hier eine sinnvolle Root-Konfiguration mit gespiegelten Platten dienen:

```
[root@jake /etc]# cat /etc/raidtab
## Beispielkonfiguration fuer ein RAID-1 Mode Root-Dateisystem
### /dev/md0 soll das Root-Device werden
raiddev                 /dev/md0
raid-level              1
persistent-superblock   1
chunk-size              4
nr-raid-disks            2
device                  /dev/sda3
raid-disk               0
device                  /dev/sdb3
raid-disk               1
### /dev/md1 soll das Swap-Device werden
raiddev                 /dev/md1
raid-level              1
persistent-superblock   1
chunk-size              4
```

```
nr-raid-disks       2
device              /dev/sda2
raid-disk           0
device              /dev/sdb2
raid-disk           1
[root@jake /etc]#
```

Die Vorgehensweise ist prinzipiell einfach, der Teufel liegt aber im Detail. Zuerst sollte auf den beiden Zielplatten eine gleiche Partitionierung eingerichtet werden (wie bei RAID-1 erforderlich). Auf das erste Meta-Device */dev/md0* soll das Root-Verzeichnis, auf das zweite Device */dev/md1* soll ein 64 MB-Swapspace. Am Anfang beider SCSI-Platten wird für eine Boot-Partition etwas Platz gelassen:

```
[root@jake /etc]# fdisk -l /dev/sda /dev/sdb

Disk /dev/sda: 33 heads, 61 sectors, 1022 cylinders
Units = cylinders of 2013 * 512 bytes

Device Boot  Start      End   Blocks   Id  System
/dev/sda1        1       66    66398+  83  Linux
/dev/sda2       67      132    66429   fd  Linux raid autodetect
/dev/sda3      133     1022   895785   fd  Linux raid autodetect

Disk /dev/sdb: 33 heads, 61 sectors, 1021 cylinders
Units = cylinders of 2013 * 512 bytes

Device Boot  Start      End   Blocks   Id  System
/dev/sdb1        1       66    66398+  83  Linux
/dev/sdb2       67      132    66429   fd  Linux raid autodetect
/dev/sdb3      133     1021   894778+  fd  Linux raid autodetect
[root@jake /etc]# mkraid --configfile /etc/raidtab --really-force /dev/md0
.....
[root@jake /etc]# mkraid --configfile /etc/raidtab --really-force /dev/md1
.....
[root@jake /etc]# mke2fs /dev/md0; mke2fs /dev/sda1; mke2fs /dev/sdb1
.....
[root@jake /etc]#
```

Nun können die notwendigen Daten der Linux-Installation vom bisherigen Root-Verzeichnis / auf */dev/hda3* kopiert werden in das neue RAID-1-Root-Device unter */raidtest*. Außerdem wird der Swap initialisiert und getestet. Die neue */etc/fstab* kann nach dem Umkopieren auf das neue Root-Device angepasst werden:

```
[root@jake /etc]# mount /dev/md0 /raidtest
[root@jake /etc]# df
Filesystem           1k-blocks      Used Available Use% Mounted on
/dev/hda3              2023952    845160   1075976  44% /
/dev/md0                880568        20    835816   0% /raidtest
[root@jake /etc]# cd /
[root@jake /]# for i in `ls -d * | grep -v swapfile|grep -v proc|grep -v
lost+found`
do
echo "Working on ${i}"
tar cfpl - ${i} | (cd /raidtest; tar xpf -)
done
.....
[root@jake /]# vi /raidtest/etc/fstab
[root@jake /]# grep md /raidtest/etc/fstab
/dev/md0          /           ext2     defaults     1 1
/dev/md1          ...         swap
[root@jake /]# mkswap /dev/md1; swapon /dev/md1; swapon -s; swapoff /dev/md1
.....
[root@jake /]#
```

Zum Zeitpunkt des Bootens

- muss der Linux-Kernel bereits alle notwendigen Treiber besitzen, um auf alle RAID-Platten zuzugreifen. Bei IDE-Platten ist dies kein Problem, ein passender SCSI-Treiber sollte jedoch geladen werden.
- Außerdem müssen die notwendigen RAID-Treiber (linear, raid0, raid1 und/oder raid5) zum Zeitpunkt des Mountens des Root-Dateisystems bereits vorhanden sein.
- Der Kernel muss in der Lage sein, ein Meta-Device als Root-Device zu akzeptieren.

Um dies zu realisieren, existieren verschiedene Möglichkeiten, die leider auch von der verwendeten Linux-Distribution abhängen. Deswegen sollen an dieser Stelle nur einige Knackpunkte vorgestellt werden, die auch einem Nicht-Linux-Boot-Guru vielleicht weiterhelfen können (auch wenn es über eine Boot-Floppy nicht sonderlich elegant erscheint!).

Zuerst sollte daher ein Kernel-Image erstellt werden, bei dem die notwendigen Treiber statisch eingebunden sind, d.h. es werden in diesem Fall keine weiteren Klimmzüge zur Realisierung der Module notwendig. Die Treiber können in der Kernel-Konfiguration einfach statisch eingebunden werden (über eine der Methoden *make config*, *make menuconfig* oder *make xconfig* – welche, sei dem Leser überlassen). Bei den Treibern handelt sich um Block-Devices, die schlimmstenfalls auch nach der Kernel-Konfiguration noch in die */usr/src/linux/.config*-Datei des Kernels eingebaut werden können:

```
[root@jake /usr/src/linux-2.2.12]# make menuconfig
.....
[*] Multiple devices driver support
[*] Autodetect RAID partitions
<*>    Linear (append) mode
<*>    RAID-0 (striping) mode
<*>    RAID-1 (mirroring) mode
<*>    RAID-4/RAID-5 mode
< >    Translucent mode
< >    Hierarchical Storage Management support
[*]       Boot support (linear, striped)
<*> RAM disk support
.....[root@jake /usr/src/linux-2.2.12]# grep MD .config
CONFIG_BLK_DEV_MD=y
CONFIG_MD_LINEAR=y
CONFIG_MD_STRIPED=y
CONFIG_MD_MIRRORING=y
CONFIG_MD_RAID5=y
CONFIG_MD_BOOT=y
[root@jake /usr/src/linux-2.2.12]#
```

Wichtig ist die Option des *Boot support* (d.h. *CONFIG_MD_BOOT=y*). Die Variablen müssen auf *y* gesetzt werden, ein *m* für die Generierung eines ladbaren Moduls reicht bei dieser einfachen Möglichkeit nicht aus (da ladbare Treiber im Root-Dateisystem liegen, das schon über die RAID-Treiber angesprochen werden muß).

Im Makefile unter */usr/src/linux* sollte außerdem das Standard-Root-Device des Kernels verändert werden. Dann kann der Make des Kernel angestossen werden, am Ende eines erfolgreichen Laufs kann der neue Kernel mit *dd* testweise auf eine leer Bootfloppy geschrieben werden.

```
[root@jake /usr/src/linux-2.2.12]# grep ROOT_DEV Makefile
# ROOT_DEV specifies the default root-device when making the image.
ROOT_DEV = /dev/md0
[root@jake /usr/src/linux-2.2.12]# make clean; make dep; make clean; make bzI-
mage
.....
[root@jake /usr/src/linux-2.2.12]# dd if=arch/i386/boot/bzImage of=/dev/fd0
1273+1 records in
1273+1 records out
[root@jake /usr/src/linux-2.2.12]# shutdown -r now
```

Diese Floppy kann nun gebootet werden und sollte als Root-Device */dev/mdo* mounten (wenn auch der SCSI-Treiber vorhanden und die */etc/fstab* in Ordnung ist). Wenn alles geklappt hat, so sieht die Belohnung folgendermaßen aus:

```
[root@jake ~]# df
Filesystem          1k-blocks      Used Available Use% Mounted on
/dev/md0               880568    802032     33804  96% /
[root@jake ~]# swapon -s
Filename                        Type            Size    Used    Priority
/dev/md1                        partition       66300   0       -1
[root@jake ~]# lsmod
Module                  Size  Used by
[root@jake ~]# cat /proc/mdstat
Personalities : [linear] [raid0] [raid1] [raid5]
read_ahead 1024 sectors
md1 : active raid1 sdb2[1] sda2[0] 66304 blocks [2/2] [UU]
md0 : active raid1 sdb3[1] sda3[0] 894656 blocks [2/2] [UU]
unused devices: <none>
[root@jake ~]#
```

Wichtig bei dieser Lösung ist, dass alle Treiber statisch in den Kernel gebunden sind (siehe die obige Ausgabe von *lsmod*, die weder RAID- noch SCSI-Treiber zeigt). Diese Lösung ist möglich, aber vielleicht nicht unbedingt elegant. Soll kein neuer Kernel kompiliert werden, so besteht eine Möglichkeit z.B. darin, die Treiber durch Erstellen eines *initrd*-Images vor dem Mount des Root-Dateisystems über eine RAM-Disk in den Kernel zu laden. Dies soll hier nicht weiter beschrieben werden, als Stichpunkte sollen hier die Lilo-Dokumentation und die Befehle *mkbootdisk* sowie *mkinitrd* erwähnt werden.

Im Folgenden ist die Konfiguration wiedergegeben, die nach dem Test des Kernels mit der Bootfloppy zum Booten von den gespiegelten SCSI-Platten eingesetzt werden kann:

```
[root@jake /root]# df; swapon -s
Filesystem          1k-blocks      Used Available Use% Mounted on
/dev/md0              880568    802216     33620  96% /
/dev/sda1              64290      1155     59816   2% /boot/sda1
/dev/sdb1              64290      1155     59816   2% /boot/sdb1
Filename                        Type            Size    Used    Priority
/dev/md1                        partition       66300   3548    -1
[root@jake /root]#
```

Die ersten Partitionen der Platten, d.h. */dev/sda1* und */dev/sdb1*, werden zum Booten eingesetzt. Hierzu kann einfach das »normale« */boot*-Verzeichnis der Distribution nach */boot/sda1* und */boot/sdb1* kopiert werden. Außerdem sollten noch die Devicefiles der Meta-Devices in der Boot-Partition geprüft und gegebenenfalls durch *MAKEDEV* angelegt werden:

```
[root@jake /root]# cd /boot; find . -xdev | cpio -pdmu /boot/sda1
[root@jake /root]# cd /boot; find . -xdev | cpio -pdmu /boot/sdb1
```

Falls Lilo Probleme mit der Akzeptanz von */dev/md0* haben sollte, so können in der */etc/lilo.conf* auch hexadezimale Werte zur Identifikation des Root-Verzeichnisses angegeben werden. Bei der Angabe *root=0x900* in der folgenden *lilo.conf* handelt es sich um die hexadezimale Device-Datei von */dev/md0*:

```
[root@jake /boot/sda1]# ls -la /dev/md0
brw-------   1 root     root       9,   0 Aug 25  1999 /dev/md0
[root@jake /boot/sda1]# cat etc/lilo.conf
boot=/dev/sda
disk=/dev/sda bios=0x80
timeout=100
message=/boot/message
prompt
image=/bzImage
label=linux0x900
#       root=/dev/md0
root=0x900
#image=/bzImage
```

```
#       label=linux_hdc4
#       root=/dev/hdc4
#image=/bzImage
#       label=rescue
#       append="load_ramdisk=2 prompt_ramdisk=1"
#       root=/dev/fd0
[root@jake /boot/sda1]# diff /boot/sd*/etc/lilo.conf
1,2c1,2
< boot=/dev/sda
< disk=/dev/sda bios=0x80
---
> boot=/dev/sdb
> disk=/dev/sdb bios=0x81
[root@jake /boot/sda1]
```

Da Lilo die SCSI-Platten als BIOS-IDE-Devices betrachtet, muss an dieser Stelle auch der Parameter *bios=0x80* für die erste, von SCSI aus zu bootende Platte sowie *bios=0x81* für die zweite SCSI-Boot-Platte angegeben werden. Weil Lilo den Kernel nicht vom Meta-Device als Boot-Device lesen kann, werden die beiden kleinen Boot-Partitionen */dev/sda1* und */dev/sdb1* benötigt, die jeweils den Kernel im Klartext, d.h. ohne Meta-Device bzw. Spiegelung enthalten.

Das automatische Booten von einem Spiegel im Fehlerfall muss vorher getestet werden. Beantwortet werden muss hier z.B. die Frage, ob das BIOS des Rechners in diesem Fall überhaupt mitspielt. Außerdem ist es möglich, dass die SCSI-IDs der Platten vom SCSI- oder Rechner-BIOS bezüglich der Boot-Reihenfolge umbenannt werden: Bei einer defekten ersten SCSI-Platte */dev/sda* (zu der eigentlich *0x80* gehört) könnte das BIOS das Device für */dev/sdb* durch *0x80* ersetzen (und deswegen im Fehlerfall als 0x80 anstelle von 0x81 ansprechen). Dies sollte durch Tests nach der Installation ermittelt werden. Insgesamt ist aber erkennbar, dass bei einem übersehbaren Einsatz an Arbeit an einem Software-RAID insgesamt hohe Kosten im Vergleich zum Einsatz eines Hardware-RAID eingespart werden können.

3.2 LVM – Logical Volume Manager

Die Software-RAID-Tools von Linux stellen ein außerordentlich sinnvolles Hilfsmittel zur Erhöhung der Verfügbarkeit dar: Der Ausfall einzelner Platten kann problemlos abgefangen werden. Allerdings kann man sehr gut erkennen, dass die Einschränkung der RAID-Tools auf die einzelnen Partitionen eine Einschränkung darstellen: Beide physikalisch unter einer RAID-1-Platte liegenden Festplatten bzw. Plattenpartitionen sollten eine identische Größe besitzen. Wird einfach eine größere Platte ohne Spiegel unter RAID-0 benötigt, so ist die Größe der logischen Platte wiederum einfach nur die Addition der beiden Platten-Stripes.

In beiden aufgeführten Fällen ist eine Lösung auf Basis der RAID-Tools meist hinderlich. Oft wird auch kein Schutz der Platten verlangt, sondern nur ein flexibleres Management des verfügbaren Plattenplatzes. Durch ein Tool zum Festplatten-Management wie den LVM (Logical Volume Manager) kann ein abstrakteres Modell des durch die Platten verfügbaren Speicherplatzes eingeführt werden.

3.2.1 Das Modell des LVM

Im Vergleich zu den RAID-Tools wird beim LVM eine vollkommen andere Sichtweise auf die Festplatten eingesetzt. Hier werden zuerst einzelne Platten (Physical Volumes oder PV) innerhalb einer Gruppe von Platten (Volume-Group oder VG) zusammengebunden. Im folgenden Beispiel sollen die Platten bzw. Partitionen */dev/sda1* und */dev/sdb1* der VG */dev/vg00* zugeordnet werden, entsprechend sollen */dev/sdc1* und */dev/sdd1* der VG */dev/vg01* zugeordnet werden.

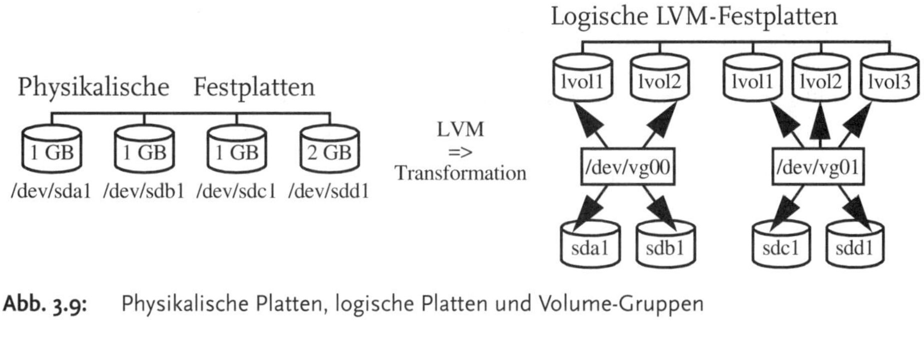

Abb. 3.9: Physikalische Platten, logische Platten und Volume-Gruppen

Die einzelnen physikalischen Platten werden nicht mehr eingesetzt, vielmehr werden sie Teil einer VG. Die VG wiederum wandelt die PVs in logische Platten um (Logical Volumes oder LV). Dies geschieht durch eine Einteilung der Platten in eine Menge einzelner Extents (Physical Extents oder PE), die »Plattenhäppchen« einer fest vorgegebenen Größe darstellen:

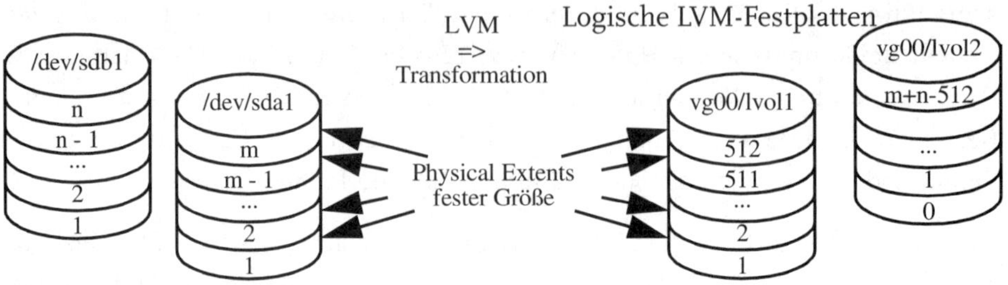

Abb. 3.10: Zusammenhang zwischen Platten und logischen Volumes

Wichtig ist hierbei, dass die PEs einer Platte wahlfrei verschiedenen logischen Platten zugeteilt werden können. So können im Beispiel die 512 PEs des LV */dev/vg00/lvol1* sowohl von der Platte */dev/sda1* als auch von */dev/sdb1* stammen. Extents von */dev/sdc1* oder */dev/sdd1* können jedoch nicht verwendet werden, da diese PVs im Beispiel zu Volume-Gruppe */dev/vg01* gehören.

Wurde ein logisches Volume einmal definiert, so kann es wie eine normale Platte formatiert und ins Dateisystem gehängt werden. Natürlich kann auch ein Swap als LV definiert werden, außerdem kann der LVM auch parallel zu den RAID-Tools eingesetzt werden. Auf diese Art und Weise kann z.B. eine RAID-1-Platte definiert und über den LVM in verschiedene logische Platten überführt werden.

3.2.2 Initialisierung einer Volume-Gruppe

Damit die Platten zum Einsatz unter LVM initialisiert werden können, muss ein Partitionstyp *0x8e* auf die einzelnen Platte geschrieben werden. Dies dient analog zum Software-RAID zur Initialisierung der Platten:

```
bash-2.03# for i in a b c d
> do
> fdisk -l /dev/sd$i
> done

Disk /dev/sda: 33 heads, 61 sectors, 1022 cylinders
Units = cylinders of 2013 * 512 bytes
Device Boot    Start      End   Blocks   Id  System
/dev/sda1          1     1022  1028612+  8e  Unknown

Disk /dev/sdb: 33 heads, 61 sectors, 1021 cylinders
Units = cylinders of 2013 * 512 bytes
```

```
Device Boot    Start      End   Blocks   Id  System
/dev/sdb1          1     1021  1027606   8e  Unknown

Disk /dev/sdc: 33 heads, 61 sectors, 1023 cylinders
Units = cylinders of 2013 * 512 bytes
Device Boot    Start      End   Blocks   Id  System
/dev/sdc1          1     1023  1029619   8e  Unknown

Disk /dev/sdd: 67 heads, 62 sectors, 1009 cylinders
Units = cylinders of 4154 * 512 bytes
Device Boot    Start      End   Blocks   Id  System
/dev/sdd1          1     1009  2095662   8e  Unknown
bash-2.03#
```

Der Partitionstyp *ox8e* wird von fdisk in dieser Version noch nicht offiziell anerkannt, aber trotzdem auf die Platte geschrieben. Nun werden die Platten durch den Befehl *pvcreate* mit dem LVM-Header versehen:

```
bash-2.03# for i in a b c d
> do
> pvcreate /dev/sd${i}1
> done
pvcreate -- physical volume "/dev/sda1" successfully created

pvcreate -- physical volume "/dev/sdb1" successfully created

pvcreate -- physical volume "/dev/sdc1" successfully created

pvcreate -- physical volume "/dev/sdd1" successfully created
bash-2.03#
```

Im obigen Beispiel wurden neue Platten verwendet, die bisher noch kein Teil des LVM waren. Deswegen wurden die Platten ohne weiteren Kommentar initialisiert. Wird eine Platte erneut initialisiert, so taucht der Kommentar *pvcreate -- reinitializing physical volume* auf, der aber ignoriert werden kann. Nach der Initialisierung besitzt jede Platte neben der Partitionstabelle einen zusätzlichen internen Label oder Datenbereich des LVM. Anhand dieses Datenbereiches kann festgestellt werden, ob es sich um eine freie Platte handelt oder ob die Platte schon Teil einer Platten-Gruppe (einer Volume-Group, VG) ist. Nun kann die erste VG erstellt werden:

```
jake:~ # vgcreate /dev/vg00 /dev/sda1
vgcreate -- INFO: using default physical extent size 4 MB
vgcreate -- INFO: maximum logical volume size is 255.99 Gigabyte
vgcreate -- doing automatic backup of volume group "vg00"
vgcreate -- volume group "vg00" successfully created and activated

jake:~ # ls -la /dev/vg00/
total 32
dr-xr-xr-x   2 root     root         1024 Jun 19 02:44 .
drwxr-xr-x   7 root     root        30720 Jun 19 02:44 ..
crw-r-----   1 root     root     109,   0 Jun 19 02:44 group
jake:~ # ls -la /etc/lvmtab
-rw-r-----   1 root     root            5 Jun 19 02:44 /etc/lvmtab
jake:~ # cat /etc/lvmtab
vg00
jake:~ #
jake:~ # strings /etc/lvmtab.d/vg00
vg00
/dev/sda1
vg00
jake961417031
/dev/sdb1
vg00
jake961417038
jake:~ #
```

Die VG */dev/vg00* existiert nun, sie besteht allerdings nur aus der Platte */dev/sda1*. Außerdem wurde durch LVM unter dem Namen */dev/vg00/group* automatisch ein Device zur Steuerung der VG angelegt. Eine weitere neue Datei ist die */etc/lvmtab*: hier wird ähnlich der */etc/fstab* lokal auf einem Rechner die Information über bekannte VGs abgelegt. Die eigentliche Information der VG liegt binär codiert in der Datei */etc/lvmtab.d/vg00*, kann aber wie dargestellt ausgelesen werden. Die weitergehenden Informationen über die VG können mittels des Befehls *vgdisplay* abgerufen werden:

```
vg00jake:~ # vgdisplay vg00
--- Volume group ---
VG Name               vg00
VG Access             read/write
VG Status             available/resizable
```

```
VG #                  0
MAX LV                256
Cur LV                0
Open LV               0
MAX LV Size           255.99 GB
Max PV                256
Cur PV                1
Act PV                1
VG Size               1004 MB
PE Size               4 MB
Total PE              251
Alloc PE / Size       0 / 0
Free  PE / Size       251 / 1004 MB

jake:~ #
```

Man kann sofort die Parameter der VG erkennen. Maximal 256 Platten (*Max PV*) können in diese VG integriert werden, es sind maximal 256 Logische Platten (*MAX LV*) verfügbar. Die Größe eines PEs (ein einzelnes Plattenhäppchen) beträgt 4 MB. Nun kann die VG erweitert werden:

```
jake:~ # vgextend vg00 /dev/sdb1
vgextend -- INFO: maximum logical volume size is 255.99 Gigabyte
vgextend -- doing automatic backup of volume group "vg00"
vgextend -- volume group "vg00" successfully extended

jake:~ # vgdisplay -v vg00
--- Volume group ---
VG Name               vg00
VG Access             read/write
VG Status             available/resizable
VG #                  0
MAX LV                256
Cur LV                0
Open LV               0
MAX LV Size           255.99 GB
Max PV                256
Cur PV                2
Act PV                2
VG Size               1.96 GB
PE Size               4 MB
```

```
Total PE              501
Alloc PE / Size        0 / 0
Free  PE / Size       501 / 1.96 GB

--- No logical volumes defined in vg00 ---

--- Physical volumes ---
PV Name (#)           /dev/sda1 (1)
PV Status             available / allocatable
Total PE / Free PE     251 / 251

PV Name (#)           /dev/sdb1 (2)
PV Status             available / allocatable
Total PE / Free PE     250 / 250

jake:~ #
```

An der ausführlichen Ausgabe von *vgdisplay* kann man erkennen, dass neben */dev/sda1* nun auch */dev/sdb1* ein Teil der VG ist. Außerdem besitzt die VG nun nicht mehr nur die durch */dev/sda1* gestellten 251 PEs, es sind nun insgesamt 501 PEs, d.h. durch */dev/sdb1* sind 250 Plattenhäppchen hinzugekommen.

Bei der Erstellung einer neuen VG können die Parameter bezüglich der maximalen Anzahl von PVs, PEs und LVs angegeben werden. Weiterhin existiert neben *vgcreate* natürlich auch *vgremove* zum Löschen von VGs. Allerdings gilt es hier eine Einschränkung zu machen bezüglich des aktuellen Zustands der VG:

```
bash-2.03# vgcreate -s 16M -l 64 -p 16 /dev/vg01 /dev/sdc1 /dev/sdd1
vgcreate -- INFO: maximum logical volume size is 1023.97 Gigabyte
vgcreate -- doing automatic backup of volume group "vg01"
vgcreate -- volume group "vg01" successfully created and activated

bash-2.03# vgremove /dev/vg01
vgremove -- ERROR: can't remove active volume group "vg01"
bash-2.03# vgchange -a n vg01
vgchange -- volume group "vg01" successfully deactivated

bash-2.03# vgremove /dev/vg01
vgremove -- volume group "vg01" successfully removed

bash-2.03#
```

Wenn eine VG angelegt wurde, so wird sie aktiviert. Mit einer VG kann nur gearbeitet werden, wenn sie aktiv ist. Dies ist eine zusätzliche Sicherheit, d.h. eine VG kann nicht aktiviert werden, wenn z.B. noch eine logische Platte aktuell von Betriebssystem aktiviert ist. Die Aktivierung der existierenden VG erfolgt beim Booten des Rechners. In diesem Fall wird, nachdem das Root-Verzeichnis schreibbar gemountet wurde, die Liste der VGs aus der */etc/lvmtab* ausgelesen, jede einzelne VG wird aktiviert. Die zur VG gehörenden Platten können anhand der von *pvcreate* auf die Platten geschriebenen Label im Zusammenhang mit dem Namen der VG (bzw. ihrem Device) ermittelt werden. Im laufenden Betrieb kann eine VG auch per *vgchange* aktiviert oder deaktiviert werden (solange keine der logischen Platten aktiv ist):

```
bash-2.03# vgchange -a n vg00
vgchange -- volume group "vg00" successfully deactivated

bash-2.03# vgdisplay vg00
vgdisplay -- "vg00" is NOT active; try -D

bash-2.03# vgchange -a y vg00
vgchange -- volume group "vg00" successfully activated

bash-2.03# vgextend vg00 /dev/sdc1
vgextend -- INFO: maximum logical volume size is 255.99 Gigabyte
vgextend -- doing automatic backup of volume group "vg00"
vgextend -- volume group "vg00" successfully extended

bash-2.03# vgreduce vg00 /dev/sdc1
vgreduce -- doing automatic backup of volume group "vg00"
vgreduce -- volume group "vg00" successfully reduced by physical volume:
vgreduce -- /dev/sdc1

bash-2.03#
```

Solange die VG nicht aktiv ist, sind keine Operation auf ihr möglich. Um durch *vgextend* eine neue Platte in die VG einzuführen, muss vorher eine Aktivierung durchgeführt werden. Natürlich existiert zu *vgextend* auch ein Pendant *vgreduce* zum Entfernen von Platten aus einer VG. Neben dem Löschen bzw. Zerstören einer VG ist auch ein Export der VG möglich. Mit einem Export können die Platten mit intakten Plattenlabeln auch von einem anderen Rechner als dem exportierenden wieder importiert werden, d.h. den Rechner wechseln. Die VG muss dabei vorher natürlich deaktiviert werden:

```
bash-2.03# vgchange -a n vg00
vgchange -- volume group "vg00" successfully deactivated

bash-2.03# ls -la /dev/vg00/group
crw-r-----    1 root     root     109,   0 Jun 19 02:44 /dev/vg00/group
bash-2.03# vgexport vg00
vgexport -- volume group "vg00" sucessfully exported

bash-2.03# ls -la /dev/vg00/group
ls: /dev/vg00/group: No such file or directory
bash-2.03#
```

Es ist erkennbar, dass das Device der VG durch den Export gelöscht wird, d.h. ein Zugriff ist nicht mehr möglich. Ebenso wird die VG aus der */etc/lvmtab* entfernt, d.h. nach einem Reboot ist sie nicht mehr verfügbar. Um die VG wieder zu aktivieren, wird nun zuerst ein Import durch *vgimport* durchgeführt.

```
bash-2.03# vgimport /dev/vghugo /dev/sda1 /dev/sdb1
vgimport -- doing automatic backup of volume group "vghugo"
vgimport -- volume group "vghugo" successfully imported and activated
bash-2.03# ls -la /dev/vghugo/group
crw-r-----    1 root     root     109,   0 Jun 19 04:36 /dev/vghugo/group
bash-2.03# bash-2.03# vgchange -a n vghugo
vgchange -- volume group "vghugo" successfully deactivated

bash-2.03# vgexport vghugo
vgexport -- volume group "vghugo" sucessfully exported

bash-2.03#
```

Nun ist die alte VG (bestehend aus den Platten */dev/sda1* und */dev/sdb1*) wieder verfügbar und aktiv. Allerdings wurde sie unter dem Namen *vghugo* importiert, d.h. auf diese Weise kann auch bequem der Name einer VG gewechselt werden. Ist die Information bezüglich aller Devices einer VG nicht mehr bekannt, so kann mit *vgscan* nach Devices gesucht werden. Normalerweise sollte der einfache Aufruf von *vgscan* ohne weitere Argumente sofort eine Liste der zur exportierten VG namens *vghugo* gehörenden Platten bringen. Da es sich hier scheinbar um einen Fehler handelt, dient der debug-Modus von *vgscan* als Workaround:

```
bash-2.03# vgscan -d | grep hugo
vg_check_name -- vg_name: "vghugoPV_EXP"
pv_read_all_pv: allocating for /dev/sda1 vghugoPV_EXP
vg_check_name -- vg_name: "vghugoPV_EXP"
pv_read_all_pv: allocating for /dev/sdb1 vghugoPV_EXP
vg_check_exist_all_vg -- checking vg_name: vghugoPV_EXP[0/0]
vg_check_exist_all_vg -- before vg_check_exist ( vghugoPV_EXP)
.....
vg_check_name -- vg_name: "vghugoPV_EXP"
pv_read_all_pv_of_vg:  pv_name: /dev/sda1  vg_name: vghugoPV_EXP  p: 0
pv_read_all_pv_of_vg: /dev/sda1[0] hit vghugoPV_EXP[0]
pv_read_all_pv_of_vg:  pv_name: /dev/sdb1  vg_name: vghugoPV_EXP  p: 1
pv_read_all_pv_of_vg: /dev/sdb1[1] hit vghugoPV_EXP[1]
vg_check_exist_all_vg -- checking vg_name: vghugoPV_EXP[1/0]

vgscan -- no volume groups found
bash-2.03#
```

Die Ausgabe von *vgscan* ist relativ einfach zu interpretieren, auch wenn man den Namen der VG nicht kennen sollte. Auf Grund der Ausgabe kann z.B. auch eine VG importiert werden, wenn die */etc/lvmtab* im Rahmen eines Restores überschrieben wurde. Eine andere Möglichkeit ist gegeben durch *pvscan*:

```
bash-2.03# pvscan
pvscan -- reading all physical volumes (this may take a while...)
pvscan -- inactive PV "/dev/sda1"  is in EXPORTED VG "vg00" [1004 MB / 1004 MB
free]
pvscan -- inactive PV "/dev/sdb1"  is in EXPORTED VG "vg00" [1000 MB / 1000 MB
free]
pvscan -- inactive PV "/dev/sdc"  is associated to an unknown VG (run vgscan)
pvscan -- inactive PV "/dev/sdc1"  is in no VG  [1005.49 MB]
pvscan -- inactive PV "/dev/sdd"  is associated to an unknown VG (run vgscan)
pvscan -- inactive PV "/dev/sdd1"  is in no VG  [2 GB]
pvscan -- total: 6 [20.99 GB] / in use: 4 [18.01 GB] / in no VG: 2 [2.98 GB]
bash-2.03#
```

Hiermit kann die Zahl der bei einem Import in Frage kommenden Platten weiter eingegrenzt werden. Bei Problemen kann mit dem Befehl *vgck* (VG check) die Konsistenz einer VG überprüft werden. Allerdings wird die VG in diesem Fall deaktiviert, d.h. es könnten sich im laufenden Betrieb neue Probleme ergeben:

```
bash-2.03# vgimport /dev/vg00 /dev/sda1 /dev/sdb1
vgimport -- doing automatic backup of volume group "vg00"
vgimport -- volume group "vg00" successfully imported and activated

bash-2.03# vgck vg00
vgck -- VGDA of "vg00" in lvmtab is consistent
vgck -- ERROR -272: reading data of volume group "vg00" from physical volume(s)
vgck -- please DON'T run vgscan prior to vgcfgrestore
vgck -- trying to deactivate volume group "vg00"
vgck -- trying to deactivate inconsistent volume group vg00
vgck -- volume group vg00 deactivated

bash-2.03# vgchange -a y vg00
vgchange -- volume group "vg00" successfully activated

bash-2.03#
```

Der Begriff VGDA steht für Volume Group Descriptor Area, d.h. für den Bereich der Platten, der durch *pvcreate* reserviert wurde. Hier wird auf jeder einzelnen Platte die Information über alle Platten der VG gespeichert. Deswegen kann der LVM bemerken, wenn z.B. versucht wird, eine unvollständige VG zu importieren:

```
bash-2.03# vgimport /dev/vg00 /dev/sda1
vgimport -- ERROR: only 1 physical volumes of 2 given for volume group "vg00"

bash-2.03#
```

Bei der LVM-Implementierung von Linux ist in diesem Fall kein Import möglich. Bei der HP-UX-Implementierung des LVM kann eine unvollständige VG durch Zwang trotzdem importiert werden. Der Zugriff auf alle Daten ist in diesem Fall nicht mehr möglich, es kann nur auf die Bereiche der erfolgreich importierten Platten zugegriffen werden.

Ein weiterer Sicherheitsmechanismus des LVM besteht darin, dass vor der Initialisierung von Platten abgeprüft wird, ob die Platte auch definitiv nicht zu einer exportierten oder defekten VG gehört:

```
bash-2.03# pvcreate /dev/sda1
pvcreate -- physical volume "/dev/sda1" belongs to exported volume group "vg00"
pvcreate -- need -f to initialize physical volume "/dev/sda1"
```

```
bash-2.03# pvcreate -ff /dev/sda1
pvcreate -- physical volume "/dev/sda1" belongs to exported volume group "vg00"
pvcreate -- WARNING: forcing physical volume creation on "/dev/sda1" of volume
group "vg00"
pvcreate -- physical volume "/dev/sda1" successfully created

bash-2.03#
```

Hierdurch wird im Zusammenhang mit dem Partitionstyp des LVM verhindert, dass Platten versehentlich initialisiert werden. Mit der Brechstange *pvcreate -ff* kann dies bei Bedarf umgangen werden. Platten, die bereits verwendet wurden, können auch nicht versehentlich einer anderen VG zugeteilt werden:

```
bash-2.03# vgcreate vg01 /dev/sdc1 /dev/sdd1
vgcreate -- INFO: using default physical extent size 4 MB
vgcreate -- INFO: maximum logical volume size is 255.99 Gigabyte
vgcreate -- doing automatic backup of volume group "vg01"
vgcreate -- volume group "vg01" successfully created and activated

bash-2.03# vgextend vg00 /dev/sdd1
vgextend -- INFO: maximum logical volume size is 255.99 Gigabyte
vgextend -- ERROR: "/dev/sdd1" is no new physical volume

bash-2.03#
```

Wenn die Platte jedoch ordnungsgemäß reduziert wurde, befindet sich in ihrer VGDA nicht mehr die Bezeichnung einer VG. In diesem Fall treten bei der Erweiterung der VG um diese Platte keine Probleme mehr auf:

```
bash-2.03# vgreduce vg01  /dev/sdd1;  vgextend vg00 /dev/sdd1
vgreduce -- doing automatic backup of volume group "vg01"
vgreduce -- volume group "vg01" successfully reduced by physical volume:
vgreduce -- /dev/sdd1

vgextend -- INFO: maximum logical volume size is 255.99 Gigabyte
vgextend -- doing automatic backup of volume group "vg00"
vgextend -- volume group "vg00" successfully extended

bash-2.03#
```

Weitere Befehle, die die VG betreffen, sind *vgcfgbackup* und *vgcfgrestore*. Diese Befehle dienen zum Backup und Restore der VGDA, d.h. nicht bezüglich der vielleicht in den anderen Plattenbereichen enthaltenen Daten. Fällt eine Platte aus, so kann über *vgcfgrestore* die alte VG-Konfiguration der ausgefallenen Platte auf eine neue Platte kopiert werden. Die neue Platte kann dann problemlos als Ersatz der alten dienen. Die Backups werden abgelegt im Verzeichnis */etc/lvmconf*. Es werden mehrere Backups der Konfiguration vorgehalten für den Fall, dass während einer Konfigurationsänderung der VG Platten ausfallen. Auch die Konfiguration exportierter VG wird hier vorgehalten, d.h. man kann auch hier eventuell notwendige Informationen zum Import einer verlorenen VG erhalten.

3.2.3 Initialisierung logischer Platten

Bisher wurden nur Volume-Gruppen bzw. das Handling der Kommandos dargestellt, die die gesamte VG betreffen. Wenn eine VG erzeugt wurde, dann sollten natürlich auch noch logische Platten angelegt werden. Hierzu wird zuerst ein Devicefile für den Mount des neuen logischen Volumes (LV) erzeugt. Dem Befehl *lvcreate* muss hierbei die Größe des LV mitgegeben werden. Dies kann durch *lvcreate -l* in Extents oder durch *lvcreate -L* in absoluter Größe (in MB oder GB) angegeben werden. Das neue LV muss nun noch mit einem Dateisystem versehen werden, dann kann das Dateisystem wie eine normale Platte eingehängt werden:

```
bash-2.03# lvcreate -l 125 /dev/vg00
lvcreate -- doing automatic backup of "vg00"
lvcreate -- logical volume "/dev/vg00/lvol1" successfully created

bash-2.03# lvdisplay /dev/vg00/lvol1
--- Logical volume ---
LV Name                /dev/vg00/lvol1
VG Name                vg00
LV Write Access         read/write
LV Status               available
LV #                  1
# open                 0
LV Size                500 MB
Current LE              125
Allocated LE            125
Allocation              next free
Read ahead sectors       128
Block device            58:0
```

```
bash-2.03# mke2fs /dev/vg00/lvol1
mke2fs 1.18, 11-Nov-1999 for EXT2 FS 0.5b, 95/08/09
...
Writing superblocks and filesystem accounting information: done
bash-2.03# mkdir /test; mount -t ext2 /dev/vg00/lvol1 /test
bash-2.03# df /test
Filesystem          1k-blocks     Used Available Use% Mounted on
/dev/vg00/lvol1        495844       13    470231   0% /test
bash-2.03#
```

Ein LV kann durch *lvremove* gelöscht werden. Hierzu darf es natürlich nicht gemountet bzw. aktiv sein. Sinnvoll ist auch die Nachfrage bezüglich des Löschens – es werden schließlich Daten vernichtet.

```
bash-2.03# lvremove /dev/vg00/lvol1
lvremove -- can't remove open  logical volume "/dev/vg00/lvol1"

bash-2.03# umount /test
bash-2.03# lvremove /dev/vg00/lvol1
lvremove -- do you really want to remove "/dev/vg00/lvol1"? [y/n]: y
lvremove -- doing automatic backup of volume group "vg00"
lvremove -- logical volume "/dev/vg00/lvol1" successfully removed

bash-2.03#
```

Weitere wichtige Optionen von *lvcreate* sind die Wahl einer bestimmte Platte der VG durch den Administrator und die Wahl eines kontinuierlichen Plattenlayouts des logischen Volume:

```
bash-2.03# lvcreate -l 5 -C y /dev/vg00 /dev/sdb1
lvcreate -- doing automatic backup of "vg00"
lvcreate -- logical volume "/dev/vg00/lvol1" successfully created

bash-2.03# lvdisplay -v /dev/vg00/lvol1
--- Logical volume ---
LV Name                /dev/vg00/lvol1
VG Name                vg00
LV Write Access        read/write
LV Status              available
LV #                   1
```

```
# open                  0
LV Size                 20 MB
Current LE               5
Allocated LE             5
Allocation               contiguous
Read ahead sectors       128
Block device             58:0

--- Distribution of logical volume on 1 physical volume ---
PV Name                  PE on PV     reads      writes
/dev/sdb1                  5            0          2

--- logical volume i/o statistic ---
0 reads  2 writes

--- Logical extents ---
LE    PV                        PE      reads      writes
00000 /dev/sdb1                 00000  0           2
00001 /dev/sdb1                 00001  0           0
00002 /dev/sdb1                 00002  0           0
00003 /dev/sdb1                 00003  0           0
00004 /dev/sdb1                 00004  0           0

bash-2.03#
```

Wie an der Ausgabe erkennbar ist, wurde das Volume wie angegeben auf der Platte */dev/sdb1* erzeugt. Es besitzt also das folgende Layout:

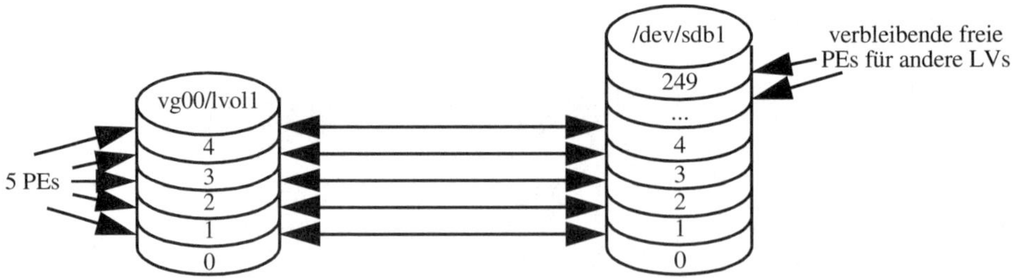

Abb. 3.11: Zusammenhang zwischen Platten und logischen Volumes

Außerdem wird der LVM auf Grund des kontinuierlichen Layouts darauf achten, dass alle Blöcke des Volume immer in der richtigen Reihenfolge hintereinander auf der Platte */dev/sdb1* liegen. Ansonsten wäre es z.B. bei wenig freiem Platz in der

VG auch denkbar, dass zwei Blöcke auf /dev/sda1 und die restlichen Blöcke auf einer zweiten Platte liegen. Das mit *lvcreate -C y* initialisierte LV wird die folgenden PEs nur in aufsteigender Reihenfolge annehmen: Hier kämen als nächste Elemente nur die auf PE 4 folgenden Extents von */dev/sdb1* in Frage. Im laufenden Betrieb können diese Attribute auch verändert werden:

```
bash-2.03# lvchange -C y /dev/vg00/lvol1
lvchange -- logical volume "/dev/vg00/lvol1" changed
lvchange -- doing automatic backup of volume group "vg00"

bash-2.03# lvremove /dev/vg00/lvol1
lvremove -- do you really want to remove "/dev/vg00/lvol1"? [y/n]: y
lvremove -- doing automatic backup of volume group "vg00"
lvremove -- logical volume "/dev/vg00/lvol1" successfully removed

bash-2.03#
```

Bei der Initialisierung eines neues LV kann außerdem gewählt werden, ob das LV in Stripes angelegt werden soll:

```
bash-2.03# lvcreate -l 9 -i 3 /dev/vg00
lvcreate -- INFO: using default stripe size 16 KB
lvcreate -- doing automatic backup of "vg00"
lvcreate -- logical volume "/dev/vg00/lvol1" successfully created

bash-2.03# lvdisplay -v /dev/vg00/lvol1
--- Logical volume ---
LV Name                /dev/vg00/lvol1
VG Name                vg00
LV Write Access         read/write
LV Status              available
LV #                  1
# open                 0
LV Size                36 MB
Current LE              9
Allocated LE            9
Stripes                3
Stripe size (KByte)   16
Allocation             next free
Read ahead sectors     128
Block device           58:0
```

```
--- Distribution of logical volume on 3 physical volumes ---
PV Name                  PE on PV    reads     writes
/dev/sda1                3           0         2
/dev/sdb1                3           0         0
/dev/sdd1                3           0         0

--- logical volume i/o statistic ---
0 reads  2 writes

--- Logical extents ---
LE    PV                       PE     reads     writes
00000 /dev/sda1                00000  0         2
00001 /dev/sda1                00001  0         0
00002 /dev/sda1                00002  0         0
00003 /dev/sdb1                00000  0         0
00004 /dev/sdb1                00001  0         0
00005 /dev/sdb1                00002  0         0
00006 /dev/sdd1                00000  0         0
00007 /dev/sdd1                00001  0         0
00008 /dev/sdd1                00002  0         0

bash-2.03#
```

An der Ausgabe ist zu erkennen, dass bei drei Stripes jeweils ein Drittel des LV auf jeder verfügbaren Platte der VG abgelegt wird. Deswegen sollte sich eine leicht erhöhte Platten-Performance ergeben. Allerdings ist die nicht unbedingt zu empfehlen: Fällt eine Platte aus, so sind die Daten des gesamten LV gefährdet. Ein *fsck* ist zwar noch möglich, aber mit ein wenig Pech liegen auch die Datenfiles über mehrere Platten verteilt (bei großen Datendateien oder Raw-Devices einer Datenbank ist dies sogar sehr wahrscheinlich). Diese Möglichkeit könnte höchstens bei durch RAID abgesicherten Platten eingesetzt werden. In diesem Fall muss man sich allerdings entscheiden, ob man die Verteilung der I/O-Last dem LVM oder besser dem RAID überlässt.

LVs besitzen keine feste Größe, d.h. im Gegensatz zu normalen Partitionen lassen sich LVs im laufenden Betrieb vergrößern:

```
bash-2.03# lvextend -l 300 /dev/vg00/lvol1
lvextend -- extending logical volume "/dev/vg00/lvol1" to 1.17 GB
lvextend -- doing automatic backup of volume group "vg00"
```

```
lvextend -- logical volume "/dev/vg00/lvol1" successfully extended

bash-2.03# bash-2.03# lvdisplay -v /dev/vg00/lvol1 | more
--- Logical volume ---
LV Name                /dev/vg00/lvol1
VG Name                vg00
LV Write Access         read/write
LV Status              available
LV #                 1
```

```
# open                 0
LV Size                1.17 GB
Current LE              300
Allocated LE            300
Stripes                3
Stripe size (KByte)    16
Allocation             contiguous
Read ahead sectors     128
Block device           58:0

--- Distribution of logical volume on 3 physical volumes ---
PV Name                 PE on PV    reads      writes
/dev/sda1                100          0          2
/dev/sdb1                100          0          0
/dev/sdd1                100          0          0

--- logical volume i/o statistic ---
0 reads  2 writes

--- Logical extents ---
LE    PV                    PE     reads     writes
00000 /dev/sda1             00000  0          2
00001 /dev/sda1             00001  0          0
00002 /dev/sda1             00002  0          0
......
00099 /dev/sda1             00099  0          0
00100 /dev/sdb1             00000  0          0
......
00199 /dev/sdb1             00099  0          0
00200 /dev/sdd1             00000  0          0
......
```

```
00298 /dev/sdd1                 00098  0          0
00299 /dev/sdd1                 00099  0          0
bash-2.03#
```

An der Ausgabe ist erkennbar, dass die neuen Extents des LV entsprechend den drei bestehenden Stripes auf den drei Platten */dev/sda1*, */dev/sdb1* und */dev/sdc1* angelegt wurden. Die ersten 100 Extents liegen auf der ersten Platte */dev/sda1*, die nächsten 100 auf */dev/sdb1* und die letzten 100 Extents liegen auf der dritten Platte */dev/sdd1*. Die einmal für das LV definierte Allocation Policy (also z.B. drei Stripes und ein kontinuierliches Layout) wird beim Erweitern des LV beibehalten. Wenn die Erweiterung des LV die für das LV festgelegten Layout-Regeln verletzen würde, so wird einfach ein Fehler ausgegeben und das bestehende LV nicht verändert. Entsprechend existiert zu *lvextend* auch das Pendant *lvreduce* zur Verkleinerung von LVs:

```
bash-2.03# lvreduce -l 100 /dev/vg00/lvol1
lvreduce -- rounding size 409600 KB to stripe boundary size 405504 KB
lvreduce -- WARNING: reducing active logical volume to 396 MB
lvreduce -- THIS MAY DESTROY YOUR DATA (filesystem etc.)
lvreduce -- do you really want to reduce "/dev/vg00/lvol1"? [y/n]: y
lvreduce -- doing automatic backup of volume group "vg00"
lvreduce -- logical volume "/dev/vg00/lvol1" successfully reduced

bash-2.03#
```

Da bei Verkleinerung einer Platte ein Datenverlust auftreten kann, wird richtigerweise ein händischer Eingriff des Administrators gefordert. Wird auf dem LV ein Dateisystem verwendet, welches im laufenden Betrieb vergrößert oder verkleinert werden kann (wie z.B. das Reiser-, das JFS- oder das XFS-Dateisystem), so können im laufenden Betrieb Platten bei Problemen vergrößert werden oder durch Verkleinerung und Vergrößerung von logischem Mount Probleme mit dem Plattenplatz sogar im Root-Verzeichnis behoben werden. Hierbei wird zuerst das Dateisystem verkleinert, anschließend kann das darunterliegende LV ohne Downtime und Gefahr für die Daten verkleinert werden. Leider wird die dynamische Änderung der Größe derzeit vom Second-Extended-Dateisystem ext2 nicht unterstützt.

3.2.4 Datentransporte und Steuerung physikalischer Platten unter LVM

Die Befehle *pvcreate* und *pvscan* wurden bereits zur Initialisierung von Platten und zur Suche nach Platten vor dem Import einer VG eingeführt. Analog zum *lvdisplay*, das zur Anzeige des Layouts eines LV dient, existiert ein *pvdisplay* zur Ausgabe des Layouts einer einzelnen physikalischen Platte:

```
bash-2.03# pvdisplay -v /dev/sda1 | more
--- Physical volume ---
PV Name               /dev/sda1
VG Name               vg00
PV Size               1004.5 MB / NOT usable 516 KB [LVM: 230 KB]
PV#                   1
PV Status             available
Allocatable           yes (but full)
Cur LV                2
PE Size (KByte)       4096
Total PE              251
Free PE               0
Allocated PE          251

--- Distribution of physical volume ---
LV Name                 LE of LV  PE for LV
/dev/vg00/lvol1          300       100
/dev/vg00/lvol2          400       151

--- Physical extents ---
PE    LV                   LE     Disk sector
00000 /dev/vg00/lvol1      00000  1032
00001 /dev/vg00/lvol1      00001  9224
....
00099 /dev/vg00/lvol1      00099  812040
00100 /dev/vg00/lvol2      00000  820232
....
00249 /dev/vg00/lvol2      00149  2040840
00250 /dev/vg00/lvol2      00150  2049032

bash-2.03#
```

Anhand der Ausgabe ergibt sich das folgende Layout für die Platte */dev/sda1* in der VG */dev/vg00*. Die ersten PEs der Platte */dev/sda1* sind für das LV */dev/vg00/lvol1* im Einsatz (von PE 0 bis PE 99), während die folgenden PEs für */dev/vg00/lvol2* verwendet werden:

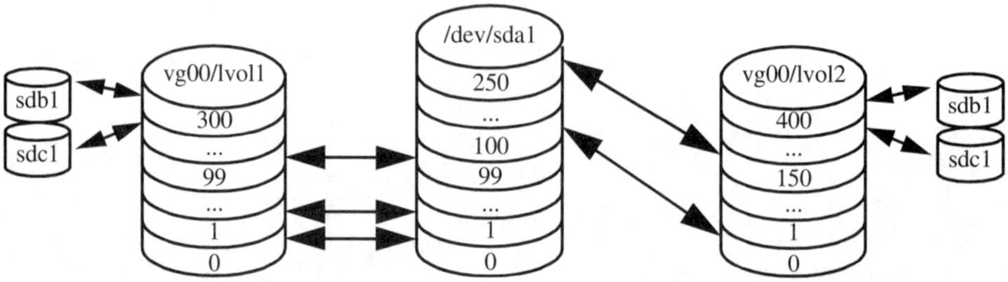

Abb. 3.12: Zusammenhang zwischen logischen Volumes und Platten

Bezüglich der weiteren Extents der beiden LVs ist anhand der Ausgabe keine Aussage möglich. Diese Extents von */dev/vg00/lvol1* und */dev/vg00/lvol2* können z.B. auf den verbleibenden Platten der VG liegen. Die Ausgabe des *pvdisplay* wird wichtig, wenn das Layout der LVs geändert werden soll (z.B. weil der Ausfall einer bestimmten Platte immer wahrscheinlicher wird, diese Platte aber belegt ist). In diesem Fall kann z.B. die VG im laufenden Betrieb um eine neue Platte als Ersatz erweitert werden, anschließend wird die fehlerhafte Platte freigeräumt:

```
bash-2.03# pvcreate /dev/sdc1
pvcreate -- reinitializing physical volume
pvcreate -- physical volume "/dev/sdc1" successfully created

bash-2.03# vgextend vg00 /dev/sdc1
vgextend -- INFO: maximum logical volume size is 255.99 Gigabyte
vgextend -- doing automatic backup of volume group "vg00"
vgextend -- volume group "vg00" successfully extended

bash-2.03# bash-2.03# vgdisplay -v
--- Volume group ---
VG Name               vg00
VG Access              read/write
VG Status              available/resizable
VG #                 0
MAX LV               256
....
```

```
--- Logical volume ---
LV Name               /dev/vg00/lvol1
....
--- Physical volumes ---
PV Name (#)           /dev/sda1 (1)
PV Status             available / allocatable
Total PE / Free PE     251 / 0

PV Name (#)           /dev/sdb1 (2)
PV Status             available / allocatable
Total PE / Free PE     250 / 0

PV Name (#)           /dev/sdc1 (4)
PV Status             available / allocatable
Total PE / Free PE     251 / 251

PV Name (#)           /dev/sdd1 (3)
PV Status             available / allocatable
Total PE / Free PE     511 / 312

bash-2.03#
```

Die neue Platte */dev/sdc1* ist also groß genug, um potenziell die Platten */dev/sda1* oder */dev/sdb1* komplett zu ersetzen. Die einzelnen PEs einer Platte können nun zwischen den einzelnen Platten hin- und hergeschoben werden:

```
bash-2.03# pvmove /dev/sda1 /dev/sdc1
pvmove -- moving physical extents in active volume group "vg00"
pvmove -- WARNING: moving of active logical volumes may cause data loss!
pvmove -- do you want to continue? [y/n] y
pvmove -- doing automatic backup of volume group "vg00"
pvmove -- 251 extents of physical volume "/dev/sda1" successfully moved
bash-2.03#
```

Trotz der Warnung ist auch bei intensiven Experimenten bisher noch kein Datenverlust aufgetreten. Garantiert wird an dieser Stelle jedoch nicht für die Operation. Beim *pvmove* kann zusätzlich auch nach den einzelnen LVs auf den Platten unterschieden werden. In diesem Fall werden nur die PEs eines einzelnen LVs einer Platte selektiert und durch *pvmove* bewegt. Durch das folgende Beispiel würde auf diese Weise das Layout der Platte beim Schieben herumgedreht werden:

```
bash-2.03# pvmove -n /dev/vg00/lvol2 /dev/sda1 /dev/sdc1
pvmove -- moving physical extents in active volume group "vg00"
pvmove -- WARNING: moving of active logical volumes may cause data loss!
pvmove -- do you want to continue? [y/n] y
pvmove -- doing automatic backup of volume group "vg00"
pvmove -- 151 extents of physical volume "/dev/sda1" successfully moved
bash-2.03# pvmove -n /dev/vg00/lvol1 /dev/sda1 /dev/sdc1
pvmove -- moving physical extents in active volume group "vg00"
pvmove -- WARNING: moving of active logical volumes may cause data loss!
pvmove -- do you want to continue? [y/n] y
pvmove -- doing automatic backup of volume group "vg00"
pvmove -- 100 extents of physical volume "/dev/sda1" successfully moved
bash-2.03#
```

Während der Bewegung der PEs kann der Fortschritt der Operation über *pvdisplay* abgefragt werden, und nach Beendigung der Operation kann die fehlerträchtige Platte auskonfiguriert werden:

```
bash-2.03# pvdisplay /dev/sda1
--- Physical volume ---
PV Name               /dev/sda1
VG Name               vg00
PV Size               1004.5 MB / NOT usable 516 KB [LVM: 230 KB]
PV#                   1
PV Status             available
Allocatable           yes
Cur LV                2
PE Size (KByte)       4096
Total PE              251
Free PE               34
Allocated PE          217

bash-2.03# vgreduce vg00 /dev/sdc1
vgreduce -- doing automatic backup of volume group "vg00"
vgreduce -- volume group "vg00" successfully reduced by physical volume:
vgreduce -- /dev/sda1

bash-2.03#
```

Die Operationen erfordern sehr viel Zeit. Dies ist jedoch nicht in der Bandbreite der SCSI-Platten begründet sondern eher in der Tatsache, dass eigentlich nach jedem erfolgreichen Verschieben eines einzelnen PEs auf allen Platten der VG eine neue, aktuelle VGDA angelegt werden muss. Deswegen erhöhen sich alle Schreiboperationen um den Overhead des Schreibens der LVM-Plattenlabel.

Insgesamt sind sowohl die Software-RAID-Tools als auch der LVM unter Linux handhabbar und fehlerfrei zu betreiben. Die RAID-Tools machen bereits einen ausgereiften Eindruck, sie erinnern stark an die Solstice Disksuite, dem Platten-Management-Paket der Server-Version von Solaris. Allerdings ist die Disksuite auch dafür bekannt, dass die Bedienung nicht unbedingt anwenderfreundlich ist.

Gleiches gilt für den LVM von Linux, der dem Volume-Manager unter HP-UX sehr ähnelt. Bei HP-UX ist es allerdings mit einem Zusatzprodukt möglich, gespiegelte Volumes auf der Basis des LVM aufzusetzen. Bei Linux bleibt hier eigentlich nur die Möglichkeit, die Flexibilität des LVM mit der zusätzlichen Datensicherheit der RAID-Platten zu verbinden (was möglich ist). Wünschenswert wäre vielleicht ein etwas flexibleres Software-RAID (z.B. mit dynamischer Rekonfiguration) oder ein Volume-Manager, der nicht nur Stripes, sondern auch zumindest die Spiegelung von Platten (d.h. RAID-1) beherrscht.

Ansonsten wird Linux im professionellen Umfeld weiterhin auf den Hardware-RAID-Kontrollern verbleiben, die zumindest teilweise einfach einen Workaround bezüglich fehlender Platten-Management-Software unter Novell Netware und Microsoft Windows darstellen.

Kapitel 4

Linux, relationale Datenbanken und SQL

Seit geraumer Zeit existieren relationale Datenbanken für Linux: MiniSQL und MySQL wurden beispielsweise speziell für Linux entwickelt und erst anschließend auf andere Plattformen portiert. Die »Großen« allerdings entdeckten Linux erst relativ spät, nämlich etwa ab Ende 1998. In diesem Kapitel werden wir kurz auf die Verfügbarkeit von relationalen Datenbanken für Linux eingehen. Es zeigt sich, dass bis auf die Microsoft-Datenbanken mittlerweile so gut wie alle Datenbank-Managementsysteme in einer Linux-Version verfügbar sind. Den weitaus größeren Teil dieses Kapitels allerdings wird die Darstellung der Modellierung relationaler Datenbankanwendungen und eine kurze Einführung in SQL bilden.

4.1 Datenbanken für Linux

Gerade wurde angekündigt, dass die Verfügbarkeit der »relationalen« Datenbanken für Linux in diesem Abschnitt zusammengestellt wird. Diese Ankündigung war insofern nicht ganz konkret, als dass die früher als relational klassifizierten Datenbanksysteme mittlerweile zu einem Großteil *objektrelational* sind. Dies bedeutet im Wesentlichen, dass ein DBMS im Kern nach wie vor relational ist, dass es aber die Verarbeitung von Binärdaten (etwa Multimedia-Daten) besonders unterstützt. Im Zeitalter des Internet kommt kaum noch ein Anbieter um diese Möglichkeit herum. Gerade für Linux als bevorzugtes Server-Betriebssystem für Internet-Applikationen ist dies ein nicht unwesentlicher Aspekt. Wir werden dennoch weiterhin meistens von »relationalen Datenbanken« sprechen, denn der Kern der objektrelationalen Datenbanken bildet nach wie vor die Relation.

Eine gute und stets aktuelle Übersicht über die für Linux verfügbaren Datenbanken findet man unter

```
http://www.linuxlinks.com/Software/Databases
```

In der folgenden Tabelle 4.1 ist eine Übersicht der relationalen Datenbankmanagementsysteme zusammengestellt. Wir erheben dabei keinen Anspruch auf Vollständigkeit, da dauernd neue hinzukommen. Wir werden vielen der unten aufgeführten Datenbanksystemen mehr oder weniger intensiv im weiteren Verlauf des Buches noch begegnen. Wir haben allerdings keineswegs alle hier vorgestellten Datenbanksysteme getestet und verlassen uns daher teilweise auf die auf der oben genannten Linux-Link-Site vorzufindenden Angaben.

Tabelle 4.1: (Unvollständige) Übersicht über Datenbanken für Linux

Relationales Datenbanksystem	Kurzbeschreibung
Adabas D	Schnelles etabliertes Datenbankmanagementsystem der Software AG
DB2	Besonders im Mainframe-Umfeld sehr verbreitetes Datenbank-Flaggschiff von IBM in seiner Linux-Variante
GNU SQL Server	Eine freie portierbare Mehrbenutzer-Datenbank, die den SQL89-Standard vollständig unterstützt, den SQL92-Standard dagegen nur teilweise
Informix	Die Portierung des bekannten Informix-Datenbanksystems nach Linux
Oracle	Die im Unix-Umfeld bei weitem verbreitetste Datenbank
MySQL	Ein schnelles, im Kern freies Datenbanksystem mit eingeschränktem Sprachumfang
mSQL (MiniSQL)	Eine schnelle, abgespeckte und sehr transparente Datenbank, auf der MySQL basiert
PostgreSQL	ANSII SQL92 kompatibles Datenbanksystem
Beagle SQL	Freie objektrelationale Datenbank
Coral	Robuste und effiziente deduktive Datenbank.
CQL++	ANSII- und ODBC-kompatibles Datenbanksys-tem, erhältlich mit Quellcode
db++	Relationales Datenbanksystem mit den unterschiedlichsten Schnittstellen
DBMaker Multimedia Object RDBMS	Eine Embedded-Datenbank für Multimedia-Objekt-Management-Features
dbXML	Speziell für den Umgang mit XML-basierten Dokumenten ausgerichtete Datenbank
Easysoft SQL Engine	Relationales DBMS mit Zugriffsmöglichkeiten auf verteilte Daten
Empress	Relationales Datenbanksystem, das speziell für den Umgang mit Multimediadaten ausgerichtet ist

Tabelle 4.1: (Unvollständige) Übersicht über Datenbanken für Linux

Relationales Datenbanksystem	Kurzbeschreibung
Gadfly	Kleine schnelle Datenbank, die einen Großteil des ANSI SQL-Standards unterstützt und die auch für kommerzielle Anwendungen mit Quellen erhältlich ist
Ingres	Datenbank mit spezieller Unterstützung für Multi-Tier-Anwendungen
Interbase	Eine SQL-kompatible relationale Datenbank der Interbase Software Corporation
Katabase	Desktop-Datenbank mit Plugin-Frameworks
Koala	SQL-Backend-Server für das einfache Erstellen verlinkter Tabellen unter Linux, ähnlich Microsoft Access
Lago	Eine Multithreaded-Datenbank, die unter der GNU GPL erhältlich ist
LEAP	Freies Datenbanksystem, das überwiegend an Universitäten eingesetzt wird, um die Datenbanktheorie zu vermitteln
MDBMS	SQL-Datenbankserver mit einer Ingres-ähnlichen Oberfläche
Mimer	Für Entwicklungen freie Linux-Variante des MIMER-RDBMS, der in erster Linie für kritische C/S-Anwendungen eingesetzt wird
NoSQL	Schnelles portierbares RDBMS
Ovrimos	SQL92-kompatibles Datenbanksystem mit JDBC-, ODBC- und CGI-Schnittstelle
Pervasive.SQL 2000 for Linux	Leicht wartbares, skalierbares Datenbanksystem, das insbesondere für viele ändernde Operationen ausgelegt ist
PrimeBase	Leistungsstarkes relationales DBMS mit vielen Schnittstellen (u.a. JDBC und ODBC), das neben vielen anderen Plattformen nun auch für Linux zur Verfügung steht
QDDB	Datenbank mit einer leistungsstarken Tcl/Tk-Schnittstelle
Raima Database Manager++	Kommerzielle, schnelle relationale Datenbank
Recital	Relationales Datenbanksystem mit 4GL-Umgebung
RISE/2	Auch für kommerzielle Anwendungen mit Quellen frei erhältliche relationale Datenbank
Solid	Mächtige schlanke SQL-Datenbank

Tabelle 4.1: (Unvollständige) Übersicht über Datenbanken für Linux

Relationales Datenbanksystem	Kurzbeschreibung
SQLFLEX	Kommerzielle Datenbank, die ANSI-SQL-Anwendungen innerhalb von C-Programmen unterstützt
Sybase	Die Linux-Version des bekannten Sybase Adaptive Server Enterprise
TEXIS	Kommerzielles RDBMS
Typhoon RDBMS	Relationales DBMS mit speziellen SSL-Werkzeugen
Velocis	Kommerzielle schnelle Cross-Plattform Datenbank, besonders ausgelegt für Web-Applikationen
Xmbase-grok	Einfaches Motif-basierter Datenbankmanager
YARD	Mächtige, aber einfach zu benutzende SQL-Datenbank

Die in der obigen Tabelle vorgenommene Auflistung der für Linux erhältlichen Datenbanken vermittelt einen Eindruck vom reichen Fundus an Datenbank-Managementsystemen für dieses Betriebssystem. Je nach Anwendung wird man sich für eine schlanke und schnelle Datenbank (wie etwa mSQL oder MySQL), für ein seit langem etabliertes Datenbanksystem (wie Oracle, Informix, Adabas, ...) oder z.B. auch für eine solche Datenbank entscheiden, die sich auf den Umgang mit Multimediadaten spezialisiert hat (wie etwa Empress). Wir wollen es jetzt vorerst bei dieser Übersicht bewenden lassen und uns den grundlegenden Prinzipien des Datenbankentwurfs und von SQL zuwenden.

4.2 Datenmodellierung und SQL

Jede mehr oder weniger komplexe Datenbankanwendung setzt eine gründliche Datenmodellierung voraus. Auch in Zeiten, wo Begriffe wie Data Warehouse und Data Marts, Data Mining, OLAP, OLTP usw. die Diskussion beherrschen, bleibt dieser grundlegende Vorgang von eminenter Bedeutung: Jede der genannten Anwendungen setzt auf einer oder mehreren Datenbanken auf. Unter dem Begriff der *Datenmodellierung* versteht man die Abbildung der Realwelt in ein datenbankverständliches semantisches Konzept. Dieser Vorgang ist nach der Installation und Konfiguration der Datenbank die erste problemspezifische Tätigkeit, die von den Entwicklern zu leisten ist. Bereits bei der Datenmodellierung werden viele Charakteristika des sich später im Einsatz befindlichen Sys-tems berührt (Datenkonsistenz, Performance, Sicherheit etc.). Wir orientieren uns in diesem Abschnitt weitgehend an [dic97].

Im folgenden Unterabschnitt 4.2.1 werden die grundlegenden Konzepte der relationalen Datenmodellierung behandelt und anhand einer kleinen Fallstudie konkretisiert. Moderne Hilfsmittel des Datenbank-Entwurfs und des Software Engineering wie etwa die strukturierte Analyse oder Datenflussdiagramme werden in dem überschaubaren Rahmen der folgenden Beispiele nicht benötigt und daher nicht eingeführt. Interessierte Leser seien dazu auf entsprechende Spezialliteratur verwiesen (vgl. Literaturverzeichnis). Im nachfolgenden Unterabschnitt 4.2.2 werden die grundlegenden Möglichkeiten von SQL vorgestellt.

4.2.1 Datenmodellierung

In den Siebzigerjahren wurden insbesondere drei Arten der Datenmodellierung eingehend diskutiert (z. B. [dic97]), nämlich

- das *hierarchische Modell*, bei dem die Daten (in Form von Entitäten) über Hierarchien dargestellt sind (z. B. Firma-Abteilung-Mitarbeiter),
- das *Netzwerk-Modell*, bei dem eine Entität gleichzeitig mehreren Hierarchien angehören kann (z. B. Firma-Abteilung-Mitarbeiter, Gehaltsgruppe-Mitarbeiter) und
- das *Relationenmodell*, bei dem nur die Daten in Form von Tabellen (*Relationen*), aber keine Beziehungen zwischen den Daten explizit dargestellt werden.

Die heutigen bekanntesten Datenbanksysteme sind auf das relationale Modell ausgelegt. Das Relationenmodell wurde in seiner Grundform im Jahre 1970 von E.F. Codd eingeführt [cod70] und seitdem vielfach ergänzt. Die bekannteste Erweiterung ist das Entity-Relationship-Modell (ER-Modell) von P.P. Chen [che76]. Das ER-Modell ermöglicht die Modellierung von Daten über Entitäten und deren Beziehungen nach einem einheitlichen semantischen Konzept.

Einige Vorteile des Relationenmodells sind:

- Das Relationenmodell ist einfach und leicht zugänglich.
- Es ermöglicht eine systematische Modellierung realer Zusammenhänge unter Einschluss unterschiedlicher Arten von Konsistenzbedingungen.
- Das Relationenmodell unterstützt eine effiziente (redundanzfreie) physische Speicherung der Daten.

Seit einiger Zeit werden allerdings auch die Grenzen dieses Paradigmas sichtbar. Das Relationenmodell und relationale Datenbanken sind für den Umgang mit Relationen ausgelegt, heutige Anwendungen erfordern aber oftmals andere Datenformate, wie etwa Binärdaten für Multimedia-Anwendungen. Zwar lassen sich auch

Binärdaten in relationalen Datenbanken speichern (recht effizient und bequem z.B. mit der Empress-Datenbank unter Linux), aber nicht direkt, sondern wiederum als Bestandteile von Relationen. Dieser Umweg ist aber oftmals nicht unmittelbar sinnvoll. Relationale Datenbanksysteme sind zudem für den Umgang mit Relationen optimiert, nicht für den Umgang mit großen Mengen an Binärdaten.

Eine beträchtliche Herausforderung für Entwickler bildet zudem oftmals die Integration von relational modellierten Daten in objektorientierte Systeme. Aus diesen Gründen finden objektorientierte und objektrelationale Datenbanken ein zunehmendes Interesse. Beispiele für objektrelationale Datenbanken sind Oracle 8 und Informix in gewissen Konfigurationen.

Im Folgenden werden zunächst die wichtigsten Apsekte der Datenmodellierung mit dem ER-Modell vorgestellt. Dabei wird meist auf kleine Standardbeispiele zurückgegriffen, die – zumindest für Leser, die einmal an einer Datenbankvorlesung oder -schulung teilgenommen haben – inhaltlich meist keinen großen Neuigkeitswert besitzen, die sich aber wegen ihrer Einfachheit leicht erschließen lassen. Anschließend wird der Vorgang der Datenmodellierung anhand eines Standardbeispiels konkret demonstriert.

Die Datenmodellierung mit dem ER-Modell

Die logische Grundstruktur relationaler Datenbanken ist denkbar einfach: Sie bestehen schlicht aus Tabellen. Innerhalb dieser Tabellen werden sämtliche Daten und Zusammenhänge gespeichert und bei Bedarf wieder abgerufen. Die Aufgabe bei der Datenmodellierung (der so genannte »logische Datenbankentwurf«) besteht deshalb darin, eine geeignete Tabellenstruktur zur Abbildung realer Sachverhalte zu erzeugen. Eine Tabellenstruktur ist »geeignet«, wenn Sie den üblichen Qualitätskriterien genügt, wie etwa der semantischen Korrektheit, einer möglichst redundanzfreien Speicherung, der Effizienz beim Wiederabrufen der Daten etc. Gerade bei komplexen Problemstellungen erweist sich die Datenmodellierung als ein kreativer Vorgang, bei dem die wesentlichen Eigenschaften der Datenbank im späteren Einsatz in hohem Maße determiniert werden.

Zur Unterstützung dieses Vorgangs hat sich das ER-Modell als hilfreich erwiesen, das im Folgenden in seinen Grundzügen vorgestellt wird.

Entitäten, Entitätsmengen und Beziehungen Die Diskretisierung der Realwelt geschieht im ER-Modell durch *Entitäten* (Entities). Eine Entität ist dabei eine konkrete Ausprägung eines realen oder gedachten Elementtyps. Beispiele:

Carmen Schmidt,

der Linux-Rechner mit der IP-Adresse 127.3.6.174,

das Buch »Linux-Anwender-Handbuch«.

Einzelne Entitäten werden gruppiert zu *Entitätsmengen* (Entity Sets), also z. B.

Mitarbeiter der Firma Soundso,

Rechner der Firma Soundso,

Linux-Bücher.

Aus den Entitätsmengen werden später die Datenbankrelationen gebildet, aus den Entitäten deren *Tupel* (Datensätze).

Entitätsmengen können durch quantitativ gewichtete *Beziehungen* miteinander verknüpft werden. Eine derartige Verknüpfung ist eine gerichtete Assoziation von einer Entitätsmenge zu einer anderen. Aus Gründen der Übersichtlichkeit stellt man die gerichteten Kanten in Form einer ungerichteten Verbindung zwischen den betreffenden Entitätsmengen dar. Die quantitative Gewichtung einer Beziehung drückt sich aus in der so genannten *Kardinalität*, wobei etwas ungenau drei Arten von Kardinalitäten unterschieden werden, nämlich die 1 : 1-Beziehungen, die 1 : n-Beziehungen und die n : m-Beziehungen. Es gibt unterschiedliche Möglichkeiten der Darstellung von Kardinalitäten; im Folgenden wird die Kardinalität einer Beziehung einfach dadurch ausgedrückt, dass sie an die Kante zwischen den beteiligten Entitätsmengen geschrieben wird.

Eine 1 : 1-Beziehung existiert beispielsweise zwischen zwei Entitätsmengen ABTEILUNG und ABTEILUNGSLEITER, falls jede Abteilung genau einen Abteilungsleiter besitzt und falls jeder Abteilungsleiter genau einer Abteilung vorsteht.

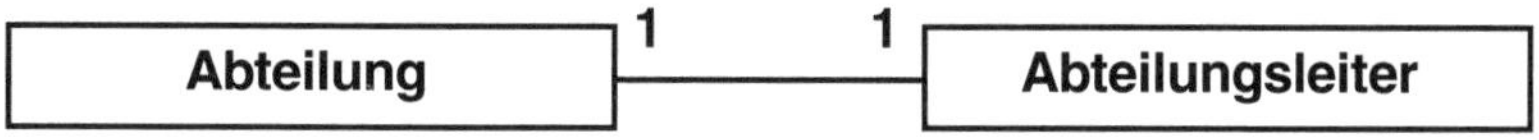

Abb. 4.1: 1 : 1-Beziehung

Eine 1 : n-Beziehung zwischen zwei Entitätsmengen ABTEILUNG und MITARBEITER ist z. B. dann gegeben, wenn ein Mitarbeiter jeweils genau einer Abteilung zugeordnet ist, eine Abteilung sich aber andererseits aus mehreren Mitarbeitern zusammensetzt.

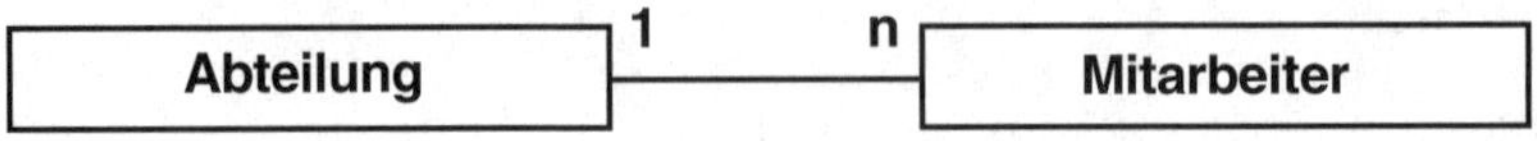

Abb. 4.2: 1 : n-Beziehung

Eine n : m-Beziehung kann beispielsweise zwischen zwei Entitätsmengen MITARBEITER und PROJEKT existieren, unter der Voraussetzung, dass einem Projekt mehrere Mitarbeiter zugeordnet sein können und dass ein Mitarbeiter seinerseits auch an unterschiedlichen Projekten beteiligt sein kann.

Abb. 4.3: n: m-Beziehung

Die n : m-Beziehungen sollten beim Datenbankdesign möglichst vermieden werden, denn sie führen zu Performance-Verlusten bei Datenabfragen, da mehrere Tabellen mit oftmals recht komplexen Anfragen zu durchsuchen sind. Deshalb versucht man, sie durch 1 : n-Beziehungen zu ersetzen. Im Beispiel der Abbildung 4.3 etwa kann zu diesem Zweck eine neue Entitätsmenge PROJEKTZUGEHÖRIGKEIT eingeführt werden, in der aufgelistet wird, mit welchem Anteil seiner Arbeitszeit welcher Mitarbeiter an welchem Projekt beteiligt ist (»Müller ist mit 30 % seiner Arbeitszeit an Projekt 1 beteiligt«). In diesem Fall kann ein Mitarbeiter zwar mehrfach in der Entitätsmenge PROJEKTZUGEHÖRIGKEIT vorkommen, aber zu jeder Entität der Entitätsmenge PROJEKTZUGEHÖRIGKEIT gibt es auf der anderen Seite nur eine Entität in der Menge MITARBEITER, d.h. hier hat man es nunmehr mit einer 1 : n-Beziehung zu tun. Analog verhält es sich mit der neu entstandenen Beziehung zwischen Projekt und Projektzugehörigkeit.

Abb. 4.4: Auflösung der n : m-Beziehung

Eine präzisere Form der Darstellung von Kardinalitäten ergibt sich, wenn man berücksichtigt, dass auch optionale Beziehungen existieren können. So kann es z.B. Mitarbeiter geben, die keinem Projekt zugeordnet sind (etwa den Firmenchef). In diesem Fall wären Kardinalitäten der Form (0,1) : (0,n) einzuführen.

Attribute und Wertebereiche Die auf die gerade beschriebene Weise definierten Entitätsmengen werden im nächsten Schritt zu Datenbankrelationen konkretisiert. Dazu ist festzulegen, welche Spalten (*Attribute*) eine solche Relation besitzen soll und welchen *Wertebereichen* die Attribute zugeordnet sein sollen. Die zulässigen Wertebereiche variieren je nach Datenbanksystem mehr oder weniger. Die wichtigsten Datentypen (am Beispiel von Oracle) sind CHAR und VARCHAR für alphanumerische Daten fester oder variabler Länge (i.d.R. bis zu 255 Zeichen), LONG bzw. LONGVARCHAR für große alphanumerische Daten wie Dokumente oder Texte (bei Oracle bis zu 2 GByte), NUMBER als Standardzahlenformat, abgeleitete Zahlenformate, die oftmals nur aus Kompatibilitätsgründen existieren wie DECIMAL, FLOAT, INTEGER oder SMALLINT, DATE für kalendarische Daten und BINARY, bzw. RAW für Daten in beliebigen Formaten.

Die Attribute und ihre Wertebereiche werden bei der »Datendefinition« festgelegt. Eine einfache Relation MITARBEITER könnte etwa wie in Tabelle 4.2 definiert sein.

Tabelle 4.2: Beispiel für eine Datenbankrelation

MitarbeiterNr	Name	Vorname	Gehalt	Lebenslauf
12345	Müller	Heinz	5.100	...
23456	Meier	Klara	5.300	...
...	...	...	...	...

In diesem Fall könnte das Attribut »MitarbeiterNr« mit dem Wertebereich NUMBER, die Attribute »Name« und »Vorname« jeweils mit dem Wertebereich VARCHAR, das »Gehalt« wiederum mit dem Wertebereich NUMBER und das Attribut »Lebenslauf« mit dem Wertebereich LONG versehen werden.

Primärschlüssel und Fremdschlüssel Jedes Tupel einer Datenbankrelation benötigt ein Attribut oder eine Kombination von Attributen zur eindeutigen Identifizierung. Diese(n) bezeichnet man als *Primärschlüssel* (Primary Key) oder auch als Identifikationsschlüssel einer Relation. Im Beispiel der Tabelle 4.2 wurde dafür ein spezielles Attribut eingefügt, dass sonst nicht benötigt wird, nämlich das Attribut »MitarbeiterNr«.

Deklariert man dieses Attribut bei der Datendefinition als Primärschlüssel, dann dürfen keine zwei Tupel mit gleicher »MitarbeiterNr« eingefügt werden, bei einem entsprechenden Versuch würde die Datenbank protestieren. Statt aus technischen Gründen zusätzliche Attribute zu definieren, die allein den Zweck haben, als Primärschlüssel zu dienen, kann man natürlich auch ein gegebenes Attribut oder eine

Kombination von gegebenen Attributen als Primärschlüssel definieren. Wie das Beispiel in Tabelle 4.2 zeigt, ist dies allerdings nicht immer einfach (es könnte ja irgendwann einen zweiten Heinz Müller mit dem gleichen Gehalt als Mitarbeiter geben) oder sinnvoll (oftmals wird dafür eine relativ große Anzahl von Attributen benötigt, und in diesem Fall ist es schwierig, geeignete Fremdschlüssel darauf zu definieren, s.u.). Ein Primärschlüssel darf keine Nullwerte beinhalten und natürlich nicht aus der betreffenden Relation entfernt werden.

Die Beziehungen zwischen den Relationen werden durch so genannte *Fremdschlüssel* (Foreign Keys) realisiert. Ein Fremdschlüssel ist ein Attribut oder eine Kombination von Attributen, deren Zusammensetzung und Wertebereiche einem Primärschlüssel in einer anderen Relation entsprechen. Fremdschlüssel bilden ein mächtiges Konstrukt zur Wahrung der so genannten »Konsistenz« (oder »Integrität«) innerhalb einer Datenbank (über Fremdschlüssel definiert man die so genannte »referenzielle Integrität«, die sich auf die Beziehungen zwischen Relationen bezieht). Definiert man beispielsweise drei Relationen

MITARBEITER (MitarbeiterNr, Name, Vorname, Gehalt)

PROJEKT (ProjektNr, Endtermin, Projektleiter)

PROJEKTZUGEHÖRIGKEIT (Person, ProjektId, AnteilArbeitszeit)

mit den Primärschlüsseln »MitarbeiterNr« für die Relation MITARBEITER, »ProjektNr« für die Relation PROJEKT und die Kombination (»Person«, »ProjektId«) für die Relation PROJEKTZUGEHÖRIGKEIT, dann könnten die in der Abbildung 4.4 dargestellten Beziehungen dadurch realisiert werden, dass man innerhalb der Relation PROJEKTZUGEHÖRIGKEIT die Attribute »Person« und »ProjektId« als Fremdschlüssel definiert, wobei das Attribut »Person« die »MitarbeiterNr« in der Relation MITARBEITER referenziert und das Attribut »ProjektId« die »ProjektNr« in der Relation PROJEKT. Dies würde u.a. dazu führen, dass niemals ein Tupel in die Relation PROJEKTZUGEHÖRIGKEIT eingefügt werden könnte, zu der kein Eintrag in der Relation MITARBEITER oder in der Relation PROJEKT existiert. Eine Projektzugehörigkeit kann damit nur für tatsächlich vorhandene Mitarbeiter und nur für tatsächlich existierende Projekte definiert werden.

Normalisierung

Unter dem Begriff der »Normalisierung« versteht man die Ausrichtung der Datenbankrelationen auf so genannte Normalformen. Das wesentliche Ziel des Normalisierungsprozesses besteht darin, Attribute in der Weise zu Relationen zu formen, dass Redundanzen und »Mutationsanomalien« (das sind Inkonsistenzen, die entstehen können, wenn einzelne Werte innerhalb einer Relation verändert oder eliminiert werden. Es existieren vier Normalformen, die nachfolgend vorgestellt werden.

Eine Relation befindet sich in »1. Normalform«, wenn kein Tupel für ein Attribut mehr als einen Wert besitzt. Die folgende Relation ist z. B. nicht in 1. Normalform:

Tabelle 4.3: Relation ist nicht in 1. Normalform

Mitarbeiter-Nr	Name	Vorname	AbteilungsNr	Abteilung	ProjektNr
01234	Meier	Annemarie	123	Entwicklung	37
12345	Müller	Heinz	345	Verkauf	13,17
...	...	...			...

Das Attribut »ProjektNr« besitzt hier zwei Werte, nämlich 13 und 17. Um diese Relation in die 1. Normalform zu überführen, würde man das dargestellte Tupel in zwei Tupel aufteilen, eines für die ProjektNr 13 und eines für die ProjektNr 17.

Eine Relation befindet sich in »2. Normalform«, wenn sie in 1. Normalform ist und wenn zusätzlich jedes Nicht-Primärattribut von jedem Primärattribut voll abhängig ist. *Volle Abhängigkeit* bedeutet dabei Folgendes: Ein Attribut oder eine Attributskombination A ist genau dann von einem Primärschlüssel P voll abhängig, wenn es zu jeder Wertekombination von P höchstens einen Wert (eine Wertekombination) von A gibt und wenn diese Forderung nicht bereits für Teile der Wertekombination von P gilt. Das folgende Beispiel macht deutlich, was gemeint ist:

Tabelle 4.4: Relation ist nicht in 2. Normalform

Mitarbeiter-Nr	Name	Vorname	AbteilungsNr	Abteilung	ProjektNr
01234	Meier	Annemarie	123	Entwicklung	37
12345	Müller	Heinz	345	Verkauf	13
12345	Müller	Heinz	345	Verkauf	17
...	...	...	...	...	...

Der Primärschlüssel sei in diesem Fall die Attributskombination (»MitarbeiterNr«, »ProjektNr«). Diese Relation ist zwar in 1. Normalform, denn das Tupel aus Tabelle 4.3 wurde in der Weise in zwei Tupel aufgespalten, dass in jedem der entstandenen Tupel nur noch ein Wert für die »ProjektNr« existiert. Sie ist aber nicht in 2. Normalform, denn sowohl für den Wert Müller des Attributs »Name« als auch für den Wert der Attribute »Vorname«, »AbteilungsNr« und »Abteilung« existiert jeweils genau eine »MitarbeiterNr«. Damit ist der zweite Fall in der obigen Definition der funktionalen Abhängigkeit gegeben. Noch etwas anschaulicher: Die Relation in Tabelle 4.4 weist offensichtlich Redundanzen auf, denn obwohl der Mitarbeiter Heinz Müller bereits über seine »MitarbeiterNr« eindeutig identifiziert werden könnte, werden der Name und der Vorname zusätzlich mitgeführt. Ist Heinz Müller an zehn Projekten beteiligt, dann taucht er zehnmal mit den Attributen »MitarbeiterNr«, »Name« und »Vorname« in dieser Relation auf. Somit existieren für den die Speicherung der Projektzugehörigkeiten des Mitarbeiters Heinz Müller insgesamt 60 Werte.

Diese Redundanz lässt sich vermeiden, wenn man die Relation aus Tabelle 4.4 in zwei Relationen aufteilt, nämlich in eine Relation MITARBEITER mit Attributen »MitarbeiterNr«, »Name«, »Vorname«, »AbteilungsNr« und »Abteilung« sowie in eine Relation PROJEKTZUGEHÖRIGKEIT mit Attributen »MitarbeiterNr« und »ProjektNr«. Damit reduziert sich der Speicherbedarf auf 23 Werte für den Angestellten Müller, nämlich drei für die Speicherung seiner Person in Form eines Tupels in der Relation MITARBEITER und 20 für die Speicherung von zehn Tupeln in der Relation PROJEKTZUGEHÖRIGKEIT.

Eine Relation ist in »3. Normalform«, wenn sie in 2. Normalform ist und wenn kein Nicht-Primärattribut transitiv von einem Primärattribut transitiv abhängig ist. »Transitiv abhängig« bedeutet dabei »abhängig auch über schlüsselfremde Umwege«.

Überführen wir in unserem Beispiel die Relation in zwei Tabellen in 2. Normalform, dann ergeben sich die folgenden Relationen:

Tabelle 4.5: Zweite Normalform, Teil 1

MitarbeiterNr	Name	Vorname	AbteilungsNr	Abteilung
01234	Meier	Annemarie	123	Entwicklung
12345	Müller	Heinz	345	Verkauf
...	...	...	...	...

Tabelle 4.6: Zweite Normalform, Teil 2

MitarbeiterNr	ProjektNr
01234	37
12345	13
12345	17
...	...

Die Abteilung in Tabelle 4.5 ist transitiv vom Schlüssel »MitarbeiterNr« abhängig. Jeder Mitarbeiter ist einer Abteilung zugeordnet, die sich über die »AbteilungsNr« eindeutig identifizieren lässt. Der Name der Abteilung braucht nicht in jedem Einzelfall mitgetragen zu werden, wenn man ihn in einer separaten Relation der »AbteilungsNr« zuordnet. Das Ergebnis dieser Aufspaltung ist in den Tabellen 4.7 und 4.8 dargestellt.

Tabelle 4.7: Dritte Normalform, Teil 1

MitarbeiterNr	Name	Vorname	AbteilungsNr
01234	Meier	Annemarie	123
12345	Müller	Heinz	345
...	...	...	...

Tabelle 4.8: Dritte Normalform, Teil 2

AbteilungsNr	Abteilung
123	Entwicklung
345	Verkauf
...	...

Jeder logische Datenbankentwurf sollte bis zur 3. Normalform normalisiert sein.

Eine Relation ist in »4. Normalform«, wenn kein Tupel nur aus Primärattributen besteht. Verstöße gegen diese Normalform sind selten, weshalb diese Normalform in der Praxis ohne große Bedeutung ist.

Beispiel Autovermietung

Nach diesem eher theoretischen Exkurs wollen wir jetzt ein vereinfachtes Datenmodell für ein Informationssystem erstellen, das die Pfade der »Standardbeispiele« ein wenig mehr verlässt. Eine Autovermietung besteht in der Regel aus mehreren Filialen. Zwischen diesen Filialen besteht ein erheblicher Bedarf an Informationsaustausch. So sollten z. B. ständig Antworten auf die folgenden Fragen verfügbar sein.

- Welche Fahrzeuge mit welchen Fahrzeugdaten stehen der Autovermietung zur Verfügung?
- Welches der Fahrzeuge befindet sich zum aktuellen Zeitpunkt bei welcher Filiale?
- Welches sind die Ansprechpartner in den einzelnen Filialen?

- Welcher Kunde hat welches Fahrzeug zum aktuellen Zeitpunkt in welcher Filiale angemietet, und wann liefert er es wohin zurück?
- Welche Vertragswerkstatt ist für welche Filiale zuständig?

Wir wollen all diese Informationen in einer zentralen relationalen Datenbank speichern. In der Abbildung 4.5 ist das Datenmodell für diese Beispielanwendung dargestellt. In der Praxis würde man sicherlich wesentlich mehr und komplexere Informationen speichern, etwa über die einzelnen Mitarbeiter und Kunden, über Versicherungen etc. Für unsere Zwecke allerdings ist die dargestellte vereinfachte Version ausreichend.

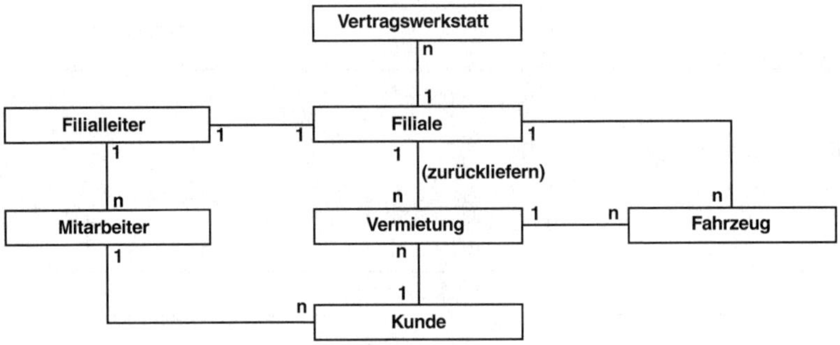

Abb. 4.5: ER-Diagramm für das Beispiel Autovermietung

Die dargestellten Beziehungen sind wie folgt zu interpretieren:

- Jedes Fahrzeug ist zu einem gegebenen Zeitpunkt genau einer Filiale zugeordnet, auch wenn es vermietet ist. In dem Fall bleibt das Fahrzeug der Filiale so lange zugeordnet, bis der Mieter es an eine andere Filiale zurückgeliefert hat. Einer Filiale können demgegenüber zu einem gegebenen Zeitpunkt mehrere Fahrzeuge zugeordnet sein. Daher die 1 : n-Beziehung zwischen den Entitätsmengen FILIALE und FAHRZEUG.
- Jede Filiale besitzt genau einen Filialleiter, und jeder Filialleiter leitet genau eine Filiale. Zwischen den Entitätsmengen FILIALE und FILIALLEITER existiert aus diesem Grund eine 1 : 1-Beziehung.
- Jeder Mitarbeiter besitzt genau einen Filialleiter, ein Filialleiter steht demgegenüber mehreren Mitarbeitern vor.
- Jeder Kunde wird von einem Mitarbeiter betreut. Ein einmal aufgenommener Kunde erhält einen für ihn zuständigen Mitarbeiter als Ansprechpartner. Da ein Mitarbeiter andererseits für mehrere Kunden zuständig sein kann, ergibt sich hier die 1 : n-Beziehung zwischen den Entitätsmengen KUNDE und MITARBEITER.

- Ein Mieter kann zu einem Zeitpunkt mehrere Autos mieten (etwa für einen Umzug), ein Fahrzeug kann zu einem Zeitpunkt aber höchstens von einem Kunden gemietet sein. Daher die 1 : n-Beziehung zwischen VERMIETUNG und FAHRZEUG.
- Ein Kunde kann zu einem gegebenen Zeitpunkt mehrfach als Mieter auftreten. Da aber jeder Mieter eindeutig einem Kunden entspricht, ergibt sich die 1 : n-Beziehung zwischen den Entitätsmengen KUNDE und VERMIETUNG.
- Ein Mieter liefert ein gemietetes Fahrzeug an genau eine Filiale zurück. Andererseits kann aber eine Filiale für mehrere Rücklieferungen von Fahrzeugen anstehen. Daher hat man es hier mit einer 1 : n-Beziehung zwischen VERMIETUNG und FILIALE zu tun.
- Eine Filiale kann mit mehreren Vertragswerkstätten in Verbindung stehen, eine Vertragswerkstatt ist demgegenüber genau einer Filiale zugeordnet. Daher ergibt sich auch hier die 1 : n-Beziehung.

Die Beziehung zwischen KUNDE und MITARBEITER ist ein schönes Beispiel für die Mächtigkeit von Datenbanken: Was passiert mit den Mietern, wenn der zuständige Mitarbeiter die Firma verlässt und aus der Mitarbeiterrelation entfernt wird? Die Datenbank wird in dem Fall darüber wachen, dass die entsprechenden Kunden vom Datenbankadministrator einem anderen Mitarbeiter zugeordnet werden oder auf andere Weise so behandelt werden, dass die Datenbank wieder in einen konsistenten Zustand überführt wird.

Praktischer Hinweis: 1 : 1-Beziehungen kann man im Allgemeinen eliminieren. Es ist eine Frage der Performance und der Übersichtlichkeit (und damit z. B. der Wartbarkeit), ob sie wirklich ersetzt werden oder nicht.

4.2.2 SQL

Die Intention dieses Kapitels besteht nicht in einer vollständigen Darstellung der Sprache SQL (»Structured Query Language«), diese wird meist in den Datenbank-Handbüchern geliefert. Es soll vielmehr eine kurze Übersicht über die wichtigsten Eigenschaften dieser Sprache gegeben werden, um anschließend die in unserem Beispiel der Autovermietung benötigten Relationen zu definieren.

Die im weiteren Verlauf dieses Buches benötigten zusätzlichen Möglichkeiten der SQL werden bei Bedarf an den entsprechenden Stellen vorgestellt.

Übersicht

Die Mitte der Siebzigerjahre von IBM entwickelte Sprache SQL fand eine sehr rasche Verbreitung für die Datendefinition, die Datenmanipulation, die Datenkontrolle und das Abrufen von Daten in relationalen Datenbanken. Als Anfang der Achtzigerjahre immer mehr unterschiedliche Versionen dieser Sprache von den Datenbankanbietern auf den Markt kamen, entschloss sich das ANSI (American National Standards Institute), einen Standard für SQL zu entwickeln. Zeitgleich arbeitete die ISO (International Standards Organization) am gleichen Problem. Die ANSI-Spezifikation erschien im Jahre 1986, der ISO-Standard ein Jahr später. Eine gemeinsame Spezifikation beider Organisationen wurde im Jahre 1992 freigegeben: SQL-92, der derzeitige Standard.

In der folgenden Übersicht sind die wichtigsten Möglichkeiten der SQL aufgelistet:

- Datendefinition: SQL ermöglicht das Erzeugen und Ändern von Tabellen oder Views. Die wichtigsten Befehle dazu sind CREATE, DROP und ALTER.
- Datenmanipulation: Mit Hilfe von SQL können Daten in bestehende Tabellen oder Views eingefügt, gelöscht oder fortgeschrieben werden. Die dafür wichtigsten SQL-Befehle sind INSERT, DELETE und UPDATE.
- Wiederabrufen gespeicherter Daten: Dies geschieht mit der mächtigen SELECT-Anweisung.
- Datenkontrolle: SQL erlaubt auch die Vergabe von Rechten für einzelne Benutzer oder Gruppen von Benutzern auf Datenbankobjekte. Die wichtigsten Befehle dazu sind die GRANT-Anweisung zur Vergabe von Rechten und die REVOKE-Anweisung zum Entziehen von Rechten.
- Datensicherheit: Mit Hilfe von SQL können zusammengehörige Folgen von Einzelanweisungen zu Transaktionen zusammengefasst oder Savepoints gesetzt werden. Dazu dienen u.a. die COMMIT-, die ROLLBACK- und die SAVEPOINT-Anweisung.
- Erzeugen von Indizes und Clustern: Mit Hilfe von Indizes und Clustern kann die Performance der Datenbank gesteigert werden. Existiert ein Index, beispielsweise für eine Tabelle, dann durchsucht das DBMS den (kürzeren) Index anstelle der Gesamttabelle. Mit Hilfe des Clustering kann man in Anfragen oft gemeinsam auftretende Objekte in einem gemeinsamen Speicherbereich (Cluster) ablegen. Die hierzu wichtigsten (Oracle-) SQL-Anweisungen sind CREATE CLUSTER und CREATE INDEX.

Die SELECT-Anweisung

Die meisten der in der obigen Übersicht vorgestellten Anweisungen werden im Laufe der folgenden Kapitel noch eingehender vorgestellt und benutzt. Auf Grund der sehr flexiblen Möglichkeiten der SELECT-Anweisung soll dieser zentrale Befehl zum Abrufen von Daten anhand von einigen Beispielen einer genaueren Betrachtung unterzogen werden (allerdings werden auch hier keineswegs alle Möglichkeiten des SELECT-Befehls vorgestellt).

Eine einfachste Form der SELECT-Anweisung wäre

```
SELECT * FROM Mitarbeiter;
```

bzw.

```
SELECT Name, Vorname FROM Mitarbeiter;
```

Im ersten Fall werden alle Attribute der Mitarbeiter-Relation zurück geliefert, im zweiten Fall nur die Attribute »Name« und »Vorname«. Eine Einschränkung auf spezielle Tupel erhält man mit Hilfe der WHERE-Klausel:

```
SELECT Name, Vorname FROM Mitarbeiter
   WHERE Vorname = "Heinz"
   ORDER BY Name;
```

(»Gib mir den Namen und Vornamen aller Mitarbeiter mit Vornamen Heinz, und sortiere sie nach dem Namen«). Bedingungen in der WHERE-Klausel lassen sich auf zahlreiche Arten miteinander verknüpfen. Ein Beispiel:

```
SELECT Name, Vorname FROM Mitarbeiter
   WHERE Vorname = "Heinz"
   AND Alter BETWEEN 20 AND 60
   ORDER BY Name;
```

Es können auch SELECT-Anweisungen über Relationen hinweg ausgeführt werden:

```
SELECT * FROM Mitarbeiter
   WHERE AbteilungsNr =
   (SELECT AbteilungsNr FROM Abteilung
      WHERE AbteilungsName = "Verkauf");
```

(»Gib mir alle Mitarbeiter aus der Verkaufsabteilung«, wobei die Relationen in diesem Fall wie in den Tabellen 4.7 und 4.8 definiert seien).

Definition der im Beispiel benötigten Datenbanktabellen

Es werden nun die in unserem kleinen Fallbeispiel (Abbildung 4.5) benötigten Relationen zunächst jeweils in Tabellenform dargestellt und anschließend mit Hilfe von SQL-Anweisungen datenbankgerecht definiert.

Beginnen wir mit der Relation FILIALE: Als Attribute seien die FilialNr vom (Oracle-) Typ SMALLINT, der Standort (Stadt) und der Anschrift jeweils vom Typ VARCHAR, Telefon und Fax, ebenfalls vom Typ VARCHAR, sowie die Nummer der Vertragswerkstatt als SMALLINT definiert. Als Primärschlüssel wird das Attribut »FilialNr« ausgewählt. Eine kleine Beispielrelation ist in der Tabelle 4.9 dargestellt.

Tabelle 4.9: Relation Filiale

FilialNr	Stadt	Anschrift	Telefon	Fax	Werkstatt
101	Bonn	Beethovenstr. 37	12345	123450	8745
102	Hannover	Ägidientorplatz 5	23456	234560	3467
103	Frankfurt/M.	Lindenallee 12	34567	345670	4711
104	Rostock	Strandstr. 128	45678	456780	5712
...	...	...	...	...	...

Die entsprechende Definition in SQL sieht dann wie folgt aus:

```
CREATE TABLE Filiale (
  FilialNr SMALLINT,
  Stadt VARCHAR (30),
  Anschrift VARCHAR (40),
  Telefon VARCHAR (15),
  Fax VARCHAR (15),
  Werkstatt SMALLINT,
  CONSTRAINT EntitaetsInt
    PRIMARY KEY (FilialNr));
```

Die Definition des Primärschlüssels wurde in diesem Fall innerhalb einer eigens definierten Integritätsbedingung (»Constraint«) vorgenommen. Da man die Forderung nach einem Primärschlüssel für jede Relation auch als »Entitätsintegrität« bezeichnet, wurde diese Bedingung mit dem Namen »EntitaetsInt«versehen. Man könnte den Primärschlüssel auch direkt bei der Definition des entsprechenden Attributs festlegen (wir benutzen hier beispielhaft wieder die Oracle-Notation, bei anderen Datenbank-Managementsystemen sieht es teilweise ein wenig anders aus):

```
...
  FilialNr SMALLINT PRIMARY KEY,
  ...;
```

In die so entstandene Relation können nunmehr Tupel eingefügt werden, z. B.:

```
INSERT INTO Filiale
  VALUES (101,
         'Bonn',
         'Beethovenstr. 37',
         '12345',
         '123450',
         8745);
```

Die Relation FAHRZEUG ist in der Tabelle 4.10 dargestellt. In diesem Fall wird ein Fremdschlüssel definiert, nämlich das Attribut Filiale, welches das Attribut »FilialNr« aus der Relation FILIALE referenzieren soll. Hinweis: Der Datentyp DATE wird bei der Oracle-Datenbank etwas anders dargestellt, nämlich standardmäßig in der Form DD-MON-YY, also z. B. 01-SEP-98. Man kann ihn anders definieren (z. B. in der Form DD:MM:YYYY). In den hier dargestellten Tabellen wurde die vertrautere deutsche Form gewählt.

Tabelle 4.10: Relation Fahrzeug

Kennzeichen	Hersteller	Ausführung	Filiale	Baujahr	KmStand	TUEV	ASU
F-HA-3051	Audi	A6	103	1996	10025	01.09.98	01.09.98
DU-AW-667	Wrangler	Jeep	102	1997	3268	01.04.99	15.04.99
DU-GH-1305	VW	Golf 3	101	1995	63632	01.03.99	01.05.98
OS-DA-617	Opel	Kadett	102	1996	19345	15.07.98	15.07.98
...	...	...		...	...	...	...

Der zugehörige SQL-Code:

```
CREATE TABLE Fahrzeug (
  Kennzeichen VARCHAR (10),
  Hersteller VARCHAR (20),
```

```
  Ausführung VARCHAR (10),
  Filiale SMALLINT,
  Baujahr VARCHAR (4),
  KmStand NUMBER (6),
  TUEV DATE,
  ASU DATE,
  CONSTRAINT EntitaetsInt
    PRIMARY KEY (Kennzeichen),
  CONSTRAINT ReferentIntl
    FOREIGN KEY (Filiale)
    REFERENCES Filiale(FilialNr));
```

Die weiteren Relationen werden in ähnlicher Form definiert (Tabellen 4.11 bis 4.15). Deren Definition bedarf nun keiner näheren Erläuterung mehr.

Tabelle 4.11: Relation Vertragswerkstatt

Werkstatt-Nr	Name	Straße	Stadt	Filiale	Telefon	Anmerkung
1001	Fix&Fertig	Bergstr. 4	Laatzen	102	1234	ASU
1002	Prompt GmbH	Industriestr. 22	Isernhagen	102	2345	Sonderpreise
1003	Palleti OHG	Postweg 34	Bonn	101	3456	BMW-Vertrag
1004	Schramme-Weck	Ostseepark 33	Warne-münde	104	4567	Lackierung
...	...	...		...	...	...

```
CREATE TABLE Vertragswerkstatt (
  WerkstattNr SMALLINT,
  Name VARCHAR (40),
  Strasse VARCHAR (40),
  Stadt VARCHAR (30),
  Filiale SMALLINT,
  Telefon VARCHAR,
  Anmerkung VARCHAR (100),
  CONSTRAINT EntitaetsInt
    PRIMARY KEY (WerkstattNr),
  CONSTRAINT ReferentIntl
    FOREIGN KEY (Filiale)
    REFERENCES Filiale(FilialNr));
```

Tabelle 4.12: Relation Filialleiter

Filialleiter	Filiale	PrivatTelefon
1004	101	0123
2003	102	0234
3012	103	0345
4008	104	0456
...	...	0567

```
CREATE TABLE Filialleiter (
  Filialleiter SMALLINT,
  Filiale SMALLINT
  PrivatTelefon VARCHAR (40),
  CONSTRAINT EntitaetsInt
    PRIMARY KEY (Filialleiter),
  CONSTRAINT ReferentInt1
    FOREIGN KEY (Filiale)
    REFERENCES Filiale(FilialNr));
```

Tabelle 4.13: Relation Mitarbeiter

MitarbeiterNr	Name	Vorname	Position	Filialleiter
1001	Eloquent	Jean-Marc	Kundenbetreuung	1004
1002	Hurtig	Cornelia	Auszubildende	1004
1003	Gründlich	Günther	Kundenbetreuung	1004
1004	Boss	Angelika	Filialleitung	1004
...	...	...	...	

```
CREATE TABLE Mitarbeiter (
  MitarbeiterNr SMALLINT,
  Name VARCHAR (40),
  Vorname VARCHAR (40),
  Position VARCHAR (30),
  Filialleiter SMALLINT,
  CONSTRAINT EntitaetsInt
    PRIMARY KEY (MitarbeiterNr),
  CONSTRAINT ReferentInt1
    FOREIGN KEY (Filialleiter)
    REFERENCES Filialleiter(Filialleiter));
```

Tabelle 4.14: Relation Kunde

KundenNr	Name	Vorname	FührerschNr	Mitarbeiter
10000001	Dicken	Hans	D 1234567	2003
10000002	Müßig-Trapp	Peter	D 2345678	2005
10000003	Burchert	Frank	D 3456789	1012
10000004	Hipper	Gunther	D 4567891	8005
...	...	...	...	...

```
CREATE TABLE Kunde (
  KundenNr SMALLINT,
  Name VARCHAR (40),
  Vorname VARCHAR (40),
  FuehrerscheinNr VARCHAR (30),
  Mitarbeiter SMALLINT,
  CONSTRAINT EntitaetsInt
    PRIMARY KEY (KundenNr),
  CONSTRAINT ReferentIntl
    FOREIGN KEY (Mitarbeiter)
    REFERENCES Mitarbeiter(MitarbeiterNr));
```

Tabelle 4.15: Relation Vermietung

Mieter	Auto	Selbstbeteiligung	Ziel	Datum
10000001	NULL	NULL	NULL	NULL
10000002	M-ES-1111	1000	102	03.10.97
10000003	HH-E-6399	100000	104	05.10.97
10000004	NULL	NULL	NULL	NULL
...	...	...	...	...

```
CREATE TABLE Vermietung (
  Mieter SMALLINT,
  Auto VARCHAR (10),
  Selbstbeteiligung NUMBER (8),
  Ziel SMALLINT,
  Datum DATE,
  CONSTRAINT EntitaetsInt
    PRIMARY KEY (Mieter, Auto),
  CONSTRAINT ReferentIntl
```

```
    FOREIGN KEY (Mieter)
    REFERENCES Kunde(KundenNr)
  CONSTRAINT ReferentInt2
    FOREIGN KEY (Auto)
    REFERENCES Fahrzeug(Kennzeichen)
  CONSTRAINT ReferentInt3
    FOREIGN KEY (Ziel)
    REFERENCES Filiale(FilialNr));
```

4.3 Zusammenfassung

In diesem Kapitel wurden einige generelle Aspekte der Verfügbarkeit von relationalen Datenbanken für Linux zusammengestellt. Insbesondere haben wir dabei die wichtigsten für Linux verfügbaren Datenbanksysteme zusammengestellt. Ferner wurden die grundlegenden Konzepte der Datenmodellierung vorgestellt und in einem konkreten Beispiel benutzt. Es wurden die bei der Datenmodellierung wichtigen Begriffe wie Entitäten, Entitätsmengen, Beziehungen und deren Kardinalitäten, sowie Primärschlüssel und Fremdschlüssel ebenso eingeführt wie der Normalisierungsprozess. Der Leser sollte damit in die Lage versetzt werden, die einzelnen Schritte bei der Umsetzung einer abstrakten Problemstellung in sehr konkrete Datenbankrelationen nachzuvollziehen und anwenden zu können. Ferner wurden die wichtigsten Möglichkeiten von SQL in kurzer Form dargelegt, bevor SQL für die Definition der im Beispiel der Autovermietung benötigten Tabellen benutzt wurde.

Kapitel 5

Oracle 8

Die in jüngerer Zeit zunehmende Akzeptanz von Linux insbesondere als Serverplattform für Geschäftsanwendungen ist zu einem beträchtlichen Anteil auf die Linux-Portierungen der großen Datenbankanbieter zurückzuführen. Noch vor wenigen Jahren galt es als undenkbar, dass nahezu jedes namhafte DBMS für Linux verfügbar sein werde, Linux bildete lediglich als Web-Server-Plattform eine lästige, aber ernstzunehmende Konkurrenz für andere Betriebssysteme wie Windows NT oder Solaris. Im Übrigen wurde Linux (insbesondere in der Geschäftswelt) als Plattform für mehr oder weniger dogmatische Freaks betrachtet, die sich einfach nicht mit Windows und der Microsoft-Geschäftspolitik anfreunden konnten.

Einen nicht zu unterschätzenden Anteil an dieser Entwicklung ist der Firma Oracle zuzuschreiben: Bereits im Jahre 1997 wurde bekannt, dass Adabas D nach Linux portiert wurde ([dih98]), kaum jemand indes nahm Notiz davon. Als erster »richtig Großer« kam dann Informix mit dem SE-Server auf die Linux-Bühne. Da es für andere Plattformen allerdings bereits eine ausgereiftere Version gab (nämlich den Informix Dynamic Server), war auch hier die Reaktion eher verhalten (»überholte Version«). Als jedoch kurze Zeit später (Ende 1998) Oracle den Server 8.0.5 für Linux herausbrachte, war das Interesse verständlicherweise wesentlich größer. In der Tat gibt es zahlreiche Geschäftsanwendungen, die in vielen Fällen auf eine Oracle-Datenbank auf dem Backend aufsetzen.

Oracle war also keineswegs der erste Datenbankanbieter, der den Umstieg auf Linux wagte (zumal es Datenbanksysteme wie mSQL, MySQL oder Empress ja schon seit geraumer Zeit für Linux gibt), Oracle war allerdings der erste der großen Datenbankanbieter, der Linux als gleichwertige Alternative zu anderen Plattformen betrachtete. Seit einiger Zeit gibt es beispielsweise einen vergleichbaren Support und eine vergleichbare Dokumentation für Oracle unter Linux wie für andere etabliertere Plattformen. Auf der anderen Seite allerdings ist auch der Preis vergleichbar.

Die (beispielhafte) Beschreibung der Administration, der Konfiguration und des Tuning von Oracle 8 bildet ein zentrales Kapitel dieses Buches. Diese Tatsache ist weder in erster Linie auf die Marktposition von Oracle zurückzuführen (nach neueren Untersuchungen besitzt Oracle im Bereich von Unix/Windows-Systemen einen Marktanteil von etwa 60 %), noch darauf, dass Oracle gerade im Bereich der

Kombination von relationalen Datenbanken mit dem Web eine treibende Rolle einnimmt, auch wenn gerade Linux als Plattform für Web-Anwendungen eine besondere Akzeptanz besitzt. Es gibt – wie wir in späteren Kapiteln sehen werden – Anbieter, die sich mindestens mit einer vergleichbaren Intensität auf das Dreiecksverhältnis Datenbank – Linux – Web konzentrieren, in dem sie z. B. eine direkte Anbindung an den gerade unter Linux sehr verbreiteten Apache Web-Server unterstützen. Diese Option gibt es mittlerweile auch bei Oracle, aber nicht direkt am Datenbank-Backend, sondern als so genannte *Cartrigde* beim »Oracle-Application-Server« (OAS), der sinnvollerweise nur bei Drei-Schichten-Architekturen zum Einsatz kommt. Daneben besitzt Oracle einen eigenen Web-Server (mittlerweile ebenfalls als Cartridge zum OAS), der keineswegs nur für Linux verfügbar ist.

Der Grund für die ausführliche Beschreibung der Oracle 8-Administration besteht vielmehr darin, dass man es bei Oracle mit einem recht komplexen und sehr gut durchstrukturierten DBMS zu tun hat. Es ist leichter, von einer komplexen und ausgereiften Datenbank ausgehend, die Mechanismen anderer Datenbankanbieter zu verstehen als umgekehrt.

Wir werden zunächst einige wichtige Unterschiede zwischen einzelnen Oracle 8-Versionen auflisten, um danach die Schritte bei der Installation einer Oracle-Datenbank unter Linux zu beschreiben; wir werden anschließend einige wichtige Aspekte der Konfiguration beschreiben, wozu auch eine Einführung in die Open Flexible Architecture (OFA) zählt. Wir werden ferner die wichtigsten Komponenten einer Oracle-Datenbank aufzählen und beschreiben. Ein zentraler Abschnitt in diesem Kapitel widmet sich der Administration einer Oracle 8-Datenbank (die weitgehend auf SQL-Ebene geschieht und daher überwiegend nicht Linux-spezifisch ist). Ein weiterer Abschnitt ist dem Thema Backup und Recovery von Oracle-Datenbanken unter Linux gewidmet. Abschließend werden wir einige Oracle-Tools unter Linux untersuchen und ein paar wichtige Aspekte der Oracle-SQL-Implementierung diskutieren (die wie bei den meisten Datenbankanbietern über den ANSII-Kern relativ weit hinausgeht).

Oracle hat sich, aus Benutzersicht und auf der Ebene der Administration und Anwendung im positiven Sinne, bei der Portierung nach Linux erstaunlich »wenig Mühe« gemacht (im Sinne einer sehr ökonomischen Vorgehensweise): Man hat einfach die Installations- und Konfigurationswerkzeuge in der weitgehend plattformunabhängigen Sprache Java entwickelt und eine eigene Java-Umgebung beigefügt. Selbstverständlich ist der Kern eines Oracle-RDMBS nach wie vor plattformspezifisch, und daher gibt es zahlreiche Features einer Oracle-Datenbank, die speziell für Linux zu konfigurieren sind; die Werkzeuge allerdings ähneln sich erfreulicherweise sehr.

5.1 Oracle 8 und Oracle 8i

Die erste Linux-Version ihres RDBMS brachte Oracle mit der Version 8.0.5 heraus ([dhs99]). Die Folgeversion Oracle 8.1.5 wird als Oracle 8i bezeichnet. Diese wurde etwa zeitgleich für die früher von Oracle vorrangig bedienten Plattformen Solaris und Windows NT einerseits und Linux andererseits herausgegeben. Das »i« im neuen Namen steht für den Fokus auf das Internet. In der Tat ist Oracle mittlerweile alles andere als ein reiner Datenbankanbieter. Zwar lässt sich der Trend zu umfassenden »Solution Providern« auch bei der Konkurrenz zunehmend beobachten, Oracle marschiert auf diesem Gebiet allerdings relativ stramm vorneweg. Bei der 8i-Version können beispielsweise Java-basierende Anwendungen in der Datenbank verwaltet werden. Daneben ist Oracle 8i auf Grund der ausgedehnten Möglichkeiten des Umgangs mit Binärdaten (also z. B. Multimedia-Daten) mittlerweile ein objektrelationales Datenbank-Managementsystem (ORDBMS).

Im Übrigen setzt Oracle in starkem Maße auf offene Standards (wie HTML, XML, Java, CORBA, LDAP, X.509, SSL usw.). Der Umgang mit proprietären Formaten wie etwa die Konvertierung einer Ergebnistabelle in das (beispielsweise im Bereich der öffentlichen Verwaltung relativ fest verankerte) Microsoft Excel-Format gestaltet sich gelegentlich zu einer echten Herausforderung. Einige Werkzeuge (wie etwa der Oracle-Discoverer) unterstützen zwar derartige Formate, allerdings ist es oftmals fraglich, ob man sich für den Einsatz derartig komplexer (und teilweise kostspieliger) Werkzeuge entscheidet, nur um Formatkonvertierungen durchführen zu können.

Oracle selber betrachtet die eigene Internet-Plattform als 3-Schichten-Ansatz (Client-Schicht, Applikationsschicht, Datenbankschicht), wobei selbstverständlich davon ausgegangen wird, dass sich der Oracle Application Server (OAS) in der Applikationsschicht befindet. Wir werden am Ende dieses Kapitels ein wenig ausführlicher auf den Oracle Application Server eingehen. Die 3-Schichten-Architektur in Zusammenhang mit Datenbankapplikationen ist keineswegs eine Erfindung von Oracle, und sie bietet in der Tat manche Vorteile. Der Einsatz von Oracle-Werkzeugen wiederum in einer homogenen Umgebung verspricht in vielen Fällen eine vergleichsweise schnelle und stabile Entwicklung. Allerdings ist man dabei (etwa im Vergleich zu Eigenentwicklungen) stark auf die Möglichkeiten angewiesen, die Oracle bietet. Ein fast schon klassischer Entscheidungskonflikt im Vorfeld der Entwicklung von Datenbankanwendungen!

Das Oracle 8.1.5 ORDBMS gibt es als *Standard Edition* (SE) und *Enterprise Edition* (EE), daneben als Oracle 8i Lite und Oracle 8i Personal Edition, auf die wir an dieser Stelle auf Grund der sich wandelnden Oracle-Preispolitik nicht näher eingehen.

Die wichtigsten Unterschiede zwischen der Standard Edition (auch als *Workgroup Edition* bezeichnet) und der Enterprise Edition sind in der nachfolgenden Tabelle zusammengestellt (nach [qui00]).

Tabelle 5.1: Vergleich der Komponenten/Features von Oracle 8i SE und Oracle 8i EE

Eigenschaft	Oracle 8i Standard Edition	Oracle 8i Enterprise Edition
Java-Unterstützung		
SQLJ	Ja	Ja
JDBC-Treiber	Ja	Ja
OLTP/High Availability		
Optimizer Statistics Management	Ja	Ja
Readable Standby Database	Ja	Ja
Resource Management	Nein	Ja
Transparence Application Failover	Nein	Ja
Automated Standby Satabase	Nein	Ja
Online Index Build	Nein	Ja
Fast-start Fault Recovery	Nein	Ja
Advanced Queuing	Nein	Ja
Plan Stability	Nein	Ja
Data Warehouse und Very Large Database-Unterstützung		
Star Query Optimization	Ja	Ja
Parallel Load	Ja	Ja
CUBE und ROLLUP	Ja	Ja
Import transportable Tablespaces	Ja	Ja
Direct Path Load API	Ja	Ja
Export transportable Tablespaces	Nein	Ja
Materialized Views	Nein	Ja
Parallel Bitmap Star Query Optimization	Nein	Ja
Bitmap Indices	Nein	Ja
Sample Scan	Nein	Ja
Parallel Query	Nein	Ja
Automated Parallel Query Degree	Nein	Ja
Parallel DML (INSERT/UPDATE/DELETE)	Nein	Ja

Tabelle 5.1: Vergleich der Komponenten/Features von Oracle 8i SE und Oracle 8i EE

Eigenschaft	Oracle 8i Standard Edition	Oracle 8i Enterprise Edition
Java-Unterstützung		
Parallel Index Scans	Nein	Ja
Parallel Index Build	Nein	Ja
Parallel Analyze	Nein	Ja
Verwaltung/Administration		
Server Managed Backup and Recovery	Ja	Ja
Recovery-Manager	Ja	Ja
Online Backup and Recovery	Ja	Ja
Legato Storage Manager	Ja	Ja
Parallel Backup and Recovery	Nein	Ja
Incremental Backup and Recovery	Nein	Ja
Point-in-Time Tablespace Recovery	Nein	Ja
Duplexed Backup Sets	Nein	Ja
Distributed Computing		
Verteilte Queries	Ja	Ja
Verteilte Transaktionen	Ja	Ja
Heterogenous Services	Ja	Ja
Single Master Replication	Ja	Ja
Multiple Master Replication	Nein	Ja
Networking und Security		
Net8	Ja	Ja
Oracle Names	Ja	Ja
Network Acces Control	Nein	Ja
N-Tier Authentication/ Authorization	Nein	Ja
Datenbankeigenschaften		
Objects and Extensibility	Ja	Ja
LOB-Unterstützung	Ja	Ja
NLS	Ja	Ja
PL/SQL (gespeicherte Prozeduren und Trigger)	Ja	Ja
Database Event Trigger	Ja	Ja
Instead-of-Trigger	Ja	Ja
Password Management	Ja	Ja

Tabelle 5.1: Vergleich der Komponenten/Features von Oracle 8i SE und Oracle 8i EE

Eigenschaft	Oracle 8i Standard Edition	Oracle 8i Enterprise Edition
Java-Unterstützung		
Long Operation Monitor	Ja	Ja
Temporary Tables	Ja	Ja
Index-organized Tables	Ja	Ja
LogMiner	Ja	Ja
Locally-managed Tablespaces	Ja	Ja
Descending Indizess	Ja	Ja
Reverse Key Indizess	Ja	Ja
Drop Column	Ja	Ja
Autonomous Transaction	Ja	Ja
Fine-grained Access Control	Nein	Ja
Index Coalesce	Nein	Ja
Function Based Index	Nein	Ja
Index on NLS-collating Sequences	Nein	Ja
Programmierschnittstellen		
Pro*C und andere Precompiler	Ja	Ja
ODBC-Treiber	Ja	Ja
Objects for OLE	Ja	Ja
Oracle Call Interface (OCI)	Ja	Ja
Oracle Programmer	Ja	Ja

Die meisten Leser werden mit dem einen oder anderen der in der obigen Tabelle genannten Eigenschaften/Komponenten nicht auf Anhieb viel anfangen können: Machen Sie sich nichts daraus, auch manch gestandener Oracle-Experte kennt nicht alle Features, die Oracle vorhält. Manche von ihnen werden im weiteren Verlauf dieses Kapitels noch besprochen. Die (zugegebenermaßen reichlich lange) Tabelle 5.1 wurde an dieser Stelle angeführt, um die Entscheidung für eine Beschaffungsalternative zu unterstützen: Es ist ja gelegentlich schon eine Wissenschaft für sich, sich im Wald der Editions und Produktkomponenten bei Beschaffungen zurechtzufinden.

Einige spezielle Anmerkungen zur Tabelle: *SQLJ, Pro*C* und andere Precompiler sowie *Objects for OLE* und das *OCI* benötigen zusätzlich den separat zu lizenzierenden *Oracle Programmer*. Für die *Parallel DML, den Parallel Index Scans* und der *Parallel Analyze*-Komponente sind zusätzlich Oracle Partitioning zu lizenzieren. Die *Instead-of-Trigger* schließlich gibt es erst seit der Version 8.1.6 von Oracle.

Schließlich noch ein Tipp für ugrade-willige Oracle-Administratoren: Mindes-tens die Version 8.1.6 von Oracle beinhaltet einige Veränderungen im Oracle Data Dictionary (das sind die Oracle-Systemtabellen, vgl. weiter unten) im Vergleich etwa zu den 7.x-Versionen. Sollten Sie also eine bestehende Oracle 7-Datenbankanwendung von Solaris oder Windows NT nach Oracle 8i unter Linux hochpatchen wollen: Möglicherweise dabei auftretende Probleme können durchaus auf die aktuellere Oracle-Version zurückzuführen sein. Geben Sie nicht gleich der Linux-Version die Schuld!

5.2 Installation

Ab der Version 8.1.5 (Oracle 8i) liefert Oracle eine bequeme Java-basierte Oberfläche für die Installation: den *Oracle Universal Installer* (OUI). Dieses X11-Tool unterscheidet sich kaum noch von entsprechenden Werkzeugen für Windows-Betriebssysteme. Allerdings gibt es den OUI nicht für die Datenbankversionen 8.0.x. Der Universal Installer benötigt das Java Runtime Environment, denn es ist in Java entwickelt. Da manche Leser aus irgendwelchen Gründen möglicherweise kein Java benutzen (wollen/dürfen) oder einfach mit einer der Versionen Oracle 8.0.x zufrieden sind, werden wir nachfolgend sowohl die Installation von Oracle 8i als auch die von Oracle 8.0.x beschreiben.

In beiden Fällen (insbesondere bei der Beschreibung der Installation von Oracle 8.1.5 unter Linux) werden wir dabei lediglich einen zum Zeitpunkt des Verfassens dieses Buches gültigen Stand vermitteln können. Oracle 8i bildet andererseits einen seit Jahren angekündigten zentralen Entwicklungsschritt von Oracle, sodass man davon ausgehen kann, dass sich diese Vorgänge in absehbarer Zeit nicht wesentlich ändern werden. Wir beginnen mit der Beschreibung des Vorgehens bei der Installation von Oracle 8i (nämlich der Enterprise Edition). Wir werden dabei im Wesentlichen SuSE-Linux als Referenzdistribution wählen, wichtige Unterschiede bei anderen Distributionen allerdings aufzeigen.

Sollten Sie die Installation einer Oracle-Datenbank anhand der folgenden Abschnitte direkt nachvollziehen wollen, so beachten Sie bitte, dass die dabei gewählte Verzeichnisstruktur nicht willkürlich gewählt wurde. Sie orientiert sich vielmehr an der so genannten Open Flexible Architecture, die in einem späteren Abschnitt (5.6) vorgestellt wird. Lesen Sie also in dem Fall bitte vorher diesen Abschnitt, oder orientieren Sie sich an der hier benutzten Verzeichnisstruktur.

5.2.1 Oracle 8i

Seit geraumer Zeit und mit zunehmender Tendenz setzt Oracle – wie so manch anderer Datenbankanbieter – auf Internet-Applikationen als Umfeld für die Benutzung des Oracle DBMS. Spätestens mit der Version 8i zeigt sich Oracle auf diesem Gebiet als besonders konsequent und hier vor allem mit Blick auf Java. Neben WebDB, dem Oracle Application Server, SQLJ, JDBC, Java-Cartrigdes, etc. gibt es bei Oracle 8i ein recht bemerkenswertes Phänomen: Es lässt sich ohne Java nur mühsam installieren, denn der Oracle Universal Installer wurde in Java entwickelt und benötigt insbesondere ein Java Runtime Environment (JRE).

Wir beschreiben im Folgenden die Voraussetzungen für eine Oracle 8i-Installation und anschließend die Installation selber. Nachfolgend werden die initialen Konfigurationsschritte erläutert, die nötig sind, um eine Verbindung zu einer Oracle 8i-Datenbank aufzubauen.

Systemvoraussetzungen

Oracle 8i in der Version 8.1.5 benötigt unter Linux die folgenden Hardwarevoraussetzungen ([oig99]): Es werden mindestens 128 MB RAM benötigt, empfohlen werden 256 MB, der Swap Space sollte die doppelte Größe des RAM besitzen. Falls die Installation von einer CD-ROM vorgenommen werden soll, wird ferner selbstverständlich auch ein CD-ROM-Drive benötigt. Im Laufe der Installation kann man zwischen drei Installationskategorien auswählen (Minimal, Typical, Custom). Der Plattenplatzbedarf einer Installation von Oracle 8i ist von der Wahl der Installationskategorie abhängig. Die Tabelle 5.2 gibt einen groben Überblick, wobei Oracle selber die dort aufgelisteten Zahlen selber als ungefähre Werte deklariert, die zum jeweiligen Installationszeitpunkt leicht variieren können. Angegeben sind dort die Plattenplatzbedarfe für Oracle 8i, Enterprise Edition, also das DBMS, und für einen Oracle 8i-Client.

Tabelle 5.2: Plattenplatzbedarf für die Installation von Oracle 8i

Installationskategorie	Oracle 8i Enterprise Edition	Oracle 8i Client
Minimal	660 MB	Nicht anwendbar
Typical	811 MB	306 MB
Custom	Benutzerdefiniert, mindestens so groß wie eine Minimal-installation	Benutzerdefiniert, mindestens so groß wie eine Minimal-installation

Oracle 8i für Intel-Linux benötigt ferner einen Kernel ab der Version 2.2 und die glibc-Bibliothek ab Version 2.1. Ferner wird ein Windowmanager benötigt, der Motif in der Version 1.2 unterstützt (also z.B. eine aktuelle Version des KDE oder des fvwm). All diese Voraussetzungen sind z.B. bei SuSE-Linux ab der Version 6.2 gegeben.

Die Oracle-Dokumentation gibt es im HTML- oder PDF-Format. Man braucht dafür folglich einen Browser und/oder einen geeigneten PDF-Viewer. Oracle empfiehlt hier interessanterweise neben Netscape 4.0 auch den Microsoft Internet Explorer ab der Version 4.0. Wir bezweifeln, dass jemand auf die Idee kommt, Letzteren nach Linux zu portieren; allerdings kann eine unter Linux installierte Datenbank problemlos auch über das Netz (also z.B. unter Windows) administriert werden, wobei die (z.B. auf einem Linux-Web-Server abgelegte) Dokumentation dann online zur Verfügung stünde.

Einschränkungen bei produktspezifischen Installationsvoraussetzungen gab es zum Zeitpunkt des Verfassens dieses Buches unter Linux für manche Produkte, wie die folgende Tabelle 5.3 zeigt. Der Oracle Parallel Server war für Linux nicht verfügbar. Die folgende Tabelle gibt auch einen Überblick über die für die hier verwendete Testinstallation verwendeten Produktversionen. Die Tabelle ist nicht ganz vollständig, sie behandelt nur die wichtigsten Oracle-Produkte. Weiter gehende Informationen findet man in der Oracle-Dokumentation. Eine Beschreibung der einzelnen Produkte erfolgt sukzessive im Laufe der folgenden Abschnitte.

Tabelle 5.3: Einschränkungen für Oracle 8i und Optionen für Tools und Precompiler

Oracle-Produkt	Restriktionen und Voraussetzungen
Oracle 8i. 8.1.5	Keine
Oracle Programmer 8.1.5	Keine
Oracle Parallel Server	Nicht verfügbar
Oracle Partitioning Option 8.1.5	Keine
Oracle Database Configuration Ass-istent 8.1.5	Keine
Object Type Translator 8.1.5	Keine
Oracle Call Interface 8.1.5	Keine
Oracle Universal Installer 1.6.0.7	Mindestens ein Terminal sollte während der Installation offen gehalten werden. Ferner wird das Java Runtime Environment JRE in einer aktuellen Version benötigt.
Oracle JServer 8.1.5	Diverse Java-Utilities (s. Oracle-Dokumentation)

Tabelle 5.3: Einschränkungen für Oracle 8i und Optionen für Tools und Precompiler

Oracle-Produkt	Restriktionen und Voraussetzungen
Oracle JDBC-Treiber	JDK 1.16
Oracle SQLJ	Keine
SQL*Plus 8.1.5	Keine
Oracle Intelligent Agent 8.1.5	TCL-Bibliothek ab Version 7.5
Oracle Names 8.1.5	Keine
Oracle Net8 8.1.5	Keine, wobei selbstverständlich die benutzten Netzwerkprotokolle wie z. B. TCP/IP verfügbar sein müssen
Oracle Connection Manager 8.1.5	Keine

Vor der Installation von Oracle 8i sind die in der Tabelle 5.3 genannten Voraussetzungen zu gewährleisten. Wer beispielsweise kein JRE installiert hat, der sollte sich dieses von

```
http://www.blackdown.org
```

besorgen. Zudem sollte man die Homepage des jeweiligen Linux-Distributors nach möglicherweise benötigten Betriebssystem-Patches absuchen. Für die hier vorgenommene Installation unter SuSE-Linux 6.2 beispielsweise wurde auf der SuSE-Homepage ein Patch zur Verfügung gestellt, der eine entsprechende Tcl-Library für die Installation des (vielfach entbehrlichen) Oracle Intelligent Agent und daneben eine geeignete Version des JRE enthielt.

Vorbereitungen für die Installation von Oracle 8i

Die nachfolgend aufgeführten Arbeiten für die Installation von Oracle 8i mögen für manchen Leser auf Grund ihrer Komplexität auf den ersten Blick ein wenig abschreckend wirken. Lassen Sie sich aber nicht entmutigen: Wir beschreiben an dieser Stelle die Situation, wie wir sie zum Zeitpunkt des Verfassens dieses Kapitels vorgefunden haben: Einige Linux-Distributoren (insbesondere die von RedHat verschiedenen – worauf Oracle wie manch anderer Softwareanbieter für Linux in erster Linie fokussiert) waren mit ihren aktuellen Distributionen noch nicht ganz so weit, wie Oracle 8i es voraussetzt, denn Oracle 8i war noch relativ jung. Es gilt nicht nur für Linux, dass man jederzeit ein wachsames Auge auf aktuelle Verlautbarungen des Distributors seines Betriebssystems richten sollte. Wir werden hier nur die grundlegenden Schritte der Installation beschreiben; es gibt nahezu immer (unabhängig vom Betriebssystem oder dem RDBMS) kleinere Unklarheiten oder Holprigkeiten, bei deren Auftreten man sich am besten direkt des Supports entweder von Oracle selber oder des Linux-Distributors bedient. SuSE beispielsweise besitzt eine Mailingliste für Oracle-Produkte. Näheres findet man auf der SuSE-Homepage:

```
http://www.suse.de
```

Vor Beginn der eigentlichen Installation von Oracle 8i sind vorbereitende Arbeiten zu treffen, die sich auf mehrere Ebenen verteilen. Wir werden an dieser Stelle nicht die unterschiedlichen Wege beschreiben, auf denen man sich Oracle 8i besorgen kann; der typische Weg besteht in einer konventionellen Beschaffung von Oracle (d.h. Beschaffung einer Lizenz mit der Folge, dass Oracle 8i für Linux auf einer CD-ROM ausgeliefert wird). Wir weisen aber darauf hin, dass Oracle unterschiedliche Produkte (insbesondere auch für Linux) in Testversionen zum Download bereitstellt. Um in den Genuss dieses Services zu kommen, muss man in der Regel Mitglied des *Oracle Technology Network* (OTN) sein. Dies verursacht keinerlei Kosten oder nennenswerte Mühen, man wird lediglich regelmäßig per E-Mail mit Werbeinformationen versorgt (die ja gelegentlich auch recht informativ sein können). Nähere Informationen dazu finden Sie unter

```
http://technet.oracle.com
```

Innerhalb des OTN gibt es auch eine FAQ für die Installation und den Betrieb von Oracle 8i unter Linux. In jedem Fall (Download oder Beschaffung auf CD-ROM) finden Sie eine genaue Anleitung zum Entpacken und/oder zur initialen Weiterverabeitung des jeweiligen Oracle-Packages entweder in einer README-Datei oder in einer vergleichbaren Form vor.

Der nächste Schritt besteht – wie oben erläutert – darin, sich über mögliche einschränkende Gegebenheiten oder unterstützende Werkzeuge seines Linux-Distributors zu erkundigen und diese gegebenenfalls zu beachten bzw. zu implementieren.

Ist all dies geschehen, dann kann mit den »eigentlichen« Vorarbeiten begonnen werden. Diese gliedern sich in:

- vorbereitende Arbeiten des Benutzers *root*
- vorbereitende Arbeiten eines ausgezeichneten Benutzers für die Installation von Oracle-Datenbankkomponenten

Vorarbeiten des Benutzers root Je nach der benutzten Linux-Version kann es zunächst erforderlich sein, die Kernel-Parameter an die Bedürfnisse von Oracle 8i zu adaptieren. Die Oracle-Dokumentation ist hier recht großzügig bei der Auflistung des Bedarfs an Ressourcen für die Oracle-Software; wir empfehlen bei einer einigermaßen aktuellen Linux-Distribution erst einmal eine Installation ohne Neukompilierung des Kernels. In den meisten Fällen wird dies ausreichen. Mangels besserer Quellen werden wir dennoch nachfolgend die von Oracle vorgeschlagene Konfiguration des Kernels in ihren wichtigsten Punkten wiedergeben und einige spezifische Anleitungen für die Adaption der betreffenden Kernel-Parameter auflisten, die über den Inhalt eines Linux-Anwenderhandbuchs hinausgehen. Diese betreffen die Shared-Memory-Segmente und die Semaphor-Festlegungen.

Die Shared-Memory-Segmente werden bei SuSE-Linux in den Dateien

```
/usr/src/linux/include/asm/shmparam.h
```

festgelegt. Empfohlen werden die folgenden Werte:

- Maximale Größe der Shared-Memory-Segmente SHMAX: 0.5 * physikalisch vorhandener Speicher des Rechners, maximal 1 GB
- Minimale Größe der Shared-Memory-Segmente SHMIN: 1
- Maximale Anzahl von Shared-Memory-Bezeichner SHMNI: 100
- Maximale Anzahl von Shared-Memory-Segmenten, die ein Benutzer-Prozess benutzen darf SHMSEG: 10

Die maximale Größe des Shared Memory ist gegeben durch SHMMAX * SHMSEG. Die Semaphor-Definitionen werden in der Datei

```
/usr/src/linux/include/linux/sem.h
```

festgelegt. Hier werden die folgenden Werte empfohlen:

- Maximale Anzahl von Semaphor-Bezeichnern SEMMNI: 100
- Maximale Anzahl von Semaphoren in einer Menge SEMMSL: 10 + die größte Anzahl von Prozessen (Parameter PROCESSES) in einer Datenbankinitiierungsdatei (init*sid*.ora)
- Maximale Anzahl von Semaphoren SHMMNS: Summe aller PROCESSES-Parameter aller Datenbanken mit Ausnahme der größten Datenbank + 2 * PROCESSES der größten Datenbank + 10 * Anzahl der Datenbanken

- Maximale Anzahl von Operation per Semop-Aufruf SEMOPM: 100
- Maximaler Wert eines Semaphors (SEMVMX): 32767

Spätestens an dieser Stelle dürfte auch bei Linux-kundigen Lesern die Verwirrung groß sein: Eine Datenbankinitiierungsdatei init*sid*.ora ist eine zentrale Datei für jede Oracle-Datenbankinstanz (*sid*), welche die zentralen Initialisierungsparameter beinhaltet und die beim Starten der Datenbank abgearbeitet wird. Legt man eine neue Datenbankinstanz an, dann ist vorher eine neue init*sid*.ora zu definieren (meist als in manchen Parametern veränderte Kopie einer bereits vorhandenen Initiierungsdatei).

Wie aber soll man vor der Installation des Datenbank-Managementsystems und damit vor dem Anlegen der ersten Datenbank wissen, wie viele Prozesse und damit Semaphore man für eine Datenbank benötigt (die, falls es sich um mehrere Datenbanken auf einem Datenbankserver handelt, möglicherweise erst in zwei Jahren angelegt wird)? Und wie soll man bereits bei der Installation wissen, wie viele Datenbanken in der Zukunft benötigt werden? Dies ergibt sich ja oftmals erst z. B. im Laufe der Entwicklung eines Projekts. Hier wissen wir auch keinen Rat, der auf alle möglichen Situationen zutrifft, mittelgroße Datenbanken mit bis zu etwa zehn parallelen Zugriffen wurden von den Autoren mit einem Wert von 100 PROCESSES problemlos betrieben. Sollte es bei größeren, häufiger frequentierten Datenbanken Probleme geben, dann müsste man diese Werte tatsächlich in der init*sid*.ora und im Linux-Kernel ändern.

Im Übrigen empfehlen wir, die genannten Kernel-Parameter zu überprüfen. Sollten Sie in etwa den Oracle-Vorgaben entsprechen, dann müsste die Installation und der Betrieb der Datenbank damit relativ problemlos funktionieren. Diese Definitionen hängen selbstverständlich auch von der übrigen installierten Software auf dem Serverrechner ab.

Falls kaum weitere ressourcenintensive Software installiert ist, dann können die genannten Parameter in manchen Fällen bedenkenlos unterschritten werden, falls neben dem Datenbankserver beispielsweise noch ein Applikationsserver und ein Web-Server (mit einer nennenswerten Frequentierung) läuft, dann sollte man die genannten Werte ruhig auch erhöhen. Echte Linux-Kenner, für die eine Kernel-Neukompilierung eine leichte Übung darstellt, möchten wir dabei selbstverständlich nicht davon abhalten, die von Oracle empfohlenen Werte einzustellen.

Der nächste vorbereitende Schritt des Benutzers *root* besteht in der Festlegung von Mount Points. In einem späteren Abschnitt werden wir recht ausführlich auf die Abbildung von Oracle-Dateien im Dateisystem eingehen (im Zusammenhang mit der bereits oben erwähnten *OFA-Architektur*). Für die Installation brauchen Sie zunächst nur zu wissen, dass Oracle im Prinzip nur zwei Mount Points benötigt, nämlich einen für die Software und einen für die Datendateien des Datenbank-Managementsystems. Wir empfehlen jedoch die Benutzung von vier Mount Points (dies entspricht der OFA-Vorgabe). Deren Benennung sollte dem Muster *pm* entsprechen, wobei p eine konstante Zeichenkette darstellt und m einen Schlüssel fester Länge, der zur Unterscheidung der Mount Points dient. Die von Oracle vorgeschlagenen Bezeichner sind u01 für die Software und u02, u03, u04 für die Datendateien.

Anschließend sind vor der Installation noch einige Benutzer und Gruppen einzurichten. Zu erwähnen ist dabei, dass Oracle im Gegensatz zu manch anderen Datenbanksystemen (wie etwa Informix) für »gewöhnliche« Datenbanknutzer keine entsprechenden Betriebssystemaccounts benötigt, man kann dies direkt in der Datenbank festlegen (wie in einem späteren Kapitel in Zusammenhang mit der Administration von Oracle ausführlich erläutert wird). Für ausgewählte Benutzer(gruppen) wird dagegen bereits vor der Installation ein Betriebssystem-account benötigt.

Zunächst aber noch ein Vorgriff auf die Administration einer Oracle-Datenbank: Datenbankrechte werden in der Regel in einem dreistufigen Verfahren definiert: Es gibt – erstens – Rechte auf definierte Datenbank-Objekte. Diese kann man – zweitens – so genannten »Rollen« zuordnen; das sind Gruppen von Zugriffsrechten (z. B. ändernder Zugriff auf die Tabelle A und lesender Zugriff auf View B). Diese Rollen, oder auch direkte Rechte auf Datenbankobjekte wiederum kann man – drittens – einzelnen Benutzern zuordnen.

Bei der Installation von Oracle 8i mit Hilfe des Oracle Universal Installer (OUI) werden automatisch zwei Rollen erzeugt: DBA und OPERATOR. Den Datenbankadministratoren werden diese Rollen durch ihre Mitgliedschaft in entsprechenden Betriebssystemgruppen (oder auch einer Gruppe) zugeordnet. Da insbesondere der Benutzer *oracle* Mitglied einer dieser Gruppen (oder dieser Einzelgruppe) ist, muss dieser Account auf jeden Fall angelegt werden. Die Bezeichnung dieser Gruppe(n) kann beliebig gewählt werden, per Default benutzt Oracle die Gruppe *dba* für Datenbankadministratoren. Zusätzlich sollte eine Gruppe angelegt werden für Datenbankoperatoren (das sind später die Besitzer des OUI-Inventory). Oracle empfiehlt hier die Bezeichnung *oinstall*. Um diese Gruppen anzulegen, schauen Sie bitte in der */etc/group* nach zwei freien Gruppennummern. Angenommen die Gruppennummern 201 und 202 sind noch nicht vergeben, dann können Sie die neuen Gruppen mit Hilfe der folgenden Anweisungen anlegen:

```
groupadd -g 201 dba
groupadd -g 202 oinstall
```

(Selbstverständlich können Sie die Benutzer- und Gruppenverwaltung auch mit einem Werkzeug Ihrer jeweiligen Linux-Distribution vornehmen, wie etwa *YAST* bei der SuSE-Version.)

Anschließend ist noch der Benutzer *oracle* einzurichten, der die nachfolgenden Installationsschritte vornehmen wird. Im folgenden Beispiel ist dieser Benutzer der Gruppe *dba* zugeordnet, ist im Betriebssystem als Benutzer »oracle dba« bekannt, besitzt das Homeverzeichnis */home/oracle*, besitzt die *bash* als Standard-Shell und die Benutzernummer 200. Beim Anlegen wird sein Home Directory automatisch anhand der Eintragungen in der */etc/skel* angelegt und initialisiert (d.i. der Parameter -k):

```
useradd -c "oracle dba"-d /home/oracle -g dba -m -k /etc/skel -s /bin/bash -u
200 oracle
```

Der Benutzer *oracle* wird ausschließlich für die Installation und die Wartung der Oracle-Software auf Betriebssystemebene benötigt. Es gibt keinen Grund, sich als Benutzer *oracle* bei der Datenbank anzumelden, denn dafür gibt es andere Administrator-Accounts innerhalb des DBMS, wie in den folgenden Abschnitten dargelegt wird.

Damit sind die vorbereitenden Arbeiten des Benutzers *root* zunächst erledigt, im Laufe der Installation wird »Ruth« sich allerdings noch mindestens ein Mal wieder einloggen müssen, wie im Folgenden Abschnitt zu sehen sein wird. Halten Sie daher ruhig schon mal eine Shell mit dem *root*-Account offen.

Vorbereitende Arbeiten des Benutzers oracle Nach diesen Vorbereitungen sollte man sich als Benutzer *oracle* einloggen, um die weiteren Vorbereitungen für die Installation zu treffen. Als Erstes sollte man sich dabei vergewissern, dass die umask des Benutzers *oracle* auf den Wert 022 gesetzt ist, damit die Gruppe des Benutzers und die Gruppe *others* per Default Lese- und Ausführungsrechte auf den Dateien von *oracle* erhalten. Dies ist in der Regel bei Standardinstallationen von Linux der Fall. Man überprüft dies einfach durch Eingabe des Befehls

```
umask
```

Sollte das von Linux zurück gelieferte Ergebnis nicht den Erwartungen entsprechen, dann ändern Sie den betreffenden Wert einfach in der *.bashrc* (oder der jeweiligen Konfigurationsdatei der von Ihnen benutzten Shell) im Homeverzeichnis von *oracle*.

Als Nächstes ist die DISPLAY-Umgebungsvariable für den X-Server zu setzen, sofern Sie sich beim Starten von X11 als *root* angemeldet hatten. Geben Sie in diesem Fall als *root* bitte den Befehl

```
xhost + computer_name
```

ein oder – falls Sie keine Gefahr der unvorgesehenen Benutzung Ihres X-Servers sehen – einfach den Befehl

```
xhost +
```

Der Benutzer oracle muss anschließend die Umgebungsvariable DISPLAY z.B. mit Hilfe des folgenden Befehls festlegen:

```
export DISPLAY=computer_name:0.0
```

womit der X-Server 0 und der Bildschirm 0 angesprochen wird.

Nach diesen ersten Schritten (die für Unix/Linux-Kenner möglicherweise eher als Binsenweisheiten wahrgenommen werden mögen) beginnt nun die Einstellung der Oracle-spezifischen Parameter. Man kann diese optional direkt in der Shell definieren oder in der *.bashrc* bzw. in einer eigenen Initialisierungsdatei, die von der .bashrc aufgerufen wird (z.B. in einer *.oraclerc*), jeweils im Home Directory des Benutzes *oracle*. Für Installationen, die nicht Testzwecken dienen, empfehlen wir dringend die Festlegung der nachfolgend genannten Parameter in einer der genannten Initialisierungsdateien (bzw. in systemweiten Initialisierungsdateien wie der */etc/profile*), denn sonst wären sie bei jedem Einloggen neu zu setzen.

Die zu setzenden Oracle-spezifischen Parameter und ihre Bedeutung sind im Einzelnen der folgenden Tabelle 5.4 zu entnehmen, wobei wir uns hinsichtlich der Verzeichnisstruktur an der in einem späteren Abschnitt eingehend vorgestellten OFA-Architektur orientieren.

Tabelle 5.4: Vom Benutzer oracle festzulegende Umgebungsvariablen

Umgebungsvariable	Bedeutung
ORACLE_BASE	Wurzelverzeichnis, in dem sich Oracle installiert und in dem sich die für die Administration relevanten Dateien von Oracle 8i befinden.
ORACLE_HOME	Verzeichnis, in dem sich die Software für eine jeweilige Oracle-Version befindet. ORACLE_HOME ist in der Regel ein Unterverzeichnis von ORACLE_BASE für eine bestimmte Distribution. So kann man beispielsweise bestimmte Anwendungen von Oracle 8.0.x beibehalten, während andere Applikationen Komponenten von Oracle 8.1.x darstellen.
NLS_LANG	Diese Umgebungsvariable definiert das Character Set des Datenbankservers.
ORA_NLS33	Diese Umgebungsvariable wird dann benötigt, wenn ein Character Set benutzt werden soll, das nicht dem US-Standard US7ASCII entspricht, was für die meisten Leser zutreffen wird.

Die Variable ORACLE_BASE ist optional; sie beschreibt im Falle der Übernahme der im späteren Verlauf dieses Kapitels beschriebenen *Optimal Flexible Architecture* das Basisverzeichnis für alle Dateien und Verzeichnisse, die für die Administration des Oracle RDBMS auf Ebene des Dateisystems Relevanz besitzen. Wir empfehlen vorerst dringend, diese Verzeichnisstruktur zu übernehmen; eine ausführliche Begründung folgt in dem genannten Abschnitt über die OFA.

Mindestens die folgenden Umgebungsvariablen sollte in einer *.oraclerc* gesetzt werden, die von der Initialisierungsdatei (also z. B. der *.bashrc* oder der *.profile*) aufgerufen wird (wobei wir für die Mount Points ein Beispiel darstellen, das durchaus variieren kann). Diese können selbstverständlich auch direkt in der betreffenden Initialisierungsdatei (also im Falle der bash z. B. in der *.bashrc*) stehen.

```
export ORACLE_BASE=/u01/app/oracle
export ORACLE_HOME=/u01/app/oracle/product/8.1.5
export NLS_LANG=german_Germany_WE8ISO8859P1
export ORA_NLS=/u01/app/oracle/product/8.1.5/ocommon/nls/admin/data
export LD_LIBRARY_PATH=$LD_LIBRARY_PATH:$ORACLE_HOME/lib
```

Die Umgebungsvariable NLS_LANG bezeichnet den Zeichensatz, der für die Speicherung von Daten benutzt wird. Der im Beispiel dargestellte Zeichensatz ist für deutschsprachige Anwendungen unter Linux geeignet. Man sollte sich diesen insbesondere für Oracle-Anfänger etwas kompliziert wirkenden Terminus *WE8ISO8859P1* gut merken, denn bei jedem Anlegen einer neuen Datenbank kann (muss) man den Zeichensatz jeweils festlegen. Die vorstehende Länderbezeichnung gilt selbstverständlich nur für den deutschsprachigen Raum.

Ausgehend von der Tatsache, dass Oracle erstmalig auf dem betreffenden Rechner installiert wird und dass alle Netzwerk-Komponenten wie z. B. TCP/IP installiert sind, sind damit die vorbereitenden Arbeiten abgeschlossen. Somit kann mit der »eigentliche« Installation von Oracle 8i begonnen werden.

Installation

Nach diesen Vorbereitungen kann Oracle 8i nun endlich installiert werden. Oracle bietet dafür mit dem *Oracle Universal Installer* (OUI) ein Werkzeug an, das für überzeugte Unix-Anwender vielleicht ein wenig zu sehr »Visual« anmutet, das allerdings für Windows-geübte Nutzer eine fast vertraute Art von Oberfläche bietet. Der OUI ist ein in Java entwickeltes Tool; daher sollte eine geeignete Java Runtime-Umgebung installiert sein. Oracle selber oder der jeweilige Linux-Distributor bieten diese nebst Installationsanleitungen an. Der OUI läuft z. B. unter dem KDE Window-Manager oder auch unter diversen fvwm-Versionen.

Der Begriff »Universal Installer» deutet darauf hin, dass nach dem Aufruf dieses Werkzeugs beliebige Produkte initial installiert werden können, nach einer Erstinstallation aber auch weitere Produkte hinzugenommen oder deinstalliert werden können. Dies ist bei Oracle keineswegs neu; in früheren Versionen war der Begriff lediglich ein wenig zurückhaltender (es hieß einfach »Oracle Installer«). Die Abbildung 5.1 vermittelt einen Eindruck von der Oberfläche des Oracle Universal Installer nach dessen Aufruf.

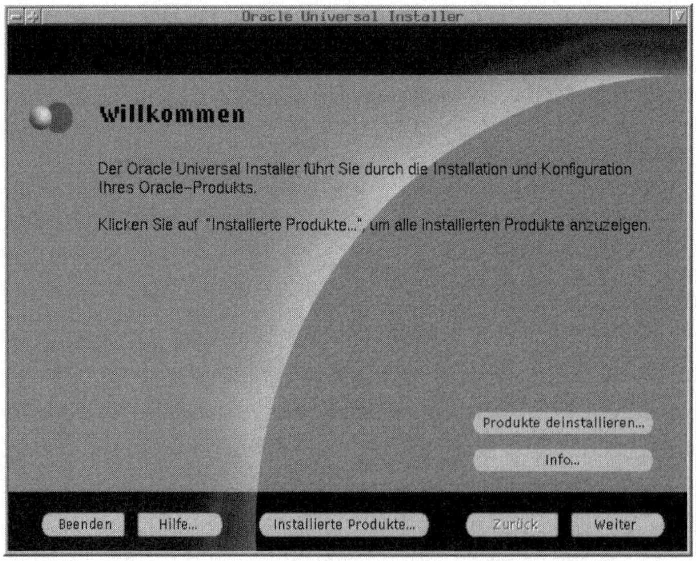

Abb. 5.1: Der Oracle Universal Installer nach dessen Aufruf

Nach dem Mounten der Oracle-CD-ROM, das in der Regel mit Hilfe der vom Benutzer *root* einzugebenden Anweisung (»Mounte das Device in */dev/cdrom* mit dem Typ iso9660 auf das Verzeichnis */cdrom*«)

```
mount -t iso9660 /dev/cdrom /cdrom
```

geschieht, findet sich dort ein Binary namens *orainst*. Sobald Sie dieses aufrufen, also z. B. direkt von diesem Verzeichnis aus mit Hilfe des Befehls

```
./orainst &
```

erscheint die in der Abbildung 5.1 dargestellte Oberfläche. Der Oracle Universal Installer selber ist ziemlich selbsterklärend. Wir werden daher nachfolgend nur noch die einzelnen Schritte für eine initiale Installation des DBMS erläutern und anschließend erklären, wie man eine Datenbank erzeugt.

Nach dem Aufruf des OUI wird man aufgefordert, ein Quell- und ein Zielverzeichnis anzugeben. Dabei können Sie ein Verzeichnis in der Weise auswählen, dass Sie Ihr Linux-Dateisystem mit der Maus durchsuchen (Option *Durchsuchen...*), oder indem Sie es direkt über die Tastatur eingeben. Als Quellverzeichnis geben Sie bitte Ihr gemountetes CD-ROM-Drive nebst Installationsverzeichnis an, also z. B.

```
/cdrom/stage/product.jar
```

in dem sich ein Java Archiv (*jar*-Datei) befindet, das im Laufe der Installation ausgepackt wird.

Als Zielverzeichnis nehmen Sie z. B. das Directory

```
/u02/app/oracle/product/8.1.5
```

Im folgenden Fenster werden Sie aufgefordert, die Gruppennamen für die Berechtigung zur Installation und Administration des Oracle RDBMS einzugeben. Hier wählen Sie bitte die von *root* gerade angelegten Gruppen *dba* und *orainstall* aus. Anschließend ist ein Skript außerhalb des Oracle Universal Installers auszuführen, das im Wesentlichen die benötigten Berechtigungen setzt. Sie können dazu z. B. das bei den vorbereitenden Arbeiten offen gelassene Fenster mit dem *root*-Account benutzen. Oracle hat dieses Skript im Laufe der bisherigen Installation in das Verzeichnis

```
/tmp/OraInstall/
```

mit dem Dateinamen *orainstRoot.sh* gelegt. Gehen Sie also bitte in dieses Verzeichnis und rufen das Shell-Skript auf. Die Abbildung 5.2 zeigt das Ergebnis dieses Aufrufs.

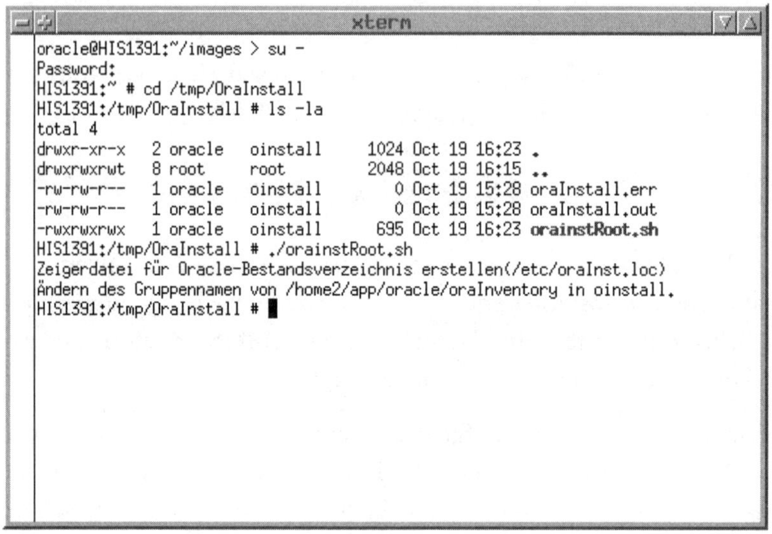

Abb. 5.2: Aufruf des Skripts orainstRoot.sh

Im nächsten Schritt (bzw. im nächsten Fenster, nun wieder auf der Oberfläche des Oracle Universal Installer) können Sie ein Oracle-Produkt auswählen, dass Sie unter Linux installieren möchten. Zur Auswahl steht ein Oracle-Server (z.B. *Oracle 8i Enterprise Edition 8.1.5.0.0*), die Oracle-Client-Software (z.B. *Oracle 8i Client 8.1.5.0.0*) oder Oracle Entwicklungstools und Schnittstellen (z.B. *Oracle Programmer 8.1.5.0.0*). Da wir Linux in diesem Fall in erster Linie als Plattform für den Datenbankserver beschreiben, werden wir uns im Folgenden auf die Installationsbeschreibung des Servers beschränken, die Installation der anderen Komponenten geschieht in ähnlicher Weise. In einem späteren Abschnitt über die Oracle-Konfiguration werden wir auch auf diese Komponenten zurückkommen. Wir wählen daher in diesem Fenster die Option Oracle 8i Enterprise Edition aus.

Nachfolgend werden Sie gefragt, welche Installationsart Sie wählen möchten (*Typical, Minimal* oder *Custom*). Ein wenig erstaunlich erschien uns bei der Testinstallation, dass die Option »Typical« mit einem Speicherplatzbedarf von 585 MB versehen war, die Option »Minimal« dagegen mit 642 MB. In künftigen Versionen wird dieser Widerspruch sicher nicht mehr auftreten. Die Entscheidung für eine dieser

Installationsarten hängt insbesondere von drei Faktoren ab: der Erfahrung mit Oracle-Produkten und deren Zusammenspiel (ein Anfänger wird sicher kaum wissen, ob er z. B. die *Oracle Product Options 8.1.5.0.0* benötigt oder nicht und wozu diese eigentlich dienen), von der vorgesehenen Anwendung und (als sicher nicht ganz so wichtiges Kriterium) dem vorhandenen Plattenplatz. Wirklich blutige Anfänger sollten hier lieber die »Typical«-Version wählen, mit ein wenig Erfahrung im Umgang mit Oracle lernt man vergleichsweise schnell die Relevanz der einzelnen Komponenten, sodass die »Custom«-Option zunehmend in Frage kommt.

Im folgenden Installationsschritt zeigt Ihnen der OUI diejenigen Komponenten an, die Sie als Bestandteil des gewählten Oracle-Produkts wählen können. Auch hier gilt: Unerfahrene Oracle-Nutzer akzeptieren möglichst einfach die Default-Vorgaben (Sie können ja jederzeit Komponenten hinzu installieren), erfahrene Administratoren werden dagegen gezielt diejenigen Komponenten auswählen, die sie für nötig halten. Im nachfolgenden Fenster können diese Komponenten zusätzlich in anderen Verzeichnissen installiert werden; wir raten indes davon ab, der Grund wird in einem späteren Abschnitt über die Optimal Flexible Architecture klar.

Neu bei Oracle 8i ist die Vorgabe eines *Global Database Name* für eine Oracle 8i-Datenbank, die im nächsten Schritt erfolgt. Dies ist der Name der Datenbank innerhalb einer Domain (für Zugriffe von außen), also z. B. *prod.mitp.de*. Diese ist neben der *Oracle-SID* im nächsten Installationsfenster anzugeben. SID (*System Identifier*) ist bei Oracle ein Kürzel für eine *Oracle-Instance*, die wiederum innerhalb eines DBMS eine Datenbank zusammen mit einigen um sie herum agierenden Komponenten bildet; bei der Installation (ohne grundlegende Oracle-Vorkenntnisse) sollten Sie die Instanz zunächst einmal der Einfachheit halber mit der Datenbank gleichsetzen; jede Datenbank besitzt mindestens (i.d.R. genau) eine Instanz, diese wird z. B. über das Netz oder von anderen Instanzen angesprochen, nicht die Datenbank direkt. Für die Produktionsdatenbank könnte die zugehörige Instanz also z. B. *prod* heißen. Wir werden auf Einzelheiten in einem späteren Abschnitt (5.4.3) zu sprechen kommen.

Nach diesen Schritten gibt Ihnen der Oracle Universal Installer einen Überblick über die zu installierenden Komponenten (vgl. Abbildung 5.3).

Wer sich beim Folgenden Installationsvorgang weder für die angezeigte Progress Bar noch für Oracle-Werbeinformationen interessiert, der kann nunmehr getrost einen Kaffee trinken, denn die Installation benötigt auf einem durchschnittlichen Rechner etwa zehn Minuten.

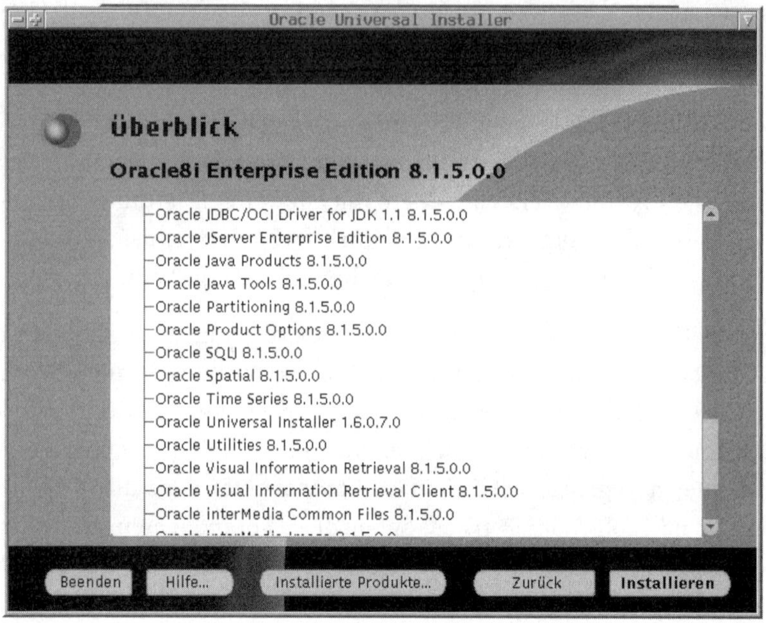

Abb. 5.3: Anzeige der zu installierenden Oracle 8-Produkte

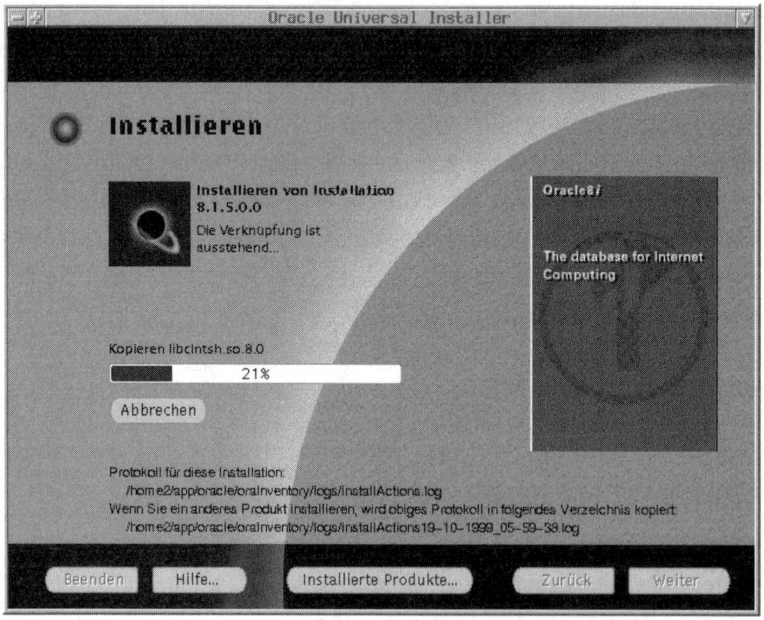

Abb. 5.4: Oracle 8i installiert sich

Anlegen einer Datenbank

Die Installation von Oracle 8i war zum Zeitpunkt des Verfassens dieses Kapitels keineswegs schon problemlos, und die Oberfläche des Universal Installer erschien auch noch nicht ganz ausgegoren. Dies lag zu einem beträchtlichen Anteil auch daran, dass die Linux-Distributionen teilweise noch nicht auf die von Oracle gestellten Anforderungen ausgerichtet waren. Wir gehen davon aus, dass diese Problematik zu dem Zeitpunkt, wo Sie dieses Kapitel lesen, weitestgehend ausgeräumt ist, dass Ihre Installation also bis hierhin reibungslos vonstatten ging.

Sollten Sie die oben aufgeführten Schritte mit Erfolg durchgeführt haben, dann haben Sie damit das Datenbank-Managementsystem installiert. Der nächste Schritt wird darin bestehen, eine Datenbank anzulegen. Auch dafür bietet Oracle mit dem Oracle-*Konfigurationsassistenten* eine bequeme Oberfläche. Im Anschluss an die Installation öffnet Oracle den Konfigurationsassistenten automatisch, um eine erste Datenbank anzulegen. Will man anschließend oder später weitere Datenbanken definieren, dann startet man ihn mit Hilfe der Anweisung

```
dbassist &
```

Die folgende Abbildung 5.5 zeigt den Oracle-Konfigurationsassistenten nach dem Aufruf. Wie zu sehen ist, kann mit diesem Werkzeug eine Datenbank angelegt, geändert oder gelöscht werden.

Für das Erstellen einer Datenbank kann man anschließend die Optionen Standard oder benutzerdefiniert wählen. In den meisten Fällen reicht die Standard-Option. Anschließend kann man sich dafür entscheiden, eine Datenbank vollständig neu zu definieren oder als Muster von der Oracle-CD zu kopieren. Letzteres hat den Vorteil, dass man für viele Anwendungen eine relativ gut vorkonfigurierte Datenbank hat, deren Parameter man lediglich noch an die eigenen Bedürfnisse anpassen muss.

Die zentrale Konfigurationsdatei für eine Oracle-Datenbank ist die *init.ora,* die bei jedem Anlegen einer Datenbank mit erzeugt wird. In dieser Datei befinden sich die wichtigsten Parameter einer Oracle-Datenbank. Für jede Datenbank existiert eine solche Datei, wobei der Datenbankname im Namen der Konfigurationsdatei vorkommt. Wenn Sie also beispielsweise eine Datenbank namens PROD besitzen und eine mit Namen TEST, dann gibt es dafür zwei getrennte Konfigurationsdateien, eine *initPROD.ora* und eine *initTEST.ora.*

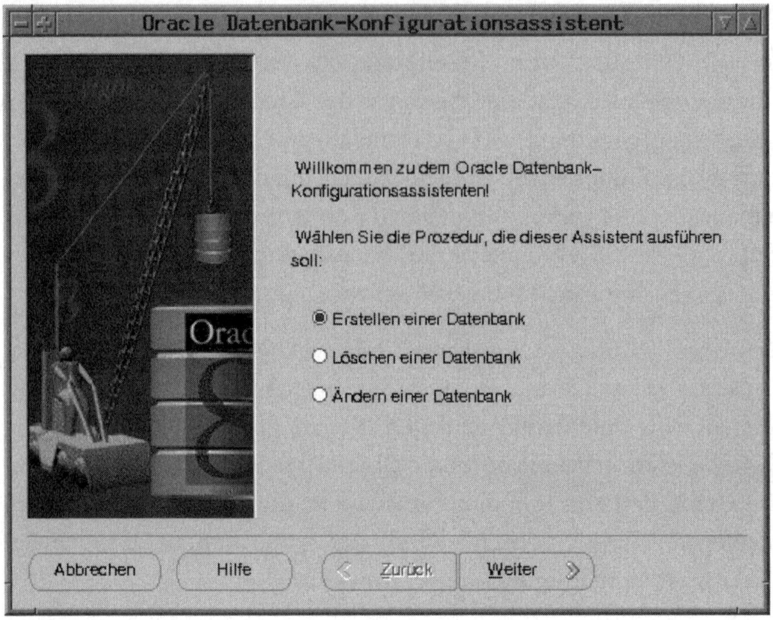

Abb. 5.5: Der Oracle-Konfigurationsassistent nach dem Aufruf

Bei der Übernahme einer Musterdatenbank würde die wichtigste Aufgabe anschließend darin bestehen, diese Konfiguration an Ihre Bedürfnisse anzupassen. Gehen wir aber davon aus, dass Sie eine Datenbank von Grund auf völlig neu definieren möchten, also die Option »benutzerdefiniert« wählen. Sie gelangen dann in ein Auswahlfenster, in dem Sie sich für einen Typ der anzulegenden Datenbank entscheiden müssen:

- OLTP (Online Transaction Processing): Diesen Datenbanktyp sollten Sie wählen, wenn zu erwarten ist, dass typischerweise viele Benutzer kurze Transaktionen auf der Datenbank durchführen. Oracle konfiguriert die Datenbank dann in der Weise, dass für dieses Szenario möglichst kurze Antwortzeiten entstehen.
- DSS (Decision Support System): Dieser Typ ist für ein zu erwartendes gegenteiliges Szenario vorzuziehen: Wenige Benutzer richten komplexe Anfragen an die Datenbank. Eine solche Situation hat man z.B. häufig beim Umgang mit Berichtssystemen oder beim Data Warehousing. In diesem Fall versucht Oracle, die benötigten Hardwareressourcen des Systems bei Transaktionen möglichst vollständig zu aktivieren, um kurze Antwortzeiten zu erreichen.
- Hybrid: Sowohl OLTP-Applikationen als auch DSS-Anwendungen sind etwa in gleichem Maße zu erwarten.

Haben Sie sich beim Anlegen der Datenbank für einen der genannten Typen entschieden, dann muss dies nicht für alle Zeiten so bleiben: Sie können Ihre Datenbanken jederzeit umkonfigurieren, z. B. auch durch entsprechende Einstellungen auf Dateiebene.

Im nächsten Schritt müssen Sie die Anzahl der gleichzeitigen Benutzer angeben, die auf die Datenbank zugreifen können. Dieser Parameter war früher ein Preisfaktor für die Lizenzierung von Oracle-Produkten (*Concurrent Users*), mittlerweile lizenziert Oracle nach so genannten *Named Users* oder (alternativ) nach der Prozessorleistung Ihrer Server-Hardware (Anzahl und Taktfrequenz der Prozessoren, da Datenbankzugriffe zunehmend auch über das Internet erfolgen und damit keinen Benutzern zugeordnet werden können). Haben Sie also Ihren Oracle-Server nach der Prozessorleistung lizenziert, dann können im Prinzip beliebig viele parallele Benutzer angegeben werden.

Beim Anlegen der Datenbank allerdings benutzt Oracle diese Angabe für die Konfiguration. Falls Sie den OLTP-Typ gewählt haben und die Anzahl der zu erwartenden parallelen Zugriffe mindestens 20 beträgt, dann wählt Oracle für diese Datenbank automatisch den Modus Multi Threaded Server-Unterstützung (vgl. Abbildung 5.6).

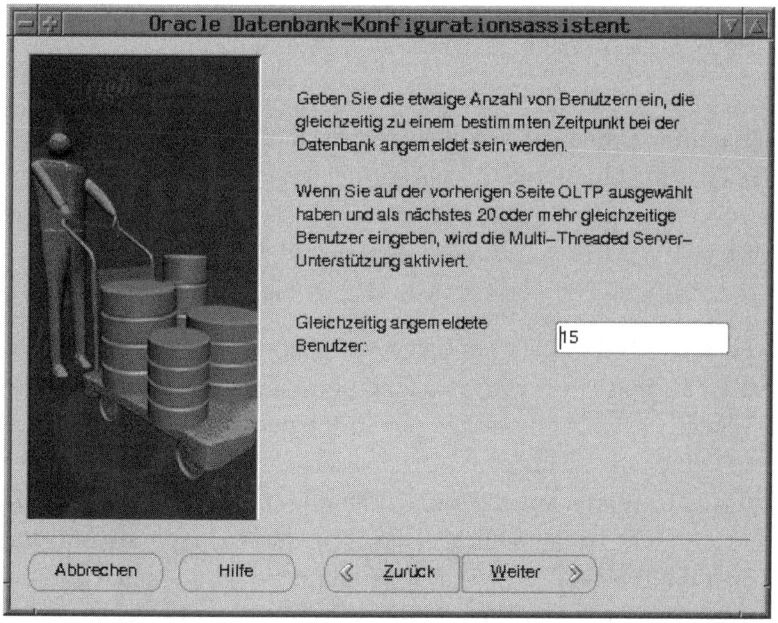

Abb. 5.6: Auswahl der Anzahl gleichzeitiger Benutzer beim Oracle-Konfigurationsassistenten

Im nächsten Schritt bietet Oracle dem Administrator verschiedene Optionen für die Konfiguration der Datenbank an, die allesamt anwendungsbezogen sind (Abbildung 5.7).

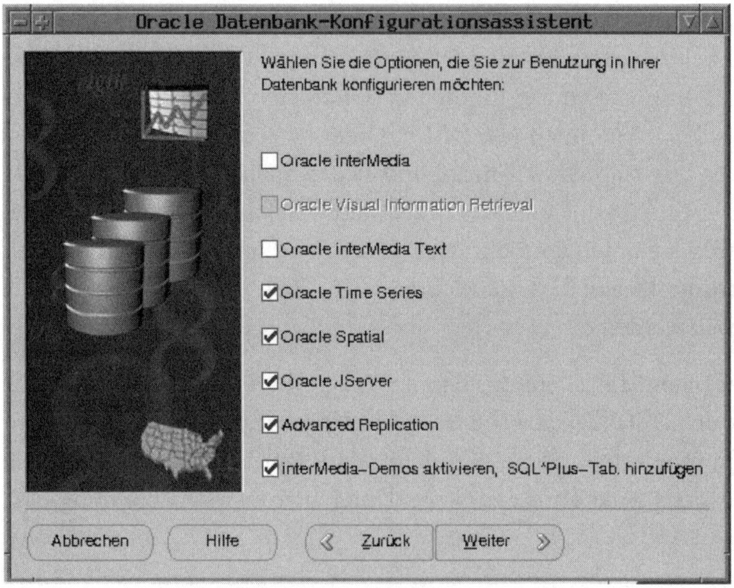

Abb. 5.7: Auswahl von Optionen für die Konfiguration einer Datenbank

Wer noch kein Oracle-Experte ist, der wird allein von den hier aufgeführten Begriffen leicht erschlagen. Da er sich aber bei der Installation der Datenbank entweder für oder gegen diese Komponenten entschieden hat, werden wir sie nachfolgend der Reihe nach kurz beschreiben. Zunächst allerdings wollen wir auf die letzten Schritte beim Anlegen einer Datenbank mit Hilfe des Oracle-Konfigurationsassistenten eingehen.

Nach der Entscheidung für die eine oder andere der oben angesprochenen Optionen müssen Sie einen globalen Datenbanknamen und einen Bezeichner für die *SID* eingeben. Letztere ist im Wesentlichen ein String, der die Datenbank (innerhalb Ihres DBMS) eindeutig identifiziert. Oracle-Administratoren haben mit der SID häufig dann zu tun, wenn es um die Netzwerkkonfiguration geht: Die Zugriffe von einem Client passieren hauptsächlich in der Weise, dass ein (physischer) Datenbankserver über ein Protokoll (z.B. TCP/IP) identifiziert wird und darauf eine SID für die Datenbank, die angesprochen werden soll. Als SID eignen sich z.B. Bezeichner wie PROD für die Produktionsdatenbank und TEST für die Testdatenbank. Wir möchten Ihrer Fantasie hier aber freien Lauf lassen.

Schließlich ist im letzten Schritt noch zu entscheiden, ob die Datenbank sofort angelegt werden soll oder ob Oracle entsprechend Ihrer Vorgaben ein Shell-Skript erzeugen soll, mit dessen Hilfe Sie die Datenbank später per Hand anlegen können. Dieses besteht im Wesentlichen aus Aufrufen von speziellen Skripten, die Oracle entsprechend Ihrer Vorgaben im Installationsverzeichnis angelegt hat, wie das folgende Beispiellisting zeigt.

```
#!/bin/sh
ORACLE_SID=PROD
export ORACLE_SID

/u01/app/oracle/product/8.1.5/install/PRODrun.sh
/u01/app/oracle/product/8.1.5/install/PRODrun1.sh
/u01/app/oracle/product/8.1.5/install/PRODrun2.sh
/u01/app/oracle/product/8.1.5/install/PRODordinst.sh
/u01/app/oracle/product/8.1.5/install/PRODspatial1.sh
/u01/app/oracle/product/8.1.5/install/PRODreplicate.sh
/u01/app/oracle/product/8.1.5/install/PRODsqlplus.sh
/u01/app/oracle/product/8.1.5/install/PRODsqlplus2.sh
/u01/app/oracle/product/8.1.5/install/PRODsqlplus1.sh
/u01/app/oracle/product/8.1.5/install/PRODtimeseries.sh
/u01/app/oracle/product/8.1.5/install/PRODjava.sh
```

Wie oben versprochen, werden wir jetzt noch die anwendungsbezogenen Optionen jeweils kurz erklären, mit denen Sie beim Anlegen einer Datenbank unter Benutzung des Konfigurationsassistenten konfrontiert werden. Diese kurze Aufzählung vermittelt auch einen kleinen Eindruck darüber, weshalb Oracle 8i ein »i« im Namen trägt (für »Internet«).

interMedia Oracle interMedia ermöglicht es Oracle 8i-basierten Anwendungen, Texte, Dokumente, Bilder, Audio, Video oder auch geografische Informationen flexibel in integrierter Form zu verarbeiten. Dabei werden unterschiedliche Mechanismen unterstützt, wie etwa Internet-Dienste (verschiedene Web-Server, Web-basierte Entwicklungsumgebungen etc.), aber auch z. B. Java oder C++.

Oracle 8i Visual Information Retrieval (VIR) Diese Option ermöglicht eine inhaltsorientierte Suche nach Grafiken, die in einer Oracle 8i-Datenbank gespeichert sind. Diese Suche kann z. B. auf Farbkombinationen, Mustern oder textuellen Elementen basieren. Ebenfalls kann man nach derartigen Kriterien z. B. visuell »ähnliche« Grafiken suchen.

interMedia Text Die Option interMedia Text bietet textuelle Suchmechanismen für Oracle-basierte Web-Sites. Mit diesem Werkzeug kann man beispielsweise unterschiedliche Suchmechanismen auf eine Spalte einer Datenbanktabelle definieren, sofern diese Text beinhaltet. Oracle legt dann einen Index auf diese Spalte, um eine schnelle Suche zu ermöglichen.

Time Series Time Series bildet eine Erweiterung von Oracle 8i zur effektiven Verarbeitung zeitbezogener Daten. Falls eine Datenbank beispielsweise zur Buchhaltung oder Kostenrechnung eingesetzt wird, dann ist es mit Oracle Time Series einfach möglich, sich die Daten für einen bestimmten Tag oder Monat zusammenfassen zu lassen.

Spatial Oracle 8i Spatial liefert spezielle Funktionalitäten für die Handhabung räumlicher oder geometrischer Daten in der Datenbank. Mit Hilfe dieser Erweiterung können Daten rasch und effizient in die Datenbank eingefügt, in ihr abgefragt oder analysiert werden.

JServer Der Oracle JServer bildet eine Integration einer Java Virtual Machine in den Oracle 8i-Datenbankserver. Eine Java-Cartrigde gibt es auch für den Oracle Application Server, der am Ende dieses Kapitels besprochen wird. Der JServer bietet manche Java-Funktionalitäten direkt am Datenbankserver, wie etwa eine Integration von Java-Programmen in SQL und PL/SQL (wovon auch in einem späteren Abschnitt dieses Kapitels noch ausführlicher die Rede sein wird) oder auch einen Class Loader zum Laden lokal gespeicherter Java-Anwendungen.

Oracle befindet sich sehr stark auf der Java-Schiene: Der JServer ist in der Tat eine eigene Java VM in der Datenbank. Ein eigener nativer Compiler sorgt für entsprechende Ausführungsgeschwindigkeiten von Java-Code.

Advanced Replication Als *Replikation* im Zusammenhang mit Datenbanksystemen versteht man das Kopieren und Verwalten von Datenbankobjekten in mehreren Datenbanken, die gemeinsam ein verteiltes Datenbanksystem bilden. Insbesondere bei großen verteilten operativen Systemen wie beim Umgang mit Data Marts werden derartige Lösungen von besonderem Interesse sein. Oracle Advanced Replication bietet für solche Anwendungen spezielle Unterstützungsmechanismen.

Arbeiten nach der Installation

Im Laufe der Installation beschreibt Oracle einige Linux-spezifische Dateien beziehungsweise erstellt sie neu. Diese sollten im Anschluss an die Installation überprüft und gegebenenfalls an die eigene Umgebung angepasst werden. Die Erfahrung zeigt, dass Oracle hier gelegentlich Default-Werte einträgt, die nicht den tatsächlichen Gegebenheiten entsprechen. Die folgenden Ausführungen beziehen sich wieder beispielhaft auf die SuSE-Distribution, wir schließen nicht aus, dass die Verhältnisse bei anderen Linux-Derivaten teilweise ein wenig anders sind.

Bei der Installation erstellt Oracle zunächst die Datei */etc/profile.d/oracle.sh*. Das ist ein Skript, das beim Login ausgeführt wird. Das nachfolgende Listing zeigt ein Beispiel:

```
# login environment variable settings for Oracle 8i

# change these settings according to your installation
ORACLE_BASE=/u01/app/oracle
ORACLE_SID=PROD

# these are Oracles default values, you should probably leave them as #they are
ORACLE_HOME=$ORACLE_BASE/product/8.1.5
ORA_NLS33=$ORACLE_HOME/ocommon/nls/admin/data
PATH=$PATH:$ORACLE_HOME/bin
LD_LIBRARY_PATH=$LD_LIBRARY_PATH:$ORACLE_HOME/lib

export ORACLE_BASE ORACLE_HOME ORA_NLS33 ORACLE_SID PATH LD_LIBRARY_PATH
```

Alle der hier aufgeführten Umgebungsvariablen sind zentral für den Betrieb des Oracle 8i-RDBMS; überprüfen Sie daher genau, ob sie Ihren Gegebenheiten entsprechen!

Oracle nimmt – ebenfalls im Laufe der Installation – Einträge am Ende der zentralen Linux-Konfigurationsdatei */etc/rc.config* vor. Auch diese sind nach der Installation zu überprüfen. Das folgende Listing zeigt beispielhaft die Oracle-spezifischen Eintragungen in dieser Datei.

```
#
# Start Oracle
#
START_ORACLE="yes"
#
# Only done if START_ORACLE is "yes": start listener
# to allow other computers to connect to the database
#
START_LISTENER="yes"
```

```
#
# Only if START_ORACLE is "yes": start Oracle
# Intelligent Agent (if installed)
#
START_AGENT="no"
#
# Where our Oracle installation lives.
#
ORA_HOME="/home2/app/oracle/product/8.1.5"
#
# Owner of Oracle installation
#
ORA_OWNER=oracle

#
# Only if START_ORACLE is "yes": start
# Oracle WebDB listener (if installed)
# default port is 80, change this in /sbin/init.d/oracle
#
START_WEBDB="yes"
# if <1024, WebDB listener will be run as root
WEBDB_PORT="8080"
```

Da die /etc/rc.config bei jedem Hochfahren des Systems abgearbeitet wird, sollten Sie selbstverständlich auch die sich darin befindlichen Oracle-spezifischen Angaben genau prüfen. Zum Verständnis für Oracle-Newbies ein kleiner Vorgriff auf ein späteres Kapitel: Der Oracle Listener (eigentlich *TNS-Listener*) ist im Kern ein Oracle-Daemon, der auf Anfragen an das DBMS horcht und diese an die jeweils angesprochene Datenbank (innerhalb des DBMS) übergibt. Er sollte daher immer gestartet werden, sonst ist Oracle nicht erreichbar. Oracle WebDB ist ein Oracle-eigener Web-Server. Wir werden am Ende dieses Kapitels ein wenig näher auf ihn eingehen.

Die dritte in diesem Zusammenhang relevante Datei ist die Oracle-spezifische */etc/oratab*. Auch diese wird bei der Oracle-Installation angelegt und bei jedem Anlegen einer Datenbank um einen entsprechenden Eintrag ergänzt. Das folgende Beispiel zeigt die /etc/oratab mit Einträgen für die zwei Datenbanken *prod* und *test*.

```
#
# This file is used by ORACLE utilities.  It is created by root.sh
# and updated by the Database Configuration Assistant when creating
```

```
# a database.

# A colon, ':', is used as the field terminator.  A new line terminates
# the entry.  Lines beginning with a pound sign, '#', are comments.
#
# Entries are of the form:
#   $ORACLE_SID:$ORACLE_HOME:<N|Y>:
#
# The first and second fields are the system identifier and home
# directory of the database respectively.  The third field indicates
# to the dbstart utility that the database should , "Y", or should
#not,
# "N", be brought up at system boot time.
#
# Multiple entries with the same $ORACLE_SID are not allowed.
#
#
*:/home2/app/oracle/product/8.1.5:N
prod:/home2/app/oracle/product/8.1.5:Y
test:/home2/app/oracle/product/8.1.5:Y
```

Es ist wichtig, dass bei der jeweiligen Datenbank das letzte Zeichen wirklich ein »Y« ist und kein »N«, wie es Oracle eigenartigerweise per Default einträgt. Sollten Sie daher keine Oracle-Distribution besitzen, die in diesem Punkt wesentlich aktueller ist als dieses Buch, dann achten Sie darauf, dass bei den betreffenden Datenbanken tatsächlich ein »Y« steht.

Auch hier wieder ein kurzer Vorgriff für Oracle-Neulinge: Der in diesem Abschnitt gelegentlich benutzte Begriff »Datenbank« ist eigentlich recht flapsig: Im obigen Listing taucht statt dessen der Begriff »Oracle-SID« auf, was eigentlich korrekter wäre. Eine Oracle-SID steht für eine so genannte *Oracle-Instance*, was einer Datenbank mitsamt der zugeordneten Ressourcen (wie z. B. einiger Prozesse) entspricht.

Falls Sie all diese Dateien überprüft haben, dann sollte die initiale Installation erfolgreich durchgeführt sein. Überprüfen Sie, ob Oracle 8 die – je nach Installation notwendigen – Prozesse gestartet hat, z. B. mit Hilfe der ps-Anweisung:

```
ps aux | grep oracle
```

Als Ergebnis dieser Anweisung sollten sich die Ihrer Installation entsprechenden Prozesse zeigen, etwa in dieser Form:

```
oracle    3332  0.0  2.2 67048 5672 ?       S    Mar21   10:00
ora_pmon_PROD
oracle    3334  0.0  9.2 67288 23900 ?      S    Mar21   10:16
ora_dbw0_PROD
oracle    3336  0.0  2.0 66448 5364 ?       S    Mar21   10:14
ora_lgwr_PROD
oracle    3338  0.0  2.4 66484 6360 ?       S    Mar21   10:02
ora_ckpt_PROD
oracle    3330  0.0  7.0 66516 18232 ?      S    Mar21   10:01
ora_smon_PROD
oracle    3332  0.0  3.1 66492 8136 ?       S    Mar21   10:00
ora_reco_PROD
oracle    3334  0.0  1.9 66560 5116 ?       S    Mar21   10:00
ora_arc0_PROD
```

Sollte dies nicht der Fall sein, dann versuchen Sie, das Skript *dbstart* auszuführen, das im Verzeichnis $ORACLE_HOME/bin zu finden ist und das eigentlich nicht per Hand ausgeführt werden sollte, sondern automatisch beim Hochfahren von Linux gestartet wird.

Sollten auch dabei noch Probleme auftreten (was bei Einhaltung der genannten Voraussetzungen nicht zu erwarten ist), dann sollten Sie den Oracle-Support bemühen oder – sofern Sie keinen Support-Vertrag besitzen – eine der relativ zahlreichen Mailinglists oder Newsgroups. Ein guter Einstiegspunkt für die Suche ist hier das Oracle-Technet:

http://technet.oracle.com,

bei dem Sie sich – wie weiter oben bereits erwähnt – anmelden müssen.

5.2.2 Oracle 8.0.x

Da sich die Installation von Oracle 8i und dessen Vorgängerversionen mangels Oracle Universal Installer (im Falle der früheren Releases) nennenswert unterscheidet, werden wir in diesem Abschnitt auch noch kurz die wesentlichen Schritte bei der Installation früherer Oracle-Versionen am Beispiel von Oracle 8.0.5 beschreiben. Wir werden dabei auch diejenigen Schritte aufführen, die sich bei der Installation beider Varianten gleichen, um ein »Querlesen« dieses Kapitels zu ermöglichen und um ein flüssiges Installieren ohne Umblättern innerhalb der einzelnen Abschnitte dieses Buches zu unterstützen. Wer sich dabei (z.B. als gestandener Oracle-DBA) gelangweilt fühlt, kann diesen Abschnitt getrost überschlagen. Wir werden uns relativ kurz fassen, denn Oracle 8.0.x wird in Kürze keinen Support mehr erfahren und daher für kritische Anwendungen erheblich an Relevanz verlieren.

Sie finden auch in diesem Kapitel eine Kurzübersicht über die einzelnen Schritte der Installation anhand eines konkreten Beispiels für eine Oracle-Konfiguration, die im Wesentlichen einer Standardkonfiguration entspricht. Sollten Sie eine abweichende Umgebung besitzen, dann passen Sie die nachfolgend beschriebenen Schritte dieser bitte an. Die Beschreibung der Installation bezieht sich in diesem Fall auf die Standard Edition.

Vorbereitungen für die Installation von Oracle 8.0.x

Wie bei Oracle 8i sind vor der Installation von Oracle 8.0.x einige vorbereitende Arbeiten zu treffen. Diese betreffen im Wesentlichen die Einrichtung von user-Accounts und das Setzen von Umgebungsvariablen auf Betriebssystemebene. Einige dieser Vorbereitungen sind vom Benutzer *root* auszuführen, andere vom neu anzulegenden Benutzer *oracle*.

Vorarbeiten des Benutzers root Nach dem Herunterladen oder Kopieren von der CD-ROM in ein geeignetes Verzeichnis auf der Platte findet der Administrator eine relativ ausführliche Anleitung im Unterverzeichnis

```
unixdoc/server.805/index.htm
```

und damit eine relativ ausführliche und gut gegliederte Installations- und Administrationsanleitung für Oracle 8.0.5. Die darin geforderte Neukompilierung des Linux-Kernel allerdings kann man ruhigen Gewissens ignorieren, solange keine Performance-Engpässe bezüglich der Shared-Memory-Segmente auftreten.

Als Erstes sollte *root* einen Benutzer *oracle* innerhalb einer neuen Gruppe einrichten (Oracle schlägt dafür die Gruppe *dba* vor). Mitglieder dieser Gruppe besitzen DB-Administrationsrechte, weshalb zunächst nur der Benutzer *oracle* dieser Gruppe angehören sollte. Im Gegensatz zu manch anderen Datenbanksystemen wie etwa Informix greift Oracle im eigentlichen Betrieb nicht mehr auf Betriebssystemaccounts zurück. Die Datenbank-User sind im Wesentlichen vom Betriebssystem unabhängig.

Der Benutzer *root* sollte folglich als Erstes eine Gruppe *dba* und (darin) einen Account für *oracle* anlegen, z. B. mit Hilfe der folgenden Anweisungen:

```
groupadd -g 240 dba
useradd -c "Oracle Administrator"-d /opt/oracle -g 200 - s /bin/bash -u 240 oracle
```

Anschließend muss *root* die Umgebungsvariable ORACLE_HOME setzen. Dies kann entweder explizit geschehen, z. B. mit Hilfe der Anweisung

```
export ORACLE_HOME="/u01/app/oracle"
```

oder aber gleich zentral (z. B. in der */etc/profile*), da diese Umgebungsvariable beim späteren Einsatz der Oracle-Datenbank ohnehin immer wieder benötigt wird. Ferner sollte ein Installationsverzeichnis angelegt und dem Benutzer *oracle* übergeben werden, z. B.:

```
mkdir /u01/app/oracle/product/805 /u01/app/oracle/product/805/doc
chown -r oracle:dba /u01/app/oracle/product/805
```

Ein anschließender Aufruf des Shell-Skripts *orainst/oratab_create.sh* erzeugt dann die Datei */etc/oratab*, in der sich u. a. Informationen zum Starten und Herunterfahren des Datenbankservers mitsamt seiner verschiedenen Datenbanken befinden. Die Rechte für diese Datei müssen dem Benutzer *oracle* übergeben werden:

```
chown oracle:dba /etc/oratab
```

Nach diesen Vorarbeiten kann sich der Benutzer *root* ausloggen und die weiteren Arbeiten vom Benutzer *oracle* ausführen lassen.

Vorbereitende Arbeiten des Benutzers oracle Als Erstes sollten nun einige Umgebungsvariablen in den Startdateien des Benutzers *oracle* gesetzt werden (im Falle der bash z. B. in der *.bashrc* im Homeverzeichnis von oracle):

```
export ORACLE_BASE=/u01/app/oracle/
export ORACLE_HOME=$ORACLE_HOME/product/8.0.5
export ORA_NLS=$ORACLE_HOME/ocommon/nls/admin/data
export LD_LIBRARY_PATH=$LD_LIBRARY_PATH:$ORACLE_HOME/lib
export PATH=$PATH:$ORACLE_HOME/bin
export ORACLE_SID=PROD
```

Die hier aufgeführten Umgebungsvariablen genügen nicht nur für die Installation, sondern gleich auch für den späteren Betrieb der Datenbank. Die oben aufgeführten Pfade sind selbstverständlich nicht zwingend, wenn auch nicht willkürlich gewählt, wie in einem späteren Abschnitt dieses Kapitels verdeutlicht wird. Die Variable für die ORACLE_SID allerdings ist hier tatsächlich lediglich ein Beispielbezeichner: Es handelt sich dabei – grob gesagt – um den Namen der Datenbank-Instance, die angelegt werden soll.

Installation

Anschließend kann der Benutzer *oracle* mit der eigentlichen Installation beginnen, wozu das Installationsprogramm *orainst.cm* aufgerufen wird. Probleme bei dessen Ausführung könnte in einigen Fällen die Variable ORACLE_TERM bereiten, Oracle benutzt diese zur Ermittlung des benutzten Terminals. Notfalls sollte die Datei *orainst/tk2c*.res* mit der aktuellen Umgebungsvariablen abgeglichen werden. Beispielsweise könnte die Variable TERM auf *vt100* zu setzen sein; hilfreich kann in manchen Umgebungen auch ein Starten des Installationsprogramms innerhalb eines *xterm* sein.

Bei der Installation kann man zwischen mehreren Installationsmodi wählen. Wählt man die Option »Default-Install«, dann erscheinen nachfolgend die Lizenzbedingungen und ein *Readme*, bevor die Optionen »Install Upgrade« und »Install New Product – Create DB Objects« zu wählen sind.

Anschließend zeigt der Installer noch einmal die wichtigsten Oracle-relevanten Umgebungsvariablen, um anschließend ein Menü zur Auswahl der zu installierenden Produkte zu präsentieren. Unerfahrene Oracle-Anwender können hier getrost alles auswählen. Wird anschließend der Beginn der Installation bestätigt, dann gibt Oracle den Hinweis, dass im Laufe der Installation automatisch eine Beispieldatenbank angelegt wird. Ferner sind die Mount-Punkte oder Verzeichnisse anzugeben, die Oracle benutzen soll, daneben ein Verzeichnis, in das die Dokumentation abzulegen ist. Achten Sie darauf, dass all diese Verzeichnisse existieren und dass der Benutzer *oracle* hier Schreibrecht besitzt.

Nach einer Erfolgsmeldung am Ende der Installation landet man wieder im Auswahlmenü, das jetzt verlassen werden kann. Die Beispielinstanz ist dann bereits angelegt und aktiv.

Der Systemverwalter root muss abschließend noch das Skript */orainst/root.sh* starten, in dem u.a. einige systemweite Umgebungsvariablen gesetzt werden und die */etc/services* um Oracle-bezogene Eintragungen ergänzt wird. Beachten Sie nach der

Installation insbesondere die Eintragungen in der /etc/oratab und passen diese gegebenenfalls an Ihre Bedürfnisse an. Anschließend können Sie den Server-Manager starten

```
>svrmgrl
```

und sich als Benutzer *internal* anmelden (initial ohne Passwort), um die Datenbank zu starten:

```
STARTUP;
```

In der Installationsanleitung findet sich eine ausführliche Beschreibung, wie sich Oracle automatisch mit Hilfe der */etc/rc.d/init.d* starten und beenden lässt.

5.2.3 Sicherheitsrelevante Arbeiten nach der Installation

Bei einer Standardinstallation von Oracle werden vielfach Default-User angelegt und mit Passwörtern versehen. Löschen Sie aus Sicherheitsgründen all diese Beispielaccounts aus der Datenbank (die vorhandenen Oracle-Benutzeraccounts können Sie beispielsweise als DBA aus dem Oracle Data Dictionary erfragen, wie in einem späteren Abschnitt erläutert wird). Bei dieser Gelegenheit werden Sie nicht umhinkommen, auch die Daten der zu eliminierenden Oracle-User zu löschen (mit Hilfe des Schlüsselwortes CASCADE). Ändern Sie ferner sämtliche Passwörtet für Datenbankadministratoren, die per Default angelegt wurden. Bei der Installation von Oracle bzw. beim Anlegen einer Datenbank werden Sie auf die Default-Vorgaben aufmerksam gemacht. Sie sollten sich diese notieren, um Ihre Oracle-Installationen anschließend sicher machen zu können.

Unter Unix-Installationen wie Linux ist dies meist kein so großes Problem wie unter Windows, wo in der Regel weniger auf die Gegebenheiten des Betriebssystems zurückgegriffen wird. Wir möchten aber nachdringlich darauf verweisen, dass man diese Problematik auf jeder Plattform ernst nehmen sollte.

In früheren Versionen von Oracle wurden ferner Beispieldatenbanken und Beispieltabellen angelegt. Sie sollten auch diese löschen oder aber mindestens weitgehend umkonfigurieren. Diese Empfehlungen sind nicht unbedingt Oracle- oder Linux-spezifisch, sondern eigentlich für jede Installation relevant; sie dienen der Sicherheit. Bedenken Sie, dass Sie nicht der einzige Oracle-Kunde sind und dass all die anderen Oracle-Administratoren mit den Default-Installationen vertraut sind und somit für Sie ein potenzielles Angriffsrisiko darstellen!

5.3 Linux-Systemvariablen für Oracle 8 und Oracle-Systemvariablen unter Linux

Für die Installation, die Konfiguration und den Betrieb eines Datenbank-Managementsystems insbesondere im Rahmen geschäftskritischer Anwendungen sollte der DBA sowohl mit der Datenbank als auch mit dem Betriebssystem vertraut sein: Die Konfiguration und das Tuning eines DBMS betrifft direkt das Verhalten der Datenbank bei Benutzerzugriffen, z. B. hinsichtlich der Performance und der Zuverlässigkeit (sowie teilweise auch der Konsistenz, wobei diese teilweise von den Entwicklern zu gewährleisten ist). Andererseits befindet sich der Datenbankadministrator direkt an der Schnittstelle zum Betriebssystem, denn er ist dafür verantwortlich, dem DBMS z. B. Arbeitsspeicher, Plattenspeicher oder (in einigen Fällen) auch Prioritäten beim Scheduling von Betriebssystem-Ressourcen (wie Prozessorleistungen) zuzuweisen.

Dies ist bei Oracle 8 unter Linux nicht anders. In den Abschnitten 5.2.1 und 5.2.2 wurden bereits einige Umgebungsvariablen angesprochen, welche – speziell mit Blick auf die Installation und die Konfiguration von Oracle 8 unter Linux – die Wechselwirkung zwischen Linux und Oracle 8 betreffen. In diesem Abschnitt werden wir in Form einer Übersicht weitere Systemvariablen auflisten, die der Oracle-DBA unter Linux besonders beachten sollte. Diese gliedern sich in Oracle-Systemvariablen unter Linux und Linux-Systemvariablen für Oracle. Erstere sind Umgebungsvariablen, die speziell für eine Oracle-Umgebung gesetzt werden (also z. B. in der *.bashrc* ausgewählter Accounts). Letztere dagegen sind Variablen, die man in der Regel systemweit setzt (bzw. die im Kernel definiert sind) sind und die man bei Bedarf an eine Oracle-Installation anzupassen hat.

5.3.1 Oracle 8-Umgebungsvariablen unter Linux

Gewisse Oracle-Umgebungsvariablen sind unter jedem Betriebssystem zu setzen. Darunter fällt z. B. der Pfad zu den Oracle-Binaries und -Datendateien, dem zu benutzenden Zeichensatz usw. Oracle benutzt diese Variablen (meist mit Hilfe interner Objekte wie etwa Funktionen), um beim Zugriff auf entsprechende Ressourcen den »richtigen Weg« einzuschlagen. In der folgenden Tabelle sind die wichtigsten dieser Umgebungsvariablen aufgeführt:

Tabelle 5.5: Oracle-Umgebungsvariablen in einer Linux-Umgebung

Oracle-Variable	Funktion	Syntax
EPC_DISABLED	Schaltet Oracle-Trace ein oder aus	*true* oder *false*
NLS_LANG	Spezifiziert die Sprache und den Zeichensatz für Ausgaben	Sprache_Territorium.Zeichensatz
ORA_NLS_33	Pfad zum Verzeichnis, in dem sich die Oracle Sprach- und Zeichensätze befinden	Wird von Oracle gesetzt zu: *$ORACLE_HOME/ocommon/nls/admin/data*
ORACLE_BASE	Basisverzeichnis für die Oracle-Struktur für eine OFA-Realisierung	Verzeichnispfad, z.B. */mount-point/app/oracle*
ORACLE_HELP	Pfad, der die Oracle-Hilfedateien beinhaltet	Verzeichnispfad, z.B. *$ORACLE_HOME/help/admin/resource*
ORACLE_HOME	Pfad zum Verzeichnis der Oracle-Distribution	Verzeichnispfad, Empfehlung: */mount-point/app/oracle/product/release_number*
ORACLE _PATH	Pfad für I/O-Operation von Oracle-Anwendungen wie z.B. SQL*Plus. Falls nicht anwendbar, schreibt und liest Oracle im aktuellen Verzeichnis	Durch Doppelpunkte getrennte Liste von Verzeichnissen
ORACLE_SID	Umgebungsvariable für den aktuellen Oracle System Identifier	String für die Identifizierung der benötigten SID
ORACLE_TERM	Der Identifier für den Typ der von Oracle benutzten Term-Toolkits *(.res)*	z.B. *vt100*
ORACLE_TERMINAL	Pfad für die zusätzliche Suche nach Toolkit II*(.res)*-Quellen	Pfadname, z.B. *$ORACLE_HOME/guicommon/tk21/admin/terminal*
TNS_ADMIN	Setzt das Verzeichnis, in dem sich die Oracle Net8-Konfigurationsdateien befinden	Pfadname, z.B. *$ORACLE_HOME/network/admin*
TWO_TASKS	Definiert den Default-Oracle-Net8-Verbindungsstring für aliase in der *tnsnames.ora*	Ein erreichbarer Oracle-Netzwerk-Alias

Einige spezielle Anmerkungen zu der vorstehenden Tabelle: Grübeln Sie zunächst nicht unendlich lange, wenn Sie irgendeine der hier vorkommenden Eintragungen nicht gleich verstehen: Die Tabelle gibt eine nahezu vollständige Übersicht; nicht alle der Umgebungsvariablen müssen Sie gleich während oder kurz nach der Installation einstellen. Sie sollten sich allerdings damit beschäftigen, denn sie könnten früher oder später einmal relevant werden!

Die Einstellung der Sprache und des Zeichensatzes ist in vielen Fällen eine mittlere Herausforderung für Datenbankadministratoren außerhalb der USA. Als Wert für NLS_LANG wäre in Deutschland, wie in den meisten anderen europäischen Ländern, z.B. *WE8ISO8859P1* mir vorgestellten Länderspezifika (in Deutschland *german_Germany*) eine relativ gute Wahl. Die Abkürzung OFA steht für Open Flexible Architecture; diese wird in Abschnitt 5.6 ausführlich erklärt. Die ORACLE_SID entspricht (wie bereits mehrfach erwähnt) im Prinzip einer Oracle-Datenbank auf einem Datenbankserver. In einem späteren Abschnitt werden wir darauf noch näher eingehen; Sie können die ORACLE_SID vor Beginn einer Anwendung als Umgebungsvariable immer neu setzen (z.B. wenn Sie eine Anwendung wie SQL*Plus öffnen und damit auf eine spezielle Datenbank zugreifen möchten).

Oracle-Umgebungsvariablen dürfen nicht mit den Bezeichnern von Oracle-Prozessen übereinstimmen (wie z.B. *arch* oder *pmon*).

5.3.2 Linux-Umgebungsvariablen für Oracle

Die folgende Tabelle 5.6 beinhaltet eine Übersicht der wichtigsten Linux-spezifischen Umgebungsvariablen, auf die Oracle zurückgreift. Nicht aufgeführt sind dabei die in Abschnitt 5.2 (Installation von Oracle 8) aufgeführten Kernelparameter.

Tabelle 5.6: Linux-Umgebungsvariablen, die von Oracle benutzt werden.

Linux-Umgebungsvariable	Funktion	Syntax
ADA_PATH	Pfad zum Verzeichnis des ADA-Compilers	Pfadname
DISPLAY	Für X-basierte Werkzeuge. Spezifiziert das Display Device für Ein-/Ausgaben.	Hostname: *display[.xserver]*
HOME	Homeverzeichnis des aktuellen Benutzers. Dies ist in der Regel bei jedem Einloggen bereits definiert.	Pfadname, z.B. */home/user_name*
LD_LIBRARY_PATH	Liste von Verzeichnisssen, die der Shared Library Loader (*ld.so*) für die Suche von Shared Object Libraries zur Laufzeit benutzt.	Durch Doppelpunkte getrennte Liste von Verzeichnisnamen

Tabelle 5.6: Linux-Umgebungsvariablen, die von Oracle benutzt werden.

Linux-Umgebungsvariable	Funktion	Syntax
PATH	Suchpfad von Linux für ausführbare Dateien. *$ORACLE_HOME/bin* sollte darin vorkommen.	Durch Doppelpunkte getrennte Liste von Verzeichnisnamen
PRINTER	Der Default-Drucker des Benutzers	Druckername
SHELL	Definiert den Default-Kommando-Interpreter für den aktuellen Benutzer. Diese ist in der Regel bei jedem Einloggen bereits definiert.	Pfad zum Kommandointerpreter, z. B. */bin/bash*
TERM	Wird von Oracle Toolkit II Character Mode Tools für die Ermittlung des Terminaltyps benutzt. Zahlreiche andere Linux-Werkzeuge benutzen diese Umgebungsvariable ebenfalls.	vt100
TMPDIR	Default-Verzeichnis für temporäre Oracle-Dateien. Oracle-Werkzeuge, die temporäre Dateien erzeugen, legen diese hier ab.	Pfadname, z. B. */u02/oracle/tmp*

Auch hier wieder einige spezielle Anmerkungen zur oben stehenden Tabelle 5.6: Einige Umgebungsvariablen sind hier obligatorisch (jedenfalls für ausgewählte Benutzer wie etwa denjenigen der DBA-Gruppe). Dazu zählen z. B. der LD_LIBRARY_PATH oder der PATH. Diese Variablen werden z. B. dazu benötigt, um Oracle unter Linux hochzufahren oder um Oracle-Programme auszuführen. Andere Variablen dagegen sind nur dann zu setzen, wenn sie auch tatsächlich benötigt werden. Wer z. B. kein Ada einsetzen wird, der braucht sich um die Variable ADA_PATH nicht zu kümmern. Solange Oracle nicht protestiert, wird er in diesem Fall jede Default-Einstellung belassen. Manche der aufgeführten Umgebungsvariablen sind beim Einloggen eines Benutzers in der Regel bereits vordefiniert. Das Home-Directory beispielsweise wird die Betriebssystemverwalterin »Ruth« bei jedem Anlegen eines neuen Accounts vorgeben. Gängige Linux-Distributionen übernehmen diese Angabe als Umgebungsvariable HOME. Wenn Sie sich nicht sicher sind, vergewissern Sie sich einfach über eine Abfrage der Umgebung des Benutzers:

```
su user_name
...
set | grep HOME
```

Die Angaben in diesem Abschnitt beruhen zu einem großen Teil auf [oag98]. Weiter gehend interessierte Leser können sich von dort Zusatzinformationen besorgen.

5.4 Netzwerkkomponenten von Oracle 8

Moderne netzwerkorientierte Datenbank-Managementsysteme bieten in der Regel eine Vielzahl von Komponenten; sogar gestandene Datenbankexperten verlieren im Zeitalter von OLAP, OLTP, Internet/Intranet, E-Commerce, Data Warehouse, Data Mining, Parallel Server Options etc. oftmals die Übersicht. Ein nicht sehr weit aus der Luft gegriffenes Szenario könnte man sich z. B. in der Weise vorstellen, dass ein von jeglicher praktischer Datenbankkenntniss unbelasteter Vorgesetzter von einer Tagung, einer Präsentation oder einer Besprechung zurückkehrt, umgehend den Datenbankentwickler zu sich bittet und fragt, warum »wir denn bitte schön nicht in der Lage sind, Data Cubes mit Hilfe einer mir vorgestellten schnellen Cartridge im Web für sichere OLAP-Anwendungen zur Verfügung zu stellen«.

Um solche Ansinnen beurteilen zu können, benötigt der auf diese Weise traktierte Entwickler zunächst einmal zweierlei: ein ruhiges Gemüt und eine gründliche Kenntnis seines Datenbanksystems und dessen Komponenten. Wir werden ihm (hier speziell dem Oracle-Entwickler oder dem Oracle-DBA) indes auch in diesem Buch nicht umfassend helfen können, man wird sich ohnehin irgendwann an seinen Datenbankdistributor halten. Wir werden in diesem Abschnitt allerdings die grundlegenden Komponenten des Client/Server-Prinzips von Oracle vorstellen. Die Kenntnis dieser für jede Oracle-Anwendung relevanten Struktur bildet die Voraussetzung für das Verständnis jeglicher anderen Werkzeuge. Im Laufe der folgenden Abschnitte werden unterschiedliche weitere Oracle-Werkzeuge zur Sprache kommen.

Die Abbildung 5.7 zeigt den grundlegenden Aufbau der Oracle-Client/Server-Architektur: Ein Oracle-Client (der selber eine Softwarekomponente darstellt, z. B. SQL*Plus oder eine Anwendung) greift über die Oracle-Netzwerksoftware *Net8* (die Client-Variante) auf das Netzwerk zu und spricht dabei gezielt einen Oracle-Datenbankserver an. Dieser horcht mit Hilfe der Serverversion von Net8 auf Anfragen.

Die Kommunikation geschieht dabei immer in der Weise, dass der Client SQL-Befehle an den Datenbankserver schickt, woraufhin dieser gegebenenfalls (nämlich im Falle einer SQL-Anfrage) Daten zurückschickt.

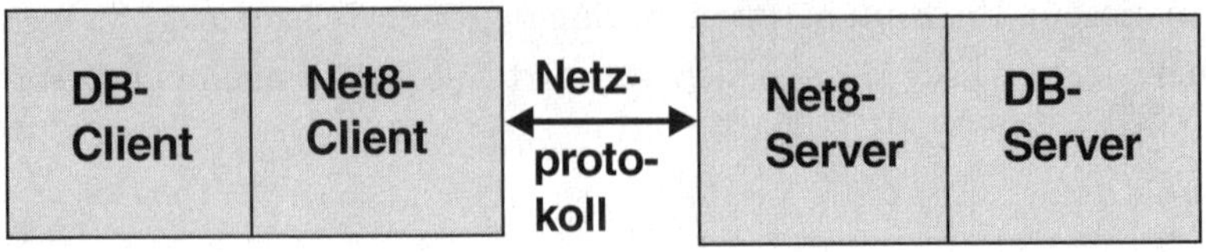

Abb. 5.8: Schematische Darstellung der Oracle-Client/Server-Architektur

Wir werden die einzelnen Komponenten dieser Architektur in den folgenden Abschnitten genauer betrachten.

5.4.1 Net8

Eine Komponente des Oracle DBMS, die nicht erst seit Oracle 8 positiv auffällt, bildet die vergleichsweise transparente (und damit relativ leicht zu administrierende), aber dennoch mächtige Netzwerkschnittstelle dieses Datenbanksystems. In früheren Oracle-Versionen (bis 7.x) nannte sich diese Schnittstelle SQL*Net, seit Version 8.x wurde SQL*Net durch Net8 abgelöst.

Net8 ermöglicht sowohl die Kommunikation zwischen Client und Server als auch die Server/Server-Kommunikation. Es beinhaltet recht nützliche Tools wie beispielsweise *tnsping*, mit dem wie in typischer TCP/IP-Manier ein *ping* auf Oracle-Datenbankserver durchgeführt werden kann (ist der Datenbankserver erreichbar oder nicht?). Net8 ist dabei völlig unabhängig von spezifischen Plattformen für Client und Server. Net8 unterstützt unterschiedliche Netzwerkdienste, darunter die zentrale Administration über LDAP-(*Lightweight Directory Access Protocol*) verträgliche Verzeichnisstrukturen und mehrere Netzprotokolle; neben den geläufigen Protokollen wie z. B. TCP/IP, DECnet, IBM LU6.2 oder SPX/IPX z. B. auch das IIOP (*Internet Inter-Object Request Broker Protocol*) von CORBA. Eine für lokal entfernte Anwendungen recht praxisrelevante Implementierung von Net8 besteht in der Kombination mit dem *Oracle-ANO* (*Advanced Networking Option*), ein Tool, das dazu dient, Daten verschlüsselt zu übertragen. ANO ist allerdings nicht Bestandteil von Net8, sondern gesondert zu beschaffen und sowohl beim Server als auch beim Client zu installieren. Seit der Version 8 von Oracle nennt es sich *Oracle Advanced Security*.

Eine bemerkenswerte Eigenschaft von Net8 ist die automatische Konvertierung von Zeichensätzen (bezogen auf unterschiedliche Regionen wie Europa und Asien sowie auf unterschiedliche Plattformen wie Linux/Unix und Windows).

Die Arbeitsweise von Net8 (am Beispiel TCP/IP) ist frappierend einfach: Ein Datenbank-Daemon (der *TNS-Listener*) horcht auf dem Server-Host per Default auf zwei Ports. Diese Information, gemeinsam mit der anzusprechenden *Datenbank-Instance*, reicht der Client-Komponente von Net8, um jede erreichbare Datenbank auf jedem Datenbankserver anzusprechen, der auf jedwedem Server-Host residieren kann. In einer Konfigurationsdatei beim Client werden dazu Aliase definiert, die mit Hilfe dieser Informationen eine Datenbank gezielt ansprechen.

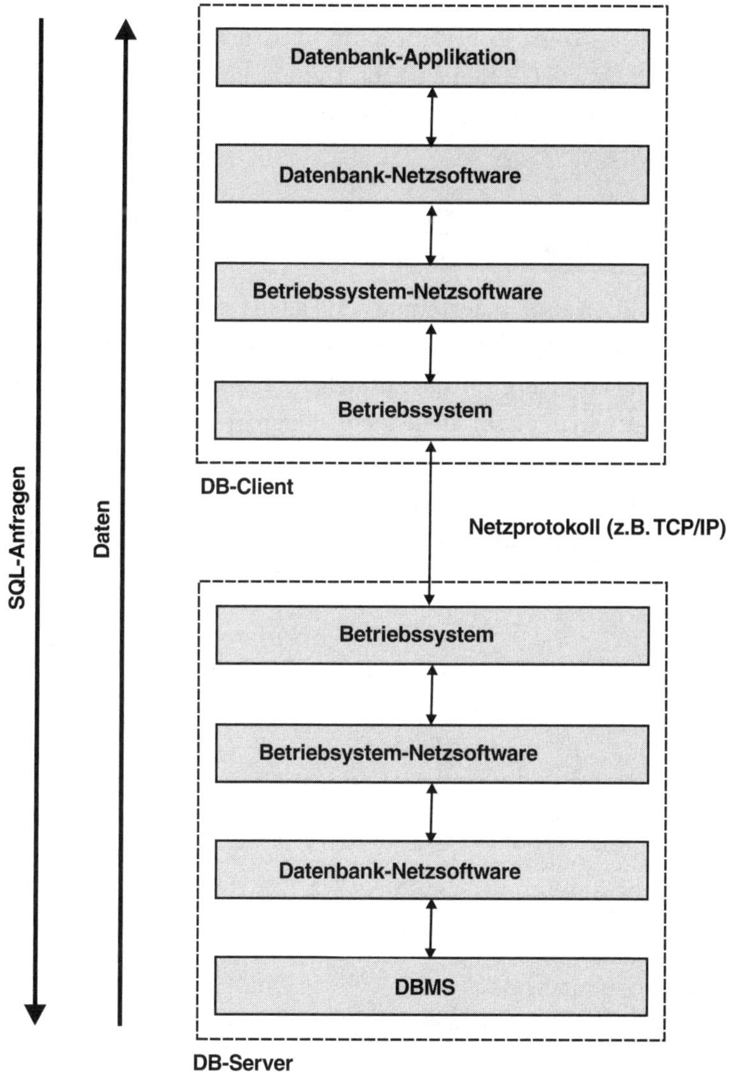

Abb. 5.9: Vereinfachte Darstellung des Datenbank-Client/Server-Prinzips

Generell werden die Komponenten von Net8 gebildet durch

- Net8-Client: Die Software (eine Oracle Client-Anwendung oder auch ein Oracle-Server), die eine Oracle-Verbindung initiiert.
- Net8-Server: Ein Oracle-Datenbanksystem, das in der Lage ist, von einem Client adressiert zu werden.
- Oracle-Listener: Diejenige Software, die Endpunkte etabliert, zu denen alle Clients eine Verbindung herstellen können. Der Oracle-Listener kann auf mehrere solcher Endpunkte für unterschiedliche Protokolle horchen.

Ein typisches (vereinfachtes) Szenario besteht darin, dass ein Datenbank-Client eine Verbindung zu einem Oracle-Listener aufbaut. Dieser führt dann die angeforderte Connection-Aktion durch, indem er die gewünschte Verbindung an den entsprechenden Datenbankserver weiterleitet.

5.4.2 Netzwerkkonfiguration

Für die Netzwerkkonfiguration sind in den einfachen Fällen zwei zentrale Dateien zuständig, nämlich die *tnsnames.ora* auf der Client-Seite und die *listener.ora* aufseiten des Servers. Es gibt für komplexere Fälle zusätzliche Konfigurationsmöglichkeiten und -dateien, auf die wir an dieser Stelle nicht eingehen. Letztere wird beim Anlegen einer Instance konfiguriert. Die *tnsnames.ora* dagegen beinhaltet eine vollständige Beschreibung der Identität und der Lokalität einer Datenbank, auf die ein Client Zugriff hat. Als »Client« betrachten wir hier zur begrifflichen Vereinfachung auch einen Server, der z.B. mit Hilfe eines Datenbanklinks auf eine Fremddatenbank zugreift.

Einträge in der *tnsnames.ora* können beispielsweise folgendes Aussehen haben:

```
PROD=(DESCRIPTION_LIST=
   (DESCRIPTION=(ADDRESS_LIST=
     (ADDRESS=(COMMUNITY=TCPCOM.WORLD)
     (PROTOCOL=TCP)
     (HOST=server_Name)
     (PORT=1526))))
 (DESCRIPTION=(ADDRESS_LIST=
     (ADDRESS=(COMMUNITY=TCPCOM.WORLD)
     (PROTOCOL=TCP)
     (HOST=server_Name)
     (PORT=1521))))
 (CONNECT_DATA=(SID=ORCL)))
```

In diesem Fall wäre ein Datenbankalias definiert, der auf die Oracle-Instance ORCL auf dem Rechner Server_Name verweist, dessen Listener auf den Ports 1526 und 1521 auf TCP-Anfragen horcht. Möchte sich der Client nun mit dieser Datenbank verbinden, dann gibt er z.B. in SQL*Plus die folgende Anweisung ein:

```
CONNECT user_name/passwort@PROD
```

Er wird dann als Benutzer User_Name mit der Datenbank-Instance ORCL auf dem Server Server_Name verbunden. Selbstverständlich muss er dafür einen Account auf der betreffenden Datenbank besitzen.

5.4.3 Datenbank und Datenbank-Instance

Bei Oracle-Datenbanken werden die Begriffe »Datenbank« und »Instance« vielfach synonym benutzt. Etwas vereinfacht kann man sich eine Instance als eine Datenbank mit eigenen Systemdaten, eigenen Hintergrundprozessen sowie eigenen Kontroll- und Datendateien vorstellen.

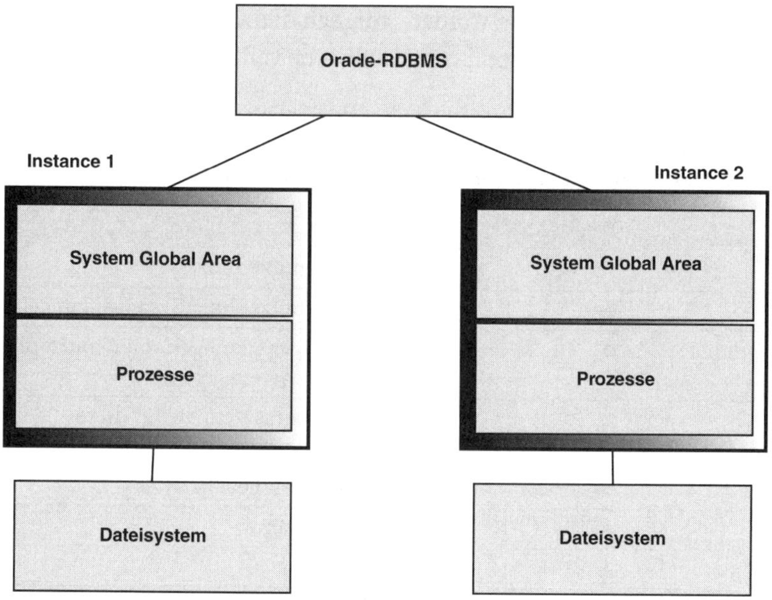

Abb. 5.10: Ein RDBMS kann mehrere Instances verwalten.

Die *System Global Area* (SGA) bildet dabei einen als Shared-Memory-Segment realisierten Systemdatenbereich. Jede Instance beinhaltet unterschiedliche Oracle-Prozesse, darunter einen Database Writer (dbwr) zum Beschreiben der Datendateien, einen Log Writer (lgwr) zum Schreiben der Redo Log-Dateien, einen Process Monitor (pmon), einen System Monitor (smon) und einen Archiver (arch) zum Archivieren der Redo Log-Dateien.

Im Dateisystem besitzt jede Datenbank-Instance eigene Konfigurationsdateien, eigene Datendateien und eigene Redo Log-Dateien.

5.5 Konfiguration einer Oracle 8-Datenbank

Wie bereits in einem früheren Abschnitt erläutert, besitzt jede Oracle-Instance eine so genanmte SID zur Identifizierung. Die Konfiguration einer Instance ist ferner in erster Linie in der zentralen Konfigurationsdatei *init.ora* geregelt, die es für jede Instance gibt (als *init<sid>.ora*). Wir haben bereits einige der darin befindlichen Parameter vorgestellt und werden dies bei Bedarf auch im weiteren Verlauf dieses Kapitels vornehmen. Insgesamt können in der init.ora knapp 200 Parameter eingestellt werden, in der nachfolgenden Tabelle werden lediglich die wichtigsten Parameter und ihre Bedeutung zusammenhängend vorgestellt, eine vollständigere Auflistung findet sich z. B. in [aul98].

Tabelle 5.7: Einige wichtige Parameter in einer Oracle-Initialisierungsdatei

Parameter	Standardwert	Beschreibung
Processes	50	Anzahl der Benutzerprozesse
Sessions	60	Anzahl der Benutzer- und Systemsitzungen
License_max_sessions	0	Anzahl zulässiger Sitzungen von Benutzern, die nicht zum System gehören
cpu_count	1	Anzahl der Prozessoren, die für diese Instance benutzt werden
Shared_pool_size	6500000	Größe des Shared Pool in Bytes
nls_language	AMERICAN	NLS-Sprachenname
nls_territory	AMERICAN	NLS-Zone
nls_date_language	--	NLS-Datumssprache
nls_date_format	--	NLS-Datumsformat
disk_asynch_io	TRUE	Verwendung asynchroner I/O für die Direktzugriffseinheiten

Tabelle 5.7: Einige wichtige Parameter in einer Oracle-Initialisierungsdatei

Parameter	Standardwert	Beschreibung
db_block_buffers	200	Anzahl der Datenblöcke im Cache
db_block_checksum	FALSE	Soll eine Prüfsumme der Datenbankblöcke gespeichert werden?
db_block_size	2048	Größe eines Datenbankblocks in Byte
db_bloc_checkpoint_batch	8	Maximalanzahl der Checkpoint-Blöcke bei einer schreibenden I/O-Operation
log_archive_start	FALSE	Soll der Archivierungsprozess bei der Initialisierung der SGA gestartet werden?
log_archive_buffers	4	Anzahl der für die Archivierung bereitzustellenden Puffer
log_archive_buffer_size	127	Größe der Archivpuffer in Protokolldateiblöcken
log_buffer	8192	Größe der Redo-Puffer
log_checkpoint_interval	10000	Checkpoint-Schwelle der Blöcke
log_checkpoint_timeout	0	Maximales Zeitintervall zwischen den Checkpoints in Sekunden
db_files	1024	Maximale Anzahl der Datendateien
db_file_simultaneous_write	1	Maximale simultane Schreibzugriffe pro Datendatei
db_file_multiblock_read_count	8	Anzahl der Datenbankblöcke, die bei einer I/O-Operation gelesen werden
log_files	255	Maximale Anzahl der Log-Dateien
Parallel_server	FALSE	Soll der Server (bei Multiprozessorsystemen) im parallelen Modus gestartet werden?
gc_lck_procs	1	Anzahl paralleler Sperrprozesse
Checkpoint_process	FALSE	Soll ein separater Checkpoint-Prozess gestartet werden?
dml_locks	100	Anzahl der Sperren für DML-Zugriffe
Spread_extents	TRUE	Sollen Speicherbereiche einer Datendatei über Tablespaces hinweg verteilt werden?
max_rollback_segments	30	Maximale Anzahl der Rollback-Segmente im SGA-Cache
Transactions	66	Maximale Anzahl konkurrierender Transaktionen
os_roles	FALSE	Sollen die Rollen des Betriebssystems ermittelt werden?
max_enabled_roles	20	Maximale Anzahl der Rollen, die einem Benutzer zugewiesen werden können

Tabelle 5.7: Einige wichtige Parameter in einer Oracle-Initialisierungsdatei

Parameter	Standardwert	Beschreibung
Global_names	FALSE	Sollen gleiche Namen für Datenbanklinks und entfernte Datenbanken erzwungen werden?
open_links	4	Maximale Anzahl offener Datenbanklinks pro Sitzung
sort_area_size	655326	Größe des Sortierbereichs im Arbeitsspeicher
Dbname	--	Name der mit CREATE DATABASE erzeugten Datenbank
Open_cursors	50	Maximale Anzahl der pro Prozess offenen Cursor
Max_dump_file_size	102400	Maximale Größe einer Dump-Datei

Trotz der Größe obiger Tabelle bilden die darin aufgeführten Parameter lediglich einen kleinen Ausschnitt aus dem reichhaltigen Initialisierungsfundus einer Oracle-Instance. Schon diese kleine Liste zeigt aber die flexiblen Möglichkeiten, die Oracle dem Administrator für die Konfiguration einer Instance bietet.

Die *init.ora* wird initial beim Anlegen der Datenbank angelegt. Die sich darin befindlichen Einstellungen sind aber keinesfalls für alle Zeit gültig. Die meisten Parameter können problemlos bei einer bereits vorhandenen Datenbank verändert werden. Nach dem Neustart der Instance werden sie dann wirksam.

Sie können sich alle Systemparameter im laufenden Betrieb mit Hilfe der folgenden Oracle SQL-Anweisung ausgeben lassen:

```
SHOW PARAMETERS
```

5.6 Die Optimal Flexible Architecture

In den meisten Unix-bezogenen Oracle8 Server Administration Reference Manuals (also insbesondere auch in der Linux-Version) finden sich Anleitungen, die sich auf das von Cary Millsap spezifizierte White Paper *The OFA Standard Oracle8 for Open Systems* beziehen [sta99]. Das Kürzel OFA steht dabei für den (für manchen Geschmack vielleicht ein wenig zu vielversprechenden Begriff) Optimal Flexible Architecture. Es handelt sich dabei im Kern um durchaus nützliche Guidelines für die Verzeichnis- und Dateistruktur einer Datenbank. Oracle selber empfiehlt diese

Architektur als Standard für Oracle 8. Hält man sich bei der Installation und Administration von Oracle 8 an diese Handlungsanweisungen, dann ergeben sich in der Tat mancherlei gewichtige Vorteile im praktischen Einsatz, darunter die folgenden:

- Verhinderung von Device-Engpässen durch die Organisation von großen Datenbankdateien auf mehrere Datenträger
- Vereinfachung der Backup- und Recovery-Vorgänge
- Transparente Organisation der Datei- und Verzeichnisstrukturen
- Damit einhergehend: Vereinfachung von Datenbankportierungen
- Einfache Log-Verwaltung durch die Speicherung sämtlicher Log-Dateien in einem zentralen Verzeichnis
- Vereinfachte Administration von Benutzern, Hardwarekomponenten usw.

Wir werden die zentralen Aspekte der OFA nachfolgend kurz skizzieren. Nach der Beschreibung der Charakteristika einer OFA-Architektur werden wir dabei – begrenzt auf die wichtigsten Punkte – beschreiben, auf welche Weise diese bei der Installation einer Datenbank unter Linux umgesetzt wird (noch Genaueres erfährt man dazu beispielsweise in [oag88]) und wie man eine bereits bestehende Datenbankinstanz nach OFA migrieren kann.

5.6.1 Charakteristika einer OFA-Datenbank

Die wichtigsten Eigenschaften einer nach der Optimal Flexible Architecture angelegten Datenbank sind:

- Organisation des Dateisystems nach vorgegebenen Richtlinien zur Vereinfachung der Benutzerverwaltung, des Anlegens neuer Datenbanken, des Hinzufügens von Hardwarekomponenten und des Einfügens von Daten in eine bestehende Datenbank
- Konsistente Namensgebung der Datenbankdateien im Hinblick auf eine leichte Unterscheidbarkeit von anderen Dateien und von anderen Datenbanken, eine leichte Indentifizierbarkeit von Datenbank-Kontrolldateien, Datendateien und Redo Log-Dateien, sowie eine klarer Namenszusammenhang zwischen Datendateien und Sammlungen von Datendateien (den so genannten Oracle *Tablespaces*)
- Verteilung der I/O-Operationen auf mehrere Datenträger zur Vermeidung von Performance-Engpässen
- Verteilung von Anwendungen auf mehrere Datenträger, damit Hardwarefehler möglichst wenige Folgewirkungen auf andere Anwendungen besitzen

- Vorsehen der Möglichkeit, datenbankrelevante Homeverzeichnisse ohne Auswirkungen auf Datenbankanwendungen zu verschieben, hinzuzufügen oder zu löschen
- Weitgehende Unabhängigkeit der Datenbank-Dateistrukturen von der Linux-Directory-Struktur, sodass Veränderungen in einer Dateienkategorie die anderen möglichst wenig betreffen
- Die Möglichkeit des parallelen Ausführens gleicher Datenbankapplikationen, beispielsweise zum Testen neuer Softwareversionen
- Trennung einzelner Tablespace-Inhalte zur Minimierung der Fragmentierung (und damit einer Minimierung der Performance-Belastungen durch komplexe I/O-Operationen) und zur Maximierung der Flexibilität der Administration
- Angemessene Hardwareunterstützung, indem Hardwarebedarfe nur dann minimiert werden, wenn operationale Gesichtspunkte dies zulassen

5.6.2 Die Implementierung der OFA für Oracle 8 unter Linux

Die meisten bei der OFA zu beachtenden Regeln betreffen die Datei- und Verzeichnisstruktur der Datenbank, also Fragen nach der Lokalität und der Bezeichnung einzelner Datenbankdateien. Eine wichtige Unterscheidung ist dabei vorweg zu treffen, nämlich die zwischen Oracle-Dateien, welche die eigentlichen Kerndaten beinhalten (wie etwa Binaries oder Konfigurationsdateien), und denjenigen, welche die eigentlichen Daten aufnehmen. Man ist gelegentlich überrascht, wie wenige (Kern-)Dateien Oracle benötigt, um die Datenbank zu verwalten. Der Grund besteht darin, dass die Administration einer Oracle-Instance und der zugehörigen Datenbanken im Wesentlichen über SQL geschieht, dass die Konfiguration also größtenteils in Datenbankrelationen abgespeichert ist, die freilich weitgehend nur den Datenbankadministratoren zugänglich ist. Wir werden im Folgenden die wichtigsten Punkte beschreiben, die Oracle selber für die Implementierung der OFA unter Linux empfiehlt. Die angegebenen Beispiele sind dabei in der Tat nur als exemplarisch aufzufassen; wer dem Oracle-Paket nicht die Priorität zuweisen möchte wie Oracle selber, der wird den Mount Point /u01 vielleicht eher als /u20 bezeichnen möchten. Der Fantasie sind hier prinzipiell keine Grenzen gesetzt, das Anliegen besteht vornehmlich in einer wohlüberlegten Strategie mit Blick auf die oben genannten Charakteristika und Vorteile einer systematisch angelegten Datei- und Verzeichnisstruktur.

Syntax von Mount Points

Oracle-spezifische Mount Points sollten aus einem konstanten String gefolgt von einer festen Anzahl von Ziffern bestehen. Für Oracle-Datafiles hat es sich beispielsweise eingebürgert, diese unterhalb von Mount Points /u01, /u02, /u03 usw. abzulegen. Ebenso gut könnte man aber auch Mount-Points wie /platte1, /platte2, /platte3 verwenden. Die »Mounting-Strategie« ist hier also nur beschränkt vorgegeben. Falls – bei sehr großen Datenbanken (*Very Large Databases, VLDBs*) – jedes Plattenverzeichnis Dateien von nur einer Anwendung beinhaltet, dann ist es empfehlenswert, den Mount Point in der Form zu definieren, dass einem String, der indiziert, dass an dieser Stelle Oracle-Daten gespeichert sind, der Wert des Initialisierungsparameters DB_NAME folgt. Dieser entspricht bei einer Single-Instance-Datenbank gerade der SID. Beispiele wären hier /u01/oradata/test und /u01/oradata/prod.

Verzeichnisnamen

Die Syntax von Homeverzeichnissen sollte in der Weise aussehen, dass einem Bezeichner für den Mount Point ein Standardverzeichnisname folgt und darauf der Name des Verzeichnisbesitzers. Beispiele sind hier

```
/u01/app/oracle/
```

als Verzeichnis für das Home Directory der Oracle-Server-Software oder

```
/u01/app/applmgr
```

für die Oracle-Anwendungssoftware.

Explizite Bezugnahmen auf Pfadnamen (von Homeverzeichnissen) sollten ausschließlich von Linux- oder Oracle-Dateien aus erfolgen, bei denen es unumgänglich ist; dies sind Dateien, die Pfadnamen explizit speichern, wie etwa die Linux-Datei /etc/passwd, in der z. B. das Oracle-Home mit vollem Pfad einzutragen ist, oder auch die Oracle-Datei oratab.

Die Bezeichnung von Verzeichnissen, in denen Oracle-Software abgelegt wird, geschieht unter dem Gesichtspunkt der Ausführbarkeit unterschiedlicher Versionen der Anwendungssoftware. Daher sollte jede Version im Pfad als solche identifizierbar sein (wobei Oracle empfiehlt, dass der Produktname – hier »oracle« – oberhalb des Mount Points und des Standardverzeichnisnamens explizit noch einmal aufgenommen werden sollte). Die Anwendungssoftware für zwei Versionen von Oracle könnte daher z. B. in den beiden Verzeichnissen

```
/u01/app/oracle/8.0.5/
```

bzw.

```
/u01/app/oracle/8.1.5
```

abgelegt werden. Je nach gewünschter Version im Rahmen einer Anwendung wird dann die Umgebungsvariable ORACLE_HOME entsprechend gesetzt.

Dateinamen

Bei der Benennung von Oracle-spezifischen Dateien wird insbesondere zwischen administrativen Dateien, Datendateien und separaten Segmenten für verschiedene Zwecke unterschieden (Letzteres sind z. B. Rollback-Segmente, temporäre Segmente oder Segmente des Oracle Data Dictionary).

Es ist empfehlenswert, die für administrative Zwecke relevanten Dateien in einem Verzeichnis »admin« unterhalb des Oracle-Anwendungs-Home-Directories (das ist das Verzeichnis des Besitzers der Oracle-Anwendungen, also z. B. */u01/app/oracle*) und des Datenbanknamens jeweils gegliedert nach Anwendungsgebieten in Unterverzeichnissen anzulegen. Parameterdateien, die eine Oracle-Instanz referenzieren, würde man in diesem Fall z. B. in einem Verzeichnis

```
/u01/app/oracle/admin/prod/pfile
```

ablegen. Das Kürzel »prod« steht hier für die Produktionsdatenbank und »pfile« für Parameterdatei.

Weitere Beispiele für solche Unterverzeichnisse sind

- adhoc für Adhoc-Skripte
- arch für archivierte Log-Dateien
- cdump für Core-Dump-Dateien
- create für Programme, die für die Erzeugung der betreffenden Datenbank benutzt wurden
- exp für Exportdateien (das sind so genannte »Oracle-Dumps«, die im Rahmen von Migrationen oder Backup-Vorgängen entstehen)
- logbook für Dateien, die den Status der Datenbank im Zeitablauf dokumentieren

Datenbankdateien sollten in der Weise benannt werden, dass sie leicht identifizierbar sind. Dazu sollten folgende Regeln beachtet werden:

- Kontrolldateien werden in der Form */mountPoint/oracleIdent/dbName/control.ctl* abgelegt
- Redo Log-Dateien in der Form */mountPoint/oracleIdent/dbName/redon.log*
- Datendateien schließlich in der Form */mountPoint/oracleIdent/dbName/tablespaceNamen.dbf*

Dabei steht n für eine zweistellige Ziffer, oracleIdent für einen eindeutigen String zur Identifizierung von Oracle-Daten (also etwa *oracle* oder *oradata*) und tablespaceName für den Namen des Oracle-Tablespace, der die betreffende Datei zugeordnet ist.

Beispiele für Datendateien wären hier

```
/u02/oradata/prod/system01.dbf
```

und

```
/u02/oradata/prod/user_data03.dbf
```

Die erstgenannte Datei wäre in diesem Fall dem Tablespace *system* zugeordnet, die zweite dem Tablespace *user_data*.

Eine Redo Log-Datei könnte dagegen im Dateisystem so aussehen:

```
/u02/oradata/prod/redo01.log
```

Für unterschiedliche Ansprüche and die Datenbank sollten auch unterschiedliche Tablespaces angelegt werden. Diese Trennung ist deshalb sinnvoll, da sie administrative Operationen auf den einzelnen Tablespaces erlaubt (beispielsweise die DROP TABLESPACE oder die ALTER TABLESPACE-Operation), ohne dass Tablespaces, die völlig andere Datenbankansprüche befriedigen, davon betroffen sind. Die in der folgenden Tabelle aufgelistete Aufteilung spezifischer Tablespaces garantiert ferner, dass beispielsweise die Rollback-Segmente für Wartungszwecke zeitweise auf offline gesetzt werden können, ohne dass andere Anwendungen davon betroffen sind.

Tabelle 5.8: Benennung getrennter Tablespaces

Name des Tablespace	Inhalt des Tablespace
SYSTEM	Inhalte des Oracle-Data-Dictionary
TEMP	Temporäre Segmente
RBS	Rollback-Segmente
TOOLS	Tools für allgemeine Anwendungen
USERS	Unterschiedliche Benutzersegmente

Benennung von Tablespaces

Oracle 8-Tablespace-Namen haben eine maximale Länge von 30 Zeichen, portierbare Linux-Dateinamen eine Länge von in jedem Fall 14 Zeichen. Jede Datendatei ist eindeutig einem Tablespace zugeordnet. Wie oben erläutert wurde, besteht die Syntax des Namens einer Datendatei aus dem Namen des Tablespace, einer zweistelligen Ziffer und der Endung *.dbf*. Da die Endung allein vier Zeichen benötigt und die zweistellige Ziffer zusätzlich zwei Zeichen, verbleiben für die eigentliche Benennung eines Tablespace acht Zeichen. Diese Begrenzung stellt in praktischen Anwendungen keineswegs eine nennenswerte Restriktion dar, denn auch in Zeiten des Data Warehouse wird ein einzelner Datenbankserver kaum mehr als etwa 20 Tablespaces zu verwalten haben.

Fast schon selbstverständlich erscheint die Tatsache, dass Tablespaces sprechende Namen besitzen sollten. Anstelle von

```
TABSP01
TABSP02
TABSP03
...
TABSP10
```

sind die folgenden Bezeichner nicht nur sprechender, sie erlauben auch eine Zuordnung der betreffenden Tablespaces zu einer Datenbank und gegebenfalls zu einer Anwendung oder einem Projekt:

```
PERSONAL
VERWALTG
...
PROJEKT1
PROJEKT2
...
```

Bei kleineren Datenbankservern mit möglicherweise nur einer Datenbank und einem geringen Datenaufkommen ist die Unterscheidung nach Anwendungen/Projekten oder Datenbanken bei der Benennung von Tablespaces möglicherweise überhaupt nicht sinnvoll oder erscheint mindestens überdifferenziert. Neben den in Tabelle 5.8 genannten Standard-Tablespaces wie SYSTEM, TEMP usw. könnte man in diesem Fall z. B. auch einen gemeinsamen Tablespace für alle Benutzer namens USERDATA anlegen.

Ein Oracle-Tablespace ist keine physikalische Größe, sondern lediglich eine logische Zusammenfassung physischer Datendateien. Die Differenzierung unterschiedlicher Lokalisierungen »zusammengehörender« Daten in unterschiedlichen Datendateien innerhalb eines Tablespace dient daher ausschließlich der besseren Administrierbarkeit, und gerade diese wird durch eine sprechende Namensgebung noch einmal nachhaltig unterstützt.

Beispiel für die Abbildung von Oracle-Dateien auf das Dateisystem

Die Tabelle 5.9 zeigt beispielhaft die Abbildung von Oracle-Dateien auf das Linux-Dateisystem nach der OFA (weitgehend nach [oag98]).

Tabelle 5.9: Beispiel für Linux-Verzeichnisse für die Aufnahme von Oracle-Dateien

Pfad	Beschreibung
/	root Mount Point
/u01/	Erster Mount Point für »User Data«
/u01/app/	Unterverzeichnis für Anwendungssoftware
/u01/app/oracle/	Homeverzeichnis für den Besitzer der Oracle-Software
/u01/app/oracle/admin/	Unterverzeichnis für Datenbankadministrationsdateien
/u01/app/oracle/admin/TAR/	Unterverzeichnis für Support Logs
/u01/app/oracle/admin/db_name1/	Unterverzeichnis für Administrationsdateien der Datenbank »db_name1«
/u01/app/oracle/admin/db_name2	Unterverzeichnis für Administrationsdateien der Datenbank »db_name2«
/u01/app/oracle/doc/	Verzeichnis für die Oracle Online-Dokumentation
/u01/app/oracle/local/	Unterverzeichnis für lokale Oracle-Software
/u01/app/oracle/local/aps6/	Für Oracle 6 Administrator Packages
/u01/app/oracle/local/aps7/	Für Oracle 7 Administrator Packages

Tabelle 5.9: Beispiel für Linux-Verzeichnisse für die Aufnahme von Oracle-Dateien

Pfad	Beschreibung
/u01/app/oracle/product/	Verzeichnis für die jeweilige Oracle-Distribution
/u01/app/oracle/product/8.0.4/	ORACLE_HOME für Oracle 8.0.4 Instances
/u01/home/	Unterverzeichnis für Login-Homeverzeichnisse
/u01/home/ltb/	Home für einen Benutzer
/u01/home/sbm/	Home für einen weiteren Benutzer
/u01/oradata/	Verzeichnis für Oracle-Datendateien
/u01/oradata/db_name1/	Unterverzeichnis für Datendateien der Datenbank »db_name1«
/u01/oradata/db_name2/	Unterverzeichnis für Datendateien der Datenbank »db_name2«
/u02/	Zweiter Mount Point für »User Data«
/u02/home/	Unterverzeichnis für Login-Homeverzeichnisse
/u02/home/ltb/	Home für einen Benutzer
/u02/home/sbm/	Home für einen weiteren Benutzer
/u02/oradata/	Verzeichnis für Oracle-Datendateien
/u02/oradata/db_name1/	Unterverzeichnis für Datendateien der Datenbank »db_name1«
/u02/oradata/db_name2/	Unterverzeichnis für Datendateien der Datenbank »db_name2«
/u03/	Dritter Mount Point für »User Data«
/u03/home/	Unterverzeichnis für Login-Homeverzeichnisse
/u03/oradata/	Verzeichnis für Oracle-Datendateien
/u03/oradata/db_name1/	Unterverzeichnis für Datendateien der Datenbank »db_name1«
/u03/oradata/db_name2/	Unterverzeichnis für Datendateien der Datenbank »db_name2«

OFA-Datenbanken für mehrere Instanzen

Für Multiple-Instance-Datenbanken (im Kontext mit der Installation des Oracle Parallel Server) gibt es zusätzliche OFA-Richtlinien. Aus Platzgründen werden wir diese hier nicht anführen; interessierte Leserinnen und Leser finden entsprechende Informationen z. B. in [oag98].

5.6.3 Übertragen einer bereits vorhandenen Datenbankinstanz in die OFA

Soll eine bestehende Datenbankinstanz in die OFA übertragen werden, dann kann dies durch die folgenden Schritte geschehen:

1. Feststellen der derzeitigen Dateinamen, Größen und des vorhandenen freien Speicherplatzes
2. Entscheidung für die neue Verzeichnisstruktur und Dateinamenskonventionen
3. Anlegen der Verzeichnisstruktur
4. Modifikation der Datenbank-Initiierungsdatei (init.ora)
5. Erzeugen einer Referenz zur neuen Initiierungsdatei
6. Neuanlegen der Kontrolldateien zur Abbildung der neuen Datenbankstruktur (z. B. mit Hilfe des Skripts rebuild.sql)
7. Kopieren/Neuanlegen der DataFiles
8. Umbenennen der Datenbank (optional)

Unter Punkt 4 sollten dabei die folgenden Parameter angepasst werden:

- ORACLE_HOME
- audit_file_dest
- background_dump_dest
- core_dump_dest
- log_archive_dest
- Oracle_trace_collection_path
- user_dump_dest
- control_files (jeweils an die neuen Pfade anpassen)

Das Anlegen der unter Punkt 5 genannten Referenz kann z. B. durch das Anlegen eines symbolischen Links geschehen. Angenommen die Instance heißt prod, und die Initialisierungsdatei befindet sich im Verzeichnis ORACLE_HOME/dbs. Dann wechselt man in dieses Verzeichnis und legt den symbolischen Link wie folgt an:

```
ln -s /u01/app/oracle/admin/prod/pfile =>initprod.ora initprod.ora
```

Die Punkte 7 und 8 (Neuanlegen/Umbenennen der Datendateien bzw. Umbenennen der Datenbank) beschreiben originäre Aufgaben der Datenbankadministration. Diese werden im Folgenden Abschnitt beschrieben. Punkt 6 kann durch ein SQL-Skript erledigt werden, das nachfolgend beispielhaft aufgelistet ist. Bis in die letzte Einzelheit verständlich wird auch dieses erst nach der Lektüre des Abschnitts über die Oracle-Datenbankadministration.

```
#Starten der Datenbank ohne Mounten
STARTUP NOMOUNT
#Kontrolldatei erzeugen mit Reset-Log und ohne Archive-Log
CREATE CONTROLFILE RESETLOGS NORACHIVELOGS
#Datenbankparameter setzen
set database prod
   MAXLOGFILES 50
   MAXLOGMEMBERS 2
   MAXDATAFILES 100
   MAXINSTANCES 1
   MAXLOGHISTORY 250
#Redo Log-Dateien gruppenweise definieren
LOGFILE
   GROUP 1(
      'u01/oradata/prod/redo/prod_1a.log',
      'u02/oradata/prod/redo/prod_1b.log'
   ) SIZE 5M,
   GROUP 2(
      'u01/oradata/prod/redo/prod_2a.log',
      'u02/oradata/prod/redo/prod_2b.log'

   ) SIZE 5M,
 GROUP 3(
      'u01/oradata/prod/redo/prod_3a.log',
      'u02/oradata/prod/redo/prod_3b.log'
   ) SIZE 5M,
#Datafiles festlegen
DATAFILE
   'u01/oradata/prod/data/prod_system1.dbf',
   'u01/oradata/prod/data/prod_system2.dbf',
   'u01/oradata/prod/data/prod_system3.dbf',
   'u01/oradata/prod/data/prod_system4.dbf',
   'u01/oradata/prod/data/prod_rbs1.dbf',
   'u01/oradata/prod/data/prod_temp1.dbf',
   ...
   'u01/oradata/prod/data/prod_rbs3.dbf',
#Recovery falls der letzte Shutdown nicht normal verlief
RECOVER DATABASE
#Datenbank für normale Nutzer öffnen
ALTER DATABASE OPEN RESETLOGS;
```

5.7 Grundlagen der Datenbankadministration

Zu den Aufgaben eines Datenbankadministrators gehören neben der Installation und Konfiguration eines Datenbankservers u.a. die Verwaltung des Speicherplatzes, die Transaktionsverwaltung, die Benutzerverwaltung und -überwachung, die Datensicherung und – in vielen Anwendungen – das Management der Migration von Daten zwischen einzelnen Anwendungen oder Datenbanken (bzw. Datenbankservern) mit Hilfe von Export-/Importmechanismen bzw. mit Hilfe des Loaders für Rohdaten nach Oracle.

Die meisten dieser Anwendungen (wie etwa das Laden von Daten oder Export-/Importvorgänge) sind nicht plattformspezifisch und daher nicht Gegenstand der in diesem Buch zu behandelnden Themen. Bei Unklarheiten schauen Sie einfach in das *bin*-Verzeichnis Ihrer Oracle-Installation: Manche der sich dort befindlichen Tools lassen sich mit der Option -help aufrufen, was oftmals schon eine nennenswerte Hilfe liefert. Oracle-spezifische Man-Pages wurden von den Autoren bislang nicht vorgefunden, dies mag sich allerdings in künftigen Releases ändern. Die meisten der Tools sind im Übrigen relativ gut dokumentiert; die Erfahrung zeigt, dass man hinsichtlich der entsprechenden Oracle-Tools eine Solaris- oder Windows-Installation durchaus als Referenz für die Dokumentation auch für Linux zu Rate ziehen kann.

5.7.1 Das Oracle Data Dictionary

Oracle verwaltet seine Metadaten in Form von speziellen Tabellen im Data Dictionary. Dieses kann man auf unterschiedliche Arten abfragen: Oracle trennt benutzerorientierte Metadaten von Systemdaten. Jeder Benutzer kann sich seine Tabellen (d.h. diejenigen Tabellen, die er angelegt hat) z.B. mit folgender Anfrage an das Data Dictionary ausgeben lassen:

```
SELECT DISTINCT table_name FROM user_tables;
```

Ebenso gibt es entsprechende Einträge auch für andere Objekte eines Benutzers, wie etwa Indizes und Views. Da die Tabellen im Data Dictionary oftmals relativ umfangreich sind und sehr viele Spalten besitzen, sollte man sich deren Struktur in der Regel erst einmal mit der nützlichen DESC-Anwendung ansehen:

```
DESC user_tables;
```

Für die Administration wichtiger sind die Tabellen im Data Dictionary, in denen Systemdaten zu finden sind. Nur der DBA hat Zugriff auf die Metadaten aller Objekte in der Datenbank, also auch diejenigen anderer Benutzer. Zur Unterscheidung von »eigenen« und »fremden« Metadaten benutzt Oracle für Tabellen des Data Dictionary jeweils eines der Präfixe *user_*, *all_* oder *dba_*. Der DBA könnte daher die Tabellen des Benutzers Scott mit Hilfe der folgenden SQL-Anweisung ansehen:

```
SELECT DISTINCT table_name FROM all_tables WHERE owner = 'SCOTT';
```

Ebenso kann er selbstverständlich auf die DBA-Tabellen zugreifen, von denen es bei Oracle sehr viele gibt. Ein kleiner Auszug befindet sich in der folgenden Auflistung:

- dba_data_files
- dba_extents
- dba_rollback_segs
- dba_segments
- dba_tablespaces
- dba_users
- dba_objects
- dba_catalog
- dba_clusters
- dba_views

Abfragen an das Data Dictionary erfolgen auch hier einfach mit Hilfe von SQL-Anweisungen:

```
SELECT username, default_tablespace
  FROM dba_users
    WHERE username NOT LIKE 'SYS'
      ORDER BY default_tablespace;
```

5.7.2 Starten und Herunterfahren einer Instance

Das Hochfahren einer Oracle-Instance geschieht standardmäßig durch das Starten des Oracle Server-Managers *svrmgrl*, Anmelden als Benutzer DBA und Eingabe der Anweisung

```
STARTUP
```

Will man allerdings als DB-Administrator Änderungen an der Konfiguration (im Data Dictionary) vornehmen (z. B. Umbenennen von Datendateien oder Offline-Setzen von Tablespaces oder Dateien), dann kann die Datenbank auch hochgefahren werden, ohne dass sie für normale Benutzer geöffnet wird. In diesem Fall lautet die Anweisung

```
STARTUP MOUNT
```

Der Datenbankserver wird auf diesen Befehl hin hochgefahren und gemountet, aber nicht geöffnet (für die Öffentlichkeit). Nachdem Sie jetzt z. B. einen Tablespace offline gesetzt haben, um Reparaturarbeiten vorzunehmen

```
ALTER TABLESPACE name OFFLINE;
```

könnten Sie die Instance nach Abschluss der Reparaturarbeiten, und nachdem Sie den Tablespace wieder auf online gesetzt haben, mit Hilfe der Anweisung

```
ALTER DATABASE OPEN
```

für die Öffentlichkeit freigeben.

Beim Starten einer Datenbank geschehen im Wesentlichen die folgenden drei Schritte:

1. Starten der Instanz
2. Mounten der Datenbank zur Instanz
3. Öffnen der Instanz und damit der Datenbank für Zugriffe

Oracle kennt mehrere Modi, eine Datenbank zu starten, die wichtigsten davon sind:

- Starten einer Instanz, ohne die Datenbank zu mounten
- Starten und Mounten einer Instanz, ohne die Datenbank zu öffnen
- Starten, Mounten und Öffnen einer Instanz im
  - UNRESTRICTED-Modus
  - RESTRICTED-Modus

Beim UNRESTRICTED-Modus ist die Datenbank für alle Benutzer geöffnet, im RESTRICTED-Modus nur für DBAs.

Starten einer Instanz ohne Mounten

Das Starten einer Instanz ohne Mounten geschieht mit Hilfe der Anweisung

```
STARTUP NOMOUNT
```

Dieser Vorgang geschieht in der Regel nur für das Anlegen einer neuen Datenbank (mit Hilfe der CREATE DATABASE-Anweisung).

Starten und Mounten einer Instanz ohne Öffnen

Wie am Anfang dieses Abschnitts bereits gezeigt, geschieht das Starten und Mounten einer Instanz ohne Öffnen mit Hilfe der Anweisung

```
STARTUP MOUNT
```

Dieser Modus des Hochfahrens einer Instance geschieht für bestimmte administrative Schritte wie:

- das Umbenennen von Datendateien
- das Hinzufügen, Entfernen oder das Umbenennen von Redo Log-Dateien
- den Archivierungsmodus für die Redo Log-Dateien verändern
- die Durchführung eines vollständigen Datenbank-Recovery

Starten, Mounten und Öffnen einer Instanz

Dies ist der Standardmodus für das Mounten einer Instanz, er wird per Default gewählt, wenn der Administrator die STARTUP-Anweisung ohne Parameter eingibt. Es kann auch explizit angegeben werden, dass die Datenbank geöffnet werden soll:

```
STARTUP OPEN
```

Starten einer Instanz mit eingeschränkten Zugriffsrechten

Falls eine Instanz mit eingeschränkten Zugriffsrechten geöffnet werden soll, dann geschieht dies mit Hilfe der RESTRICTED-Klausel im STARTUP-Befehl:

```
STARTUP RESTRICTED
```

Dieser Modus wird typischerweise gewählt, wenn nur DBAs Zugang zu der betreffenden Instanz erhalten sollen, um z. B.

- strukturelle Änderungen vorzunehmen, wie die Umstrukturierungen von Indizes,
- Imports oder Exports durchzuführen bzw. Daten zu laden.

Falls Sie den RESTRICTED-Modus beim Hochfahren wählen, dann haben alle Nutzer Zugriff zu der Instanz, die im Besitz der beiden Rollen CREATE SESSION und RESTRICTED SESSION sind. Letztere sollte daher den DBAs vorbehalten bleiben. Üblicherweise (d.h. ohne RESTRICTED-Modus) genügt die Rolle CREATE SESSION, um eine Verbindung zur Datenbank herstellen zu dürfen.

Ändern des Modus

Das Ändern des Modus einer Datenbank geschieht (vom DBA) mit Hilfe der ALTER-DATABASE-Anweisung. Das MOUNTEN der Datenbank zur Instance geschieht dabei mit Hilfe der MOUNT-Klausel, das Öffnen einer geschlossenen Datenbank mit Hilfe der OPEN-Klausel:

```
ALTER DATABASE MOUNT;
ALTER DATABASE OPEN;
```

Will der DBA die Zugriffsrechte einer geöffneten Instanz nur auf Administratoren beschränken oder – umgekehrt – eine solche Einschränkung zurücknehmen, dann geschieht dies mit der ALTER SYSTEM-Anweisung:

```
ALTER SYSTEM ENABLE RESTRICTED SESSION;
ALTER SYSTEM DISABLE RESTRICTED SESSION;
```

Herunterfahren einer Instanz

Das Herunterfahren einer Datenbank geschieht mit Hilfe der SHUTDOWN-Anweisung. Dabei gibt es drei Modi:

```
SHUTDOWN NORMAL
SHUTDOWN IMMEDIATE
SHUTDOWN ABORT
```

Beim normalen Shutdown wartet Oracle mit dem Herunterfahren der Datenbank, bis alle derzeit angemeldeten Benutzer die Instance verlassen haben. Neue Verbindungswünsche werden dagegen abgelehnt. Beim sofortigen Herunterfahren (IMMEDIATE) dagegen wird nicht gewartet, bis die derzeitigen Anwender abgemeldet sind. Diesen Modus wird der DBA in der Regel nur dann wählen, wenn ein dringender Handlungsbedarf besteht (etwa wenn sich ein Stromausfall ankündigt). Bei diesem Modus führt Oracle vor dem Herunterfahren ein Rollback aller laufenden Transaktionen durch. Dies gilt dagegen nicht, wenn die ABORT-Option gewählt wird. In diesem Fall werden alle Verbindungen gekappt, und für laufende Transaktionen wird kein Rollback durchgeführt. Die Datenbank kann damit in einen inkonsisten Zustand geraten. Diesen Modus beim Herunterfahren einer Datenbank sollte man daher wirklich nur dann wählen, wenn die zwei erstgenannten aus irgendeinem Grund nicht mehr möglich sind.

5.7.3 Speicherverwaltung

Oracle benutzt eine hierarchisch organisierte Speicherstruktur, bestehend aus:

- der Datenbank
- Tabellenbereichen (Tablespaces)
- Datendateien
- Segmenten

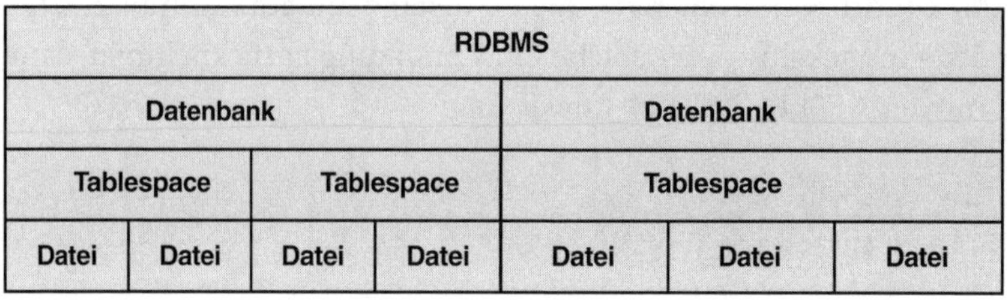

Abb. 5.11: Vereinfachte Darstellung der Oracle-Speicherhierarchie

Eine Datenbank wird identifiziert mit einem eindeutigen Datenbanknamen in der *init.ora*. Ein RDBMS kann mehrere Datenbanken verwalten (bzw. Instanzen). Eine Datenbank besteht aus mindestens einem Tablespace, ein vordefinierter Tablespace ist *system*. Beim Einrichten einer Datenbank können zahlreiche Parameter definiert werden, die das Verhalten der Datenbank im Einsatz beeinflussen.

Ein Tablespace wiederum besteht aus mehreren Dateien. Die Oracle-Dateien sind entweder Datendateien, Systemdateien, Kontrolldateien oder Redo Log-Dateien. Segmente sind logische Einheiten, die den Speicherplatz für Datenbanktabellen beschreiben. Beim Anlegen einer Tabelle wird automatisch ein Segment (ein Speicherbereich) für die Ablage der Daten und Indizes reserviert. Neben internen

Segmenten kennt Oracle die Datensegmente für Tabellen, Indexsegmente für Indizes und Rollback-Segmente für die Zwischenspeicherung noch nicht freigegebener Änderungen im Zusammenhang mit Transaktionen. Im Gegensatz zu Tabellen- und Indexsegmenten können Rollback-Segmente nur vom Datenbankadministrator angelegt werden.

Die entsprechenden SQL-Befehle lauten

```
CREATE TABLE ...
CREATE INDEX ...
CREATE ROLLBACK SEGMENT ...
```

Beim Anlegen eines Segmentes können neben dem Segmentnamen und dem Tablespace-Namen einige weitere Parameter angegeben werden, welche die Größe des Segments festlegen. Beispiel:

```
CREATE ROLLBACK SEGMENT segment1
  TABLESPACE projekt1
  STORAGE(
    INITIAL 500 K
    NEXT 400 K
    MAXEXTENTS 10);
```

In diesem Fall würde ein Rollback-Segment mit Namen »segment1« für den Tablespace »projekt1« mit einer initialen Größe von 500 K angelegt. Die Größe der Extents (zusätzliche Speicherbereiche) wäre 400 K, wobei maximal zehn Extents angelegt werden dürften.

Die Speicherplatzverwaltung ist zu jeder Zeit in Oracle-Tabellen (im Data Dictionary) dokumentiert und kann mit SQL-Anweisungen von dort abgefragt werden. Auf Grund der großen Anzahl dieser Tabellen verbietet sich eine Auflistung an dieser Stelle. Statt dessen einige Beispiele:

```
SELECT * FROM user_tables;
```

liefert eine Aufstellung aller Tabellen, die der aktuelle Benutzer angelegt hat.

```
SELECT * FROM dba_tables
```

liefert alle Tabellen des Gesamtsystems. Diese Anweisung darf nur von Benutzern mit Datenbankadministrator-Rechten ausgeführt werden.

```
SELECT tablespace_name,
       initial_extent 'Groesse'
  FROM dba_tablespaces
  WHERE max_extents > 5;
```

liefert die Namen aller Tablespaces nebst ihrer initialen Größe (ausgegeben als »Groesse«) mit mehr als fünf möglichen Extents. Auch diese Anfrage darf nur vom Datenbankadministrator ausgeführt werden.

Das Hinzufügen einer Datendatei zu einem Tablespace geschieht mit Hilfe der ALTER TABLESPACE-Anweisung:

```
ALTER TABLESPACE user_data
  ADD DATAFILE '/u02/oradata/user_data/data3.dat'
  SIZE 50 M
  DEFAULT STORAGE (INITIAL 10 K NEXT 50 K);
```

Tablespaces können offline gesetzt werden, womit sie nicht mehr zugänglich sind, ein sich im Offline-Modus befindliches Tablespace kann auf analoge Weise online gesetzt werden:

```
ALTER TABLESPACE user_data OFFLINE;
ALTER TABLESPACE user_data ONLINE;
```

Rollback-Segmente

Rollback-Segmente dienen der Zwischenspeicherung noch nicht durch die COMMIT-Anweisung freigegebener schreibender Datenbankzugriffe. Rollback-Segmente können ausschließlich durch einen Datenbankadministrator erzeugt, manipuliert oder gelöscht werden. Die Anzahl der benötigten Rollback-Segmente richtet sich nach dem zu erwartenden Transaktionsaufkommen. Man sagt, dass die Anzahl der anzulegenden Rollback-Segmente etwa der folgenden Faustregel zu entnehmen ist:

Anzahl Rollback-Segmente = Blockgröße/16/Transaktionen pro Sekunde

Beim praktischen Betrieb einer Oracle-Datenbank stellt diese Größe meist kein unüberwindliches Problem dar (wenn auch für die Nutzer – nämlich im Falle einer zu geringen Anzahl – möglicherweise zeitweise ärgerliches). Nach dem Anlegen und der Freigabe der Datenbank wird der Administrator irgendwann möglicherweise feststellen, dass die Anzahl oder die Größe der Rollback-Segmente nicht ausreicht. In dem Fall stellt es kein Problem dar, Rollback-Speicher hinzuzufügen.

Das Anlegen eines Rollback-Segments kann z. B. mit Hilfe der folgenden Anweisung vorgenommen werden:

```
CREATE PUBLIC ROLLBACK SEGMENT Roll1
  TABLESPACE 'EXAMPLE_SPACE1' STORAGE
  (INITIAL 50K NEXT 40K OPTIMAL NULL
    MINEXTENTS 2 MAXEXTENTS 121);
ALTER ROLLBACK SEGMENT Roll1 ONLINE;
```

In diesem Fall würde ein Rollback-Segment mit Namen »Roll1« für den Tablespace »EXAMPLE_SPACE1« mit einer initialen Größe von 50 K angelegt. Die Größe der Extents (zusätzliche Speicherbereiche) wäre 40 K, wobei maximal zwei Extents angelegt werden dürften.

Rollback-Segmente beeinflussen die Performance der Datenbank insbesondere dann, wenn relativ oft mit Transaktionen gearbeitet wird. Wie alle anderen Parameter der Speicherplatzverwaltung sind auch die Rollback-Segmente zu jeder Zeit im Oracle-Data-Dictionary dokumentiert und können mit SQL-Anweisungen von dort abgefragt werden (nämlich aus der Relation SYS.DBA_ROLLBACK_SEGS).

Ein einmal angelegtes Rollback-Segment kann sowohl nachträglich geändert als auch wieder gelöscht werden. Will man beispielsweise die STORAGE-Option eines vorhandenen Rollback-Segments ändern, so geschieht das z. B. mit Hilfe der Anweisung

```
ALTER ROLLBACK SEGMENT Roll1
  STORAGE
    (INITIAL 50K NEXT 40K OPTIMAL NULL
    MINEXTENTS 2 MAXEXTENTS 121);
```

Das Löschen eines Rollback-Segments geschieht einfach mit Hilfe der Anweisung

```
DROP ROLLBACK SEGMENT Roll1;
```

5.7.4 Benutzerverwaltung

Die Verwaltung der Benutzer gehört zu den grundlegenden Aufgaben der Datenbankadministration. Wie die meisten Datenbanken besitzt Oracle ein Benutzer-/Rollen-Konzept: Dabei sind im Wesentlichen drei Objektarten zu beachten: Benutzer, Rollen und Zugriffsrechte auf Datenbankobjekte. Berechtigungen für ein Datenbankobjekt (z. B. eine Tabelle oder ein View) können einem Benutzer direkt zugewiesen werden, oder sie können einer Rolle zugewiesen werden. Eine Rolle ist dabei eine Zusammenfassung von Zugriffsrechten, die ihrerseits wiederum einzelnen Nutzern zugewiesen werden können.

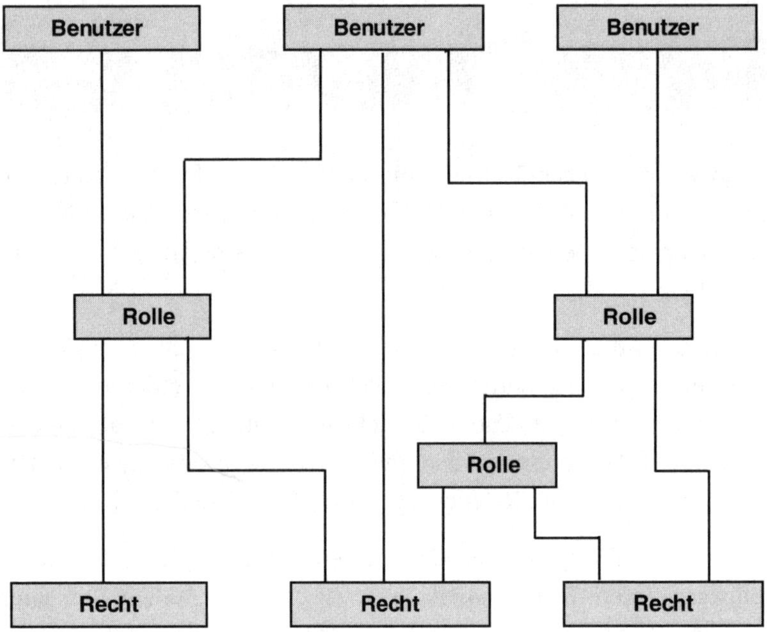

Abb. 5.12: Benutzer, Rollen und Datenbankrechte

Im Gegensatz zu manch anderem DBMS wie z. B. Informix oder MiniSQL können bei Oracle Benutzer angelegt werden, die keinen Linux-Account (auf dem Serverrechner) besitzen. Dies erscheint im Zeitalter der Netzwerk- und Web-Applikationen sehr vorteilhaft, denn es ist beispielsweise kein Grund dafür zu sehen, weshalb ein entfernter Nutzer, der lediglich eine Datenbankanwendung als Client nutzt, einen Account auf dem Serverrechner benötigt. Eine Rolle bildet eine Zusammenfassung einzelner Zugriffsrechte, die wiederum einzelnen Benutzern zugewiesen werden kann. Oracle kennt viele Default-Rollen, darunter etwa CONNECT und

DBA. Man kann aber auch eigene Rollen definieren. Datenbankrechte sind Berechtigungen für ausgewählte Operationen auf einzelnen Datenbankobjekten (z.B. CREATE, SELECT, UPDATE). Man kann einzelnen Benutzern Rechte auch direkt zuweisen (also ohne den Umweg über Rollen), ebenso können Rollen anderen Rollen zugewiesen werden.

Das Erzeugen eines neuen Oracle-Benutzers kann z.B. wie folgt geschehen:

```
CREATE USER username
  IDENTIFIED BY password
  DEFAULT TABLESPACE 'USER_SPACE'
  TEMPORARY TABLESPACE 'TEMPORARY_DATA';
```

Hier wird ein Benutzer namens »username« angelegt mit Passwort »password». Neu angelegte Datenbankobjekte dieses Benutzers werden per Default im Tablespace »USER_SPACE« angelegt. Man beachte, dass hier die Großschreibung zwingend ist, da Oracle alle Objekte des Data Dictionaries in dieser Schreibweise speichert. Beim Entfernen eines Benutzers sollte man das Schlüsselwort CASCADE anhängen, damit auch sämtliche Datenbankobjekte des betreffenden Benutzers entfernt werden (Oracle verlangt dies explizit, ohne CASCADE wird der Befehl nicht ausgeführt):

```
DROP USER username CASCADE;
```

Änderungen eines User-Accounts bei der Datenbank (z.B. das Ändern des Default-Tablespace oder des Passwortes) geschehen mit Hilfe der ALTER USER-Anweisung:

```
ALTER USER username
   IDENTIFIED BY neues_passwort;
```

Das Erzeugen, Ändern und Entfernen einer Rolle geschieht auf ähnliche Weise:

```
CREATE ROLE rolle;
GRANT CONNECT TO rolle;
GRANT SELECT ON tabellen_name TO rolle;
...
REVOKE privileg FROM rolle;
DROP ROLE rolle;
```

Die zweitletzte Anweisung im obigen Listing zeigt, wie man einem Benutzer oder einer Rolle ein Privileg wieder entziehen kann.

Die nachfolgende Tabelle 5.10 beinhaltet einige wichtige von Oracle vordefinierte Rollen und Systemprivilegien.

Tabelle 5.10: Wichtige vordefinierte Rollen und deren Systemprivilegien

Rolle	Systemprivilegien oder Rollen
CONNECT	ALTER SESSION CREATE TABLE CREATE CLUSTER CREATE DATABASE LINK CREATE SEQUENCE CREATE SESSION CREATE SYNONYM CREATE VIEW
RESOURCE	CREATE TABLE CREATE PROCEDURE CREATE SEQUENCE CREATE TRIGGER CREATE CLUSTER
DBA	Alle Systemprivilegien mit Admininstrations-option Rolle EXP_FULL_DATABASE Rolle IMP_FULL_DATABASE
EXP_FULL_DATABASE	SELECT ANY TABLE BACKUP ANY TABLE INSERT, UPDATE, DELETE ON ausgewählte Systemtabellen
IMP_FULL_DATABASE	BECOME USER WRITEDOWN

Die Rollen EXP_FULL_DATABASE und IMP_FULL_DATABASE sind nicht unwichtig: Nur Benutzer mit einer dieser Rollen dürfen Oracle-Daten exportieren oder importieren.

5.7.5 Oracle-Tuning unter Linux

Unter dem Tuning einer Datenbank stellt man sich in erster Linie die Optimierung der Performance vor. In der Tat richtet sich diese Aufgabe an drei Adressaten:

- Dem Oracle DBMS selber, das gewisse Mechanismen für die Optimierung von Anfragen zur Verfügung stellt

- Dem Datenbankentwickler, der durch das Anlegen geeigneter Datenbankobjekte wie Views oder Indizes zur Optimierung beizutragen hat
- Dem DBA schließlich, der die generellen (nicht von Oracle verwalteten) Parameter für das gesamte DBMS vorgibt

Der zweite Punkt ist auf relativ hoher Abstraktionsebene angesiedelt (Datenmodellierung) und relativ unabhängig vom eingesetzten Betriebssystem. Wir werden daher auf diesen Punkt nicht weiter eingehen. Der erste Punkt ist in unserem Kontext schon interessanter, denn er betrifft insbesondere den *Oracle Optimizer*. Diesen kann man schon beim Anlegen einer neuen Datenbank durch entsprechende Einträge in der *init.ora* konfigurieren.

Beispielsweise kennt der Oracle Optimizer drei Modi, die mit Hilfe des Parameters OPTIMIZER_MODE in der *init.ora* festgelegt werden: RULE, COST und CHOOSE. Dazu (als Eindruck) lediglich eine grobe Übersicht: Im ersten Fall (»regelbasierter Optimizer«) überprüft und bewertet Oracle mögliche Ausführungspfade auf Grund eines vorgegebenen Syntaxregelsatzes. Im zweiten Fall (»kostenbasierter Optimizer«) ermittelt Oracle auf Grund von statistischen Erhebungen (mit Hilfe des *analyze*-Befehls) die geringsten Kosten für zur Verfügung stehende Ausführungsdaten. Im dritten Fall schließlich wird der kostenbasierte Optimizer genau dann aufgerufen, wenn die angesprochenen Objekte analysiert sind. Ist dies nicht der Fall, wird der regelbasierte Optimizer aufgerufen.

Wir werden auf den (wegen seiner Flexibilität sehr interessanten) Oracle-Optimizer an dieser Stelle aus Platzgründen nicht weiter eingehen können. Weitergehend interessierte Leser müssen wir auf die Spezialliteratur verweisen (z. B. [kol99]). Statt dessen werden wir uns mit Blick auf den Titel des vorliegenden Buches in diesem Abschnitt auf den dritten Punkt der obigen Aufzählung konzentrieren, nämlich auf die Tuning-Möglichkeiten des DBA auf Betriebssystemebene oder bezüglich betriebssystemnaher Features von Oracle 8. Zum Thema Oracle-Tuning generell existiert im Übrigen ein reichhaltiges Angebot an Literatur. Neben der bereits oben genannten Quelle seien hier beispielhaft [aul98] und [cad95] genannt. Bei den folgenden Ausführungen orientieren wir uns wieder teilweise an [oag98].

5.7.6 Beobachten des Systemverhaltens mit Hilfe von Linux-Werkzeugen

Die Mechanismen zum Tuning eines Oracle 8-DBMS auf Betriebssystemebene wurden überwiegend bereits bei der Installation und Konfiguration des Datenbankservers und der Datenbanken eingestellt. Wir haben dies in den Abschnitten 5.2 bis

5.5 ausführlich dargestellt. Sollte Ihre Datenbank hinsichtlich der Performance im laufenden Betrieb nicht Ihren Erwartungen entsprechen, dann können Sie diese Parameter selbstverständlich jederzeit ändern. Dies betrifft teilweise die Linux-Installation selber (etwa Kernel-Einstellungen wie z. B. Shared-Memory-Segmente), teilweise aber auch die Oracle-spezifischen Parameter, wie sie z. B. in der *init.ora* für jede angelegte Datenbank definiert sind. Um aber Datenbank-Tuning betreiben zu können, sollte man erst einmal ein systematisches System-Monitoring betreiben. Einige Werkzeuge, die Linux dafür bietet, werden wir in diesem Abschnitt kurz ansprechen.

Linux selber hält zahlreiche Werkzeuge bereit, um das Verhalten des Gesamtsystems und damit insbesondere auch der darin laufenden Oracle-Anwendungen zu beobachten. Ein Beispiel ist die *top*-Anweisung, die alle momentan laufenden Prozesse mitsamt vieler weiteren Angaben wie z. B. der Systemauslastung ausgibt:

```
top
```

In weniger detaillierter Form erhält man eine Auflistung der laufenden Prozesse auch mit Hilfe der *ps*-Anweisung:

```
ps aux
```

Detaillierte Angaben über die laufenden Prozesse, deren Benutzung von virtuellem und physischem Speicher, dem benutzten Swap-Space und der Prozessoraktivität liefert der vmstat-Befehl. Im folgenden Beispiel wird die Systemaktivität in Intervallen von zehn Sekunden ausgegeben, und zwar 15 Mal:

```
vmstat -n 10 15
```

vmstat gibt u. a. die Anzahl der Prozesse aus, die potenziell auf die Platte geswapped wurden (unter der Überschrift *procs* und darin unter *w*). Falls dieser Wert für Oracle-Prozesse nicht gleich null ist, dann greifen die betreffenden Anwendungen auf die Platte zu, was einen erheblichen Geschwindigkeitsverlust nach sich zieht. Unter der Überschrift *swap* der *vmstat*-Ausgabe befinden sich ferner die Spalten *si* und *so*. Der ausgegebene Wert für *si* steht für die Anzahl der swap-ins pro Sekunde, der Wert für *so* dagegen für die Anzahl der swap-outs pro Sekunde. Ist einer dieser Werte ungleich null, dann signalisiert auch diese Tatsache Handlungsbedarf. Nachfolgend ist eine Beispielausgabe dargestellt von vmstat.

```
hans@rom:~ > vmstat 10 15
procs                  memory       swap          io      system          cpu
r b w  swpd  free  buff cache  si  so   bi   bo   in   cs  us  sy  id
0 0 0     0  6628  1508 13928   0   0   98    4  138  331   9   7  84
0 0 0     0  6628  1508 13928   0   0    0    0  161  225   2   0  98
2 0 0     0  2700  1572 16412   0   0  254    1  173  293   8   2  90
0 0 0     0   448  1556 16976   0   0  158    3  170  329  54   3  43
1 0 0     0   524  1556 16900   0   0    2    1  123  183   1   1  98
0 0 0     0   520  1556 16900   0   0    0    0  112  159   0   0  99
1 0 0     0   520  1556 16900   0   0    0    0  100  145   0   0 100
0 0 0     0   512  1556 16908   0   0    1    0  101  145   3   0  97
1 0 0     0   512  1556 16908   0   0    0    1  100  144   0   0 100
0 0 0     0   512  1556 16908   0   0    0    0  101  144   0   0  99
0 0 0     0   512  1556 16908   0   0    0    0  100  144   0   0 100
1 0 0     0   512  1556 16908   0   0    0    0  100  144   0   0 100
0 0 0     0   524  1556 16892   0   0    0    0  101  145   0   0  99
2 0 0     0   420  1544 16184   0   0   11    0  140  219   6   5  89
2 0 0     0   524  1096 15948   0   0  381   10  207  472  10  19  71
```

Ein weiteres nützliches Linux-Werkzeug zum Beobachten des Systemverhaltens ist *free*, das Informationen über die Nutzung des Swap Spaces liefert. Der Swap ist bei Linux ein Bereich auf den Massenspeichern, der dem zeitweisen Auslagern von RAM-Speicherseiten dient. Dies kann eine spezielle Partition oder auch eine Datei sein. Gerade bei speicherintensiven Anwendungen wie dem Oracle DBMS (dessen Optimizer z. B. häufig frequentierte Objekte für schnelle Zugriffe in den RAM lädt) ist die Beobachtung und gegebenfalls die Anpassung des Swap sehr wichtig. Eine Beispielausgabe der *free*-Anweisung wäre

```
hans@rom:~ > free

          total      used      free    shared   buffers    cached
Mem:      30696     30232       464     26592      1348     14940
-/+ buffers/cache:        13944     16752
Swap:         10136         0     10136
```

Im hier dargestellten Fall wäre der Swap für speicherintensive Anwendungen wie Oracle zu klein, das Antwortverhalten bei Anfragen wäre eher schlecht. Generell allerdings gilt das Gegenteil: Das Auslagern von RAM-Teilen auf die Platten verringert die Performance einer jeden Anwendung ganz erheblich, denn Plattenzugriffe sind bekanntlich um ein Mehrfaches langsamer als direkte RAM-Zugriffe. Man sollte daher bestrebt sein, den Swap nur dann in Anspruch zu nehmen, wenn es tatsächlich nicht mehr anders geht. Falls Sie einen Oracle-Datenbankserver unter kritischen Bedingungen (d.h. im »richtigen« Einsatz und nicht nur zu Testzwecken) auf einem Linux-Rechner betreiben, dann bedenken Sie, dass Sie es mit einer sehr komplexen Anwendung zu tun haben, und versorgen sich lieber großzügig mit RAM-Speicher.

Man kann den Swap (nach einigen Vorbereitungen) mit Hilfe der Befehle *mkswap* und *swapon* manipulieren. Näheres zu diesem Standard-Administrationsvorgang unter Linux entnehmen Sie bitte Ihrem Linux-Handbuch oder den betreffenden Man Pages.

Falls das System zu viel Speicherbedarf auf die Platte auslagert und Sie deshalb genötigt sind, die Speichernutzung zu verbessern, dann sollten Sie:

- Ihr System nach überflüssigen Daemon-Prozessen absuchen und diese stoppen. Im Gegensatz zu früher, wo Linux ein Betriebssystem in erster Linie für »Freaks« bildete, die allesamt Linux sehr detailliert kannten und sich genau überlegten, welche Komponente sie installieren und welche nicht, bieten die heutigen Distributionen einen relativ weitreichenden Installationskomfort, allerdings mit manchen Default-Vorgaben, die man nicht immer benötigt
- die Anzahl der Datenbankpuffer herabsetzen (vgl. auch nächsten Abschnitt)
- die Anzahl der Linux-Dateipuffer erniedrigen, insbesondere dann, wenn Sie Raw Devices einsetzen

Eine Faustregel besagt, dass man mit dem zwei- bis vierfachen des RAM für den Swap space beginnen sollte, um diesen dann bei Bedarf zu erweitern. Falls weitere speicherintensive Produkte wie etwa der Oracle Application Server benutzt werden, dann sollte der Swap Space allerdings sorgfältig beobachtet und bei Bedarf erhöht werden.

5.7.7 Einige Oracle-relevante Komponenten zum Tuning

Oracle speichert – wie die meisten anderen Datenbanken auch – die wichtigsten Systeminterna in eigenen Systemtabellen im Data Dictionary. Zwei wichtige Stichwörter sind in diesem Zusammenhang die *System Global Area* (SGA) und die *Program Global Area* (PGA).

In der SGA werden Informationen abgelegt, die für alle Datenbankoperationen relevant sind. Die Konfiguration der SGA (u.a. anhand der Einträge in der init.ora) beeinflusst wesentlich das Laufzeitverhalten der Datenbank bei Client/Server-Anwendungen. Die eingestellten Parameter der SGA kann man sich z.B. vom *svrmgrl* aus ansehen:

```
show sga
```

Die SGA setzt sich zusammen aus:

- dem *Datenbankpuffer* (Buffer-Cache),
- dem *Log-Puffer* (Log-Buffer) und
- dem *Shared-Buffer-Pool.*

Im Datenbankpuffer werden Datensegmente (Blöcke) zwischengespeichert, die bereits bei vorherigen Anfragen benötigt wurden. Der Datenbankpuffer bildet damit einen Cache, von dem zunächst versucht wird, eine Datenbankanfrage zu beantworten, bevor ein Plattenzugriff erfolgt. Die wichtigsten Parameter des Datenbankpuffers *db_block_buffers* und *db_block_size* befinden sich in der *init.ora.*

Der Parameter db_block_buffers legt die Anzahl der Blockpuffer in der SGA fest, der Parameter db_block_size deren Größe. Der voreingestellte Wert für db_block_size beträgt 2.048 Byte, ein typischer Wert für db_block_buffers ist z. B. 500. Um die Performance der Datenbank zu verbessern, kann es sinnvoll sein, die Parameter db_block_size und db_block_buffers in der *init.ora* entsprechend zu verändern. Bei der Festlegung dieser Parameter existiert oftmals ein Konflikt zwischen ändernden und lesenden Zugriffen auf die Datenbank. Erhöht man beispielsweise die Parameter db_block_size und db_block_buffers, dann führt dies oftmals zu einer besseren Performance bei schreibenden Zugriffen auf die Datenbank; gleichzeitig wird aber die Performance bei lesenden Zugriffen herabgesetzt. Der Datenbankadministrator ist hier in vielen Fällen dazu gezwungen, ein wenig zu probieren und die zu erwartenden Häufigkeiten der einzelnen Zugriffsarten im Einsatz abzuschätzen. Natürlich können diese Parameter auch noch in der Einsatzphase der Datenbank verändert werden. Viele Änderungen werden allerdings erst dann wirksam, wenn die Datenbank neu gestartet wird.

Der Log-Puffer beinhaltet Informationen über Änderungen auf Datenbankpuffern (*Redo Log-Buffer*). Die Größe des Redo Log-Puffers wird mit Hilfe des Parameters *log_buffer* in der *init.ora* festgelegt. Die Größe des log_buffers sollte an der Anzahl der zu erwartenden ändernden Transaktionen ausgerichtet werden. Beim Anlegen der Datenbank sollte man mindestens zwei Redo Log-Dateien vorsehen: Wenn die eine voll ist, wird die zweite Redo Log-Datei beschrieben und die erste archiviert (sofern die Datenbank im ARCHIVELOG-Modus läuft).

Im Shared-Buffer-Pool schließlich werden Informationen gespeichert, die für alle Benutzer relevant sind (z. B. Benutzerinformationen). Dessen Größe wird mit Hilfe des Parameters shared_pool_size in der *init.ora* festgelegt.

In der PGA werden anwendungsspezifische Informationen in einem privaten Hauptspeicherbereich für jeden Benutzer abgelegt. Die Parameter zur Festlegung der Größe der PGA sind open_links und sort_area_size, wiederum in der *init.ora*. Der Parameter open_links determiniert die Anzahl von Remote-Datenbanken, die ein einzelner SQL-Befehl ansprechen darf, der Parameter legt die Größe des Speicherbereichs fest, der für Sortiervorgänge benutzt wird.

Die Überwachung von SGA und PGA ist ein wichtiger Bestandteil des Oracle-Tuning. Es gibt dazu mittlerweile auch kommerzielle Werkzeuge, die diesen Vorgang unterstützen. Zahlreiche weitere Hinweise und nützliche Programme für die Überwachung und Einstellung von Oracle-Systemparametern findet man auch in der Spezialliteratur, z. B. [aul98].

5.7.8 Tuning-Regeln

Es gibt einige Regeln für das Tuning von Oracle 8-Datenbanken, die sowohl für die Hard- und Softwarebeschaffungen vor der Installation, für die Konfiguration der Datenbank wie auch für den anschließenden Betrieb relevant sind. Wir orientieren uns in diesem Abschnitt weitgehend an dem sehr lesenswerten Artikel [fis99]. Dort findet man die folgenden fünf einfachen Regeln, die eine Oracle 8i-Installation um durchschnittlich 400 % beschleunigten (auch wenn sich dieser Wert auf einen speziellen Benchmark bezog):

- Das Subsystem für Hintergrundspeicher sollte durch die Verteilung von Ein-/Ausgabeoperationen richtig genutzt werden
- Der Hauptspeicher sollte richtig genutzt werden. Wir haben dazu bereits einiges ausgeführt
- Die Ein-/Ausgabe des Redo Log und das Checkpointing sollten optimiert werden
- Man sollte den Oracle-Optimizer bewusst einsetzen
- Ladevorgänge sollten mit dem Oracle SQL*Loader vorgenommen werden, nicht über INSERT-Anweisungen in SQL

Hintergrundspeicher

Generell gilt, dass jeder Rechner, auf dem ein Oracle-Server läuft, mit genügend Festplatten ausgestattet sein sollte. In Abschnitt 5.6 über die OFA haben wir darauf hingewiesen, dass Oracle möglichst auf mehrere Mount-Punkte verteilt werden sollte. Diese Empfehlung kann man durchaus auf die Hardware erweitern, wobei sie hier in manchen konkreten Situationen noch erweitert werden kann. Eine

Faustregel besagt ([fis99]), dass für jede CPU drei Festplatten vorgesehen werden sollten und für je zwei CPUs ein separater Disk-Contoller. In Kapitel 3 sind wir im Zusammenhang mit RAID-Systemen unter Linux schon ausführlich auf diese Problematik eingegangen.

Besonders I/O-intensive Operationen liegen z. B. dann vor, wenn eine Tabelle oder eine Index vollständig abgesucht werden muss (*Full Table Scan, Full Index Scan*). Der Parameter innerhalb der *init.ora*, der für diese Vorgänge die Performance (insbesondere mit Blick auf den verwendeten Speicherplatz) beeinflusst, ist db_block_multiblock_read_count, der die Anzahl der Blöcke angibt, die in einem Schritt gelesen und beschrieben werden. Der von Oracle vordefinierte Standardwert ist hier 8, was bei einer Blockgröße von z. B. 2 KByte bedeutet, dass Oracle immer nur 16 KByte gleichzeitig verarbeitet. Dies ist ein keineswegs optimaler Wert, da Linux je nach verwendeter Distribution mindestens 64 KByte verträgt. Dieser Wert sollte daher – unter den hier beschriebenen Rahmenbedingungen – mindestens auf den Wert 32 erhöht werden.

Hauptspeicher

Die für die Hauptspeichernutzung relevanten Parameter einer Oracle-Datenbank sind

- sort_area_size
- db_block_buffers
- shared_pool_size
- *log_buffer*

Der erste Parameter kommt insbesondere dann zum Tragen, wenn im Zuge von Datenbankanfragen Sortiervorgänge stattfinden (z. B. GROUP BY, ORDER BY, CREATE INDEX, JOIN). Oracle ist bemüht, derartige Vorgänge möglichst im Hauptspeicher durchzuführen; falls der Speicher nicht reicht, wird in den Temporary Tablespace verzweigt. Für komplexe Anwendungen ist hier die Voreinstellung von 65.536 Byte vielfach nicht ausreichend. Sie sollten diesen im Falle von häufig auftretenden Sortiervorgängen gegebenfalls drastisch erhöhen.

Der zweite Parameter definiert den von Oracle benutzten Buffer Cache. Darin legt der Oracle-Optimizer die häufig referenzierten Datenbankobjekte ab. Die voreingestellte Größe von 80.000 Blöcken führt hier zu einer Gesamtgröße von 160 MByte (wieder bei einer angenommenen Blockgröße von 2 KByte). In bestimmten Situationen (insbesondere wenn sich in Ihrer Anwendung vergleichsweise viele Datenbankobjekte befinden, die häufig referenziert werden) sollte man diesen

Wert entsprechend erhöhen. Um ein unnötiges Paging von Linux für Anwendungen zu vermeiden, sollte man sich hier allerdings je nach verfügbarem Speicher und laufenden Anwendungen in manchen Fällen auch zurückhalten.

Im Shared Pool werden z.B. gespeicherte Prozeduren und der Data Dictionary Cache abgelegt. Dessen Größe wird mit Hilfe des Parameters shared_pool_size determiniert. Dieser sollte für Anwendungen, die intensiv auf derartige Datenbankobjekte zugreifen (das können z.B. Oracle*Forms-, Oracle*Reports- oder Oracle*Graphics-Applikationen sein), den jeweiligen Bedürfnissen angepasst werden.

Der letzte der genannten Parameter (log_buffer) schließlich beeinflusst das Transaktionsverhalten der Datenbank; die Voreinstellung ist hier 512 KByte. Wenn in Ihrer Anwendung häufig parallele Transaktionen zu erwarten sind, dann sollten Sie auch diesen Parameter für eine Anpassung in Erwägung ziehen.

Ein-/Ausgabe des Redo Log und Checkpointing

Die Redo Log-Dateien dienen der Zwischenspeicherung von ändernden Zugriffen im Rahmen von Transaktionen. Oracle schreibt aktuelle Änderungen in die jeweils aktuelle Redo Log-Datei. Falls Datenbankobjekte kein Logging benötigen, dann sollte man dieses auch nicht vorgeben. Das kann man bei Oracle z.B. dadurch erreichen, dass man das betreffende Objekt unter Benutzung der Klausel NOLOGGING anlegt:

```
CREATE obekt_name
   ...
   NOLOGGING
```

Wo immer möglich, sollte man die Speicherung von Redo-Informationen vermeiden. Bei statistischen Anwendungen etwa, die nur periodisch von ausgewählten Nutzern aktualisiert oder gar ergänzt werden, spielen Transaktionen und damit Redo-Operationen eine im Vergleich zur Performance bei Anfragen relativ untergeordnete Rolle.

Die Konfigurationsparameter log_checkpoint_interval und log_checkpoint_timeout in der *init.ora* definieren das Checkpoint-Verhalten des Datenbankservers.

Nutzung des Optimizer

Der Oracle-Optimizer und seine unterschiedlichen Modi wurden bereits eingangs dieses Abschnitts angesprochen. Daher sei an dieser Stelle lediglich noch ein Hinweis für die Benutzer von Multiprozessorsystemen angeführt.

SQL-Queries werden mit der *Parallel Query*-Option bei Oracle auf die parallele Nutzung mehrerer Prozessoren eingestellt. Der Parameter parallel_automatic_tunig muss dazu mit dem Wert *true* versehen werden. Ferner sind die betreffenden Oracle-Objekte mit der Klausel PARALLEL versehen worden:

```
CREATE TABLE tabelle (...) PARALLEL;
```

bzw.

```
ALTER TABLE tabelle PARALLEL;
```

Ladevorgänge

Oracle unterscheidet den »Import« und das »Laden« von Daten. Während ein Datenimport mit Hilfe des Oracle Import-Tools nur solche Daten in die Datenbank überführen kann, die vorher mit Hilfe von Oracles Exportwerkzeug in ein Oracle-spezifisches Binärformat in das Dateisystem ausgelesen wurden, kann der Loader Daten aus ASCII-Dateien einlesen. Dazu ist eine Konfigurationsdatei zu erstellen, in der im Wesentlichen festgelegt wird, auf welche Weise Oracle die Daten in der Datei interpretieren soll.

Man kann Daten allerdings auch über Oracle-externe Programme in die Datenbank laden, in dem man z. B. eine entsprechende Java- oder C-Anwendung schreibt. Davon allerdings ist – sofern nicht andere als Performance-Gründe dagegen sprechen – abzuraten: Der Oracle-Loader ist schneller, in der oben genannten Quelle sogar in manchen Konfigurationen um bis zu etwa ein Sechstel im Vergleich zu einem C-Programm. Beim Einsatz mehrerer paralleler Loader-Prozesse in einem Multiprozessorsystem wurden gar Performance-Steigerungen knapp um den Faktor 20 erreicht.

5.8 Backup und Recovery mit Oracle 8

Im Vergleich zur Vorgängerversion Oracle 7 bietet Oracle 8 mittlerweile wesentlich bessere Möglichkeiten des Backup und Recovery. Bei der Vorgängerversion war man teilweise mangels besserer Möglichkeiten auf die Datenbank-import und -exportmechanismen in Kombination mit Betriebssystem-Backups angewiesen. Oracle 8 bietet mit dem Recovery-Manager bessere Möglichkeiten, auch wenn dadurch das Betriebssystem-Backup keineswegs überflüssig wird (vgl. dazu die Ausführungen in Kapitel 3).

Das Thema Backup und Recovery in Zusammenhang mit Datenbanken ist ein sehr wichtiges Thema: Besitzt man kein regelmäßiges Backup der Datenbank, dann kann bereits ein kleiner Plattenfehler zu einem irreparablen Zustand der Datenbank führen. Wie mancher DBA aus Erfahrung weiß, ist Oracle in dieser Hinsicht außerordentlich penibel: Sobald z. B. eine Datendatei, eine Redo Log-Datei oder gar eine Kontrolldatei nicht mehr vorgefunden wird, in einem »falschen« Zustand vorliegt oder in einer (im Vergleich zu den anderen Dateien) unbrauchbaren Version (wenn sie z. B. über ein veraltetes Betriebssystem-Backup) wieder eingespielt wird, dann weigert Oracle sich hartnäckig zu mounten. Wir werden aus Platzgründen in diesem Abschnitt lediglich einige wichtige Aspekte des Backup und Recovery darstellen können (zumal sich in diesem Zusammenhang relativ wenig Linux-Spezifisches abspielt); wichtige Motive dabei sind das Herstellen eines Problembewusstsein und das Vorstellen der grundlegenden Konzepte und Mechanismen.

Bevor man sich praktisch mit den Werkzeugen auseinandersetzt, gilt es, eine Strategie für Backup und Recovery zu entwickeln. Diese sollte sogar bereits vor der Installation des Datenbanksystems stattfinden, denn sie betrifft die Hardware- und Betriebssystemressourcen auf dem Serverrechner. Wir werden daher mit einigen grundlegenden Überlegungen beginnen.

5.8.1 Grundlegende Entscheidungen

Es ist grundsätzlich möglich, zwischen mehreren Backup-Typen zu wählen:

- Backup der vollständigen Datenbank
- Tablespace Backup
- Backup einzelner Datendateien
- Backup der Kontrolldateien

Daneben kennt Oracle selbstverständlich immer noch das so genannte logische Backup, das im Prinzip einen kompletten oder teilweisen Export der Datenbank in eine Datei beinhaltet. Wir werden auf diese Variante an dieser Stelle nicht weiter eingehen.

Datenbank-Backup

Der verbreitetste Typ ist ein vollständiges Datenbank-Backup. Dabei werden sämtliche Datendateien und Kontrolldateien gesichert. Eine wichtige Unterscheidung besteht darin, ob Sie die Datenbank im ARCHIVELOG-Modus fahren oder nicht. In diesem Modus archiviert Oracle alle vollen Redo Log-Dateien (also die Dateien, mit deren Hilfe Oracle ein eventuelles ROLLBACK nach ändernden Zugriffen auf die Datenbank realisiert). Mit Hilfe dieser Archive kann beim Recovery die Datenbank in einen konsistenten Zustand zurückgeführt werden.

Der LOG-Modus wird initial beim Anlegen einer Datenbank festgelegt, allerdings kann man ihn später noch mit Hilfe der ALTER DATABASE-Anweisung ändern. Vorher allerdings muss:

- die Datenbank-Instance heruntergefahren werden
- ein Datenbank-Backup durchgeführt werden
- die Datenbank-Instance hochgefahren werden, ohne sie zu mounten

Anschließend können Sie als DBA den Modus ändern, z. B. in den ARCHIVELOG-Modus:

```
ALTER DATABASE ARCHIVELOG;
```

und die Instance wieder mounten und öffnen.

Für das Datenbank-Backup kennt Oracle zwei Modi:

- konsistentes Backup
- inkonsistentes Backup

Beide können entweder im ARCHIVELOG oder im NOARCHIVELOG-Modus der Datenbank durchgeführt werden (vgl. Abbildung 5.11).

Beim konsistenten Backup einer vollständigen Datenbank findet ein Checkpointing gegen eine so genannte *System Change Number* (SCN) statt. Letzteres ist ein logischer Zeitstempel, den Oracle benutzt, um Ereignisse innerhalb einer oder mehrerer Instanzen zu ermitteln. Das Checkpointing erstreckt sich dabei auf sämtliche Schreib/Lese-Datendateien und Kontrolldateien. Oracle testet dabei im Wesentlichen die Konsistenz durch einen Vergleich der Dateiheader innerhalb der Datendateien und den Einträgen in der betreffenden Kontrolldatei.

Um ein konsistentes, vollständiges Datenbank-Backup zu fahren, müssen sämtliche Instanzen der Datenbank zuvor sauber heruntergefahren werden. Bei Datenbanken, die im NOARCHIVELOG-Modus betrieben werden, ist ein konsistentes vollständiges Backup der einzig sinnvolle Weg, denn in anderen Fällen werden die Redo Log-Dateien benötigt, die im NOARCHIVELOG-Modus nicht archiviert werden und daher für ein späteres Recovery nicht benutzt werden können.

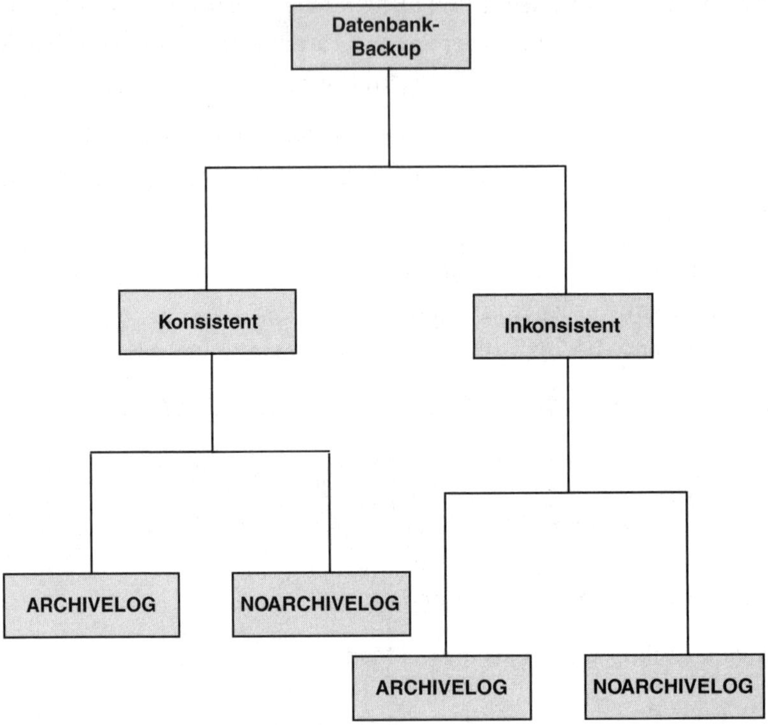

Abb. 5.13: Modi für das Datenbank-Backup

Im Gegensatz dazu werden beim inkonsistenten Backup keinerlei Dateien im Hinblick auf die gleiche System Change Number überprüft. Wird die Datenbank in diesem Fall im NOARCHIVELOG-Modus gefahren, dann ist allerdings dringend von einem inkonsistenten Backup abzuraten, denn sobald die Redo Log-Dateien nach dem Backup nicht mehr alle Änderungen beinhalten, die für das Wiederherstellen benötigt werden, ist keine Reproduktion mehr möglich.

Ein inkonsistentes Backup ist insbesondere dann immer sinnvoll oder gar unumgänglich, wenn die Datenbank permanent zugreifbar und damit geöffnet sein muss, denn ein konsistentes Backup findet immer im Closed-Modus statt.

Tablespace-Backup

Ein Tablespace-Backup beinhaltet (im physischen Sinne) das Backup der sich darin befindlichen Dateien. Tablespace-Backups sind nur dann brauchbar, wenn die Datenbank im ARCHIVELOG-Modus betrieben wird, da die Redo-Archive bei einem späteren Recovery benötigt werden, um den Tablespace in einen konsistenten Zustand zurückzuversetzen.

Backup einzelner Datendateien

Ein Backup einzelner Datendateien ist ein eher unüblicher Vorgang. Auch dieser kann – bis auf spezielle Ausnahmesituationen – nur dann vorgenommen werden, wenn die Datenbank im ARCHIVELOG-Modus operiert.

Backup von Kontrolldateien

Kontrolldateien können mit Hilfe von SQL-Anweisungen gesichert werden. Der Regelfall ist dabei

```
ALTER DATABASE
   BACKUP CONTROLFILE TO 'lokation';
```

Alternativ kann die Kontrolldatei auch in einer Trace-Datei gesichert werden. Dieses beinhaltet dann ein Skript zur Wiederherstellung der Kontrolldatei:

```
ALTER DATABASE
   BACKUP CONTROLFILE TO TRACE;
```

Kontrolldateien können aber auch mit dem Recovery-Manager gesichert werden.

Recovery

Es gibt unterschiedliche Strategien für das Recovery im Falle von z.B. einem Plattenfehler. Welche Form gewählt werden sollte, hängt im Einzelfall vom aufgetretenen »Schaden« ab. Die folgende Tabelle gibt eine Übersicht:

Tabelle 5.11: Recovery-Notwendigkeiten in unterschiedlichen Situationen

Verloren gegangene Dateien	Archiviermodus	Status der Datenbank beim Recovery	Vorgehen
Eine oder mehrere Datendateien	NORARCHIVELOG	Geschlossen	Restaurierung der kompletten Datenbank von einem konsistenten Backup. Restaurierung auch der Kontrolldateien. Alle nach dem Backup gemachten Änderungen gehen verloren.

Tabelle 5.11: Recovery-Notwendigkeiten in unterschiedlichen Situationen

Verloren gegangene Dateien	Archiviermodus	Status der Datenbank beim Recovery	Vorgehen
Eine oder mehrere Datendateien und eine Redo Log-Datei	NOARCHIVELOG	Geschlossen	Restaurierung der kompletten Datenbank von einem konsistenten Backup. Alle nach dem Backup gemachten Änderungen gehen verloren.
Eine oder mehrere Datendateien und alle Kontrolldateien	NOARCHIVELOG	Geschlossen	Restaurierung der kompletten Datenbank und der Kontrolldateien von einem konsistenten Backup. Alle nach dem Backup gemachten Änderungen gehen verloren.
Eine oder mehrere Datendateien	ARCHIVELOG	Geöffnet	Lokalisierung der betroffenen Tablespaces oder Datendateien. Diese werden auf offline gesetzt, von einem gültigen Backup restauriert und anschließend wieder online gesetzt.
Eine oder mehrere Datendateien und eine für das Recovery benötigte (Online-) Redo Log-Datei	ARCHIVELOG	Geschlossen	Unvollständiges Recovery bis zu dem Punkt, wo die verlorene Log-Datei betroffen ist.
Eine oder mehrere Datendateien und eine archivierte Redo Log-Datei	ARCHIVELOG	Geöffnet	Restaurierung des betroffenen Tablespaces bis zu dem Punkt, wo wieder eine gültige Log-Datei vorliegt.
Eine oder mehrere Datendateien und/oder alle Kontrolldateien	ARCHIVELOG	Nicht geöffnet	Restaurierung der verlorenen Dateien von einem konsistenten Backup. Recovery der Datendateien. Es gehen keine Änderungen verloren.
Eine oder mehrere Datendateien und/oder alle Kontrolldateien und eine benötigte archivierte oder aktuell benutzte (d.h. sich online befindliche) Redo Log-Datei	ARCHIVELOG	Nicht geöffnet	Restaurierung der vollständigen Datenbank von einem konsistenten Backup. Alle nach dem Backup vorgenommenen Änderungen seit dem verlorenen Log gehen dabei verloren.

5.8.2 Der Oracle Recovery-Manager

Der (neue) Oracle Recovery-Manager bildet ein Werkzeug für das Backup, die Restaurierung und das Recovery von Datenbankdateien. Er startet Prozesse auf dem Serverrechner, die das Backup oder das Recovery durchführen. Bei einem Backup lesen diese Prozesse beispielsweise die Dateien, die gesichert werden sollen, und beschreiben die Sicherungsdateien auf dem Sicherungsmedium.

Der Recovery-Manager bietet dem Administrator manche Unterstützung für das Backup oder das Recovery einer Datenbank, z. B.

- bei der Konfiguration häufig durchgeführter Backups
- bei der Generierung eines Protokolls aller Backup- und Recovery-Vorgänge
- bei der Durchführung paralleler Backups und Restaurierungen
- bei der Suche nach Datendateien, die ein Backup benötigen

Wir werden in diesem Abschnitt einige Anwendungen des Recovery-Managers vorstellen. Für eine vollständigere Darstellung verweisen wir auf die reichhaltige Oracle-Dokumentation.

Eine nicht unwichtige Komponente des Recovery-Managers ist der *Recovery Catalog*: Dabei handelt es sich um ein Repository, bestehend aus Informationen, die vom Recovery benutzt und gewartet werden, um Backup- oder Restaurierungsanfragen zu bedienen. U. a. beinhaltet der Recovery Catalog Informationen über:

- Datendateien und Kopien von Datendateien
- Archivierte Redo Log-Dateien und Kopien von ihnen
- Tablespaces und Datendateien über die Datenbank

Die Benutzung eines Recovery Catalog ist beim Recovery-Manager optional; Oracle allerdings empfiehlt dieses dringend, und es spricht in der Tat einiges dafür: Ohne dieses Repository müssen die sich dort befindlichen Informationen teilweise mühsam aus der Datenbank rekonstruiert werden, in einigen speziellen Fällen ist ein Recovery ohne die Informationen des Recovery Catalog gar überhaupt nicht möglich (wenn nämlich Kontrolldateien verloren oder beschädigt sind).

Wenden wir uns nach diesen Vorbereitungen aber am Beispiel einiger Backup-Vorgänge der Benutzung des Recovery-Managers zu. Vorweg noch Folgendes: Der Recovery-Manager besitzt einen Kommando-Interpreter und kann entweder interaktiv oder im Batch-Modus gestartet werden.

Vollständiges Datenbank-Backup

Ein vollständiges Datenbank-Backup mit Hilfe des Recovery-Managers (und in diesem Beispiel einer Datenbank für den Recovery Catalog) vollzieht sich in Form folgender Schritte (wir geben hier ein einfaches Beispiel wieder, es können durchaus noch weitere Modi und Parameter benutzt werden):

- Starten des Recovery-Managers unter Angabe des Accounts, der zu sichernden Daten und der Datenbank für den Recovery Catalog:

```
> rman datenbank /catalog user_name/passwort@katalog_db
```

- Mounten der Datenbank, ohne sie zu öffnen
- Allokation einer oder mehrerer Kanäle vom Typ *disk* oder *sbt_tape*. Im Folgenden Beispiel werden alle Datendateien und die Kontrolldateien gesichert:

```
run {
  allocate channel ch1 type disk;
  backup database;
  sql 'ALTER SYSTEM ARCHIVE LOG CURRENT';
  sql 'ALTER SYSTEM ARCHIVE LOG ALL';
}
```

- Absetzen einer *list*-Anweisung, um sich ein Listing des Backup-Vorgangs ausgeben zu lassen

Im vorstehenden Beispiel gibt es insbesondere unter dem dritten Punkt mehrere weitere Optionen: So kann man beispielsweise Formate für die Ausgabedatei definieren oder auch Tags an das Backup hängen. Im gezeigten Fall würde das Backup in das Verzeichnis $ORACLE_HOME/dbs geschrieben.

Tablespace-Backup

Ein Tablespace-Backup oder ein Backup einzelner Datendateien funktioniert auf ähnliche Weise. Wir zeigen hier noch die Schritte für ein Tablespace-Backup:

- Starten des Recovery-Managers unter Angabe des Accounts, der zu sichernden Daten und der Datenbank für den Recovery Catalog:

```
> rman datenbank /catalog user_name/passwort@katalog_db
```

- Mounten der Datenbank, ohne sie zu öffnen (für ein konsistentes Backup)
- Allokation einer oder mehrerer Kanäle vom Typ *disk* oder *sbt_tape*. Im folgenden Beispiel werden maximal zehn Datendateien innerhalb eines Backup Sets gespeichert (*filesperset*), und es werden auch die Kontrolldateien gesichert. Dieses erstreckt sich über zwei Tablespaces.

```
run {
  allocate channel ch1 type disk;
  allocate channel ch2 type disk;
  backup fileperset = 10;
    tablespace system, userdata
    include current controlfile;
}
```

- Absetzen einer *list*-Anweisung, um sich ein Listing des Backup-Vorgangs ausgeben zu lassen

5.9 Einige neue Features in Oracle 8

Leser, die bereits Erfahrungen mit Oracle 7 besitzen (unabhängig davon, unter welchem Betriebssystem), werden sich möglicherweise auch dafür interessieren, welche Vorteile denn der Umstieg auf Oracle 8 bringt (nach dem Motto: »Linux ist ja ein recht gutes Betriebssystem, und ich würde auch umsteigen, wenn ich nicht bereits eine relativ reibungslos laufende Oracle 7-Datenbank unter Solaris/ Windows NT etc. hätte«). *Das* eigentliche Argument besteht in diesem Zusammenhang zunächst einmal darin, dass es für Oracle 7-Datenbanken keinen Support mehr gibt.

Wir werden in diesem Abschnitt zusätzlich allerdings einige Features von Oracle 8 vorstellen, die das Datenbankdesign und die Administration im Vergleich zu Oracle 7 erleichtern und die Anwendungspalette der Datenbank erweitert.

5.9.1 Recovery-Management

Jeder Datenbankadministrator kennt die Situation: Sobald die Datenbank herunterfährt oder irgendwelche Probleme bereitet, stellt sich alsbald eine Schar von Anwendern ein, die mehr oder weniger drängend fragt, wann denn endlich wieder Datenbankanwendungen laufen. Gerade aber das Wiederherstellen einer Datenbank

z. B. nach einem Plattencrash ist eine Aufgabe, die nicht täglich anfällt und bei der (wenn aus Anwendersicht auch verständlicher) Druck alles andere als dienlich ist. Das Backup, Restore und Recovery einer Datenbank war bei Oracle 7 keine leichte Aufgabe (zumal hier Betriebssystem- und Datenbankaktionen kombiniert werden mussten).

Oracle hat diese Situation erkannt und bietet dem DBA mit dem Recovery-Manager jetzt ein Werkzeug, das diese Aufgaben nicht nur erleichtert, sondern auch zu einem gewissen Grad automatisiert. Der Recovery Manager wurde bereits ausführlich in Kapitel 5.8 vorgestellt, wir werden uns daher in diesem Abschnitt auf einige andere Features konzentrieren.

5.9.2 Internet-Orientierung

Eine ganz zentrale Rolle spielt bei den neueren Oracle-Versionen das Internet, seit der Version 8.1.5 steht es sogar als Abkürzung im Namen (Oracle 8i). Im Allgemeinen stellt die Orientierung auf das Internet sicher keine revolutionäre Idee dar; im Gegenteil: Nahezu jeder Softwareanbieter hat auf irgendeine Art das Internet längst entdeckt. Bei Oracle allerdings sind in diesem Zusammenhang zwei Aspekte besonders bemerkenswert:

Erstens wird diese Strategie außerordentlich konsequent verfolgt. Schon sehr früh hat sich Oracle dem *Thin-Client*-Konzept zugewandt, in der Regel im Kontext mit einer Drei-Schichten-Architektur für Oracle-Anwendungen und im Normalfall lediglich mit einem Browser auf der Client-Seite. Wir werden am Ende dieses Kapitels noch ein wenig detaillierter auf den Oracle Application Server als Middleware-Komponente dieses Paradigmas eingehen, ebenso auf die Möglichkeiten, bestehende Client/Server-Applikationen auf eine Drei-Schichten-Architektur unter Einsatz des Application Servers zu portieren.

Besonders markant in diesem Zusammenhang ist die konsequente Hinwendung von Oracle zu Java. Sowohl der Oracle Application Server als auch der Oracle-Datenbankserver besitzen seit der Version 8.1.5 eine eigene Java-Cartridge, mit der sich Datenbankapplikationen relativ leicht in Java realisieren lassen. Darüber hinaus lassen sich bestehende Anwendungen (die z. B. auf Oracle*Forms basieren) relativ leicht in ein Internet-Format überführen. Eine frappierend einfache Oracle-Lösung besteht dabei darin, dass derartige Anwendungen beispielsweise in ein Java-Applet eingebettet werden.

Der Oracle Application Server besitzt einen eigenen Web-Listener, er lässt sich aber auch in Kombination mit anderen Web-Servern (z.B. Apache) betreiben. Spezielle Werkzeuge wie z.B. *WebDB* oder der Oracle *JServer* ergänzen die Palette der Web-basierten Werkzeuge von Oracle.

Die Integration von HTML innerhalb der Oracle-Werkzeuge versteht sich nach diesen Ausführungen von selber. Noch bevor das W3-Konsortium einen Standard für XML herausbrachte, kam Oracle bereits mit einer eigenen XML-Cartrigde daher. Wir wissen zwar nicht, auf welcher Spezifikation diese Version beruhte, gehen aber mittlerweile – bedingt durch Erfahrungen auf anderen Gebieten wie z.B. dem in Oracle realisierten CORBA-Protokoll IIOP – davon aus, dass die XML-Integration von Oracle mittlerweile dem Standard entspricht.

5.9.3 Multimedia-Datentypen

Der Terminus »Multimedia« ist im Grunde ein seit einigen Jahren verbreitetes Schlagwort, mit dem IT-Manager und »Entscheider« gerne zum Ausdruck bringen, dass sie (sofern sie es denn realisiert haben) technisch absolut up to date sind. Man verbindet damit die Integration unterschiedlichster Formate und Medien in einer Anwendung. Aus technischer Sicht fasst man unter dem Begriff Mulitmedia-Daten im Wesentlichen solche Datenformate zusammen, die in der Regel in einem Binärformat daherkommen, wie etwa Audio- oder Videodaten.

Die Abgrenzung im Zusammenhang mit relationalen oder ojektrelationalen Datenbanken besteht darin, dass sich derartige Binärformate nicht in Tabellen (oder, mathematisch gesprochen, in Relationen) fassen lassen. Auf Grund der im Vergleich etwa zu Daten im ASCII-Format meist ansehnlichen Größe derartiger Daten spricht man auch von LOBs (Large Objects) oder BLOBs (Binary Large Objects). Die Terminologie einzelner Datenbankanbieter bei der Definition neuer Binärformate überschlägt sich gelegentlich auch hier.

Oracle 8 unterscheidet zwei elementare Arten von Binärdaten [aul98]:

- Die internen Datentypen BLOB, CLOB (Character Large Object) und NCLOB (National Character Large Object)
- Die externen Datentypen, die eigentlich aus Zeigerkonstrukten auf externe Dateien bestehen

Im Gegensatz zu Oracle 7 – wo auch schon Binärdaten mit Hilfe des Typs RAW verarbeitet werden konnten – bietet Oracle 8 wesentlich erweiterte Möglichkeiten des Umgangs mit derartigen Daten an. So können beispielsweise mehrere Spalten einer Tabelle LOBs beinhalten, LOBs können Attribute von benutzerdefinierten Objekten sein, ein LOB kann bis zu 4 GByte groß sein (statt wie früher 2 GByte), usw. Diese und weitere hier nicht aufgeführten Möglichkeiten erweitern Oracle 8 nicht nur nennenswert in Richtung einer objektrelationalen Datenbank, sie unterstützen auch die schon mehrfach erwähnte Tendenz der Ausrichtung auf das Internet.

5.10 PL/SQL und Java

PL/SQL bildet im Zusammenhang mit Oracle-Anwendungen eine mächtige und seit langem erprobte Erweiterung von SQL um prozedurale Elemente. Man kann diese Sprache beispielsweise benutzen, um Programm-Packages, Prozeduren oder Funktionen in der Datenbank abzulegen und bei Bedarf zu aktivieren. Aber auch Werkzeuge wie Oracle*Forms oder Oracle*Reports basieren auf PL/SQL.

Im Gegensatz zu PL/SQL bildet Java bekanntermaßen keine Oracle-spezifische Sprache. Neben PL/SQL baut Oracle im Zuge der zunehmenden Internet-Orientierung mittlerweile sehr auch auf Java. Wir werden in diesem Abschnitt PL/SQL ausführlicher vorstellen und anschließend kurz auf einige Aspekte von Java eingehen.

5.10.1 PL/SQL: Die prozedurale Sprache von Oracle

Die prozedurale Sprache PL/SQL bildet seit Jahren das Flaggschiff von Oracle für die Programmierung komplexerer Datenbankoperationen. Dies ist trotz der Java-Orientierung des 8i (ab Version 8.1) auch noch bei Oracle 8 der Fall und auch in der Linux-Version. PL/SQL bildet (bezogen auf Syntax und Semantik) eine echte Obermenge der Oracle-Version von SQL (und damit natürlich auch eine Obermenge des ANSII-SQL-Standards). Gestandene Oracle-Entwickler sind mittlerweile sehr vertraut mit PL/SQL; sie bildet u.a. die Grundlage von recht verbreiteten Entwicklungsumgebungen wie Oracle*Forms oder Oracle*Reports. Auch unter Linux ist die Bedeutung von PL/SQL nicht zu unterschätzen, denn auch wenn es die genannten (und nicht genannten) Tools bislang nicht für Linux gibt (und, solange Linux primär als Server-Betriebssystem betrachtet wird, wohl auch nicht geben wird), ist PL/SQL doch in erster Linie als serverseitig anwendbare Sprache zu verstehen. Bei typischen Anwendungen greift z. B. auch Oracle*Forms intensiv auf Server-seitig gespeicherte Prozeduren zurück, und PL/SQL ist bislang die einzige Sprache, in der sich Prozeduren in einer Oracle-Datenbank speichern lassen.

Auch Datenbankentwickler oder -administratoren unter Linux, die z.B. gespeicherte Prozeduren benutzen, gelegentlich ein Ad-hoc-Skript benötigen, Anwendungen für den Oracle Application Server benötigen oder z.B. externe APIs ansprechen müssen, sollten mit dieser Sprache vertraut sein. Die SQL*Plus-Oberfläche insbesondere akzeptiert nicht nur Standard-SQL-Anweisungen, sondern auch PL/SQL-Programme.

Wir werden in diesem Abschnitt die wichtigsten Aspekte der Sprache PL/SQL skizzieren.

PL/SQL-Programmstruktur

PL/SQL besitzt die aus prozeduralen Sprachen her bekannte Blockaufteilung in Deklarationsteil, Ausführungsteil und optionalem Fehlerbehandlungsteil. Die generelle Struktur einer PL/SQL-Anwendung setzt sich wie folgt zusammen:

```
DECLARE
   Datentypdeklaration
   Benutzerdefinierte Exceptions
   Cursor-Deklarationen
BEGIN
   SQL-Anweisungen
   PL/SQL-Anweisungen
   PL/SQL-Strukturkonstrukte (z.B. Schleifen)
   zusätzliche PL/SQL-Blöcke
EXCEPTION
   Ausnahmebehandlung oder Fehlerbehandlung (optional)
END;
```

Oracles PL/SQL betreibt hier also ein Information-Hiding innerhalb der im Rahmen der nicht-objektorientierten Programmierung gesetzten Grenzen. Der Deklarationsteil beinhaltet neben Datentyp- und Cursordeklarationen optional auch benutzerdefinierte Exceptions, der Ausführungsteil die Ausformulierung des Programmcodes einschließlich Ausnahme- und Fehlerbehandlung.

Im Deklarationsteil können Variablen und Konstanten gemeinsam mit deren Typ vereinbart werden (z.B. NUMBER, FLOAT, SMALLINT, CHAR, VARCHAR, LONG, DATE etc.). Einzelne Deklarationen können auch als CONSTANT oder NOT NULL vereinbart werden. Daneben besteht die Möglichkeit, PL/SQL-Ausdrücke und auch Cursor im Deklarationsteil zu vereinbaren. Dazu einige Beispiele:

```
DECLARE
  Abteilungs_Nr NUMBER(4);
  TYPE Mitarbeiter IS RECORD
    (Name VARCHAR(40),
     Vorname VARCHAR(40),
     Eintrittsdatum DATE,
     Gehalt NUMBER(4,2));
  Innendienst BOOLEAN;
  Mehrwertsteuer NUMBER(2) DEFAULT 15;
  Aktuelles_Datum CONSTANT DATE := SYSDATE;
  CURSOR C1 IS
    SELECT Name, Nachname FROM Mitarbeiter WHERE Gehalt > 5000;
  Kein_Datum_vorhanden EXCEPTION;
```

Innerhalb des Programmrumpfs können in einer PL/SQL-Anwendung neben einfachen SQL-Anweisungen (SELECT, INSERT, UPDATE usw.) geschachtelte Programmblöcke vorkommen:

```
BEGIN
  ...
  BEGIN
    ...
  END;
END;
```

Als Schleifenkonstrukte stehen die Anweisungen LOOP, FOR, WHILE und EXIT zur Verfügung, und für die Abarbeitung von Bedingungen kann die IF-Anweisung mit unterschiedlichen Alternativen benutzt werden:

```
LOOP
  FETCH Wert INTO C1;
 EXIT WHEN C1 > 1000;
END LOOP;
...
IF Nachname = 'BOSS' THEN
  UPDATE Mitarbeiter
    SET Gehalt = Gehalt*1.5;
ELSE
  UPDATE Mitarbeiter
    SET Gehalt = Gehalt*0,8;
END IF;
```

Der Fehlerbehandlungsteil wird bei PL/SQL mit Hilfe der RAISE-Anweisung eingeleitet:

```
IF Anzahl_Mitarbeiter = 0 THEN
  RAISE Keine_Mitarbeiter
...
END IF;
...
EXCEPTION
  WHEN Keine_Mitarbeiter THEN
    ...;
END;
```

Daneben bietet PL/SQL eine Reihe von vordefinierten Funktionen, darunter numerische Funktionen (ABS, MOD, TRUNC, SQRT, ...), Konvertierungsfunktionen (TO_CHAR, TO_NUMBER, ...), Zeichenkettenfunktionen (UPPER, LOWER, LENGTH, SUBSTR, ...) .

Im folgenden Beispiel einer gespeicherten Oracle-Prozedur werden die Werte einer Tabelle in einen Cursor ausgelesen und in Abhängigkeit von ihrem Größenverhältnis auf zwei neue Tabellen verteilt.

```
CREATE OR REPLACE PROCEDURE VerteileDaten (Arg1 IN SMALLINT,
                                          Arg2 IN SMALLINT,
                                          Arg3 IN SMALLINT,
                                          Arg4 IN SMALLINT,
                                          Arg5 IN SMALLINT) IS
  Val1 SMALLINT;
  Val2 SMALLINT;
  Val3 SMALLINT;
  Val4 SMALLINT;

  CURSOR SelectCursor (Value1 SMALLINT,
                       Value2 SMALLINT,
                       Value3 SMALLINT,
                       Value4 SMALLINT,
                       Value5 SMALLINT) IS
    SELECT Wert1, Wert2, Wert3, Wert4, Wert4 FROM DatenTab
      WHERE Attribut1 = Value1 AND
            Attribut2 = Value2 AND
            Attribut3 = Value3 AND
```

```
          Attribut4 = Value4 AND
          Attribut5 = Value5;
BEGIN
  OPEN SelectCursor (Arg1,
                     Arg2,
                     Arg3,
                     Arg4,
                     Arg5);
  FETCH INTO Val1, Val2, Val3, Val4;
  CLOSE SelectCursor;
  IF Val1+Val2 > Val3+Val4 THEN
    INSERT INTO NeueTab1 VALUES (Arg1,
                                 Arg2,
                                 Arg3,
                                 Arg4,
                                 Arg5,
                                 Val1,
                                 Val2);
  ELSE
    INSERT INTO NeueTab2 VALUES (Arg1,
                                 Arg2,
                                 Arg3,
                                 Arg4,
                                 Arg5,
                                 Val3,
                                 Val4);
  END IF;
  COMMIT;
END;
```

Wir konnten in diesem (kurzen) Abschnitt nur einen kleinen Einblick in die Möglichkeiten der prozeduralen Sprache PL/SQL bieten. Die dargestellten Beispiele vermitteln allerdings schon einen recht guten Eindruck über die Mächtigkeit dieser im Oracle-Umfeld sehr verbreiteten Sprache. Wer sich intensiv mit Oracle-Anwendungen beschäftigt, der sollte sich anhand von Spezialliteratur einen weiter gehenden Überblick verschaffen. PL/SQL ist ein integrierter Bestandteil des Oracle-DBMS und erweist sich auch für administrative Aufgaben oftmals als nützliche Hilfe.

5.10.2 Java für Oracle

Ein bemerkenswerter Trend von Oracle besteht in einer konsequenten Hinwendung zur Programmiersprache Java; ab der Version 8.1 (also mit Oracle 8i) gibt es beispielsweise eine native Java-Einbindung als Alternative zu PL/SQL (unter Benutzung einer Oracle-Implementierung des Java Runtime Environment JRE für Linux). Die Plattformunabhängigkeit von Java wird zwar oftmals – teilweise durchaus berechtigt – in Zweifel gezogen, diese Kritik bezieht sich allerdings in erster Linie auf die Client-seitigen AWT-Komponenten. Für Server-seitige Anwendungen erscheint Java als tatsächlich plattformunabhängige Sprache (jedenfalls sofern man sich nicht aus Bequemlichkeit auf proprietäre Dialekte einlässt). Zumindest für Oracle-Benutzer ergäbe sich damit eine echte Plattformunabhängigkeit ihrer Anwendungen; dass dies auch über Datenbankgrenzen (per Default) hinausgeht, darf dagegen bezweifelt werden, denn z.B. die von Oracle selber angebotenen JDBC-Treiber halten sich keineswegs an den SQL-Standard [dic97]. Allerdings kann man hier nachhelfen, indem man sich als Entwickler auf den ANSI-SQL-Standard beschränkt. Oracle liefert übrigens JDBC-Treiber in zwei Versionen, nämlich als so genannte Typ2-Treiber (diese sind plattformspezifisch und werden im Allgemeinen im Rahmen von Drei-Schichten-Lösungen eingesetzt, in denen sich ein Applikationsserver zwischen dem Client und dem eigentlichen Datenbankserver befindet, der die Applikationslogik beinhaltet) und so genannte Typ4-Treiber, die selber vollständig in Java geschrieben sind und damit zum Beispiel in den Browser geladen werden können, womit sie sich z.B. auch für Web-basierte klassische Client/Server-Anwendungen eignen.

Java wurde bis vor kurzem von Sun Microsystems (bzw. JavaSoft) vorrangig für Solaris und Windows-Umgebungen entwickelt. Eine Macintosh-Version eines aktuellen Release wurde meist nach einiger Zeit nachgeliefert, Linux-Anwender erhielten dagegen trotz reger Nachfragen auf Java-Veranstaltungen von Sun direkt keinerlei Unterstützung. Statt dessen portierte die Blackdown-Gemeinde regelmäßig die jeweils aktuellen Java-Versionen nach Linux [black]. Seit dem Herbst 1999 hat sich auch diese Situation gewandelt: Zwar wird die Linux-Version der aktuellen Java-Releases nach wie vor mit tatkräftiger Unterstützung der Blackdown-Entwickler herausgebracht, aber sie ist immerhin auf der JavaSoft-Site zu finden.

Nach diesem Exkurs aber zurück zu Oracle und Java: Der Oracle Application Server, auf den in einem späteren Abschnitt noch ein wenig genauer eingegangen wird, besitzt mittlerweile standardmäßig eine Java Cartridge. Aber auch weitere Oracle-Werkzeuge benutzen Java für die Entwicklung von Web-Applikationen. So gibt es beispielsweise einen Forms Server, mit dessen Hilfe man – angesetzt auf dem Oracle Application Server – z. B. Forms-Anwendungen relativ leicht in Web-Anwendungen überführen kann. Analog ist ein Reports Server erhältlich. Beide (sowohl der Forms Server als auch der Reports Server beinhalten jeweils den Graphics Server, mit dem sich mit Oracle*Graphics erstellte Applikationen in das Web überführen lassen). Oracle geht dabei (im Forms-Beispiel) in der Weise vor, dass eine Java-Umgebung um die kompilierten Forms-Module (*.fmx) gelegt wird, sodass diese in Form von Java-Applets daherkommen.

Mehrere weitere Java-basierte Produkte vervollständigen die Java-Palette von Oracle, darunter z. B. ein JDeveloper, der eine Java-Entwicklungsumgebung speziell für die Entwicklung von Java-basierten Applikationen in Kombination mit Oracle darstellt. Nicht alle diese Werkzeuge waren zum Zeitpunkt des Verfassens dieses Buches bereits für Linux verfügbar, die meisten aber in Planung. Angesichts der Konsequenz, mit der Oracle die Java- und die Linux-Schiene verfolgt, ist davon auszugehen, dass die meisten Oracle-Werkzeuge in Zukunft ebenso früh für Linux verfügbar sind wie für die früher vorrangig bedienten Plattformen Solaris und Windows.

5.11 Der Zugriff auf Oracle-Fremddatenbanken

Die Vernetzung einzelner Datenbanken ist seit geraumer Zeit ein relevantes Thema. Die Rückbesinnung auf das altbekannte Mainframe-Paradigma im Zuge der Diskussion um »Thin Client, Fat Server« spricht hier keineswegs dagegen, denn der Begriff »Server« ist eher virtueller Natur und bezieht sich auf die Benutzersicht: Der nämlich nimmt einen Server lediglich als Lieferant von Dienstleistungen (Programme) oder Daten wahr. Aus technischer Sicht allerdings können diese Daten oder Dienstleistungen durchaus räumlich oder logisch verteilt implementiert sein. Solange der Benutzer einer Datenbankapplikation einen eindeutigen Adressaten für seine Bedürfnisse kennt, interessiert es ihn nicht weiter, auf welche Weise und von welcher Stelle diese letztlich befriedigt werden.

Wir werden in diesem Abschnitt das komplexe Gebiet der verteilten Datenbanken (inklusive Zwei-Phasen-Commit usw.) nicht auch nur annähernd abdecken können, statt dessen werden wir uns auf zwei sehr interessante (und in der Praxis recht verbreitete) Möglichkeiten der Einbindung von Fremddatenbanken mit Hilfe von Oracle beschränken. Stellen Sie sich vor, Sie planen eine Oracle-Datenbankapplikation und benötigen dabei Daten aus einer anderen Oracle-Datenbank. Beispielsweise könnten Sie vor der Aufgabe stehen, die Finanzbuchhaltung Ihrer Firma als Datenbankanwendung zu implementieren. Dazu würden Sie u.a. Daten über die Projekte und deren Finanzierung benötigen, ebenso Daten über das Personal und dessen Einkommen. Glaubt man klassischen Datenbank-Lehrbüchern, dann ist das kein Problem: Man legt eine Relation »Mitarbeiter« (u.a. mit Angabe des Einkommens) an, eine Relation »Projekt« (u.a. mit der Angabe der Finanzierungsquelle), eine Relation »Projektzugehörigkeit« (in der eine Verbindung der beiden vorgenannten Relationen vorgenommen wird, um den bekannten Normalformen zu entsprechen) usw.

In der Praxis eines größeren Unternehmens allerdings stellt sich die Situation oftmals ein wenig komplizierter dar: Es existiert bereits eine etablierte Personaldatenbank, und die Betreuer dieser Datenbank sehen keinen Grund, ihr Datenmodell auf Grund der Anforderungen einer neu zu entwickelnden Datenbankanwendung grundlegend zu ändern, zumal ein solches Vorgehen in den meisten Fällen nicht ökonomisch wäre. Ein Ausweg bietet sich in solchen Fällen darin, die Daten der bestehenden Datenbanken einfach zu »importieren«. Dabei sind im Wesentlichen zwei Fälle zu unterscheiden: Sie benötigen entweder

- stichtagsbezogene Daten oder
- jeweils aktuelle Daten.

In beiden Fällen bietet Oracle eine Lösung. Für die Integration stichtagsbezogener Daten aus Fremddatenbanken können Oracle *Snapshots* benutzt werden, für den Zugriff auf aktuelle Daten dagegen Datenbanklinks.

5.11.1 Datenbanklinks

Datenbanklinks bilden eine Möglichkeit der Herstellung einer direkten Verbindung zu einer anderen Oracle-Datenbank. Datenbanklinks erlauben es dem Benutzer, eine Gruppe von verteilten Datenbanken so zu behandeln, als wäre es eine gemeinsame Datenbank [kol99]. Ein Datenbanklink besteht dabei im Wesentlichen aus der Information, von wo eine in der eigenen Datenbank nicht vorhandene Information abgerufen werden soll oder an welcher nicht in der eigenen Datenbank vorhandenen Stelle eine Aktualisierung vorzunehmen ist. Aus technischer Sicht ist ein Datenbanklink demnach von einem recht abstrakten Standpunkt aus gesehen mit einem Unix-Link vergleichbar, wobei ein Datenbanklink auf eine andere lokale Datenbank oder auch auf eine entfernte Datenbank verweisen kann. Es handelt sich dabei im netztechnischen Sinne um eine Server-Server-Verbindung.

Das Erstellen eines Datenbanklinks

Ein Datenbanklink wird von der »lokalen« Datenbank (LOCAL) auf die Fremddatenbank (REMOTE) gelegt. Sofern sich die Lokalität beider Datenbanken unterscheidet, muss auf beiden Hosts SQL*Net bzw. Net8 installiert sein. Ein Datenbanklink beinhaltet die folgenden Informationen:

- Das Kommunikationsprotokoll (z. B. TCP/IP)
- Den Host, auf dem die Fremddatenbank liegt
- Die Namen der Datendateien auf dem Host der Fremddatenbank
- Einen Account auf der Fremddatenbank
- Das Passwort für diesen Account

Ein Datenbanklink wird mit Hilfe der folgenden Anweisung angelegt:

```
CREATE [PUBLIC] DATABASE LINK Remote_Personal
   CONNECT TO benutzername
      IDENTIFIED BY password
   USING 'connect string';
```

Der »connect string« steht dabei z.B. für einen Datenbankalias aus der *tnsnames.ora*. Um einen Datenbanklink anlegen zu können, benötigt man die Systemberechtigung CREATE DATABASE LINK. Der Benutzer des Datenbanklinks benötigt die CREATE SESSION-Berechtigung. Beide sind Bestandteil der Oracle-Standardrolle CONNECT [kol99].

Das Schlüsselwort PUBLIC in der obigen Anweisung definiert die Art des Datenbanklinks. Wird dieses Schlüsselwort eingesetzt, dann wird ein so genannter öffentlicher Datenbanklink erzeugt. Dieser steht dann allen Benutzern zur Verfügung. Im Gegensatz dazu steht ein so genannter privater Datenbanklink, der nur dem Nutzer zur Verfügung steht, der ihn angelegt hat. Zur Erzeugung eines öffentlichen Datenbanklinks benötigt man die Systemberechtigung CREATE PUBLIC DATABASE LINK, die Bestandteil der Rolle DBA ist.

Wird in der obigen Anweisung die CONNECT TO...IDENTIFIED BY-Klausel weggelassen, dann versucht Oracle eine Anmeldung mit dem lokalen Account bei der Fremddatenbank. Für eine solche so genannte Standardanmeldung benötigt der Benutzer den gleichen Namen und das gleiche Passwort auf der lokalen Datenbank wie auf der Fremddatenbank:

```
CREATE [PUBLIC] DATABASE LINK Remote_Personal
   USING 'connect string';
```

Der »connect string« muss – wie oben erwähnt – ein für das Oracle-Netzwerk gültiger Servicename sein. Ein entsprechender Eintrag in der *tnsnames.ora* könnte dabei z. B. wie folgt aussehen:

```
Remote_Personal=(DESCRIPTION=
  (ADDRESS=

    (PROTOCOL=TCP)
    (HOST=foreign_host)
    (PORT=1521)
  )
  (CONNECT DATA=
    (SID=Personal)
  )
)
```

Das Wort »foreign host« steht in diesem Fall für einen über TCP/IP erreichbaren Rechner (also z.B. eine gültige IP-Adresse), die SID bezeichnet die Datenbank (oder genauer: den Servicenamen) auf diesem Rechner, die angesprochen werden soll. Es besteht an dieser Stelle ein gewisser Koordinierungsaufwand mit dem Administrator der Fremddatenbank, um die korrekte SID zu ermitteln und beizubehalten. Andererseits wird der DBA der Fremddatenbank nur sehr selten die SID einer Datenbank ändern, denn das würde einen erheblichen Aufwand nach sich ziehen.

Benutzung eines Datenbanklinks

Der Datenbankbenutzer meldet sich bei Beginn der Arbeit mit seinem Account über den Datenbanklink bei der Fremddatenbank an und nach Beendigung seiner Aufgaben wieder ab. Der Zugriff auf Objekte der REMOTE-Datenbanken geschieht dabei in der Weise, dass der Name des Datenbanklinks einfach an das erfragte Objekt angehängt wird:

```
SELECT Name, Vorname, Gehalt FROM Mitarbeiter@Remote_Personal;
```

In diesem Fall wird innerhalb der FROM-Klausel ein Zugriff auf den Datenbanklink *Remote_Personal* vorgenommen und innerhalb dieser Datenbank auf das Objekt *Mitarbeiter*.

In praktischen Anwendungen erweist es sich meist allein schon aus Gründen der Transparenz als sinnvoll, ein über einen Datenbanklink erreichbares Objekt innerhalb des eigenen Datenbankschemas unterzubringen. Man kann dies entweder durch die Definition entsprechender Synonyme oder durch Views erreichen. Ein Synonym auf ein REMOTE-Objekt wird dabei wie folgt definiert:

```
CREATE SYNONYM Mitarbeiter_Syn FOR Mitarbeiter@Remote_Personal;
```

Sobald nach dieser Festlegung ein Zugriff auf das Objekt *Mitarbeiter_Syn* vorgenommen wird, verzweigt Oracle auf die Fremddatenbank des Datenbanklinks *Remote_Personal* und dort auf das Objekt *Mitarbeiter*. Falls dem lokalen Benutzer für das betreffende Objekt keine Rolle oder Berechtigung für Synonyme zur Verfügung steht, dann kann der DBA auch den Besitzer des REMOTE-Objekts bei der entsprechenden DDL-Anweisung voranstellen:

```
CREATE SYNONYM Mitarbeiter_Syn FOR Meier.Mitarbeiter@Remote_Personal:
```

Auch in diesem Fall braucht der lokale Benutzer selbstverständlich die benötigten Rechte für das entfernte Objekt Mitarbeiter (also z. B. SELECT).

Der DDL-Befehl für die Erzeugung einer View auf einem REMOTE-Objekt erlaubt demgegenüber sogar eine Einschränkung auf ausgewählte Daten des entfernten Objektes:

```
CREATE VIEW Mitarbeiter_View AS
   SELECT Name, Vorname, Gehalt
   FROM Mitarbeiter@Remote_Personal
      WHERE Gehalt > 8000;
```

In diesem Fall beinhaltet die auf Basis der Fremddatenbank definierte View lediglich die Spalten Name, Vorname und Gehalt des Ursprungsobjekts, und zwar lediglich die Ausprägungen, deren Gehalt den Betrag von 8.000 übersteigt. Der Zugriff auf Fremddatenbanken lässt sich über Views somit wesentlich flexibler gestalten als über Synonyme.

Die oben beschriebenen Möglichkeiten des Zugriffs auf Femddatenbanken über Datenbanklinks bezogen sich in erster Linie auf lesende Zugriffe (SELECT). Wenn Sie weiter gehende Rechte benötigen (Fernaktualisierungen), dann betrifft diese Anforderung teilweise Versionsspezifika. Wir müssen an dieser Stelle auf die Spezialliteratur verweisen (z. B. [kol99]).

5.11.2 Snapshots

Für die Benutzung stichtagsbezogener Daten aus einer Fremddatenbank wird man keine direkt durchgreifenden Datenbanklinks anlegen, denn diese greifen jeweils unmittelbar auf die REMOTE-Datenbank zu und liefern damit zu jedem Zeitpunkt aktuelle Daten. Inhaltliche Änderungen innerhalb der Fremddatenbank wirken sich daher ohne Verzögerung auf die Anwendungen der lokalen Datenbank aus, was sich insbesondere negativ auf die Reproduzierbarkeit von Auswertungsergebnissen auswirkt. Gerade bei Datenbankanwendungen, bei denen der DML-Anteil innerhalb der Anwendungen relativ gering ist oder/und bei denen stichtagsbezogene Daten von besonderem Interesse sind (beispielsweise jährlich anfallende Statistikdaten), wird man sich für andere Mechanismen interessieren. Ein weiterer Nachteil der Datenbanklinks ist in einer oftmals nicht günstigen Performance und (aus Sicht des lokalen Benutzers) mangelnder Zuverlässigkeit zu sehen, da jeder Zugriff auf das Fremdobjekt über einen (zusätzlichen) Netzwerkzugriff geschieht. Als Ausweg für solche Anwendungen eignen sich Oracle-Snapshots.

Diese legen lokale Kopien entfernter Datenbankobjekte an. Ein Snapshot kann zur Definition und Verwaltung vollständiger oder teilweiser Replikationen einer Tabelle oder des Ergebnisses einer Anfrage benutzt werden. Die einfachste Version eines Snapshots wäre die Benutzung einer Tabelle, die als CREATE... AS SELECT...FROM...-Anweisung definiert wird, wobei innerhalb der FROM-Klausel einfach ein Objekt (*Master-Tabelle*) der Fremddatenbank angesprochen wird. Eine solch einfache Konstruktion aber besitzt einen sehr hohen Administrationsaufwand für die Synchronisation mit der Master-Tabelle. Effizienter ist die explizite Definition von Snapshots.

Das Erstellen eines Snapshots

Um einen Snapshot erstellen zu können, benötigen Sie mehrere Systemberechtigungen; die wichtigsten davon sind:

- CREATE SNAPSHOT
- CREATE TABLE
- CREATE VIEW
- CREATE INDEX

Für das Anlegen von Snapshots, die nicht nur innerhalb Ihres Datenbankschemas zugreifbar sein sollen (die also z. B. vom DBA für mehrere Benutzer angelegt werden sollen), werden gar weiter gehende Rechte benötigt:

- CREATE ANY SNAPSHOT
- CREATE ANY TABLE
- CREATE ANY VIEW
- CREATE ANY INDEX

Die Übernahme und Aktualisierung der Daten eines Snapshots geschieht über einen im vorherigen Abschnitt ausführlich beschriebenen Datenbanklink. Für den Zugriff auf die entfernten Objekte benötigen Sie daher alle dort beschriebenen Systemberechtigungen.

Man unterscheidet *einfache* und *komplexe* Snapshots. Bei den einfachen Snapshots werden lediglich Zeilen aus der Master-Tabelle selektiert, und es werden keine komplexen Operationen beim Zugriff auf die entfernte Master-Tabelle vorgenommen (wie etwa GROUP BY). Daneben unterscheidet man *schreibgeschützte* und *aktualisierbare* Snapshots. Erstere können keine Änderungen an der Master-Tabelle vornehmen, Letztere dagegen durchaus. Wir werden uns in diesem Abschnitt im Wesentlichen auf die Beschreibung der schreibgeschützten Snapshots beschränken.

Nach den gemachten Ausführungen ist klar, dass die Definition eines Snapshots im Kern der Erstellung eines lokalen Datenbankobjekts entspricht, wobei zusätzlich auf einen Datenbanklink zugegriffen wird. Wie beim Erzeugen von Oracle-Datenbankobjekten üblich, kann man dabei recht viele Optionen festlegen (wie etwa die Speicherparameter), die man in einfachen Fällen meist weglässt und die Default-Werte übernimmt. Interessanter dagegen sind die Festlegung der Refresh-Intervalle und die Form der Abfrage an das REMOTE-Objekt. Für weiter gehend interessierte Leser geben wir nachfolgend die vollständige Syntax zur Definition eines Snapshots wieder:

```
CREATE SNAPSHOT [user.]snapshot_name
   {{PCTFREE Integer
     | PCTUSED Integer
     | INITTRANS Integer
     | MAXTRANS Integer
     | TABLESPACE tablespace_name
     | STORAGE storage_optionen
     | CLUSTER cluster_optionen
     [USING {INDEX | PCTFREE Integer
                   | PCTUSED Integer
                   | INITTRANS Integer
                   | MAXTRANS Integer
                   | rollback_segment_optionen}]
```

```
    [REFRESH [FAST
             | COMPLETE
         | FORCE]
      [START WITH DATE] [NEXT DATE]
      [WITH {primary key | rowid}]]
    [FOR UPDATE] AS query;
```

In der ersten Zeile wird der Snapshot benannt (optional mit Angabe des Besitzers), innerhalb der folgenden Blocks (bis einschließlich der rollback_segment_optionen) werden die Speicheroptionen festgelegt. Diese optionalen Angaben kennen Sie von anderen DDL-Operationen. Snapshot-spezifisch ist dagegen die folgende Angabe der Refresh-Optionen: Diese legen fest, welchen Mechanismus Oracle zur Aktualisierung des Snapshots benutzen soll. Die Option FAST ist dabei nur für einfache Snapshots definiert; bei dieser Variante werden so genannte Snapshot-Logs der Master-Tabelle zur Übermittlung an den Snapshot benutzt. Die Option COMPLETE dagegen erfordert die vollständige Neudefinition des Snapshots. Die FORCE-Option bildet eine Kombination der beiden vorgenannten Mechanismen: Falls die FAST-Option durchführbar ist, wird diese gewählt, andernfalls die COMPLETE-Option.

Innerhalb der FOR UPDATE-Klausel schließlich wird festgelegt, ob es sich um einen schreibgeschützten oder um einen aktualisierbaren Snapshot handelt. Ein Beispiel:

```
CREATE SNAPSHOT Snap_Mitarbeiter
  STORAGE (INITIAL 50K NEXT 50K)
  TABLESPACE Snap_Data
  REFRESH COMPLETE
  START WITH SYSDATE
    NEXT SYSDATE + 30
  AS
    SELECT Name, Vorname, Gehalt
      FROM Mitarbeiter@Remote_Personal
      WHERE Gehalt > 8000;
```

Diese Definition führt dazu, dass Oracle innerhalb der lokalen Datenbank eine Reihe von Objekten anlegt (z. B. [kol99]):

- Eine Tabelle mit Namen SNAP$_Snap_Mitarbeiter als lokale Basistabelle mit dem innerhalb der Snapshot-Definition festgelegten Inhalt.

- Eine View namens Snap_Mitarbeiter; der Benutzer der lokalen Replikation greift auf diese zu.
- Eine View namens MVIEW$_Snap_Mitarbeiter. Hierbei handelt es sich um eine von Oracle benutzte View für die Aktualisierung des Snapshots. Die Benutzer haben für diese View keinen Zugang.
- Ein Index auf der lokalen Basistabelle, sofern es sich um einen einfachen Snapshot handelt.

Um eine weitere Verbesserung der Performance zu erreichen, sollte man sich bei komplexen Snapshots überlegen, ob man manuell einen Index auf stark frequentierte Spalten legt. Selbstverständlich kann man auch (sofern sinnvoll) bei einfachen Snapshots weitere Indizes auf der Basistabelle definieren.

Die Aktualisierung von Snapshots kann auf zwei Arten geschehen, manuell oder automatisch. Im letzteren Fall überträgt man Oracle diese Aufgabe. Der Modus der Aktualisierung wird dabei innerhalb der Snapshot-Definition festgelegt (s.o.):

```
REFRESH COMPLETE
START WITH SYSDATE
  NEXT SYSDATE + 30
```

In diesem Beispiel wurde der Modus COMPLETE gewählt, was dazu führt, dass der Snapshot bei jeder Aktualisierung vollständig ersetzt wird. Wählt man dagegen die Option FAST, dann erzeugt Oracle bei der Snapshot-Definition so genannte Snapshot Log-Tabellen, von denen aus eine schnelle Aktualisierung vorgenommen werden kann. Als dritte Möglichkeit kann man den Modus FORCE wählen. In diesem Fall wird zunächst eine schnelle Aktualisierung versucht (FAST) und, falls dies nicht möglich ist, eine vollständige (COMPLETE).

In der zweiten und dritten Zeile der obigen Klausel wird der zeitliche Modus für die Aktualisierung definiert. Dieser besteht im Allgemeinen aus einer Startzeit für die initiale Replikation der Master-Tabelle (zweite Zeile) und aus einem Zeitintervall für künftige Replikationen. In diesem Fall würde der Snapshot alle 30 Tage aktualisiert. Man könnte hier selbstverständlich wesentlich kompliziertere zeitliche Vorgaben machen, der Fantasie im Umgang mit SQL und PL/SQL sind an dieser Stelle keine Grenzen gesetzt. Für die Überwachung der Aktualisierungen ist ein Daemon zuständig, es handelt sich dabei um so genannte SNPn-Prozesse. Damit Oracle diese starten kann, muss in der zentralen Konfigurationsdatei *init.ora* für die betreffende SID der Parameter JOB_QUEUE_INTERVAL auf einen Wert größer als null gesetzt werden.

In manchen Fällen wird es notwendig sein, Snapshots manuell zu aktualisieren, etwa wenn wichtige Änderungen an der Master-Tabelle vorgenommen wurden, die unmittelbar in das eigene Schema übernommen werden sollten. Für manuelle Aktualisierungen hält Oracle eine Prozedur im Package DBMS_SNAPSHOTS vor, dass dem Benutzer SYS gehört. Der Aufruf dieser Prozedur kann unter Angabe mehrerer Parameter geschehen (weiter gehend interessierte Leser können ja einfach im Package nachsehen). Im folgenden Beispiel werden zwei Parameter mit übergeben, der Name der lokalen Basistabelle des Snapshots und eine Option für die Art der Aktualisierung:

```
EXECUTE dbms_snapshot_refresh ('Snap_Mitarbeiter', '?');
```

Der zweite Parameter muss eine der folgenden Ausprägungen besitzen:

Tabelle 5.12: Modi für manuelle Snapshot-Aktualisierung mit Hilfe der Prozedur dbms_snapshot_refresh

Option	Bedeutung
F	FORCE
F	FORCE
C	COMPLETE
C	COMPLETE
?	Innerhalb der Snapshot-Definition festgelegte Aktualisierungsoption

Eine Übersicht über alle Snapshots, die Ihnen gehören, erhalten Sie übrigens, indem Sie die Tabelle user_snapshot des Data Dictionary abfragen. Auch an dieser Stelle mussten wir uns leider wieder unter Hinweis auf den Fokus dieses Buches auf die Vermittlung der Grundlagen beschränken und können für weiter gehend interessierte Leser lediglich auf die Spezialliteratur verweisen. Wer sich für weiter gehende Informationen über die Replikation von Daten interessiert, der sollte sich auch mit dem Oracle Replication Manager beschäftigen. Für kritische verteilte Oracle-Anwendungen ist ferner Oracle Parallel Server von Belang.

5.12 Oracle-Tools für Linux

Grundsätzlich können Oracle-Anwendungen und sogar die meisten administrativen Aufgaben gestartet werden, ohne dass der Serverrechner physisch auch nur in

Reichweite ist. Lediglich wenn tatsächlich etwas auf der Betriebssystemebene stattfinden muss, wie z. B. ein unter Linux glücklicherweise recht seltener Bedarf an einem Reboot des Systems, ist der Serverrechner aufzusuchen. Eine beispielhafte Situation könnte z. B. darin bestehen, dass Sie Ihren Datenbankserver unter Linux laufen haben, dass sich Ihr »eigentlicher« Arbeitsplatz aber mehr oder weniger freiwillig an einem Windows-Rechner befindet. In dem Fall könnten Sie sich z. B. Samba für einen Zugriff auf das Linux-Dateisystem installieren (z. B. für Änderungen der Oracle-Konfigurationsdateien). Anschließend starten Sie einen Oracle-Client unter Windows mit dem DBA-Account und starten die betreffende Instance über Net8 neu.

Oracle-Tools sind daher relativ plattformunabhängig einsetzbar, sofern es sich nicht um Serverkomponenten handelt. Wir werden in diesem Abschnitt nur auf ein Serverprodukt eingehen (zusätzlich neben dem Datenbankserver), nämlich auf den *Oracle Application Server* (OAS). Wir halten diesen für derart zentral und zukunftsträchtig im Zusammenhang mit Oracle-Anwendungen, dass man zumindest dessen Einsatzmöglichkeiten im Grundsatz kennen sollte. Der OAS muss dabei selbstverständlich nicht auf demselben Rechner installiert sein wie der Datenbankserver und auch nicht unter demselben Betriebssystem, aber es gibt ihn auch für Linux, und daher ist seine Verwendung auf dieser Plattform selbstverständlich eine Option.

Daneben werden wir noch kurz auf ein auf den ersten Blick recht bemerkenswertes Werkzeug zum Managing einer Oracle-Datenbank eingehen, das unter der GPL für Linux erhältlich ist und das ein wenig an den Oracle Enterprise Manager erinnert, den es für Linux bislang noch nicht gibt.

5.12.1 Oracle Application Server

Die meisten früheren Oracle-Anwendungen basieren auf der klassischen Client/Server-Architektur: Eine Oracle-Client-Applikation stellt dem Benutzer Oberflächen und eine Verbindung zum Datenbankserver zur Verfügung, um Datenbankinformationen abzufragen und/oder zu manipulieren. Eine solche Anwendung kann z. B. in Oracle*Forms in Kombination mit PL/SQL realisiert sein: Sowohl die für den Benutzer sichtbaren Oberflächen als auch die Logik der Anwendung werden direkt mit Forms entwickelt und residieren anschließend auf dem Client-Rechner. Über SQL*Net bzw. Net8 greifen Sie dann auf Objekte in der Datenbank zu (worunter sich selbstverständlich auch gespeicherte Prozeduren etc. befinden können). Die Nachteile derartiger Realisierungen liegen auf der Hand, einige davon sind:

- Die Anwendung ist mehr oder weniger manuell bei jedem Anwender zu installieren; auch unter Verwendung zentraler Installationsmechanismen stellt dies aller Erfahrung nach einen nennenswerten Installations-, Kontroll- und Pflegeaufwand dar.
- Völlig ausgeschlossen ist der Zugriff von Anwendern, für die aus welchen Gründen auch immer vom Entwickler/Administrator kein Zugriff auf Betriebssystemebene (zwecks Installation der Applikation) hergestellt wurde.
- Die Hardware der Clients übernimmt alle wesentlichen Aufgaben der gesamten Anwendung: Darstellung der Oberflächen, Auflösung der Benutzeranforderungen in SQL- oder PL/SQL-Anweisungen, Darstellung der Ergebnisses etc. Sie muss daher entsprechend groß ausgelegt sein.
- Die GUI-Komponenten und die Logik der Applikation sind oftmals nicht getrennt (und wenn, dann lediglich durch programmtechnische Konstrukte), was einer sauberen komponenten- oder objektbasierten Entwicklung nicht dienlich ist.
- Die Anwendungen, jedenfalls soweit es die GUI-Komponenten betrifft, sind vielfach für jede in Frage kommende Plattform separat zu entwickeln oder nur unter einer Plattform anwendbar.
- Die Integration unterschiedlicher (bestehender) Anwendungen ist mit einem nennenswerten Aufwand verbunden.

Der Aspekt der Plattformabhängigkeit ist in der obigen Aufzählung ein wenig mit Einschränkungen zu versehen: Wenn eine Anwendung z. B. mit Oracle*Forms unter Windows entwickelt wurde, dann mag sie in gewissen Fällen auch z. B. unter Solaris laufen – sofern beim Solaris-Client Oracle*Forms installiert ist – auf keinen Fall jedoch auf Plattformen, für die kein Forms verfügbar ist.

Gerade im Zeitalter des Internet und insbesondere des Web findet ein anderes Paradigma im Zusammenhang mit Datenbankanwendungen eine zunehmende Verbreitung, nämlich die Drei-Schichten-Architektur. Der wesentliche Gedanke besteht dabei – vereinfacht formuliert – darin, dass die GUI-Komponenten einer Anwendung (aus Benutzersicht am Frontend) von der Applikationslogik (Middleware) getrennt werden. Die dritte Komponente bildet nach wie vor der Datenbankserver (Backend). Die folgende Abbildung zeigt die Struktur solcher Systeme und deren Kommunikation untereinander.

In dieser Abbildung ist zusätzlich ein Web-Server dargestellt, der die HTTP-Komponenten eines solchen Web-basierten Systems beinhaltet (wie HTML-oder XML-

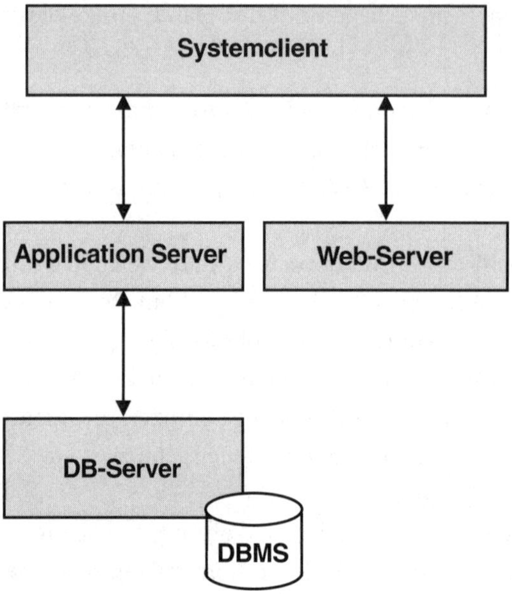

Abb. 5.14: Prinzipskizze einer Drei-Ebenen-Architektur

Dokumente, Java-Applets, CGI-Anwendungen etc). In vielen Fällen ist der Web-Server integrierter Bestandteil des Application Server. Die Kommunikation findet dann z. B. über Java-Servlets statt.

Die Drei-Schichten-Architektur stammt keineswegs von Oracle; zahlreiche Anwendungen wurden oder werden nach diesem Paradigma realisiert, ohne dass Oracle im Spiel ist. Oracle aber verfolgt diese Strategie wieder einmal sehr konsequent. Im Zentrum dabei steht der Oracle Application Server.

Dieser unterstützt neben Java eine Reihe weiterer im Oracle- oder im Web-Umfeld verbreiteter Programmiersprachen und Werkzeuge. Beispiele sind hier CGI, C/C++, Perl, PL/SQL und die Bestandteile des Oracle Developer-Pakets (Forms, Reports, Graphics). Der Anspruch von Oracle beim Einsatz dieses Werkzeugs ist hoch: Statt sich bei der Anwendungsentwicklung auf Kerntechnologien wie Networking, die Integration unterschiedlicher Systeme zu einer Gesamtapplikation oder die Wartbarkeit und Skalierbarkeit der Anwendung zu konzentrieren, sollen die Entwickler beim Einsatz des OAS mehr Zeit haben, um sich auf die eigentlichen Anforderungen ihres Systems zu konzentrieren.

Um es vorwegzunehmen: Ob sich der Einsatz des OAS in einer konkreten Projektsituation lohnt, ist sehr vom Projektinhalt abhängig: Der Einsatz eines vorgefertigten Produkts garantiert vielfach eine schnellere Entwicklung gerade im Anfangsstadium der Entwicklung (also z. B. bei der Entwicklung eines Prototypen). Es mangelt aber oftmals – und diese Aussage gilt nicht nur für den OAS, sondern generell für hybride Fertigprodukte – an der Flexibilität im Vergleich zu Eigenentwicklungen oder im Vergleich zur Kombination mehrerer vorgefertigter Teilkomponenten wie z. B. Klassenbibliotheken. Andererseits besitzt der OAS mit einigen Cartridges wie Java, CGI oder PL/SQL durchaus die Möglichkeit, Eigenentwicklungen für flexible Applikationen einzubinden.

Besonders bemerkenswert sind zwei Eigenschaften des Oracle Application Server: Erstens die Möglichkeit der Integration von Fremddatenbanken über ODBC oder JDBC. Dies ist insofern bemerkenswert, als dass Oracle-Exporte z. B. in ein proprietäres Oracle-Binärformat stattfinden (man nennt diese Dateien *Dumps*); die Überführung des Ergebnisses in andere Datenbanksysteme ist hier oftmals sehr mühsam oder gar unmöglich. Dass dies nicht so sein muss, zeigt z. B. Informix, bei dem Datenbankexports in ein ASCII-Dateiformat durchgeführt werden, das man einfach mit einem Editor seinen Bedürfnissen anpassen kann. Der Import solcher Informix-Exports nach Oracle oder z. B. auch nach Sybase kann anschließend einfach mit einem Loader vorgenommen werden.

Die zweite besonders bemerkenswerte Eigenschaft betrifft die Migration bestehender, auf Basis des Oracle Developer entwickelten Client/Server-Systeme in Web-Anwendungen. Dafür zuständig sind spezielle Cartridges des Application Servers, nämlich der Forms-Server, der Reports-Server und der Graphics-Server. Mit Hilfe dieser Serverkomponenten kann man nicht nur bestehende Anwendungen migrieren, sondern auch neue Applikationen unter Benutzung der genannten Developer-Komponenten entwickeln und anschließend auf relativ einfache Art ins Web stellen. Wir werden auf diese Komponente im Rest dieses Abschnitts noch ein wenig näher eingehen.

Den Oracle Developer gibt es eigentlich überhaupt nicht mehr: Er ist ein aus marketing- und preispolitischen Gründen eingeführter Begriff für ein Produktbundle von Forms, Reports und Graphics, also der Oracle-Werkzeuge, die im Wesentlichen Entwicklungen unterstützen. Heute (d. h. zum Zeitpunkt des Verfassens dieses Kapitels) kann man Forms und Reports lizenzieren, Graphics ist in beiden Fällen enthalten. Analoges gilt für die jeweiligen Serverversionen: Der Forms-Server und der Reports-Server sind als Cartridges für den OAS lizenzierbar, der Graphics-Server ist jeweils dabei.

Die Funktionsweise dieser OAS-Komponenten ist im Wesentlichen so, dass GUI-Komponenten und Bestandteile der Applikationslogik mit Forms, Reports oder Graphics intuitiv erstellt werden, um sie anschließend auf den integrierten Web-Listener des OAS zu bringen. Ein wenig präziser: Das Ergebnis einer neuen oder bestehenden Forms-, Reports- oder Graphics-Entwicklung ist im Wesentlichen PL/SQL-Code. Kompiliert man z. B. eine Forms-Quelle (PL/SQL-Code mit Dateinamen **.fmb*), dann ensteht ein ausführbares Modul mit dem Dateiformat **.fmx*.

Dieses ausführbare Modul wird in ein für den Web-Listener erreichbares Verzeichnis auf dem Application Server gebracht, womit es erstaunlicherweise gleich von einem Web-Browser aus aufrufbar ist. Die Oracle-Realisierung dieser gelegentlich frappierend einfachen Möglichkeit besteht darin, dass die GUI-Komponenten in ein Java-Applet umgewandelt werden.

5.12.2 Object-Manager

Zum Abschluss dieses Kapitels wollen wir noch ein auf den ersten Blick nettes Werkzeug für die Betrachtung und Manipulation von Oracle-Objekten vorstellen, den von Orasoft entwickelten Oracle Object-Manager (OM). Wir haben ihn in der Version 1.0 im Web vorgefunden und berichten hier kurz über dieses Werkzeug, ohne es besonders intensiv getestet zu haben. Die in diesem Abschnitt dargestellten Screenshots stammen ebenfalls von Matthew Chappee, der es uns dankenswerterweise erlaubte, sie zu benutzen. Der Oracle Object-Manager bildet unserer Ansicht nach ein bemerkenswertes Beispiel für anwenderfreundliche Desktop-Applikationen für Oracle unter Linux. Es ist zu hoffen (und zu erwarten), dass derartige Anwendungen in Kürze in einer größeren Anzahl auftauchen werden.

Der Oracle Object-Manager ist nebst Quellen unter der GPL-Lizenz erhältlich von:

```
http://www.orasoft.org
```

Er erinnert entfernt an den Oracle Enterprise Manager, allerdings mit einer eingeschränkten Funktionalität. Die wichtigsten Eigenschaften des Object-Managers sind:

- Es können mehrere Datenbankverbindungen parallel geöffnet werden
- Tabellen können erzeugt, manipuliert und aus der Datenbank entfernt werden
- Komplexe Indizes sowie Sequences und Synonyme können auf relativ einfache Weise erzeugt, manipuliert oder gelöscht werden

- Oracle-Datendateien können erzeugt, geändert und kontrolliert werden
- Code-Objekte wie Packages, Prozeduren oder Funktionen können mit Hilfe einer GTK-basierten IDE manipuliert werden

Das Kürzel GTK steht für *Gimp Toolkit*. Es ist eine in C entwickelte API, die ursprünglich für Gimp geschrieben wurde, sich mittlerweile aber über mehrere X-Window-basierte Anwendungen erstreckt.

Der Object-Manager kommt als rpm-Paket daher, der Quellcode als srpm. Es gibt zwei Versionen, nämlich eine für Verbindungen zu Oracle 8.0.x-Datenbanken und eine für Oracle 8.1.x. Nach Angaben der Entwickler sollte er auf jedem Unix laufen, das Oracle und das GTK unterstützt; er wurde allerdings für Linux entwickelt und unter Linux getestet. Nach dem Entpacken des rpm-Pakets entsteht eine Datei namens *configure*, unter dessen Anwendung der Object-Manager konfiguriert wird.

Abschließend zu diesem Abschnitt wollen wir noch einige Impressionen vom Erscheinungsbild und der Arbeitsweise des OM anfügen. Die folgende Abbildung 5.13 zeigt den Object-Manager nach dessen Aufruf.

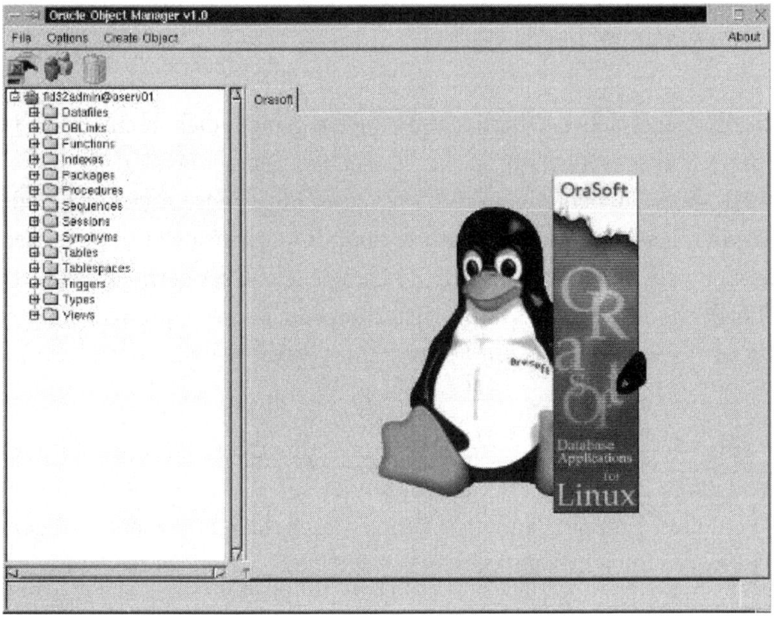

Abb. 5.15: Der Oracle Object-Manager nach dem Aufruf

Wie zu sehen ist, werden dabei diejenigen Objekte angezeigt, die angesehen oder manipuliert werden können. Das Anlegen einer neuen Tabelle geschieht innerhalb des in der Abbildung 5.14 gezeigten Fensters.

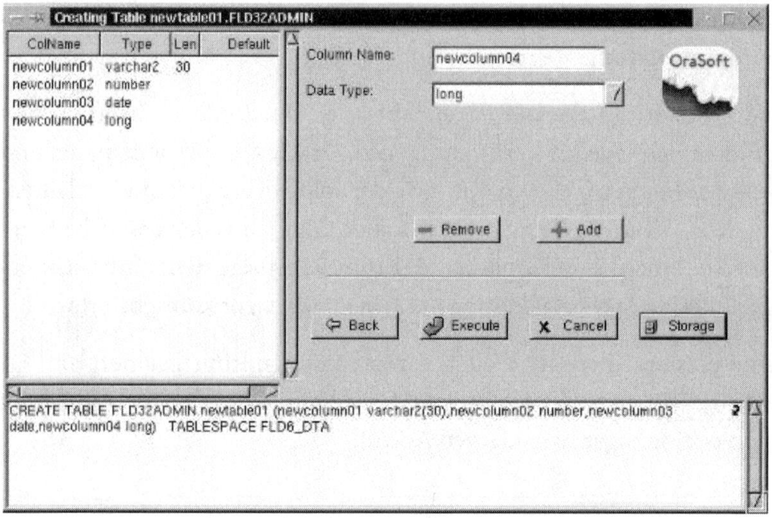

Abb. 5.16: Erzeugen einer neuen Oracle-Tabelle

Besonders erfreulich an solchen Oberflächen (wie sie gelegentlich auch Oracle in seinem Enterprise Manager vorhält) ist die Möglichkeit, sich den SQL-Code der »zusammengeklickten« Tabelleneigenschaften anzusehen. Dies ist sicher gerade unter Linux ein wichtiges Akzeptanzkriterium, denn im Gegensatz zum typischen Windows-Benutzer weiß der durchschnittliche Unix/Linux-User gerne, was hinter der bunten Oberfläche stattfindet. Die nächsten beiden Beipiele (Abbildung 5.15 und Abbildung 5.16) zeigen jeweils ein Fenster, mit dessen Hilfe man sich die Eigenschaften einer Tabelle und eines Indizes ansehen kann.

Beide Fenster entstehen, wenn man im Startfenster des Object-Managers innerhalb der dargestellten Oracle-Objekte nach unten navigiert. Abschließend zeigen wir noch die Darstellung der vorhandenen Oracle-Datendateien und deren Eigenschaften mit Hilfe des Oracle Object-Managers (Abbildung 5.17).

Der Object-Manager ist bei weitem nicht so mächtig wie der Oracle Enterprise Manager auf anderen Plattformen. Er stellt aber eine gute Grundlage für Weiterentwicklungen dar, beispielsweise für das Benutzermanagement oder für die Erweiterung der Manipulationsmöglichkeiten für Datenbankobjekte. Weiter gehend inter-

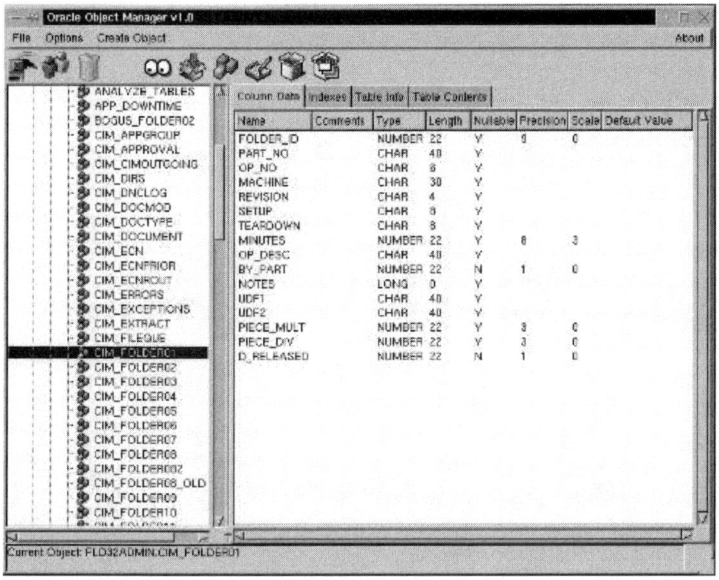

Abb. 5.17: Ansehen der Eigenschaften einer Oracle-Tabelle

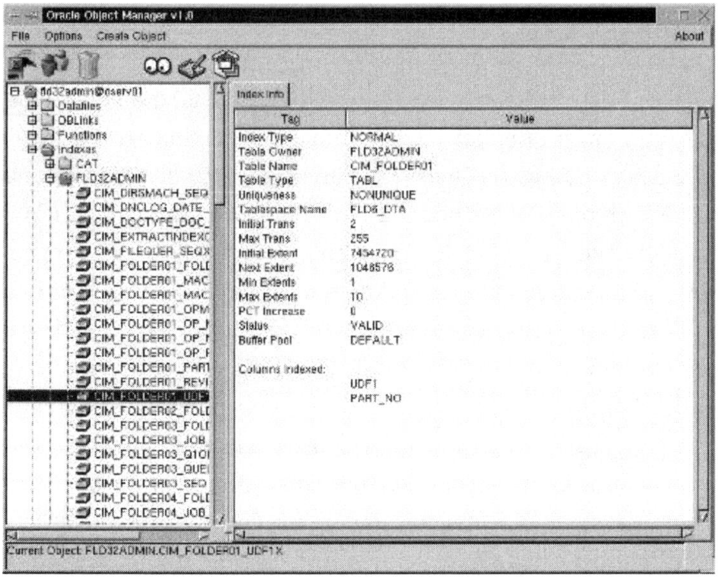

Abb. 5.18: Ansehen der Eigenschaften eines Indizess

essierte Leser sollten die oben genannte Web-Site von Orasoft vielleicht im Auge behalten.

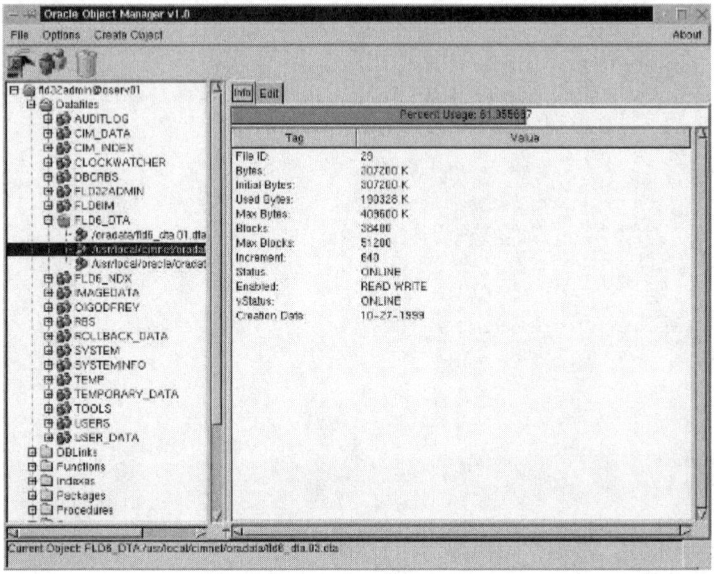

Abb. 5.19: Ansicht der Datendateien

5.13 Zusammenfassung

In diesem Kapitel wurde Oracle 8 unter Linux vorgestellt. Oracle ist das bei weitem verbreitetste Datenbanksystem im Bereich der Midrange-Server. Nicht nur deshalb aber haben wir uns für dieses DBMS als Quasi-Referenzsystem für dieses Buch entschieden: Insbesondere auch die weit reichende Palette der Anwendungs-, Konfigurations- und Einsatzmöglichkeiten – auch in verteilten Anwendungen – macht Oracle für die Linux-Plattform zu einem geeigneten Referenzsystem: Wer Oracle kennt, der hat mit anderen Datenbanksystemen, die für Linux verfügbar sind, relativ geringe Einarbeitungsschwierigkeiten. Das Hauptaugenmerk lag auf der Beschaffung, der Installation und der Administration eines Oracle-Datenbank-Managementsystems. Aber auch weiter gehende Themen wie das Backup und Recovery oder die Verfügbarkeit von Werkzeugen für Linux oder andere Betriebssysteme kamen zur Sprache. Wir wünschen uns, dass Sie Oracle insbesondere im Linux-Umfeld nach der Lektüre dieses Kapitels in den Grundzügen kennen und dass Sie infolge dessen in der Lage sind, sich anhand von weiter gehenden Dokumentationen oder Literaturstellen betriebssystem- oder datenbankspezifischer Art ein recht gutes eigenes Bild machen zu können.

Kapitel 6

Sybase

Sybase hat bereits vor längerer Zeit den Kampf an der Linux-Front angetreten, bereits mit der Version 11.0.3.3 wurde ein Release des Sybase Adaptive Server Enterprise (ASE) für Linux veröffentlicht. Aktuell ist die ASE-Version 12.0, im Bereich Linux ist die letzte Release 11.9.2. Tatsächlich bemerkenswert ist hierbei, dass Sybase die ältere Version 11.0.3.3 des ASE zwar nicht mehr supported, aber dafür freigegeben hat. Suse lieferte z.B. mit der Distribution 6.1 eine Version des ASE 11.0.3.3.

Sybase 11.9.2 kann vom Sybase Web-Server über `http://www.sybase.com/` als Testlizenz heruntergeladen werden. Hierbei sind natürlich Name, Firmenname und Zweck des Downloads anzugeben sowie eine Telefonnummer, über die dann eine Rückfrage des Sybase-Vertriebs erfolgt.

Interessant auf dem öffentlichen Sybase-Web sind neben den eigentlichen Lizenzierungs- und Download-Seiten bezüglich Linux ist die Seite `http://sybooks.sybase.com/index.htm` mit den Downloads der vollständigen Handbücher im PDF-Format und einer Online-Version in HTML. Bemerkenswert ist außerdem die kostenlose Support-Datenbank unter `http://support.sybase.com/` und die personalisierte Version der Support-Datenbank unter `http://mysupport.sybase.com/` – es ist möglich, Beschränkungen auf bestimmte Produktbereiche zu erstellen (d.h. man wird nicht mit unnötiger Information überflutet).

Der Sybase Adaptive Enterprise Server besteht wie jede professionelle Datenbank aus mehreren verschiedenen Komponenten, von denen die folgende Abbildung einige darstellt.

Zentraler Bestandteil ist die eigentliche Datenbank (der Adaptive Server Enterprise, ASE). Der Datenbank steht ein Backup-Server zur Seite, der aber nicht unbedigt auf dem lokalen Rechner betrieben werden muss. Im obigen Beispiel könnte der Abgleich der Daten von Standort 2 und 1 erfolgen, d.h. es wird am zweiten Standort kein Backup-System notwendig (falls bei einem Desaster die Netzwerkbandbreite groß genug sein sollte, um auch auf die Remote-Seite hin ein Recover durchzuführen).

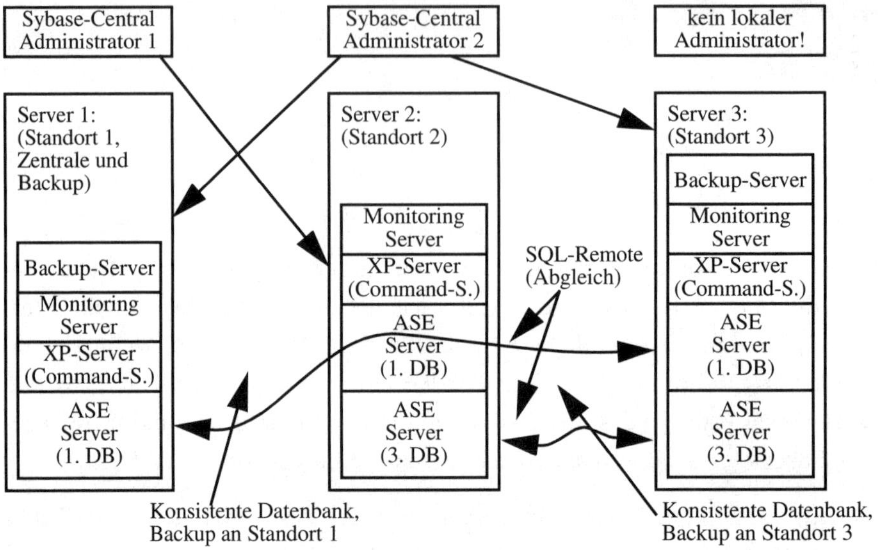

Abb. 6.1: Darstellung einiger wichtiger Komponenten des Sybase Adaptive Enterprise Servers 11.9.2

Zum Abgleich der verteilten Instanzen der Datenbank wird das Paket SQL-Remote eingesetzt. Der Monitoring-Server ist fest mit einer Datenbank verknüpft, muss lokal auf dem Rechner betrieben werden (ansonsten könnten auch keine aussagekräftigen Daten der Maschine gesammelt werden).

Ummantelt wird die ganze Administration durch die Sybase-Central, eine Oberfläche zur Administration. Hierzu existiert wiederum lokal auf jedem einzelnen Rechner ein XP-Server, der die Ausführung lokaler Kommandos auf dem Rechner aus der Datenbank heraus gestattet. Auf diese Weise können die Datenbanken z.B. auch bei hochgetrimmten Firewalls problemlos durch einen einzelnen Administrator betrieben werden. Hier bleibt das Risiko eines Einbruchs in die Datenbank, der dann nicht mehr auf einen Standort begrenzt ist. Allerdings enthält der Sybase ASE eine spezielle Komponente, die User auf verschiedene Art und Weise gegenüber der Datenbank und dem Betriebssystem authentifizieren kann.

6.1 Basisinstallation von Sybase 11.9.2

Die herunterzuladenden rpm-Pakete sind eigentlich für eine RedHat-Distribution als Basis ausgeführt. Mit einigen kleineren Änderungen laufen die Pakete jedoch auch unter einer Suse 6.x-Distribution. In der folgenden Installation soll der Fall einer Suse-Distribution mit den RedHat-Sybase-Paketen für den ASE 11.9.2 betrachtet werden.

Zur Installation des Adaptive Server Enterprise 11.9.2 (ASE) für Linux werden folgende Dateien benötigt:

- *sybase-doc-11.9.2-1.i386.rpm* enthält die Dokumentation zum ASE
- *sybase-common-11.9.2-1.i386.rpm* ist ein grundlegendes Paket (eine Abhängigkeit der anderen Pakete)
- *sybase-ase-11.9.2-1.i386.rpm* enthält die eigentlichen Binaries des Datenbankserver
- *sybase-monserver-11.9.2-1.i386.rpm* enthält Komponenten zur Performance-Überwachung
- *sybase-german-11.9.2-1.i386.rpm* enthält die spezifischen Zeichensätze für Deutschland
- *sybase-openclient-11.1.1-1.i386.rpm* enthält Bibliotheken und Programmierbeispiele zur Erstellung eigener Client-Software für den Sybase ASE
- *sybase-sqlremote-6.0.2-1.i386.rpm* ist eine Erweiterung des Adaptive Server Enterprise zur Replikation von Datenbanken z.B. über Protokolle wie NFS oder ftp

Für die Installation dieser Pakete werden ca. 170 MB Plattenplatz benötigt. Das Basisverzeichnis der Installation ist */opt/sybase-11.9.2*, zuerst sollte die Dokumentation zum ASE eingespielt werden durch:

```
root@jake /opt/download/sybase/11.9.2# rpm --install ./sybase-doc-11.9.2-
1.i386.rpm
Directory /opt/sybase-11.9.2 does not exist. Installing
into directory /opt/sybase-11.9.2.
If common package is already installed in another location
Install using the --relocate option
root@jake ~#
```

Die Installation von Sybase 11.9.2 verlangt natürlich Rootrechte, außerdem muss ein User und eine zusätzliche Unix-Gruppe für den Datenbankadministrator eingerichtet werden. Die Umgebungsvariable *SYBASE* sollte auch beim User root sofort in die Shell-Umgebung eingepflegt werden. Nun kann man der Einfachheit halber einen Softlink von */opt/sybase* auf das Installationsverzeichnis legen und vor allem die Installationsanleitung als PDF-Dokument abrufen:

```
cd /opt
root@jake /opt# ln -s sybase-11.9.2 sybase
root@jake /opt# export SYBASE=/opt/sybase-11.9.2
root@jake /opt# cd $SYBASE
```

```
root@jake /opt/sybase-11.9.2# vi /etc/bashrc
root@jake /opt/sybase-11.9.2# tail -2 /etc/bashrc
export SYBASE=/opt/sybase-11.9.2
export PATH=${PATH}:${SYBASE}/bin
root@jake /opt/sybase-11.9.2# acroread /opt/sybase-11.9.2/doc/PDF/uxin-
stall.pdf &
root@jake /opt/sybase-11.9.2# acroread /opt/sybase-11.9.2/doc/PDF/sag.pdf &
```

Unbedingt beachtet werden sollte die vorbildliche Installationsanweisung für Linux in *uxinstall.pdf*, weitere wichtige Hinweise für Linux finden sich im Release Bulletin ASE 11.9.2 für Linux/Intel (das als aktuelle Information allerdings nur über `http://sybooks.sybase.com` bezogen werden kann). Die Datei *sag.pdf* enthält das knapp 700 Seiten große Administrationshandbuch. Im Gegensatz zur Version 11.0.3 werden leider keine HTML-Dateien mehr geliefert. An dieser Stelle sind auch die aktuellen Anforderungen der Sybase-Entwickler an den Linux-Kernel enthalten: Linux 2.2.5 und die *glibc* in der Version 2.0.7-29. Als Hardwareanforderungen werden 32 MB RAM als Minimum angegeben (sehr knapp - eher 64 MB - wie später beschrieben), es werden allerdings berechtigterweise mindestens 128 MB RAM empfohlen.

Die Installation beginnt mit dem Setzen der Umgebungsvariablen SYBASE, die das Installationsverzeichnis wiedergibt (hier nur dargestellt für die *bash*, in der Anleitung natürlich auch für die *csh*) und der Erweiterung des Pfades. Nach dem Einspielen der Dokumentation kann praktischerweise ein Link eingeführt werden, um die Pfade überschaubarer zu halten. Das in der Anleitung zitierte Skript *sybsetup* ist allerdings beim Download aus dem Internet nicht vorhanden, man muss die RPM-Pakete also selbst einspielen. Dabei fallen bereits beim ersten Paket *sybase-common-11.9.2-1.i386.rpm* möglicherweise einige Probleme an:

```
root@jake /opt/download/sybase# rpm --install -v sybase-common-11.9.2-
1.i386.rpm
error: failed dependencies:
kernel >= 2.0.36 is needed by sybase-common-11.9.2-1
glibc >= 2.0.7-29 is needed by sybase-common-11.9.2-1
ldconfig >= 1.9.5-8 is needed by sybase-common-11.9.2-1
ld.so >= 1.9.5-8 is needed by sybase-common-11.9.2-1
root@jake /opt/download/sybase# rpm --query --file /lib/ld.so
ldso-1.9.9-58
root@jake /opt/download/sybase# uname -a
Linux jake 2.2.10 #13 Tue Jul 20 17:54:42 MEST 1999 i686 unknown
root@jake /opt/download/sybase#
```

Das Paketskript prüft sinnvollerweise einige Mindestvorgaben der Linux-Umgebung ab, allerdings sind diese Vorgaben nur in der RedHat-Distribution über die installierten Pakete tatsächlich automatisch erfüllbar. Bei der Suse-Distribution sind die Vorgaben technisch erfüllt (wie am Paket *ldso* und an der Ausgabe von *uname -a* zu erkennen), werden aber nicht richtig abgetestet. Deswegen muss die Installation von ASE 11.9.2 unter einer Suse-Distribution einfach erzwungen werden. Vorher sollte ein Sybase-User in der */etc/passwd* und eine Sybase-Gruppe in der */etc/group* angelegt werden (um einen Fehler "*chown: sybase: invalid user*" in den Skripten unter Suse zu verhindern). Außerdem sollte der User *sybase* Schreibrechte auf sein */home* besitzen:

```
root@jake ~# groupadd -g 501 sybase
root@jake ~# useradd -c "Sybase ASE DBA account" -d /opt/sybase-11.9.2 \
                    -g sybase -s /bin/bash -u 501 sybase
root@jake ~# grep sybase /etc/shadow /etc/passwd /etc/group
/etc/shadow:sybase:!:11077:0:99999:7:0::
/etc/passwd:sybase:x:501:501:Sybase ASE DBA account:/opt/sybase-11.9.2:/bin/bash
/etc/group:sybase:x:501:
root@jake ~# chown sybase:sybase /opt/sybase-11.9.2
root@jake ~# cd /opt/download/sybase/11.9.2
root@jake /opt/download/sybase/11.9.2# rpm --install --verbose \
                                        --nodeps sybase-common-11.9.2-
1.i386.rpm
sybase-common-11.9.2-1
root@jake /opt/download/sybase/11.9.2# rpm --install --verbose \
                                                sybase-ase-11.9.2-1.i386.rpm
root@jake /opt/download/sybase/11.9.2# rpm --install --verbose \
                                                 sybase-monserver-11.9.2-
1.i386.rpm
sybase-ase-11.9.2-1
root@jake /opt/download/sybase/11.9.2# rpm --install --verbose \
                                                sybase-german-11.9.2-
1.i386.rpm
```

```
root@jake /opt/download/sybase/11.9.2# rpm --install --verbose \
                                                 sybase-openclient-11.1.1-
1.i386.rpm
root@jake /opt/download/sybase/11.9.2# rpm --install --verbose \
                                                sybase-sqlremote-6.0.2-
1.i386.rpm
```

Das zentrale Paket des Datenbankservers überprüft die Abhängigkeiten nicht mehr und kann deswegen nach dem Paket *sybase-common-11.9.2-1.i386.rpm* ohne die Brechstange *rpm --install --nodeps* zur Vermeidung der Abhängigkeitsprüfung in die Suse-Distribution eingespielt werden. An dieser Stelle sind die notwendigen Pakete für den eigentlichen Datenbankserver bereits komplett installiert.

6.2 Installation/Konfiguration des Sybase Adaptive Datenbankserver

Da nun alle Binaries vorhanden sind, kann die eigentliche Konfiguration des Servers beginnen. An dieser Stelle muss entschieden werden, welche Medien bzw. Datenplatten dem Sybase ASE zur Ablage der Daten zugeordnet werden:

- Normalerweise sollten Character-Raw-Devices für Sybase eingesetzt werden: Der ASE sollte bei ungepufferten Platten-Devices immer einen konsistenten Zustand auf der Platte besitzen (bzw. leichter ein Recovery durchführen können), weil kein Platten-Cache im Betriebssystem zu unvollständigen Transaktionen führen kann.
- Da Linux aber nur Block-Devices und keine Character-Devices für Platten unterstützt, werden bei der Installation des ASE unter Linux auch Block-Devices zugelassen.
- Natürlich ist beim ASE 11.9.2 auch der Einsatz von Dateien als Datenbank-Device möglich, dies wird von Sybase jedoch nicht empfohlen (wegen der Recovery- bzw. Konsistenzproblematik).

Von nun an wird die weitere Installation zuerst durch den User *sybase* abgewickelt. Die Konfiguration der Netzwerkdienste muss natürlich wieder von *root* durchgeführt werden, dies geschieht über den Aufruf des Postconfiguration-Skripts *${SYBASE}/install/sybinstall.sh*. Jetzt kann man sich als *sybase* anmelden:

```
root@jake /opt/sybase/doc/PDF# su - sybase
Do you want to start 'srvbuild' now? [y/n]: y
```

Beim ersten Anmelden (und nur beim ersten Anmelden) wird zuerst das *$SYBASE/README* ausgegeben, das einige Hinweise bezüglich der Umgebungsvariablen enthält. Es enthält außerdem noch eine kurze Beschreibung der Hauptkomponenten, die nun konfiguriert werden: der eigentliche ASE-Datenbankserver, der Backup-Server, der Datenbankmonitor (zuständig u.a. auch für Performance-Monitoring) sowie der XP-Server, der die in der Datenbank gehaltenen und auf dem Datenbankserver ablaufenden Stored-Procedures abwickelt (und deswegen zwingend auch auf der gleichen Maschine laufen muss).

Als letzter Punkt der Anmeldung erscheint die Anfrage, ob das Programm *srvbuild* zur Konfiguration des ASE aufgerufen werden soll. Zum Klonen von Datenbankservern kann *srvbuildres* eingesetzt werden. Dieses Utility konfiguriert Sybase anhand einer Konfigurationsdatei im Batch-Betrieb (d.h. komplette Server-Farmen können im Batchbetrieb installiert und konfiguriert werden). Wird die Anfrage bezüglich des Aufrufs von *srvbuildres* bejaht, so erscheint unter X11 ein Fenster:

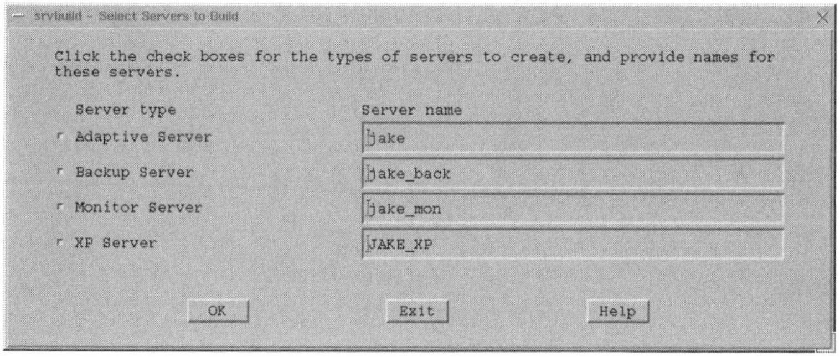

Abb. 6.2: Auswahl der zu konfigurierenden Komponenten des ASE unter X11

Das Installationsprogramm installiert bzw. initialisiert alle vorhandenen Sybase-Komponenten: Wird z.B. die Monitoring-Komponente nicht installiert, so taucht dieser Punkt in der Konfiguration auch nicht auf. In der nun folgenden Konfiguration werden alle Punkte ausgewählt (d.h. ASE-Datenbankserver, Backup-, Monitoring- und XP-Server). Die Namen können wahlfrei vergeben werden, aber der XP-Server verlangt Großbuchstaben, und die Endungen der Namen sollten beibehalten werden (d.h. *_back* für den Backup-, *_mon* für den Monitoring- und *_XP* für den XP-Server).

An dieser Stelle müssen spätestens die Platten für Sybase partitioniert werden. In dieser Installation soll die Platte */dev/sdd* mit ca. 2 GB Gesamtgröße für Sybase eingesetzt werden:

- Die Partition */dev/sdd1* soll die Datenbank *sybsystemprocs* enthalten. Die Mindestgröße beträgt 60 MB (für interne Stored-Procedures). Hier wurde eine größere Partition gewählt, um auch künftige Stored-Procedures abgelegen zu können.
- Die Partition */dev/sdd2* soll die erste Masterdatenbank werden, auch hier wurde ein wenig mehr Platz aufgewendet.

Ein spezieller Partitionstyp wird nicht verlangt, der Linux-Standardtyp *0x83* ist in Ordnung. Es existiert scheinbar auch noch kein Typ für Datenbank-Devices, obwohl es eigentlich sinnvoll wäre. Nach der Partitionierung werden die Rechte der Block-Devices so eingerichtet, dass die Datenbank bzw. der User *sybase* ohne Root-Rechte direkt auf die Devices zugreift:

```
root@jake /opt/sybase-11.9.2/doc/PDF# fdisk -l /dev/sdd

Disk /dev/sdd: 67 heads, 62 sectors, 1009 cylinders
Units = cylinders of 4154 * 512 bytes

Device Boot    Start       End    Blocks   Id  System
/dev/sdd1          1        61    126666   83  Linux
/dev/sdd2         62       121    124620   83  Linux
root@jake ~# chown sybase:sybase /dev/sdd1 /dev/sdd2
root@jake ~# chmod 600 /dev/sdd1 /dev/sdd2
root@jake ~# ls -ld /dev/sdd[1,2]
brw-------   1 sybase   sybase    8,  49 Jul 23  1999 /dev/sdd1
brw-------   1 sybase   sybase    8,  50 Jul 23  1999 /dev/sdd2
root@jake ~#
```

Da nur die Datenbank auf das Devicefile zugreifen kann, sollten keine Sicherheitsproblematiken auftauchen (bis die Platte im Leben nach Sybase anderweitig eingesetzt werden soll). Außerdem sind wegen des mangelnden Zusammenspiels von Suse und den Sybase-Paketen für RedHat noch einige Schreibrechte zu setzen (ansonsten kann z.B. das Logfile der Installation nicht erstellt werden):

```
root@jake ~# chown -R sybase:sybase /opt/sybase-11.9.2
```

Außerdem muss noch ein Port zur Kommunikation der Clients mit dem Datenbankserver ausgewählt werden. In der folgenden Standardinstallation ist dies der TCP-Port 4100, der auf eventuelle Nutzung durch andere Programme/Dienste geprüft werden muss (falls NIS nicht eingesetzt wird, kann die Überprüfung der *services* mit *ypcat* natürlich entfallen):

```
root@jake ~# netstat -an | grep 4100
root@jake ~# grep 4100 /etc/services /etc/inetd.conf
root@jake ~# ypcat services | grep 4100
root@jake ~#
```

Falls der Port 4100 schon belegt sein sollte, so gilt es natürlich, einen anderen Port auszuwählen. Wahlweise kann anstelle der Kommunikation über das Protokoll TCP auch eine Client-Kommunikation über das IPX erfolgen. UDP wird hingegen nicht gestattet, was aber wahrscheinlich auch sehr selten ein Problem darstellen sollte.

Die Einstellungen aller Netzwerkports und die Zuordnung der Sybase-Netzwerkports zu den einzelnen Servernamen bzw. den Serverdiensten des ASE sind in der Datei *$SYBASE/interfaces* enthalten und können an dieser Stelle auch später verändert werden.

Nun kann die Installation fortgesetzt werden. Es erscheint folgendes Fenster, in dem nun die Platten und der TCP-Netzwerkport des eigentlichen Datenbankservers konfiguriert werden:

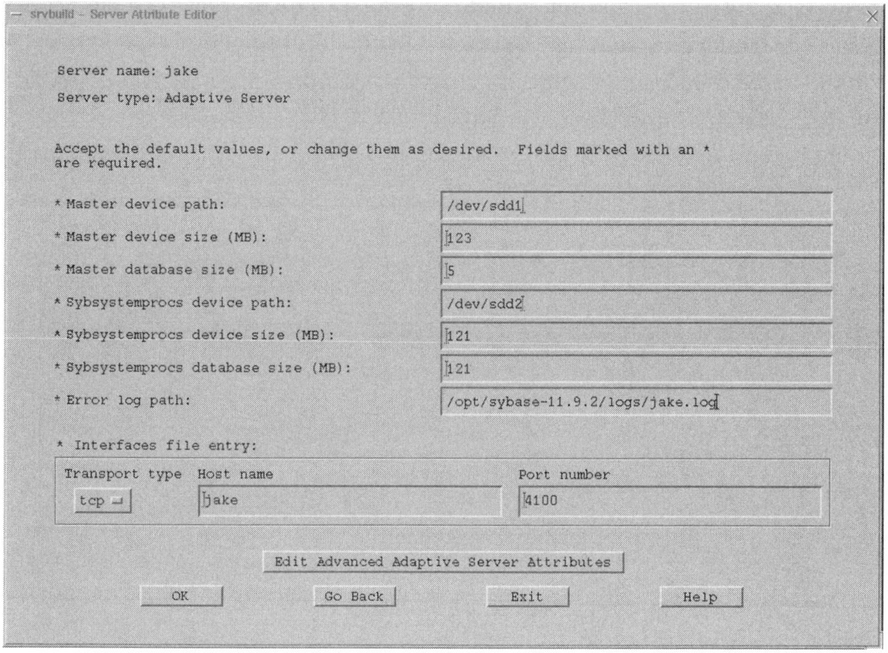

Abb. 6.3: Konfiguration des Plattenplatzes und des Netzwerkzugangs des Adaptive Server (1/2)

Man wird mit der Größe der Partitionen in der Maske belohnt falls etwas nicht funktionieren sollte, so können z.B. Dateirechte auch noch geändert werden. Das Programm *srvbuild* kann jederzeit komplett abgebrochen und unter dem User sybase wieder aufgerufen werden. Der Pfad der Fehler-Log-Dateien sollte noch auf ein zentrales Log-Verzeichnis hin verändert werden. Es soll hier auf *$SYBASE/logs* zeigen und muss natürlich per *mkdir* vorher noch angelegt werden und zum User sybase gehören.

Optional kann nun noch eine zusätzliche Platte für den Two-Phase-Commit angelegt werden, wie im folgenden Fenster ersichtlich. Dieses Device für die Systemtabellen *sybsystemdb* ist ein gesondertes Device, das für verteilte Datenbanken eingesetzt wird: Eine User-Transaktion wird vorläufig in die erste Datenbank eingepflegt, dann an eine andere Datenbank-Replika weitergegeben; wenn die Transaktion von dieser zweiten Datenbank eingepflegt wurde, so geht eine Bestätigung an die erste Datenbank zurück.

Eine Transaktion kann hierdurch konsistent und gleichzeitig in verschiedene Datenbanken übertragen werden. Dieses Device muss nur angelegt werden, wenn dieses Feature eingesetzt werden soll - in diesem Fall also nicht. Natürlich besitzt Sybase auch noch andere Systemtabellen (wie z.B. eine Auditing- und eine Syntaxdatenbank), für die jedoch im Gegensatz zur *sybsystemdb* keine speziellen Devices erforderlich sind bzw. empfohlen werden.

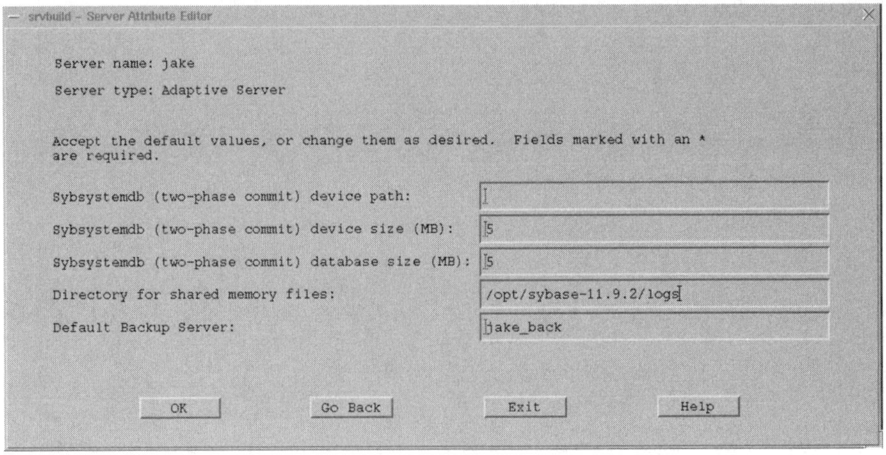

Abb. 6.4: Konfiguration des Plattenplatzes und des Netzwerkzugangs des Adaptive Server (2/2)

Das Verzeichnis bezüglich der Shared-Memory-Informationsdateien sollte noch auf das Verzeichnis *$SYBASE/logs* angepasst werden. In diesen Shared-Memory-Dateien werden nicht Daten abgelegt, sondern Shared-Memory-Keys und Shared-

Memory-Segment-Adressen, auf deren Basis die Kommunikation zwischen einzelnen Sybase-Programmen realisiert wird. Falls ein Server nicht hochfahren sollte, weil z.B. zu viel Memory bei einem Datenbankcrash belegt und nicht freigegeben wurde, so findet man hier unter Umständen die Keys und Adressen der Segmente (obwohl ein *ipcs -a* und die Suche nach dem User *sybase* mit einem anschließenden *ipcrm shm* auf die betroffenen Segmente wahrscheinlich schneller sein wird). Der Name des Backup-Server kann auf dem Default belassen werden. Es sei denn, man möchte einen anderen ASE-Server als Backup-Server einsetzen, weil z.B. kein lokales Bandlaufwerk vorhanden ist.

An dieser Stelle ist die grundlegende Konfiguration des Sybase-Datenbankservers bereits abgeschlossen, es müssen jedoch noch die anderen Dienste konfiguriert werden, die an den eigentlichen Datenbankserver gebunden sind: Backup-, Monitoring- und XP-Server.

6.3 Konfiguration des Backup-Server

Nach dieser Konfiguration präsentiert *srvbuild* automatisch ein Fenster zur Konfiguration des Backup-Servers. Die Idee hierbei ist, dass ein zentraler Backupserver mehrere, unterschiedliche Datenbankserver bedient (was natürlich durch zentralisierte Backuphardware einige Vorteile bietet). Hier soll jedoch nur der Fall betrachtet werden, dass der Sybase Datenbankserver über lokale Bandlaufwerke und nicht über einen Netzwerkzugang im Backup ist.

Die Konfiguration des Backup-Servers fordert eine Datei bezüglich der Konfiguration der Bandlaufwerke. Hier ist am besten die Standardvorgabe von Sybase mit *$SYBASE/backup_tape.cfg* einzutragen – die Datei muss aber nicht existieren, sondern wird von Sybase verwaltet. Weiterhin kann bei Bedarf Information bezüglich des Zeichensatzes bzw. der verwendeten Locale angegeben werden (ohne diese Information kommt aber auch kein Problem auf). Das Logfile des Backup-Servers sollte natürlich in das gleiche Verzeichnis wie alle anderen Log-Dateien.

Natürlich benötigt auch der lokale Backup-Server eine Portnummer (Standard: 4200/TCP), die wiederum vorher auf Belegung bezüglich anderer Dienste zu prüfen ist. Wenn der Backup-Server lokal angesprochen wird, so kann die Zahl der Netzverbindungen eher ignoriert werden. Bei über das Netzwerk angesteuerten Backup-Servern sollte man hier vorsichtiger sein, da ansonsten entweder zu viele oder zu wenige Daten für das Bandlaufwerk über das Netz ankommen.

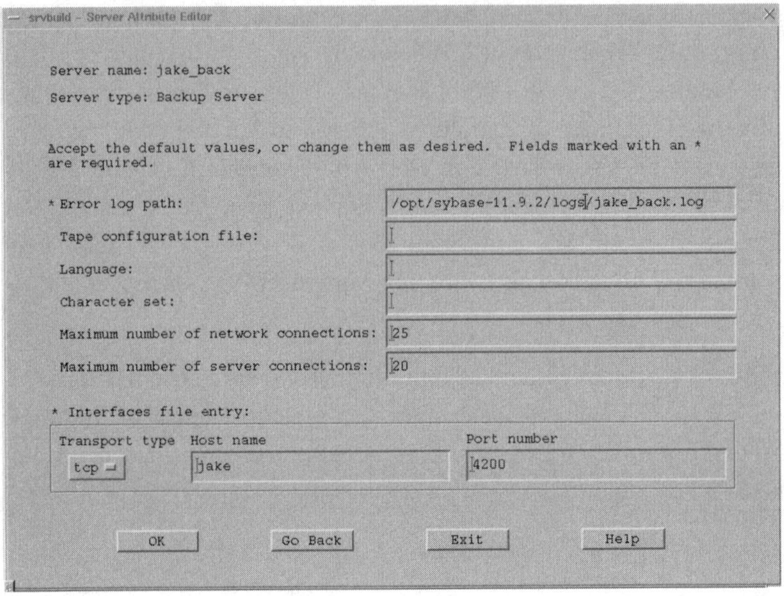

Abb. 6.5: Konfiguration eines einfachen Backup-Server

6.4 Konfiguration des Monitoring-Server und des XP-Server

Nach dem Backup-Server wird nun das Monitoring konfiguriert. Im Default liegt der Monitoring-Netzwerkport auf 4300/TCP; auch hier sollte geprüft werden, ob der Port verfügbar ist. Die Zahl der verfügbaren Verbindungen vom Monitoring-Server nach außen muss ausgefüllt werden (und kann z.B. auf einen Wert von zehne gesetzt werden). Da das Monitoring eher unkritisch ist, sollten zehn Überwachungsverbindungen immer ausreichen. Auch hier wird für den Monitoring-Server eine Log-Datei (ins *$SYBASE/logs*) und eine Konfigurationsdatei (passenderweise ins *$SYBASE/install*) angegeben.

Da die Kommunikation zwischen Datenbank- und Monitoring-Server über Shared-Memory erfolgt, muss natürlich das Verzeichnis der Shared-Memory-Information identisch zum Datenbankserver gewählt werden (hier auch das Verzeichnis *$SYBASE/logs*). Nun erfolgt nur noch die Konfiguration des XP-Servers, der nicht über Shared-Memory kommuniziert und auch keine eigene Log-Datei besitzt (Fehler tauchen beim eigentlichen Datenbankserver auf):

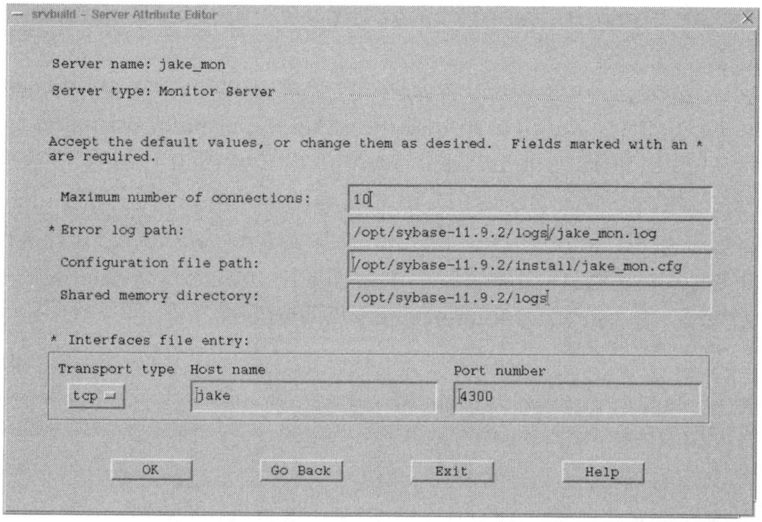

Abb. 6.6: Konfiguration des Monitoring-Server

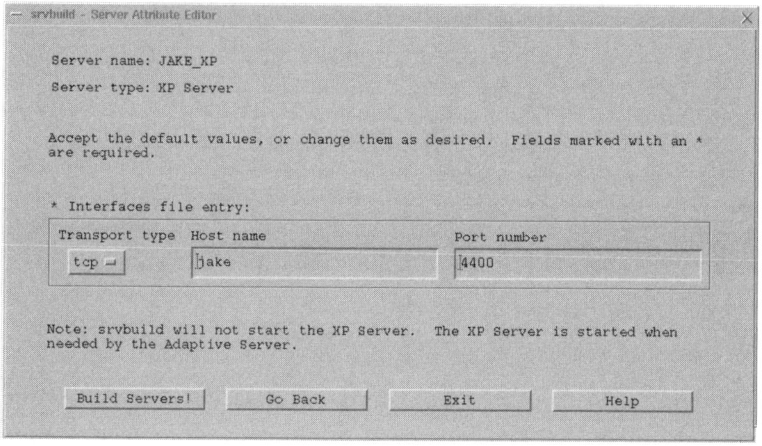

Abb. 6.7: Konfiguration des Monitoring-Server

Beim XP-Server ist deswegen nur der TCP-Netzwerk-Port 4400 nachzuprüfen, eine weitere Konfiguration extstiert nicht. Hiermit ist die erste Konfiguration des Sybase ASE-Datenbankservers komplett abgeschlossen. Nach der Bestätigung durch einen Klick auf *Build Servers* kann man die weitere Ausgabe der Installation verfolgen, über die Log-Datei des Datenbankservers *$SYBASE/install/jake.log* können die zeitintensiven Aktionen bei der Erstellung und erstmaligen Initialisierung der Daten-Devices verfolgt werden.

6.5 Vervollständigung der Installation

Zur Installation der Daten-Devices wird der *dataserver* hochgefahren. Während der Installation wird u.a. auch die Konfigurationsdatei *$SYBASE/install/hostname.cfg* erstellt, die für spätere Konfigurationsänderungen editiert werden kann. Je nach Geschwindigkeit und Größe der Platten kann dies einige Minuten in Anspruch nehmen. Vor Abschluss der Konfiguration laufen neben dem *dataserver* auch der *monserver* sowie der *backupserver*. Die Log-Datei sollte kontrolliert werden bezüglich der Ausgabe, ob die Server alle erfolgreich erstellt wurden.

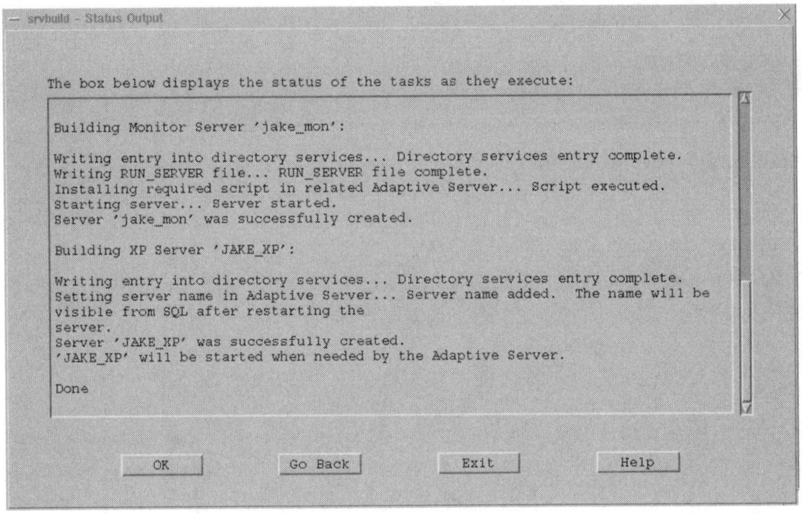

Abb. 6.8: Ausgabe des Logfensters nach der Installation

Das Installationsprogramm *srvbuild* fragt nach dem Aufsetzen der Datenbank, welche Zeichensätze neben dem US-Zeichensatz in das System eingespielt werden und welche Sortierreihenfolge die Funktionen besitzen sollen. An dieser Stelle sollten natürlich schon alle länderspezifischen Softwarepakete vorhanden sein, damit die entsprechenden Zeichensätze (am besten ISO Latin-1 für Deutschland) auch angewählt werden können. Bei der binären Sortierung wird unterschieden zwischen Groß- und Kleinbuchstaben, aber Umlaute werden falsch einsortiert, die Behandlung der Akzente sollte hingegen relativ egal sein. Da die Anpassungen der Zeichensätze aber auch nach der Installation noch durch das Programm »sqlloc« vorgenommen werden können, sind hier keine Anpassungen erforderlich.

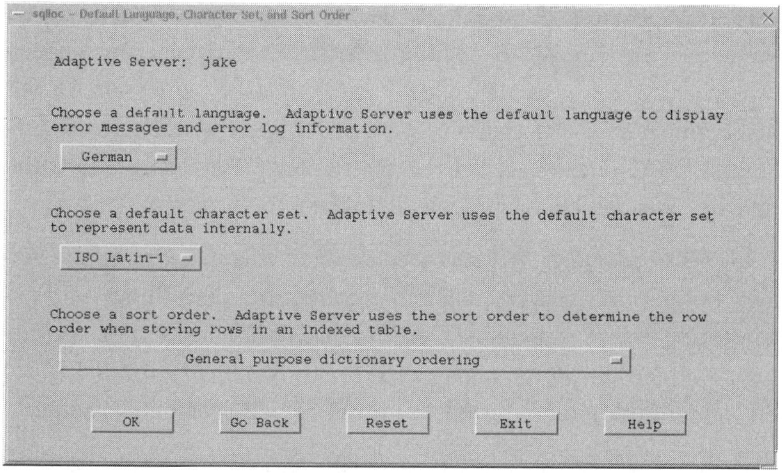

Abb. 6.9: Wahl des Zeichensatzes und der Sortierreihenfolge

Wird die Datenbank auf die obigen Einstellungen für Deutschland gesetzt, so werden alle Systemtabellen noch einmal umsortiert und die Indizes neu aufgebaut, was wiederum einige Zeit in Anspruch nimmt. Weitere Informationen bezüglich der Sortieralgorithmen können mit der Prozedur *sp_helpsort* bei laufender Datenbank abgefragt werden. Falls die Sortierung oder der Standardzeichensatz bei einer bereits initialisierten Datenbank geändert werden soll, so können hierzu die Daten einfach exportiert und wieder importiert werden. Sollte der ASE produktiv eingesetzt werden, so sollten die Sortierreihenfolgen noch ausgetestet werden, damit ein nachträglicher Export/Import nicht zu aufwendig wird.

Falls Probleme beim Hochfahren der Datenbank existieren sollten, so lohnt es sich, die beiden folgenden Sachverhalte abzuprüfen:

- In der Datei *$SYBASE/jake.cfg* wird die Konfiguration des Datenbankservers gehalten. Fährt der Server nicht hoch, so könnte es an einem Speichermangel liegen. Hierfür ist der folgende Parameter zuständig:

```
[Physical Memory]
total memory = default
```

  Falls hier durch nicht ausreichenden Speicher Probleme beim Hochfahren der Datenbank entstehen, so kann dieser Parameter auch auf den Minimalwert heruntergesetzt werden:

```
[Physical Memory]
total memory = 14336
```

Dies bedeutet eine Speichergröße von ca. 29 MB (der Speicher wird in Seiten zu je 2048 Byte gemessen, d.h. 14336*2*1024 Byte). Die von Sybase angegebene minimale Speichergröße von 32 MB ist also ziemlich knapp bemessen, 64 MB wären wahrscheinlich eher angemessen. Warum der Speicher nicht in der Seitengröße eines SPARC- oder x86er-Prozessors mit 4096 Byte oder eines UltraSPARCs mit 8192 Byte berechnet wird, bleibt unklar.

- Das Skript *$SYBASE/install/rc.sybase* startet die zum Adaptive Enterprise Server gehörigen Programme, d.h. den Datenbankserver mit dem Binary *dataserver*, den Monitoring-Server mit *monserver* und den Backupserver mit *backupserver*. Hierbei werden der Reihe nach die Skripten *$SYBASE/install/RUN_** durchlaufen - leider funktioniert dies nicht immer so, wie es eigentlich sollte.

```
root@jake /opt/sybase-11.9.2# /opt/sybase-11.9.2/install/rc.sybase start
Starting Sybase ASE ... RUN_jake RUN_jake_back RUN_jake_mon
```

Deswegen sind folgende Änderungen am Skript *$SYBASE/install/rc.sybase* zumindest unter SuSE-Linux sinnvoll:

```
root@jake /opt/sybase-11.9.2/install# diff rc.sybase.orig rc.sybase
13c13
< . /etc/rc.d/init.d/functions
---
> #. /etc/rc.d/init.d/functions
```

SuSE kennt die Datei */etc/rc.d/init.d/functions* nicht, und deswegen sollte sie auskommentiert werden.

```
35c35,36
<su -c "startserver -f ${run_server}" sybase > /dev/null 2>&1 ; \
---
>su -c "$SYBASE/install/startserver -f $SYBASE/install/${run_server}"
sybase
> /dev/null 2>&1 ; sleep 5 ; \
```

Das Verzeichnis *$SYBASE/install* liegt nicht unbedingt im Pfad, außerdem muss das Skript nicht unbedingt innerhalb des Verzeichnisses *$SYBASE/install* aufgerufen werden (deswegen Einfügen von absoluten Pfaden).

Außerdem wichtig ist der *sleep* nach dem Start jedes einzelnen Servers: Der Monitor-Server verlangt auf Grund der Shared-Memory-Segmente, dass der Datenbankserver schon vorhanden und lauffähig sein muss. Durchläuft die Datenbank z.B. beim Hochfahren ein längeres Recovery, so wird der Monitoring-Server ohne laufende Datenbank gestartet und beendet sich daher sofort wieder. Deswegen sollte man der Datenbank zumindest einige Zeit für ein Recover geben. Wichtig und trickreich ist hier auch die Reihenfolge der Prozesse – die Skripten *RUN_** werden der Reihe nach durchlaufen, d.h. bei falscher Namensgebung wird der Monitoring-Server schwerlich hochfahren.

```
40a42
>       chown sybase:sybase /var/lock/subsys/sybase
```

Die RedHat-Skripten legen scheinbar eine Lockdatei für Sybase durch ein *touch /var/lock/subsys/sybase* an. An diese Stelle darf *sybase* natürlich nicht schreiben, deswegen sollte *root* diese Datei anlegen und *sybase* schenken.

```
45,47c47,50
<       killproc dataserver
<       killproc backupserver
<       killproc monserver
---
>       /sbin/killproc ${SYBASE}/bin/dataserver
>       /sbin/killproc ${SYBASE}/bin/backupserver
>       /sbin/killproc ${SYBASE}/bin/monserver
>       /sbin/killproc ${SYBASE}/bin/xpserver
```

Es ist besser, *killproc* direkt anzusprechen, ansonsten findet es der User *sybase* nämlich nicht. Und der XP-Kommandoserver sollte auch heruntergerissen werden, weil er durch den *dataserver* gestartet wird. Noch eleganter und angemessener wäre es natürlich, die Datenbank ordentlich durch einen Shutdown als User *sybase* und nicht durch einen *killproc* herunterzufahren. Das Herunterreissen der Datenbank impliziert nämlich eine Recovery beim Hochfahren.

Ansonsten sollte eine Fehlersuche in den zusammen mehr als 1000 Seiten umfassenden Dokumenten *System Administration Guide* und *Managing and Monitoring Sybase Adaptive Server Enterprise* (die Acrobat-Dateien *sag.pdf* und *mngmonas.pdf* aus dem Paket *sybase-doc-11.9.2-1.i386.rpm*) schnell zu einer Lösung des Problems führen.

6.6 Weitere Eigenschaften der Installation

Eine interessante Option vom Sybase Adaptive Enterprise Server ist die Konfiguration von Datenbanken im Batch-Modus. Hier wird nicht *srvbuild* zur Installation der Datenbank aufgerufen, sondern *srvbuildres*. Dieses Programm erwartet als Eingabedatei eine Beschreibung der zu installierenden Datenbank in einer *.res*-Datei.

Anhand einer bei der Installation der ersten Datenbank erstellten Ressourcendatei kann man leicht die Art und Weise des Dateiformats anhand der vorangegangenen Installation nachvollziehen:

```
root@jake ~# cat /opt/sybase-11.9.2/init/logs/srvbuild0504.001-jake.rs
srvbuild.release_directory: /opt/sybase-11.9.2
srvbuild.product: sqlsrv
srvbuild.server_name: jake
srvbuild.new_config: yes
srvbuild.do_add_server: yes
srvbuild.do_upgrade: no
srvbuild.network_protocol_list: tcp
srvbuild.network_hostname_list: jake
srvbuild.network_port_list: 4100
srvbuild.master_device_physical_name: /dev/sdd1
srvbuild.master_device_size: 123
srvbuild.master_database_size: 5
srvbuild.errorlog: /opt/sybase-11.9.2/install/jake.log
srvbuild.sybsystemprocs_device_physical_name: /dev/sdd2
srvbuild.sybsystemprocs_device_size: 121
srvbuild.sybsystemprocs_database_size: 121
srvbuild.sybsystemdb_device_physical_name: USE_DEFAULT
srvbuild.sybsystemdb_device_size: 5
srvbuild.sybsystemdb_database_size: 5
srvbuild.default_backup_server: jake_back
root@jake ~#
```

Auf diese Art und Weise kann man einfach, automatisiert und schnell neue Datenbanken aufsetzen. Werden Änderungen an Sprache und/oder Standard-Sortierungsalgorithmen erforderlich, so kann dies über *sqlloc* respektive im Batch-Betrieb durch *sqllocres* abgewickelt werden:

Der einzige, bezüglich des Zeichensatzes zu konfigurierende Server ist der eigentliche Datenbankserver (in diesem Beispiel *jake*), beim Kommandoserver *JAKE_XP* sowie beim Monitoring-Server *jake_mon* und beim Backup-Server *jake_back* müssen keine Zeichensätze und Sortierungsvorgaben konfiguriert werden.

Schade ist, dass zur interaktiven Konfiguration ein X11-System gefordert wird. Dies hätte auch anhand einer interaktiven, aber textorientierten Konfiguration gelöst werden können (wie z.B. beim Oracle-Installer). Schön ist hingegen, dass die gesamte Konfiguration auch komplett im Batch-Betrieb erfolgen kann. Hierfür wird nach der interaktiven Installation sogar eine Eingabedatei zur Batch-Installation erzeugt.

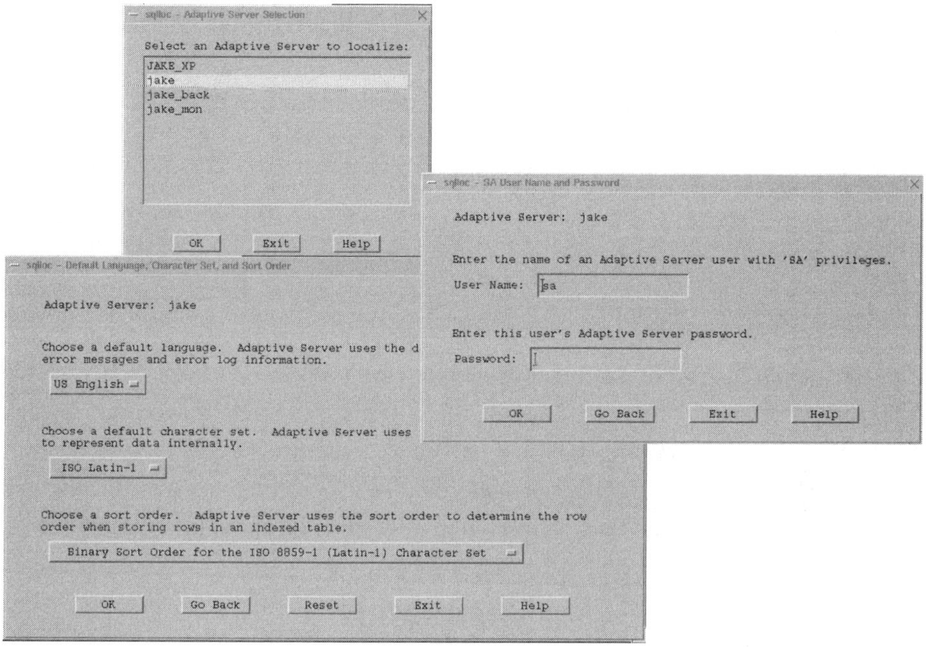

Abb. 6.10: Auswahl der Zeichensätze durch sqlloc

Insgesamt erkennt man schon an der Art der Installationsoptionen ganz deutlich, dass der Sybase Adaptive Enterprise Server ein professionelles Datenbanksystem ist. Vor allem die Bezeichnung Enterprise erscheint aufgrund der Art und Weise der unterstützten Parallelität, der möglichen verteilten Datenhaltung und der Installation im Batchbetrieb berechtigt.

6.7 Start, Stopp und Kontrolle der Datenbankprozesse

Wie bereits oben geschildert, kann der Start und Stopp der Datenbank prinzipiell über das Skript *rc.sybase* mit den Parametern *start* bzw. *stop* ausgeführt werden:

```
root@jake /opt/sybase-11.9.2# ps ax | grep sybase
1341 pl R    0:00 grep sybase
root@jake /opt/sybase-11.9.2# /opt/sybase-11.9.2/install/rc.sybase start
Starting Sybase ASE ... RUN_jake RUN_jake_back RUN_jake_mon
root@jake /opt/sybase-11.9.2# install/showserver
USER      PID %CPU %MEM  SIZE    RSS TTY STAT START  TIME   COMMAND
```

```
sybase  1350  2.5 21.2 30524 13384 ?  S    19:35  0:02   /opt/sybase-11.9.2/
bin/dataserver -sjake -d/dev/sdd1 -e/opt/sybase-11.9.2/logs/jake.log -M/opt/
sybase-11.9.2/logs
sybase  1356  0.2  7.0  7324  4464  p1 S    19:36  0:00   /opt/sybase-11.9.2/
bin/backupserver -Sjake_back -e/opt/sybase-11.9.2/logs/jake_back.log -N25 -C20
root@jake /opt/sybase-11.9.2# /opt/sybase-11.9.2/install/rc.sybase stop
Shuting down Sybase ASE configured servers:
root@jake /opt/sybase-11.9.2# /opt/sybase-11.9.2/install/showserver
USER      PID %CPU %MEM  SIZE   RSS TTY STAT START   TIME COMMAND
root@jake /opt/sybase-11.9.2#
```

Das Skript ruft hierbei einzelne Unterskripten auf (*$SYBASE/install/RUN_**), die während der Installation der Datenbank automatisch erstellt werden. Diesen Skripte wiederum rufen die eigentlichen Binaries auf, wobei die Namen, Logfiles und Devices als Parameter übergeben werden. Der XP-Server zur Ausführung von Kommandos wird erst bei Bedarf durch den *dataserver* gestartet und besitzt deswegen kein eigenes RUN-Skript.

Treten Fehler auf, so liefern die Log-Dateien *jake.log* für den Datenbankserver, *jake_mon.log* für den Monitoring- und *jake_back.log* für den Backup-Server gute Hinweise für die Fehlersuche in den Handbüchern. Die Datei *jake.krg* liefert Informationen über das Shared-Memory-Segment des Datenbankservers:

```
root@jake ~# cat /opt/sybase-11.9.2/logs/jake.krg
0xf5030275
1592
root@jake ~# ipcs -a
------ Shared Memory Segments --------
key        shmid      owner      perms      bytes      nattch     status
0xf5030275 1920       sybase     600        22708224   0
0xf503c20d 1793       sybase     600        1544192    0
------ Semaphore Arrays --------
key       semid     owner     perms     nsems     status
------ Message Queues --------
key       msqid     owner     perms     used-bytes  messages
root@jake ~#
```

Sollten also die Datenbankprozesse nicht laufen (z.B. durch einen harten Absturz, *nattch* ist 0, d.h. kein Prozess greift auf den Speicher zu) und auch nicht wieder hochfahren, so könnte dieser Fehler ohne einen Reboot durch Freigabe des Speichers »von Hand« folgenderweise behoben werden:

```
root@jake ~# ps ax | grep dataserver
root@jake ~# ipcrm shm 1920
root@jake ~# ipcrm shm 1793
root@jake ~# /bin/rm /opt/sybase-11.9.2/logs/jake.krg
```

Beim Herunterfahren über das Stoppskript werden alle Prozesse mit einem */sbin/killproc* einfach heruntergeschossen. Wer möchte, kann die Datenbank natürlich auch über einen SQL-Befehl zum Halt bringen. Hierzu wird der Befehl *isql* als Schnittstelle zur Datenbank eingesetzt:

```
root@jake ~# iqsl -Usa -P -S jake
root@jake /opt/download/sybase/11.9.2# isql -Usa -P -S jake
1> shutdown
2> go
Server SHUTDOWN by request.
The SQL Server is terminating this process.
CT-LIBRARY error:
ct_results(): netw. packet layer: int. net lib. err.: op. term. due to discon-
nect
...
```

Die Syntax ist einfach zu verstehen – die Option *isql -Usa* bezeichnet den Datenbank-internen User *sa* (also nicht den Unix-User) und hier den Datenbank- bzw. Systemadministrator *sa*. Das Passwort mit der Option *isql -P* ist noch leer, und die ausgewählte Datenbank hat die Bezeichnug *jake* (also hier nicht der Hostname!). Der Backup- und der Monitoring-Server bleiben jedoch erhalten und laufen weiter. Wer mutig ist, kann die Skripte zum Herunterfahren bzw. Hochfahren auch durch eine kleine Schleife ergänzen:

```
root@jake ~# for i in `ipcs -m | grep sybase | awk '{ print $2 }'`
> do
> ipcrm shm $i
> done
resource deleted
root@jake ~#
```

Hiermit werden alle Shared-Memory-Ressourcen, die vom User *sybase* stammen, gelöscht. Leider verbleiben Shared-Memory-Segmente auch bei Herunterfahren der Datenbank durch das *rc.sybase*-Skript allokiert, da die Prozesse mit einem *killproc* »abgeschossen« werden. Deswegen ist dann ein Neustart der Datenbank ohne

Aufräumen der hängenden Segmente unmöglich. Natürlich sollte es sich möglichst um Segmente handeln, die von eventuell hängenden Datenbankprozessen verblieben sind; falls noch eine Datenbank tatsächlich laufen sollte, so wird diese spätestens durch das Herunterfahren des Shared-Memory unsanft beendet.

6.8 Hinzufügen neuer Datenbanken und Löschen von Datenbanken

Neue Datenbanken können wie die erste, ursprüngliche Datenbank über das Utility *srvbuild* angelegt werden. Sie sollten sich natürlich mit der ersten Datenbank bezüglich der Hardware-Devices nicht überschneiden:

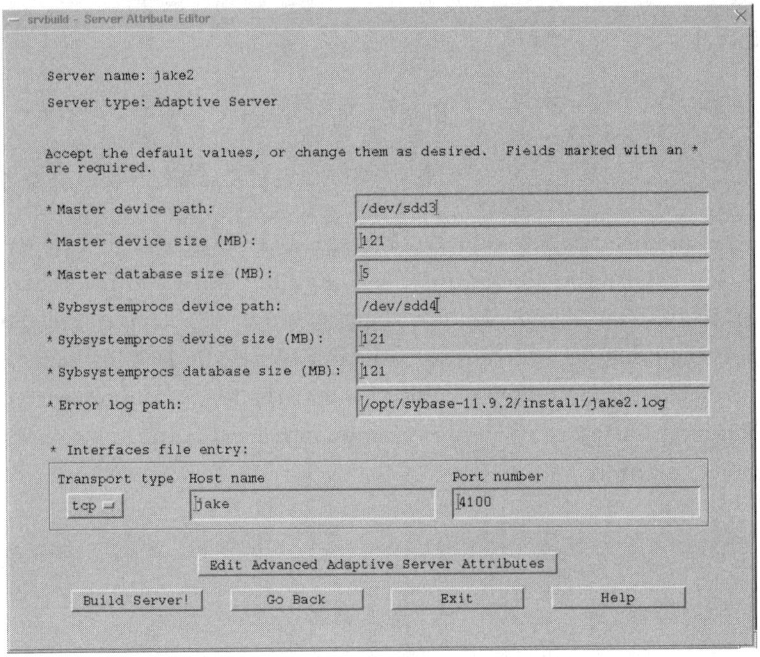

Abb. 6.11: Hinzufügen einer neuen Datenbank zum Server

Die Netzwerkports können unterschiedlich vergeben werden, ein Shutdown der Datenbank per *isql* fährt jeweils die richtige, per *isql -S* angegebene Datenbank herunter. Alle Zuordnungen sind im Klartext in der Datei *$SYBASE/interfaces* enthalten:

```
root@jake /opt/sybase-11.9.2# cat interfaces
jake
master tcp ether jake 4100
query tcp ether jake 4100
jake_back
master tcp ether jake 4200
query tcp ether jake 4200
jake_mon
master tcp ether jake 4300
query tcp ether jake 4300
JAKE_XP
master tcp ether jake 4400
query tcp ether jake 4400

jake2
master tcp ether jake 4101
query tcp ether jake 4101
root@jake /opt/sybase-11.9.2#
```

Falls doch Probleme auftreten sollten, so kann durch Editieren dieser Datei und natürlich erst nach Durchstarten zumindest der betroffenen Prozesse die Belegung der Ports verändert werden. Im dargestellten Beispiel wurde die Datenbank *jake2* auf den Port 4101 anstelle des ursprünglichen Ports 4100 (aus der Installation per *srvbuild* im Bild oben) gelegt:

```
root@jake /opt/sybase-11.9.2# netstat -an | grep 4100; netstat -an | grep 4101
tcp        0      0 192.168.0.99:4100      0.0.0.0:*              LISTEN
tcp        0      0 192.168.0.99:4101      0.0.0.0:*              LISTEN
root@jake /opt/sybase-11.9.2#
```

Das Löschen einer Datenbank kann auch von Hand einfach vorgenommen werden. Zuerst sollte die entsprechende Datenbank aus der Interfaces-Datei eliminiert werden. In unserem Beispiel sind dies die Zeilen:

```
jake2
master tcp ether jake 4101
query tcp ether jake 4101
```

Als Nächstes sollte auch noch der restliche Teil der Verzeichnisse gesäubert werden, d.h. das Start-/Stoppskript, die Log-Dateien, die überzählige Konfigurationsdatei und deren bei Aufsetzen der Datenbank erstellten Kopien (d.h. *jake.**) und zuletzt die bei der Installation erstellte *.res*-Datei zur Installation im Batch-Betrieb:

```
root@jake /opt/sybase-11.9.2# rm install/RUN_jake2 install/jake2.log
rm: remove 'install/RUN_jake2'? y
rm: remove 'install/jake2.log'? y
root@jake /opt/sybase-11.9.2# rm -f jake2.* jake2.cfg
root@jake /opt/sybase-11.9.2# ls init/logs/*jake2*
/opt/sybase-11.9.2/init/logs/srvbuild0504.002-jake2.rs
root@jake /opt/sybase-11.9.2# rm -f init/logs/srvbuild0504.002-jake2.rs
```

Die Platten können nun von einer anderen Applikation verwendet werden, nach Durchstarten von Sybase ASE taucht die neue Datenbank nicht mehr auf.

6.9 Monitoring und Tuning von Sybase

Der Monitoring-Server ist fest gebunden an die Datenbank (Shared-Memory-Kommunikation), wird deswegen beim Herunterfahren der Datenbank durch die Start-/Stoppskripte gestoppt. Durch das Kommando *sms_shutdown* kann er auch »normal« zum Stopp gebracht werden, allerdings nicht durch ein normales *shutdown* auf der Datenbank.

```
root@jake ~# isql -Usa -P -S jake_mon
1> sms_shutdown
2> go
Monitor Server shutdown by request.
CT-LIBRARY error:
ct_results(): network packet layer: internal net library error: Net-Library
operation terminated due to disconnect
CT-LIBRARY error:
ct_cancel(): network packet layer: internal net library error: Net-Lib proto-
col driver call to read data failed
root@jake ~#
```

Im Normalfall sollte der Monitoring-Server batürlich laufen, es existiert eigentlich kein Grund für ein Herunterfahren. Die Resultate des Monitoring werden nicht vom Monitoring-Server, sondern in einer Systemtabelle der eigentlichen Masterdatenbank gehalten. Diese Tabelle kann folgendermaßen abgefragt werden:

```
root@jake ~# isql -Usa -P -S jake
1> sp_monitor
2> go
```

```
last_run                 current_run               seconds
------------------------ ------------------------- ----------
May  4 2000 11:53PM      May  4 2000 11:53PM          1

(1 row affected)
cpu_busy                io_busy                idle
----------------------- ---------------------- ----------------------
74(0)-0%                0(0)-0%                8027(0)-0%

packets_received        packets_sent           packet_errors
----------------------- ---------------------- ----------------------
505(0)                  487(0)                 0(0)

total_read       total_write      total_errors     connections
---------------- ---------------- ---------------- ----------------
2071(0)          3178(0)          0(0)             17(0)
(return status = 0)
1> exit
root@jake ~#
```

Im obigen Beispiel kann man erkennen, dass die Datenbank nicht ausgelastet ist (keine Wartezeiten auf I/O, ein wenig CPU-Last, aber im Vergleich zu den Idle-Zyklen der CPU zu vernachlässigen). Auch die Netzwerklast des Servers ist zu vernachlässigen. In »Beschleunigungsfaktor« von J. Boiselle und K. Gareis, iX, März 2000, werden einige Strategien zur Erhöhung der Performance vom Sybase Adaptive Server Enterprise vorgestellt. Eine weitere Möglichkeit zur Abfrage eines genaueren Monitoring-Reports ist die Stored-Procedure *sp_sysmon*:

```
root@jake /tmp # isql -Usa -P -S jake
1> sp_sysmon "00:01:00", diskio
2> go
DBCC execution completed. If DBCC printed error messages, contact a user with
System Administrator (SA) role.
==============================================================================
==
Sybase Adaptive Server Enterprise System Performance Report
==============================================================================
==
Server Version:      Adaptive Server Enterprise/11.9.2/1075/P/Linux Intel/Lin
Server Name:         Server is Unnamed
Run Date:            May 10, 2000
Statistics Cleared at: 08:28:45
```

```
Statistics Sampled at: 08:29:45
Sample Interval:       00:01:00
==================================================================
==

Disk I/O Management
-------------------

Max Outstanding I/Os          per sec     per xact      count  % of total
------------------------- ------------ ------------ ----------- ----------
Server                        n/a          n/a           0       n/a
Engine 0                      n/a          n/a           0       n/a

I/Os Delayed by
Disk I/O Structures             n/a          n/a           0       n/a
Server Config Limit             n/a          n/a           0       n/a
Engine Config Limit             n/a          n/a           0       n/a
Operating System Limit          n/a          n/a           0       n/a
Total Requested Disk I/Os           0.0          0.0           0

Completed Disk I/O's
Total Completed I/Os            0.0          0.0           0       n/a
------------------------- ------------ ------------ ----------
Total Completed I/Os              0.0          0.0           0

Device Activity Detail
----------------------
No Disk I/O in Given Sample Period
(return status = 0)
1> exit
root@jake /tmp #
```

In diesem Beispiel wird die Plattenlast des Datenbankservers innerhalb eines Intervalls von einer Minute geliefert (und ist wiederum »nicht vorhanden«, weil keine Last auf dem Datenbank-Testserver generiert wird). Wird die Einschränkung durch den Parameter *diskio* nicht gegeben, so erfolgt eine sehr ausführliche Statistik bezüglich aller vorhandenen Parameter. Sollte es regelmäßig zu Performance-Problemen kommen, so lässt sich das Reporting auch zeitgetriggert aufsetzen, z.B. jede Minute zwischen 8:00 Uhr und 8:15 Uhr. Außerdem existiert noch ein »Monitor Historical Server« zur genaueren Betrachtung der Performance und z.B. zur Alarmierung bei Überschreitung von Schwellwerten, dieser Server wird aber unter Linux scheinbar nicht unterstützt.

6.10 Konfiguration und Spiegelung von Platten, Backup und Restore

Eine interessante Möglichkeit von Sybase ist die Spiegelung von Platten auf der Ebene der Datenbank. Auf diese Weise kann die Datensicherheit erhöht werden, auch ohne auf Linux-Plattentreiber oder Hardware-RAIDs zurückzugreifen. Vor der Einrichtung einer neuen Platte sollte zuerst nachgeprüft werden, auf welche Hardware-Devices die Datenbank bereits zugreift. Dies kann über die Tabelle *sysdevices* erreicht werden. Wenn man sicher ist, die richtige freie Platte zu erwischen, so kann sofort die Platte initialisiert werden:

```
root@jake ~# isql -Usa -P -S jake
1> disk init name="userdisk1", physname="/dev/sdd3", vdevno=3, size=62310
2> go
1> select * from sysdevices
2> go
lowhighstatuscntrltypenamephynamemirrorname
-----------------------------------------------------------------
06195130masterd_master NULL
16777216168401912Osysprocsdev/dev/sdd1NULL
01280163tapedump1/dev/st0NULL
020000164tapedump2/dev/st1NULL
50331648503939572Ouserdisk1/dev/sdd3NULL
(5 rows affected)
1> exit
root@jake ~# isql -Usa -P -S jake
```

Das der Masterdatenbank unterliegende Device wird nicht angezeigt (in dieser Installation liegt es z.B. auf */dev/sdd2*). Die Parameter beim Befehl *disk init* sind die Größe des Devices in 2 KB-Blöcken (d.h. 1 MB Plattenplatz entsprechen 512 Blöcken zu je 2 KB), eine wählbare Device-Nummer innerhalb von Sybase sowie der physikalische Name des Devices (natürlich wiederum mit Schreib-/Leserechten für den User sybase) und zuletzt noch der Name der Platte innerhalb der Datenbank. Wenn nach der Initialisierung der Platte erneut die Tabelle *sysdevices* selektiert wird, so erscheint auch die neu konfigurierte Platte.

```
root@jake ~# isql -Usa -P -S jake
1> disk mirror name="userdisk1", mirror="/dev/sdd4"
2> go
Creating the physical file for the mirror...
```

```
Starting Dynamic Mirroring of 62310 pages for logical device 'userdisk1'.
The remaining 62310 pages are currently unallocated and will be mirrored as they
are allocated.
1> select * from sysdevices
2> go
lowhighstatuscntrltypenamephynamemirrorname
-----------------------------------------------------------------
06195130masterd_masterNULL
16777216168401912Osysprocsdev/dev/sdd1NULL
01280163tapedump1/dev/st0NULL
020000164tapedump2/dev/st1NULL
50331648503939577380userdisk1/dev/sdd3/dev/sdd4
(5 rows affected)
1>
```

Wie man an der Ausgabe des *disk mirror* erkennen kann, wird der Plattenspiegel erst bei Zugriff auf die relevanten Bereiche erzeugt, d.h. erst beim Anlegen einer neuen Datenbank wird der Spiegel auch tatsächlich aufgesetzt:

```
1> create database gunther on userdisk1 = 62310
2> go
CREATE DATABASE: allocating 62208 pages on disk 'userdisk1'
1>
```

Diese Operation dauert länger, da der Spiegel nun auch tatsächlich aufgesetzt bzw. gesynct wird. Bei der Konfiguration des Spiegel-Devices wird durch den Datenbankserver nicht nachgeprüft, ob der Spiegel auch tatsächlich eine andere Platte besitzt. Im obigen Beispiel wurde die Partition */dev/sdd3* auf die Partition */dev/sdd4* als Spiegeldevice aufgesetzt; im Fehlerfall, d.h. Ausfall der Platte */dev/sdd*, ist die gesamte Datenbank verloren, weil beide Spiegelhälften auf einer einzigen Platte liegen.

In der Tabelle *sysdevices* sind auch die Bandlaufwerke */dev/st0* und */dev/st1* zum Backup enthalten, obwohl z.B. überhaupt kein zweites Bandlaufwerk */dev/st1* auf dem Server *jake* existiert. Auch hier müssen zum Zugriff der Datenbank auf die Band-Devices die Rechte der Devicefiles stimmen, d.h. der User *sybase* sollte bezüglich der Devices Schreib- und Leserechte besitzen. Trotzdem ein getrennter Backup-Server existiert, werden analog zum Monitorserver alle Kommandos zum Backup einer Datenbank zentral über die *master*-Datenbank abgesetzt. Zuerst kann man nachprüfen, ob der Backup-Server vorhanden ist (*sp_helpserver*) und ob die Datenbank konsistent ist (*dbcc checkdb*):

```
root@jake /root # isql -Usa -P -S jake
1> sp_helpserver
2> go
name         network_name    security_mechanism    status    id
JAKE_XP      JAKE_XP         NULL                 "timeouts, no net password
encryption, rpc security model A"    3
SYB_BACKUP   jake_back       NULL                 "timeouts, no net password
encryption, rpc security model A"   1
local        jake            NULL                 "timeouts, no net password
encryption, rpc security model A    2
(return status = 0)
1> dbcc checkdb
2> go
Checking current database
Checking sysobjects
.....
The total number of data pages in this table is 4.
The total number of data pages in this table is 1.
Table has 3 data rows.
Checking syblicenseslog
The total number of data pages in this table is 1.
DBCC execution completed. If DBCC printed error messages, contact a user with
System Administrator (SA) role.
```

Da der Backup-Server vorhanden und die Datenbank konsistent ist, kann nun das eigentliche Backup der Datenbank auf das Bandlaufwerk beginnen:

```
1> dump database gunther to tapedump1 with init
2> go
Backup Server session id is: 22. Use this value when executing the
'sp_volchanged' system stored procedure after fulfilling any volume change
request from the Backup Server.
Backup Server: 6.58.1.1: Device '/dev/st0' supports multiple dump files per
volume set.
Backup Server: 6.28.1.1: Dumpfile name 'gunther001260147D' section number 0001
mounted on tape drive '/dev/st0'
Backup Server: 4.58.1.1: Database gunther: 262 kilobytes DUMPed.
Backup Server: 3.43.1.1: Dump phase number 1 completed.
Backup Server: 3.43.1.1: Dump phase number 2 completed.
Backup Server: 4.58.1.1: Database gunther: 266 kilobytes DUMPed.
Backup Server: 3.43.1.1: Dump phase number 3 completed.
```

```
Backup Server: 4.58.1.1: Database gunther: 270 kilobytes DUMPed.
Backup Server: 6.45.1.1: Be sure to remove the tape/floppy from drive /dev/st0
(server: , session id: 22).
Backup Server: 3.42.1.1: DUMP is complete (database gunther).
1>
```

Nun kann z.B. die Datenbank verworfen und das Band zurückgespult werden. Anschließend kann das Laden der Datenbank vom Band durch den Befehl *load database from tapedump1* erfolgen, analog zum Dump. Allerdings muss nach dem Laden der Datenbank ein

```
root@jake ~# mt rewind
root@jake ~# isql -Usa -P -S jake
1> load database gunther from tapedump1
2> go
Backup Server session id is:  9.  Use this value when executing the
'sp_volchanged' system stored procedure after fulfilling any volume change
request from the Backup Server.
Backup Server: 6.28.1.1: Dumpfile name 'gunther00131131E8' section number 0001
mounted on tape drive '/dev/st0'
...
```

ausgeführt werden.

Nach einem erfolgreichen Restore muss die eingespielte Datenbank noch wieder in den Online-Modus gesetzt werden durch:

```
1> online database  test_backup
2> go
Database 'test_backup' is now online.
1> exit
root@jake ~#
```

Falls z.B. ein Transaction-Log eingesetzt wird, so sind natürlich komplexere Operationen erforderlich. Ebenso sind weitere Vorgaben beim Backup der Masterdatenbank zu beachten (da hier die Systemdaten der Datenbank enthalten sind). Zum einfachen Backup und Restore von Datenbanken reichen diese Befehle jedoch schon aus.

6.11 Sybase-Central

Wie wahrscheinlich alle Datenbankhersteller kommt auch Sybase an Schlagworten wie Single-Point-of-Administration und einer einfachen Administration mit einer graphischen Oberfläche nicht vorbei. Im Fall Sybase wurden beide Aspekte durch die Oberfläche Sybase-Central erschlagen.

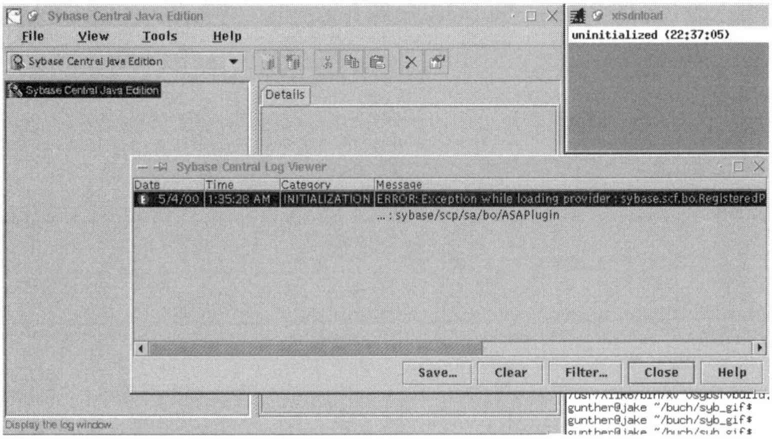

Abb. 6.12: Snapshot von Sybase-Central-Administration

Sybase-Central ist eine Administrationsoberfläche, die in Java realisiert wurde. Einzelne Sybase-Applikationen werden über Plug-Ins angesteuert, die mit jedem Sybase-Produkt geliefert werden. Von einem einzelnen Plug-In wiederum lassen sich gleichzeitig verschiedenene Datenbanken oder Backup-Server administrieren. Für Linux wird Sybase-Central leider nicht mit dem Adaptive Server Enterprise, sondern mit dem Adaptive Server Anywhere geliefert. Außerdem werden mit dem Adaptive Server Enterprise auch keine Plug-Ins geliefert, was sich aber hoffentlich mit der nächsten Release des ASE für Linux ändern wird.

Kapitel 7

MiniSQL

Gerade bei eher überschaubaren Anwendungen wird die Komplexität eines großen Datenbankserver überhaupt nicht benötigt. In solchen Fällen ist oftmals Einfachheit in der Bedienung und Transparenz ein wesentlich wichtigerer Faktor. Trotz aller Optimierungen ist der Overhead bei den großen Datenbanken für viele Anwendungen ein überflüssiges Ärgernis. Vielfach werden lediglich einige Standard-SQL-Anweisungen (SELECT, CREATE, UPDATE, INSERT, DROP) wiederholt benötigt. Für solche Fälle wäre der Einsatz eines kleinen und preiswerten Datenbankserver sinnvoller. *MiniSQL*, oder synonym *mSQL*, ist ein solcher relationaler Datenbankserver. In mSQL ist eine Teilmenge des ANSI SQL-Standards implementiert, es ist im Vergleich zu den großen Datenbanken vergleichsweise preiswert, relativ schnell und benötigt wenig Speicherplatz. Im Gegensatz zu den frühen Versionen erhält man MiniSQL mittlerweile allerdings auch nicht »so gut wie umsonst«, womit sich mSQL in die Konkurrenz der Etablierten einreiht und sich entsprechend einer auch aus ökonomischer Sicht kritischen Betrachtung innerhalb der Linux-Welt ausgesetzt sehen wird.

Zurück aber zur Transparenz: Gerade für Einsteiger in die Arbeit mit Datenbanken ist das Verständnis der komplexen internen Vorgänge eines großen Datenbankserver oftmals ein schwieriges Feld; mSQL dagegen ist vollkommen transparent, man kann das Ergebnis jeder Datenbankoperation im Dateisystem direkt nachvollziehen.

MiniSQL gehört zu den wenigen Datenbanken, die nicht in jüngerer Zeit nach Linux portiert werden musste, denn diese wurde für Linux entwickelt und statt dessen auf andere Plattformen portiert. Die von David Hughes entwickelte Datenbank sollte sich problemlos auf jedem Unix-kompatiblen Rechner installieren lassen, daneben gibt es Versionen für Win32 und OS/2. Auf Grund der Tatsache, dass MiniSQL längere Zeit die einzige SQL-Datenbank war, die auch kommerziell ohne die Bezahlung von Lizenzgebühren genutzt werden konnte, hat MiniSQL eine relativ weite Verbreitung gefunden. Inzwischen sind aber bei kommerzieller Nutzung für MiniSQL immerhin 250 Dollar Lizenzgebühren je Server zu entrichten, während z. B. das deutlich leistungsfähigere MySQL unter Linux nach wie vor umsonst zur

Verfügung steht. Auch der Entwicklungsstand des Open-Source-Projekts PostgreSQL (PostgreSQL stellt inzwischen auch Transaktionen einschließlich COMMIT/ROLLBACK zur Verfügung) ist zur außerordentlich ernsten Konkurrenz für MiniSQL geworden. Außerdem scheint die Entwicklung von MiniSQL ins Stocken geraten zu sein: Auf der Homepage von MiniSQL ist der jüngste Eintrag zum Zeitpunkt, an dem diese Zeilen geschrieben werden (Ende April 2000), ein drei viertel Jahr alt. Und während bis April 1999 mindestens ein Mal im Monat eine neue Version des Programms verfügbar gemacht wurde, gibt es seit August 1999 kein einziges Update mehr.

MiniSQL ist erhältlich von:

```
http://www.hughes.com.au/
```

7.1 Konzept und Entstehung

Gewisse Datenbank-Features sind in mSQL nicht enthalten; sie widersprechen auch dem von Hughes proklamierten Konzepts eines schlanken Datenbanksystems (*Light Weight Relational Database Management System*). Die zweite Generation von MiniSQL (das ist das DBMS ab Version 2) unterstützt allerdings ein wesentlich erweitertes Indexing und z. B. auch den Character-Datentyp variabler Länge (VARCHAR).

Bei der ersten Generation des mSQL-RDBMS lag das Hauptaugenmerk auf der zügigen Verarbeitung *kleiner* Datenmengen. Auf einer »durchschnittlichen« Unix-Maschine sollten für kleine Datenaufkommen 100 Basisoperationen pro Sekunde realisiert werden können [hug99]. Nachdem die Entwickler allerdings bemerkten, dass zunehmend versucht wurde, auch große Datenmengen mit mSQL zu handhaben – für die mSQL 1.x nicht ausgelegt war – konzentrierten sie sich bei ihrer Fortentwicklung auf die Verbesserung der Antwortzeiten für komplexere Anfragen und die Verarbeitung größerer Datenmengen.

Ab der Version 2.0 wurden dazu insbesondere wesentlich verbesserte Indexing-Mechanismen eingeführt: Ein Index auf einer Tabelle kann bis zu zehn Attribute umfassen, auf einer Einzeltabelle können dabei mehrere Indizes definiert sein. Ähnlich wie bei den »Großen« (z. B. Oracle) werden Indexdefinitionen über B-Baumstrukturen verwaltet, die in den virtuellen Speicher des Serverprozesses abgebildet werden und damit einen sehr schnellen Zugriff auf Daten erlauben, die im betreffenden Index enthalten sind.

Im Gegensatz zum Datenbankdesigner und -administrator braucht der Anwender einer mSQL-Datenbank sich um diese Mechanismen nicht zu kümmern. Der mSQL-Server beinhaltet eine Abstraktionsschicht – *Candidate Rows Abstraction* genannt –, bei der im Rahmen einer Anfrage das »nächste« Attribut, das innerhalb der SQL-Query als möglicher Kandidat ausgemacht wird, automatisch festgestellt und mit der besten Zugriffsmöglichkeit (bezogen auf die WHERE-Klausel in der Query) geladen wird.

Ein weiteres Feature von mSQL in der Version 2 besteht in der Möglichkeit, mehrere Anfragen gleichzeitig verarbeiten zu können. Bei den großen Datenbanken ist dies eine Selbstverständlichkeit, mSQL holt hier lediglich den De-facto-Standard nach. Das Zulassen mehrerer paralleler Zugriffe ist betriebssystemtechnisch kein großes Problem, die wesentlich größere Herausforderung besteht darin, dass die Datenbankkonsistenz davon erheblich betroffen ist: Es muss ein Transaktionskonzept implementiert werden, sodass parallele Benutzer sich nicht gegenseitig mit schreibenden Zugriffen in die Quere kommen.

Für mSQL wurde dafür zunächst ein Konzept angekündigt, bei dem lesende Zugriffe über Shared Locks realisiert werden und schreibende Zugriffe über Exklusivsperren. Dies alles soll auf der Ebene von Tabellen stattfinden.

Technisch sollte dies in der Weise realisiert werden, dass ein Master-Prozeß, der gleichzeitig für die Verarbeitung von Administrationsaufgaben zuständig ist, Anfragen nach Client-Verbindungen entgegennimmt und für die dadurch entstehenden Aufgaben die benötigten Ressourcen allokiert. Angestrebt wurde die Möglichkeit, dass über 100 Verbindungen gleichzeitig bedient werden können.

In der Version 2 wurde auch *W3-mSQL*, die Web-Schnittstelle von mSQL, um einige Features bereichert, beispielsweise um eine eigene Skriptsprache namens *Lite*, die direkt in einem HTML-Tag eingebettet werden kann. Zu Recht wird an dieser Stelle mancher Leser fragen, wozu dies in Zeiten von JDBC und Embedded SQL dienen mag. Die Antwort ist wieder mSQL-spezifisch: Lite ist eine »Light Weight Language«, also eine schlanke Sprache, die speziell für mSQL entwickelt wurde. Wer sich für Aspekte wie Datenbankunabhängigkeit oder ANSI-konforme Entwicklungen interessiert, der dürfte allerdings eher zu Java in Kombination mit JDBC greifen, und hier gibt es für mSQL seit Jahren verschiedene APIs (dic97).

W3-mSQL in der in diesem Kapitel behandelten Version beinhaltet auch verbesserte Sicherheitsmechanismen: So können beispielsweise Zugriffe auf Benutzer-/Passwortebene für bestimmte Hosts (Client-Rechner) oder auch beispielsweise für Benutzergruppen definiert werden. Daneben können auch sichere Bereiche (*Secure Areas*) festgelegt werden. Das alles geschieht auf der Browser-Oberfläche.

Sicher wird Hughes Technologies mit mSQL in absehbarer Zeit (auch unter Linux) kein direkter Konkurrent von Datenbankanbietern wie Oracle, Sybase oder IBM sein; dazu sind die Ansprüche zu unterschiedlich: Während die meisten Datenbankanbieter zunehmend in IT-Bereiche divergieren, die mit RDBMS direkt nichts zu tun haben, konzentriert sich die Entwicklergruppe von mSQL in erster Linie auf die Performance ihrer Datenbank. Trotz der zunehmenden Kommerzialisierung auch dieses DBMS hat MiniSQL frühzeitig eine Nische besetzt und bislang konsequent einbehalten. Allerdings scheint das Überleben von MiniSQL aus heutiger Sicht nicht unbedingt gesichert, z. B. auf Grund der Möglichkeit, mSQL-Datenbanken ohne größeren Aufwand nach MySQL zu konvertieren und MySQL ist nach wie vor frei.

Eine solche Entwicklung wäre aus unserer Sicht nicht begrüßenswert: Je mehr Alternativen einfach zu handhabender Datenbanksysteme zur Verfügung stehen, umso flexibler ist man bei Beschaffungsentscheidungen. Wenn neben den kommerziellen »Hybridanbietern« (wie Oracle, Sybase oder Informix) nur noch einige wenige Datenbanksystem-Lieferanten übrig bleiben, die sich auf den SQL-Kern und auf eine Optimierung der Performance unter Linux konzentrieren, dann droht der Linux-Plattform eine Entwicklung, die von anderen Betriebssystemen her in den vergangenen Jahren hinreichend negativ ins Auge gefallen ist.

7.2 Installation und Konfiguration von mSQL

Aus Platzgründen wird die Installation der mSQL-Datenbank und eine lediglich kurze Einführung in dessen Benutzung und Struktur im Linux-Dateisystem den verbleibenden Inhalt dieses Abschnitts bilden. Weiter gehende Informationen sind bei Bedarf direkt bei Hughes Technologies zu beschaffen.

Vor der Installation jeder Datenbank sollte man sich überlegen, wer die Datenbank administrieren soll. Einige Datenbanken setzen einen oder mehrere Standard-Administratoraccounts (auf Betriebssystemebene) voraus, die sich allerdings in vielen Fällen durch eine Veränderung der Datenbankkonfiguration revidieren lassen. mSQL erwartet per Default keinen vordefinierten Betriebssystemaccount für die Administration der Datenbank; wir orientieren uns dennoch hier an den Gepflogenheiten der großen Datenbankanbieter, denn die Installation einer Datenbank als Benutzer *root* erscheint auf Grund der Unabhängigkeit von Datenbankrechten und Betriebssystemrechten generell nicht unproblematisch.

Nachfolgend wird gezeigt, wie ein Beispieladministrator *msqladmin* in der (ebenfalls neuen) Gruppe *msqladmin* angelegt wird. Das Anlegen geschieht selbstverständlich durch den Benutzer *root*. Die Nummer der Gruppe ist 200 (eine freie Gruppennummer in der */etc/group*), das Home-Directory des Benutzers msqladmin ist */home/msqladmin*, er/sie benutzt die bash als Default-Shell und besitzt die Benutzernummer 200 (eine freie Benutzernummer in der */etc/passwd*). Nach dem Anlegen der Gruppe und des neuen Nutzers wird das Passwort von msqladmin geändert in *msqladmin* (im praktischen Betrieb sollte man dieses Passwort aus Sicherheitsgründen selbstverständlich nicht gerade wählen):

```
> su -
  ...
> groupadd -g 200 msqladmin
> useradd -d /home/msqladmin -m -g 200 \
>    -s /bin/bash -u 200 msqladmin
> passwd msqladmin
  Enter the new password
    (minimum of 5, maximum of 8 characters)
    Please use a combination of upper and lower case
    letters and numbers.
  New password: msqladmin
  Re-enter new password: msqladmin
  Password changed.
```

Im Laufe der Installation muss die geladene mSQL-Distribution kompiliert werden. Bevor dies geschehen kann, ist das Archiv allerdings auszupacken. Die folgenden Ausführungen beziehen sich auf die Version 2.0.10-1; bei anderen Versionen sind die nachfolgend beschriebenen Anweisungen selbstverständlich entsprechend anzupassen:

```
tar xvzf msql-2_0_10-1_tar.gz
```

Es entsteht dabei ein Verzeichnis msql-2.0.10.1 unterhalb des aktuellen Verzeichnisses (also unterhalb desjenigen Directories, in das mSQL geladen oder kopiert wurde), wo sich u.a. ein Verzeichnis namens »doc« befindet, in dem – wie der Name nahe legt – eine Dokumentation der Datenbank zu finden ist. In den frühen Versionen gab es lediglich README-Dateien und FAQs, mittlerweile gibt es einen User Guide auch als gezippte PostScript-Version und in HTML. Die Abbildung 7.1 gibt einen Eindruck von der HTML-Version.

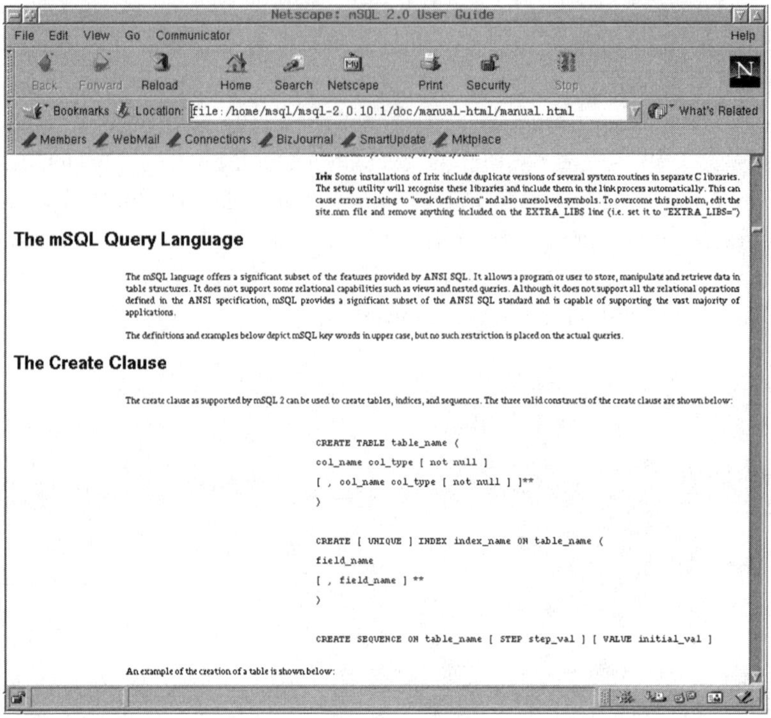

Abb. 7.1: mSQL-User Guide in der HTML-Version

Die HTML-Dokumentation beinhaltet einen recht guten Überblick über die Installation, die Konfiguration und die Benutzung dieser relativ einfach zu handhabenden Datenbank.

Nach dem Entpacken des mSQL-Pakets findet man im Wurzelverzeichnis von mSQL (in der hier behandelten Distribution) die folgenden Dateien:

- -BUG, mit Hinweisen darauf, wie Bugs an die Entwickler zu leiten sind und wie sie verarbeitet werden
- -INSTALL, mit einer schrittweisen Anleitung zur Installation von mSQL
- -MSQL_BOOK, mit einer Reklame für das Buch »Official Guide to MiniSQL 2.0«. Dies mag für manchen ein wenig ärgerlich erscheinen; die aufgeführten Topics deuten allerdings auf ein für mSQL-Interessierte recht interessantes Buch hin [Msq99], dessen Inhalte weit über das im Rahmen des vorliegenden allgemeineren Buchs dargestellten Überblicks hinausgeht. Da zudem David. J. Hughes selber und der in MiniSQL und Linux-Kreisen nicht unbekannte Brian Jepson als Koautoren auftreten, sollten weiter gehend Interessierte ihre Augen hier offen halten.

- -MAKEFILE für die Installation
- -README für MiniSQL 2.0
- -README.sco, für dieses Buch nicht relevant
- -RELEASE_NOTES, mit einer kurzen Release-Historie für mSQL 2.0

Neben den genannten Dateien sind die folgenden Unterverzeichnisse vorzufinden:

- *-demos*, in dem die Funktionsweise von w3-mSQL am Beispiel der Speicherung von Bookmarks in einer mSQL-Datenbank demonstriert wird
- *-docs*, in dem sich neben einer README-Datei, Lizenzhinweisen, einer detaillierten Historie von mSQL 2.0 und einem Bestellformular auch ein ausführliches Manual befindet, und zwar als HTML-Version und als gezipptes PostScript
- *-misc* mit diversen Dingen, die überwiegend w3-mSQL zuzurechnen sind
- *-scripts* mit den kompilierten Skripten für die Installation und das Starten der mSQL 2.0-Datenbank
- *-src* mit den Quellen von mSQL und w3-mSQL

Die Installation von mSQL ist vergleichsweise sehr einfach und gelingt auf den gängigen Linux-Distributionen fast immer und kann vollständig vom DBA vorgenommen werden, also beispielsweise vom User *msqladmin*. Gewiefte Unix-/Linux-Experten mögen an dieser Stelle in das Makefile sehen, um herauszufinden, auf welche Weise die Installation vonstatten geht; wir werden die einzelnen Schritte mit Blick auf weniger erfahrene Leser nachfolgend dennoch relativ detailliert darlegen, denn auf Grund der recht problemlosen Benutzung kann dieser Schritt als der wichtigste angesehen werden.

Zu Beginn der Installation ist ein Zielverzeichnis anzulegen, in das die eigentlich für die Kompilierung und Installation notwendigen Dateien gelegt werden. Dazu muss man in das Verzeichnis verzweigen, in dem sich die ausgepackten mSQL-Dateien befinden. Nehmen wir an, das mSQL-Archiv wurde in einem Verzeichnis mit Namen */home/msql* ausgepackt, dann müsste in das sich darin befindliche Unterverzeichnis msql-2.0.10.1 verzweigt werden, um den folgenden *make*-Befehl zu starten:

```
make target
```

Als Ergebnis dieser Anweisung sollte etwa die folgende Ausgabe in der Shell erscheinen:

```
Making target directory for Linux-2.2.10-i686

Building directory tree.
```

```
        Adding common
        Adding conf
        Adding lang-common
        Adding lite
        Adding makedepend
        Adding makegen
        Adding msql
        Adding regexp
        Adding tests
        Adding tests/rtest.src
        Adding w3-msql

        Adding w3-msql/tests
        Adding sym-links
..........................................................
Build of target directory for Linux-2.2.10-i686 complete
```

Als Ergebnis dieses Vorgangs sollte ferner ein Verzeichnis namens *targets* erschienen sein, in dem sich wiederum ein Verzeichnis mit der Bezeichnung der benutzten Linux-Version von mSQL befindet (z. B. *Linux-2.2.10-i686/*). Darin befindet sich ein Setup-Skript, das nunmehr aus diesem Verzeichnis heraus aufgerufen werden sollte:

```
./setup
```

Es wird sich dann eine rege Aktivität in der Shell entwickeln. U.a. wird eine Datei namens *site.mm* angelegt, die vor dem nächsten Installationsschritt an die individuelle Situation anzupassen ist. Beispielsweise wird in dieser Datei der für die nachfolgende Kompilierung zu benutzende C-Compiler oder auch das Installationsverzeichnis vorgegeben. Die Kompilierung geschieht anschließend durch den Aufruf der folgenden Anweisung (immer noch im gleichen Verzeichnis):

```
make all
```

Wurde in der Datei *site.mm* als Installationsverzeichnis beispielsweise der Eintrag */etc/msql/database* vorgenommen, dann sollte sich darin anschließend das folgende Ergebnis der Kompilierung befinden:

```
drwxr-xr-x  11 msqladmi msqladmi    1024 Mär 29 15:43 .
drwx------  10 ... 1024 Mär 29 15:43 ..
```

```
-rwxr-xr-x  1 ... 3119 Mär 29 15:43 README
-rw-r-xr--  1 ... 1806 Mär 29 15:43 README.sco
drwxr-xr-x  2 ... 1024 Mär 29 15:43 bin
drwxr-xr-x  3 ... 1024 Mär 29 15:43 doc
drwxr-xr-x  3 ... 1024 Mär 29 15:43 include
drwxr-xr-x  2 ... 1024 Mär 29 15:43 lib
drwxr-xr-x  2 ... 1024 Mär 29 15:43 makegen
drwxr-xr-x  2 ... 1024 Mär 29 15:43 misc
drwxr-xr-x  2 ... 1024 Mär 29 15:43 modules
-rwx------  1 ... 195 Mär 29 15:43 msql.acl.sample
-rw-r--r--  1 ... 1126 Mär 29 15:43 msql.conf
drwxr-xr-x  3 ... 1024 Mär 29 15:43 msqldb
drwxr-xr-x  4 ... 1024 Mär 29 15:43 www
```

Die zentrale Konfigurationsdatei für mSQL bildet hier die *msql.conf*. Darin befinden sich die wesentlichen Konfigurationsparameter von mSQL, die unbedingt an die jeweilige Umgebung angepasst werden sollte. Das folgende Listing zeigt eine mögliche Beispielkonfiguration:

```
#
# msql.conf  -  Configuration file for MiniSQL Version 2
#
#-------------------------------------------------------------
# This file is an example configuration and may require
# modification to suit your needs or your site.
# The values given are the default #values and will be used
# by the software if either this file is missing or a
# specific value is not specified.
#
#-------------------------------------------------------------
# NOTE : The install directory and all files/directories
# below it _must_ be owned by the user specified in the
# mSQL_User parameter (the user msql by default).  If you
# change the mSQL_User value then you must 'chown -R'
# the install directory.

[general]

Inst_Dir = /etc/msql/database
DB_Dir = %I/msqldb
mSQL_User = msqladmin
```

```
Admin_User = msqladmin
Pid_File = %I/msql2d.pid
TCP_Port = 1114
UNIX_Port = %I/msql2.sock

[system]

Msync_Timer = 30
Host_Lookup = True
Read_Only = False
Remote_Access = False
Local_Access = True
#Query_Log = False
#Query_Log_File = %I/query.log

[w3-msql]

Auth_Host = NULL
Footer = True
Force_Private = False
```

Als *Admin_User* wird hier per Default *root* eingetragen, was wir für eine nicht sehr glückliche Wahl halten. Ein cd auf das Verzeichnis */etc/msql/database/bin* zeigt nunmehr die Anwendungen von mSQL:

```
drwxr-xr-x   2 msqladmi msqladmi    1024 Mär 29 15:43 .
drwxr-xr-x  11 ... 1024   Mär 29 15:43 ..
-rwxr-xr-x   1 ... 134443 Mär 29 15:43 lite
-rwxr-xr-x   1 ... 34360  Mär 29 15:43 msql
-rwxr-x---   1 ... 178458 Mär 29 15:43 msql2d
-rwxr-x---   1 ... 38028  Mär 29 15:43 msqladmin
-rwxr-xr-x   1 ... 33919  Mär 29 15:43 msqldump
-rwxr-x---   1 ... 31523  Mär 29 15:43 msqlexport
-rwxr-x---   1 ... 35397  Mär 29 15:43 msqlimport
-rwxr-xr-x   1 ... 33556  Mär 29 15:43 relshow
-rwxr-xr-x   1 ... 89539  Mär 29 15:43 w3-auth
-rwxr-xr-x   1 ... 145283 Mär 29 15:43 w3-msql
```

7.3 Anwendung

Die Anweisung *lite* beinhaltet die bereits oben genannte mSQL-spezifische Sprache. *msqldump, msqlexport* und *msqlexport* bilden die Import-/Exportmechanismen von mSQL. Auf W3-mSQL sind wir bereits im vorherigen Abschnitt eingegangen (gestartet wird es mit Hilfe der *w3msql*-Anweisung unter Eingabe einer spezifischen Eingabedatei). Die *w3-auth*-Anweisung dient zum Aufruf von Authentifizierungsmechanismen für W3-mSQL. Wir werden an dieser Stelle darauf nicht weiter eingehen und verweisen statt dessen auf die mSQL-Dokumentation.

Für Standardanwendungen (worunter hier weitgehend auch Administrationsvorgänge fallen) am interessantesten sind die *msql2d-*, die *msqladmin-* und die *msql-Anweisung*, recht interessant für die Beobachtung des Zustandes von mSQL-Datenbanken ist daneben der Befehl *relshow*. Wir werden zum Abschluß dieses Abschnitts ein wenig detaillierter auf diese Anweisungen eingehen, womit der Leser in der Lage ist, den Datenbankserver zu starten, Datenbanken anzulegen, SQL-Befehle an die Datenbank abzuschicken und den Zustand der mSQL-Datenbanken zu beobachten.

Gestartet wird der Datenbankserver mit Hilfe der *msql2d*-Anweisung:

```
msqladmin@rom:/etc/msql/database/bin > msql2d &
[4] 13200

MiniSQL Version 2.0.10.1
Copyright (c) 1993-94 David J. Hughes
Copyright (c) 1995-99 Hughes Technologies Pty Ltd.
All rights reserved.

   Loading configuration from '/etc/msql/database/msql.conf'.
   Server process reconfigured to accept 200 connections.
   Server running as user 'msqladmin'.
   Server mode is Read/Write.
```

Die nach diesem Befehl laufenden Prozesse sollten den mSQL-Daemon beinhalten:

```
msqladmin@rom:/etcmsql/database/bin > ps aux | grep msql
...
msqladmin 13200 0.0 0.2 1620 672 ? S 15:59 0:00 msql2d
...
```

Die wichtigsten Funktionen der *msqladmin*-Anweisung sind:

- Das Anlegen und Löschen von Datenbanken
- Das Kopieren oder Übertragen von Datenbanken
- Das Herunterfahren oder Neuladen von Datenbanken
- Die Beobachtung von Statistiken über die vorhandenen Datenbanken

Das Anlegen einer neuen Datenbank (mit Namen »Prod«) beispielsweise geschieht mit Hilfe der msqladmin-Anweisung ganz einfach wie folgt:

```
msqladmin@rom:/etc/msqladmin/database/bin > msqladmin \
  create Prod
Database "Prod" created.
```

Anschließend kann der mSQL-Monitor für die Eingabe von SQL-Anweisungen gestartet werden. Dies geschieht unter Angabe der Datenbank, an der gearbeitet werden soll, sowie optional eines Hosts und/oder einer Konfigurationsdatei.

```
hans@rom:~/mSQL > msql Prod

Welcome to the miniSQL monitor.  Type \h for help. mSQL >
```

Auf dieser Kommandozeile können nun SQL-Befehle an die Datenbank geschickt werden. Einige spezielle Tastenkombinationen stehen dabei für Kontrollkommandos:

- *\h* (help) gibt eine Hilfe aus
- *\q* (quit) führt zum Verlassen des mSQL-Monitors
- *\g* (go) schickt eine SQL-Anweisung an die Datenbank
- *\e* (edit) liefert die vorherige SQL-Anweisung zum Editieren zurück
- *\p* (print) druckt den aktuellen Buffer

Wir zeigen nachfolgend beispielhaft, wie eine einfache Tabelle angelegt und mit einigen Beispieldaten gefüllt wird.

```
hans@rom:~/msQL > msql Prod

Welcome to the miniSQL monitor.  Type \h for help.


mSQL > create table person(name text(30),
    -> vorname text(30), alter int) \g
```

```
  Query OK.  1 row(s) modified or retrieved.
mSQL > insert into person values('Dicken','Hans',39)\g
  Query OK.  1 row(s) modified or retrieved.
mSQL > insert into person values('Hipper','Gunther',32)\g
  Query OK.  1 row(s) modified or retrieved.
mSQL > insert into person
    -> values('Muessig-Trapp','Peter',39)\g
  Query OK.  1 row(s) modified or retrieved.
```

Nach diesen Einfügungen in die neu angelegte Tabelle ergibt ein SELECT * das in der Abbildung 7.2 dargestellte Ergebnis.

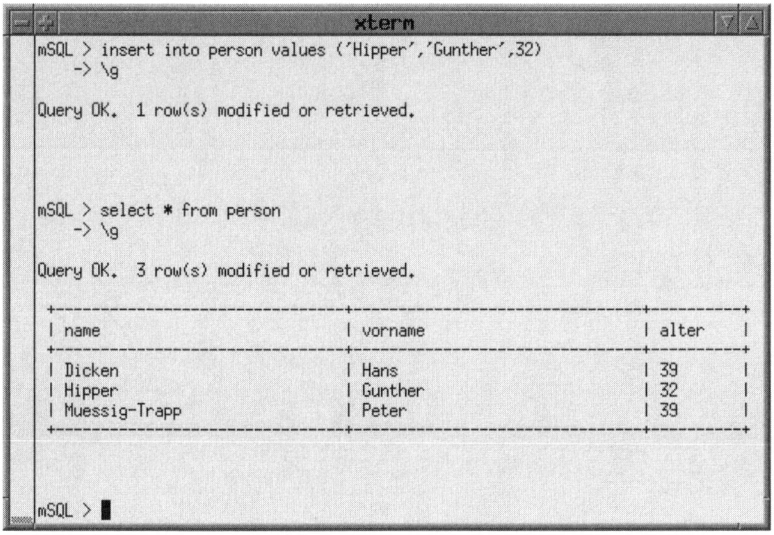

Abb. 7.2: Eine kleine Beispieltabelle in der mSQL-Datenbank

7.3.1 Zusammenfassung

In diesem Kapitel haben wir MiniSQL vorgestellt, ein kleines schlankes RDBMS, das sich seit geraumer Zeit im Linux-Umfeld tummelt. MiniSQL ist ein Datenbanksystem, das bewusst auf manche Features verzichtet und sich statt dessen auf die Performance konzentriert. Neben einigen allgemeinen Ausführungen zur Philosophie haben wir kurz die Installation und Konfiguration von MiniSQL beschrieben, um anschließend anhand einiger Beispiele ein paar der Werkzeuge vorzustellen, die dieses DBMS bietet.

Kapitel 8

Informix

Von den großen Datenbanken ist Informix die Herkunft aus der Unix-Welt am direktesten anzusehen, sogar in der Windows-Version: Man verspürt bei nahezu jedem administrativen Vorgang ein Unix-Feeling in der MS DOS-Eingabeaufforderung. Insofern war für Informix der Schritt nach Linux sicher kein besonders großer. Wer andererseits aus Benutzersicht keine großen Anforderungen an Oberflächen für die Anwendung oder Administration an eine Informix-Datenbank stellt, der wird sich völlig problemlos von Solaris oder Windows auf die Linux-Variante umstellen können.

Informix war einer der ersten »Großen« unter den Datenbankanbietern, die nach Linux migrierten. Ende 1998 stand der (damals allerdings bereits veraltete) SE-Server für Linux zur Verfügung, kurze Zeit später mit dem Informix Dynamic Server (IDS) dann auch ein auf allen Plattformen aktuelles Release.

Wir beschreiben in diesem Kapitel anhand des IDS 7.30 UC7 die wichtigsten Aspekte der Installation, Konfiguration und Administration eines Informix-Datenbankservers unter Linux. Dabei werden auch einige Werkzeuge in ihrer Linux-Variante zur Sprache kommen.

8.1 Installation

Die Installation eines Informix-Datenbankservers gestaltet sich unter Linux – sofern man sich an den nachfolgend dargelegten Schritten orientiert – als nicht besonders schwierig. Allerdings sind einige Besonderheiten zu beachten, die man in der Installationsanleitung teilweise nicht oder nur schwer auffindet. Wir werden in diesem Abschnitt die einzelnen Schritte bei der Installation beschreiben.

8.1.1 Vorbereitungen

Vor der Installation von Informix sind vom Benutzer *root* einige Vorbereitungen zu treffen. Neben dem Auspacken des rpm-Packages ist insbesondere eine Gruppe und ein Benutzer anzulegen, dem die Datenbank gehört und der sie administriert. Im folgenden Beispiel wird das IDS-Paket von der CD-ROM (gemountet auf */cdrom*) in das Verzeichnis */opt/informix* ausgepackt:

```
mount /cdrom
rpm --install --prefix /opt/informix /cdrom/ids.rpm
```

Dieser Schritt führt keineswegs zur Installation von Informix, sondern lediglich zum Auspacken des rpm-Packages. Vor der eigentlichen Installation sind noch einige weitere Vorbereitungen zu treffen. Zunächst ist ein Benutzer *informix* in einer gleichnamigen Gruppe anzulegen, beispielsweise so:

```
groupadd -g 220 informix

useradd -c "Informix DBA" -d /home/informix -g 220 -m -k/etc/skeleton
-s /bin/bash -u 220 informix
passwd informix
New password: password
```

Dieser wird später den Informix-Datenbankserver administrieren. Im nächsten Schritt sind einige Umgebungsvariablen zu setzen, zweckmäßigerweise gleich im Startup-Skript des Benutzers *informix* (im Falle der bash also z.B. in der *.bashrc*).

```
export INFORMIXDIR="/opt/informix"
export PATH="$PATH:$INFORMIXDIR/bin"
export INFORMIXSERVER="ifxserv"
```

Informix kann mehrere Datenbanken unter einem Datenbankserver verwalten. In diesem Fall würde der Informix-Server die Bezeichnung *ifxserv* haben.

8.1.2 Ausführen des Installationsskripts

Im Anschluss kann mit der eigentlichen Installation begonnen werden. Im Verzeichnis, in welches das Informix-Paket ausgepackt wurde (im Beispiel */opt/informix*) befindet sich ein Skript namens *installserver*, das zu diesem Zweck gestartet wird:

```
cd /opt/informix
./installserver
```

Im Laufe des Installationsvorgangs fragt Informix auch die Lizenzangaben ab:

```
Informix Dynamic Server Version 7.30.UC7
Copyright (C) 1986-1999 Informix Software, Inc.


Installation and Configuration Skript

This installation procedure must be run by a privileged user (Super User). It
will change the owner, group,  mode, (and other file attributes on Secure sys-
tems) of all files of this package in this directory.

There must be a user "informix" and a group "informix" known to the
system.


Press RETURN to continue, or the interrupt key (usually CTRL-C or DEL) to abort.

Enter your serial number (for example, INF#X999999) >
AAC#111111
Enter your serial number KEY (uppercase letters only) >
AAAAAA

 WARNING!
        This software, and its authorized use and number of users,
        are subject to the applicable license agreement with Infor-
        mix Software, Inc.
        If the number of users exceeds the licensed number, the ex-
        cess users may be prevented from using the software.  UN-
        AUTHORIZED USE OR COPYING MAY SUBJECT YOU AND YOUR COMPANY
        TO SEVERE CIVIL AND CRIMINAL LIABILITIES.


Press RETURN to continue, or the interrupt key (usually CTRL-C or DEL) to abort.

Installing directory .
Installing directory aaodir
Installing directory bin
Installing directory dbssodir
Installing directory lib
Installing directory msg
Installing directory msg/en_us
```

```
Installing directory msg/en_us/0333
Installing directory etc
Installing directory incl
Installing directory incl/hpl
Installing directory incl/esql
Installing directory release
Installing directory release/en_us
Installing directory release/en_us/0333
Installing directory forms
Installing directory demo
Installing directory demo/dbaccess
Installing directory gls
Installing directory gls/cm3
Installing directory gls/cv9
Installing directory gls/lc11
Installing directory gls/lc11/cs_cz
Installing directory gls/lc11/da_dk
Installing directory gls/lc11/de_at
Installing directory gls/lc11/de_ch
Installing directory gls/lc11/de_de
Installing directory gls/lc11/en_au
Installing directory gls/lc11/en_gb
Installing directory gls/lc11/en_us
Installing directory gls/lc11/es_es
Installing directory gls/lc11/fi_fi
Installing directory gls/lc11/fr_be
Installing directory gls/lc11/fr_ca
Installing directory gls/lc11/fr_ch
Installing directory gls/lc11/fr_fr
Installing directory gls/lc11/is_is
Installing directory gls/lc11/it_it
Installing directory gls/lc11/ja_jp
Installing directory gls/lc11/ko_kr
Installing directory gls/lc11/nl_be
Installing directory gls/lc11/nl_nl
Installing directory gls/lc11/no_no
Installing directory gls/lc11/os
Installing directory gls/lc11/pl_pl
Installing directory gls/lc11/ru_ru
Installing directory gls/lc11/sk_sk
Installing directory gls/lc11/sv_se
Installing directory gls/lc11/th_th
```

```
Installing directory gls/lc11/zh_cn
Installing directory gls/lc11/zh_tw

Installing Shared Libraries in System Directories ...

Linking /usr/lib/iosm07a.so from lib/iosm07a.so

Linking /usr/lib/iplddO7a.so from #lib/iplddO7a.so

Installation of Informix Dynamic Server complete.
```

Der oben dargestellten Ausgabe kann man recht gut entnehmen, was Informix alles installiert. Alle Besitzrechte an den dabei entstandenen Dateien und Verzeichnissen wurden automatisch an den Benutzer *informix* übergeben. Ein Listing des Verzeichnisses */opt/informix* sollte daher etwa folgendes Bild ergeben:

```
total 23
drwxr-xr-x  13 informix informix    1024 Feb 10 17:24 .
drwxrwxrwx  10 root     root       1024 Feb 10 16:57 ..
drwxrwx---   2 informix informix    1024 Feb 10 17:14 aaodir
drwxrwxr-x   2 informix informix    1024 Feb 10 17:14 bin
drwxrwx---   2 informix informix    1024 Feb 10 17:14 dbssodir
drwxr-xr-x   3 informix informix    1024 Feb 10 17:14 demo
drwxrwxr-x   2 informix informix    1024 Feb 10 17:24 etc
drwxr-xr-x   2 informix informix    1024 Feb 10 17:14 forms
drwxr-xr-x   5 informix informix    1024 Feb 10 17:14 gls
drwxr-xr-x   4 informix informix    1024 Feb 10 17:14 incl
-rwxr-xr-x   1 informix informix   10013 Apr  1  1999 installserver
drwxr-xr-x   2 informix informix    1024 Feb 10 17:24 lib
drwxr-xr-x   3 informix informix    1024 Feb 10 17:14 msg
drwxr-xr-x   3 informix informix    1024 Feb 10 17:14 release
```

8.2 Konfiguration und Start des Datenbankserver

Nach der Installation könnte sich der Informix-Server aus unterschiedlichen Gründen weigern, hochzufahren. Es sollten daher einige Umgebungsvariablen und Konfigurationsparameter überprüft und gegebenenfalls angepasst werden. Prüfen Sie zunächst, ob Informix Eintragungen in die */etc/services* vorgenommen hat. Diese müssten etwa wie folgt aussehen:

```
#
# informix
#
informix1521/tcp
informix1526/tcp
```

Ist dies nicht der Fall, so muss gegebenenfalls manuell nachgeholfen werden. Im oben dargestellten Beispiel horcht der Informix-Server auf den Ports 1521 und 1526 auf Anfragen über das TCP-Protokoll.

Die zentrale Konfigurationsdatei für den Informix-Datenbankserver bildet die *$INFORMIXDIR/etc/onconfig*. Diese ist im Allgemeinen sehr gut verständlich und gelungen. Die meisten der per Default dort eingetragenen Parameter können unverändert übernommen werden. Einige Parameter sind allerdings (vom Benutzer *informix*) an die jeweilige Umgebung anzupassen. Im nachfolgenden Listing sind die wichtigsten davon, mit Beispielwerten versehen, aufgeführt:

```
ROOTPATH          /opt/informix/online_root/online_root
ROOTSIZE          100000
PHYSDBS           rootdbs
MSGPATH           /opt/informix/online.log
ALARMPROGRAM      /opt/informix/etc/log_full.sh
SYSALARMPROGRAM   /opt/informix/etc/evidence.sh
DRLOSTFOUND       /opt/inofmrix/dr.lostfound
DBSERVERNAME      /ifxserver
```

Wie zu sehen ist, betreffen diese Parameter in erster Linie Pfade und zentrale Konfigurationseinstellungen. Der ROOTPATH ist ein Pfad zu einer Datei, in der die Datenbanktabellen des Data Dictionary abgelegt werden (im obigen Fall ist dies die Datenbank mit Namen *rootdbs* mit einer Größe von ca. 100 MB). Diese Datei ist vor dem Starten des Datenbankserver anzulegen (als leere Datei) und anschließend mit Lese- und Schreibrechten für *informix* zu versehen:

```
chmod 775 /opt/informix/online_root/online_root
```

Wichtig ist die Überprüfung und gegebenenfalls die Anpassung der Shared-Memory-Eintragungen in der *onconfig*. Überprüfen Sie Ihre Werte für die betreffenden Kernel-Einstellungen in der */usr/src/linux/include/asm/shmparam.h*. Als Wert für die Basisadresse der Shared-Memory-Segmente (SHMBASE) ist dort bei Linux-

Standardinstallationen in der Regel 0x50000000 eingetragen. Dieser Parameter muss unbedingt auch in der *onconfig* den gleichen Wert besitzen. Die weiteren Parameter in der Informix-Konfigurationsdatei, welche die Shared-Memory-Segmente betreffen, sind dem folgenden Listing zu entnehmen. Mit den hier eingetragenen Werten kann man bei mittelgroßen Datenbankanwendungen gut leben.

```
SHMVIRTSIZE      1000
SHMADD          4096
SHMTOTAL         8388608
SHMBASE         0x50000000L
```

Für die Konfiguration des Netzwerks besitzt Informix die Datei *sqlhosts*, ebenfalls im Verzeichnis *$INFORMIXDIR/etc*. Nach der Installation befindet sich darin eine Datei namens *sqlhosts.demo*, die den jeweiligen Gegebenheiten anzupassen und in *sqlhosts* umzubenennen ist. Die Kommunikation kann dabei sowohl über TCP/IP wie auch über Shared-Memory stattfinden. Der Modus *onipcshm* steht für »Online Server, Interprocess Communication via Shared-Memory«, der Modus *onipctcp* für »Online Server, Interprocess Communication via TCP«. Im folgenden Beispiellisting sind zwei Beispiele eingetragen, das eine davon ist auskommentiert:

```
Prod         onipctcp        rom       ifxserv
#demodb       onipcshm        rom       informix
```

Ein Eintrag in der sqlhosts besteht (in dieser Reihenfolge) aus dem Namen einer Datenbank, der Art der Kommunikation, dem Rechnernamen und dem Namen des Datenbankservers.

Für den Start des Datenbankserver dient bei Informix die *oninit*-Anweisung in *$INFORMIXDIR/bin*. Beim erstmaligen Start wird sie in der folgenden Weise aufgerufen:

```
oninit -ivy
```

Bei späteren Starts sind die Parameter *ivy* dann wegzulassen. Sollte der Informix-Server trotz aller genannten Vorbereitungen nicht hochfahren, dann findet man wertvolle Informationen in der Datei *online.log*. Ansonsten liefert Informix etwa die folgende Ausgabe bei der Initialisierung und beim Starten des Datenbankserver:

```
Checking group membership to determine server run modesucceeded
Reading configuration file '/opt/informix/etc/onconfig'...succeeded
Creating /INFORMIXTMP/.infxdirs ... succeeded
Creating infos file "/opt/informix/etc/.infos.ifxserv" ... "/opt/informix/etc/
.conf.ifxserv" ... succeeded
Writing to infos file ... succeeded
Checking config parameters...succeeded
Allocating and attaching to shared memory...succeeded
Creating resident pool 412 kbytes...succeeded
Creating buffer pool 802 kbytes...succeeded
Initializing rhead structure...succeeded
Initializing ASF ...succeeded
Initializing Dictionary Cache and Stored Procedure Cache...succeeded
Bringing up ADM VP...succeeded
Creating VP classes...succeeded
Onlining 0 additional cpu vps...succeeded
Onlining 1 IO vps...succeeded
Forking main_loop thread...succeeded
Initializing DR structures...succeeded
Forking 1 'soctcp' listener threads...succeeded
Forking 1 'ipcshm' listener threads...succeeded
Starting tracing...succeeded
Initializing 1 flushers...succeeded
Initializing log/checkpoint information...succeeded
Opening primary chunks...succeeded
Opening mirror chunks...succeeded
Initializing dbspaces...succeeded
Validating chunks...succeeded
Creating database partition
Initialize Async Log Flusher...succeeded
Forking btree cleaner...succeeded
informix@rom:/opt/informix/online_root > Initializing DBSPACETEMP list
Checking database partition index...succeeded
Checking location of physical log...succeeded
Initializing dataskip structure...succeeded
Checking for temporary tables to drop
Forking onmode_mon thread...succeeded
Verbose output complete: mode = 5
```

Informix sollte dann mehrere Prozesse unter dem *root*-Account gestartet haben. Ein *ps aux* sollte etwa folgendes Ergebnis liefern:

```
root    27318 19.6  2.2 15776  5800  ? S    17:34   0:02 oninit
root    27319  0.0  1.2 15776  3212  ? S    17:34   0:00 oninit
root    27320  0.0  1.2 15776  3292  ? S    17:34   0:00 oninit
root    27321  0.0  1.3 15776  3368  ? S    17:34   0:00 oninit
root    27322  0.0  1.3 15776  3564  ? S    17:34   0:00 oninit
root    27323  0.0  1.4 16180  3828  ? S    17:34   0:00 oninit
root    27324  0.0  1.5 15776  3964  ? S    17:34   0:00 oninit
```

8.3 Administration unter Linux

Die Administration einer Informix-Datenbank geschieht teilweise über interaktive Werkzeuge in der Shell, teilweise mit Hilfe von direkten Kommandos. Bevor wir auf einzelne Komponenten der Informix-Administration eingehen, werden wir die wichtigsten Werkzeuge zusammenfassend vorstellen. Anschließend werden die wichtigsten Informix-Systemtabellen aufgeführt.

8.3.1 Werkzeuge für die Datenbankadministration

Informix bietet unter Linux ein Mix aus Kommandozeilenwerkzeugen und grafischen Oberflächen für die Administration an. Die grafischen Werkzeuge werden dabei ausschließlich über die Tastatur bedient, wobei die Menüeinträge überwiegend mit Hilfe der Pfeiltasten und der Return-Taste ausgewählt werden. Wer lieber die Maus bedient, muss sich bei Informix umstellen; wir allerdings finden, dass man mit wenigen Tastaturkombinationen wesentlich schneller zum Ziel kommt als bei einer Kombination zwischen Tastatur und Maus (irgendwelche Eingaben über die Tastatur, wie etwa SQL-Kommandos, fallen ohnehin irgendwann an), weshalb wir die Informix-Lösung hier für sehr dienlich halten.

Vor der Benutzung der Informix-Werkzeuge ist darauf zu achten, dass die folgenden Umgebungsvariablen richtig gesetzt sind (vgl. Abschnitte 8.1 und 8.2):

- INFORMIXDIR
- INFORMIXSERVER
- ONCONFIG
- PATH
- INFORMIXSQLHOSTS

- DBNLS
- LANG
- COLLCHAR

Innerhalb des Installationsverzeichnisses %INFORMIXDIR% entstand im Laufe der Installation eine Datei namens *sentenv.cmd*, die diese Umgebungsvariablen beinhaltet. Nach dem Starten dieses Skripts müssten alle Parameter korrekt gesetzt sein.

Das wichtigste Werkzeug für den Informix-DBA ist *DB Access*. Dies ist eine Oberfläche für administrative Vorgänge wie das Anlegen oder Löschen von Datenbanken, aber auch für SQL-Anweisungen. Ebenfalls können sehr detaillierte Informationen über Datenbanken oder Datenbankobjekte mit Hilfe von DB Access ermittelt werden. So kann man sich beispielsweise über einzelne Spaltendefinitionen einer Tabelle, über deren Constraints usw. sehr schnell und unkompliziert Informationen besorgen, ohne zur Maus greifen zu müssen und ohne dazu mehr oder weniger komplizierte SQL-Anweisungen auf die Systemtabellen auswendig kennen zu müssen.

Wir werden DB Access im Laufe dieses Abschnitts noch mehrfach begegnen, weshalb eine ausführlichere Darstellung aller Funktionalitäten an dieser Stelle unterbleiben kann. Nach seinem Aufruf mit Hilfe der Anweisung

```
dbaccess
```

stellt sich dem Benutzer das folgende Bild dar:

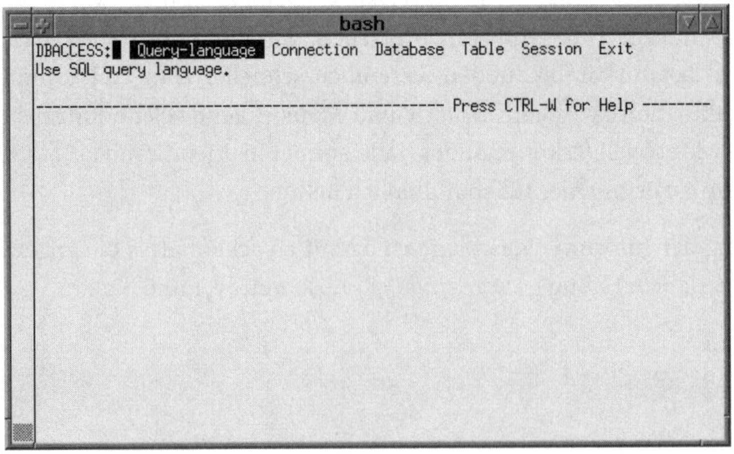

Abb. 8.1: DB Access nach dem Aufruf

Nach dem Aufruf muss sich der Benutzer zunächst mit einem Datenbankserver verbinden und anschließend mit einer Datenbank, die unter diesem Server läuft.

Ein ebenso schönes Werkzeug bildet *ON-Monitor*. Dieses Tool dient nicht der Administration einzelner Datenbanken, sondern des Datenbankservers. Es bietet (in grober Darstellung) u.a. die folgenden Funktionen:

- Statusabfragen hinsichtlich der Benutzung von Shared-Memory
- Ansicht und Änderung von Parametern für die Initialisierung, die Shared-Memory-Segmente, die Performance, die Datenreplikation, Diagnosen, die Log-Archivierung etc.
- Benutzte physische und logische Speicherbereiche ansehen oder manipulieren
- Änderung des Servermodus (online, offline etc.)
- Archivierungsvorgänge steuern
- Logische Log-Dateien verwalten

Auch diesen Werkzeugen werden wir im Laufe der folgenden Ausführungen noch ein paar Mal begegnen. Der Aufruf erfolgt mit Hilfe der Anweisung

```
onmonitor
```

Dem Benutzer stellt sich dann folgendes Bild in seiner Shell dar:

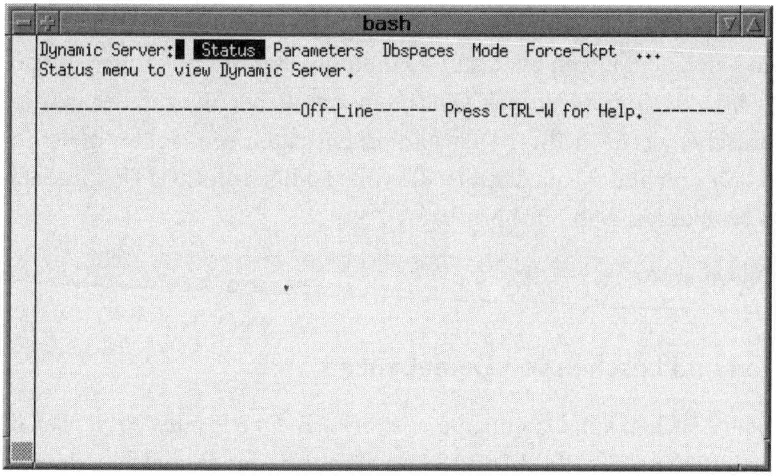

Abb. 8.2: ON-Monitor nach dem Aufruf

Neben den grafischen Werkzeugen bietet Informix für die Administration eine Reihe von zeilenorientierten Werkzeugen an. Die wichtigsten sind (der mehrfach auftretende Teilbegriff »log« bezieht sich dabei immer auf das Transaction Logging):

- oncheck zur Überprüfung der Abbildung von Informix-Daten auf die Plattenstrukturen zur Ermittlung von Inkonsistenzen und ggf. zur Reparatur der inkonsistenten Indexstrukturen innerhalb der Datenbank.
- ondblog zum Wechseln des Logging-Modus für eine oder mehrere Datenbanken.
- onlog zum Ansehen des Inhalts einer Logical Log-Datei für Zwecke des Debuggens im Transaktionsmodus.
- onmode für (u. a.) das Wechseln des Operationsmodus (online, offline, etc.), Abbrechen von Sessions oder Transaktionen, das Hinzufügen von Shared-Memory-Segmenten, das Hinzufügen oder Entfernen eines virtuellen Prozessors oder das Freigeben nicht benutzter Speichersegmente.
- onparams zur Manipulation logischer oder physischer Log-Parameter.
- onspaces für das Erzeugen oder Entfernen von Speicherbereichen (so genannten dbspaces, blobspaces oder temporären dbspaces), das Hinzufügen von zusätzlichem oder das Entfernen von Speicher zu diesen Speicherbereichen und das Starten oder Beenden von Spiegelungen.
- onstat zum Beobachten der Datenbankserver-Operationen.
- ontape zum Ändern des Logging-Status, zum Archivieren oder Restaurieren der Datenbank.

Auch diesen Werkzeugen werden wir teilweise im Laufe der folgenden Abschnitte bei Bedarf noch begegnen. Deren Syntax und Funktionalität ist im Übrigen gut dokumentiert im *Informix Administration Guide*, ein ziemlicher Wälzer, der zumindest in elektronischer Form in Ihrer Distribution enthalten sein sollte (meist im pdf-Format). Ist dies nicht der Fall, dann ist die vollständige Informix-Dokumentation auch direkt von deren Web-Site abrufbar:

```
http://www.informix.com
```

8.3.2 Anlegen und Löschen von Datenbanken

Das Anlegen oder Löschen von Datenbanken ist bei z. B. Oracle eine Wissenschaft für sich: Es existiert keine DROP DATABASE-Anweisung oder dergleichen (im Gegensatz zum CREATE DATABASE, das sehr wohl existiert). Man muss sich damit behelfen, dass man sämtliche Dateien, die mit der betreffenden Datenbank zusammenhängen, löscht, was ein keineswegs unkritisches Unterfangen ist.

Völlig anders stellt sich hier die Situation bei Informix dar. Sie starten einfach DB Access, melden sich als Benutzer *informix* beim Datenbankserver (auf dem die neue Datenbank residieren soll) und anschließend bei einer beliebigen existierenden Datenbank an und wählen den Menüeintrag *Database* und anschließend *Create...* Nach der Angabe eines Namens für die neu anzulegende Datenbank, eines zu benutzenden Speicherbereichs und einem Logging-Modus dauert es wenige Sekunden, bis die Datenbank neu angelegt ist. Informix meldet sich dann kurz darauf mit der Meldung

```
database created.
```

zurück. Frappierend einfach ist auch das Löschen einer Datenbank mit DB Access. Man muss sich lediglich als Benutzer *informix* am betreffenden Datenbankserver anmelden und bei einer Datenbank, die von der zu löschenden verschieden ist (notfalls bei einer Systemdatenbank). Anschließend wählt man den Menüeintrag *Database* und hinterher *Drop...* Nach einer kurzen Rückfrage meldet Informix dann

```
database dropped.
```

Auf ähnliche Weise lassen sich auch die beim Anlegen einer neuen Datenbank vorgegebenen Parameter unter Benutzung von DB Access ändern.

8.3.3 Informix-Systemdatenbanken

Bei der Installation legt Informix unter dem vorgegebenen Datenbankserver zwei Systemdatenbanken an, eine mit Namen *sysmaster* und eine mit Namen *sysutils*. Innerhalb dieser Systemdatenbanken befinden sich sehr detaillierte Informationen über den jeweiligen Datenbankserver. Beispielsweise findet man dort Angaben über die vorhandenen *Chunks* (vgl. nächster Abschnitt) der einzelnen Speicherbereiche und deren Status oder auch Log-Informationen usw. Eine sehr ergiebige Informationsquelle für die Datenbankadministration!

Einsehen kann man die Systemdatenbanken mit DB Access: Man verbindet sich dazu als Benutzer *informix* mit einer der genannten Systemdatenbanken und wählt dann z.B. den Menüeintrag *Table* und anschließend *Info*. Es erscheint dann eine Liste der sich in der Datenbank befindlichen Tabellen (Abb. 8.3):

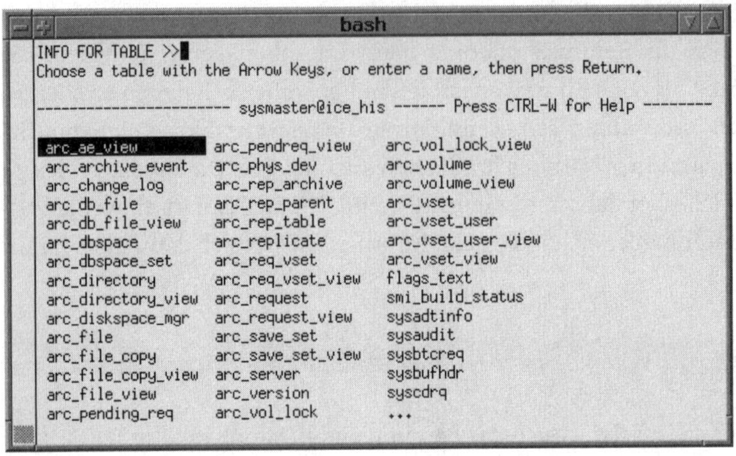

Abb. 8.3: Darstellung der vorhandenen Tabellen in der sysmaster-Datenbank

Man wählt eine der angebotenen Tabellen aus (mit Hilfe der Pfeiltasten) und erhält daraufhin ein neues Menü, in dem man auswählen kann, was man denn sehen will. Wählt man hier den Eintrag *Columns*, so zeigt DB Access eine Auflistung der in dieser Tabelle vorhandenen Spalten, der Typen und ob Nullwerte für die jeweiligen Spalten erlaubt sind. Abb. 8.4 zeigt die Ausgabe für die Tabelle *syschunks*:

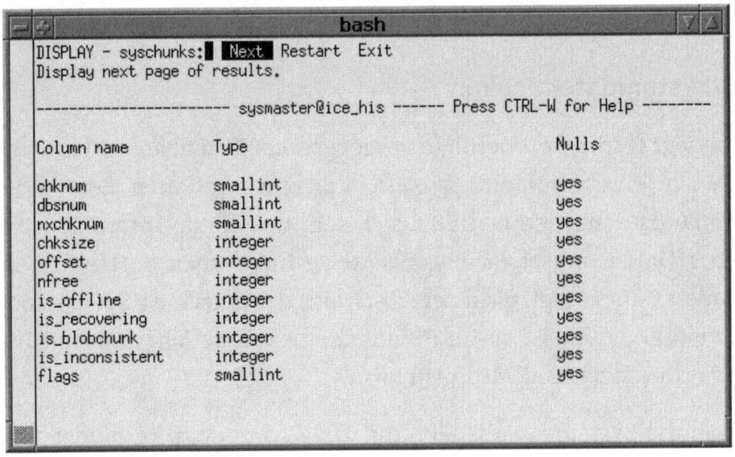

Abb. 8.4: Spaltendefinition der Tabelle syschunks in der Datenbank sysmaster

Auf die gleiche Weise kann man sich mit Hilfe von DB Access selbstverständlich auch die Objekte aller anderen Datenbanken ansehen, also nicht nur der Systemdatenbanken.

8.3.4 Ändern des Operationsmodus des Datenbankserver

Ein Informix-Datenbankserver kennt die folgenden Operationsmodi:

- Offline-Modus
- Administrationsmodus (*Quiescent*)
- Online-Modus
- Read-Only-Modus
- Recovery-Modus
- Shutdown-Modus

Im Offline-Modus läuft der Datenbankserver nicht, d.h. es werden keinerlei Anfragen entgegengenommen. Im Administrationsmodus ist der Datenbankserver nur für administrative Zugriffe zugänglich. Es gibt unterschiedliche Möglichkeiten, aktive Sessions mehr oder weniger sanft zu beenden. Beim Umschalten in den Administrationsmodus schreibt Informix eine Botschaft in die *message log*. Beim Umschalten vom Offline-Modus in den Administrationsmodus initialisiert der Server Shared-Memory-Segmente. Daher ist bei jedem Hochfahren des Datenbankservers zunächst der Administrationsmodus einzuschalten und erst anschließend der Online-Modus. Gewöhnliche Benutzer können im Administrationsmodus lediglich mit Hilfe von *onstat* auf den Datenbankserver zugreifen, um dessen Status zu erfragen.

Im Online-Modus ist der Datenbankserver für allgemeine Anfragen geöffnet. Dies ist der Standardstatus des DB-Servers. Der Read-Only-Modus wird von einem Zweitserver für Zwecke der Datenreplikation benutzt, der Recovery-Modus in Fällen, in denen der Datenbankserver vom Offline-Modus in den Administrationsmodus wechselt, der Shutdown-Modus schließlich, falls der Datenbankserver vom Online-Modus in den Offline-Modus wechselt. Die letzten drei Modi sind für die Administration nicht ganz so wichtig und beziehen sich teilweise auf Interna von Informix. Wir werden daher darauf nicht näher eingehen.

Die Änderung des Operationsmodus nimmt man unter Linux am einfachsten mit ON-Monitor vor. Die Abbildung 8.5 zeigt dazu eine Beispielanwendung. Beachten Sie, dass Sie den Datenbankserver zunächst mit *Startup* in den Administrationsmodus bringen müssen, um ihn dann mit Hilfe der *On-Line*-Option auf online setzen zu können.

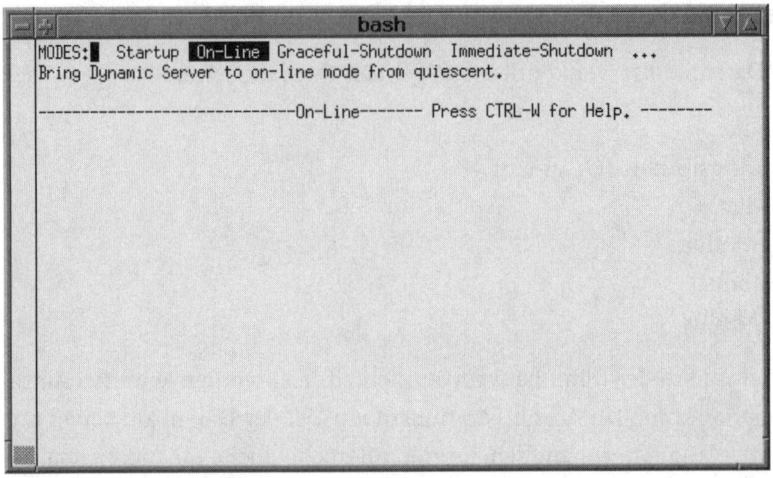

Abb. 8.5: Umschalten des Datenbankserver-Operationsmodus

8.3.5 Speicherverwaltung

Informix organisiert seine Datenbankobjekte logisch und physisch auf mehreren Ebenen, die wir nachfolgend ein wenig abstrahiert (im Sinne von unvollständig) darstellen. Die Speicherverwaltung von Informix ist in der Tat kein leichtes Feld, weshalb man notfalls lieber die betreffenden Abschnitte der Informix-Dokumentation in diesen Punkten ein wenig genauer lesen sollte.

Logische und physische Speichereinheiten

Ein Datenbankserver kann mehrere Speicherbereiche verwalten, nämlich so genannte *DBSpaces*, *BLOBSpaces* und *TblSpaces*. In den DBSpaces werden »normale« Datenbankobjekte organisiert, in den BLOBSpace BLOBS (BYTE und TEXT-Daten), also in der Regel Binärdaten (die allerdings auch in DBSpaces abgelegt werden können, was aber zu einer schlechteren Performance führen kann). In einem TblSpace dagegen werden Informationen über die Zuordnung von allokierten Plattenbereichen (in Form so genannter physischer *Pages*) für die vorhandenen Datenbankobjekte geführt. Eine Page wiederum ist eine physische Größe auf der Platte, die exakt 4 KByte umfasst. Daneben kennt Informix auch BLOBPages als physische Einheiten, die speziell für BLOBSpaces benutzt werden und deren Größe variiert.

Weder der Benutzer noch der Administrator (bei Standardanwendungen) muss sich um Pages oder BLOBPages kümmern. Dies organisiert Informix selber, sofern es der Administrator beim Anlegen z. B. eines neuen BLOBSpace nicht explizit vorgibt.

Neben den genannten Speichereinheiten kennt Informix noch die folgenden logischen Speichereinheiten zur Gewährleistung der Datenbankkonsistenz:

- Logical Log
- Physical Log
- Reservierte Pages

Dabei handelt es sich allerdings nicht um permanent benutzte Einheiten, weshalb diese gesondert zu behandeln sind.

Ein Datenbankserver wiederum kann mehrere Datenbanken verwalten (wobei übrigens unter einem Datenbankmanagementsystem durchaus mehrere Datenbankserver laufen können). Eine Datenbank ist eine logische Speichereinheit, bestehend u.a. aus Tabellen und Indizes. Jede Datenbank beinhaltet daneben einen Systemkatalog, der Informationen über deren einzelne Elemente verwaltet und fortschreibt.

Zusammengefasst kennt Informix die folgenden logischen Speichereinheiten:

- Einheiten der Datenbank insgesamt, die also vom Administrator zu verwalten sind:
- DBSpaces
- BLOBSpaces
- TblSpaces
- Einheiten, die das Design einzelner Anwendungen betreffen:
- Datenbanken
- Tabellen

Die grundlegenden physischen Einheiten sind demgegenüber:

- Pages
- BLOBPages

Modifikation des benutzten Speichers mit Hilfe von onspaces

Das grundlegende Informix-Werkzeug für die Speicherplatzverwaltung bildet *onspaces*. Wir werden die Einsatzmöglichkeiten dieses Tools nachfolgend ein wenig genauer untersuchen. Der Aufruf dieses Werkzeuges geschieht erwartungsgemäß mit Hilfe der Anweisung

```
onspaces
```

In der Regel wird man diesem Befehl einige Parameter hinzufügen. Diese gliedern sich in die folgenden Kategorien:

- Erzeugen eines DBSpace, eines BLOBSpace oder eines temporären DBSpace
- Entfernen eines BLOBSpace oder eines DBSpace
- Hinzufügen eines Chunk zu einem BLOBSpace oder einem DBSpace
- Entfernen eines Chunk
- Starten der Spiegelung
- Beenden der Spiegelung
- Ändern des Status eines Chunks
- Setzen des DATASKIP-Parameters

Wir werden die Spiegelung von Daten an dieser Stelle nicht behandeln, ebenso wenig DATASKIP, der einen Parameter für die Fragmentierung von Datenbankobjekten darstellt. Weiter gehend interessierte Leser müssen wir in diesem Zusammenhang auf die Informix-Dokumentation verweisen. Statt dessen werden wir die Manipulationen der logischen und physischen Speicherparameter ein wenig genauer vorstellen.

Das Erzeugen eines BLOBSpaces, eines DBSpaces oder eines TblSpaces geschieht durch onspaces mit Hilfe der Option *-c*. Zwingend sind bei deren Anwendung die folgenden Zusatzangaben:

- *-p*: Pfadname zum initialen Chunk
- *-o*: Offset, d.i. der Offset in der Plattenpartition oder im Device bis zum Erreichen des DBSpace oder BLOBSpace in KByte
- *-s*: Größe des neuen DBSpace oder BLOBSpace in KByte

Von den folgenden Optionen ist eine zu wählen:

- *-d*: Name des DBSpace, optional zusätzlich mit *-t*, was zur Folge hat, dass ein temporärer DBSpace angelegt wird
- *-b*: Name des BLOBSpace *-g*, Anzahl der Pages pro Blob-Page

Optional dagegen ist die folgende Option:

- *-m*: Pfadname und Offset zum Mirror-Chunk

Einige Beispiele:

```
onspaces -d user_space -p /opt/informix/chunks/db/u_chunk1 -o 64 -s 100000
onspaces -d user_temp -t -p /opt/informix/chunks/temp/t_space1 -o 1024 -s 50000
onspaces -b project_blobs -g 7 -p /opt/informix/chunks/blob/b_space1 -o 3000 -s
1000000 -m /opt/informix/mirror/blobs/b_space1
```

Das Hinzufügen einer (existierenden) Datei zu einem DBSpace oder einem BLOB-Space geschieht mit Hilfe der *-a*-Option bei ansonsten ähnlicher Syntax. Zwei Beispiele:

```
onspaces -a user_space -p /opt/informix/chunks/db/u_chunk2 -o 64 -s 100000
onspaces -a project_blobs -p /opt/informix/chunks/blob/b_space2 -o 1024 -s
50000
```

Das Löschen eines Chunks geschieht mit Hilfe der Option *-d*. Beispiel:

```
onspaces -d user_space -p /opt/informix/chunks/db/u_chunk2 -o 64
```

Selbstverständlich sollte man sich vorher darüber vergewissern, dass der zu löschende Chunk nicht benutzt wird, um die Datenbank in einem konsistenten Zustand zu belassen.

Ein Informix-Datenbankserver kann (zunächst) nur DBSpaces bis zu einer Größe von zwei GBytes verwalten. Hat man keinen größeren Platzbedarf, dann kann man zusätzlichen DBSpace in Form so genannter *Cooked Files* hinzufügen. Bei einem Cooked File handelt es sich um eine zunächst leere Datei, die quasi als Ersatz für ein Raw Device dient. Angelegt wird ein solches unter Linux mit Hilfe der folgenden Beispielanweisung

```
dd if=/dev/zero of=/opt/informix/cooked/idbl bs=1024k count=2000
```

Diese Anweisung legt ein Cooked File im Verzeichnis /opt/informix/cooked an, das selbstverständlich existieren muss. Die Datei muss die Rechte von *informix* besitzen (d.h sie sollte *informix* gehören).

Der Vorteil von Cooked Files im Vergleich zu Raw Devices besteht darin, dass erstere für Benutzer sichtbar sind und dass ein Standard-Backup möglich ist, also über das normale Dateisystem. Der Nachteil besteht in der im Vergleich zu Raw Devices geringeren Zugriffsgeschwindigkeit infolge des Zugriffs über Standard-Systemaufrufe.

Nach dem Erzeugen eines Cooked File kann man diesen mit onspaces wie oben gezeigt einem DBSpace hinzufügen.

Modifikation des benutzten Speichers mit Hilfe von ON-Monitor

Die oben genannten Vorgänge lassen sich mit der ON-Monitor-Oberfläche wesentlich einfacher und intuitiver gestalten. Wir beschreiben hier beispielhaft, wie man mit Hilfe dieses Werkzeugs einen neuen DBSpace anlegen kann. Die folgende Abbildung 8.6 zeigt, wie ON-Monitor zum Anlegen eines neuen DBSpaces benutzt werden kann.

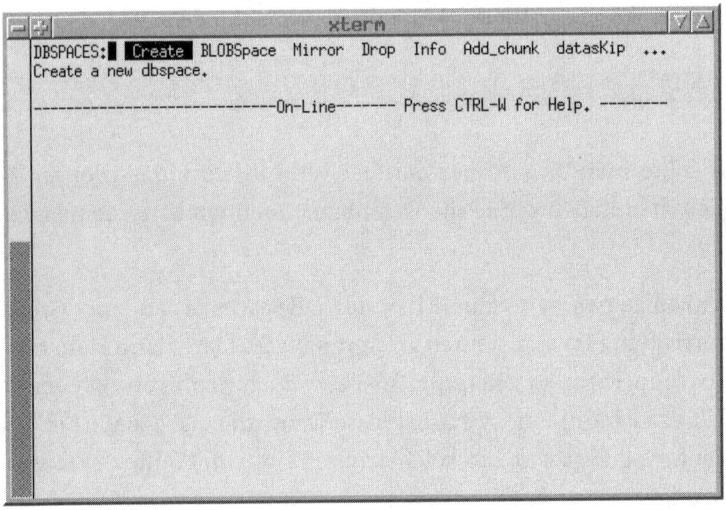

Abb. 8.6: Anlegen eines neuen DBSpace mit Hilfe von ON-Monitor

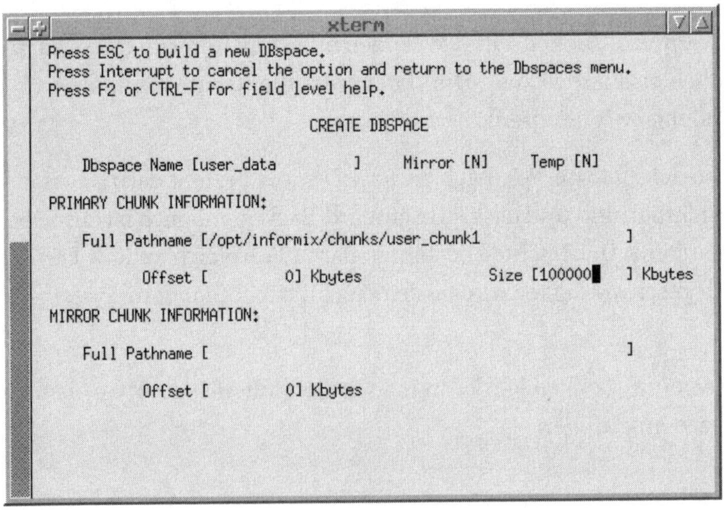

Abb. 8.7: Konfiguration des neuen DBSpace

Wählt man hier den Menüeintrag *Create*, dann erscheint eine Oberfläche, in der man u.a. den Namen des neuen DBSpace eingibt sowie Informationen über die Lokalität des primären Chunk und dessen Größe und Offset (Abb. 8.7).

Hat man diese Angaben gemacht, dann benötigt der ON-Monitor eine Weile, um den neuen Space anzulegen, bevor er eine Erfolgsmeldung ausgibt.

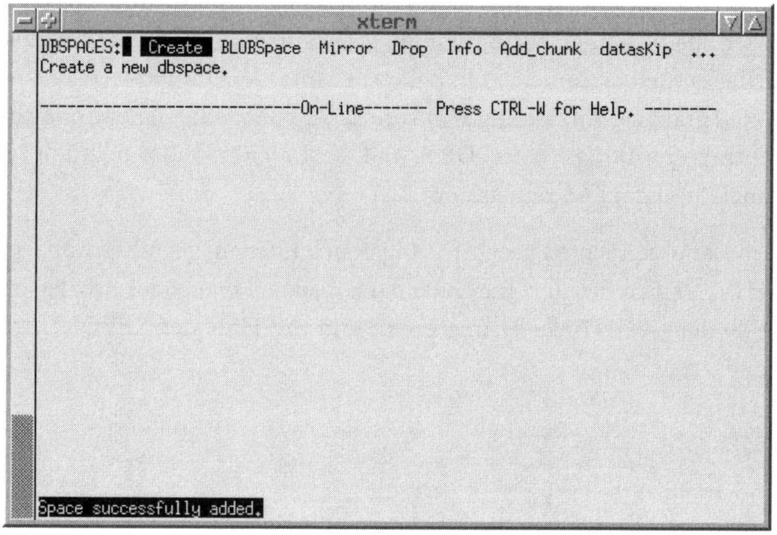

Abb. 8.8: Der neue DBSpace wurde erfolgreich angelegt.

Kontrolle der Lokalisierung von Speicherplatz beim Anlegen einer neuen Tabelle

Beim Anlegen einer jeden Tabelle kann man ebenfalls vorgeben, wo (d.h. in welchem DBSpace) Informix die Daten dieser Tabelle ablegen soll. Dies ermöglicht eine flexible Kontrolle der Speichernutzung der Informix-Datenbank, man mag dies allerdings als ein wenig mühsam erachten. Mit Hilfe der CREATE TABLE...AS...-Anweisung könnte man allerdings auf diese Weise sogar ganze Chunks leeren, um so die Speicherverteilung neu zu organisieren. Die Syntax beim Anlegen einer neuen Tabelle unter Angabe der Speicheroption (hier wird der DBSpace user_space gewählt) lautet:

```
CREATE TABLE tabelle IN user_space
```

8.3.6 Benutzerverwaltung

Wer einen Linux-Account auf dem Serverrechner besitzt, der ist gleichzeitig auch ein potenzieller Informix-Benutzer auf dem Datenbankserver, denn Informix bezieht seine Benutzeraccounts (nebst Passwörtern) vom Betriebssystem. Es gibt daher keine CREATE USER-Anweisung. Der DBA ist lediglich für die Verwaltung der Benutzerrechte verantwortlich, nicht für die Verwaltung der Benutzer selber. Dies mag unter Sicherheitsaspekten in einigen Situationen als eine fragwürdige Lösung betrachtet werden, denn umgekehrt besitzt jeder Datenbanknutzer zwangsläufig auch einen Betriebssystemaccount, was in Zeiten des Internet für manchen Sytemadministrator eine grausige Vorstellung sein könnte. Auf der anderen Seite erleichtert es die Benutzerverwaltung für den DBA, und der Datenbankadministrator ist in aller Regel auch der Linux-Administrator.

Die Vergabe von Benutzerrechten geschieht wie üblich über ein gestuftes Konzept von Rollen und Privilegien für einzelne Datenbankobjekte. Rollen oder Privilegien werden mit Hilfe der GRANT-Anweisung erteilt und mit Hilfe der REVOKE-Anweisung wieder entzogen:

```
GRANT dba TO ersatzadmin
...
REVOKE dba FROM ersatzadmin
```

8.3.7 Datenmigration

Unter dem Stichwort Datenmigration verstehen wir die Portierung von Datenbanken oder Teilen von Datenbanken auf andere Versionen, in andere Informix-Datenbanken oder auch – im Rahmen von datenbankseitigen Backups – den Export, Import oder das Laden von Daten in bzw. aus dem Dateisystem. Eine ausführliche Dokumentation dazu findet sich im *Informix Migration Guide* [inf96]. Wir beschreiben an dieser Stelle lediglich die wichtigsten Werkzeuge und deren Benutzung. Die folgende Tabelle 8.1 beinhaltet eine Übersicht über diese Werkzeuge und deren Anwendungsfälle.

Tabelle 8.1: Informix-Werkzeuge für die Datenmigration

Werkzeug	Anwendung
dbexport	Ausladen einer Datenbank in das Dateisystem für den späteren Import in eine andere Datenbank
dbimport	Erzeugen und Füllen einer Informix-Datenbank aus einem Datenbankexport

Tabelle 8.1: Informix-Werkzeuge für die Datenmigration

Werkzeug	Anwendung
dbschema	Erzeugen einer Datei mit SQL-Anweisungen, die benötigt werden, um spezifizierte Tabellen, Views oder eine Datenbank zu replizieren
dbload	Laden von Daten in Datenbanken oder Tabellen, die mit anderen Informix-Werkzeugen erzeugt wurden
onunload	Ausladen einzelner Datenbankobjekte in das Dateisystem
onload	Laden von Daten, die mit onunload ausgeladen wurden
onmode	Modifikation von Daten für ältere Datenbankversionen

Wir werden die meisten dieser Werkzeuge nachfolgend mehr oder weniger näher beschreiben, lediglich *onmode* und *dbschema* werden wir dabei weglassen.

Export/Import

Der Export von Daten aus einer Informix-Datenbank in das Dateisystem geschieht mit Hilfe der *dbexport*-Anweisung. Die Syntax lautet:

```
dbexport [Optionen] Datenbank
```

Als Optionen stehen hier die folgenden Parameter zur Verfügung:

- *-c*: Ignoriert nicht-fatale Fehler. Der Export wird in diesen Fällen zu Ende geführt.
- *-d*: Erzeugt bei BLOB-Daten lediglich eine Beschreibung. Die BLOBs selber werden nicht exportiert.
- *-q*: Unterdrückt die Ausgabe von Fehlermeldungen, Warnungen und erzeugten SQL-Anweisungen.
- *-ss*: Erzeugt Datenbankserver-spezifische Informationen für alle Tabellen der spezifizierten Datenbank.
- *-X*: Erkennt HEX-Binärdaten in Zeichenfeldern.
- *-V*: Gibt Versionsinformationen am Bildschirm aus.

Ein weiterer wichtiger Parameter besteht in der Angabe von Zieloptionen. Es gibt dabei im Wesentlichen zwei Optionen, nämlich den Export in das Dateisystem oder den Export auf Band. Beim Export in das Dateisystem wählt man die Option *-o* unter Angabe des Pfades. Beim Export auf Band gibt man das Device vor, die Blockgröße, die Bandgröße und optional den Pfad. Wir verweisen für Einzelheiten des Exports auf Band an dieser Stelle auf [inf96].

Der Datenbankname besteht in der Regel aus der Angabe einer Datenbank und einem Datenbankserver.

Soll beispielsweise eine Datenbank *prod*, die auf dem Datenbankserver ifxserv residiert, in das Verzeichnis */home/informix/dbexports* exportiert werden, wobei Produktversionen ausgegeben werden sollen, dann wird man dazu die folgende Anweisung verwenden:

```
dbexport -V -o /home/informix/dbexport prod@ifxserv
```

Um diesen Befehl ausführen zu können, werden DBA-Privilegien benötigt.

Informix legt als Folge dieser Anweisung ein Verzeichnis namens *prod.exp* unterhalb von */home/informix/dbexport* an. Darin befindet sich ein SQL-Skript zum Wiedereinladen der Daten mittels *dbimport* und eine Datei namens *tabellenname.unl* für jede exportierte Tabelle. Bemerkenswert im positiven Sinne ist, dass Informix all dies ganz einfach und transparent im ASCII-Format im Dateisystem ablegt. Man kann beispielsweise das SQL-Skript vor dem Import in der Weise editieren, dass beispielsweise einzelne Tabellen nicht importiert werden. Im Vergleich etwa zu Oracle, bei dem Datenbankexport in ein Binärformat stattfinden, ist dies ein Musterbeispiel an Transparenz und Portierbarkeit! Wenn keine »Spezialitäten« wie Umlaute oder BLOBs im Spiel sind, dann lassen sich auf diese Weise beispielsweise völlig problemlos Datenbanken von Windows NT oder Solaris nach Linux portieren, wobei dann auch noch einzelne Objekte ausgespart oder abgeändert werden können.

Eine exportierte Datenbank lässt sich mit Hilfe der *dbimport*-Anweisung wieder importieren (in der Regel auf einem anderen Datenbankserver). Die Syntax lautet hier:

```
dbimport [Allgemeine Optionen] Eingabedatei [Ezeugungsoptionen]
Datenbank
```

Als allgemeine Optionen stehen hier die folgenden zur Verfügung:

- *-c*: Der Import wird in jedem Fall zu Ende geführt, sofern kein fataler Fehler auftritt.
- *-q*: Unterdrückt die Ausgabe von Warnungen und erzeugten SQL-Anweisungen sowie anderer Ausgaben.
- *-V*: Gibt Versionsinformationen aus.
- *-X*: Erkennt HEX-Binärdaten in Zeichenfeldern.

Als Eingabedatei kann man dabei wiederum ein erreichbares Verzeichnis im Dateisystem zusammen mit der *-i* Option angeben oder ein Band unter Angabe des Device, der Blockgröße, der Bandgröße und (optional) eines Pfades. Die Erzeugungsoptionen legen die Modi fest, in der die neu anzulegende Datenbank erzeugt werden soll. Im Falle des Informix Online Dynamic Server oder des Informix Online Workgroup Server gibt es hier im Wesentlichen die folgenden Optionen:

- *-d* dbspace: Legt den DBSpace fest, in dem die Objekte der neuen Datenbank physisch abzulegen sind.
- *-l*: Erzeugt ungepuffertes oder gepuffertes Transaction Logging für die neue Datenbank. Hier gibt es zwei »Unteroptionen«:
- *-l* (ohne weitere Angabe): Etabliert ungepuffertes Transaction Logging.
- *-l buffered*: Etabliert gepuffertes Transaction Logging.
- *- ansi -l*: Erzeugt eine (bezogen auf das Transaction Logging) ANSI-kompatible Datenbank. Die Option *-l* legt hier wiederum (wie oben beschrieben) den Modus des Transaction Logging fest.

Eine wie oben beschrieben exportierte Datenbank könnte man mit Hilfe von *dbimport* beispielsweise auf die folgende Weise wieder importieren:

```
dbimport -c -V -i /home/informix/dbexport -d user_space -l ansi -l buffered prod
```

In diesem Fall würde die Datenbank *prod* auf dem Zieldatenbankserver neu angelegt und mit den exportierten Tabellen und deren Daten gefüllt. Beim Importvorgang würden Fehler ignoriert, sofern es sich nicht um fatale Fehler handelt, es würden Versionsinformationen ausgegeben, und der Import würde aus dem Unterverzeichnis *prod.exp* im Verzeichnis */home/informix/dbexport* gespeist. Die neu anzulegende Datenbank würde ferner dem dbspace *user_space* zugeordnet, und es würde eine nach dem ANSI-Standard gepufferte Datenbank angelegt.

Ausladen und Laden von Daten

Wir haben die wichtigen Export-/Importwerkzeuge von Informix relativ detailliert vorgestellt (ohne allerdings alle Anwendungsmöglichkeiten darzulegen), bei den Lademechanismen werden wir uns kürzer fassen.

Die *dbload*-Anweisung wird eingesetzt, um Daten von einer oder mehreren Textdateien in eine Informix-Datenbank zu laden. Dabei können optional Kommandodateien als Parameter mit angegeben werden, in denen sich Anweisungen zum Anlegen und Füllen der beteiligten Datenbanktabellen befinden. Zahlreiche weitere Optionen machen dbload zu einem recht flexiblen Werkzeug für das Laden von Dateien in die Datenbank. Eine Beispielanweisung für dbload wäre

```
dbload -d test -c /opt/informix/dbload/command -r -l /opt/informix/dbload/loa-
derrors.log
```

In diesem Fall würde Informix *test* als Zieldatenbank für den Ladevorgang nehmen und die Kommandodatei */opt/informix/dbload/command* für die Kontrolle benutzen. Die Option *-r* würde bewirken, dass die betreffenden Tabellen während des Ladevorgangs nicht für lesende Zugriffe gesperrt sein würden. Fehler würden in der Datei */opt/informix/dbload/loaderrors.log* gespeichert.

Das Erzeugen einer Kommandodatei ist eine kleine Wissenschaft für sich (was übrigens im Zusammenhang mit Ladevorgängen nicht nur für Informix zutrifft), nicht besonders kompliziert, aber hinsichtlich der syntaktischen Vorgaben sehr umfangreich. Wir müssen Sie an dieser Stelle an die einschlägige Informix-Dokumentation verweisen (z.B. *Informix Migration Guide*).

Ein weiteres Ladewerkzeug von Informix bildet das *onload*-Utility; dieses wird speziell dann eingesetzt, wenn die Daten mit *onunload* ausgeladen wurden. Sowohl *onunload* als auch *onload* setzen ein Tape Device voraus. Die Syntax beim Laden lautet

```
onload [Quellparameter] [Erzeugungsoptionen] Datenbank [Tabelleninformationen]
```

Die Quellparameter, die Erzeugungsoptionen und die Tabelleninformationen sind dabei optional. Eine einfache Beispielanweisung wäre

```
onload -l -d user_space test:hans.person
```

Diese Anweisung würde dazu führen, dass Informix auf Grund der Option *-l* als Quellparameter die Quelle aus der Informix-Konfigurationsdatei *onconfig* lesen würde (nämlich die sich dort befindlichen Parameter *LTAPEDEV*, *LTAPEBLK* und *LTAPESIZE*), dass die einzulesenden Daten im DBSpace *user_space* abgelegt würden und ferner in der Tabelle *person*, die dem Benutzer *hans* gehört und die sich in der Datenbank *test* befindet.

Die *onunload*-Anweisung besitzt die folgende Syntax:

```
onunload [Zielparameter] Datenbank[Tabelleninformationen]
```

Eine analog zum *onload*-Beispiel zu interpretierende Anweisung wäre hier

```
onunlaod -l test:hans.person
```

Migration von Daten zwischen unterschiedlichen Informix-Versionen

Die Migration von Daten zwischen unterschiedlichen Datenbankversionen geschieht mit Hilfe der *onmode*-Anweisung. Im Linux-Umfeld selber ist die Auswahl (der Informix-Versionen nämlich) hier bislang nicht sonderlich groß; allerdings könnte mancher Leser oder manche Leserin vor der Aufgabe stehen, ein bestehendes Datenbanksystem von einer anderen Plattform nach Linux zu portieren, und dieses mag ja durchaus auf einer älteren Linux-Version basieren. Falls Sie also z. B. einen Informix-OnLine-Server in der Version 6.0 unter Windows NT besitzen und vor der Aufgabe stehen, diesen in die Version 7.3 für Linux zu konvertieren, dann müssten Sie sich leider erst einmal die Version 7.3 Windows NT besorgen, um die Datenbank mit Hilfe von *onmode* hoch zu patchen. Anschließend könnten Sie das Ergebnis dann nach Linux portieren (in die Version 7.3 des OnLine Servers).

Selbstverständlich aber können Sie die *onmode*-Anweisung auch einsetzen, um innerhalb von Linux ein Patching auf eine aktuellere (oder auch ältere) Informix-Version vorzunehmen.

Die Syntax für die *onmode*-Anweisung ist relativ komplex, wir beschreiben an dieser Stelle lediglich kurz eine einzige Option, nämlich *-b*. Im Anschluss an diese Option kann die Version angegeben werden, in welche die Datenbank transferiert werden soll. Die wichtigsten Beispiele dabei sind

- 5.0: Transferieren der Datenbank in die Version 5.0 OnLine
- 6.0: Transferieren der Datenbank in die Version OnLine Dynamic Server 6.0
- 6.0A: Transferieren der Datenbank in die Version 6.0 ALS
- 7.1 Transferieren der Datenbank in die Version OnLine Dynamic Server 7.1 oder OnLine Workgroup Server 7.12

8.4 Backup und Recovery

Neben dem »konventionellen« Backup einer Datenbank über das Betriebssystem und/oder unter Benutzung der in Unterabschnitt 8.3.7 vorgestellten Werkzeuge für die Datenmigration (also z. B. durch Import/Export einzelner Datenbanken) kennt Informix auch Werkzeuge, die das Backup und Recovery speziell unterstützen.

Zuständig für Backup- und Recovery-Vorgänge ist bei den Online-Versionen des Informix-DBMS das *ON-Bar-System*. Es gibt auch ein gleichnamiges Werkzeug, was mit dem System nicht verwechselt werden sollte; die Namensgleichheit eines Werkzeuges mit einer Datenbank-Systemkomponente mag hier gewünscht sein, uns erscheint es eher ein wenig unglücklich. Wir werden in den folgenden Unterabschnitten sowohl auf das ON-Bar-System als auch auf das gleichnamige Tool noch näher eingehen. Daneben möchten wir einige generelle Aspekte beim Backup und Recovery einer Informix-Datenbank betrachten.

8.4.1 Das ON-Bar-System

On-Bar ist ein Backup- und Recovery-System für die Online-Versionen des Informix-DBMS. Es dient (wie üblich) dem Kopieren von (Datenbank-)Daten, um diese im Falle eines Programmfehlers, eines Plattencrash oder eines anderen Fehlers, der die Datenbank in einem korrupten, unvollständigen oder inkonsistenten Zustand belässt, reparieren zu können. Das ON-Bar-System besteht aus den folgenden Komponenten:

- Dem ON-Bar-Werkzeug (eigentlich »onbar utility», die Namensgleichheit ist also nicht ganz so krass, wie eingangs angedeutet; im Sinne einer einheitlichen Schreibweise in diesem Kapitel werden wir allerdings nachfolgend weiterhin die Bezeichnung »ON-Bar« auch für das betreffende Werkzeug benutzen)
- Den ON-BAR-Katalogtabellen
- Einer Notfall-Boot-Datei und einer Nachrichtendatei
- Dem *X/Open Backup Services Application Programmer's Interface* (XBSA) als Schnittstelle zu einem externen Speichermanager

Ferner wird ein externer Speichermanager als Schnittstelle zwischen der XBSA und den Backup-Medien (Bänder, Platten, ...) benötigt. Das ON-Bar-Werkzeug und dessen Anwendung wird am Ende dieses Abschnitts gesondert diskutiert; die anderen Komponenten des ON-Bar-Systems werden wir nachfolgend jeweils kurz skizzieren.

ON-Bar-Katalogtabellen

Die ON-Bar-Katalogtabellen sind in der Systemdatenbank *sysutils* zu finden. Diese beinhalten Informationen, um die Kompatibilität von Komponentenversionen nachvollziehen und um Backups von Datenbankobjekten durchführen zu können. Die folgende Tabelle 8.2 gibt eine Übersicht.

Tabelle 8.2: Bestandteile des ON-Bar-Systems

Katalogtabelle	Zweck/Inhalt
bar_server	Protokolliert Instanzen des Online-Servers (im Sinne von Versionen)
bar_objects	Beinhaltet Objekte für ein Backup
bar_action	Enthält alle Restore-Versuche gegen alle Backup-Objekte
bar_instance	Beinhaltet alle Objekte, die im Laufe eines erfolgreichen Backup-Versuchs gesichert wurden
bar_version	Enthält eine Auflistung aller kompatiblen Versionen von ON-Bar, (externen) Speichermanagern und XBSA

Wir werden an dieser Stelle nicht näher auf diese Systemtabellen eingehen: Sehen Sie einfach hinein, indem Sie sich als Benutzer *informix* bei der *sysutils*-Datenbank anmelden! Eine genauere Beschreibung findet sich im Übrigen auch im *Informix Backup and Restore Guide*.

Notfall-Boot-Datei und Nachrichtendatei

Die Notfall-Boot-Datei beinhaltet alle nötigen Informationen, um die Datenbank gegebenenfalls zu restaurieren, insbesondere die wichtigen *sysutils*-Systemtabellen. Bei einem Restore werden diese Tabellen durch diejenigen in der Notfall-Boot-Datei ersetzt. Beim Restaurieren der Datenbank sind die folgenden DBSpaces vor allen anderen wiederherzustellen:

- root
- Diejenige DBSpace, welche die Physical Logs beinhaltet
- Jede DBSpace, die Logical Log-Dateien beinhaltet

Die Notfall-Boot-Datei befindet sich im Verzeichnis

```
$INFORMIXDIR/etc
```

und heißt *ixbar.[server_id]*.

Die Nachrichtendatei *bar_act.log* innerhalb des Verzeichnisses, von dem aus ON-Bar gerade gestartet wurde, wird bei jeder Ausführung von ON-Bar beschrieben, und zwar mit Fehlermeldungen und Warnungen. Damit lässt sich überprüfen, ob ein Backup oder Restore erfolgreich war oder nicht. Sie beinhaltet ferner Informationen über die beteiligten Datenbanken und eine ungefähre Dauer des Backup- oder Restore-Vorgangs.

XBSA

Die XBSA-Schnittstelle des ON-Bar-Systems ist für die Kommunikation mit einem (externen) Speichermanager zuständig, der für die Verwaltung der Speichermedien eingesetzt wird. ON-Bar kann mit jedem Speichermanager zusammenarbeiten, der ebenfalls den offenen Standard XBSA einsetzt. Die folgenden Daten werden mit Hilfe von XBSA zwischen Informix und dem eingesetzten Speichermanager ausgetauscht:

- Kontrolldaten zur Verifikation der Kompatibilität zwischen ON-Bar und dem Speichermanager, zur Gewährleistung, dass Objekte in der korrekten Informix-Version und in der korrekten Reihenfolge in die Datenbank eingefügt werden (beim Recovery), und zum Festhalten der Backup-History von Datenbankobjekten.
- Backup- und Restore-Daten wie DBSpaces, BLOBSpaces oder Logical Log-Dateien. Diese werden beim Backup dem Speichermanager übergeben und beim Recovery wieder abgefragt.

8.4.2 Informix-Backup

Bei einem Informix-Backup werden alle Datenbankobjekte auf Speichermedien gesichert, die sich nicht physisch auf dem Rechner befinden, in dem das DBMS residiert. Datenbankobjekte sind hier DBSpaces, BLOBSpaces und Logical Log-Dateien. Nicht gesichert werden dabei insbesondere die folgenden Objekte:

- Die Konfigurationsdateien, insbesondere die onconfig-Datei und die sqlhosts-Datei
- Chunks, die der Spiegelung dienen, sofern die primären Chunks erreichbar sind
- Temporäre DBSpaces

Zu einem vollständigen Backup gehört daher unbedingt auch die manuelle Sicherung der genannten Konfigurationsdateien sowie der ON-Bar-Notfall-Boot-Datei.

Informix kennt mehrere Backup-Modi: Das vollständige System-Backup, das selektive DBSpace-Backup und eine Art inkrementelles Backup auf mehreren Ebenen. Daneben existiert auch noch ein Logical Log-Backup. Beim vollständigen System-Backup werden alle Datenbankobjekte seriell gesichert, beim selektiven DBSpace-Backup dagegen lediglich eines oder mehrere ausgewählte Datenbankobjekte.

Beim inkrementellen Backup kennt Informix drei Ebenen:

- Level-0-Backup: Alle benutzten Pages werden gesichert.
- Level-1-Backup: Alle seit dem letzten Level-0-Backup geänderten Seiten werden gesichert.
- Level-2-Backup: Alle seit dem letzten Level-1-Backup geänderten Seiten werden gesichert.

Gerade bei großen Datenbanken ist es in der Tat nicht immer effizient, ein Backup der vollständigen Datenbank(en) vorzunehmen. Dies betrifft z. B. Anwendungen, bei denen sich ein gewisser Anteil der Daten nicht oder selten ändert, ein anderer Teil dagegen häufig.

Beim Logical Log-Backup schließlich werden die Daten gesichert, die beim Transaction Logging anfallen (sofern Sie Informix im Transaktionsmodus fahren). Das Transaction Logging geschieht direkt in Dateien (Logical Log-Dateien). Diese können periodisch oder im Bedarfsfall gesichert werden, geeignete nähere Informationen dazu findet man in der Informix-Dokumentation. Es ist allerdings ebenso möglich, ein Logical Log-Backup mit Hilfe des ON-Bar-Utilities durchzuführen (vgl. Unterabschnitt 8.4.5).

8.4.3 Informix-Recovery

Ein Informix-Recovery (oder Restore) setzt selbstverständlich voraus, dass vorher ein Backup vorgenommen wurde, mit dessen Hilfe das Datenbanksystem repariert werden kann. Ein Informix-Datenbank-Recovery besteht im Wesentlichen aus zwei Schritten:

1. dem physikalischen Restore, bei dem die Datenbankobjekte anhand eines Backups derselben restauriert werden,
2. dem logischen Restore, bei dem die Logical Log-Dateien wieder eingespielt werden.

Im ersten Schritt wird das Datenbanksystem wieder auf einen Stand gebracht, der dem letzten Backup der Datenbankobjekte entspricht. Damit sind alle Änderungen verloren, die seither vorgenommen wurden. Falls Informix allerdings im Transaktionsmodus gefahren wird und sofern ein Backup der Logical Log-Dateien vorliegt, kann auch dieses Problem umgangen werden, in dem anschließend ein logisches Restore vorgenommen wird.

Kaltes, warmes und kombiniertes Recovery

Ein Recovery kann bei Informix in drei Datenbankmodi vorgenommen werden, kalt (*cold*), warm (*warm*) oder kombiniert (*mixed*). Ein kaltes Recovery wird im Offline-Modus vorgenommen. Dies ist insbesondere dann nötig, wenn kritische DBSpaces restauriert werden sollen (z.B. diejenigen DBSpaces, in denen sich die Systemdatenbanken befinden). Nach einem kalten Recovery sollte das nächste Backup ein Level-0-Backup sein, damit die Daten vollständig neu gesichert werden.

Ein kaltes Recovery dagegen wird im Online-Modus oder im Administrationsmodus vorgenommen. Diese Variante kann man wählen, wenn nicht-kritische Datenbankobjekte wiederhergestellt werden sollen.

Ein kombiniertes Recovery schließlich ist ein kaltes Recovery, gefolgt von einem warmen Recovery. Dabei werden zunächst die kritischen Datenbankobjekte restauriert (im Offline-Modus) und anschließend die unkritischen (Online oder im Administrationsmodus). Diese Form der Datenbankrestaurierung kann beispielsweise dann sinnvoll sein, wenn einige kritische Teile der Datenbank möglichst schnell wieder zugreifbar sein müssen, andere unkritischere Teile dagegen nicht. Der Übergang zwischen kalt und warm geschieht dabei einfach über eine Änderung des Betriebsmodus (vgl. Abschnitt 8.3.4).

8.4.4 Die Konfiguration von ON-Bar

Die Konfiguration des ON-Bar-Systems geschieht innerhalb der Konfigurationsdatei onconfig, die uns in den vorherigen Abschnitten bereits mehrfach begegnete. Die sich darin befindlichen Parameter (nebst deren Bedeutung), die das Backup und Recovery betreffen, sind in der Tabelle 8.3 zusammengestellt.

Tabelle 8.3: ONCONFIG-Parameter für Backup und Recovery

Parameter	Bedeutung
BAR_ACT_LOG	Pfad zur ON-Bar-Nachrichtendatei
BAR_MAX_BACKUP	Maximale Anzahl der Prozesse für jedes onbar-Kommando
BAR_XPORT_COUNT	Anzahl der Datenpuffer für jeden ON-Bar-Prozess
BAR_RETRY	Anzahl der Wiederholungsversuche, die ON-Bar benutzen soll, falls ein Backup oder ein Restore zunächst fehlschlägt
BAR_XFER_BUFSIZE	Größe der Puffer für den Austausch von Daten mit dem DBMS

In der folgenden Tabelle 8.4 sind noch die Wertebereiche, die Default-Werte und der Zeitpunkt der Wirksamkeit dieser Parameter zusammengestellt.

Tabelle 8.4: Wertebereiche, Default-Werte und Wirksamkeit der ONCONFIG-Parameter für Backup und Recovery

Parameter	Wertebereich	Default-Wert	Wirksamkeit
BAR_ACT_LOG	--	bar_act.log	Beim Starten von ON-Bar
BAR_MAX_ BACKUP	1	1	Beim Starten von ON-Bar
BAR_XPORT_ COUNT	3 bis unendlich	10	Beim Starten von ON-Bar
BAR_RETRY	BAR_CONT, BAR_ABORT oder eine Zahl n	BAR_CONT	Beim Starten von ON-Bar
BAR_XFER_ BUFSIZE	1-1.000.000 KByte	15, falls die PAGESIZE auf 4 KByte gesetzt ist; 31, falls die PAGESIZE auf 2 KByte gesetzt ist	Beim Starten von ON-Bar

Sollten Sie sich wundern, dass es einen Konfigurationsparameter gibt, der nur einen Wert besitzen darf (BAR_MAX_BACKUP): Wir wundern uns auch, nehmen es aber so zur Kenntnis! Der Wertebereich des Parameters BAR_RETRY ist wie folgt zu interpretieren:

- Falls BAR_ABORT eingestellt ist und ein Fehler beim Backup oder Recovery auftritt, gibt ON-Bar eine Fehlermeldung aus, um anschließend auszusteigen.
- Falls BAR_CONT eingestellt ist und ein Fehler beim Backup oder Recovery auftritt, verwirft ON-Bar das aktuelle Objekt und gibt einen Fehler aus, fährt aber mit dem Backup oder Recovery der verbleibenden Datenbankobjekte fort.
- Falls eine Zahl n eingestellt ist, startet ON-Bar entsprechend viele Versuche, um das betreffende Objekt zu sichern oder zu restaurieren und fährt anschließend mit den verbleibenden Objekten fort.

Für den Parameter BAR_XFER_BUFFERSIZE gilt, dass sich die jeweilige Größe wie folgt berechnet: BAR_XFER_BUFFERSIZE*PAGESIZE*500 Byte, wobei PAGESIZE ein weiterer Parameter der onconfig ist. Die voreingestellten Default-Werte sind hier in aller Regel recht brauchbar.

8.4.5 Benutzung des ON-Bar-Werkzeugs

Das zentrale Werkzeug für Backup- und Recovery-Vorgänge bei Informix ist das ON-Bar-Tool. Wir werden in diesem Abschnitt die wichtigsten Eigenschaften und Aufrufparameter dieses Werkzeugs vorstellen, ohne auch nur annähernd einen Anspruch auf Vollständigkeit zu erheben. Dieses Utility wird in der Informix-Dokumentation an unterschiedlichen Stellen mehr oder weniger ausführlich beschrieben. Falls Sie Backup- und Recovery-Vorgänge vorzunehmen haben, die über den in diesem kurzen Kapitel beschriebenen Rahmen hinausgehen, dann müssen wir Sie wieder an die ausführlichere Informix-Dokumentation verweisen.

Backup

Bevor Sie das ON-Bar-Utility einsetzen für ein Backup, sollten Sie einige Vorbereitungen getroffen haben:

- Sicherstellung, dass ausreichend Logical Log-Platz zur Verfügung steht: Falls Informix merkt, dass nicht genügend Speicherplatz für die Logical Log-Dateien auf dem Zielmedium zur Verfügung steht, wird (knallhart) kein Backup durchgeführt. Falls ferner nur ein Zielmedium zur Verfügung steht, sollte zunächst das logische Backup durchgeführt werden und erst anschließend das physische.
- Kopieren der wichtigen Konfigurationsdateien, insbesondere der onconfig-Datei: Diese wird (in der Form, wie sie zum Zeitpunkt des Startens der Sicherung war) benötigt, um gegebenenfalls Daten aus dem Backup zu restaurieren.
- Überprüfen der Datenkonsistenz: Mindestens vor jedem Level-0-Backup sollte die Integrität der Daten überprüft werden, damit ein konsistenter Datenbankzustand gesichert wird.
- Abstimmung des Backup-Zeitpunktes mit anderen administrativen Vorgängen: Es gibt Datenbankoperationen, nach deren Durchführung ein Level-0-Backup dringend zu empfehlen ist, etwa das Hinzufügen eines DBSpaces oder eines BLOBSpaces, das Wechseln des Transaktionsmodus, das Hinzufügen oder Entfernen von Logical Log-Dateien etc. Stimmen Sie den Zeitpunkt dieser Vorgänge mit dem nächsten Backup Ihres Datenbanksystems ab!

Backup von DBSpaces oder BLOBSpaces Um ein Backup durchführen zu können, muss sich der Datenbankserver im Online- oder im Transaktionsmodus befinden. Dabei werden nur solche DBSpaces und BLOBSpaces gesichert, die online sind. Die Syntax der ON-Bar-Anweisung für das Backup von DBSpaces oder BLOBSpaces ist

```
onbar -b [Optionen]
```

wobei die folgenden Optionen angegeben werden können:

- *-F*, falls ein Backup simuliert werden soll.
- *-L level* gibt das Backup-Level an (0,1,2). Die Default-Einstellung ist 0.
- *-w*, falls ein vollständiges System-Backup vorgenommen werden soll.
- *-f dateiname* gibt den Namen einer Datei vor, in der sich eine Liste der DBSpaces und/oder BLOBSpaces befindet, die gesichert werden sollen.

Alternativ zur letzten Option kann auch eine jeweils durch ein Leerzeichen getrennte Liste der zu sichernden DBSpaces und BLOBSpaces direkt beim Aufruf des ON-Bar-Utilities mit angegeben werden. Erfolgt hier weder die Angabe einer Datei noch einer Liste, dann werden alle Datenbankobjekte gesichert, die der Datenbankserver verwaltet.

Die Anweisung

```
onbar -b -L 0 user_space system
```

etwa würde ein Level-0-Backup der DBSpaces *user_space* und *system* durchführen, die Anweisung

```
onbar -b -w
```

dagegen ein vollständiges Backup aller Datenbankobjekte.

Logical Log-Backup Ein Logical Log-Backup kann grundsätzlich auf zwei Arten durchgeführt werden, nämlich kontinuierlich (*Continuos Backup*), indem der Konfigurationsparameter LOG_BACKUP_MODE in der onconfig entsprechend gesetzt wird oder explizit mit Hilfe von *onbar (On-Demand Backup*). Beim kontinuierlichen Backup wird automatisch immer dann eine Sicherung einer Logical Log-Datei vorgenommen, sobald diese voll ist, beim On-Demand Backup dagegen nur auf Anforderung.

Die Syntax des ON-Bar-Werkzeugs für ein logisches (On-Demand) Backup lautet

```
onbar -l [Optionen]
```

wobei die folgenden beiden Optionen auch gleichzeitig angegeben werden können:

- *-c* schließt die aktuelle Logical Log-Datei und sichert diese.
- *-s* überprüft und sichert alle Logical Log-Dateien, die sich nach dem letzten Crash des Datenbankservers noch auf der Platte befinden.

Die Anweisung

```
onbar -l
```

beispielsweise würde dazu führen, dass alle vollen Logical Log-Dateien gesichert würden, die Anweisung

```
onbar -l -c
```

dagegen dazu, dass die aktuelle Logical Log-Datei gesichert wird und dass Informix gleichzeitig zur nächsten Logical Log-Datei für das Transaktions-Logging wechselt.

Restore

Für das Restaurieren einer Datenbank besitzt das ON-Bar-Werkzeug zahlreiche Optionen. Wir werden die wichtigsten davon nachfolgend darlegen und mit Beispielen erläutern. Die allgemeine Syntax für ein Restore lautet

```
onbar -r [Optionen]
```

wobei u. a. die folgenden Optionen angegeben werden können:

- *-n letzte_log_nr* gibt an, welche letzte Log-Nummer für das Restore benutzt werden soll.
- *-t zeitangabe* gibt an, zu welchem Zeitpunkt das Recovery beendet werden soll.
- *-l*, falls lediglich ein logisches Restore durchgeführt werden soll.
- *-w*, falls ein Restore des vollständigen Systems durchgeführt werden soll.
- *-p*. falls nur ein physikalisches Restore durchgeführt werden soll (also ohne Logical Log-Dateien).
- *-f dateiname* gibt den Namen einer Datei vor, in der sich eine Liste der DBSpaces und/oder BLOBSpaces befindet, die restauriert werden sollen.

Alternativ zur Option *-f* kann auch in diesem Fall wieder eine Liste der zu restaurierenden DBSpaces oder BLOBSpaces direkt mit angegeben werden. Die Optionen *-n* und *-t* können mit den Optionen *-l*, *-w* und *-p* kombiniert werden, ebenso die Option *-w* mit der Option *-p*. Die folgenden Beispiele bringen ein wenig mehr Klarheit.

Sollen alle DBSpaces und BLOBSpaces wiederhergestellt werden, die Informix als nicht zugänglich markiert hat, dann leistet dies die folgende Anweisung:

```
onbar -r
```

Sollen nur die Logical Logs restauriert werden, dann würde man dazu die folgende Anweisung benutzen:

```
onbar -r -l
```

Die Anweisung

```
onbar -r -p
```

dagegen führt dazu, dass lediglich ein physisches Restore durchgeführt wird. Will man nur ausgewählte Bereiche der Datenbank wiederherstellen, dann geschieht dies auf die folgende Weise

```
onbar -r user_space system
```

In diesem Fall würde ausschließlich ein Recovery der DBSpaces *user_space* und *system* durchgeführt.

8.5 Zusammenfassung

Besonders im öffentlichen Bereich bildet Informix einen nennenswerten Vertreter im Bereich der relationalen Datenbanksysteme, auch wenn dessen Marktanteil absolut weit unterhalb der Zehnprozentmarke rangiert. Im Gegensatz zum sehr komplexen Oracle-Datenbanksystem ist Informix relativ transparent und in seiner administrativen Handhabung überschaubar, vergleichbar etwa mit DB2, aber komplexer und unübersichtlicher als z. B. mSQL und MySQL. In diesem Kapitel haben wir die Linux-Variante dieses RDBMS vorgestellt, dessen Installation und Konfiguration unter Linux betrachtet und die wichtigsten Aspekte der Administration eines Informix-RDBMS unter diesem Betriebssystem (nebst der wichtigsten dafür zur Verfügung stehenden Werkzeuge) dargelegt. Ein besonderer Fokus lag dabei auf dem bei allen Datenbanksystemen kritischen Backup und Recovery.

Kapitel 9

MySQL

Warum heißt das Datenbank-Managementsystem MySQL eigentlich MySQL? Nun, ganz genau ist das nicht überliefert, aber die Tochter von Michael Widenius heißt My (das ist nichts Ungewöhnliches für Schwedisch sprechende Finninnen). Und Michael Widenius ist einer der Hauptentwickler von MySQL. Die offizielle Aussprache von MySQL ist übrigens »Mei Es Kju Ell« (und nicht etwa »Mei-sikuell«). So steht's im Handbuch!

MySQL ist sicher keine Spielzeug-Datenbank. Ihre Verwendung in vielen professionellen Projekten beweist ihre Praxistauglichkeit auch in ernsthaften Anwendungen. MySQL ist aber deutlich weniger komplex als z. B. Oracle und daher auch deutlich schneller zu erlernen. Da MySQL unter Linux in der Regel ohne Entrichtung von Lizenzgebühren verwendet werden kann, stellen sich dem Datenbankanfänger auch keine ökonomischen Hindernisse in den Weg. Aus diesen Gründen eignet sich MySQL in besonderer Weise für Einsteiger. Dieses Kapitel möchte dem Rechnung tragen, indem es – soweit für den Betrieb der Datenbank notwendig – auch die erforderlichen Arbeiten auf Betriebssystemsebene oder z. B. bei der Konfiguration des Apache Web-Servers erläutert. In Kapitel 9.1 besprechen wir zunächst überblicksartig die Eigenschaften dieses DBMS bezüglich der Eignung von MySQL für unterschiedliche Aufgaben. Es folgt eine ausführliche und detaillierte Darstellung der Installation, Konfiguration und Anwendung von MySQL und seiner Komponenten sowie einiger weiterer Tools (Kapitel 9.2). Dabei wird auch auf die Probleme eingegangen, die sich demjenigen stellen, dessen MySQL-Datenbank von einem der großen Internet Service Provider gehostet wird und der daher auf Betriebssystemebene nicht auf die Datenbank zugreifen kann. In einem eigenen Unterkapitel (9.3) wird ferner ausführlich auf die Benutzerverwaltung von MySQL eingegangen (ein größerer Teil des Traffics in den MySQL-Mailinglisten beschäftigt sich mit Authentifizierungsproblemen). Abschließend erläutern wir, wie Datenverluste durch Datensicherung vermieden werden können und gehen auf die Reparatur beschädigter Tabellen ein (Kapitel 9.4).

9.1 Eigenschaften von MySQL

MySQL hat gegenüber anderen Datenbanken eine Reihe von Vorzügen, die im Folgenden kurz dargelegt werden sollen.

MySQL ist eine bekannte, weit verbreitete Datenbank. Obgleich dies für sich genommen nicht eigentlich ein Qualitätsbeweis ist (wie die Popularität mancher Betriebssysteme beweist), so hat es doch seine Vorteile. So finden sich eine Vielzahl von Web-Ressourcen, die eine wertvolle Informationsquelle darstellen. Da MySQL auch im universitären Umfeld (auch in der Ausbildung) gerne eingesetzt wird, finden sich zunehmend IT-Fachleute, denen dieses DMBS sehr vertraut ist.

MySQL hat eine rasante Entwicklung hinter sich. Ursprünglich suchten die Leute von T.c.X. DataKonsult AB (`http://www.tcx.se`) nur einen Ersatz für einen einfachen, in BASIC geschriebenen Datenbank-Reportgenerator, mit dem sie bis dahin gearbeitet hatten. Es erschien ihnen zunächst mSQL geeignet (zu mSQL siehe Kapitel 12); bald stellte sich aber heraus, dass mSQL den Erfordernissen von T.c.X. (schneller Zugriff auf große Datenbestände) nicht genügte. So entschloss man sich zur Eigenentwicklung MySQL. Deren API wurde auf der Grundlage derjenigen von mSQL entwickelt; dies erlaubte eine relativ leichte Portierung von Anwendungen, die für die mSQL API verfügbar waren. Mitte 1996 wurde die Version 1.0 von MySQL einer beschränkten Öffentlichkeit vorgestellt (vier Personen). Diese waren der Auffassung, dass MySQL nicht nur für T.c.X. nützlich sei (eine richtige Einschätzung, wie sich herausstellte). Man stellte daher noch im gleichen Jahr die erste Source-Distribution (MySQL 3.11.1) einer breiteren Öffentlichkeit zur Verfügung.

Am heutigen Tag ist die Versionszählung bei 3.23.14 angelangt, und MySQL hat sich zu einer der beliebtesten Datenbanken unter Linuxern und hier insbesondere unter Web-Administratorinnen und -toren gemausert. Die Suchmaschine Fireball (`http://www.fireball.de`) findet im deutschsprachigen Web für das Stichwort MySQL immerhin knapp 9.000 Treffer. Und wenn sich auch für den Datenbankgiganten Oracle mit knapp 20.000 noch deutlich mehr Suchergebnisse finden, so sind es doch für andere Datenbanken deutlich weniger (Informix: gut 6.000; Sybase: knapp 4.000 Treffer). Die Popularität von MySQL lässt sich auch an der Tatsache erkennen, dass es für die Heimatseite von MySQL (`http://www.mysql.com`) weltweit inzwischen über 50 Mirrors gibt. Jede deutsche Computerzeitung, die etwas auf sich hält, hat inzwischen über MySQL (häufig in Verbindung mit PHP) berichtet, die c't hat gar den Begriff LAMP-System geprägt. Hiermit ist bereits der nächste Punkt angesprochen:

MySQL eignet sich optimal als Backend fürs Web. Mit der Kombination des Betriebssystems Linux, des Web-Servers Apache, dem Datenbanksystem MySQL und der Middleware PHP (LAMP-System) lassen sich kostengünstige (softwareseitig in der Regel umsonst) aber dennoch leistungsstarke Internet-basierte Datenbankapplikationen aufbauen. Mit der rasanten Ausweitung des Zugangs zum Internet in breite und auch in technisch nicht interessierte Bevölkerungskreise gewinnen interaktive Web-Sites, E-Commerce usw. und damit Datenbanken mit WWW-Schnittstelle immer mehr an Bedeutung. Und dies betrifft keineswegs nur große Konzerne wie Bertelsmann, Buch.de oder Beate Uhse. Auch der ambitionierte Homepage-Bastler sowie die halb- und vollprofessionelle Freelancerin haben zur Erstellung kleinerer und mittlerer Web-Sites wie `http://www.dem-boris-seine-site.de` oder auch durchaus ernsthafter und/oder kommerzieller Anwendungen (Schallplattenbörsen, Antiquariate, Web-Shops usw.) Bedarf an einfach zu bedienenden Web-Datenbankapplikationen.

Wenn man sich die mindestens ein Mal in der Woche allen gängigen deutschen Tageszeitungen beiliegenden Prospekte großer ISPs anschaut (Puretec, Strato), zeigt sich, dass die »Profi-« bzw. »Premium«-Pakete dieser Angebote u.a. auch damit werben, dass ein Zugriff auf MySQL möglich sei (womit wir nicht sagen wollen, dass diese Pakete wirklich »profi« oder »premium« sind und ein Zugriff auf die beworbene Datenbank bei diesen Anbietern *tatsächlich* möglich ist: glaubt man den diesbezüglichen Verzweiflungsmails in der deutschen PHP-Mailingliste, so war dies zumindest zeit- und teilweise nicht der Fall). Auch eine Vielzahl kleinerer und mittlerer Internet Service Provider bieten inzwischen MySQL- (und PHP-)Unterstützung an (siehe hierzu die – keinesfalls vollständige, weil noch nicht fertig gestellte – ebenfalls unter MySQL laufende) Provider-Datenbank der deutschsprachigen PHP-Portalsite PHP-Center (`http://www.php-center.de/provider/`).

Dass sich das Gespann PHP/MySQL durchaus auch für größere Internet-Projekte eignet, zeigt unter anderem z.B. die Web-Präsenz der Expo (`http://www.expo2000.de/`, der weltweite Ticketverkauf für die Expo 2000 ist mit MySQL und Tcl/Tk implementiert) sowie die in der Linux und Open-Source-Gemeinde wohl bekannten Web-Sites `http://slashdot.org/`, `http://freshmeat.net/` und `http://www.linux.com/`. Auch im universitären Bereich wird in jüngster Zeit vermehrt auf MySQL zurückgegriffen: So verwendet z.B. die Fernuniversität Hagen für »WebAssign« (eine Eigenentwicklung zur Durchführung des Internet-basierten Übungsbetriebs) MySQL (`http://www.mysql.com/Manual/html-manual.tar.gz`). Und auch das Virtus-Projekt (Virtuelle Universität; Einsatz neuer Medien in der universitären Lehre) setzt für seine datenbankgestützte Lernplattform ILIAS MySQL ein (`http://www.virtus.uni-koeln.de/`).

Mit MySQL lassen sich auch vergleichsweise große Datenbestände verwalten. Die Leute von T.c.X. behaupten, dass sie MySQL in einer Umgebung mit mehr als 40 Datenbanken einsetzen, die zusammen mehr als 10.000 Tabellen enthalten, von denen über 500 mehr als 7 Millionen Reihen beinhalten, insgesamt mehr als 100 Gigabyte Daten. Das ist sicherlich deutlich mehr, als in einem kleineren bis mittleren Web-Shop anfallen.

MySQL ist ein extrem schnelles DBMS. MySQL ist äußerst stabil und auch bei großen Datenmengen extrem schnell und effizient. MySQL verwaltet Indizes – wie andere Datenbanken auch – in Baumstrukturen (B-Trees). Auf diese Datenstrukturen kann mit logarithmischer Komplexität zugegriffen werden, d.h. es sind nur sehr wenige Zugriffe notwendig, um einen beliebigen Zieldatensatz über den Index zu finden. Köhntopp schätzt, dass zum Finden eines Datensatzes aus tausend Datensätzen maximal drei, aus einer Million Datensätzen maximal fünf und aus einer Milliarde Datensätzen maximal sieben Vergleiche und Plattenzugriffe erforderlich sind [koroo]. Auf Geschwindigkeitsoptimierung haben die Entwickler auch sonst großen Wert gelegt: Traut man den Benchmarks der MySQL-Autoren, so ist MySQL im Vergleich mit Oracle, Sybase, Informix, PostgreSQL, IBM DB2, SOLID, EMPRESS, Microsoft SQL Server, Adabas sowie Access 2000 das mit Abstand schnellste Datenbanksystem (`http://www.mysql.com/benchmark.html`). Ein Teil dieser Performance wird (positiv gewendet) durch eine Beschränkung »aufs Wesentliche« erreicht.

MySQL ist auch für kommerzielle Anwendungen unter Linux umsonst. Die Lizenzbedingungen von MySQL sind sehr moderat. Für Nutzer von Nicht-Microsoft-Betriebssystemen fallen im Regelfall keine Lizenzgebühren an. Dies gilt auch bei kommerzieller Verwendung und insbesondere auch bei einer Verwendung als Web-Datenbank (auch in diesem Punkt unterscheidet MySQL sich positiv von mSQL). Lizenzgebühren sind nur zu zahlen, wenn man MySQL als Teil eines anderen Produkts verkaufen will, wenn man Clients für die Installation und Wartung des MySQL-Servers Rechnungen ausstellen möchte oder – wenn man MySQL unter Windows 95, 98, NT oder Windows 2000 nutzen möchte. Diese Lizenzgebühren werden fällig, weil es sich bei diesen Betriebssystemen um hochkommerzielle Systeme handelt, die Entwicklung für diese Plattform sehr aufwendig ist und von den Entwicklern überdies als unangenehm empfunden wird; insoweit stellen die Lizenzgebühren eigentlich mehr ein Schmerzensgeld dar.

Features von MySQL:

- Client/Server-Architektur; Multi-User.
- MySQL ist vollständig Multi-Threaded. Durch die Nutzung von Kernel Threads können auf einfache Weise – sofern vorhanden – mehrere CPUs genutzt werden.
- Es stehen eine Fülle von Programmierschnittstellen zur Verfügung: Neben C und C++ werden – ebenfalls als Freeware – Java, Perl, Python, PHP und TCL APIs angeboten.
- Es stehen sowohl freie ODBC- als auch JDBC-Treiber zur Verfügung.
- MySQL läuft auf sehr vielen verschiedenen Plattformen: Selbstverständlich unter Linux, aber auch unter AIX, BSDI, DEC UNIX, FreeBSD, HP-UX, MacOS, NetBSD, OpenBSD, OS/2, SGI Irix, Solaris und SunOS, SCO und Tru64 Unix. Ach ja, und unter Windows 95, 98 und NT natürlich auch.
- Das Datenformat der Tabellen ist plattformunabhängig; d.h. Datenbestände können problemlos zwischen Datenbanken auf Maschinen mit unterschiedlichen Betriebssystemen ausgetauscht werden.
- Es werden sehr viele verschiedene Spaltentypen unterstützt (einschließlich aller ANSI 92- und aller ODBC 2.50-Typen): Signed/Unsigned Integer-Typen (1, 2, 3, 4 und 8 Byte lang), FLOAT, DOUBLE, CHAR, VARCHAR, TEXT, BLOB, DATE, TIME, DATETIME, TIMESTAMP, YEAR, SET, ENUM.
- MySQL unterstützt fast alle ODBC 3.0- und SQL ANSI92-Funktionen.
- Die SQL GROUP BY- und ORDER BY-Klauseln sind vollständig implementiert; außerdem werden die GROUP-Funktionen COUNT, AVG, STD, SUM, MAX und MIN unterstützt.
- Es steht eine flexible und sichere Benutzerverwaltung mit host-basierter Verifikation zur Verfügung. Leider ist diese auch entsprechend kompliziert geraten.
- Es können je Tabelle bis zu 16 Indizes erstellt werden. Jeder Index kann aus bis zu 16 Spalten oder Teilen einer Spalte bestehen.
- Selbst große Datenbanken mit mehr als 50.000.000 Datensätzen können zuverlässig gehandhabt werden.
- Allen Spalten können Vorgabewerte zugewiesen werden. Wenn mit einem Insert-Statement nur einem Teil der Spalten ein Wert zugewiesen wird, werden auch die anderen automatisch auf die Vorgabewerte gesetzt.
- Mit einer Abfrage können Tabellen verschiedener Datenbanken angesprochen werden.
- LEFT OUTER JOINS werden sowohl in ANSI SQL als auch in ODBC-Syntax verarbeitet.
- Der ISO-8859-1 Latin1-Zeichensatz wird vollständig unterstützt; alle Daten werden entsprechend gespeichert (und bei Bedarf sortiert!).

- Fehlermeldungen des Servers können in verschiedenen Sprachen (auch in Deutsch) ausgegeben werden.
- Zu Abfrageoptimierungen kann der EXPLAIN-Befehl genutzt werden. Mit ihm lässt sich feststellen, in welcher Weise der Optimizer eine Query auflöst.
- Es stehen eine Vielzahl von Utilities und freier Software (z. B. Clients) zur Verfügung.

Beschränkungen von MySQL Aber MySQL hat nicht nur Vorteile, sondern – wie oben bereits angedeutet – auch Beschränkungen. MySQL unterstützt in etwa den Funktionsumfang von SQL92. Es fehlen allerdings »Views«, »Stored Procedures« und »Triggers«. Nicht implementiert sind derzeit noch Transaktionen (es existiert kein Commit-/Rollback-Mechanismus) und Foreign Keys (die referenzielle Integrität kann nicht erzwungen werden). In vielen Anwendungen sind diese Beschränkungen aber weniger tragisch, als man zunächst vielleicht vermuten würde. So bedeutet das Fehlen von Transaktionen keinesfalls, dass der simultane Zugriff vieler Nutzer nicht möglich wäre. Im Gegenteil: Jeder MySQL-Client erhält seinen eigenen Thread in den MySQL-Server. Auf diese Weise können verschiedene Nutzer zur gleichen Zeit auf die gleiche Tabelle zugreifen. Alle MySQL-Operationen sind atomar: Kein anderer Nutzer kann das Ergebnis einer laufenden Datenbankabfrage verändern. MySQL gewährleistet, dass niemand in ein spezifisches laufendes Update eingreifen kann.

Typische Einsatzgebiete von MySQL Für welche Bedürfnisse und Anforderungen eignet sich MySQL, und wann sollten Sie lieber auf ein anderes DBMS ausweichen? MySQL zeichnet sich vor allem durch eine sehr hohe Zugriffsgeschwindigkeit auch bei großen Datenbeständen, durch einen geringen Speicherverbrauch sowie durch äußerste Stabilität aus. MySQL eignet sich hervorragend als Datenbank fürs Web und interagiert schnell und zuverlässig mit dem Apache Web-Server (via PHP). Server wie Clients können in der Regel kostenfrei verwendet werden. Probleme bekommen Sie mit MySQL immer dann, wenn Ihre Anwendung zwingend auf referenzielle Integrität angewiesen ist (wegen des Fehlens der Foreign-Key-Prüfungen). Probleme können auf Grund der eingeschränkten Transaktionsverarbeitung auch entstehen, wenn schreibend auf mehr als eine Tabelle gleichzeitig zugegriffen werden soll. MySQL eignet sich für alle Modelle, auf die überwiegend lesend zugegriffen wird (wie bei den meisten Web-Anwendungen) und/oder bei denen Schreibzugriffe überwiegend einzelne Tabellen verändern. Für Modelle mit sehr vielen Schreibzugriffen sowie für Modelle mit mehr als zwei Schreibzugriffen, die mehr als eine Tabelle gleichzeitig aktualisieren, ist MySQL hingegen nicht optimal geeignet.

9.2 Installation/Basiskonfiguration/Anwendung

Die Installation von Software unter Linux hat sich in den letzten Jahren deutlich vereinfacht. Vor allem die großen Linux-Distributionen liefern auf ihren Web-Servern und den CDs häufig angepasste und vorkompilierte Archivdateien, die sich sehr einfach installieren lassen. Sehr verbreitet sind Pakete im Format des *Redhat Packet Managers* (*.rpm). Der Paketmanager von Redhat rpm (er ist frei unter GPL verfügbar) hat sich als Quasistandard durchgesetzt und wird nicht nur in der Redhat-Distribution, sondern zum Beispiel auch von SuSE, Caldera und DLD genutzt. Leider ist die Linux-Welt deswegen nicht in jedem Fall einfacher geworden, denn die meisten Distributionen verwenden zwar dasselbe Paketformat, der Austausch von Paketen zwischen unterschiedlichen Distributionen ist aber nach wie vor schwierig.

Dies liegt zum einen an unterschiedlichen Vorkonfigurationen und voneinander abweichenden Installationspfaden und zum anderen an der Verwaltung der Abhängigkeitsinformationen (welche Libraries werden benötigt usw.), für die es keinen Standard gibt. Wenn Sie sich auf dem Web-Server von T.c.X. umschauen (`http://www.mysql.com`), werden Sie die Datenbanksoftware auch als rpm-Paket vorfinden. Sollten Sie Redhat-Linux verwenden, können Sie dieses Paket problemlos verwenden und mit

```
rpm -install paketname.rpm
```

installieren. Sie sollten dieses Paket hingegen *keinesfalls* verwenden, wenn Sie z. B. SuSE-Linux oder eine andere Linux-Distribution installiert haben. SuSE liefert ein eigenes MySQL-RPM-Paket (auf dem Web-Server `http://www.suse.de` verfügbar), das Sie mit YAST installieren können. Im Folgenden soll jedoch die Installation mit Hilfe distributionsunabhängiger Tar-Archive besprochen werden. Für MySQL sind sowohl Binär- als auch Source-Archive verfügbar. Im Abschnitt 9.2.2 besprechen wir kurz die Installation der Binär-, in Abschnitt 9.2.3 ausführlich die der Source-Distribution. Die Installation einer Binärdistribution ist in der Regel zwar einfacher als die der Source-Distribution, dafür können Sie nur mit einer selbstkompilierten Version z. B. die Möglichkeiten von User Defined Functions (UDFs) nutzen.

Als Referenzsystem für die Installation dient uns ein auf einem Pentium III/500 mit 256 MByte Arbeitsspeicher installiertes SuSE 6.1-System. Häufig treten bei umfangreichen Installationen distributionsabhängige Besonderheiten und Probleme auf. Diese werden hier nicht besprochen (soweit sie nicht das Referenzsystem SuSE 6.1 betreffen). Sollten sich bei der Installation weitere Probleme ergeben, lohnt fast immer ein Blick auf die Homepage der jeweiligen Linux-Distribution. SuSE z. B. pflegt eine ausgezeichnete Support-Datenbank, die zu vielen Problemen Hilfestellung geben kann.

In gesonderten Abschnitten besprechen wir die Installation und Verwendung einiger Zusatzpakete, die wir für so nützlich halten, dass wir Ihnen die Anwendung empfehlen und die Installation und den Umgang mit ihnen erläutern wollen. Dies betrifft das Paket Webmin (Abschnitt 9.2.7), das Ihnen nicht nur die Administration von MySQL, sondern Ihres gesamten Linux-Systems über ein Browser-Interface ermöglicht; das Paket phpMyAdmin (Abschnitt 9.2.8), ein in PHP geschriebener, Web-basierter MySQL-Client, der sich insbesondere (aber nicht nur) zur Administration von MySQL-Datenbanken eignet, die von ISPs gehostet werden, die Ihnen keinen direkten Zugriff auf das System via `telnet` ermöglichen und die auch den MySQL-Port des Systems dicht gemacht haben (und Sie daher auf Ihre Datenbank nur noch über das Web zugreifen können).

Ferner gehen wir kurz auf die Installation und Nutzung zweier grafischer Clients für KDE unter Linux ein (Abschnitt 9.2.9). Zuletzt möchten wir Ihnen zeigen, wie Sie von Windows aus mit der Frontend-Datenbank Access von Microsoft oder mit dem Tabellenkalkulationsprogramm Microsoft Excel Ihren MySQL-Server unter Linux benutzen und administrieren können. Hierzu muss der MySQL-ODBC-Treiber unter Windows installiert und konfiguriert werden (Abschnitt 9.2.10). Diese Möglichkeit (und deshalb wird sie hier auch beschrieben) kann manchmal ein ausschlaggebendes Argument gegenüber Kunden oder Chefs sein, welche die Leistungsfähigkeit von Software unter Linux oftmals noch unter- und die Leistungsfähigkeit von Produkten der Firma Microsoft überschätzen. Der Autor dieser Zeilen betreibt im Hauptberuf empirische Sozialforschung; aus diesem Grund werden Ihnen in diesem Abschnitt ebenfalls seine Erkenntnisse über Möglichkeiten aufgenötigt, mit Hilfe von Statistikprogrammen wie SPSS auf SQL-Datenbanken (ebenfalls via ODBC) zuzugreifen.

9.2.1 MySQL-Distribution

Die Versionsbezeichnungen der MySQL-Distributionen geben einige Hinweise auf den Stand der Entwicklung. Während diese Zeilen geschrieben werden, hat die aktuellste MySQL-Version die Nummer 3.23.13. Solange die erste Ziffer (3) sich nicht ändert, bleibt das Dateiformat gleich, und alle bisher bestehenden Datenbanken können ohne zusätzliche Maßnahmen übernommen werden. Die Versionen 4.x.x werden die Konvertierung alter Datenbanken notwendig machen (allerdings werden dann auch komfortable Tools zur Anpassung enthalten sein). Die zweite Ziffer gibt den Release-Level an. Es stehen immer mindestens zwei Release-Level zum Download zur Verfügung (derzeit 3.22 und 3.23). Die dritte Ziffer gibt die Versionsnummer des Release an (z. B. 3.23.13). Das vorletzte Release ist jeweils die vollständig ausgetestete, stabile Version von MySQL. In aller Regel werden Sie die letzte Version aus diesem Release verwenden (also derzeit 3.22.32).

In das aktuelle Release werden regelmäßig neue Funktionen eingepflegt; es kann daher nicht die gleiche Stabilität wie das Vorgänger-Release haben. Deswegen wird zur aktuellen Release ein Stabilitätslevel angegeben. Das Release 3.23 ist in seiner Version 13 noch `alpha`. Ein Release im Alpha-Stadium enthält noch ungetesteten neuen Code. Release 3.23 wird in Kürze aufgewertet und erhält dann den Stabilitätslevel `beta`.

Hinsichtlich der Stabilität können die Versionsbezeichnungen in MySQL getrost als konservativ gelten. Jede MySQL-Version hat umfangreiche Tests durchlaufen, bevor sie zum Download freigegeben wird. T.c.X. verwendet stets die aktuellste Version in ihrer Produktionsumgebung, sodass gravierende Mängel den Entwicklern unverzüglich rückgemeldet werden. Das Release 3.23 ist inzwischen bereits weit verbreitet im Einsatz. Größere Probleme sind in letzter Zeit nicht bekannt geworden.

Sowohl die Installation der MySQL-Source als auch die der Binärdistribution gelingt in der Regel problemlos. Die Installation der Binärdistribution wird hier nur kurz angesprochen. Ausführlich werden wir hingegen auf die Installation der Source-Distribution eingehen. Die Basiskonfiguration und Einrichtung des Datenbankservers wird im Anschluss daran erörtert.

9.2.2 Installation der Binärdistribution

Nachdem Sie sich die erforderliche Archivdatei verschafft haben (Download von der MySQL-Web-Site oder einem der MySQL-Mirror, Downloadadressen finden Sie auf den Web-Seiten zu diesem Buch), kopieren Sie diese in das Verzeichnis unterhalb des Zielverzeichnisses (wenn Sie – wie üblich – die Binärdistribution in */usr/local/mysql* installieren wollen, kopieren Sie das Archiv nach */usr/local*. Anschließend muss es entpackt und ent-tart werden. Zu guter Letzt setzen Sie noch einen Symbolic Link auf das neu erstellte Verzeichnis, und die Installation der Binärdistribution ist abgeschlossen.

```
> cd /usr/local
> wget http://www.mysql.com/Downloads/MySQL-3.23/\
>   mysql-3.23.13a-alpha-pc-linux-gnu-i686.tar.gz
> tar zxvf mysql-3.23.13a-alpha-pc-linux-gnu-i686.tar.gz
> ln -s mysql-3.23.13a-alpha-pc-linux-gnu-i686 mysql
```

Sie könnten jetzt mit den nachfolgenden Befehlen eine Basiskonfiguration anlegen und den Datenbankserver starten.

```
> cd /usr/local/mysql
> scripts/mysql_install_db
> bin/safe_mysqld &
```

Rufen Sie die Programme genau *so* auf (wechseln Sie *nicht* z. B. ins Verzeichnis scripts, um *mysql_install_db* von dort aus aufzurufen). *mysql_install_db* initialisiert bei Bedarf die MySQL-Benutzerverwaltung (das Skript lässt aber eine bereits eingerichtete Benutzerverwaltung unangetastet). *safe_mysqld &* startet den Datenbankserver, und Sie können mit */usr/local/bin/mysql -p root* den Standardkommandozeilen-Client starten und sich im DBMS umschauen (geben Sie *help* ein). Sie sollten es bei dieser Konfiguration aber nicht belassen. Im übernächsten Abschnitt wird die Konfiguration des Datenbanksystems im Detail besprochen.

9.2.3 Installation der Source-Distribution

Auch die Installation der MySQL-Source-Distribution bereitet in der Regel keine größeren Probleme. Sie bietet aber eine Reihe von Vorteilen. Wenn Sie sich mit der Installation von MySQL aus den Sourcen vertraut machen, sind Sie in der Lage, kurzfristig Sicherheits-Patches einzuspielen. Sie können einen für deutsche Verhältnisse optimierten Zeichensatz einbinden. Sie können ein dynamisch gelinktes Programm erstellen (dies ist die Voreinstellung), sodass Sie auch benutzerdefinierte Funktionen (UDF, *user defined functions*) verwenden können. Sie können ferner das Installationslayout selbst bestimmen. Insgesamt bestehen mehr Einflussmöglichkeiten auf die Installation, und es können bei Bedarf schnell und einfach Änderungen (auch im Sourcecode selbst) durchgeführt werden.

Nach dem Download des Distributionsarchivs (Downloadadressen finden Sie auf der Homepage zum Buch) z. B. in das Verzeichnis */usr/local/src* muss zunächst wieder entpackt und ent-tart werden.

```
> cd /usr/local
> wget http://www.mysql.com/Downloads/MySQL-3.23/\
>   mysql-3.23.13a-alpha_tar.gz
> tar zxvf mysql-3_23_13a-alpha_tar.gz
> cd mysql-3.23.13a-alpha
```

Danach ist im Prinzip der Standarddreischritt (*./configure, make, make install*) durchzuführen. Es sollen aber nun einige Veränderungen von der Standardinstallation durchgeführt werden. Dies ist am einfachsten durch die Übergabe von entsprechenden Optionen an das Konfigurationsskript *configure* möglich. Mit *./configure --help* können Sie sich alle Optionen ausgeben lassen. Im Folgenden wird nur eine Auswahl besprochen:

Ausgewählte Optionen des MySQL-Configure-Skripts	
Option [Voreinstellung]	Beschreibung
--prefix=PREFIX *[/usr/local]*	Hier kann eine vom Standard abweichende Installationsbasis eingestellt werden, wenn die Distribution an einem anderen als dem voreingestellten Ort installiert werden soll. Beispiel: *--prefix=/usr/local/mysql*
--bindir=DIR *[PREFIX/bin]*	Wenn eine vom Standard abweichende Installationsbasis ausgewählt wurde (wie im Beispiel oben), kann hier dafür gesorgt werden, dass die Benutzer-Binaries dennoch im Pfad landen. Beispiel: *--bindir=/usr/local/bin*
--sbindir=DIR *[PREFIX/sbin]* --libexecdir=DIR *[PREFIX/libexec]*	Wie --bindir, nur dass hier der Pfad für die Systemadministrator-Binaries eingestellt wird (bzw. für den MySQL-Server-Dämon *mysqld*, Dämonen wohnen gern in *sbin*). Beispiel: *--sbindir=/usr/local/sbin* *--libexecdir=/usr/local/sbin*
--localstatedir=DIR *[PREFIX/var]*	Hier kann eingestellt werden, wo die Datenbanken und die Log-Dateien abgelegt werden sollen. Bei SuSE-Linux werden solche Dateien z.B. in */var/lib* abgelegt, und wenn man es sich z.B. beim Backup wichtiger Daten nicht unnötig schwer machen will, empfiehlt es sich in der Regel, solche Standards einzuhalten. Beispiel: *--localstatedir=/var/lib/mysql*
--mandir=DIR *[PREFIX/man]* --infodir=DIR *[PREFIX/info]*	Pfade zur Standarddokumentation (die Man-Pages enthalten allerdings nur jeweils einen kurzen Überblick über die Commandline-Optionen der Programme). Beispiel: *--mandir=/usr/local/man* *--infodir=/usr/local/info*

Ausgewählte Optionen des MySQL-Configure-Skripts	
Option `[Voreinstellung]`	Beschreibung
`--with-unix-socket-path=absolute-file-name` *[/tmp/mysqld.sock]*	Voreingestellt ist */tmp/mysqld.sock*, was z. B. dann weniger erfreulich ist, wenn auf Ihrem System ein Cron-Job installiert ist, der regelmäßig das *tmp*-Verzeichnis von Überflüssigem befreit. Beispiel: *--with-unix-socket-path= /var/lib/mysql/mysqld.sock*
`--with-mysqld-user=username` *[root]*	Der MySQL-Dämon sollte *keinesfalls* als *root* laufen. Richten Sie einen Benutzer *mysql* ein, damit *mysqld* nicht unnötig mit Superuser-Rechten tätig wird. Beispiel: *--with-mysqld-user=mysql*
`--with-low-memory` *[nicht gesetzt]*	Gcc braucht zur Kompilierung der Datei *sql_yacc.cc* riesige Mengen an Arbeitsspeicher. Sollten Sie über solche nicht verfügen, setzen Sie diese Option. (Falls Sie Probleme beim Kompilieren bekommen, versuchen Sie diese Option auch dann, wenn Sie glauben, über ausreichend Speicher zu verfügen.)
`--with-charset=CHARSET` *[iso8859-1]*	Standardmäßig wird der ISO8859-1-Zeichensatz bei der Darstellung und Sortierung verwendet. MySQL beachtet deutsche Sortierregeln, wenn der Zeichensatz german1 angegeben wird (ein ISO8859-1-Zeichensatz mit deutschen Sortierregeln). Beispiel: *--with-charset=german1*

Aus verschiedenen unten näher beschriebenen Gründen verwenden wir folgende vom Standard abweichende Konfiguration:

```
> ./configure \
>   --prefix=/usr/local/mysql \
>     --localstatedir=/var/lib/mysql \
>     --mandir=/usr/local/man \
>     --infodir=/usr/local/info \
>     --with-unix-socket-path=/var/lib/mysql/mysql.sock \
>     --with-mysqld-user=mysql \
>     --with-charset=german1
```

Als Installationsbasis verwenden wir das Verzeichnis */usr/local/mysql*. Die gesamte Dokumentation von MySQL geht davon aus, dass sich hier die Distribution befindet. Man tut sich bei Problemen leichter, wenn man gedanklich nicht jeweils abweichende Pfade verwenden muss. Für die Datenbanken und die Log-Dateien verwenden wir abweichend das Verzeichnis */var/lib/mysql*, weil dies das Standardverzeichnis für Anwendungsdaten unter SuSE ist. In anderen Distributionen finden sich solche Dateien auch in */usr/local/var/mysql* oder in */var/opt/mysql*. Es ist eine gute Idee, sich in diesem Punkt an die Gepflogenheiten der Distribution zu halten. Sie müssen sonst möglicherweise bei der Planung eines Datensicherungskonzepts und der Implementierung einer Backup-Strategie zusätzlichen Aufwand betreiben.

Die Man-Pages und die Dateien für GNU-Info möchten wir dagegen im hierfür vorgesehenen Standardverzeichnis platzieren (sonst können Sie später nicht z. B. *man mysql* angeben, sondern müssen so etwas wie *man -M /usr/local/man mysql* tippen, was sich auf Dauer als etwas lästig erweist). Das Socket-File möchten wir bitte auch nicht wie im Standard nach */tmp* verfrachtet wissen, da unser Aufräumskript keine Gnade kennt und die Datei nächtens entfernt. Statt dessen soll *mysql.sock* dort zu finden sein, wo sich auch die Log-Files der Datenbank befinden. Wir möchten keinesfalls, dass der Datenbankdämon mit *root*-Rechten läuft (weil dies ein erhebliches Sicherheitsloch darstellt), und konfigurieren daher für einen Benutzer *mysql*. Dieser sollte natürlich auf Ihrem System auch vorhanden sein. Legen Sie ihn gegebenenfalls neu an. (Der Benutzer *mysql* braucht kein Heimatverzeichnis, keine Shell und kein Kennwort.) Wenn in Ihrer Datenbank deutsche Texte verwendet werden, ist es sinnvoll, den Zeichensatz *german-1* zu verwenden, weil dann Sortierungen entsprechend den deutschen Regeln durchgeführt werden.

Nachdem das *./configure* erfolgreich absolviert wurde, führen Sie noch das übliche

```
> make
> make install
```

durch. Damit ist die Installation abgeschlossen. Sollten Sie Probleme bei der Kompilierung gehabt haben, empfiehlt sich als erster Schritt, bei der Konfiguration die Option *--with-low-memory* zu verwenden, auch, wenn Sie glauben, über mehr als genug Speicher zu verfügen. Eine Reihe weiterer Probleme, die insbesondere durch die Umstellung von *libc* auf *glibc* hervorgerufen sind oder mit veralteten Libraries oder Programmen (z. B. *make*!) zusammenhängen, sollen hier nicht erörtert werden. Konsultieren Sie gegebenenfalls die wirklich hervorragende Dokumentation (Downloadadressen finden Sie auf der Homepage zum Buch). Obgleich auch wir uns aus Bequemlichkeit häufig an die erste Überlebensregel eines Unix-Systemadministrators halten (»never touch a running system«), stellt sich bei derart veralteten Systemen doch die Frage, ob hier nicht eine Radikalkur (sprich: Neuinstallation eines aktuellen Systems) insgesamt eher weniger als mehr Probleme bereitet.

Abschließend noch ein allgemeiner Hinweis zu Installations- bzw. Konfigurationsproblemen: Viele Schwierigkeiten entstehen dadurch, dass bei der Konfiguration von Software unter Unix das Programm *configure* mehrfach aufgerufen wird (was an sich kein Problem ist), jeweils mit unterschiedlichen Optionen (weil beim Versuch zuvor etwas schief gegangen ist, z. B. Pfade nicht gefunden wurden und daher *configure* entsprechende Optionen mitgegeben werden sollen). Nur muss man wissen, dass *configure* viele Informationen in der Datei *config.cache* abspeichert, die sie bei weiteren Aufrufen aus Geschwindigkeitsgründen verwendet, anstatt erneut erforderliche Prüfungen durchzuführen. Wenn man sich nicht ganz sicher ist, dann ist es daher eine gute Idee, diese Datei vor der erneuten Konfiguration zu löschen. Auch das Aufräumen nach einem *make*-Lauf erspart häufig viele Probleme. Führen Sie also im Zweifel vor erneuten Konfigurations- und Kompilierungsversuchen das Folgende aus:

```
> rm config.cache
> make clean
```

9.2.4 Basiskonfiguration

Bei einer Erstinstallation muss, bevor der Datenbankdämon gestartet werden kann, das Benutzerrechtesystem initialisiert werden. Dies erledigt das Skript *mysql_install_db*:

```
> cd /usr/local/mysql
> ./bin/mysql_install_db # oder
> ./skripts/mysql_install_db
```

Das Skript kann übrigens keinen Schaden anrichten. Starten Sie es ruhig, auch wenn Sie unsicher sind, ob die Rechteverwaltung bereits initialisiert ist. Das Skript richtet einen Datenbankbenutzer *root* ein (der außer dieser Namensgleichheit nichts zu tun hat mit dem Unix-Superuser *root*). Der Datenbankadministrator *root* kann mit dem DBMS anstellen, was immer ihm beliebt und er kann (und muss zu diesem Zeitpunkt) sich *ohne Angabe eines Kennworts* einloggen. Wir merken uns dieses gewaltige Sicherheitsloch zur alsbaldigen Schließung vor! Außerdem erhält jede und jeder, die oder der sich ohne Angabe eines Benutzernamens und eines Kennworts beim Datenbanksystem anmeldet, Vollzugriff auf die Datenbank *test* sowie auf alle Datenbanken, die mit *test_* beginnen. Auch dies sollte man zu Gunsten einer gezielten personen- und datenbankbezogenen Rechtevergabe alsbald ändern (vgl. Kapitel 9.3).

Lassen wir es indes zunächst dabei und starten den Datenbankdämon

```
> cd /usr/local/mysql
> /bin/safe_mysqld &
```

Wenn jetzt die Meldung ausgegeben wird

```
Starting mysqld daemon with databases from /var/lib/mysql
```

dürften Sie es geschafft haben. Machen Sie gleich die Probe aufs Exempel, indem Sie sich einige Informationen zum Befinden von MySQL und zu den Möglichkeiten, die Ihnen das Programm *mysqladmin* bietet, ausgeben lassen (statt *BINDIR* verwenden Sie das Verzeichnis, in dem bei der Installation die Binaries abgelegt wurden, z.B. */usr/local/mysql/bin*):

```
> BINDIR/mysqladmin -u root version
> BINDIR/mysqladmin -u root extended-status
> BINDIR/mysqladmin --help
```

Der Aufruf mit der Option *version* sollte etwa zu folgenden Ausgaben führen:

```
./mysqladmin  Ver 8.3 Distrib 3.23.14-alpha,
  for pc-linux-gnu on i686
TCX Datakonsult AB, by Monty

Server version          3.23.14-alpha-log
Protocol version        10
Connection              Localhost via UNIX socket
UNIX socket             /var/lib/mysql/mysql.sock
Uptime:                 8 min 15 sec

Threads: 1  Questions: 42  Slow queries: 0  Opens: 8
  Flush tables: 1  Open tables: 4
```

Der Aufruf mit der Option *extended-status* gibt eine Vielzahl weiterer Informationen aus (merken Sie sich diese Möglichkeit für später vor). Der *--help*-Aufruf zeigt u.a., dass man mit der Option *password* sein Kennwort ändern kann, dass mit der Option *shutdown* der Server heruntergefahren werden kann und dass noch eine ganze Reihe weiterer administrativer Aufgaben mit *mysqladmin* gelöst werden können.

Noch kann die Konfiguration aus Sicherheitsgründen allerdings nicht als befriedigend angesehen werden. Zunächst sollte auf jeden Fall der Zugang zum System durch den Datenbankadministrator *root* durch ein Kennwort geschützt werden. Dies kann z.B. so bewerkstelligt werden:

```
>BINDIR/mysqladmin -u root password topsecret
```

Mit diesem Aufruf setzen Sie für den Datenbankbenutzer root das Passwort auf den Wert »topsecret«. Der Aufruf *mysqladmin -u root version* sollte jetzt zu folgender Fehlermeldung führen:

```
> ./mysqladmin: connect to server at 'localhost' failed
  error: 'Access denied for user: 'root@localhost' (Using
  password: NO)'
```

Von nun an müssen Sie *mysqladmin* (wie alle anderen Hilfsprogramme einschließlich des Standard-Clients *mysql*) folgendermaßen aufrufen:

```
>BINDIR/mysqladmin -u root -p version
```

Der Parameter *-p* sorgt vor der weiteren Programmausführung für eine Abfrage des Passworts. Wollen Sie Ihr Passwort erneut ändern, geben Sie ein:

```
>BINDIR/mysqladmin -u root -p password strenggeheim
```

Sie werden nun zunächst nach Ihrem alten Passwort gefragt (*topsecret*); nur wenn Sie dieses korrekt angeben, wird es auf *strenggeheim* geändert.

Als Nächstes sollte dafür gesorgt werden, dass der Datenbankdämon nicht wie voreingestellt mit *root*-Rechten läuft, sondern unter der Benutzerkennung *mysql* gestartet wird (schließlich hatten wir oben extra einen entsprechenden Benutzer eingerichtet). Zunächst sollte der Unix-Benutzer *mysql* Eigentümer des MySQL-Datenverzeichnis werden. Dazu müssen Sie den MySQL-Dämon herunterfahren, die Eigentumsverhältnisse ändern und anschließend den MySQL-Dämon wieder starten:

```
> BINDIR/mysqladmin -u root -p shutdown
> su -
> chown -R mysql /var/lib/mysql # Daten-Directory
> su mysql
```

```
> cd BINDIR/..
> BINDIR/safe_mysqld --user=mysql &
> exit
> ps aux | grep mysql
```

Der letzte Befehl prüft Ihre Bemühungen auf Erfolg und sollte zeigen, dass der Datenbankdämon *mysqld* nunmehr dem Benutzer *mysql* und nicht mehr *root* gehört. Damit sind die größten Sicherheitsprobleme fürs Erste gelöst. Wenn Sie beabsichtigen, den Zugriff auf Ihre MySQL-Datenbank über das Internet (z. B. via PHP) zu gestatten, ist es hiermit allerdings nicht getan. In diesem Fall sollten Sie sich mit dem Thema Sicherheit eingehender beschäftigen. Eine gute Einführung zu diesem Thema bietet der Aufsatz »Web-Server verstehen und tunen« von Kristian Köhntopp [koe99], der auch im Netz zur Verfügung steht.

Die weitere Konfiguration von MySQL können Sie in den Konfigurationsdateien *my.cnf* bzw. *.my.cnf* vornehmen. Eine Beispieldatei (*my-example.cnf*) finden Sie im Verzeichnis *support-files* der Source-Distribution (bzw. im Verzeichnis */share/mysql* der Binärdistribution). Wenn Sie eine sophistische Konfiguration benötigen, gibt Ihnen MySQL mit seinem Dreiebenenkonzept der Konfigurationsdateien hierzu viele Möglichkeiten in die Hand. Bei der Empfindlichkeit, mit der MySQL gelegentlich auf Änderungen oder kleinere syntaktische Ungenauigkeiten in diesen Konfigurationsdateien reagiert, besteht dabei aber auch das Risiko, sich tagelang beschäftigt zu halten. Bei Problemen mit sich sofort wieder verabschiedenden Servern und anderen Absonderlichkeiten denken Sie immer auch an diese Konfigurationsdateien. Ihre Verwendung durch Umbenennung zu verhindern, ist im Problemfall oft das probate Mittel der Fehlerlokalisation.

Globale Optionen können Sie in */etc/my.cnf* ablegen, serverspezifische (das hat nur Sinn, wenn Sie mehrere Datenbankserver installieren wollen) in *DATADIR/my.cnf* (wobei *DATADIR* in unserem Beispiel */var/lib/mysql* war), benutzerspezifische legen Sie in *~/.my.cnf* ab. Diese drei Konfigurationsdateien werden in der Reihenfolge 1. globale Datei, 2. serverspezifische Datei, 3. benutzerspezifische Datei eingelesen. Es können also globale Optionen mit denen aus serverspezifischen Dateien und diese wiederum mit denen aus benutzerspezifischen Konfigurationsdateien überschrieben werden. In den Konfigurationsdateien können Sie jeweils Konfigurationsblöcke für die verschiedenen Programme der MySQL-Distribution anlegen. Dabei können alle Langoptionen (das sind die mit dem doppelten Bindestrich --) als Konfigurationsvariablen verwendet werden. Einen Überblick über diese Optionen verschafft Ihnen der Aufruf der Programme mit der Option *-help* (für den MySQL-

Dämon z.B. *mysqld --help*). Für Optimierungen bei hochfrequentierten oder sehr großen Datenbanken öffnet sich Ihnen hier ein reiches Betätigungsfeld auf die im Rahmen dieses Kapitels nicht eingegangen werden kann (im Bedarfsfall finden sich Erläuterungen im MySQL-Handbuch im Abschnitt 11.2.3, Tuning Server Parameters).

In jedem Fall ist es sinnvoll, mit Hilfe der globalen Konfigurationsdatei */etc/my.cnf* (oder bei mehreren Servern mit der serverspezifischen) das Logging zu aktivieren. Die Log-Dateien können auch in einem Backup-System eine wichtige Rolle spielen (vgl. Abschnitt 9.4). Wichtig ist aber, dass Sie diese Dateien im Auge behalten (sie können sehr schnell sehr groß werden) und in ausreichend kurzen Abständen eine Log-File-Rotation durchführen. MySQL kann Ihnen seine Fehlermeldungen auch in Deutsch präsentieren. Wenn Ihnen das lieber ist als Englisch, können Sie auch dies hier aktivieren. Hier können Sie auch den Benutzer festlegen, mit dessen Rechten mysqld gestartet werden soll. Sie brauchen das dann nicht mehr beim Start des Servers per Hand eingeben. Eine globale Konfigurationsdatei sieht dann etwa so aus:

```
# Globale Konfigurationsdatei /etc/my.cnf
[client]
port            = 3306
socket          = /var/lib/mysql/mysql.sock

[mysqld]
port            = 3306
socket          = /var/lib/mysql/mysql.sock
skip-locking
set-variable    = key_buffer=16M
set-variable    = max_allowed_packet=1M
set-variable    = thread_stack=128K
log
language=german
user=mysql
```

Die *port*- und *socket*-Einträge sind nur dann wichtig, wenn Sie bei der Konfiguration hieran Änderungen vorgenommen haben. Die *skip-locking*- Direktive behebt ein Problem mit fcntl()-Aufrufen auf manchen Linux-Systemen. Die *set-variable*-Direktiven entstammen der Beispielkonfigurationsdatei: *max_allowed_packet* muss mindestens so groß sein, wie Ihre größte in der Datenbank verwendete Spalte vom Typ *blob* oder *text*. Wenn Sie den Wert für *key_buffer* heraufsetzen, können Indizes besser verwaltet werden. Auf einer Linux-Maschine mit 256 MByte Arbeitsspeicher können Sie hier an Werte um *64M* denken. Mit der Variablen *thread_stack* können Sie versuchen, die Performance zu verbessern, wenn Sie über reichlich Arbeitsspeicher verfügen. Die Option *log* schließlich sorgt dafür, dass Log-Files angelegt werden (in *DATADIR/servername.log*).

Lassen Sie sich nicht durch die Einträge in der Beispielkonfigurationsdatei dazu verleiten, Kennwörter in Ihrer *~/.my.cnf* abzuspeichern. Das erspart Ihnen zwar die Eingabe des Passworts beim Aufruf des Clients, stellt aber ein Riesensicherheitsloch dar. Unproblematisch ist hingegen der Eintrag *user=irgendwer* im Client-Block. Er erspart die *-u*-Option beim Aufruf der Clients.

9.2.5 Benutzung des Standard-Client mysql

Der Standard-MySQL-Client mysql ist zwar ein völlig mausloses Kommandozeilentool. Vielleicht lässt sich aber gerade deswegen so schnell und effizient mit ihm arbeiten, wenn man einige wenige grundlegende Funktionsweisen kennt. Da mysql die GNU-Readline-Bibliothek verwendet, werden Sie viele der Möglichkeiten von anderen Programmen (namentlich Emacs und Bash) her bereits kennen (und wenn nicht, sollten Sie sie jetzt unbedingt kennen lernen). Sie starten den Client mit dem Befehl:

```
> mysql -u root -p
```

Die Option *-p* sorgt dafür, dass Sie nach dem Passwort gefragt werden. Wenn umfangreichere SQL-Statements in einer Datei abgelegt worden sind (z. B. Sicherheits-Dumps) und diese nun eingespielt werden sollen, kann mysql auch als Filter verwendet werden, indem er wie folgt aufgerufen wird:

```
> mysql -u root -p database < dump.sql
```

Wenn in der Datei dump.sql zu Beginn das Statement *use database;* steht, kann man den Aufruf auf *mysql -u root -p < dump.sql* verkürzen. Statt auf dem Bildschirm können Sie die Ergebnisse auch in eine Datei *ausgabe.datei* ausgeben lassen. Geben Sie an:

```
> mysql -u root -p database < eingabe.sql >ausgabe.datei
```

Wird interaktiv mit dem Client gearbeitet, stehen (unter anderem) die folgenden Tastenkürzel zur Verfügung (diese Tastenkürzel können übrigens auch in der Bash oder in Emacs verwendet werden):

Tastenkürzel und Kommandos im MySQL-Client mysql	
Pfeil hoch, Ctrl+P Pfeil runter, Ctrl+N	Ermöglicht es, auf zuvor eingegebene Kommandos zuzugreifen (Scrollen durch die History).
Pfeil rechts Pfeil links	Cursor zurück/vor bewegen
Strg+A, Strg+E	Cursor an den Beginn/an das Ende der Zeile bewegen
Meta+F, Meta+B (Meta: häufig ESC)	Cursor ein Wort vor/zurück bewegen
Backspace, Entf	Zeichen rückwärts, vorwärts löschen
Strg+K	Bis zum Ende der Zeile löschen
Strg+T	Die beiden vorangegangenen Zeichen vertauschen
Meta+T (ESC+T)	Die beiden vorangegangenen Worte vertauschen
Strg+L	Säubert den Bildschirm
Tab	Expansion des Kommandos oder Dateinamens (die Eingabe von se[Tab] expandiert se zu select. Das funktioniert nicht nur mit SQL-Statements, sondern auch mit Tabellen- und Spaltennamen.)
Strg+R	Sucht nach bereits eingegebenen Kommandos: Drücken Sie am Beginn der Zeile Strg+R, und geben Sie dann die ersten Zeichen der gesuchten Befehlszeile ein. mysql zeigt darauf hin automatisch die erste passende Zeile an. Mehrmaliges Drücken von Strg+R wechselt zwischen verschiedenen passenden Möglichkeiten. Tab bricht die Suche ab und ermöglicht das Editieren der gefundenen Zeile.
\c	Eine Zeile, die mit Backslash c abgeschlossen wird, wird nicht beachtet (praktisch, wenn die Zeile wegen Fehler verworfen werden soll).
\e	Das eingegebene SQL-Statement wird in den Editor geladen, der in der Environment-Variablen $EDITOR genannt wird (das ist üblicherweise der VI). Praktisch, wenn Sie nach längerem Try and Error ein SQL-Statement optimiert haben und es nun in einer Datei sichern wollen.
\. dateiname	Mit dem Befehl \. können Sie ein SQL-Skript ausführen. Als Argument müssen Sie den Dateinamen angeben.
\G	Wenn Sie ein SQL-Statement mit diesem Befehl abschließen, wird das Ergebnis vertikal statt horizontal ausgegeben. Das ist besonders bei breiten Tabellen praktisch, bei denen man ansonsten schnell den Überblick verliert.

Gewöhnlich geben Sie im MySQL-Client einen oder mehrere SQL-Befehle ein, die anschließend an den Server geschickt werden. Nach Abarbeitung der Queries wird deren Ergebnis vom Server zurück- und vom Client auf den Bildschirm ausgegeben. Jedes SQL-Statement muss mit einem Semikolon abgeschlossen werden. Solange der Client kein Semikolon sieht, geht er davon aus, dass weitere Eingaben folgen. Beispiel:

```
mysql> use mysql;
mysql> SELECT
    -> host
    -> FROM
    -> user;
```

Wenn Sie eine Query doch nicht abschicken wollen, geben Sie einfach *\c* ein; *mysql* tut dann so, als hätte er nichts bemerkt:

```
mysql> SELECT
    -> host
    -> FR\c
mysql>
```

Für Verwirrung können nicht durch Anführungszeichen bzw. Hochkommata abgeschlossene Strings sorgen, weil sich das vermeintlich fertig gestellte SQL-Statement weder durch ein Semikolon abschicken, noch die Eingabe durch *\c* abbrechen lässt:

```
mysql> SELECT user FROM user WHERE host="
    "> \c
    "> ;
    "> "\c
mysql>
```

Nach dem Ende der ersten Zeile erwartet der Client einen String, daher verliert sowohl *\c* als auch ; seine Sonderbedeutung. Erst nachdem *mysql* das Ende des Strings durch abschließende Anführungszeichen bedeutet wird, erkennt der Client wieder die Sonderbedeutung von *\c* und bricht die Verarbeitung ab. Das funktioniert genauso mit einfachen Hochkommata, der Client gibt dann ein aufforderndes `'>` statt des `">` aus.

Abschließend sei noch darauf hingewiesen, dass Sie den MySQL-Client durchaus auch benutzen können, um Datenbanken zu administrieren, die auf Servern irgendwo im Internet gehostet werden (sofern Sie eine Zugangsberechtigung besitzen und die entsprechenden Ports offen sind). Rufen Sie dazu einfach *mysql* mit der Option *-h* auf (z.B. *mysql -h fremder.host.de -u username -p*).

9.2.6 Hilfsprogramme der MySQL-Distribution

Im Folgenden wird auf einige Hilfsprogramme und Skripten der MySQL-Distribution aufmerksam gemacht. Die Programme werden nicht vollständig besprochen, sondern es wird nur ihre allgemeine Funktion genannt. Genaueres können Sie dem MySQL-Handbuch entnehmen. Fast alle Tools geben außerdem mit der Option *--help* einen Überblick über ihre Funktion und die verfügbaren Commandline-Switches aus. Im Übrigen geben wir Hinweise auf besondere (oder versteckte) Features.

mysql als Kommandozeilen-Filter Der Standard-Client mysql kann, wie oben bereits gezeigt, auch als Commandline-Filter verwendet werden. In diesem Fall erhält mysql seine Eingaben von Standard-In und schreibt Ausgaben auf Standard-Out. Diese Ausgaben können Sie in üblicher UNIX-Manier z.B. in Dateien umleiten oder in andere Programme pipen und natürlich auch in Shellskripten oder in Skripten anderer Interpretersprachen wie Perl, PHP oder Python verwenden. Bei der Verwendung von mysql als Filter sind mitunter die folgenden Commandline-Switches nützlich:

1. *-B, --batch:* Gibt die Ergebnisse einer Query als Tab Delimited Data aus. Jede Spalte wird durch ein Tabulatorzeichen von der nächsten getrennt, jede Zeile von der nächsten durch ein Newline. Dies ist ein Format, mit dem viele Anwendungsprogramme (z.B. Tabellenkalkulationen) problemlos umgehen können.
2. *-E, --vertical:* Gibt die Ergebnisse vertikal aus. Es wird keine Tabelle, sondern eine Ausgabe in folgender Form erzeugt:

```
...
Alter_priv: Y
********************** 9. row **********************
Host: %
Db: mysql
User: niemand
Select_priv: Y
```

```
Insert_priv: N
Update_priv: N
Delete_priv: N
Create_priv: N
Drop_priv: N
Grant_priv: N
References_priv: N
Index_priv: N
Alter_priv: N
********************* 10. row **********************
Host: localhost
...
```

3. *-f, --force:* Normalerweise bricht *mysql* die Verarbeitung eines Skripts mit einer Fehlermeldung ab, wenn der Client auf ein ungültiges Statement trifft. Die Option *--force* sorgt dafür, dass nach einem Fehler die Abarbeitung des Skripts fortgesetzt wird.
4. *-H, --html:* Mit dieser Option produziert der Client seine Ausgabe im HTML-Format. Es werden Standard-HTML-Tabellen (<table></table>) erzeugt. Als schnelle Lösung für den internen Gebrauch oder zum Einbetten in eine HTML-Seite durchaus zu gebrauchen.
5. *-L, --skip-column-names:* Unterdrückt die Ausgabe der Spaltennamen.
6. *-p, --password:* Diese Option kann auch mit dem Kennwort als Argument verwendet werden. Von dieser Möglichkeit sollte man aus Sicherheitsgründen nur dann Gebrauch machen, wenn dies unumgänglich ist. Bei Verwendung der kurzen Form (*-p*) darf zwischen *-p* und dem Passwort *kein* Leerzeichen stehen.
7. *-t, --table:* Die Ausgabe erfolgt wie bei der interaktiven Ausgabe im ASCII-Tabellenformat:

```
+-----------+---------+
| host      | user    |
+-----------+---------+
| %         | niemand |
| localhost | niemand |
+-----------+---------+
```

mysqladmin

Auf einige Funktionen von mysqladmin wurde bei der Diskussion der Serverkonfiguration bereits eingegangen. Hier ein kurzer Überblick:

Mysqladmin – Aufruf: *mysqladmin -u root -p option argument*	
Optionen	Beschreibung
create dbname *drop dbname*	Erstellt eine neue Datenbank dbname bzw. löscht eine bestehende samt aller Tabellen.
version *variables* *status* *extended-status*	Gibt mehr oder weniger umfängliche Informationen über die Befindlichkeit und den Zustand des Servers aus.
processlist *kill id, id,..*	Zeigt Informationen (Id, user, host, ...) zu allen aktiven Prozessen auf dem Datenbankserver. Mit kill können einzelne Prozesse »abgeschossen« werden.
ping *shutdown*	Ping prüft, ob der Datenbankserver wohlauf ist. Mit Shutdown wird der Server heruntergefahren.
password	Ändert ein bestehendes Passwort. Als Argument wird das neue Kennwort angegeben.
reload *flush-privileges*	Liest die Benutzerauthentifikations-Tabellen (Grant Tables) neu ein. Notwendig, wenn diese Tabellen »händisch« geändert wurden.
flush-hosts *flush-tables*	Löscht interne Caches. flush-hosts ist z.B. notwendig, wenn einige Ihrer Hosts ihre IP-Nummer geändert haben.
flush-logs	Initialisiert die Log-Files neu (vgl. Abschnitt 9.3).
refresh	Führt flush-tables und flush-logs aus.

mysqldump

Mit diesem Utility können Sie eine Datenbank oder eine ganze Sammlung von Datenbanken »dumpen« (abladen, abspeichern). Der Dump besteht aus SQL-Statements, die Tabellen anlegen und füllen (CREATE TABLE, INSERT). Diese Dumps können als Sicherheitskopien dienen und eignen sich auch, um Datenbanken über Betriebssystemgrenzen hinweg auszutauschen. Nach einigen Anpassungen gelingt damit in der Regel auch der Austausch von Datenbanken zwischen verschiedenen DBM-Systemen (z.B. zwischen MySQL und Oracle oder Informix). Eine umfassende Referenz bietet das Handbuch (bzw. die Option *--help*), hier nur einige Hinweise zu einzelnen Commandline-Switches.

```
Aufruf: mysqldump -u root -p --opt dbname > backup.sql
```

1. *-q, -- quick:* Wenn Sie diese Option *nicht* angeben, lädt MySQL zunächst die gesamte Ausgabe in den Arbeitsspeicher, bevor gedumpt wird. Wenn Sie eine größere Datenbank dumpen wollen oder über wenig Arbeitsspeicher verfügen, bekommen Sie damit ein Problem.
2. *--opt:* Beinhaltet *-quick* und erstellt das schnellstmögliche Dump. Dieses eignet sich dann aber nur für einen MySQL-Server (weil Nichtstandard-Features von MySQL verwendet werden.
3. *-d, --no-data:* Gibt nur die Tabellenstruktur einer Datenbank, nicht aber deren Inhalt aus.
4. *--all-databases:* Erstellt einen Dump mit allen Datenbanken.

Wenn Sie darüber nachdenken, Ihre Datenbanken auf einem anderen Host zu kopieren (z. B. aus Sicherheitsgründen), dann versuchen Sie doch einmal den folgenden Aufruf:

```
> mysqldump -opt -all-databases | \
>   mysql -host=www.ihr-mirror.de -compress
```

mysqlimport

Mit mysqlimportkönnen Sie strukturierte Daten aus anderen Anwendungen in MySQL importieren. *mysqlimport* bedient sich intern des LOAD DATA INFILE SQL-Statements und stellt dessen komplette Funktionalität für die Kommandozeile zur Verfügung. LOAD DATA INFILE stellt ein flexibles Instrument dar, auch ungewöhnlich formatierte Daten in MySQL zu importieren. Nicht möglich ist derzeit allerdings das Einlesen von Daten, bei denen die Zugehörigkeit zu einer Spalte durch die Position in einer Zeile definiert wird, wie dies bei der Datenerfassung für Statistikprogramme üblich ist (z. B. Identnummer: Zeichen 1-6, Vorname: Zeichen 7-30, Nachname: Zeichen 31-55 usw.). In einem solchen Fall müssen Sie z. B. mit einem entsprechenden Perl-Skript vorarbeiten. PhpMyAdmin bietet eine komfortable Schnittstelle für den Datenimport mit LOAD DATA INFILE (vgl. Kapitel 9.2.8).

Weitere Hilfsprogramme

1. *myisamchk/(isamchk):* Programm, mit dem MySQL-Tabellen geprüft, optimiert und repariert werden können. isamchk wird für Tabellen im älteren Tabellentyp (vor MySQL 3.23.6) verwendet. Zwischen altem und neuen Typ kann problemlos gewechselt werden. Genaueres finden Sie in Abschnitt 9.4.
2. *mysqlshow:* Ein Commandline-Interface zum SQL-Befehl SHOW. Mit diesem Befehl können Sie sich Informationen zu Datenbanken, Tabellen, Spalten und Indizes ausgeben lassen.

3. *mysqlbug:* Das MySQL-Fehlerdokumentationsskript. Wenn Sie bei den Entwicklern einen Programmfehler melden wollen, müssen Sie dieses Skript verwenden. Das Programm fragt eine Reihe von Systemparametern und die MySQL-Konfiguration ab und schreibt diese Informationen in eine Datei, die das Programm auch gleich in Ihrem Editor (z. B. Emacs) öffnet. Sie sollten dieses Skript auch verwenden, wenn Sie eine Frage in die MySQL-Mailingliste posten. Die Informationen erleichtern häufig die Fehlerdiagnose.
4. *msql2mysql:* Wenn Sie von mSQL auf MySQL umsteigen wollen, schauen Sie sich dieses Tool an. Es kann nicht alles konvertieren, wird Ihnen aber die Arbeit stark erleichtern.
5. *mysqlaccess:* Prüft das Benutzerauthentifikationssystem von MySQL. Näheres finden Sie in Abschnitt 9.4.
6. *mysql_install_db:* Initialisiert das Benutzerauthentifikationssystem von MySQL. Wird nur bei der Erstinstallation von MySQL benötigt (vgl. Kapitel 9.2.4).
7. *safe_mysqld:* Dieses Skript startet den MySQL-Server und führt zuvor einige Prüfungen durch (vgl. Kapitel 9.2.4).

9.2.7 Webmin

Webmin ist ein Web-basiertes Interface für Systemadministratoren unter Unix. Mit Hilfe eines Standard-Web-Browsers können User Accounts gewartet, der Web-Server Apache konfiguriert, der Domain Name Service (DNS) gepflegt und – das ist der Grund, warum hier auf dieses Tool eingegangen wird – der Datenbankserver MySQL administriert werden. Webmin kann noch viel mehr (z. B. Samba und Sendmail konfigurieren, RAID erstellen, Cron Jobs einrichten); davon soll hier aber nicht die Rede sein. Schauen Sie sich das Tool nach der Installation einfach einmal genauer an! Webmin besteht aus einem einfachen Web-Server und einer Reihe von CGI-Programmen, die direkt Systemdateien wie */etc/inetd.conf* oder */etc/passwd* manipulieren. Der Web-Server und alle CGI-Programme sind in Perl geschrieben.

Wenn Sie Webmin verwenden wollen, müssen Sie erstens eine Linux-Distribution verwenden, die von Webmin unterstützt wird (es werden sehr viele Distributionen unterstützt: Caldera, Redhat, Slackware, Debian, SuSE, Corel, TurobLinux, Cobalt, Mandrake, Delix, MkLinux sowie eine Reihe anderer Betriebssysteme einschließlich Sun Solaris, Weiteres vgl. `http://www.webmin.com/webmin/support.html`). Zweitens muss Perl in der Version 5 auf Ihrem Rechner installiert sein. Perl Version 5 ist unter Linux Standard und wird von allen uns bekannten Distributionen unterstützt und daher hier nicht weiter besprochen. (Auch wenn Sie nicht wissen, ob Perl auf Ihrem Rechner installiert ist, wird es wahrscheinlich vorhanden sein: Probieren Sie einmal den Befehl *perl -v*.) Webmin ist Open Source und kann – kommerziell wie nichtkommerziell – frei verwendet werden. Webmin ist ferner erweiterbar: Wer will (und kann), kann eigene Module für Webmin schreiben. Eine Auswahl finden Sie unter `http://www.webmin.de/webmin/third.html`.

Webmin kann daneben auch SSL (*Secure Socket Layer*) nutzen, um sichere Verbindungen zwischen Ihrem Web-Browser und dem Webmin-Server herzustellen. Das funktioniert allerdings nur, wenn die Perl Net::SSLeay- Module installiert sind. Und diese wiederum benötigen zwingend die OpenSSL C Libraries. Aus Sicherheitsgründen ist sehr dringend die Nutzung dieses Features anzuraten, sofern Sie nicht ausschließlich lokal arbeiten, ohne je Verbindung ins Internet aufzunehmen.

Fangen wir also sogleich mit der Installation von OpenSSL an. (OpenSSL ist nicht Standard, die Installation soll daher kurz dargestellt werden.) OpenSSL wird vom »OpenSSL Core and Development«-Team entwickelt (einem Zusammenschluss von Freiwilligen aus England, Deutschland und Schweden), dessen Ziel es ist, eine leistungsfähige Implementation der *Secure Sockets Layer* (SSL v2/v3) und *Transport Layer Security* (TLS v1) Protokolle sowie eine allgemein nutzbare Kryptographiebibliothek zu erstellen. OpenSSL ist Open-Source-Software, die für kommerzielle wie nichtkommerzielle Zwecke frei verwendet werden kann. Sie erhalten OpenSSL von der OpenSSL-Web-Site (`http://www.openssl.org/`, weitere Hinweise finden Sie auf der Homepage zum Buch). Wir besprechen im Folgenden die Installation der Version 0.9.5.

Nach dem Download muss die Software zunächst wie üblich entpackt werden:

```
# ins Installationsverzeichnis wechseln
> cd /usr/local/src
> # mit wget aus dem Internet die Source holen
> wget http://www.openssl.org/source/openssl-0.9.5.tar.gz
> # archiv auspacken
> gunzip openssl-0.9.5.tar.gz
> tar xvf openssl-0.9.5.tar
> cd openssl-0.9.5
```

Es folgt der übliche Dreiklang: Konfiguration für das Betriebssystem mit `configure`, Kompilierung der Source (Makefile gesteuert), Installation der Binärdateien:

```
# Configure starten
> ./config
```

Wenn Sie erfolgreich waren, sollte am Ende einer ellenlangen Ausgabe eine Meldung wie die folgende erscheinen:

```
Configured for linux-elf.
```

Als Nächstes werden die Binaries kompiliert:

```
> make
# war alles erfolgreich, rufen Sie
# make test auf (am besten wie folgt, dann können Sie nach
# Ende des Skripts in der Datei maketest.txt nachlesen,
# was da gerade am Bildschirm vorbei gerauscht ist ;-)
> make test | tee maketest.txt
```

Wenn das Studium der *maketest.txt* Datei ergab, dass diese neben Unverständlichem auch jede Menge *ok* enthielt und keine *fatal error*-Meldung oder Ähnliches, ist es Zeit für die Installation. Installations-Directory ist (aus historischen Gründen) standardmäßig */usr/local/ssl*.

```
# Installation als root durchführen
> su -
  <rootpassword>
> make install
> exit
```

Und fertig! Wenn Sie jetzt gerade nichts Besseres zu tun haben, können Sie die Man-Pages zu OpenSSL studieren

```
> man -M /usr/local/ssl/man openssl
```

und sich darüber informieren, was Sie sonst noch so alles mit OpenSSL anstellen können. Danach geht es weiter mit der Installation des Perl Net::SSLeay-Moduls. Es beginnt wieder der übliche Ablauf: Source kopieren, auspacken, ins Source-Verzeichnis wechseln, kompilieren und testen und – sofern alles gut ging – als root installieren. Das Kompilieren und Testen wird vom Befehl *Makefile.PL -t* in einem Aufwasch erledigt.

```
> cd /usr/local/src
> # mit wget aus dem Internet die Source holen
> wget http://www.cpan.org/modules/by-module/Net/\
>   Net_SSLeay.pm-1.05.tar.gz
> gunzip <Net_SSLeay.pm-1.05.tar.gz | tar xvf -
> cd Net_SSLeay.pm-1.05
> ./Makefile.PL -t
> su -
  <rootpassword>
> make install
  ...
> exit
```

Lassen Sie sich gegebenenfalls nicht von der folgenden Fehlermeldung irritieren:

```
Your vendor has not defined SSLeay macro xx
at test.pl line xx
```

SSLeay ist ein mit OpenSSL geliefertes Makro, das von Net::SSLeay (trotz des Namens) *nicht* (mehr) unterstützt wird. Eine Reihe von Tests werden daher mit der genannten Fehlermeldung abgebrochen. Tun wir so, als hätten wir nichts bemerkt. Sollten sich andere Fehlermeldungen einstellen, bleibt Ihnen nichts, als sich durch das README zu kämpfen und/oder die Homepage von Net::SSLeay aufzusuchen (`http://www.bacus.pt/Net_SSLeay/index.html`).

Nach all diesen Vorarbeiten (die nicht zwingend notwendig sind für den Betrieb von Webmin, aber aus Sicherheitsgründen dringend anzuraten), beginnen wir die Installation von Webmin. Da es sich bei Webmin ausschließlich um Perl-Skripten handelt, braucht nichts kompiliert zu werden. Die Installation verläuft daher insofern etwas anders, als wir das Paket direkt ins Installationsverzeichnis kopieren (gewöhnlich */usr/local*), dort (als User *root!*) entpacken und dann bereits durch Aufruf des Shell-Skripts *setup.sh* die Konfiguration beginnen.

```
> cd /usr/local
> su [RETURN] <rootpassword>
> # mit wget aus dem Internet die Source holen
> wget http://www.webmin.de/webmin/download/\
>   webmin-0.78.tar.gz
> gunzip < webmin-0.78.tar.gz | tar xvf -
> cd webmin-0.78
> ./setup.sh
```

Das Skript befragt Sie nun ausgiebig, und es empfiehlt sich, wahrheitsgemäß zu antworten. Webmin möchte zunächst wissen, wohin es seine Konfigurationsdateien speichern soll. Sinnvollerweise wählen Sie hier nicht das Installationsverzeichnis von Webmin, sondern das Verzeichnis, in dem in Ihrer Distribution gewöhnlich Konfigurationsdateien gelagert werden (in der Regel */etc/webmin*). Wenn Sie zukünftig ein Update von Webmin erwägen sollten, bleibt nur so Ihre vorherige Konfiguration erhalten. Als »Webmin Log Directory« (dies ist die nächste Frage) wählen Sie unter SuSE-Linux üblicherweise */var/webmin*. In dieses Verzeichnis speichert Webmin seine pid und gegebenenfalls Log-Dateien des Web-Servers. Weiter möchte Webmin über den Fundort Ihres Perl-Binary informiert werden: Das Kommando *whereis perl* gibt hierüber Auskunft (in der Regel findet sich Perl in */usr/bin/perl*). Nachdem Sie Ihr Betriebssystem angegeben haben sowie einen TCP-Port, auf dem Ihr Webmin-Server lauschen soll (Vorschlag: 10000), müssen Sie sich einen Login-Namen und ein Passwort ausdenken, mit dem Sie Zugriff auf den Webmin Web-Server haben wollen. Sie sollten dieses Passwort genauso sorgfältig auswählen wie Ihr Rootpasswort. Wer Zugang zum Webmin-Server hat, kann auf Ihrem Server treiben, was immer ihm passt (einschließlich *rm -r /* !).

Aus diesem Grund sollten Sie den Zugriff auch begrenzen auf Anfragen, die von vertrauenswürdigen Hosts kommen. Dies können Sie nach der Installation auf den Konfigurationsseiten von Webmin erledigen. Schließlich will das Installationsskript noch den Namen des Servers wissen, auf dem Sie gerade Webmin installieren. Außerdem werden Sie gefragt, ob Sie SSL aktivieren wollen. Sie wollen (sonst hätten Sie sich ja die Mühe mit der Installation von OpenSSL und Net::SSLeay sparen können). Wenn Sie nach der Installation Schwierigkeiten haben, auf den Webmin-Server zuzugreifen, prüfen Sie zunächst, ob Sie den URL korrekt angegeben haben (es muss heißen: `http://www.mysql.com/Manual/html-manual.tar.gz`; Sie haben das kleine »s« bei http**s** wahrgenommen?). Klappt es immer noch nicht, editieren Sie die Datei */etc/webmin/miniserv.conf* und ändern den Eintrag *ssl=1* (9. Zeile) in *ssl=0*. Damit schalten Sie die zusätzliche Sicherheit durch die SSL-Verschlüsselung wieder ab. Anschließend gehen Sie zu Ihrem Systemadministrator und beschweren sich über die restriktive Firewall oder/und den unmöglichen Proxy. (Wenn Sie selbst der Systemadministrator sind, wissen Sie ja, was zu tun ist.) Zu guter Letzt sollten Sie sich noch dafür entscheiden, dass der Webmin-Server beim Bootvorgang automatisch gestartet wird (sonst müssen Sie das nach jedem Bootvorgang von Hand machen). Auch das erledigt das Installationsskript für Sie. Zum Schluss sagt Ihnen das Skript, unter welchem URL Sie den Webmin-Server aufrufen können (z. B. *https://ihr-server.de:10000/*).

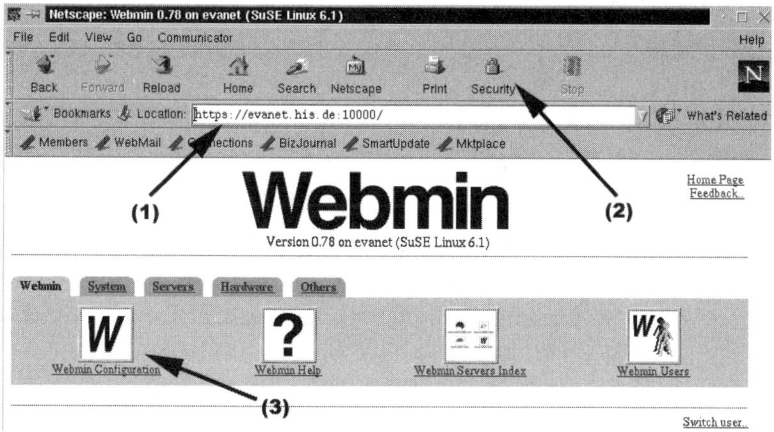

Abb. 9.1: Webmin, das Tool für den Systemadministrator

Der Lohn Ihrer Installationsmühen wird Ihnen nach dem Aufruf von *https://ihr-server.de:10000/*) noch eine kleine Weile vorenthalten: Zunächst weist Sie Ihr Browser darauf hin, dass ihm das vom Server vorgelegte Zertifikat unbekannt sei. Dies liegt daran, dass Webmin SSL nur für die Verschlüsselung verwendet und nicht zur Authentifizierung. Sagen Sie »Ja«, wenn Sie gefragt werden, ob Sie das Zertifikat akzeptieren wollen. Haben Sie sich gegen SSL entschieden, rufen Sie den URL *http://ihr-server.de:10000/* (http ohne »s«) auf und haben keine weiteren Scherereien (aber auch keine erhöhte Sicherheit). Nun endlich präsentiert sich Ihnen der Webmin-Startbildschirm (vgl. Abb. 9.1). Am geschlossenen Vorhängeschloss (2) erkennen Sie, dass Ihre Bemühungen um eine abhörsichere Verbindung zum Server erfolgreich waren. Als Nächstes sollten Sie (und zwar jetzt gleich und sofort, wegen der Sicherheit) zur WEBMIN CONFIGURATION wechseln (3).

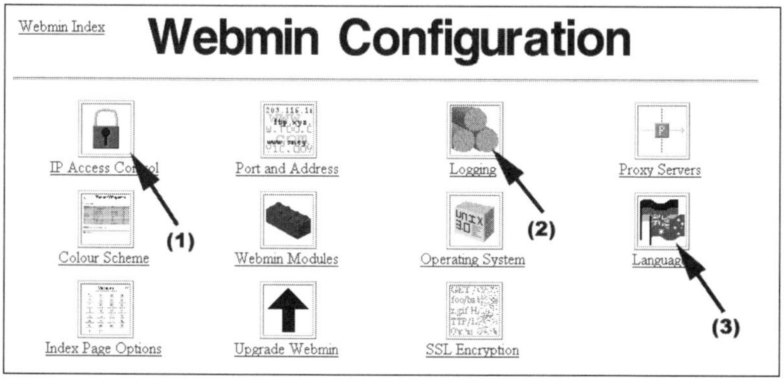

Abb. 9.2: Konfiguration von Webmin

Zuallererst sollten Sie den Menüpunkt IP ACCESS CONTROL aufrufen und auf dem nachfolgenden Bildschirm die Option ONLY ALLOW FROM LISTED ADDRESSES auswählen. Natürlich müssen Sie dann auch (mindestens) eine IP-Adresse angeben (sonst werden Sie selbst nicht mehr auf Webmin zugreifen können). Falls Sie Ihre IP-Adresse nicht kennen, können Sie diese mit dem Befehl *ifconfig* herausfinden. Sie können natürlich auch mehrere Adressen angeben (falls Sie von verschiedenen Rechnern aus zugreifen oder anderen ebenfalls den Zugriff ermöglichen wollen). Es ist auch möglich, eine Netzwerkmaske anzugeben und so z.B. Ihr lokales Firmennetzwerk generell für vertrauenswürdig zu erklären (z.B. erlaubt der Eintrag *192.124.237.0* allen 254 möglichen Adressen des entsprechenden Klasse-C-Netzwerks den Zugriff).

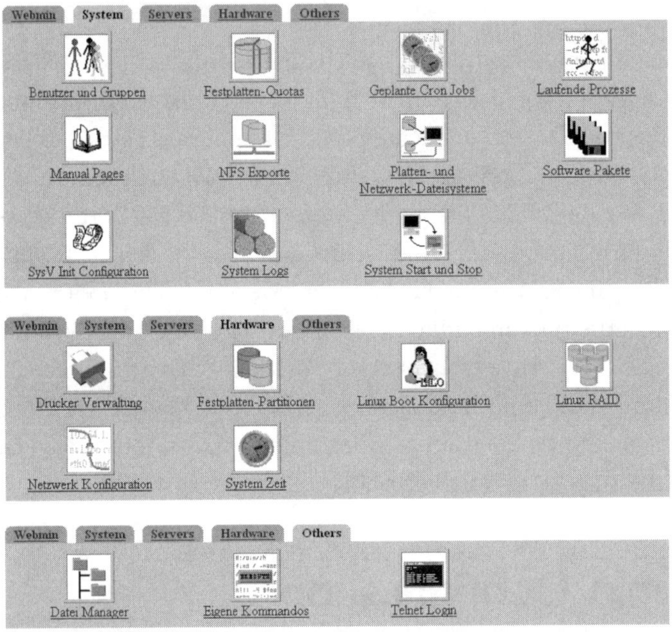

Abb. 9.3: Webmin-Menüs: System, Hardware, Others

Das bedeutet freilich nicht, dass jede und jeder Zugriff auf Webmin hat, die oder der von einem vertrauenswürdigen Host kommt. Dies ist lediglich die Mindestvoraussetzung. Zusätzlich muss dem Begehrlichen auch der Username und das Passwort bekannt sein, das Sie bei der Installation angegeben haben. Sie können übrigens weitere Nutzer einrichten (über die Option WEBMIN USERS), deren Zugriffsmöglichkeiten Sie auch beschränken können (z.B. könnten Sie einen Account

`DBAdmin` einrichten, dessen Nutzern Sie lediglich den Zugriff auf das MySQL-Modul erlauben). Wenn Sie schon mal beim Konfigurieren sind, können Sie auch gleich die Sprache auf GERMAN (DE) einstellen (nach Aufruf der Option LANGUAGE (3)).

Abb. 9.3 gibt einen Überblick über die sonstigen Möglichkeiten von Webmin. Wer manchmal heimlich eine Maus benutzt, wird sich darüber freuen, viele administrative Aufgaben durchführen zu können, ohne jede einzelne der Linux-Konfigurationsdateien auswendig beim Namen nennen zu können. Außerdem ermöglicht Webmin die Fernwartung und -kontrolle auf einfache und elegante Weise. Ob Sie schnell einmal die Log-Files überprüfen, die Disk-Quota eines nörgelnden Users heraufsetzen, einen neuen Benutzer einrichten oder gar ein RAID-System einrichten und konfigurieren wollen: Webmin steht Ihnen zur Seite.

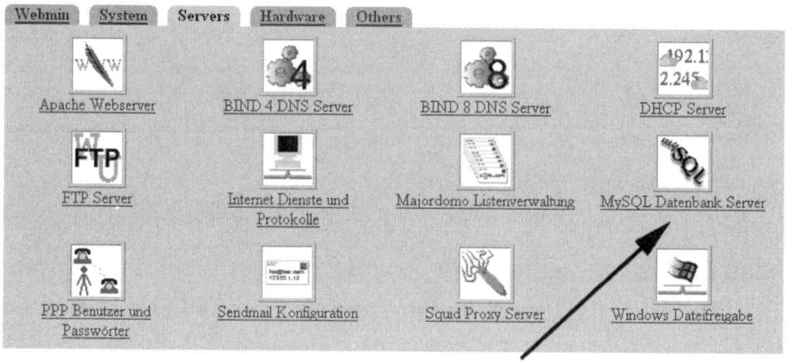

Abb. 9.4: Webmin-Menü: Servers

Am interessantesten ist aber zweifellos das Menü SERVERS. Ob es um die (nicht triviale) Konfiguration des Web-Servers Apache geht, mit der sich jede und jeder befassen muss, die oder der eine Datenbankanbindung ins Web bauen will oder muss (wir gehen hierauf noch bei der Diskussion von PHP in Kapitel 13 ein), ob es die Verwaltung eines Domain Name Systems ist oder der Aufbau und die Verwaltung eines FTP-Servers (WuFTP) oder die (auch nicht triviale) Einrichtung und Konfiguration der Kommunikation mit der Windows-Welt (Administration von Samba via WINDOWS DATEIFREIGABE): Für alle diese Aufgaben bietet Webmin seine Unterstützung an. Sogar die auch unter alten Unix-Hasen gefürchtete Sendmail-Konfiguration wird mit weiteren vierzehn Untermenüs (auf die Sie nach Klick auf SENDMAIL KONFIGURIEREN zugreifen können) stark vereinfacht. Für uns ist natürlich die Administration des Datenbankmanagementsystems MySQL von besonderem Interesse. Sie erreichen das in Abb. 9.5 gezeigte Menü durch Klick auf MySQL Datenbank Server.

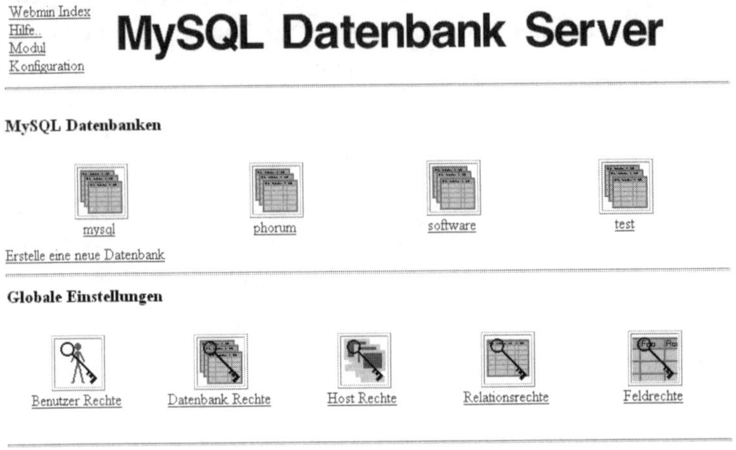

Abb. 9.5: Webmin: Administration des DBMS MySQL

Im oberen Abschnitt des Bildschirms werden alle von Ihnen angelegten Datenbanken aufgeführt. Auch wenn Sie noch keine Datenbank erstellt haben, werden Sie hier mindestens eine, wahrscheinlich zwei Datenbanken vorfinden: *mysql* und *test*. Die Datenbank *mysql* ist eine vom DBMS MySQL zu administrativen Zwecken angelegte Verwaltungsdatenbank mit der man sich später in jedem Fall noch intensiver beschäftigen muss. Die ultimative Aufklärung zur Funktionsweise dieser Datenbank erhalten Sie in Kap. 9.3, Benutzerverwaltung. Die Datenbank *test* wird ebenfalls bei der Installation angelegt. Sie können sie bedenkenlos löschen oder darin Tabellen anlegen. Schreiten Sie ruhig einmal zur Tat. Der Klick auf test öffnet einen Bildschirm, auf dem Sie beherzt den Menüpunkt ERSTELLE EINE NEUE RELATION anwählen. In der sich öffnenden Dialogbox geben Sie einen Tabellennamen an (unter »Relationsname«, z. B. *adressen*) und legen vier Felder an (z. B. *nachname, vorname, telefon, email*). Als Datentyp wählen Sie für alle vier Felder *varchar* und geben für jedes Feld eine maximale Anzahl Zeichen an. Noch ein Klick auf ERSTELLEN, schon ist eine neue Tabelle (Relation) in MySQL erstellt. Wenn Sie die Tabelle anklicken, gelangen Sie zu einem Bildschirm, in dem Sie diese wieder löschen, weitere Felder hinzufügen oder sich die bisher eingegebenen Daten anschauen können (da Sie noch keine Daten eingegeben haben, werden Sie allerdings nichts sehen). Unter dem Menüpunkt SQL AUSFÜHREN können Sie beliebige SQL-Befehle an die Datenbank schicken.

Das MySQL-Modul von Webmin eignet sich besonders zur Administration des Rechtesystems von MySQL. Allerdings müssen Sie wissen, was Sie tun. Dieses Wissen vermittelt Ihnen Webmin nicht. Deshalb übernehmen wir das in Kapitel

9.3. Mit Webmin können Sie sich darüber hinaus schnell einen Überblick über die von Ihnen angelegten Tabellen verschaffen. Für die Detailadministration einzelner Datenbanken empfehlen wir Ihnen hingegen phpMyAdmin. Dieses hervorragende Tool wird im nächsten Kapitel besprochen.

9.2.8 Web-Browser als Client: phpMyAdmin

Der MySQL-Client phpMyAdmin ist – wie Webmin – eine Anwendung für Ihren Web-Browser. Sie installieren phpMyAdmin auf dem Server, auf dem Ihre MySQL-Datenbank gehostet ist, und sind dann in der Lage, mit einem Web-Browser von einem beliebigen Ort aus auf Ihre Datenbanken zuzugreifen. phpMyAdmin ist ein wirklich fortgeschrittenes und ausgereiftes Tool (vielen Dank an den Autoren Tobias Ratschiller!). Es gibt kaum ein administratives Problem, dass sich nicht mit ihm lösen ließe. Die Installation lohnt sich daher auch dann, wenn Sie vollen Zugriff auf Ihr Linux-System haben und der »Umweg« über das Browser-Interface eigentlich nicht nötig ist. Momentan können Sie folgende administrativen Aufgaben mit phpMyAdmin durchführen:

- Erstellen und Löschen von Datenbanken
- Tabellen erstellen, kopieren, löschen und ändern
- Felder löschen, hinzufügen und ändern
- Ausführung aller (in MySQL implementierten) SQL-Befehle. Eine Batch-Verarbeitung von mehreren SQL-Statements ist ebenfalls möglich.
- Administration von Schlüsseln
- Einladen von strukturierten ASCII-Dateien (CSV, usw.) in Tabellen
- Erstellen von SQL-Dumps (das sind SQL-Befehle wie CREATE TABLE und INSERT, die eine Tabelle oder eine gesamte Datenbank samt ihrem Inhalt restaurieren)
- Möglichkeit des Uploads von SQL-Dumps (!)
- Datenexport im CSV-Format
- phpMyAdmin ist ein Open-Source-Projekt und unterliegt der GNU General Public License. phpMyAdmin ist vollständig in PHP geschrieben (falls Sie nicht wissen, was PHP ist: PHP ist eine Programmiersprache, die entwickelt wurde, um interaktive Web-Angebote zu ermöglichen und häufig als Middleware zwischen Web-Server und Datenbank eingesetzt wird, vergleiche hierzu ausführlich Kapitel 13). Sie können daher mit phpMyAdmin nichts anfangen, wenn auf Ihrem System PHP nicht installiert ist. Außerdem muss PHP mit MySQL-Support kompiliert worden sein. Möglicherweise ist dies aber bereits der Fall: Bei SuSE 6.1 und höher wird PHP standardmäßig installiert, wenn Sie den Apache

Web-Server installieren. Sie können dies testen, indem Sie in das DocumentRoot-Verzeichnis des Apache Web-Servers eine Datei *php_info.php3* mit folgendem Inhalt einstellen (heben Sie sich diese Datei auf, Sie werden sie immer wieder einmal benötigen, wenn Sie wissen möchten, wie Ihr Web-Server bzw. Ihre PHP-Installation konfiguriert ist):

```
<html>
<head><title>PHP-Info</title></head>
<body>
<?php echo phpinfo() ?>
</body>
</html>
```

Rufen Sie nun in Ihrem Web-Browser diese Datei auf: *http://localhost/php_info.php3*. Erscheinen daraufhin umfängliche Tabellen mit Informationen zur PHP-Version, zu installierten Extensions usw.? Dann ist PHP bereits installiert! Findet sich in der Tabelle »Extensions« auch ein Eintrag MySQL mit allerlei Angaben? Dann unterstützt Ihre PHP-Installation auch MySQL! Wenn nicht, nun, dann sollten Sie vielleicht erwägen, zunächst eine weitere Installationsprozedur über sich ergehen zu lassen (Hilfestellung zur Installation von PHP gibt Kapitel 13). Falls Sie nicht genau wissen, wo Sie Ihr DocumentRoot-Verzeichnis finden können: Versuchen Sie es einmal mit dem Befehl *locate htdocs* (unter Apache hat DocumentRoot standardmäßig den Namen *htdocs*); übliche Installationspfade sind z. B.:

```
/usr/local/apache/htdocs
/usr/local/httpd/htdocs
/usr/local/www/htdocs
```

Falls `locate` Ihnen zeigt, dass in Ihrem System mehrere *htdocs*-Verzeichnisse existieren, probieren Sie vorsichtshalber alle aus.

PhpMyAdmin ist häufig die einzige Möglichkeit, bei einem Massen-ISP an die eigene Datenbank heranzukommen: In der Regel erlauben Ihnen die Provider mit den günstigen »Profi-Paketen« keinen Telnet-Zugriff auf den Server, auf dem die versprochene MySQL-Datenbank gehostet ist. Es besteht daher normalerweise keine Möglichkeit, einen MySQL-Client auf dem Server des Providers zu starten. Provider, die Ihnen MySQL anbieten, bieten Ihnen in aller Regel aber auch PHP an (wenn nicht, dann wird es spätestens jetzt Zeit, den Provider zu wechseln). Da phpMyAdmin lediglich aus einer Reihe von HTML- und PHP-Dateien besteht (und auch der billigste ISP Ihnen die Möglichkeit einräumen muss, HTML-Dateien – in der Regel via FTP – in ein Verzeichnis auf dem Web-Server aufzuspielen), können Sie diese Dateien problemlos zunächst zu Hause lokal konfigurieren und dann in Ihr Verzeichnis beim Provider aufspielen. Anschließend rufen Sie über Ihren Web-Browser die gerade nach *http://www.ihre-homepage.de/phpMyAdmin/* kopierten Dateien auf und administrieren Ihre MySQL-Datenbank.

Da es unseres Wissens derzeit keine deutschsprachige Dokumentation zu phpMyAdmin gibt und – wie ausgeführt – phpMyAdmin häufig die eierlegende Wollmilchsau für den ambitionierten Web-Site-Hobbyisten darstellt, fällt die Darstellung etwas ausführlicher aus.

Es empfiehlt sich, die Konfiguration von zunächst an einem »geschützten«, von außen nicht zugreifbaren Ort vorzubereiten und erst die fertig konfigurierte Installation nach *DocumentRoot* zu kopieren (*DocumentRoot* sei in unserem Beispiel */usr/local/www/htdocs*). Zunächst besorgt man sich die Source-Distribution und entpackt sie:

```
> cd /usr/local/src
> # mit wget aus dem Internet die Source holen
> wget http://www.phpwizard.net/phpMyAdmin/\
>   phpMyAdmin_2.0.5.tar.gz
> gunzip < phpMyAdmin_2.0.5.tar.gz | tar xvf -
> cd phpMyAdmin
```

Der nächste Schritt ist die Anpassung von phpMyAdmin an die lokalen Verhältnisse. Hierzu dient die Datei *config.inc.php3*. In dieser müssen Sie einer Reihe von Variablen Werte zuweisen. Diese Variablen werden im Folgenden besprochen:

phpMyAdmin Variable	Beschreibung
$cfgServers *array* *z.B.:* *$cfgServers[1]['host']* *$cfgServers[2]['host']* *$cfgServers[3]['host']* *$cfgServers[1]['adv_auth']* *$cfgServers[2]['adv_auth']* *$cfgServers[3]['adv_auth']* ...	phpMyAdmin unterstützt die Administration mehrerer MySQL-Server. Aus diesem Grund wird ein zweidimensionales $cfgServers-array zur Verfügung gestellt, mit dessen Hilfe unterschiedliche Login-Informationen für verschiedene Server angegeben werden können. In *$cfgServers[1]['host']* wird der Hostname des ersten Servers abgelegt, in *$cfgServers[2]['host']* der Hostname des zweiten Servers usw. Wenn Sie auf Datenbanken lediglich eines Servers zugreifen wollen, lassen Sie einfach die Hostname-Einträge für die anderen beiden in der Konfigurationsdatei vorgegebenen Server frei.
$cfgServers[n]['port'] *string*	Die Port-Nummer des n-ten Servers. Sie können den Eintrag leer lassen (schreiben Sie: *$cfgServers[n]['port'] = ''*), wenn Sie mit Standardwerten arbeiten wollen. Beispiel: *$cfgServers[1]['port'] = '3306';*

phpMyAdmin Variable	Beschreibung
$cfgServers[n]['host'] *string*	Der Hostname des n-ten MySQL-server. Wenn Sie phpMyAdmin auf dem Rechner installieren, auf dem auch der MySQL-Server installiert ist, geben Sie »localhost« an. Beispiel: *$cfgServers[1]['host'] = 'localhost';*
$cfgServers[n]['adv_auth'] *boolean*	Hier bestimmen Sie, ob Sie die Standard-('basic') oder die erweiterte (*'advanced'*) Authentifikation verwenden wollen. 'basic'-Authentifikation (*$cfgServers[1]['adv_auth'] = false;*) ist der einfachere aber weniger sichere Weg: Benutzername und Passwort werden in der Datei *config.inc.php3* gespeichert (die in DocumentRoot liegt, also tendenziell gefährdet ist, von außen angegriffen zu werden). Bei der erweiterten Authentifikation werden nur Login-Informationen eines Standard-Users gespeichert (der zu nichts berechtigt sein sollte, außer die Authentifikationsinformationen des MySQL-DBMS zu lesen!). Über eine HTTP-Authentifikation (das ist der Standardbenutzername/Kennwortdialog, den die Web-Browser in einem solchen Fall dem Benutzer vorlegen) werden sodann die Login-Informationen vom Nutzer erfragt. Diese Angaben werden mit den Angaben in der MySQL-Nutzerverwaltung abgeglichen. Zugriff erhalten nur berechtigte MySQL-Benutzer (und diese auch nur auf die Datenbanken, für die sie eine Berechtigung haben). Die erweiterte Authentifikation ist relativ sicher, weil MySQL-Kennwörter nicht ohne weiteres entschlüsselt werden können (sofern nicht eine der Versionen 3.22.26a bis 3.23.12 installiert ist; diese enthalten ein Sicherheitsloch) und der Standard-User nur lesenden Zugriff auf die Benutzerverwaltung hat (die Datenbank *mysql* des MySQL-DBMS). Beispiel: *$cfgServers[1]['adv_auth'] = true;*
$cfgServers[n]['user'] *$cfgServers[n]['password']* *string*	Das Benutzer-/Kennwortpaar, mit dem phpMyAdmin bei der Standardauthentifikation (*$cfgServers[1]['adv_auth'] = false;*) auf die Datenbank zugreift. Wenn die erweiterte Authentifikation verwendet werden soll, bleiben diese Variablen leer. Beispiel: *$cfgServers[1]['user'] = 'DB-Admin';* *$cfgServers[1]['password'] = 'top-secret';*
$cfgServers[n]['stduser'] *$cfgServers[n]['stdpass']* *string*	Das Benutzer-/Kennwortpaar des Standardbenutzers (der *keinen* Zugriff auf Nutzerdatenbanken hat bzw. haben sollte!), mit dem phpMyAdmin bei der erweiterten Authentifikation (*$cfgServers[1]['adv_auth'] = true;*) auf die Benutzerverwaltung von MySQL zugreift, um die hernach per HTTP-Request angeforderte Benutzer-/Kennwortkombination für den Datenbankzugriff zu verifizieren. Wenn die Standardauthentifikation verwendet werden soll, bleiben diese Variablen leer. Beispiel: *$cfgServers[1]['stduser'] = 'Nobody';* *$cfgServers[1]['stdpass'] = 'nothing';*

phpMyAdmin Variable	Beschreibung
$cfgServers[n]['only_db'] *string*	Wenn Sie hier einen Datenbanknamen angeben, ist dies die einzige Datenbank, welche die Nutzer zu Gesicht bekommen. Beispiel: *$cfgServers[1]['only_db'] = 'oeffentliche_db';*
$cfgServers[n]['verbose'] *string*	Wenn Sie phpMyAdmin mit mehreren Datenbankservern benutzen (Sie also mehr als einen *$cfgServers[n]['host']*-Eintrag vorgenommen haben), wählen Sie später in der Benutzeroberfläche von phpMyAdmin den zu verwendenden Server in einem Pulldown-Menü aus. Hier können Sie den Namen angeben, der in diesem Menü erscheinen soll (geben Sie nichts an, wird der Hostname verwendet). Beispiel: *$cfgServers[1]['verbose'] = 'Interner Testserver';*
$cfgServerDefault *integer*	Hier wird der Array-Index des Datenbankservers angegeben, zudem phpMyAdmin beim Start automatisch Verbindung aufnehmen soll. Wenn nur ein Server konfiguriert wurde (das ist der Regelfall), *muss* der Wert »1« zugewiesen werden. Wurden mehrere Datenbankserver konfiguriert, kann (neben den Array-Indizes der anderen DB-Server) auch »0« angegeben werden; in diesem Fall wird in der Benutzerschnittstelle von phpMyAdmin lediglich ein Pulldown-Menü der möglichen Server zur Auswahl vorgelegt, eine automatische Verbindungsaufnahme unterbleibt. Beispiel: *$cfgServerDefault = 1;*
$cfgManualBase *string*	Wenn hier ein URL zur MySQL-Dokumentation angegeben wird, werden in der phpMyAdmin-Benutzeroberfläche – kontextsensitiv – Hilfelinks eingeblendet, die zum passenden Abschnitt der Dokumentation führen. Voreingestellt ist *http://www.tcx.se/Manual_chapter* (Dokumentation auf der MySQL-Homepage). Wenn Sie sich mit *wget http://www.mysql.com/Manual/html-manual.tar.gz* die Dokumentation »saugen« und auf Ihrem Web-Server z.B. unter *<DocumentRoot>/intern/doku/MySQL-Doku* einstellen, können Sie von phpMyAdmin aus auf diese lokale Version der Dokumentation zugreifen. Geben Sie dann an: Beispiel: *$cfgManualBase = 'http://localhost/intern/doku/MySQL-Doku';*
$cfgConfirm *boolean*	Falls Sie diese ständigen »Sind-Sie-wirklich-sicher,-dass ...«-Warnungen nicht mehr sehen können, immer wenn Sie gerade dabei sind, Ihre Datenbanken oder Tabellen zu löschen, dann können Sie diese hier abstellen. Im folgenden Beispiel (dies ist auch die Voreinstellung) sind die Warnungen eingeschaltet. Beispiel: *$cfgConfirm = true;*

phpMyAdmin Variable	Beschreibung
$cfgPersistentConnections *boolean*	Sollen persistente Datenbankverbindungen aufgebaut werden (Abfragen mit der php-Funktion *mysql_pconnect()* anstatt *mysql_connect()*)? Diese Einstellung ist nur relevant, wenn PHP als Apache-Modul installiert ist, bei der CGI-Version unterscheiden sich die beiden Funktionen nicht (vgl. Kap. 13). Persistente Verbindungen sind etwas schneller, weil nicht ständig Netzwerkverbindungen geöffnet und geschlossen werden müssen. Da MySQL (im Gegensatz z.B. zu Oracle) beim Verbindungsaufbau aber sehr schnell ist und andererseits sehr viele offene Verbindungen schon einmal den Apache in die Knie zwingen können, empfiehlt es sich, bei der konservativen Voreinstellung (siehe Beispiel) zu bleiben. Beispiel: *$cfgPersistentConnections = false;*
$cfgMaxRows *integer*	Anzahl der Reihen, die angezeigt werden, wenn Sie durch die Ergebnistabellen Ihrer SQL-Abfragen browsen. Wenn die Ergebnistabelle mehr als $cfgMaxRows Zeilen enthält, werden Vor-/Zurück-Links ausgegeben. Voreinstellung: 30. Beispiel: *$cfgMaxRows = 30;*
$cfgMaxInputsize *string*	Größe des Eingabefeldes, mit dem eine neue Zeile in eine Tabelle eingefügt werden kann. Voreinstellung: 300px (Pixel). Beispiel: *$cfgMaxInputsize = '300px';*
$cfgBorder *string*	Die »Dicke« der Tabellenränder in phpMyAdmin. Beispiel/Voreinstellung: *$cfgBorder = '0';*
$cfgThBgcolor *$cfgBgcolorOne* *$cfgBgcolorTwo* *string [HTML color]*	Die Farben, die für die Tabellenüberschriften und die Tabellenzeilen verwendet werden. Wenn Ihnen die Voreinstellung (Hellblau »#D3DCE3«, Hellgrau »#CCCCCC« und Dunkelgrau »#DDDDDD«) zu konservativ sind, versuchen Sie es doch einmal mit einer sonnigeren Variante: Beispiel: *$cfgThBgcolor = »#FFCC66«;* *$cfgBgcolorOne = »#FFFF99«;* *$cfgBgcolorTwo = »#FFFFCC«;*
$cfgOrder *string ["DESC"]["ASC"]*	Definiert, ob Felder in aufsteigender (ascending, »ASC«) oder in absteigender (descending, »DESC«) Form dargestellt werden sollen, wenn auf einen Feldnamen geklickt wird. Beispiel/Voreinstellung: *$cfgOrder = »ASC«;*
$cfgShowBlob *boolean*	Bestimmt, ob BLOB-Felder gezeigt werden, wenn der Inhalt einer Tabelle betrachtet wird. Da BLOB-Felder Binärdaten enthalten können (z.B. Bilddateien), kann eine Darstellung dieser Felder zu Problemen führen. In der Regel enthalten BLOB-Felder allerdings nur längere Texte, sodass eine Darstellung meistens erwünscht ist. Beispiel/Voreinstellung: *$cfgShowBlob = true;*

phpMyAdmin Variable	Beschreibung
$cfgShowSQL *boolean*	Hier können Sie einstellen, ob die SQL-Abfragen, die phpMyAdmin auf Grund Ihrer Klicks und Eintragungen generiert, angezeigt werden sollen oder nicht. Wenn Sie noch kein Datenbankprofi sind, können Sie hieraus viel über die Verwendung von SQL-Befehlen lernen! Beispiel/Voreinstellung: *$cfgShowSQL = true;*
$cfgColumnTypes *$cfgAttributeTypes* *$cfgFunctions* *array*	Definiert alle zulässigen Typen einer MySQL-Spalte (*$cfgColumnTypes*) bzw. alle zulässigen Attribute eines Felds (*$cfgAttributeTypes*). Nur auf die hier gelisteten Einträge kann später unter der phpMyAdmin-Oberfläche zugegriffen werden. In der Regel besteht für Änderungen allerdings keine Notwendigkeit (besorgen Sie sich gegebenenfalls lieber eine neue Version von phpMyAdmin). Das Array *$cfgFunctions* enthält alle von MySQL unterstützten Funktionen. Wenn Sie UDFs (User Defined Functions) erstellen, müssen Sie diese hier eintragen, wenn Sie über phpMyAdmin auf Ihre Funktionen zugreifen wollen. Beispiel: *$cfgFunctions = array(»ASCII«, ..., »RAND«, »MEINE_UDF«);*
Funktion *require(»Sprachdatei«);*	In der Datei config.inc.php3 finden Sie auch eine Zeile, in der die PHP-Funktion require() aufgerufen wird. Mit dieser Funktion werden in diesem Fall Sprachanpassungsdateien aufgerufen. Sie können sich von phpMyAdmin in elf verschiedenen Sprachen unterstützen lassen (Chinesisch, Deutsch, Dänisch, Englisch, Französisch, Italienisch, Katalanisch, Norwegisch, Portugiesisch, Russisch, Spanisch)! Voreingestellt ist Englisch. Beispiel: *require(»german.inc.php3«);*

Ausgestattet mit den Informationen aus dieser Tabelle sollte die Konfiguration von phpMyAdmin nun keine größeren Schwierigkeiten mehr bereiten. Der schwierigste Teil bleibt die Einstellung des Authentifikationssystems. Dies liegt weniger an phpMyAdmin (in phpMyAdmin ist diese Frage für den Nutzer auf transparente und einfache Weise gelöst), sondern mehr an der schwierigeren Authentifikationskonfiguration des Apache Web-Servers und an der – unserer Meinung nach komplizierten und nichtintuitiven – Benutzerverwaltung von MySQL. Dieser entscheidende Punkt – wenn hier etwas schief läuft, können Sie nicht auf die Datenbank zugreifen – wird im Folgenden deshalb detailliert besprochen.

Angenommen, es soll nur eine Standardauthentifikation durchgeführt werden (wovon wir abraten, wenn Sie ans Internet angeschlossen sind oder Sie in einer Multiuser-Umgebung arbeiten). Dann muss vor der Konfiguration von phpMyAdmin unter MySQL mindestens ein Benutzer eingerichtet sein (und zwar ein Datenbankadministrator, der Vollzugriff auf MySQL haben soll; dies ist bei korrekter Installation immer gegeben). Wenn Sie in der Benutzerverwaltung noch keine Änderungen vorgenommen haben (MySQL aber erfolgreich installiert wurde), dann wurden durch den Aufruf des Skripts *mysql_install_db* zwei Benutzer angelegt: root (der Datenbankadministrator, der alles darf!) und der namenlose Nutzer (der alles mit Datenbanken machen darf, die *test* heißen oder deren Name mit *test_* beginnt, darüber hinaus aber keinerlei Rechte hat). Sofern nicht schon geschehen, sollte spätestens jetzt der *root*-Account zu MySQL mit einem Kennwort geschützt werden. Das geht z. B. so:

```
shell> mysql -u root mysql
mysql> UPDATE user SET Password=PASSWORD('top_secret')
mysql>   WHERE user='root';
mysql> FLUSH PRIVILEGES;
```

Der Befehl *mysql ...* ruft den MySQL-Client als User *root* auf und öffnet die Datenbank *mysql*. Wenn das so nicht klappt, haben Sie wahrscheinlich bereits ein Passwort vergeben. Mit *UPDATE ...* wird ein neues Passwort gesetzt. Der Befehl FLUSH PRIVILEGES wird gerne vergessen – mit der Folge, dass alle Änderungen wirkungslos bleiben. Modifikationen in der Benutzerverwaltung müssen dem System mit diesem Befehl zur Kenntnis gebracht werden. Von jetzt an funktioniert *mysql -u root* nicht mehr, Sie erhalten die Fehlermeldung

```
ERROR 1045: Access denied for user: 'root@localhost'
  (Using password: NO)
```

Künftig müssen Sie *mysql -u root -p* verwenden und werden dann nach dem Passwort gefragt. Nach dieser Vorarbeit konfigurieren Sie phpMyAdmin in der Datei *config.inc.php3* wie folgt:

```
$cfgServers[1]['host'] = 'localhost';
$cfgServers[1]['port'] = '';
$cfgServers[1]['adv_auth'] = false;
$cfgServers[1]['stduser'] = '';
$cfgServers[1]['stdpass'] = '';
$cfgServers[1]['user'] = 'root';
$cfgServers[1]['password'] = 'top_secret';
$cfgServers[1]['only_db'] = '';
$cfgServers[1]['verbose'] = '';
```

Bevor Sie jetzt das phpMyAdmin-Verzeichnis nach DocumentRoot kopieren, sollten Sie aus Sicherheitsgründen das Zielverzeichnis auf jeden Fall mit einem Kennwortschutz versehen. Wenn Sie Vollzugriff auf den Rechner haben, auf dem der Apache Web-Server installiert ist, editieren Sie einfach die Apache-Konfigurationsdatei. Das ist in neueren Installationen die Datei *httpd.conf*, in älteren Installationen kann es auch die Datei *access.conf* sein. Sie finden diese in der Regel unter */etc/httpd/httpd.conf* oder */etc/httpd.conf* oder */usr/local/apache/conf/httpd.conf* (im Zweifelsfall schafft ein *locate httpd.conf* Klarheit). In die *httpd.conf* fügen Sie Folgendes ein:

```
<Location /intern/phpMyAdmin>
AuthType Basic
AuthUserFile /usr/local/apache/conf/passwd
AuthName "phpMyAdmin Datenbankadministration"
Require valid-user
</Location>
```

Anschließend müssen Sie die Konfigurationsdateien des Apache neu einlesen, z.B. mit:

```
> /usr/local/apache/bin/apachectl graceful
```

Nun ist das Verzeichnis */usr/local/www/htdocs/intern/phpMyAdmin* (wenn */usr/local/www/htdocs* DocumentRoot ist) gegen Zugriffe von außen so gut geschützt, dass Sie selbst nicht mehr herankommen. Um auf das Verzeichnis zugreifen zu können, müssen Sie zunächst die Datei */usr/local/apache/conf/passwd* und mindestens einen Benutzer anlegen. Dies geschieht mit dem Befehl *htpasswd*, wobei beim ersten Aufruf des Programms die Option -c angegeben werden muss, damit eine neue Passwortdatei angelegt wird.

```
> cd /usr/local/apache/bin
> ./htpasswd -c /usr/local/apache/conf/passwd dbadmin
> New password: **********
> Re-type new password: **********
> Adding password for user dbadmin
```

Ab sofort kann auf das Verzeichnis *http://www.mysql.com/Manual/html-manual.tar.gz* nur noch zugreifen, wer sich als *dbadmin* einloggt und das eben vergebene Kennwort weiß. Sie sollten aber wissen, dass *AuthType Basic* nicht sehr sicher ist (immerhin reicht es in der Regel, um Windows-gebildete »Power«-User fernzuhalten), weil die Passwörter unverschlüsselt übertragen werden und daher belauscht werden können. Wenn Sie möchten, können Sie nun weiteren Nutzern den Zugriff auf das Verzeichnis gestatten, indem Sie der Passwortdatei nach dem oben beschriebenen Verfahren weitere Benutzer hinzufügen.

Auch wenn Sie keinen Vollzugriff auf das System haben, ist möglicherweise nicht alles verloren, jedenfalls dann nicht, wenn die Apache-Konfiguration lokale *.htaccess*-Dateien zulässt. Diese erlaubt der Apache Web-Server in der Standardkonfiguration (man kann das allerdings mit der Apache-Direktive *AllowOverride* insgesamt oder für einzelne Verzeichnisse ganz oder teilweise unterbinden). Probieren Sie es im Zweifelsfall einfach aus, indem Sie im zu schützenden Verzeichnis eine Datei *.htaccess* erzeugen (der Punkt am Anfang ist erforderlich!) und in diese die oben beschriebene Befehlsfolge (<*Location* ...) einfügen. Die Pfade zur Passwortdatei werden Sie entsprechend ändern müssen. Wenn irgend möglich, sollte die Passwortdatei nicht unter DocumentRoot abgelegt werden.

Alles ist einfacher, sollten Sie sich – wie wir es Ihnen empfohlen haben – zu einer »advanced« Authentifikation entschließen. Die Funktionsweise ist hier anders: Statt an ungeschützter Stelle (in öffentlich zugänglichen Web-Verzeichnissen!) ein Passwort für den Datenbankadministrator abzulegen, wird – öffentlich – lediglich ein Passwort für einen Nutzer abgelegt (nennen wir ihn »Niemand«), der keinerlei Rechte an irgendeiner Datenbank hat, aber berechtigt ist, die Benutzerverwaltung von MySQL zu konsultieren (d.h. Leserechte für die Verwaltungsdatenbank *mysql* hat). Will nun ein Benutzer auf das phpMyAdmin-Verzeichnis via HTTP zugreifen, verlangt phpMyAdmin vom Einlass Begehrenden zunächst (via Standard-HTTP-Authentifikation) eine Benutzer-/Kennwortkombination. Mit »Niemand«s Hilfe überzeugt sich phpMyAdmin nun davon, ob dem Begehren stattzugeben oder es abzulehnen ist. Zu diesem Zwecke vergleicht phpMyAdmin die Login-Informationen mit den Angaben in der Benutzerverwaltung von MySQL.

Wir gehen wieder davon aus, dass MySQL erfolgreich installiert und das Initialisierungsskript *mysql_install_db* ausgeführt wurde, aber sonst keine weiteren Maßnahmen bezüglich der Benutzerverwaltung ergriffen wurden. Dann sollten Sie zunächst (wie oben schon einmal beschrieben) dem Datenbankadministrator *root* (der übrigens nicht verwandt oder verschwägert ist mit dem Linux-Systemadministrator root und insbesondere auch mit dessen Passwort rein gar nichts zu tun hat) ein Passwort zuweisen und so dieses scheunentorgroße Sicherheitsloch schleunigst schließen (siehe UPDATE-Befehl im nachfolgenden Listing). Anschließend richten Sie einen User »Niemand« ein (siehe 1. INSERT-Befehl), dem Sie alles verbieten (durch die vielen »N«s, die NO! bedeuten, Genaueres zur Nutzerverwaltung lesen Sie bitte in Kapitel 9.2). Nur die Datenbank *mysql* (gemeint ist hier die Verwaltungsdatenbank *mysql* des DBMS MySQL) darf er sich anschauen (dafür sorgt das »Y«). Dieses eine kleine Privileg ist notwendig, damit phpMyAdmin unter Nutzung des Users »Niemand« nachschauen kann, ob die Login-Informationen korrekt sind, 2. INSERT-Befehl. Zu guter Letzt lassen wir MySQL die Authentifikationsinformationen mit FLUSH PRIVILEGES neu einlesen (nicht vergessen!).

```
shell> mysql -u root
mysql> use mysql;
mysql> UPDATE user SET Password=PASSWORD('top_secret')
mysql>   WHERE user='root';
mysql> INSERT INTO user VALUES('localhost', 'Niemand',
       PASSWORD('nothing'), 'N', 'N', 'N', 'N', 'N',
       'N', 'N', 'N', 'N', 'N', 'N', 'N', 'N', 'N');
mysql> INSERT INTO db VALUES('localhost', 'mysql',
       'Niemand', 'Y', 'N', 'N', 'N', 'N', 'N', 'N',
       'N', 'N', 'N');
mysql> FLUSH PRIVILEGES;
```

Denken Sie daran, dass Sie nach dieser Operation den MySQL-Client mit *mysql -u root -p* starten müssen, damit Sie kein »Access denied« wegen fehlendem Passwort erhalten. Der Rest ist einfach. Zur Konfiguration von phpMyAdmin mit erweiterter Authentifikation nehmen Sie die folgenden Eintragungen in der Datei *config.inc.php3* vor:

```
$cfgServers[1]['host'] = 'localhost';
$cfgServers[1]['port'] = '';
$cfgServers[1]['adv_auth'] = true;
$cfgServers[1]['stduser'] = 'Niemand';
$cfgServers[1]['stdpass'] = 'nothing';
$cfgServers[1]['user'] = '';
$cfgServers[1]['password'] = '';
$cfgServers[1]['only_db'] = '';
$cfgServers[1]['verbose'] = '';
```

Wenn Sie möchten, können Sie jetzt noch den Dokumentationspfad auf Ihre lokale Quelle setzen (sofern Sie die MySQL-Dokumentation heruntergeladen haben), die Sprache auf Deutsch setzen und ein wenig mit den Farben der Tabellen in phpMyAdmin spielen:

```
$cfgManualBase = 'http://localhost/intern/doku/MySQL-Doku';
require ('german.inc.php3')
$cfgThBgcolor  = "#FFCC66";
$cfgBgcolorOne = "#FFFF99";
$cfgBgcolorTwo = "#FFFFCC";
```

Nachdem diese – doch etwas aufwendigere – Konfigurationsprozedur durchgeführt wurde, kann das phpMyAdmin-Verzeichnis nach DocumentRoot verschoben und die Datenbanken können via phpMyAdmin administriert werden (durch Aufruf des URL: *http://localhost/intern/phpMyAdmin*). Wenn alles geklappt hat (wovon wir ausgehen), zeigt sich Ihnen phpMyAdmin ähnlich wie in Abb. 9.6 wiedergegeben:

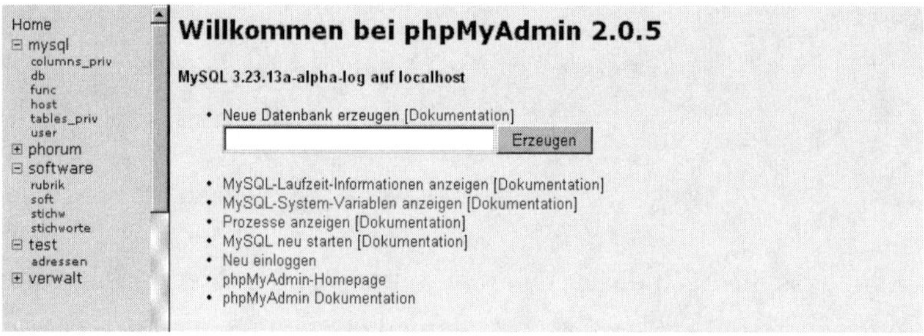

Abb. 9.6: phpMyAdmin: Der Begrüßungsbildschirm von phpMyAdmin zeigt sich in schlichtem Charme. phpMyAdmin ist ein Tiefstapler: Der Funktionsumfang des Programms lässt kaum Wünsche offen!

In einer Multiuser-Umgebung hat die Verwendung der advanced Authentifikation von phpMyAdmin neben der wesentlich höheren Sicherheit einen weiteren gravierenden Vorteil: Soll Anwendern Zugriff auf die MySQL-Datenbank via phpMyAdmin gewährt werden, brauchen Sie keine zusätzlichen Authentifikationsmechanismen zu bemühen, wie z.B. die oben beschriebenen des Web-Servers Apache. Die Benutzerverwaltung von MySQL steuert nun gleichzeitig auch die Zugriffsmöglichkeiten über phpMyAdmin. Sollten Sie z.B. unter MySQL einen Benutzer einrichten, der nur die Datenbank »Spielwiese« benutzen darf, dann bekommt dieser Nutzer, nachdem er sich gegenüber phpMyAdmin authentifiziert hat, auch nur die Datenbank »Spielwiese« zu Gesicht. Alle anderen möglicherweise existierenden Datenbanken kann dieser Nutzer weder sehen noch verändern. (Wenn Ihnen jetzt noch nicht ganz klar ist, wie Sie das hinbekommen, dann macht das nichts: Kapitel 9.3 behandelt das Thema noch einmal gründlicher.)

Noch ein Tipp zum Schluss: Versuchen Sie nicht – nach der Devise: Doppelt gemoppelt hält besser – sowohl die erweiterte Authentifikation von phpMyAdmin als auch gleichzeitig die Authentifikationsmechanismen des Apache zu nutzen. Die beiden Mechanismen kommen sich ins Gehege, sodass überhaupt nicht mehr auf phpMyAdmin zugegriffen werden kann.

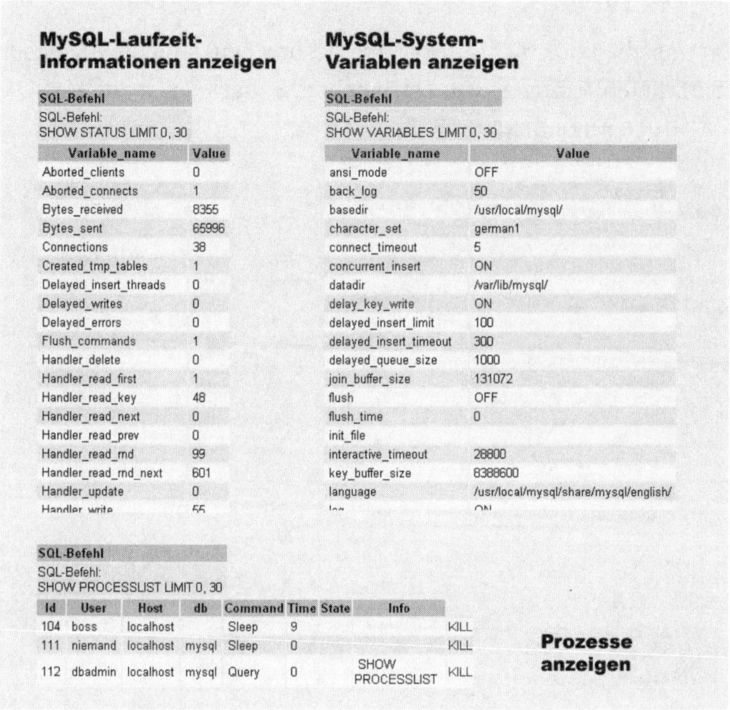

MySQL-Laufzeit-Informationen anzeigen

SQL-Befehl

SQL-Befehl:
SHOW STATUS LIMIT 0, 30

Variable_name	Value
Aborted_clients	0
Aborted_connects	1
Bytes_received	8355
Bytes_sent	65996
Connections	38
Created_tmp_tables	1
Delayed_insert_threads	0
Delayed_writes	0
Delayed_errors	0
Flush_commands	1
Handler_delete	0
Handler_read_first	1
Handler_read_key	48
Handler_read_next	0
Handler_read_prev	0
Handler_read_rnd	99
Handler_read_rnd_next	601
Handler_update	0
Handler_write	55

MySQL-System-Variablen anzeigen

SQL-Befehl

SQL-Befehl:
SHOW VARIABLES LIMIT 0, 30

Variable_name	Value
ansi_mode	OFF
back_log	50
basedir	/usr/local/mysql/
character_set	german1
connect_timeout	5
concurrent_insert	ON
datadir	/var/lib/mysql/
delay_key_write	ON
delayed_insert_limit	100
delayed_insert_timeout	300
delayed_queue_size	1000
join_buffer_size	131072
flush	OFF
flush_time	0
init_file	
interactive_timeout	28800
key_buffer_size	8388600
language	/usr/local/mysql/share/mysql/english/
log	ON

SQL-Befehl

SQL-Befehl:
SHOW PROCESSLIST LIMIT 0, 30

Id	User	Host	db	Command	Time	State	Info	
104	boss	localhost		Sleep	9			KILL
111	niemand	localhost	mysql	Sleep	0			KILL
112	dbadmin	localhost	mysql	Query	0		SHOW PROCESSLIST	KILL

Prozesse anzeigen

Abb. 9.7: phpMyAdmin informiert: Die Ausgaben der Befehle »MySQL-Laufzeit-Informationen anzeigen«, »MySQL-Systemvariablen anzeigen«, »Prozesse anzeigen« liefern wichtige Informationen zur Konfiguration und zum aktuellen Zustand der Datenbank.

Der schlichte Charme des Begrüßungsbildschirm von phpMyAdmin verdeckt die Möglichkeiten des Programms: Der Funktionsumfang des Tools lässt kaum Wünsche offen. Im linken Frame des Browsers werden alle Datenbanken aufgelistet, für die dem Benutzer, der sich zuvor authentifiziert hat, mindestens »SELECT«-Rechte eingeräumt wurden. Dem Datenbankadministrator *dbadmin* (sofern Sie diesen wie oben beschrieben eingerichtet haben) werden alle Datenbanken angezeigt. Bei allen Operationen wird (von MySQL) stets geprüft, ob der Benutzer über die entsprechenden Rechte verfügt, wenn nicht, wird die Operation mit einer Fehlermeldung abgebrochen. An vielen Stellen von phpMyAdmin finden Sie einen Link [Dokumentation]; dieser führt Sie – kontextsensitiv – zum entsprechenden Abschnitt des MySQL-Handbuchs. Der Klick auf den [Dokumentation]-Link hinter MySQL-Laufzeit-Informationen anzeigen führt z. B. zum Abschnitt »7.20 SHOW syntax (Get information about tables, columns ...)« des Handbuchs. Der MySQL-SHOW-Befehl ist es nämlich, der von phpMyAdmin aufgerufen wird, um die MySQL-Laufzeitinformationen zu erhalten.

Für diejenigen von uns, die noch nicht fließend SQL sprechen, sind die Ausgaben in den Feldern »SQL-Befehl« interessant. Dort steht z. B. nach Klick auf MySQL-Laufzeit-Informationen anzeigen:

```
SHOW STATUS LIMIT 0,30
```

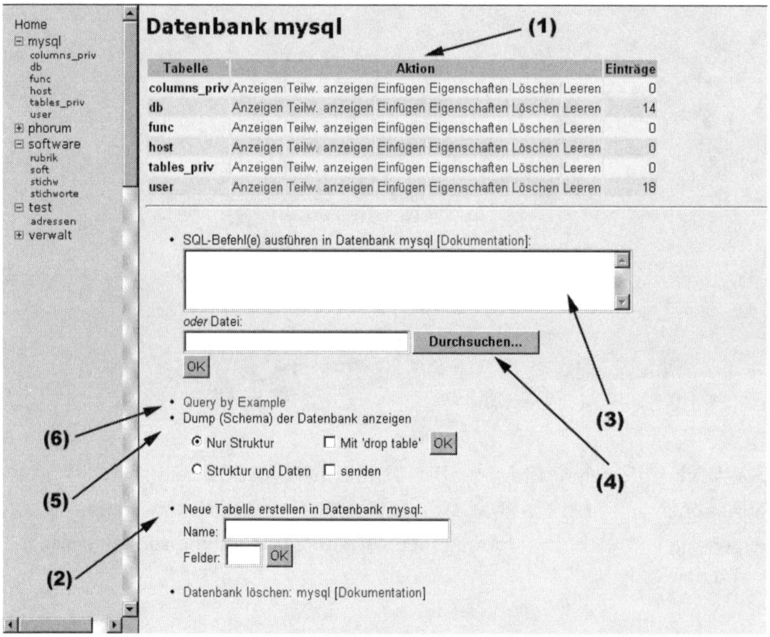

Abb. 9.8: phpMyAdmin-Datenbank-Bildschirm: Im Datenbank-Bildschirm können Sie auf alle Tabellen der Datenbank zugreifen, beliebige SQL-Befehle ausführen, Sicherheitskopien der gesamten Datenbank anlegen und vieles mehr.

Dies ist exakt das SQL-Statement, dass angegeben werden muss, um die in Abb. 9.7 links dargestellte Ausgabe zu produzieren. Die einzelnen in der Abbildung ausschnitthaft gezeigten Informationen sollen an dieser Stelle nicht besprochen werden, Genaueres findet sich im MySQL-Handbuch (unter `http://www.mysql.com/Manual/html-manual.tar.gz`). Wichtig sind diese Angaben immer dann, wenn etwas nicht klappt oder Sie Geschwindigkeitsoptimierungen vornehmen wollen oder müssen. Interessant ist in manchen Fällen die Ausgabe des Befehls PROZESSE ANZEIGEN: Im Beispiel wird unter ID 104 ein Prozess des Users »boss« ausgewiesen, der sich von localhost aus eingeloggt hat und seit neun Sekunden schläft (es handelte sich um einen Zugriff über den MySQL-Client *mysql* unter Linux). Mit dem KILL-Befehl am Ende der Zeile können Sie den Prozess abschießen (und damit vielleicht *boss* wecken?). Außerdem sehen Sie einen Prozess des Benutzers »Niemand« (unter dieser Benutzerkennung hat phpMyAdmin nachgeschaut, zu welchen Rechten die Benutzer-/Kennwortkombination des Benutzers dbadmin verhilft) sowie einen Prozess des Benutzers dbadmin (der offenbar von »Niemand« erfolgreich authentifiziert werden konnte und sich gerade die Prozessliste anschaut).

Klickt man im linken Frame des phpMyAdmin-Begrüßungsbildschirms (Abb. 9.6) auf eine der angezeigten Datenbanken (z. B. mysql, die Datenbank, die in MySQL der Benutzerverwaltung dient), öffnet sich Ihnen der phpMyAdmin- Datenbank-Bildschirm (Abb. 9.8). Von hier aus können Sie auf alle Tabellen der Datenbank zugreifen (1), z. B. um sich den Inhalt einer Tabelle anzeigen zu lassen (klicken Sie dazu in der Zeile *user* auf ANZEIGEN) . Bei großen Tabellen wollen Sie vielleicht nicht alle Spalten sehen, dann verwenden Sie den Menüpunkt TEILW. ANZEIGEN. Der sich darauf hin öffnende Bildschirm erlaubt die Auswahl bzw. Abwahl einzelner Felder. Wenn Sie wollen, können Sie auch gleich noch inhaltliche Kriterien angeben (»Zeige mir nur Tabellenzeilen, welche dieses oder jenes enthalten«). Wollen Sie einen neuen Datensatz anlegen (in die Tabelle eine neue Zeile einfügen), wählen Sie den Menüpunkt EINFÜGEN. Der sich darauf hin öffnende Bildschirm stellt Ihnen die notwendigen Eingabefelder oder Dropdown-Menüs zur Verfügung. Die Menüpunkte LÖSCHEN bzw. LEEREN entfernen eine Tabelle entweder vollständig aus der Datenbank (LÖSCHEN) bzw. entfernen alle Einträge aus einer Tabelle (LEEREN). Sofern Sie bei der Konfiguration von phpMyAdmin die Voreinstellungen belassen haben (*$cfgConfirm = true*), brauchen Sie übrigens nicht zu befürchten, durch einen unvorsichtigen Klick Ihre Tabellen oder Datenbanken zu verlieren. Die Antwort auf die Frage:

```
Möchten Sie wirklich diese Abfrage ausführen:
DROP DATABASE xx? # oder
DROP TABLE xx?
```

sollten Sie sich allerdings gut überlegen. Wenn Sie jetzt »Ja« sagen, dann ist die Datenbank oder die Tabelle wirklich und unwiderruflich futsch, es sei denn, die Vorschläge zur Datensicherung in Kapitel 9.3 wurden befolgt. Mit Hilfe des Menüpunkts EIGENSCHAFTEN können Sie die Eigenschaften einer Tabelle verändern; Genaueres folgt wenige Absätze später.

Sie können natürlich nicht nur bestehende Tabellen bearbeiten, sondern auch neue anlegen (2). Nachdem Sie einen Namen für die Tabelle und die Anzahl der Spalten angegeben haben, führt der Klick auf OK Sie zu einem weiteren Bildschirm, in dem Sie für jede Spalte (jedes Feld) den Datentyp auswählen können (Zahl, Text, Datum usw.), gegebenenfalls eine Länge angeben (z.B. 30 Zeichen), Attribute setzen (z.B. Zahlen ohne Vorzeichen) und festlegen können, ob ein Feld den Wert NULL besitzen darf. Sie können ein Feld mit einem Wert vorbelegen (der DEFAULT-Wert einer Spalte wird immer dann verwendet, wenn eine Zeile angelegt wird, *ohne* der betreffenden Spalte einen Wert zuzuweisen. In der Tabelle *user* der Datenbank *mysql* sind z.B. alle »Privileg«-Felder mit »*N*«, NO!, vorbelegt. Standardmäßig darf jeder Benutzer also erst einmal nichts!). Sie können einer Spalte »Extra«-Fähigkeiten zuweisen (derzeit nur »auto_increment«) und Indizes sowie Primärschlüssel anlegen.

Für die schnelle Abfrage zwischendurch (aber natürlich auch für jede längere) können Sie das Eingabefeld (3) SQL-BEFEHL(E) AUSFÜHREN IN DATENBANK XY verwenden. Wenn Sie Ihre Befehle statt dessen in einem Editor Ihrer Wahl schreiben – bei mehreren Befehlen die Semikola nicht vergessen – und die Befehlssequenzen mit Copy und Paste in das Eingabefeld einfügen, haben Sie eine History Ihrer SQL-Versuche, sodass Sie komplexe Abfragen abspeichern und später wieder verwenden können. Sie können aber auch gleich eine ASCII-Datei mit (My)SQL-Befehlen in der Dateiauswahlbox auswählen, die erscheint, wenn Sie auf DURCHSUCHEN ... klicken. Die Befehle in dieser Datei werden prompt ausgeführt (sofern keine Syntaxfehler enthalten sind).

Dies ist übrigens eine der Möglichkeiten, mit denen Sie eine Sicherheitskopie Ihrer Datenbank wieder aufspielen können; wenn Ihre Datenbank bei einem Massen-ISP gehostet wird, ist es möglicherweise Ihre einzige Möglichkeit. Sie können nämlich einfach einen »Dump« Ihrer Datenbank erzeugen (5): Diesen können Sie sich entweder am Bildschirm anzeigen lassen, oder – wenn Sie SENDEN auswählen – auch auf die Festplatte des Rechners downloaden, von dem aus Sie via phpMyAdmin auf die Datenbank zugreifen. Wenn Sie die Voreinstellung belassen, erhalten Sie lediglich die Struktur Ihrer Datenbank angezeigt (NUR STRUKTUR). Wollen Sie den Dump als Sicherheitskopie verwenden, benötigen Sie natürlich zusätzlich die Daten (STRUKTUR UND DATEN AUSWÄHLEN). Zusätzlich können Sie noch MIT 'DROP

TABLE' auswählen: Das verhindert Fehlermeldungen, wenn Sie den Dump uploaden/aufspielen wollen und die gesicherten Tabellen in der Datenbank bereits vorhanden sind. Ein – gekürzter – Dump der Datenbank mysql (mit 'drop table', Struktur und Daten) sieht z. B. so aus:

```
# phpMyAdmin MySQL-Dump
# http://phpwizard.net/phpMyAdmin/
#
# Host: localhost Datenbank : mysql
...
# --------------------------------------------------------
#
# Tabellenstruktur für Tabelle 'user'
#
DROP TABLE IF EXISTS user;
CREATE TABLE user (
   Host char(60) NOT NULL,
   User char(16) NOT NULL,
   Password char(16) NOT NULL,
   Select_priv enum('N','Y') DEFAULT 'N' NOT NULL,
   Insert_priv enum('N','Y') DEFAULT 'N' NOT NULL,
   Update_priv enum('N','Y') DEFAULT 'N' NOT NULL,
   Delete_priv enum('N','Y') DEFAULT 'N' NOT NULL,
   Create_priv enum('N','Y') DEFAULT 'N' NOT NULL,
   Drop_priv enum('N','Y') DEFAULT 'N' NOT NULL,
   Reload_priv enum('N','Y') DEFAULT 'N' NOT NULL,
   Shutdown_priv enum('N','Y') DEFAULT 'N' NOT NULL,
   Process_priv enum('N','Y') DEFAULT 'N' NOT NULL,
   File_priv enum('N','Y') DEFAULT 'N' NOT NULL,
   Grant_priv enum('N','Y') DEFAULT 'N' NOT NULL,
   References_priv enum('N','Y') DEFAULT 'N' NOT NULL,
   Index_priv enum('N','Y') DEFAULT 'N' NOT NULL,
   Alter_priv enum('N','Y') DEFAULT 'N' NOT NULL,
   PRIMARY KEY (Host, User)
);
#
# Daten für Tabelle 'user'
#
INSERT INTO user VALUES( '%', 'phorumadmin', \
  '1ysr765c20qwad18', 'N', 'N', 'N', 'N', 'N', \
  'N', 'N', 'N', 'N', 'N', 'N', 'N', 'N', 'N');
INSERT INTO user VALUES( '192.103.201.%', 'dbadmin', \
```

```
  '1ysr765c20qwad18', 'Y', 'Y', 'Y', 'Y', 'Y', \
  'Y', 'Y', 'Y', 'Y', 'Y', 'Y', 'Y', 'Y', 'Y');
INSERT INTO user VALUES( 'localhost', 'dbadmin', \
  '5c64a0ab236cc998', 'Y', 'Y', 'Y', 'Y', 'Y', \
  'Y', 'Y', 'Y', 'Y', 'Y', 'Y', 'Y', 'Y', 'Y');
...
```

Wie sich unschwer erkennen lässt, handelt es sich bei diesem sehr transparenten Dump um eine Folge von (My)SQL-Befehlen, die gemeinsam in der Lage sind, die gesamte gesicherte Datenbank neu zu erstellen. (Das Verfahren ist als Sicherungsverfahren allerdings nur für kleinere Datenbanken optimal geeignet.) Nachdem gegebenenfalls eine bestehende Tabelle gelöscht worden ist (DROP TABLE), wird zunächst eine Tabelle erstellt (CREATE TABLE) und diese dann mit Werten gefüllt (INSERT). Dieses Schema wird für jede Tabelle wiederholt (im Listing nicht abgedruckt).

Noch nicht erläutert wurde der Menüpunkt QUERY BY EXAMPLE Hierbei handelt es sich um ein neues Feature der Version 2.0.5. In dem sich nach Auswahl dieses Menüpunkts öffnenden Bildschirm können Sie sich (My)SQL-Befehle »zusammenklicken«: Wenn Sie ungefähr wissen, welche Informationen Sie brauchen (und wo diese in Ihrer Datenbank zu finden sind), können Sie eine Datenbankabfrage generieren, ohne eine klare Vorstellung davon zu haben, wie Ihre Query in SQL zu formulieren wäre. Das funktioniert sogar mit JOINS (und auch mit LEFT OUTER JOINS). Ein paar Tipps zum Umgang mit diesem Bildschirm:

1. QUERY BY EXAMPLE ist nur etwas für Sie, wenn Sie sich auf das Verfahren »Try and Error« einlassen können.
2. Klicken und fummeln Sie! Keine Angst, es werden nur SELECTS abgeschickt, Ihre Datenbank bleibt also ungeschoren.
3. Nachdem Sie genug geklickt haben, müssen Sie zunächst UPDATE QUERY drücken. Die resultierende SQL-Syntax erscheint in einer Editbox (in der Sie diese auch noch verändern können).
4. Den Kreislauf »Klicken und fummeln« mit anschließendem UPDATE QUERY beenden Sie erst, wenn Sie den Eindruck haben, dass die SQL-Syntax ein Ergebnis liefern könnte. Klicken Sie dann auf SUBMIT QUERY.
5. Sollte das zu nichts führen (es wird Ihnen lediglich der phpMyAdmin-Datenbank-Bildschirm präsentiert), dann hat Ihre Abfrage genau null Zeilen zurückgegeben. Verwenden Sie dann den BACK- bzw. ZURÜCK-Button Ihres Browsers und beginnen noch einmal bei vier.

6. Für mindestens ein Feld sollten Sie SHOW auswählen (sonst wird nur eine WHERE-Klausel generiert, aber kein SELECT, was niemals eine Ausgabe erzeugen wird).
7. In das Feld CRITERIA schreiben Sie Bedingungen (z. B.: =*'dbadmin'*, man beachte die Hochkommata!).
8. Die ominösen Checkboxen INS: bzw. DEL:, die sich haufenweise auf dem Bildschirm finden, beeinflussen *nicht* die Query, sondern nur die Bildschirmdarstellung: Wenn Sie eine oder mehrere dieser Boxen auswählen, werden eine oder mehrere Eingabemöglichkeiten (zeilen- bzw. spaltenweise) hinzugefügt bzw. entfernt (falls Sie Ihre Abfrage weiter verkomplizieren möchten und Ihnen die bestehenden Möglichkeiten nicht ausreichen, klicken Sie einfach auf INS:). Gleiches gilt für die Auswahlboxen ADD/DELETE CRITERIA ROW bzw. ADD/DELETE FIELD COLUMNS.

Last, but not least soll der noch ausstehende Menüpunkt EIGENSCHAFTEN besprochen werden. Ein Klick auf diesen Punkt (ebenso wie übrigens der Klick auf einen Tabellennamen im linken Frame) bringt Sie zum phpMyAdmin-Tabellenbildschirm (vgl. Abb. 9.9).

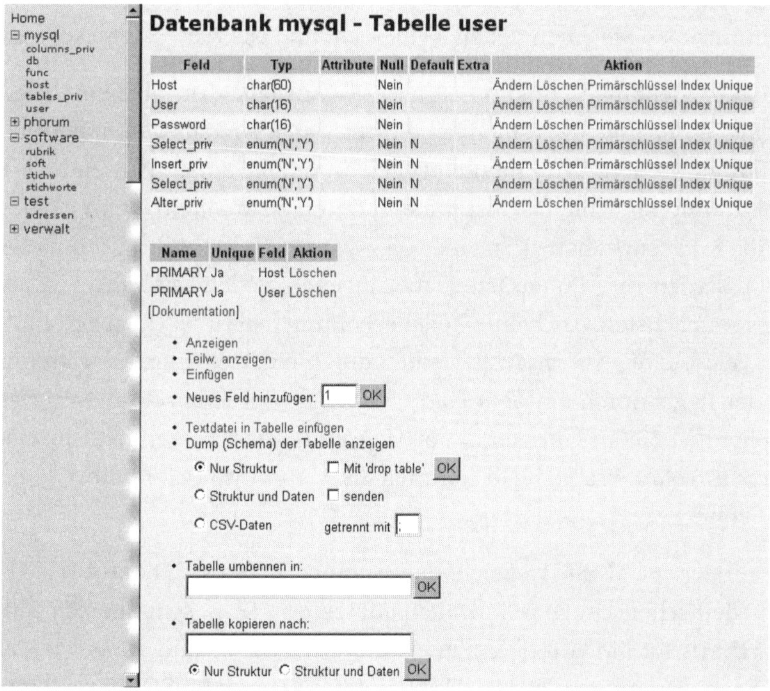

Abb. 9.9: phpMyAdmin-Tabellenbildschirm.

Im phpMyAdmin-Tabellenbildschirm können Sie Tabellenspalten ändern und löschen. (Klicken Sie beherzt auf die gleichnamigen Menüpunkte!) Durch Klick auf ÄNDERN erscheint der oben bereits im Zusammenhang mit der Erstellung neuer Tabellen besprochene Bildschirm (nur dass Sie oben neue Werte eintragen mussten und Ihnen jetzt die bisher gültigen als Vorgabe angezeigt werden). Wieder können Sie Primärschlüssel anlegen und Indizes erstellen (für bereits bestehende Tabellen) und diese auch wieder entfernen. Auch von hier aus können Sie sich die Inhalte aller (ANZEIGEN) oder eines Teils der Spalten (TEILW. ANZEIGEN) anzeigen lassen. Es werden zunächst die ersten 30 Zeilen ausgegeben und erst auf Ihre Anforderung hin die nächsten 30 Zeilen. Sie können dieses Verhalten übrigens verändern, indem Sie in der phpMyAdmin-Konfigurationsdatei der Variablen $cfgMaxRows einen anderen Wert zuweisen (z.B. *$cfgMaxRows=50;*).

Neue Felder können Sie mit NEUES FELD HINZUFÜGEN anlegen: Wollen Sie drei Spalten hinzufügen, tragen Sie 3 ein und klicken auf OK. Wie im Datenbank-Bildschirm so können Sie auch hier ein Dump ausführen; diesmal nicht für die ganze Datenbank, sondern für die ausgewählte Tabelle. Die oben erläuterten Optionen finden Sie auch hier. Sehr praktisch sind auch die Funktionen TABELLE UMBENENNEN IN: bzw. TABELLE KOPIEREN NACH:. In Standard-SQL müssen Sie für diese eigentlich triviale, häufig anstehende Aufgabe erhebliche Verrenkungen machen, mit phpMyAdmin geben Sie einen neuen Namen an, und das war es dann schon.

Eine weitere häufig benötigte Funktion ist die CSV-Ausgabe des Tabelleninhalts. Sollten Sie in die Verlegenheit kommen, eine Ihrer Datenbanktabellen in eine Tabellenkalkulation importieren zu müssen (vielleicht weil Sie einem Anwender die Möglichkeit einräumen möchten, selbst mit den Daten zu arbeiten), dann ist dies die Funktion, die Sie gesucht haben. In einer CSV-Datei (CSV steht für: *Comma Seperated Values*) werden Ihre Datensätze (Tabellenzeilen) zeilenweise abgelegt, jeder Datensatz vom nächsten durch eine Zeilenschaltung (Newline, \n) abgetrennt. Die einzelnen Felder eines Datensatzes werden durch ein Trennzeichen getrennt (und zwar in der Regel durch ein *Semikolon* und *nicht* durch ein Komma!). Das Trennzeichen können Sie im Übrigen in phpMyAdmin selbst bestimmen; voreingestellt ist ein Semikolon. Probleme bekommen Sie, wenn Ihre Daten selbst Semikola enthalten können.

Das kommt häufiger vor, als Sie vielleicht denken, u.a. finden sich häufig HTML-Entities für die deutschen Umlaute in Datenbankfeldern. (Z.B. schreibt sich Müßig-Trapp in HTML so: »Müßig-Trapp«. Es sei darauf hingewiesen, dass es in der Regel *keine* gute Idee ist, HTML-Entities in einer MySQL-Datenbank abzuspeichern, auch dann nicht, wenn die Datenbank als Backend für eine Web-Site dient und mit PHP abgefragt wird. Die Vorteile, die sich hierdurch ergeben, werden in aller Regel von den Nachteilen weit übertroffen; denken Sie z. B. an Sortieralgorithmen.)

Die zusätzlichen Semikola werden vom importierenden Programm als Trennzeichen erkannt, und schon haben Sie Datensätze mit einer unterschiedlichen Anzahl von Feldern, was üblicherweise zu *ganz* unschönen Ergebnissen führt. Enthalten Ihre Daten daher möglicherweise Semikola, müssen Sie auf ein anderes Trennzeichen ausweichen (eines, dass garantiert in Ihren Daten nicht vorkommt). Als geeignet erweist sich hier häufig die Raute (#), das Dollar- ($) oder das Paragraphenzeichen (§). Mit den genannten Zeichen hat phpMyAdmin keine Schwierigkeiten. Dies gilt nicht für alle Zeichen: Z. B. produzieren ein Stern (*) oder ein Pluszeichen (+) statt einer CSV-Datei PHP-Fehlermeldungen! Testen Sie also gegebenenfalls zunächst am Bildschirm, bevor Sie eine Datei mit SENDEN abspeichern.

Sollten Sie eine CSV-Datei in Microsoft Excel importieren wollen, in der ein anderes Zeichen als ein Semikolon als Trennzeichen verwendet wird (dies gilt übrigens auch für ein Komma!), dann dürfen Sie diese Datei nicht *irgendwas.csv* nennen. Tun Sie es doch, bestraft Sie Microsoft Excel, indem es alle Datenfelder eines Datensatzes als *ein* Textstring in die erste Zelle einer Zeile schreibt (was in der Regel nicht das ist, was Sie im Sinn hatten). Speichern Sie statt dessen Ihre CSV-Datei unter dem Namen *irgendwas.txt* ab. Nur dann öffnet Microsoft Excel zunächst seinen »Textassistenten«, dem Sie erläutern können, dass in Ihrer Datei Felder »durch Zeichen wie z. B. Kommas oder Tabulatoren« getrennt sind (»Schritt 1 von 3«) und dass es sich bei diesem Trennzeichen z. B. um eine Raute handelt und MySQL, anders als manche Programme, {kein} Texterkennungszeichen verwendet, das jedes Nicht-Zahlen-Feld in Anführungszeichen einsperrt (»Schritt 2 von 3«). In »Schritt 3 von 3« können Sie schließlich noch Datentypen zuweisen, falls die automatische String-Erkennung von Microsoft Excel versagt hat.

Im phpMyAdmin-Tabellenbildschirm finden Sie auch einen Menüpunkt: TEXTDATEI IN TABELLE EINFÜGEN. Ein Klick hierauf öffnet den in Abb. 9.10 wiedergegebenen Datenimport-Bildschirm.

Dieser Bildschirm bildet eine einfach zu bedienende Schnittstelle zur leistungsfähigen MySQL LOAD DATA LOCAL INFILE Anweisung. Mit dieser Anweisung lassen sich auch ungewöhnlich formatierte Daten in eine MySQL-Datenbanktabelle importieren. Weitere Informationen zu dieser Funktion entnehmen Sie bitte dem Kapitel 9.2.6; an dieser Stelle geben wir einen groben Überblick. Im Textfeld geben

Sie den Dateinamen an, unter dem die zu importierenden Daten abgespeichert sind (alternativ können Sie die Datei nach Klick auf DURCHSUCHEN ... auch in der Dateiauswahlbox auswählen). Durch Auswählen der Checkbox TABELLENINHALT ERSETZEN sorgen Sie dafür, dass immer dann, wenn ein Datensatz importiert wird, der in einem Primary-Key- oder Unique-Key-Feld den gleichen Inhalt hat wie ein zuvor eingelesener, der vorhergehende Datensatz durch den jüngsten überschrieben wird.

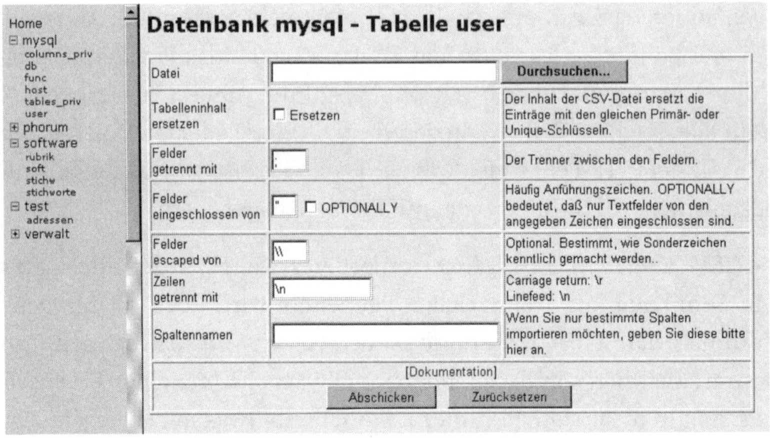

Abb. 9.10: phpMyAdmin-Datenimport-Bildschirm

Wählen Sie die Checkbox nicht aus, bleibt der erste Datensatz erhalten, und alle folgenden mit dem gleichen Wert in einem Primary-Key- oder Unique-Key-Feld werden verworfen. In FELDER GETRENNT MIT geben Sie das Trennzeichen an, mit dem die Spalten einer Zeile voneinander getrennt werden (üblicherweise ein Semikolon). Sind in Ihren Daten die Felder durch Tabulatoren getrennt, geben Sie »\t« an. Unter FELDER EINGESCHLOSSEN VON können Sie angeben, durch welches Zeichen Datenfelder eingeschlossen werden (üblicherweise Anführungszeichen); wenn Sie die Checkbox OPTIONALLY auswählen, dann sind nur Textfelder von Anführungszeichen eingeschlossen. Mit FELDER ESCAPED VON können Sie ein Zeichen angeben, dass die Sonderbedeutung von Zeichen aufheben kann (voreingestellt ist der Backslash \\, Sie müssen ihn *zwei Mal* angeben, um ihn ein Mal einzutragen, weil er eine Sonderbedeutung hat). Auf diese Weise (\;) könnten Sie z. B. ein Semikolon schreiben, ohne dass es als Feldtrenner interpretiert wird. Sollten Sie die Ausgabedatei auf einem anderen als auf einem Unix-System verwenden wollen, kann es notwendig sein, in ZEILEN GETRENNT MIT eine andere Zeilenendkennung anzugeben.

Für DOS/Windows versuchen Sie's doch mal mit »\r\n«, Macintoshs bevorzugen »\r«. Möglicherweise enthalten die Datensätze in der Datei, die Sie einlesen wollen, weniger Felder als Ihre MySQL-Tabelle. Oder die Reihenfolge der Felder ist in der Datei anders als in der Tabelle. Oder beides. In solchen Fällen hilft das Feld SPALTENNAMEN weiter: Hier geben Sie die MySQL-Spaltennamen an, in welche die Daten eingelesen werden sollen (z. B. *name, vorname, email*). MySQL liest den Inhalt des ersten Felds eines Datensatzes in die MySQL-Tabellenspalte *name*, den Inhalt des zweiten Feldes in die Spalte *vorname* und den Inhalt des dritten Feldes in die Spalte *email*. Es ist dabei völlig unerheblich, ob z. B. die Spalte *name* am Anfang, am Ende oder in der Mitte Ihrer Tabelle steht.

Die Beschreibung von phpMyAdmin ist relativ ausführlich geraten. Das war beabsichtigt. Denn phpMyAdmin funktioniert. Das gilt nicht für alle Clients, die angeboten werden. Und phpMyAdmin wird weiterentwickelt. Auch das kann man nicht von allen Clients sagen. phpMyAdmin ist, weil es auf Client-Seite nur einen Browser braucht und auf Serverseite lediglich PHP, sehr flexibel einsetzbar. Es ist geeignet, Ihre bei einem Massen-ISP gehostete MySQL-Datenbanken zu administrieren (eine andere Möglichkeit bleibt Ihnen in der Regel ohnehin nicht). Wenn Sie selbst ein ISP sind und Ihren Kunden Zugriff auf MySQL gewähren möchten, ohne dass diese großen Unsinn auf dem Server anstellen können, installieren Sie ein zentrales phpMyAdmin. Auch wenn Sie Unix-unkundigen Kollegen, Mitarbeitern oder Chefs in Ihrem Firmennetz Zugriff auf einzelne Datenbanken erlauben möchten (gegebenenfalls mit nur eingeschränkten Rechten), ohne diese mit X-Windows-Servern oder Telnet-Prompts zu belasten (und sich selbst mit der Installation derselben), können Sie phpMyAdmin verwenden. Wenn Sie am Wochenende notfallmäßig die Datenbank warten müssen, aber aus Sicherheitsgründen alle Ports außer Port 80 (für den WWW-Zugriff) dichtgemacht haben, können Sie mit phpMyAdmin eine Fernwartung durchführen. Die Einsatzmöglichkeiten von phpMyAdmin sind relativ breit. Aber es gibt andere grafische Clients für Linux, die ebenfalls ihre Vorzüge haben. Wir werden dies im folgenden Abschnitt besprechen.

9.2.9 Grafische Clients unter Linux

Wir haben zu Beginn schon darauf hingewiesen: MySQL ist ein sehr populäres Datenbank-Managementsystem. Die Web-Site `http://www.mysql.com/Manual/html-manual.tar.gz` (die Suchmaschine für Linux-Software) findet für den Suchstring »mysql« mehr als 200 Einträge. Wir haben diese 200 Programme nicht alle getestet. Aber wenn Sie ein spezifisches Problem haben, stehen die Chancen nicht schlecht, dass jemand bereits eine Lösung programmiert hat und Sie diese hier finden. Bei den meisten der Programme handelt es sich um Open-Source-Software. Sie können daher gegebenenfalls an Ihre Bedürfnisse angepasst werden. So sind beispielsweise eine Reihe von Programmen, die ursprünglich für andere Datenbanken entwickelt wurden, nachträglich für MySQL angepasst bzw. erweitert worden. (Das gilt im Übrigen auch umgekehrt: Von phpMyAdmin z. B. gibt es auch eine PostgreSQL-Variante.) Wir wollen Ihnen hier nur zwei der verfügbaren Clients vorstellen: den »offiziellen«, von T.c.X. entwickelten Client MySQLGUI (eben weil es der offizielle grafische Client ist) und das unserer Meinung nach interessante Open-Source-Projekt KSql. Mit diesem für das K Desktop Environment (KDE) entwickelte Tool können Sie nicht nur auf MySQL zugreifen, sondern auch auf PostgreSQL, miniSQL und Sybase.

T.c.X. MySQLGUI

MySQLGUI ist noch im Alphastadium, und eine ganze Reihe geplanter Features ist noch nicht implementiert. MySQLGUI ist derzeit hauptsächlich ein Query- und Reportgenerator mit eingebautem Administrationsmodul. Gegenüber phpMyAdmin hat das Programm zwei Vorteile: Es verfügt über eine eingebaute History der vom Benutzer in der Vergangenheit abgeschickten Queries, und es ist in der Lage, auch große Tabellen in einem Rechenblatt auf dem Bildschirm darzustellen. Dafür fehlen dem Programm eine Vielzahl der Möglichkeiten, die phpMyAdmin bietet. (So ist es beispielsweise nicht möglich, unter Nutzung der grafischen Oberfläche einzelne Datensätze zu bearbeiten.)

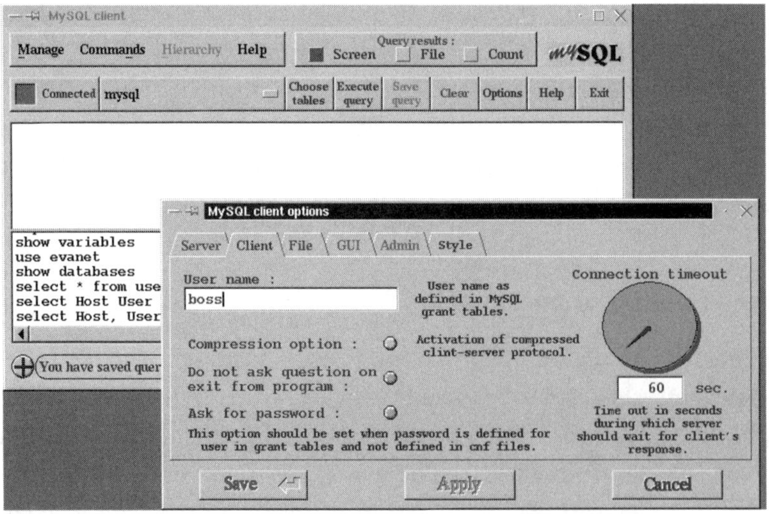

Abb. 9.11: MySQLGUI: der grafische MySQL-Client von T.c.X.

Die Installation der Binärdistribution ist denkbar einfach und beschränkt sich aufs Auspacken und Kopieren (die Installation der Source bringt für den Anwender keine Vorteile und wird daher hier nicht beschrieben). Sie finden das Programm auf `http://www.mysql.com/Manual/html-manual.tar.gz`.

```
> wget http://www.mysql.com/Downloads/mysqlgui/\
>   mysqlgui-linux-static.1.6-1.tar.gz
```

Auspacken (*gunzip*), ent»tar«en (*tar xvf*) und das im Verzeichnis enthaltene Binary (`mysqlgui`) an passende Stelle kopieren (z. B. nach */usr/local/bin*) – fertig. Wenn Sie wollen, können Sie auch die Dokumentation (*MySQL.help*) an eine öffentlich zugängliche Stelle kopieren (z. B. */usr/local/lib/mysqlgui/*). Dann kann jede und jeder auf diese Datei zugreifen, jedenfalls wenn die Konfigurationsdateien entsprechend angepasst werden. Womit wir schon beim nächsten Thema wären: In den bereits in Kapitel 9.2.4 diskutierten MySQL-Konfigurationsdateien können Sie auch das Verhalten von MySQLGUI beeinflussen. Erstellen Sie zunächst einen [client_fltk]-Eintrag in der Datei */etc/my.cnf* (oder wo immer in Ihrer Distribution die systemweit gültigen Konfigurationsdateien abgelegt werden). Darunter können Sie dann die folgenden Eintragungen vornehmen:

```
[client_fltk]
help_file=/usr/local/lib/mysqlgui/MySQL.help
client_file=~/.MySQLGUI.options
history_length=20
database=mysql
queries_root=~/.MySQLGUI.queries
last_database_file=~/.MySQLGUI.ladb
```

Die Beispielkonfigurationsdatei, die MySQLGUI beigefügt ist, schlägt als Standardverzeichnis für die benutzerspezifischen Dateien *~/.guiclient* vor (die Tilde steht wie üblich für das Heimatverzeichnis des Benutzers). Dies ist aber erstens kein sehr sprechender Name, und zweitens muss dieses Verzeichnis zunächst von jedem Benutzer angelegt werden, bevor es benutzt werden kann. (MySQLGUI legt ein fehlendes Verzeichnis *nicht* an.) Aus diesem Grund schlagen wir die oben wiedergegebene, veränderte Konfiguration vor. MySQLGUI reagiert mit Absturz, wenn Sie z. B. den Eintrag *database=xyz* entfernen. Geben Sie also immer eine Default-Datenbank an. Insgesamt reagiert MySQLGUI etwas empfindlich auf Veränderungen im Konfigurationsblock. Es empfiehlt sich daher, Änderungen zunächst zu testen. Die History wird standardmäßig in der Datei *~/ .mysql_history* abgelegt.

(Sie können das durch den *Eintrag set-variable = MYSQL_HISTFILE=~/.wunschname* in der Datei *my.cnf* ändern.) Diese Datei wird auch vom Standard-Client mysql verwendet. Queries, die Sie in einem der beiden Clients verwendet haben, stehen daher im jeweils anderen ebenfalls zur Verfügung.

Nach dem ersten Start von MySQLGUI sollten Sie zunächst unter OPTIONEN den Reiter CLIENT auswählen, Ihren MySQL-Benutzernamen eintragen sowie die Option ASK FOR PASSWORD aktivieren. Nach Klick auf SAFE verlassen Sie das Programm am besten wieder, um es anschließend erneut zu starten. Nun erst werden Sie (wie bei allen folgenden Programmstarts) nach Ihrem Kennwort gefragt (was vielleicht lästig ist, aber die Voraussetzung für den Zugriff auf Ihre Datenbanken).

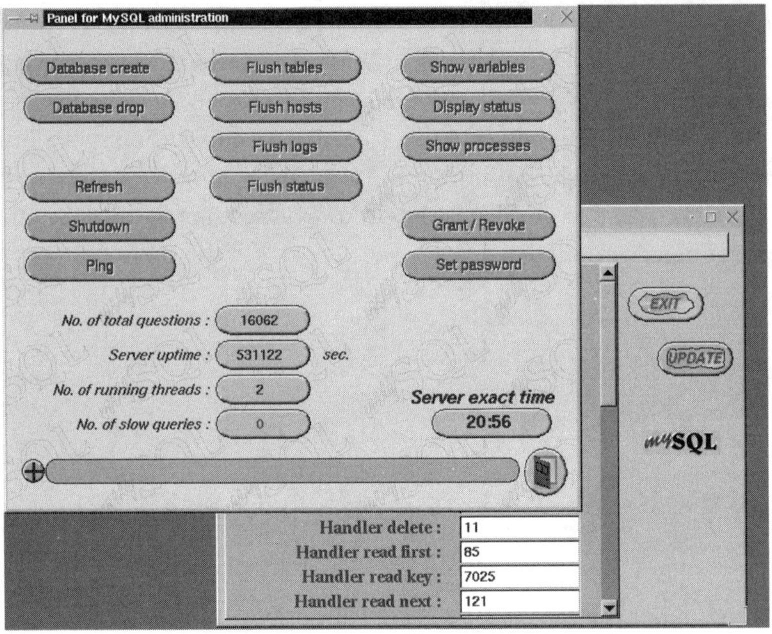

Abb. 9.12: MySQLGUI-Administrator-Panel

Im oberen Teil des Edit-Fensters des MySQLGUI-Hauptbildschirms formulieren Sie Ihre Datenbankabfragen. Bei Bedarf können Sie sich aus dem unteren Teil (der History, Ihrem »Abfragegedächtnis«) bereits zuvor formulierte Abfragen in den oberen Teil holen. Der Klick auf die mittlere Maustaste öffnet ein Popup-Menü, aus dem Sie alle MySQL-Befehle, Funktionen usw. auswählen können. Wenn Sie zuvor eine Tabelle ausgewählt haben (COMMANDS | TABLES | CHOOSE TABLE), erscheint nach Klick auf die rechte Maustaste ein Menü, aus dem Sie alle Spalten der Tabelle markieren können. Das Administrator-Panel (Abb. 9.12) vereinigt alle administrativen Funktionen auf einem Bildschirm; ein Klick auf COMMANDS | ADMINISTRATION | ADMINISTRATORS PANEL fördert es zu Tage (sofern Sie sich als MySQL-Benutzer mit administrativen Rechten eingeloggt haben). Von hier aus können Sie die wichtigsten administrativen Aufgaben ausführen: Es ist möglich, Datenbanken zu erstellen und zu löschen, sie neu zu laden und herunterzufahren usw. Auch eine Überwachung der wichtigsten Datenbankparameter ist möglich (Datenbankstatus anzeigen, Prozessliste anzeigen). Ein Modul zur deutlich vereinfachten Benutzerverwaltung sowie eine Funktion zum schnellen Setzen neuer Kennwörter stehen ebenfalls zur Verfügung.

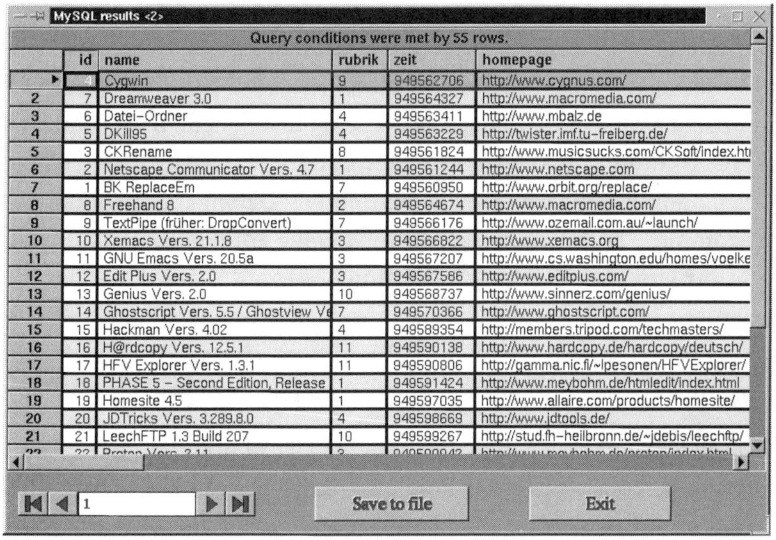

Abb. 9.13: MySQLGUI Datenbankabfrage-»Rechenblatt«

Die »Rechenblätter«, in denen Datenbankabfragen dargestellt werden, haben eine Reihe nützlicher Eigenschaften: Sie sind in der Lage, auch sehr große Tabellen aufzunehmen und diese in eine Datei zu exportieren. Die Größe der Tabellen ist nur vom virtuellen Arbeitsspeicher Ihres Rechners begrenzt. Eine Tabelle mit 248.000 Einträgen wurde auf unserem Referenzsystem (Pentium III) immerhin nach 28 Sekunden angezeigt und ließ sich problemlos durchscrollen (allerdings nicht sortieren). Auch das Sichern des Tabelleninhalts in eine gut 80 MByte große Datei erwies sich als problemlos und dauerte etwas mehr als 30 Sekunden. Das Exportformat können Sie übrigens im Optionenbildschirm beeinflussen (Reiter FILE). Weitere, etwas versteckte Funktionen: Ein Klick auf die Spaltennamen sortiert die Tabelle nach den Einträgen in dieser Spalte, der erste Klick aufsteigend, der zweite absteigend. Klicken Sie mit der mittleren Maustaste auf einen Spaltennamen, öffnet sich ein Dialogfenster, mit dessen Hilfe Sie die betreffende Spalte durchsuchen können.

KSql (früher KMySql)

KSql ist ein Datenbank-Client für KDE. Ursprünglich hatten die Entwickler lediglich einen Client für MySQL im Sinn (daher KMySql). Inzwischen haben sie ihren Anspruch erweitert und stellen mit KSql einen grafischen Datenbank-Client für eine ganze Reihe von Datenbanken zur Verfügung (miniSQL, PostgreSQL, Sybase), wobei die Unterstützung für MySQL am fortgeschrittensten ist. Die Integration verschiedener Datenbanken unter einer Oberfläche kann dabei als ausgesprochen gelungen gelten: In einer Baumstruktur werden gleichzeitig alle verfügbaren Datenbanken unter einem Dach angeboten (dabei können z.B. MySQL- und PostgreSQL-Datenbanken gemischt werden). Auf diese Weise ist der Zugriff auf verschiedene Datenbanken mit einheitlichen Werkzeugen möglich. Bestechend ist auch die Möglichkeit, mit Hilfe eines grafischen Editors Formulare zu erstellen, mit denen auch SQL-unkundige Benutzer (von einem Datenbankadministrator vorher erstellte) komplexe Datenbankabfragen verwenden können. Dabei kann auf Pulldown-Menüs, Ankreuz- und Editierfelder und sogar auf einen Kalender zurückgegriffen werden. Als besonderes Highlight wird inzwischen auch eine PHP-Bibliothek zur Verfügung gestellt (KMySql-PHP), mit der »ultra easy« der Zugriff auf KMySQL-Formulare über einen Web-Browser ermöglicht werden kann.

Die Installation des Client-Kerns aus der Source-Distribution bereitet keine Schwierigkeiten und besteht (nach dem Kopieren und Entpacken) aus dem üblichen Dreiklang:

```
> wget http://ksql.sourceforge.net/download/\
>   kmysql-1.2.1.tar.gz
> gunzip kmysql-1.2.1.tar.gz
> tar xvf kmysql-1.2.1.tar
> cd kmysql-1.2.1
> ./configure
> make
> make install
```

Schwierigkeiten bereitet hingegen die Installation des MySQL-Moduls (KSql verfolgt ein modulares Konzept: Nach der Grundinstallation des Programmkerns muss mindestens ein Datenbankmodul installiert werden. Zur Auswahl stehen

Module für MySQL, miniSQL, PostgreSQL sowie, noch im Alphastadium, für Sybase). Die Installation des RPM-Archivs gestaltet sich problemlos (auf der Web-Seite zum Buch finden Sie jeweils eine RPM-Datei für RedHat-basierte Distributionen sowie für SuSE).

```
> rpm --install /.../kmp_mysql-1_2_0-1_i386.rpm
> # bzw. für SuSE:
> rpm --install /.../kmp_mysql-1_2_0-1_i386_SuSE.rpm
```

Nach der Installation können Sie das Programm mit *kmysql* aufrufen (nicht mit *ksql*, dies ist wohl noch ein Relikt aus den Nur-MySQL-Zeiten von KSql). Wenn Sie unter OPTIONS | SETTINGS die Checkbox »Save Settings before quitting« auswählen, brauchen Sie nicht bei jedem Aufruf erneut das Datenbankmodul und die zu verwendende Datenbank markieren. Allerdings sollten Sie dann in der nach Klick auf SERVER | ADD SERVER erscheinenden Dialogbox keinesfalls ein Passwort angeben: Dieses würde nämlich im Klartext in der Konfigurationsdatei von KSql gespeichert. Ein eventuell bereits eingetragenes Passwort werden Sie nur durch Editieren der Konfigurationsdatei »per Hand« wieder los. Löschen Sie gegebenenfalls in der Datei *~/.kde/share/config/kmysqlrc* Ihr Passwort wieder (nach Ihrem MySQL-Benutzernamen folgen dann einfach zwei Kommata).

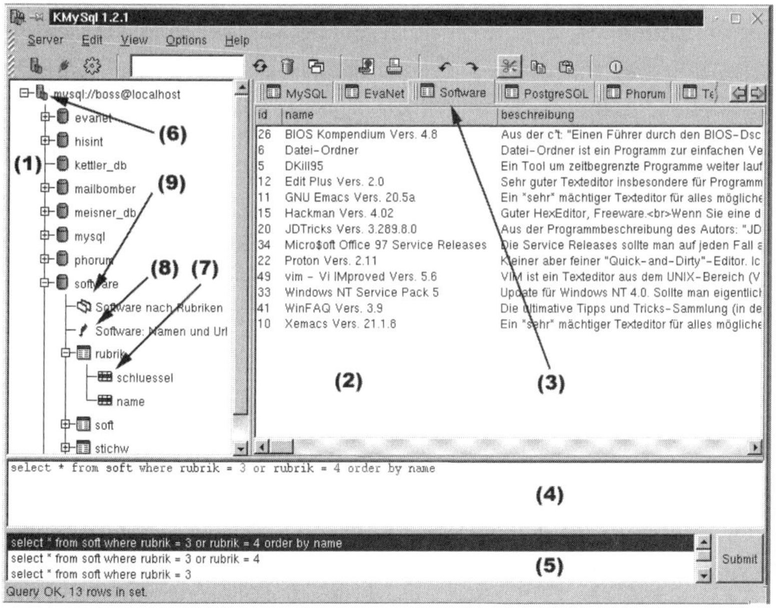

Abb. 9.14: KSql (früher KmySql)

Die Benutzeroberfläche von KSql entspricht dem KDE-Standard; wer auf sein Linux-System regelmäßig über den KDE-Desktop zugreift, wird sich auf Anhieb zurechtfinden. Unterhalb der obligatorischen Menü- und der ebenso obligatorischen Iconleiste finden sich die vier Hauptfenster von KSql: Auf der linken Seite das Datenbankfenster (1), das in vertrauter Manier sämtliche DBM-Systeme, auf die zugegriffen werden kann, in einer Baumstruktur anzeigt. Je nachdem, auf welcher Ebene Sie sich befinden, öffnen sich Datenbanken, Tabellen oder Spalten. Ein Doppelklick auf ein Tabellensymbol führt ein *SELECT * from tabellenname* aus (der Inhalt der Tabelle wird im Ausgabefenster angezeigt). Ein Doppelklick auf ein Spaltensymbol gibt Eigenschaften einer Spalte aus (einschließlich der Rechte, mit denen der jeweilige Benutzer auf diese Spalten zugreifen darf).

Ein Klick mit der rechten Maustaste öffnet kontextsensitive Popup-Menüs. Haben Sie ein Datenbankicon ausgewählt, wird Ihnen beispielsweise die Möglichkeit angeboten, eine neue Tabelle anzulegen oder mit Hilfe des SELECT WIZARDS eine Datenbankabfrage zu formulieren. Der Rechtsklick auf ein Tabellensymbol fördert ein Popup-Menü zu Tage, das unter anderem den wichtigen Eintrag EDIT CONTENTS verbirgt. Ein Klick hierauf öffnet die Tabelle in einem editierbaren Spreadsheet. Auf diese Weise sind Änderungen an einzelnen Datensätzen in bestehenden Tabellen schnell, einfach und ohne UPDATE-Befehl möglich. Ein Rechtsklick auf ein Spalteicon öffnet schließlich ein Popup-Menü, aus dem heraus sich mit Hilfe der Option *Edit column* der Spalteneditor auswählen lässt (mit dem Sie alle Spalteneigenschaften verändern können). In allen Rechtsklick-Popup-Menüs finden sich außerdem Funktionen zum Erstellen oder zum Löschen der jeweiligen Objekte (Datenbanken, Tabellen, Spalten).

Das größte Fenster (2) zeigt die jeweiligen Ausgaben an, unter anderem auch die Ergebnisse beliebiger Queries. Sie können sich ruhig beliebig viele Ausgabefenster anlegen (durch Angabe eines Namens und RETURN im kleinen Editfeld links oben) und durch Klick auf die entsprechenden Reiter (3) in den Vordergrund holen. Den Inhalt der Ausgabefenster (z.B. die Inhalte Ihrer Tabellen) können Sie durch Auswahl der Option VIEW | HTML EXPORT auch in eine HTML-Datei exportieren. Für die schnelle Quick-and-Dirty-Tabelle (»... können Sie mal eben ...«) ist das oftmals völlig ausreichend bzw. eine gute Vorlage.

Im Eingabefenster (4) können Sie nach Belieben Datenbankabfragen formulieren. Bereits abgeschickte Queries können Sie aus dem History-Fenster (5) heraus erneut ausführen bzw. in das Eingabefenster befördern, um sie zu bearbeiten. Schauen Sie sich auch einmal die Editoroptionen AN (OPTIONS | EDITOR OPTIONS ...).

Ein Rechtsklick auf eines der DBMS-Symbole (6) ermöglicht Ihnen den Zugriff auf einige administrative Funktionen: Sie können den Datenbankserver herunterfahren, neu starten und sich die wichtigsten Informationen zum Serverstatus anzeigen lassen. Eines der interessantesten Features von KSql ist aber sicher die Möglichkeit, eigene statische Abfragen (8) bzw. Formulare (9) zu generieren und abzuspeichern. Da sämtliche zum Aufbau der Formulare erforderlichen Informationen in Hilfstabellen der Datenbank selbst abgespeichert werden, ist das Konzept prinzipiell universeller als eine reine client-seitige Lösung: Im Client müssen nicht konkrete Abfragen implementiert werden, sondern allgemein gültige Funktionen, die aus den Informationen in den Hilfstabellen ein konkretes Formular generieren. Auf gleichem Weg erstellt die weiter unten besprochene KMySql-PHP-Bibliothek Formulare für den Web-Browser.

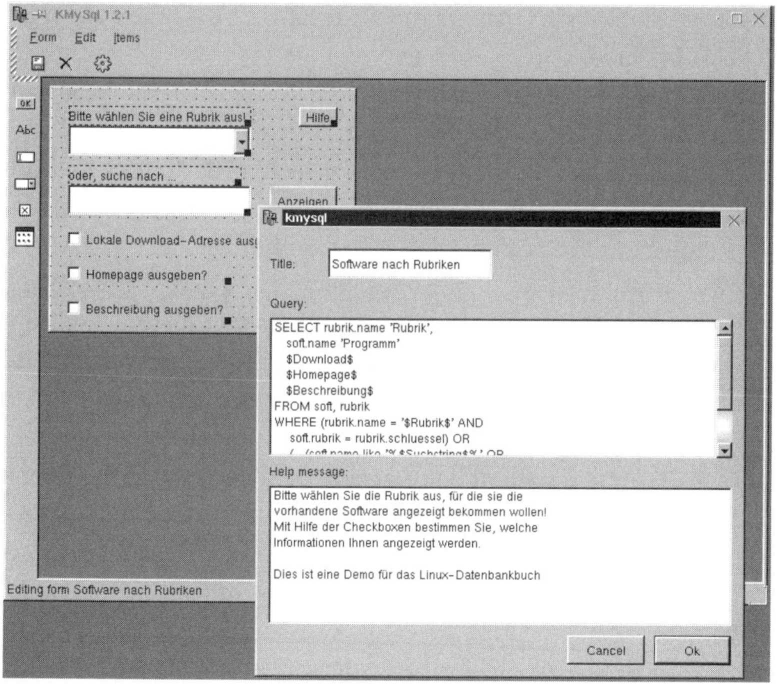

Abb. 9.15: KSql-Formulareditor

Der KSql-Formulareditor wird durch Rechtsklick auf eine Datenbank, für die Sie ein Formular erstellen wollen, und Auswahl des Menüpunkts NEW FORM aufgerufen. Es öffnet sich das in Abb. 9.15 gezeigte Editorfenster. Die gerasterte Grundfläche können Sie nach Belieben und Bedarf vergrößern bzw. verkleinern. Sie stellt die Grundfläche für Ihr neues Formular dar. Durch Klick auf eines der sechs Symbole am linken Rahmenrand befördern Sie ein entsprechendes Objekt auf die Formulargrundfläche. Jedem Objekt, das Sie in Ihrem Formular verwenden, müssen Sie einen Namen geben. Mit Hilfe dieses Namens können Sie in der dem Formular hinterlegten Datenbankabfrage die vom Benutzer gesetzten Werte abfragen. Die Objekte können die folgenden Eigenschaften erhalten (die Sie gegebenenfalls durch entsprechende Angaben zuweisen müssen; das Eingabeformular öffnet sich nach Rechtsklick auf das jeweilige Objekt):

- *Buttons:* Ein Button kann drei Arten von Ereignissen in Ihrem Formular auslösen: *Submit* schickt eine Datenbankabfrage ab (»Anzeigen« in Abb. 9.15), *Cancel* schließt das Formular ohne weitere Aktivität, und *Help* zeigt den Hilfetext, den Sie in den Voreinstellungen des Formulars angegeben haben (sofern Sie einen angegeben haben, siehe unten).
- *Labels:* Ein Label enthält lediglich (erläuternden) Text (wie z. B. »Bitte wählen Sie eine Rubrik aus!« in Abb. 9.15).
- *Text Fields:* Mit Hilfe dieses Objekts können Sie vom Benutzer Textangaben anfordern (wie im Editfeld unter »oder suche nach ...« in Abb. 9.15).
- *Combo Boxes:* Hierbei handelt es sich um die von vielen Entwicklungsumgebungen her bekannten Auswahllisten. Entweder Sie geben alle Werte »händisch« an; dann wird später Ihrem Skript bei der Datenbankabfrage der ausgewählte Textstring als Wert übergeben. Sie können aber auch eine SQL-Query angeben, welche die gewünschten Werte aus einer Datenbank holt. In diesem Fall kann die Datenbankabfrage entweder eine oder auch zwei Spalten zurückgeben. Wird eine Spalte zurückgegeben, entspricht der Wert des Objekts dem ausgewählten Text. Werden jedoch zwei Spalten zurückgegeben, verwendet KSql den Inhalt der ersten Spalte als den in der Combo-Box anzuzeigenden Text und den Inhalt der zweiten Spalte als den bei der späteren Abfrage zurückzugebenden Wert. Das ist z. B. dann vorteilhaft, wenn Sie in einer Tabelle einen Schlüssel verwenden, der in einer anderen (Schlüssel)-Tabelle aufgelöst wird (vgl. Sie hierzu das Beispiel unten).
- *Check Boxes:* Dies sind Ankreuzfelder bzw. Auswahlfelder. Im Einstellungsmenü jeder Check -Box können Sie wählen, ob die Boxen bei der Darstellung in Ihrem Formular bereits angekreuzt (angehakt) sein sollen oder nicht (INITIAL-STATE). Für die beiden möglichen Zustände einer Check-Box müssen Sie jeweils die Werte angeben (unter CHECKED VALUES den Wert, der übergeben wird, wenn die Box ausgewählt wird, und unter UNCHECKED VALUES den Wert für den Fall, dass die Box nicht ausgewählt wird).

- *Date Pickers:* Aus diesem Kalenderobjekt können die Benutzer des Formulars ein Datum auswählen. Als Wert wird das Datum im MySQL-Format übergeben (YYYY-MM-DD).
- Ein Beispiel:

Sie haben eine Datenbank »Software« mit zwei Tabellen. Die erste Tabelle (*soft*) enthält Spalten für den Namen eines Programms, für einen Code der Kategorie, zu der das Programm gehört (z. B. Grafik, Textverarbeitung etc.), für eine ausführliche Beschreibung des Programms usw. Die zweite (Schlüssel-) Tabelle (*rubrik*) löst die Codes für die Kategorien in Klartext auf.

```
# Tabellenstruktur für Tabelle 'soft'
CREATE TABLE soft (
   id int(10) NOT NULL auto_increment, # Ident-Nr.
   name varchar(120) NOT NULL,          # Programmname
   rubrik int(10) NOT NULL,        # Rubrik
   beschreibung text NOT NULL,          # Beschreibung
   url varchar(120) NOT NULL,           # Lokale Adresse
   homepage varchar(120),              # Homepage
   zeit varchar(14),                  # Eintragsdatum
   PRIMARY KEY (id)
);
# Tabellenstruktur für Tabelle 'rubrik'
CREATE TABLE rubrik (
   schluessel int(10) NOT NULL auto_increment, # Code
   name varchar(120) NOT NULL,                 # Klartext
   PRIMARY KEY (schluessel)
);
```

Die Spalte *rubrik* der Tabelle *soft* ist ein Fremdschlüssel (auf den Primärschlüssel der Tabelle *rubrik*). Einen vollständigen SQL-Dump der Datenbank »Software« (Struktur und Daten) finden Sie übrigens auf der Web-Seite zum Buch. Da sämtliche Informationen der KSql-Formulare in zwei Hilfstabellen dieser Datenbank abgespeichert werden, erhalten Sie damit gleichzeitig auch das KSql-Formular. Angenommen, Sie möchten ein Formular wie das in Abbildung 9.16 erstellen, mit dessen Hilfe ein Anwender sich z. B. alle Programme einer Rubrik anzeigen lassen kann oder alle Programme, in deren Beschreibung oder Titel ein Suchstring vorkommt. Außerdem soll der Anwender selbst bestimmen können, ob z. B. die Programmbeschreibung ausgegeben werden soll oder nicht. Dann rufen Sie zunächst den Formulareditor auf (Rechtsklick auf das Datenbanksymbol der Datenbank »Software«, NEW FORM auswählen), klicken sich die erforderlichen Objekte zusammen und verteilen diese malerisch auf Ihrer Arbeitsfläche.

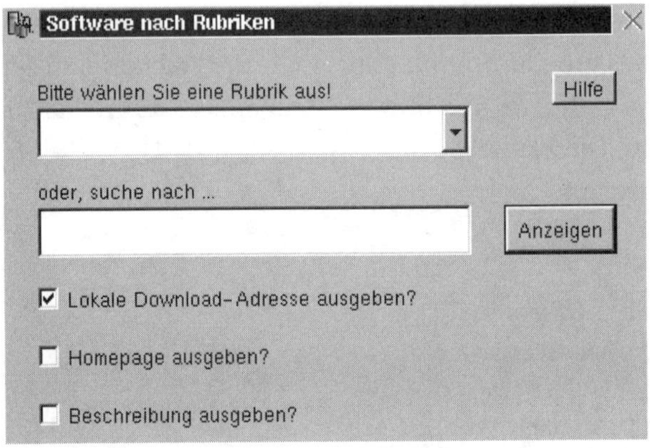

Abb. 9.16: Ein selbst erstelltes Formular in KSql

In den Menüs, die sich nach Rechtsklick auf die Objekte und Auswahl von PROPERTIES zeigen, machen Sie jeweils die erforderlichen Angaben. In den Einstellungen der Combo-Box wählen Sie GET CHOICES FROM QUERY: und geben die folgende Datenbankabfrage ein:

```
SELECT name, schluessel FROM rubrik ORDER BY name
```

Dies füllt die Combo-Box mit den entsprechenden Einträgen. Als Nächstes müssen Sie Ihre eigentliche Datenbankabfrage formulieren. Dabei können Sie die Benutzereingaben in Ihrer Query mit der Syntax *$objektname$* ansprechen:

```
SELECT soft.name 'Programm'
   $Download$
   $Homepage$
   $Beschreibung$
FROM soft
WHERE soft.rubrik = '$Rubrik$' OR
  ( (soft.name like '%$Suchstring$%' OR
     soft.beschreibung like '%$Suchstring$%') AND
   '$Suchstring$' !='')
ORDER BY  soft.name
```

Damit das funktioniert, müssen Sie natürlich die abgefragten Objekte entsprechend benannt haben: *$Download$*, *$Homepage$* und *$Beschreibung$* sind die Namen der drei Checkboxen unseres Formulars. Ihre Werte sind (für den »Checked«-Fall, im »Unchecked«-Fall werden leere Strings übergeben):

```
, soft.url "Lokale Download-Adresse" # $Download$
, soft.homepage "Homepage"           # $Homepage$
, soft.beschreibung "Beschreibung"   # $Beschreibung$
```

Die führenden Kommata sind erforderlich! Nach dem ersten OR in der WHERE-Klausel folgt die Abfrage des Suchstrings (die Abfrage wird nur relevant, wenn der Suchstring Daten enthält). Der Programmname (*soft.name*) wird in jedem Fall ausgegeben, alle anderen Felder nur, wenn die entsprechende Check-Box angewählt wurde (wenn nicht, wird einfach ein leerer String eingetragen. Das stört unsere Query nicht). Wenn Sie wollen, können Sie abschließend in den Formular-Properties noch einen Hilfetext angeben (damit dem Anwender nach Klick auf HILFE auch wirklich geholfen wird). Wenn Sie den SQL-Dump *Software.sql* einspielen, den Sie sich von der Web-Site zum Buch herunterladen können, steht Ihnen das Formular auch dann zur Verfügung, wenn Sie keine Lust hatten, das Beispiel im Detail nachzuvollziehen.

Abschließend soll die KMySql-PHP-Bibliothek vorgestellt werden. Mit ihr ist es möglich, KSql-Formulare (wie das in Abb. 9.16) ohne großen Aufwand auch im eigenen Web-Angebot zur Verfügung zu stellen. Auf dem System, auf dem die Web-Seite installiert werden soll, müssen PHP sowie das MySQL-Modul für PHP zur Verfügung stehen. In Kapitel 9.1.4 (phpMyAdmin) wurde erläutert, wie geprüft werden kann, ob diese Voraussetzungen gegeben sind (HTML-Seite mit *<?php phpinfo() ?>*). Es werden an dieser Stelle keine grundlegenden Erklärungen zu PHP gegeben. Genauere Informationen zu PHP finden Sie im Kapitel 13.2.

Die Installation von KMySql-PHP ist denkbar einfach: Es ist lediglich das Kopieren der Datei *kmysql.php3* in ein Verzeichnis erforderlich, auf das der Apache Web-Server zugreifen kann. Es ist gute Sitte, Bibliotheksdateien nicht im *DocumentRoot* des Web-Servers vorzuhalten. Angenommen, *DocumentRoot* ist */usr/local/www/htdocs*, dann bietet sich für Bibliotheksdateien ein Verzeichnis */usr/local/www/php* an. Wenn Sie dieses Verzeichnis in Ihrer PHP-Konfigurationsdatei *php3.ini* bzw. *php.ini* (üblicherweise in */usr/local/lib*) als Include Path festlegen (tragen Sie z.B. Folgendes ein: *include_path = .:/usr/local/www/php*), dann findet PHP die Bibliothek auch dann, wenn ihr Aufruf ohne absolute Pfadangabe erfolgt.

```
> wget http://ksql.sourceforge.net/download/\
>    KMySql-PHP-0.1.0.tar.gz
> gunzip < KMySql-PHP-0.1.0.tar.gz | tar xvf -
> cd KMySql-PHP-0.1.0
> cp kmysql.php3 /usr/local/www/php
```

Die Bibliothek stellt drei Funktionen zur Verfügung, mit deren Hilfe auf KSql-Formulare zugegriffen werden kann:

```
ksql_create_form(string host, string user, string password,
                 string base, string form_name,
                 string action)
```

Parameter	Beispiel	Erläuterung
host	*"localhost"*	Name des Datenbankservers
user	*"everyone"*	MySQL-Benutzername, mit dem auf die Datenbank zugegriffen werden kann
password	*"egal"*	Das zum Benutzernamen passende Kennwort
base	*"software"*	Name der Datenbank, die das Formular enthält, das dargestellt werden soll
form_name	*"Software nach Rubrik"*	Name des Formulars, das dargestellt werden soll
action	*"ergebnis.php3"*	Der URL, der aufgerufen wird, wenn das Formular abgeschickt wird.

Die Funktion *ksql_create_form* erstellt ein komplettes HTML-Formular entsprechend einem zuvor definierten KSql-Formular. Die Funktion ist in eine HTML-Seite einzubetten. Ergeben sich beim Funktionsaufruf Probleme, wird eine Fehlermeldung ausgegeben.

```
ksql_run_form(string host, string user, string password,
              string base, array post_vars)
```

Parameter	Beispiel	Erläuterung
host, user, password, base	*s.o.*	s.o.
post_vars	*$HTTP_POST_VARS*	Array der Variablen, die mit dem Server mittels POST übergeben werden. In der Regel werden Sie das PHP-Array $HTTP_POST_VARS verwenden. Damit das funktioniert, muss php_track_vars (z.B. in der php.ini) gesetzt sein.

Diese Funktion fügt die mit dem Formular erfragten Benutzerangaben in die SQL-Query ein und übergibt diese dem Server. Die Funktion gibt ein assoziatives Array zurück. Die Rückgabewerte brauchen Sie normalerweise nicht selbst zu behandeln (Details können Sie gegebenenfalls der Dokumentation entnehmen). Das Rückgabe-Array dieser Funktion wird im Regelfall einfach der Funktion *ksql_print_result* übergeben.

`ksql_print_result(array result)`		
Parameter	Beispiel	Erläuterung
result	*$result*	Dies ist der Rückgabewert des Aufrufs der Funktion *$result = ksql_run_form(...)*

ksql_print_result gibt im Misserfolgsfall eine Fehlermeldung aus und ruft im Erfolgsfall eine Funktion *ksql_print_result_to_table* auf, die ihrerseits eine HTML-Tabelle mit dem Inhalt der Datenbankabfrage erzeugt. Um Details brauchen Sie sich dabei nicht zu kümmern.

Da es nicht sinnvoll ist, Kennwörter in öffentlich zugänglichen Verzeichnissen abzuspeichern, sollten die Account-Informationen, welche die besprochenen KMySql-PHP-Funktionen benötigen, nicht direkt in der HTML-Datei abgelegt werden. Besser ist es, diese Informationen in einer gesonderten Datei abzulegen, die nicht in DocumentRoot gespeichert wird, sondern – wie die Bibliothek selbst – in einem PHP Include Directory. Eine Datei mit dem folgenden Inhalt sollte daher z. B. nach */usr/local/www/php/kmysql-php_setup.inc* kopiert werden:

```
<?php
# Datei kmysql-php_setup.inc
# Hier werden die Zugriffsdaten hinterlegt
$host="localhost";
$user="everyone";
$password="egal";
?>
```

Die Angaben müssen natürlich auf die bei Ihnen vorliegenden Verhältnisse angepasst werden. Was jetzt noch gebraucht wird, ist eine öffentlich zugängliche PHP-Datei, die das Formular ausgibt, die SQL-Query abschickt und gegebenenfalls die von der Datenbank zurückgegebenen Daten in einer HTML-Tabelle darstellt. Eine solche Datei könnte z. B. folgendermaßen aussehen (Sie finden diese Datei *kmysql-php_formular.php3* auch auf der Web-Site zum Buch):

```
<html>
<head>
  <title>Software Recherche</title>
</head>
<body>
<h2>Software Recherche</h2>

<?php
# laden der KMySql-PHP-Bibliothek und der
# Datei mit den Zugriffsdaten
require("kmysql.php3");
require("kmysql-php_setup.inc");

# Funktion erstellt das Formular, die Variable
# PHP_SELF enthält den Namen der aufgerufenen Datei,
# die Datei ruft sich also selber auf
ksql_create_form($host, $user, $password,
              "software", "Software nach Rubriken",
              $PHP_SELF);

# Diese Funktionen sollen nur aufgerufen werden, wenn
# der Submit-Button gedrückt wurde (deswegen die
# if-Abfrage). Die ksql-Funktionen sorgen für die
# Formulierung der SQL-Abfrage und die Darstellung der
# Datenbankausgabe in einer HTML-Tabelle.
if ($HTTP_POST_VARS){
  $result=ksql_run_form($host, $user, $password,
    "software", $HTTP_POST_VARS);
  ksql_print_result($result);
}
?>

</body>
</html>
```

Durch die Kommentare wirkt das Skript gewaltiger als es ist. Im Grunde sind tatsächlich nur drei Funktionsaufrufe erforderlich, die dann für eine Ausgabe sorgen wie in Abb. 9.17 gezeigt. Die Kommentare im Skript bedürfen keiner weiteren Erklärung.

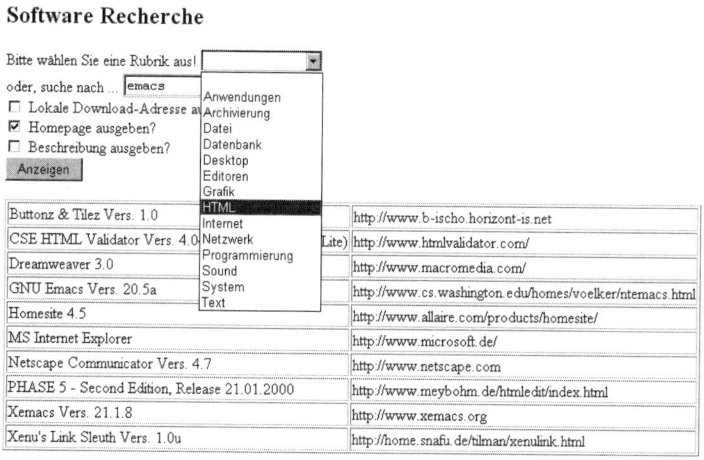

Abb. 9.17: KMySQL-PHP ermöglicht die einfache Verwendung von KSql-Formularen auch in Web-Browsern.

9.2.10 Microsoft-Windows-Programme als MySQL-Client

T.c.X. stellt mit MyODBC einen Treiber für Windows 95 und Windows NT zur Verfügung, mit dem es problemlos möglich ist, von Windows aus auf eine MySQL-Datenbank zuzugreifen. Dabei spielt es keine Rolle, wo und unter welchem Betriebssystem der Datenbankserver läuft. Dies kann überall in Ihrem Firmennetz, im Intranet oder im Internet sein. Sie können also problemlos den MySQL-Datenbankserver auf einer Linux-Workstation installieren, und andere Benutzer können dennoch über Ihre Windows-Heimcomputer auf die Datenbanken zugreifen.

Zunächst muss auf jedem Windows-Gerät der MyODBC-Treiber installiert werden. Für Windows 95/98 und Windows NT gibt es verschiedene Binaries, die Sie im Web auf der Homepage von T.c.X (`http://www.mysql.com/Manual/html-manual.tar.gz` finden. Für die Installation unter Windows NT müssen Sie sich als Administrator einloggen. Nach dem Entpacken des ZIP-Archives muss das obligatorische *setup.exe* gestartet werden. Nach ein paar sich selbst erklärenden Klicks ist die Installation bereits abgeschlossen.

Sie müssen den Treiber nun zunächst für den Zugriff auf Ihre Datenbank(en) konfigurieren. Klicken Sie dazu AUF START | EINSTELLUNGEN | SYSTEMSTEUERUNG und doppelklicken in dem sich öffnenden Fenster auf ODBC-DATENQUELLEN. Es öffnet sich der »ODBC-Datenquellenadministrator«. Wählen Sie den Reiter BENUTZER-DSN aus. Sollte sich im Fenster bereits ein Eintrag *sample-MySQL* (Treiber: *MySQL*) befinden, wählen Sie diesen aus und klicken auf KONFIGURIEREN. Gibt es noch keinen Beispieleintrag, müssen Sie zunächst auf HINZUFÜGEN klicken; im sich öffnenden Fenster »*Neue Datenquelle erstellen*« wählen Sie *MySQL* aus und klicken auf FERTIGSTELLEN. Es öffnet sich Ihnen ein Fenster mit dem Titel *TDX mysql Driver Default Configuration*. In diesem tragen Sie für *Windows DSN name* einen beliebigen Namen ein (z.B. *Software-MySQL*, wenn auf die Beispieldatenbank »Software« zugegriffen werden soll). Unter *MySQL host (name or IP)* geben Sie den Hostnamen oder die IP-Adresse des Datenbank-Server-Hosts an (z.B. *datenbank.ihre-domain.de*). Im Feld *MySQL database name* geben Sie den Namen der MySQL-Datenbank an, auf die Sie zugreifen wollen (z.B. *Software*). Schließlich müssen Sie noch den Benutzernamen angeben, unter dem Sie sich einloggen wollen (z.B. *User: everyone*). Denken Sie daran, diesem Benutzer in der Rechteverwaltung von MySQL den Zugriff auf die Datenbank vom Host des Clients aus zu gestatten. Schicken Sie gegebenenfalls die folgende Query ab:

```
mysql> INSERT INTO db VALUES('%', 'software', 'everyone',
     'Y', 'Y', 'Y', 'Y', 'N', 'N', 'N', 'N', 'N', 'N');
mysql> FLUSH PRIVILEGES; # nicht vergessen!
```

Tragen Sie *kein* Kennwort ein. Abgespeicherte Kennwörter sind fast immer eine schlechte Idee. Sie haben später beim Connect die Möglichkeit, das Passwort anzugeben. Wenn Sie eine ältere MySQL-Server-Version installiert haben, müssen Sie als Port 3333 eintragen. Für alle MySQL-Versionen ab 3.21 tragen Sie 3306 ein (sofern Sie den Server nicht abweichend konfiguriert haben). Damit ist die ODBC-Konfiguration abgeschlossen.

In Microsoft Access (Access 97, für andere Versionen ist möglicherweise eine etwas andere Vorgehensweise erforderlich) erstellt man sich nun zunächst eine leere Datenbank. (Der »Assistent« bietet diese Möglichkeit an.) Das Folgende ist nicht eigentlich schwierig, die Optionen sind nur jeweils (wie häufig in Microsoft-Programmen) gut versteckt. Unter Windows ist Geduld bekanntlich eine Kardinaltugend.

Klicken Sie auf DATEI | EXTERNE DATEN | TABELLEN VERKNÜPFEN … . In der sich öffnenden Dateiauswahlbox klicken Sie in der Combo-Box neben Dateityp auf ODBC-DATENBANKEN(). Daraufhin verschwindet die Dateiauswahlbox wieder, statt dessen erscheint ein Fenster namens DATENQUELLE AUSWÄHLEN. Klicken Sie auf den Reiter COMPUTERDATENQUELLE. In dem sich nun öffnenden Fenster finden Sie Ihre zuvor erstellte Datenquelle *Software-MySQL* wieder! Klicken Sie doppelt drauf. Nun öffnet sich das Konfigurationsfenster der Datenquelle, indem Sie das Passwort für den Zugriff eintragen können (und müssen). Nach Klick auf OK öffnet sich ein Fenster *Tabellen verknüpfen*. Klicken Sie AUF ALLE AUSWÄHLEN und anschließend auf OK.

Sie können nun die Tabellen doppelklicken, die Ihnen darauf hin in Spreadsheets gezeigt werden. Sie haben vollen (lesenden wie schreibenden!) Zugriff auf die Datenbank, d.h. Sie können auch Änderungen vornehmen (sofern Sie serverseitig über die entsprechenden Rechte verfügen). Unter Verwendung von Microsoft Access können Sie all das mit Ihrer MySQL-Datenbank veranstalten, was die Werkzeuge von Microsoft Access ermöglichen. Wir haben z. B. einen Assistenten für die Erstellung von Berichten bemerkt (Berichtsassistent). Dieser erscheint nach Klick auf BERICHTE | NEU | BERICHTSASSISTENT. Vielleicht lassen sich mit diesem Berichte erstellen? Konsultieren Sie im Zweifelsfall die von Microsoft mitgelieferte Dokumentation, den zappeligen Büroklammerassistenten oder den Windows-Systemadministrator.

Beim nächsten Mal, wenn Sie den Wunsch verspüren, via Microsoft Access auf MySQL-Datenbank *Software* zuzugreifen, brauchen Sie diese Odyssee nicht noch einmal durchzumachen: Doppelklicken Sie einfach auf die Microsoft Access Datenbank *Software.mdb.* (oder unter welchem Namen auch immer Sie die Microsoft Access-Datenbank abgespeichert haben). Nach Eingabe Ihres Kennworts haben Sie Zugriff, und auch der gegebenenfalls durch den Berichtsassistenten erstellte Bericht ist noch vorhanden.

Wenn Sie mit Microsoft Access arbeiten, dann sollten Sie sich auch das wirklich nützliche Freeware-Tool MyAccess von Hubertus Hiden gönnen. Sie finden es auf der MySQL-Homepage (`http://www.mysql.com/Manual/html-manual.tar.gz`). Es ermöglicht Ihnen das komfortable Erstellen, Ändern und Löschen von Tabellen, die Extraktion von CREATE TABLE-Direktiven aus bestehenden Tabellen, die Kontrolle der Server-Log-Files, das Abschicken von SQL-Queries in einem eigenen Fenster und vieles mehr. MyAccess ist ein Add-in. Um es zu installieren, brauchen Sie lediglich die Datei *MyAccess97.mda* bzw. *MyAccess2000.mda* mit dem Add-in-Manager auszuwählen (EXTRAS | ADD-INS | ADD-IN -MANAGER | HINZUFÜGEN ...). Danach können Sie es durch Klick auf EXTRAS | ADD-INS | MYACCESS aufrufen und verwenden.

Der Zugriff auf die MySQL-Datenbank funktioniert jetzt nicht nur mit Microsoft Access, sondern auch mit anderen Programmen, die auf ODBC-Datenquellen zugreifen können. Hierzu zählt z. B. die Tabellenkalkulation Microsoft Excel. Um mit Microsoft Excel auf eine ODBC-Datenquelle zugreifen zu können, müssen Sie Microsoft Query installieren. Microsoft Query ist ein optionaler Bestandteil von Microsoft Excel, in dem auch der Query-Assistent enthalten ist. Sollten sich Probleme bei der Installation von Microsoft Query ergeben, wenden Sie sich an Ihren Windows-Systemadministrator. Danach können Sie durch Klick auf DATEN | EXTERNE DATEN | NEUE ABFRAGE ERSTELLEN mit Hilfe des Microsoft Query Assistenten eine neue Abfrage erstellen und diese dann entweder in Microsoft Query weiter bearbeiten oder an Microsoft Excel »zurückgeben«. Durch Rechtsklick an einer beliebigen Stelle im Datenbereich des Spreadsheets können Sie die Datenbereichseigenschaften verändern und z. B. dafür sorgen, dass die Daten im Rechenblatt regelmäßig aktualisiert werden (z. B. bei jedem Öffnen der Datei).

Interessante Möglichkeiten bieten sich auch denjenigen, die elaboriertere statistische Auswertungen Ihrer Datenbestände durchführen wollen oder müssen und über das Statistikprogramm SPSS für Windows verfügen. Denn auch SPSS für Windows greift problemlos via ODBC auf die MySQL-Datenbank zu. Und auch SPSS für Windows verwendet hierzu einen Assistenten (Sie bekommen ihn zu Gesicht, wenn Sie auf DATEI | DATENBANK ÖFFNEN | NEUE ABFRAGE ... klicken). Lassen Sie sich vom Assistenten leiten. Er produziert abschließend ein SPSS-Syntaxskript, dass es Ihnen ermöglicht, zukünftig auf seine Dienste zu verzichten:

```
GET DATA
  /TYPE=ODBC
  /CONNECT=
   'DSN=Software-MySQL;'
   'DB=software;'
   'SERVER=db.ihr-server.de;'
   'UID=everyone;'
   'PWD=egal;'
   'PORT=3306;'
   'OPTION=0;'
   'STMT=;'
  /SQL ='SELECT  T3.name AS name,  T3.url AS url,'
       'T3.homepage AS homepage FROM soft T3'.
VARIABLE LABELS
  name "Programm-Name"
  url "Lokaler Download Url"
  homepage "Programm-Homepage".
```

Nachdem dieser Code ausgeführt wurde, ist all das möglich, was mit jeder anderen SPSS-Systemdatei auch möglich wäre (einschließlich des Abspeicherns als SPSS-Systemdatei).

9.3 Benutzerverwaltung

Das Zugriffskontrollsystem von MySQL bietet Ihnen sehr flexible und weitreichende Konfigurationsmöglichkeiten der Benutzerverwaltung. Dies schließt die Möglichkeit ein, sich problemlos und mit geringem Aufwand hoffnungslos ins digitale Nirwana zu konfigurieren. Die Benutzerverwaltung von MySQL ist nicht sehr intuitiv. In den MySQL-Mailinglisten kann man gelegentlich auch derbere Formulierungen lesen. Aus diesem Grund soll die MySQL-Benutzerverwaltung hier ausführlich ventiliert werden.

Wir gehen zunächst davon aus, dass Sie noch keine Konfigurationsversuche nach dem Try-and-Error-Prinzip vorgenommen haben und sich die Privilegientabellen noch in jungfräulichem Zustand befinden. Auf dieser Basis stellen wir Ihnen ein einfaches, aber im Regelfall ausreichend flexibles Konzept vor, mit dessen Hilfe sich problemlos Benutzer mit unterschiedlichen Rechten administrieren lassen. Wir verzichten dabei darauf, Ihnen verschiedene Möglichkeiten vorzuführen, die zum selben Ergebnis führen. So bietet z. B. mysqladmin ebenso einige Möglichkeiten, Einfluss auf die Benutzerverwaltung zu nehmen, wie die Standard SQL-Befehle GRANT und REVOKE mit ihren MySQL-Erweiterungen. Da GRANT aber erst mit der Version 3.22.11 implementiert und dem schon lange bestehenden System nur aufgesetzt wurde, erlaubt es einerseits keinen vollen Zugriff auf die Benutzerverwaltung (es können z. B. keine Benutzer vollständig entfernt werden), und es ist andererseits nur bei einfachen Operationen leicht, bei komplexeren aber schwer verständlich. Wir zeigen daher hier die Benutzerverwaltung durch direkte Manipulation der Tabellen des Privilegiensystems. Zum Ende des Abschnittes beschreiben wir einen Weg, wie Sie sich von einem vollständig zerstörten Authentifikationssystem befreien können, das Ihnen den Zugang zum System vollständig verweigern will.

Im Zusammenhang mit der Erstinstallation und Basiskonfiguration von MySQL haben Sie u. a. das Skript *mysql_install_db* ausgeführt. Dieses Skript initialisiert die MySQL-Benutzerverwaltung, indem es eine Datenbank *mysql* anlegt, deren Aufgabe einzig und allein die Nutzerauthentifikation ist. Die Datenbank *mysql* besteht aus sechs Tabellen, von denen für unser vereinfachtes Konzept lediglich zwei benötigt werden. Dies sind die Tabellen *user* und *db* (im Übrigen sind dies auch die einzigen Tabellen, für die *mysql_install_db* bei der Erstinstallation Einträge vornimmt). Diese beiden Tabellen haben folgende Struktur:

```
# phpMyAdmin MySQL-Dump
# http://phpwizard.net/phpMyAdmin/
#
# Host: localhost Datenbank : mysql
#
# --------------------------------------------------------
# Tabellenstruktur für Tabelle 'user'
#
CREATE TABLE user (
   Host char(60) NOT NULL,
   User char(16) NOT NULL,
   Password char(16) NOT NULL,
   Select_priv enum('N','Y') DEFAULT 'N' NOT NULL,
   Insert_priv enum('N','Y') DEFAULT 'N' NOT NULL,
   Update_priv enum('N','Y') DEFAULT 'N' NOT NULL,
   Delete_priv enum('N','Y') DEFAULT 'N' NOT NULL,
   Create_priv enum('N','Y') DEFAULT 'N' NOT NULL,
   Drop_priv enum('N','Y') DEFAULT 'N' NOT NULL,
   Reload_priv enum('N','Y') DEFAULT 'N' NOT NULL,
   Shutdown_priv enum('N','Y') DEFAULT 'N' NOT NULL,
   Process_priv enum('N','Y') DEFAULT 'N' NOT NULL,
   File_priv enum('N','Y') DEFAULT 'N' NOT NULL,
   Grant_priv enum('N','Y') DEFAULT 'N' NOT NULL,
   References_priv enum('N','Y') DEFAULT 'N' NOT NULL,
   Index_priv enum('N','Y') DEFAULT 'N' NOT NULL,
   Alter_priv enum('N','Y') DEFAULT 'N' NOT NULL,
   PRIMARY KEY (Host, User)
);
# --------------------------------------------------------
#
# Tabellenstruktur für Tabelle 'db'
#
CREATE TABLE db (
   Host char(60) NOT NULL,
   Db char(32) NOT NULL,
   User char(16) NOT NULL,
   Select_priv enum('N','Y') DEFAULT 'N' NOT NULL,
   Insert_priv enum('N','Y') DEFAULT 'N' NOT NULL,
   Update_priv enum('N','Y') DEFAULT 'N' NOT NULL,
   Delete_priv enum('N','Y') DEFAULT 'N' NOT NULL,
   Create_priv enum('N','Y') DEFAULT 'N' NOT NULL,
   Drop_priv enum('N','Y') DEFAULT 'N' NOT NULL,
```

```
    Grant_priv enum('N','Y') DEFAULT 'N' NOT NULL,
    References_priv enum('N','Y') DEFAULT 'N' NOT NULL,
    Index_priv enum('N','Y') DEFAULT 'N' NOT NULL,
    Alter_priv enum('N','Y') DEFAULT 'N' NOT NULL,
    PRIMARY KEY (Host, Db, User),
    KEY User (User)
);
```

Wie sich unschwer erkennen lässt, ähneln die Tabellen einander: Die ersten drei Spalten definieren jeweils, auf was sich die nachfolgenden Rechtespalten beziehen. In der user-Tabelle werden Rechte für die Benutzer *User* vergeben, die von einem *Host* kommen und sich mit einem Kennwort *Password* identifiziert haben. In der User-Tabelle werden globale Rechte vergeben. Rechte, die Sie einem Benutzer in dieser Tabelle erteilen, können Sie ihm nicht in einer der anderen Tabellen wieder entziehen! In der User-Tabelle sollten daher nur DBMS-Administratoren Rechte erteilt bekommen! Mit DBMS-Administratoren meinen wir Personen, die berechtigt sein sollen, das DBMS insgesamt zu administrieren, also z. B. auch berechtigt sind, MySQL herunterzufahren, neue Datenbanken anzulegen, Optimierungen durch Veränderungen von Systemparametern vorzunehmen usw. Demgegenüber sind Datenbankadministratoren für die Administration einzelner Datenbanken zuständig und erhalten keine Privilegien, die es ihnen ermöglichen würden, das DBMS insgesamt zu gefährden.

In der Db-Tabelle werden den Benutzern *User* (deren Authentizität durch Vergleich des beim Anmeldens angegebenen mit dem in der User-Tabelle hinterlegten Passwort gesichert werden konnte), die von einem Host *Host* kommen, Rechte für eine Datenbank *Db* erteilt. Der Katalog der Rechte ist in der Db-Tabelle etwas kleiner, weil bestimmte Rechte, wie z. B. das Herunterfahren des DBMS, technisch nicht auf eine einzelne Datenbank beschränkt werden können.

Die Privilegienspalten (*Select_priv* usw.) der Tabellen können nur zwei Werte aufnehmen (beim Spaltentyp *enum* werden die zulässigen Werte mit der CREATE TABLE-Anweisung abschließend definiert): *N* für No, Recht verweigert, und *Y* für Yes, Recht erteilt. Voreingestellt ist der Wert N; Sie brauchen daher mit einem INSERT-Befehl nur für die Rechtespalten Werte zu setzen (*'Y'*), für die Sie Rechte erteilen wollen. Alle nicht ausdrücklich genannten Rechte werden vorenthalten (weil die Spalten mit *'N'* vorbelegt sind). Die Rechte, die hier vergeben bzw. vorenthalten werden können, beziehen sich auf die entsprechenden SQL-Befehle. Ein *'Y'* in der Spalte *Select_priv* erlaubt dem Benutzer, beliebige SELECT-Statements abzuschicken, der gleiche Eintrag in der Spalte *Insert_priv* erlaubt INSERT-Statements usw.

Das Skript *mysql_install_db*, mit dem Sie die Benutzerverwaltung initialisiert haben, hat (nachdem mit den für die Tabellen User und Db schon gezeigten CREATE TABLE-Befehlen zunächst die Tabellen angelegt worden sind) folgende INSERT-Befehle an den Server geschickt:

```
# Legt den DBMS-Administrator root mit "OhnePasswort" an
INSERT INTO user VALUES ('localhost','root','','Y','Y',
   'Y','Y','Y','Y','Y','Y','Y','Y','Y','Y','Y','Y');
INSERT INTO user VALUES ('$hostname','root','','Y','Y',
   'Y','Y','Y','Y','Y','Y','Y','Y','Y','Y','Y','Y');
# Legt einen User "OhneNamen" mit "OhnePasswort" an
INSERT INTO user VALUES ('localhost','','','N','N','N',
   'N','N','N','N','N','N','N','N','N','N','N');
INSERT INTO user VALUES ('$hostname','','','N','N','N',
   'N','N','N','N','N','N','N','N','N','N','N');
# Gibt "OhneNamen" alle Rechte an der Datenbank test
# sowie an allen Datenbanken, die mit test_ beginnen.
INSERT INTO db VALUES ('%','test','','Y','Y','Y','Y',
   'Y','Y','N','Y','Y','Y');
INSERT INTO db VALUES ('%','test\_%','','Y','Y','Y','Y',
   'Y','Y','N','Y','Y','Y');
```

Die Variable *$hostname* wird dabei vom Shell-Skript *mysql_install_db* durch den Hostnamen Ihres Systems ersetzt. Dies führt an sich zu einem nicht sonderlich sinnvollen Doppeleintrag (*localhost* ist schließlich nur eine Art Alias für Ihren Hostnamen), ist aber eine Absicherung für den Fall, dass Ihr System MIT-pthreads verwendet. In diesem Fall ist keine Verbindungsaufnahme via *localhost* möglich (Localhost-Verbindungen werden über Unix Sockets realisiert, die von MIT-pthreads nicht unterstützt werden). Wenn Sie den MySQL-Client ohne Angabe der Option *--host=ihre.domain.de* aufrufen konnten, können Sie die Zeilen mit *$hostname* in der User-Tabelle getrost löschen.

Und wenn Sie schon einmal beim Löschen sind, löschen Sie auch gleich die Einträge für den Benutzer »OhneNamen« (und zwar sowohl in der User- als auch in der Db-Tabelle). Erstens dürfte es nicht in Ihrem Interesse sein, dass unbekannte Benutzer nach Belieben Ihr DBMS benutzen. Zweitens dürfte die Mehrzahl der Access-denied-Probleme beim Zugriff auf MySQL mit der Benutzung von Wildcards zusammenhängen (weil MySQL durch eine eigenwillige, menschlichen Denkgewohnheiten widersprechende Bevorzugung von allgemeineren vor spezifischeren Benutzerangaben für Verwirrung sorgt). Vermeiden Sie Wildcards soweit möglich und solange Ihnen nicht vollständig klar ist, wie MySQL diese behandelt. Wenn Sie Wildcards in der Hostspalte verwenden, schreiben Sie immer auch einen zweiten identischen Tabelleneintrag für *localhost* (bzw. für *ihre.domain.de* auf MIT-pthread-Systemen).

```
shell> mysql -u root
mysql> DELETE FROM user WHERE Host="ihre.domain.de";
mysql> DELETE FROM user WHERE User='';
mysql> DELETE FROM db;
```

Nun sieht Ihre Benutzerverwaltung schon wesentlich übersichtlicher aus. Lediglich ein Eintrag (der für den DBMS-Administrator *root* von *localhost* aus) ist übrig geblieben. Und Übersichtlichkeit und Transparenz in der Benutzerverwaltung schützt Sie vor Datenverlusten. Der Eintrag für *root* ist allerdings noch nicht durch ein Kennwort abgesichert, was wir nun schleunigst nachholen:

```
mysql> UPDATE user SET Password = PASSWORD('top_secret')
    -> WHERE User='root';
mysql> FLUSH PRIVILEGES;
```

Damit ist erstens die Benutzerverwaltung von den ungünstigen Voreinstellungen gesäubert, zweitens der root-Account mit einem Kennwort geschützt und drittens klar, wie DBMS-Administratoren angelegt werden müssen. Bei Bedarf können Sie weitere Benutzer zu DBMS-Administratoren durch einen entsprechenden INSERT-Befehl auf die User-Tabelle anlegen. Die Direktive FLUSH PRIVILEGES; sorgt dafür, dass MySQL die mysql-Tabellen neu einliest. Ohne diese Direktive bleiben alle Ihre Bemühungen ergebnislos (ein vergessenes FLUSH PRIVILEGES hat schon so manchen angehenden Datenbankadministrator stundenlang beschäftigt gehalten. Die Funktion PASSWORD() sorgt für die Verschlüsselung des Kennworts. Sollten Sie diese Funktion vergessen und *SET Password = 'top_secret'* angeben, wird das Kennwort unverschlüsselt abgespeichert. Dies führt dazu, dass später eine Authentifizierung scheitert (weil das bei der Authentifizierung erfragte Kennwort zunächst verschlüsselt wird und erst der verschlüsselte Ausdruck mit dem unverschlüsselten Eintrag in der User-Tabelle verglichen wird).

In aller Regel ist es das Sinnvollste (und für Sie als DBMS-Administrator das Transparenteste), wenn alle weiteren Benutzer (einschließlich möglicher Datenbankadministratoren) Rechte datenbankbezogen zugeteilt bekommen. Dabei ist folgendermaßen vorzugehen: Zunächst werden weitere Benutzer in der User-Tabelle angelegt. Bei diesen setzen Sie lediglich Werte für die Spalten Host, User, Password. Sie erstellen damit Benutzer, die keinerlei globale Rechte haben (denn die Privilegienspalten sind ja mit 'N' vorbelegt). Diesen Nichtskönnern erteilen Sie nun gezielt einzelne Rechte für einzelne Datenbanken, indem Sie entsprechende Einträge in der Tabelle Db vornehmen. Vergeben Sie stets nur so viele Rechte, wie unbedingt notwendig! Jemand, der fehlerhafte Eintragungen in der Adressdatenbank korrigieren oder Adressen ergänzen soll, braucht nicht das Recht, Tabellen zu erstellen oder zu löschen. Fragen Sie sich auch, ob Sie dem Datenbankadministrator der Adressdatenbank (der auch die Tabellenstruktur ändern können soll) wirklich GRANT-Rechte erteilen wollen (und ihm damit die Möglichkeit geben, seine Rechte beliebig an andere zu vererben). Nehmen wir also an, Sie hätten eine Datenbank *adressen*. In dieser Datenbank soll der Benutzer *mueller* Einträge ändern, löschen und hinzufügen dürfen. Der Benutzer *supermueller* soll Datenbankadministrator werden und zusätzlich das Recht erhalten, Tabellen anzulegen, zu ändern und zu löschen. Die folgenden SQL-Statements erledigen das:

```
# ein rechtloser User mueller wird eingerichtet
mysql> INSERT INTO user
    -> SET Host = 'localhost',
    ->     User = 'mueller',
    ->     Password = PASSWORD('muellerpwd');
# ... und erhält eingeschränkte Rechte für die
# Datenbank adressen
mysql> INSERT INTO db
    -> SET Host = 'localhost',
    ->     Db = 'adressen',
    ->     User = 'mueller',
    ->     Select_priv = 'Y', Insert_priv = 'Y',
    ->     Update_priv = 'Y', Delete_priv = 'Y';
```

In gleicher Weise richten Sie nun noch den Datenbankadministrator *supermueller* ein und ergänzen seine Rechte (*Create_priv = 'Y', Drop_priv = 'Y', References_priv = 'Y', Index_priv = 'Y', Alter_priv = 'Y'*). Den Eintrag *References_priv* haben Sie nun schon einmal vorsichtshalber vorgenommen. Derzeit bewirkt er noch nichts. Wenn Sie diese Adressdatenbank über das Intranet allen Mitarbeitern zum lesenden Zugriff zur Verfügung stellen wollen (z.B. via PHP, vgl. Kapitel 13.2), dann legen Sie zusätzlich noch einen Benutzer *everyone* an (ohne Rechte in der User-Tabelle) und mit Zugriffsrecht aus dem IP-Bereich Ihres Firmennetzwerkes (z.B. *'190.120.200.%'*). Vergeben Sie entweder ein allgemeines Passwort ('anonymous'), oder lassen Sie die

Passwordspalte ohne Eintrag (dann darf beim Einloggen auch keins angegeben werden!). Wenn Sie im Host-Feld Wildcards verwenden, benutzen Sie keine Domain-Namen, sondern (aus Sicherheitsgründen) IP-Nummern.

Wenn Sie den Wunsch verspüren oder sich bei Ihnen die Notwendigkeit ergibt, das vorgestellte System der Benutzerauthentifizierung zu verfeinern, so bietet MySQL Ihnen weitreichende Möglichkeiten, die hier nicht im Einzelnen vorgestellt werden können. Wenn es Ihnen sinnvoll erscheint, können Sie unterschiedliche Rechte für die gleichen Benutzer definieren, je nachdem, ob ein Zugriff aus dem Firmennetz oder von sonst woher erfolgt. Sie können Rechte nicht nur für Datenbanken, sondern auch für einzelne Tabellen und auch für einzelne Spalten in Tabellen gewähren oder verweigern. Yves Carlier ist es gelungen, die Angelegenheit so kompliziert zu gestalten, dass es ihm angebracht erschien, eigens ein Tool zu programmieren, das ihn bei der Diagnose der von ihm erstellten Zugriffsberechtigungen unterstützt. Das Tool ist Bestandteil der MySQL-Distribution. Informationen zu seiner Verwendung erhalten Sie durch Aufruf von *mysqlaccess --help*.

Zum Schluss geben wir noch die versprochene Hilfestellung für den Fall, dass Sie sich um Kopf und Kragen konfiguriert haben und jetzt überhaupt nicht mehr auf den Datenbankserver zugreifen können. Das Prinzip ist einfach: Datenbankserver herunterfahren, Datenbankserver mit der Option *--skip-grant-tables* starten (das deaktiviert das gesamte Zugriffskontrollsystem), *mysql*-Tabellen aufräumen und DBMS-Administrator einrichten, Datenbankserver wieder herunterfahren und regulär (mit Zugriffskontrollsystem) neu starten, fertig. Die Pfade müssen Sie natürlich gegebenenfalls anpassen.

```
# Zunächst wird der DB-Server heruntergefahren
shell> kill 'cat /var/lib/mysql/hostname.pid'
# Neustart des DB-Servers ohne Rechtetabellen
shell> /usr/local/mysql/libexec/mysqld --skip-grant-tables
shell> mysql
mysql> use mysql;
# Löschen der bestehenden Einträge für root
mysql> DELETE FROM user WHERE User='root';
mysql> DELETE FROM db WHERE User='root';
mysql> DELETE FROM tables_priv WHERE User='root';
mysql> DELETE FROM columns_priv WHERE User='root';
# Anlegen eines DBMS-Administrators root mit dem
# Kennwort "top_secret"
INSERT INTO user VALUES ('localhost','root',
```

```
  PASSWORD('top_secret'),'Y','Y','Y','Y',
  'Y','Y','Y','Y','Y','Y','Y','Y','Y','Y');
mysql> exit
# DB-Server abschießen und neu starten
shell> kill 'cat /var/lib/mysql/hostname.pid'
shell> /usr/local/bin/safe_mysqld &
```

9.4 Datensicherung und Wartung

Sicherlich sind Ihnen die drei wichtigsten Regeln im Umgang mit EDV geläufig? Sie seien hier noch einmal in Erinnerung gerufen:

1. Erstelle in regelmäßigen Abständen Sicherheitskopien!
2. Erstelle in regelmäßigen Abständen Sicherheitskopien!
3. Erstelle in regelmäßigen Abständen Sicherheitskopien!

Zur Datensicherung haben Sie bei MySQL mehrere Möglichkeiten. Das Einfachste ist es, eine Sicherung auf Dateiebene vorzunehmen: MySQL speichert sämtliche relevanten Informationen einer Datenbank in einem Verzeichnis *DATADIR/dbname* (z.B.: */var/lib/mysql/adressen*). Als Datensicherung ist es völlig ausreichend, diese Verzeichnisse an einen sicheren Ort zu kopieren. Um ein konsistentes Backup zu gewährleisten, müssen Sie allerdings für die Dauer der Datensicherung den Datenbankdämon herunterfahren. Sie können auch das gesamte Datenverzeichnis z. B. mit folgendem Befehl komprimiert abspeichern:

```
> tar zcvf backup-2000.07.tar.gz /var/lib/mysql
```

Wenn Sie das Backup eines Tages benötigen, kopieren Sie einfach die gesicherten Datenbankverzeichnisse zurück in das Verzeichnis DATADIR. Auf diesem Wege können übrigens auch problemlos Duplikate ganzer Datenbanken (z.B. zu Testzwecken) angelegt werden (*cp -R /var/lib/mysql/dbname /var/lib/mysql/dbname-duplikat;* denken Sie an die korrekte Vergabe der Zugriffsrechte auf Dateiebene, gegebenenfalls ist ein *chown* erforderlich).

Eine andere Möglichkeit ist die Erstellung eines SQL-Dumps. Wenn Sie beim Aufruf von *mysqldump* die Option *--lock-tables* angeben (bzw. *--opt*, die Option *--opt* beinhaltet *--lock-tables*), brauchen Sie sich um die Konsistenz Ihres Backups keine Sorgen zu machen; mysqldump sorgt vor dem Lesen einer Tabelle für ein LOCK TABLES SQL-Statement. Dies verhindert während des Lesevorganges gleichzeitige UPDATE-Versuche durch Dritte. Beispiel:

```
> mysqldump -u root -p --opt --all-databases \
> |gzip>backup2000.07.sql.gz
```

Der Aufruf führt ein Vollbackup aller Datenbanken durch und speichert dieses komprimiert in der Datei *backup2000.07.sql.gz*. Dabei legt MySQL durchaus eine erträgliche Geschwindigkeit an den Tag: Die oben genannte Befehlsfolge benötigt (einschließlich der Komprimierung) für 52 MByte Daten auf dem Referenzsystem knapp 15 Sekunden (und die erzeugte Datei verbraucht 2,9 MByte Speicherplatz). Ohne Komprimierung verkürzt sich die Zeit auf zehn Sekunden. Zurückgespielt wird eine so erstellte Sicherheitskopie durch den Aufruf:

```
> mysql -u root -p <backup2000.07.sql
```

Eine sehr elegante Möglichkeit, auf diese Weise erstellte Vollbackups durch inkrementelle Differenz-Backups zu ergänzen, stellt das Update-Log-Feature von MySQL dar. Wenn Sie den Datenbankdämon mit der Option *-log-update=dateiname* starten (bzw. in der Datei */etc/my.cnf log-update=dateiname* eintragen und anschließend ein *mysqladmin -u root -p flush-logs* durchführen), wird im Daten-Directory von MySQL eine Datei angelegt, in der jeder SQL-Befehl abgespeichert wird, der die Datenbank in irgendeiner Weise verändert. Nicht gesichert werden z. B. alle SELECT-Befehle. Erfolglose UPDATE- oder DELETE-Statements (die z. B. in der WHERE-Clausel eine Bedingung stellen, die auf keine Zeile zutrifft) werden ebenfalls nicht abgespeichert. Ihre Update-Log-Datei enthält also ausführbare SQL-Statements, die Sie – wie SQL-Datenbank-Dumps – problemlos wieder zurückspielen können. Bei jedem Neustart des Datenbankservers (ebenso wie nach jedem *mysqladmin refresh*- oder *mysqladmin flush-logs*-Aufruf oder nach jedem FLUSH LOGS-Statement) wird ein neues Update-Log-File angelegt (die erste Update-Log-Datei erhält den Dateinamen *dateiname.1*, die zweite den Namen *dateiname.2 usw.*). Wenn Sie ein Backup aus Update-Log-Dateien durchführen wollen, geben Sie z. B. an:

```
> ls -1 -t -r dateiname.[0-9]* | xargs cat | mysql
```

Der Aufruf übergibt die Update-Log-Dateien in der richtigen Reihenfolge (beginnend mit der ältesten) an den Datenbankserver.

Nach einem Daten-Gau, der sich auch mit *myisamchk* (s.u.) nicht beheben lässt (was allerdings relativ unwahrscheinlich ist), brauchen Sie also nichts anderes zu tun, als Ihr letztes Voll-Backup einzuspielen und anschließend für den Zeitraum seit Durchführung dieses Voll-Backups die entsprechenden Update-Log-Dateien an den Server zu schicken. Die Update-Log-Dateien können Sie übrigens auch verwenden, wenn Sie Ihre Datenbank aus Sicherheits- oder Performance-Gründen auf einen zweiten Host dupliziert haben. In einem solchen Szenario verwenden Sie die Update-Log-Files der Master-Datenbank als Replikations-Skripten für den Mirror (und rufen diese z.B. durch einen Cron-Job in den in Ihrem Fall sinnvoll erscheinenden Zeitintervallen auf). Wenn Sie ernsthaft über eine Datenbankreplikation nachdenken, werfen Sie einmal einen Blick auf das MySQL Clustering Toolkit des Prometheus Project (`http://prometheus.zerodivide.net/mysql_cluster/`), dem wir das folgende ASCII-Kunstwerk entnommen haben:

```
How Prometheus MySQL Clustering Toolkit works( ASCI art):

+--------+      +------------+      +--------------+
| Master |---->| Log reader |---->| Log database |
+--------+      +------------+      +--------------+
                                          ^    ^
                                          |    |
                                          |    +-------------+
                                +----------+    | (n) Other   |
                                | Secondary |    |   servers   |
                                +----------+    +-------------+
```

Auf Ihre Backups werden Sie mit einiger Wahrscheinlichkeit nur zurückgreifen müssen, wenn Sie entweder selbst versehentlich oder aber andere Ihnen absichtlich Ihre Daten gelöscht haben. Bei Unglücksfällen wie »abgeschmierten« Servern oder Stromausfällen reicht fast immer die Verwendung des MySQL-Wartungs- und Rettungstools *myisamchk* (für Tabellen im neuen Standardformat MyISAM; für Tabellen im alten ISAM-Format verwenden Sie *isamchk*). Falls Sie sich nicht sicher sind, welches Format Ihre Tabellen haben: Im MySQL-Datenverzeichnis (z.B.: */var/lib/mysql*) finden sich in den Unterverzeichnissen *dbnamen* für Tabellen im MyISAM-Format Dateien mit den Endungen *.MYI* und *.MYD* und für Tabellen im ISAM-Format Dateien mit den Endungen *.ISM* und *.ISD*). Sie können gleichzeitig Tabellen in unterschiedlichem Format innerhalb einer Datenbank vorhalten. Es ist aber sinnvoll (und ohne großen Aufwand auch möglich), die Tabellen einheitlich in das neue Format MyISAM zu bringen, weil MyISAM gegenüber ISAM eine ganze Reihe von Vorzügen hat: Unter anderem liegen die Tabellen jetzt plattformübergreifend im gleichen Dateiformat vor. Man kann z.B. problemlos den Inhalt des MySQL-Datenverzeichnisses einer Linux-Maschine in das Datenverzeichnis eines

Microsoft Windows-Heimcomputers kopieren und darauf mit der Microsoft Windows-Version von MySQL zugreifen. Verschiedene andere Veränderungen sorgen für deutliche Performance-Gewinne sowie für kleinere Tabellen. Mit dem Perl-Skript *mysql_convert_table_format* können Sie in einem Rutsch alle Tabellen einer Datenbank in das neue Format konvertieren:

```
> mysql_convert_table_format dbname --user=root \
  --password=top_secret
```

Es ist sinnvoll, in regelmäßigen Abständen alle Tabellen auf Fehler zu überprüfen. Sie können dies mit einem Cron-Job automatisieren:

```
0 3 * * * /usr/local/mysql/bin/myisamchk -s \
  /var/lib/mysql/*/*.MYI | \
  mail -s MySQL-Status db-admin@ihre-domain.de
```

Eine solche Zeile in Ihrer Crontab-Datei sorgt dafür, dass allnächtens um 3:00 Uhr alle Tabellen überprüft werden. Das Ergebnis wird Ihnen als E-Mail zugestellt. Die Option myisamchk *-s* (silent) verhindert eine Ausgabe, wenn alles in Ordnung war. Wenn Sie den Datenbankserver üblicherweise mit der Option *--skip-locking starten* (müssen), dann müssen Sie ihn vor der Überprüfung von Tabellen mit *myisamchk mysqld* herunterfahren (mindestens sollten Sie *mysqladmin flush-tables* durchführen). Wenn Sie mit myisamchk Reparaturen durchführen wollen, dann ist es zwingend erforderlich, dass während des Reparaturvorgangs nicht auf die Tabellen zugegriffen wird. Sie können die Prüfläufe aber auch an einer Sicherheitskopie durchführen, es ist nicht erforderlich, dass sich die zu prüfenden Tabellen im MySQL-Datenverzeichnis befinden.

Wenn Sie *myisamchk* ohne Optionen aufrufen, führt das Programm eine Standardüberprüfung der Tabelle durch, mit der (laut Handbuch) 99,99 % aller Fehler gefunden werden. Anschließend gibt das Tool eine Meldung aus, der entnommen werden kann, ob Fehler aufgetreten sind und welche Prüfungen durchgeführt wurden:

```
# Es soll die Tabelle soft der Datenbank software
# geprüft werden
> myisamchk  /var/lib/mysql/software/soft
Checking MyISAM file: soft
 Data records:     55   Deleted blocks:       0
```

```
- check file-size
- check key delete-chain
- check record delete-chain
- check index reference
- check data record references index: 1
- check record links
```

Wenn Sie Grund zu der Annahme haben, dass ein Tabellenfehler vorliegt, *myisamchk* diesen aber nicht findet, verwenden Sie die Option *-e* (extended). Bei großen Tabellen kann die Überprüfung allerdings sehr lange dauern.

Laut Handbuch machen sich Tabellenfehler durch folgende Symptome bzw. Fehlermeldungen bemerkbar:

- *'tabellen_name.frm'* ist für Veränderungen gesperrt.
- Kann Datei *'tabellen_name.MYI'* nicht finden (Fehler: ###).
- Fehler ### (table handler)
- Unexpected end of file
- Record file is crashed

(Die letzten beiden Fehlermeldungen finden sich nicht in der englischen Version der Datei *errmsg.txt* und sind daher vermutlich fest im Programm kompiliert). Wenn solche Symptome auftreten, müssen die Tabellen repariert werden. Das Handbuch empfiehlt hierbei folgende Vorgehensweise:

Schritt 1: Tabellenprüfung. Prüfen Sie die Tabellen mit *myisamchk *.MYI* oder *myisamchk -e *.MYI* (wenn Sie viel Zeit haben). Reparieren Sie nur die Tabellen (entsprechend der Angaben unter Schritt 2), für die *myisamchk* Fehlermeldungen ausgegeben hat. Wenn Sie bei der Prüfung mysteriöse Fehlermeldungen erhalten (z. B. Out-of-memory-Meldungen) oder wenn sich myisamchk beim Prüfen aufhängt, versuchen Sie es mit Schritt 3.

Schritt 2: Einfache, sicherere Reparatur. Versuchen Sie es zunächst mit *myisamchk -r -q problemtabelle (-r -q* steht für »quick recovery«, schnelle Wiederherstellung). myisamchk versucht dann, die Indexdatei zur reparieren, ohne die Datendatei zu verändern. Dies funktioniert, solange die Datentabelle alle notwendigen Informationen enthält. Bleibt dieser Versuch erfolglos, gehen Sie wie folgt vor:

1. Erstellen Sie ein Backup der Datendatei (das ist die mit der Endung .MYD) bevor Sie fortfahren.
2. Verwenden Sie *myisamchk -r problemtabelle (-r* steht für »recovery«, Wiederherstellung). Dies löscht fehlerhafte und zerstörte Datensätze und rekonstruiert die Indexdatei.

3. Wenn auch dieser Versuch fehlschlägt, versuchen Sie es mit *myisamchk -safe-recover problemtabelle*. Diese Option verwendet ein Rekonstruktionsverfahren, das langsamer ist, aber dafür einige Probleme beheben kann, die mit dem Standardverfahren nicht gelöst werden können.

Wenn all das nichts gefruchtet hat und Sie weiterhin mysteriöse Fehlermeldungen erhalten (out of memory), versuchen Sie Schritt 3.

Schritt 3: Schwierige Reparatur. In Ihrem Fall ist es notwendig, eine neue Indexdatei zu erstellen. Verfahren Sie wie folgt:

1. Verschieben Sie die Datendatei an einen sicheren Ort.
2. Verwenden Sie die Tabellenbeschreibungsdatei um, eine neue leere Datendatei und eine neue Indexdatei zu erzeugen, indem Sie den MySQL-Client aufrufen und den Inhalt der betreffenden Tabelle löschen (*DELETE FROM problemtabelle*).
3. Kopieren Sie die alte Datendatei über die gerade neu erstellte. (Verschieben Sie die alte Datei nicht bloß, sondern erzeugen Sie eine Kopie. Damit Sie eine Sicherheitskopie Ihrer Daten haben, falls etwas schief geht.)

Gehen Sie zurück zu Schritt 2. *myisamchk -r -q* sollte nun das Problem beheben können. (Es ist freilich nicht unsere Absicht, Sie durch diese Empfehlung in einer Endlosschleife auf Dauer beschäftigt zu halten.)

Schritt 4: Sehr schwierige Reparatur. Bis hierhin sollten Sie nur gelangen, wenn auch die Datenbeschreibungsdatei defekt ist (das ist die mit der Endung *.frm*). Eigentlich sollte ein solcher Fall niemals auftreten, weil die Datenbeschreibungsdatei nach der Tabellenerstellung nicht mehr verändert wird. Haben Sie sich an wenigstens eine der drei wichtigsten Regeln gehalten, die wir Ihnen zu Beginn des Abschnitts beim Umgang mit EDV anempfohlen haben? Dann bereitet Ihnen auch dieser »Worst Case« keine größeren Probleme.

1. Restaurieren Sie die Datenbeschreibungsdatei von Ihrem Backup-Archiv und gehen Sie zurück zu Stufe 3. Sie können gleichzeitig auch die Indexdatei restaurieren. Dann setzen Sie Ihre Bemühungen bei Stufe 2 fort (verwenden Sie in diesem Fall *myisamchk -r*).
2. Sollten Sie über keine Sicherheitskopie verfügen, dafür aber über ein so gutes Gedächtnis, dass es Ihnen möglich ist, die Tabellenstruktur exakt zu rekonstruieren, bleibt Ihnen eine letzte Möglichkeit: Erstellen Sie eine leere Kopie der Tabelle in einer anderen Datenbank (z. B. in der Datenbank *test*). Löschen Sie die neue Datendatei, und verschieben Sie die Datenbeschreibungs- und die Index-

datei von der anderen Datenbank in ihre defekte Datenbank. Das Verfahren erstellt eine neue Datenbeschreibungs- und eine neue Indexdatei, lässt aber Ihre Datendatei ungeschoren. Gehen Sie nun zurück zu Schritt 2, und versuchen Sie, die Indexdatei zu rekonstruieren.

Wenn auch das nicht hilft, ist endlich der Zeitpunkt gekommen, an dem sich der Aufwand bezahlt gemacht hat, den Sie mit der eingangs dargelegten Sicherungsstrategie auf sich genommen haben. Mit Hilfe regelmäßiger Komplettsicherungen und dem Update-Log-Feature von MySQL können Sie das Risiko von Datenverlusten extrem gering halten.

9.5 Zusammenfassung

In diesem Kapitel haben wir ausführlich das RDBMS MySQL vorgestellt. Zu Beginn haben wir die Fähigkeiten von MySQL, auch im Vergleich mit anderen DBMS, diskutiert und festgestellt, dass es sich zwar um ein vergleichsweise leicht zu erlernendes System handelt (es ist daher anfängergeeignet), aber gleichzeitig um ein leistungsstarkes, das sich vor kommerziellen Systemen keineswegs zu verstecken braucht. Nachdem wir ausführlich erläutert haben, wie die MySQL-Source-Distribution kompiliert und installiert wird, sind wir ebenfalls ausführlich auf die Konfiguration des Systems eingegangen. Verschiedene Hilfsprogramme der Distribution wurden vorgestellt und für die häufiger benötigten (mysqladmin, mysqldump, mysqlimport) haben wir auch deren Anwendung besprochen. Relativ breiten Raum hat die sichere Installation und die Benutzung des Administrationstools Webmin eingenommen, ein Tool, mit dem nicht nur MySQL, sondern ein kompletter Linux-Rechner administriert und ferngewartet werden kann. Ausführlich haben wir dann auch die Installation, Konfiguration und Anwendung des Client phpMyAdmin diskutiert. Dieses Programm stellt seine Funktionalität über ein Web-Interface zu Verfügung. Im Rahmen der Besprechung von phpMyAdmin haben wir gleichzeitig die Durchführung der wichtigsten administrativen Aufgaben erläutert. Vorgestellt wurde auch KSql, ein Tool, das die gleichzeitige Administration mehrerer DBMS (MySQL, PostgreSQL, Sybase) unter der grafischen Benutzeroberfläche KDE ermöglicht. In diesem Zusammenhang wurde auf KMySql-PHP hingewiesen, mit dessen Hilfe auf wirklich sehr einfache Weise Datenbankabfragen in Web-Seiten eingebunden werden können. Schließlich haben wir auch die Verwendung von Microsoft-Produkten wie Access oder Excel als Adminstrationstools für MySQL besprochen (via ODBC). Dies geschah, damit entsprechende Forderungen von technisch weniger versierten Kunden befriedigt werden können. Breiten Raum hat die

Erörterung der MySQL-Benutzerverwaltung eingenommen, weil uns aus den Mailinglisten bekannt ist, dass diese häufig Probleme bereitet und gerade den Anfänger an der Verwendung des DBMS hindert. Zum Schluß wurde ausführlich auf verschiedene Möglichkeiten der Datensicherung und des Daten-Recovery eingegangen. Wir hoffen, das wir mit diesem Kapitel auch dem Einsteiger den Weg in die Nutzung eines professionellen DBMS geebnet haben und gleichzeitig dennoch auch dem erfahrenen Anwender interessante Informationen und Hinweise geben konnten.

Kapitel 10

Adabas

Geraume Zeit vor Oracle, Sybase, Informix, IBM usw. traute sich die deutsche Software AG mit ihrem Datenbank-Flaggschiff Adabas in die Linux-Welt. In einem Artikel für die Zeitschrift *iX* konnten wir Anfang 1998 nur von Gerüchten über eine angeblich geplante Linux-Portierung von Informix oder von Client-Modulen von Sybase für Linux berichten [dih98]. Bei Oracle herrsch«te seinerzeit hinsichtlich Linux gar absolute Funkstille. Im gleichen Artikel allerdings konnten wir bereits eine Linux-Version von Adabas D in der Version 10.0 untersuchen. Die derzeit aktuelle Version 11.0 ist selbstverständlich auch für Linux verfügbar. Wir wollen Ihnen Adabas in seiner Linux-Variante in diesem Kapitel vorstellen.

Nach der Beschreibung der Installation werden wir die wichtigsten Aspekte der Konfiguration und Administration von Adabas unter Linux kurz besprechen.

10.1 Installation

Die Installation des Adabas-DBMS gestaltet sich unter Linux im Vergleich zu anderen Datenbanksystemen extrem einfach. In wenigen Minuten ist das DBMS nebst einer Beispieldatenbank namens MYDB installiert. Voraussetzungen für eine Installation sind in der Regel ein CD-ROM-Laufwerk und ausreichende Größe der Shared-Memory-Segmente, was bei halbwegs moderner Hardware und einer aktuellen Linux-Version (ab 2.0) in aller Regel kein Problem darstellt. Es ist im Übrigen immer empfehlenswert, bei Shared-Memory-Fragen die Einstellungen in den Kernel-Quellen nachzusehen. Der wichtige Parameter SHMAX findet sich in der Datei */usr/src/linux/include/asm/shmparam.h*. Sollten die Shared-Memory-Segmente bei intensiver Nutzung einer Adabas-Installation durch viele Nutzer irgendwann nicht ausreichen, dann sollte man diesen ggf. erhöhen und den Kernel neu kompilieren. Für Standardanwendungen von Adabas mit wenigen Nutzern sollte dies allerdings kein Problem sein. Benötigt werden für eine Standardinstallation einschließlich der Beispieldatenbank ferner etwa 150 MByte Plattenspeicher. Adabas selber gibt die folgenden Shared-Memory-Minimaleinstellungen für die Beispieldatenbank MYDB an (wobei der Wert für SHMAX in hexadezimaler Form in der Linux-Kernel-Source vorzufinden ist):

- MSGMNI 1
- SEMMNI 22
- SEMMAP 22
- SEMMNS 22
- SHMMNI 3
- SHMSEG 3
- SHMMAX 4608
- SHMALL 4644

Adabas empfiehlt wie alle anderen Datenbankanbieter das Anlegen eines eigenen Datenbankbenutzers und einer eigenenen Gruppe. Dies kann z. B. in der folgenden Weise geschehen:

```
groupadd -g 220 adabas

useradd -c "Adabas DBA" -d /home/adabas -g 220 -m -k/etc/skeleton
-s /bin/bash -u 220 adabas
passwd adabas: password
New password: password
```

Diesem neuen Nutzer gehören die installierten Komponenten von Adabas, der Benutzer *root* kann das DBMS nicht installieren, denn wenn dem Benutzer mit der Userid 0 die Datenbankkomponenten gehören, dann weigert sich der Datenbankserver, hochzufahren. Als Nächstes sollten vor der Installation zwei Umgebungsvariablen gesetzt bzw. ergänzt werden, nämlich DBROOT und PATH. DBROOT ist der Root-Pfad zu Adabas, dieser ist um einen Eintrag zu Binaries von Adabas. Zu ergänzen. Um diese Umgebungsvariablen für alle Nutzer sichtbar zu machen, sollte *root* sie gleich in die */etc/profile* eintragen, z. B. so:

```
DBROOT=/user/local/adabas
export DBROOT
PATH=$PATH:$DBROOT/bin
export PATH
```

Man sollte als *root* gleich auch das Verzeichnis */usr/local/adabas* anlegen und mit Schreibrechten für den Benutzer *adabas* versehen. Für die Installation loggen Sie sich dann als Adabas-DBA ein (im Beispiel also als Benutzer *adabas*) und starten die Installation von der (gemounteten) CD-ROM mit Hilfe der Anweisung

```
/cdrom/install &
```

Wie Sie sehen, kann das Installationsprogramm im Hintergrund gestartet werden, es handelt sich daher um ein grafisches Tool. Dieser Aufruf allerdings gelingt selbstverständlich nur von einer grafischen Benutzeroberfläche (X11) aus. Sollten Sie keine benutzen, dann ist die Installation auf die folgende Weise zu starten:

```
/cdrom/install.lnx
```

Wurde die Installation mit Hilfe der grafischen Oberfläche gestartet, dann erscheint der in Abbildung 10.1 gezeigte Begrüßungsbildschirm.

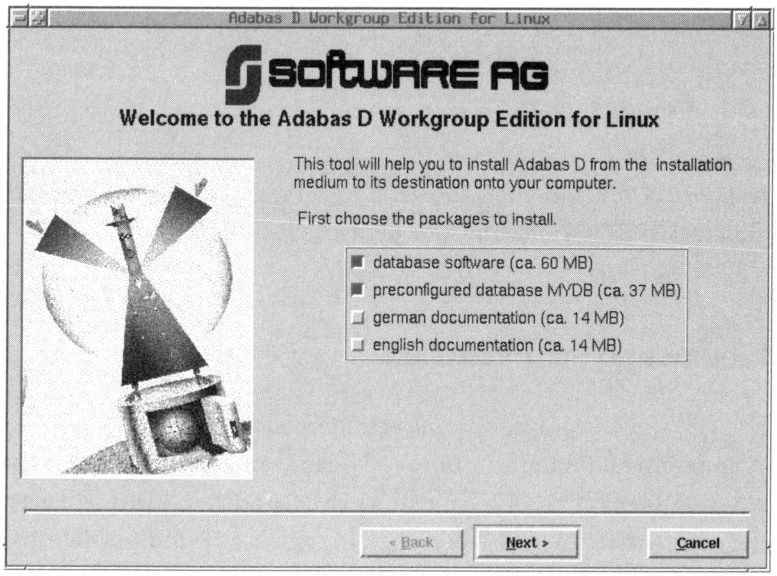

Abb. 10.1: Begrüßungsbildschirm bei der Installation von Adabas D

Anschließend wird das Installationsverzeichnis DBROOT noch einmal abgefragt, bevor Adabas binnen kurzer Zeit die Datenbanksoftware auf die Platte kopiert. Im Anschluss daran erscheint ein Terminal, in dem ein Postinstall-Skript namens *x_install* ausgeführt wird, mit dessen Hilfe einige Rechte vergeben und Spool-Verzeichnisse angelegt werden (Abbildung 10.2). Dazu wird das root-Passwort abgefragt. Nach kurzer Zeit ist auch dieser Vorgang abgeschlossen, und die Installation ist beendet.

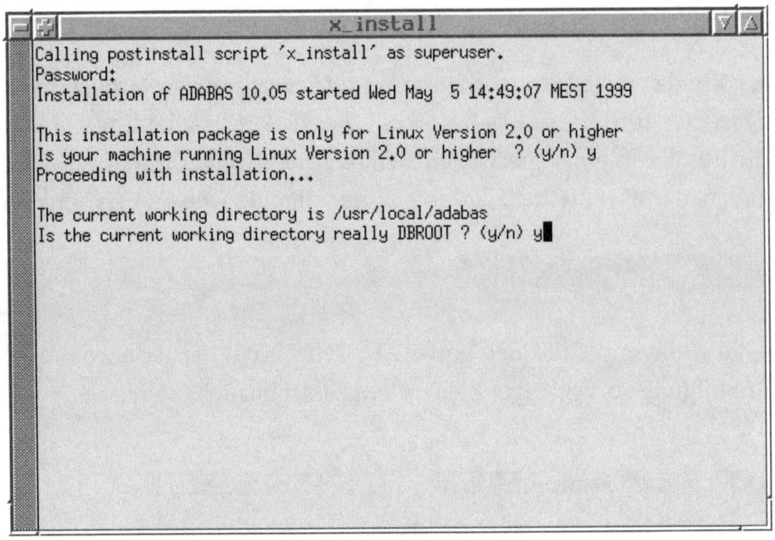

Abb. 10.2: Das Postinstall-Skript x_install

Wurde die sehr gute HTML-Dokumentation mit installiert, dann findet sich eine englische Version in $DBROOT/doc und eine deutsche in $DBROOT/dok.

10.2 Werkzeuge und Schnittstellen

Von den Werkzeugen sind diejenigen für uns am interessantesten, die in erster Linie für die Konfiguration und Administration von Adabas eingesetzt werden. Komplexere Client-Werkzeuge sind meist separat und teilweise auch von Drittanbietern erhältlich [dih98]. Die meisten Linux-Werkzeuge von Adabas D sind menügesteuert und in ihrer Anwendung ein wenig gewöhnungsbedürftig, denn die Kontrolle geschieht meist über die Sonderfunktionstasten. Einzelne Tools können nur von ausgewählten Benutzern angewandt werden. Auch dies ist nicht üblich: Während man z. B. bei Oracle oder Informix einfach ein Werkzeug startet und sich dann als irgendein Benutzer bei der Datenbank anmeldet (wo dann für einzelne administrative Vorgänge die Rechte geprüft werden), macht Adabas eine vergleichsweise klare Zuordnung zwischen Benutzer und Werkzeug. In der folgenden Tabelle 10.1 sind die wichtigsten Tools für die Administration und Konfiguration von Adabas zusammengestellt.

Tabelle 10.1: Wichtige Administrationswerkzeuge von Adabas D

Werkzeug	Anwendung
x_param	Einstellung der Datenbankparameter wie z. B. der maximalen Anzahl von Server-Tasks oder der maximalen Anzahl gleichzeitiger Benutzer
xcontrol	Starten und Herunterfahren einer Datenbank, Anlegen einer Datenbank, Konfiguration dantenbanküblicher Größen wie den Log-Segmenten
xuser	Benutzerverwaltung
panel	X-basiertes Werkzeug für Statuseinstellungen
query	SQL-Oberfläche
tkquery	Tk-Variante von query

Adabas bietet auch unter Linux unterschiedliche Schnittstellen und Add-ons, die wichtigsten davon sind Precompiler für C/C++ und Cobol, JDBC-Treiber, Schnittstellen zu Perl und Tcl sowie die Web-Schnittstelle *WebDB*. Ähnlich wie Oracle besitzt Adabas D eine eigene prozedurale SQL-Erweiterung namens SQL-PL.

Von der Software AG nach Linux portiert wurde mitttlerweile auch Bolero, eine Art Java-basierter Application-Server, der u.a. einen GUI-Builder für Java-basierte Benutzerschnittstellen, eine eigene IDE, einen Java-Compiler und ein Repository enthält. Bolero stellt eine Laufzeitumgebung zur Verfügung, u.a. mit den folgenden Komponenten:

- Transaktionsverwaltung
- Schnittstellen für verteilte DCOM-Anwendungen
- Java Servlett API
- Abbildung persistenter Objekte auf relationale Adabas D-Datenbanken

10.3 Grundlegende Vorgänge der Datenbankadministration

In diesem Abschnitt wollen wir die grundlegenden Vorgänge bei der Administration von Adabas in Kurzform vorstellen. Dabei werden an den unterschiedlichsten Stellen auch Konfigurationseinstellungen zur Sprache kommen. Nachdem kurz auf die Benutzer einer Adabas-Datenbank eingegangen wurde, werden wir zeigen, wie man eine neue Datenbank anlegt und konfiguriert.

10.3.1 Benutzer einer Adabas-Datenbank

Jede einzelne Adabas-Datenbank besitzt mindestens drei Benutzer (Tabelle 10.2).

Tabelle 10.2: Bei jeder Datenbank einzurichtende Benutzer

Benutzer	Aufgaben	Voreinstellung in der Beispieldatenbank MYDB (Benutzer/Passwort)
SYSDBA	Einziger Benutzer, der DBA-Rechte vergeben darf. Er ist Eigentümer der Systemtabellen.	*superdba/admin*
CONTROL USER	Der Benutzer, der sämtliche Funktionen von *control* und *xcontrol* ausführen darf. Daneben darf er die Tools *x_param*, *xutil* und *panel* aufrufen.	*control/control*
DOMAIN	Diesem Benutzer gehören alle Katalogtabellen und -views. Es gibt selten Anlass, sich als DOMAIN anzumelden.	*domain/domain*

Die Linux-User-Accounts haben bei Adabas mit den Datenbank-Accounts nichts zu tun. Allerdings kann man eine Datei anlegen, in der Adabas-Benutzerangaben definiert sind. Wir müssen an dieser Stelle auf die Adabas-Dokumentation und auf die zahlreichen HOWTOs verweisen, die im Web existieren, z.B.

```
http://uebb.cs.tu-berlin.de/~krischnan/adabas/LinuxHowTo.html
```

Die Benutzerverwaltung geschieht bei Adabas mit Hilfe des Tools *xuser*, mit dem – wie üblich – neue Benutzer angelegt, Objektprivilegien vergeben oder entzogen werden können, usw.

10.3.2 Anlegen und Konfigurieren einer Datenbank

Bei der Installation der Adabas-Datenbanksoftware sollte man (zumindest als Neuling) möglichst gleich auch die Beispieldatenbank MYDB mit einspielen, denn dies erleichtert den Einstieg erheblich. Zum Anlegen einer neuen Datenbank ist das Werkzeug *xcontrol* aufzurufen (bzw. *control*, falls keine X11-Oberfläche benutzt wird). Dabei werden alle zur Installation einer neuen Datenbank benötigten Parameter abgefragt.

xcontrol kann ohne Parameter aufgerufen werden, man kann es aber auch unter Angabe der Benutzer-/Passwortkombination und einer Datenbank aufrufen (wobei als Benutzer nur der CONTROL-User zulässig ist):

```
xcontrol -d MYDB -u control,control
```

Wird es ohne die Parameter gestartet, dann präsentiert sich dem Benutzer das in Abbildung 10.3 dargestellte Bild.

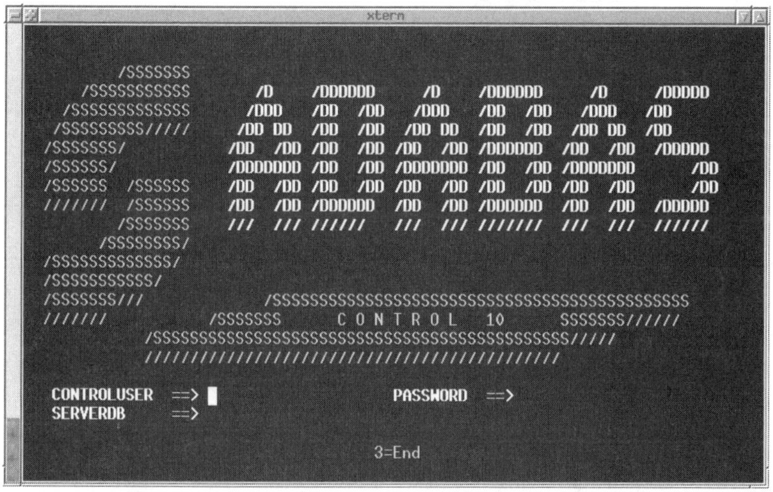

Abb. 10.3: *xcontrol* nach dem Aufruf

Hier nun spätestens ist man gezwungen, den Account des Control-Users nebst Passwort anzugeben. Ferner muss eine Datenbank angegeben werden, die kontrolliert werden soll. Existiert diese, dann erscheint nachfolgend die Kontroll-Hauptmaske einer Datenbank. Existiert die angegebene Datenbank dagegen noch nicht, dann erscheint eine Folge von Masken, innerhalb derer die Datenbank neu angelegt wird. Dazu sind unterschiedliche Konfigurationsparameter anzugeben, von denen die wichtigsten in der Tabelle 10.3 zusammengestellt sind. Bei den anderen Parametern können in der Regel die vorgeschlagenen Default-Werte übernommen werden.

Tabelle 10.3: Die wichtigsten Konfigurationsparameter einer Adabas-Datenbank unter Linux

Parameter	Bedeutung	Default-Einstellung	Anmerkung
MAXUSERTASKS	Maximale Anzahl gleichzeitig aktiver Benutzer	50	Dieser Parameter hat Einfluss auf zahlreiche interne Puffer- und Cache-Variablen. Falls der Default-Wert zu hoch erscheint, sollte man ihn herabsetzen.
MAXCPU	Anzahl der Prozessoren, die dieser Datenbank zur Verfügung gestellt werden sollen	1	--
DATA_ CACHE_PAGES	Größe des Data Cache in Pages von jeweils 4 KByte	5000	Der Data Cache befindet sich im Shared-Memory. Der voreingestellte Default-Wert ist in vielen Fällen überdimensioniert. Je nach Linux-Kernel-Einstellungen ist es vielfach ratsam, einen kleineren Wert einzustellen.
RUNDIRECTORY	Pfad für die Log-Dateien der Adabas-Tools	/usr/adabas/...	--
SESSION TIMEOUT	Maximale Inaktivitätsdauer von Datenbanksitzungen in Sekunden	900	--
LOCK TIMEOUT	Maximale Inaktivitätsdauer von Datenbanksitzungen, die Locks benutzen (in Sekunden)	360	--
LOG MODE	Logging-Modus	NORMAL	Es gibt vier Logging-Modi: NORMAL, DUAL, SINGLE und DEMO. Im Normalfall sollte NORMAL gewählt werden.
LOG SEGMENT SIZE	Größe der Log-Segmente in Pages zu je 4 KByte	1500	--

10.3.3 Operationsmodi einer Adabas-Datenbank

Adabas kennt drei Operationsmodi: *offline*, *cold* und *warm*. Im *offline*-Modus ist der Datenbank-Kernel nicht aktiv, und es werden keine Linux-Ressourcen verbraucht. Eine Anwendung, die versucht, auf eine nicht laufende Adabas-Datenbank zuzugreifen, erhält die Antwort *database not running*. Im *cold*-Modus läuft der Datenbank-Kernel, er antwortet aber nicht auf normale SQL-Anfragen. Lediglich gewisse Kommandos zur Wartung werden angenommen, wie etwa RESTART. Benutzer, die sich mit normalen SQL-Anweisungen an eine Datenbank wenden, die in diesem Modus läuft, erhalten die Antwort *database must be restartet*. Befindet sich eine Datenbank dagegen im Modus *warm*, dann läuft der Datenbank-Kernel, und SQL-Anfragen werden bearbeitet.

Der CONTROL-User darf den Operationsmodus einer Adabas-Datenbank ändern. Dies geschieht z. B. durch den Aufruf von *xcontrol*. Meldet man sich dann bei einer Datenbank an, dann erscheint neben einigen Statusanzeigen und einer Anzeige der Auslastung der Datenbank (in Form eines Balkendiagramms) eine Menüleiste mit den Einträgen *Operating*, *Info*, *Options*, *Backup*, *Diagnose* und *Configuration*. Zeigt *xcontrol* z. B. an, dass sich die Datenbank im *offline*-Modus befindet, dann können Sie diese in den warm-Modus bringen, indem Sie den Menüeintrag *Operating* und anschließend *Restart* wählen. Dann haben Sie die Auswahl zwischen *cold* und *warm*, wobei der Modus *warm* gewählt werden muss.

10.3.4 SQL-Modi

Neben dem Operationsmodus kennt Adabas auch noch eine Art SQL-Anfragemodus, nämlich ANSI, ADABAS oder ORACLE. Den SQL-Modus legt man mit Hilfe der Option -S beim Aufruf eines Anfrage-Tools fest, z. B.

```
xquery -d MYDB -u demo,demo -S ANSI
```

Der SQL-Modus legt lediglich die Art und Weise des Zugriffs auf die Datenbank fest; er betrifft nicht die interne Form der Datenbankobjekte. Im ADABAS-Modus können die SQL-Spracherweiterungen von Adabas selber benutzt werden, im ANSI-Modus der ANSI/ISOSQL-Standard, im ORACLE-Modus dagegen werden auch Oracle-spezifische Erweiterungen von SQL unterstützt.

Eine Konvertierung zwischen den einzelnen SQL-Dialekten ist zwar nicht möglich, weshalb diese Option in erster Linie für Datenbankumsteiger relevant zu sein scheint. Insbesondere der ANSI-Modus unterstützt allerdings Entwicklungen, die von jeglicher proprietärer SQL-Erweiterung unabhängig sind. Damit können derartige Applikationen in jedem Fall auch gegen jede andere ANSI-kompatible Datenbank gestartet werden. Wir finden das bemerkenswert!

10.4 Zusammenfassung

In einer kurzen Form, die Adabas eigentlich nicht angemessen ist, haben wir die allerwichtigsten Aspekte dieses Datenbanksystems umrissen. Adabas war sehr früh im Linux-Umfeld aktiv und bietet entsprechend ausgereifte Produkte für diese Plattform an. Wir haben in diesem Kapitel lediglich kurz die Installation unter Linux und einige Aspekte der Konfiguration und Administration beschrieben. Die Intention bestand dabei nicht darin, Sie zu einem Adabas-Experten unter Linux werden zu lassen, sondern eher darin, Sie zu animieren, sich dieses wirklich gute Datenbanksystem unter Linux einmal selber genauer anzusehen.

Kapitel 11

Empress

Einer der Linux-Veteranen unter den Datenbankanbietern ist Empress: Weit eher als die Etablierten migrierte Empress mit seinem gleichnamigen Datenbanksystem nach Linux. Bereits im Jahre 1995 bildete Linux für Empress die primäre Entwicklungsplattform. Empress ist ein hier zu Lande relativ unbekanntes, aber dennoch sehr interessantes RDBMS [dic99], weshalb wir ihm in diesem Buch ein kurzes separates Kapitel widmen.

Empress ist speziell auf zwei Anwendungsgebiete ausgerichtet: Auf die Verarbeitung von Multimedia-Daten (so genannter *Bulk*-Daten) und für den Einsatz in Embedded Systems. Typische Anwendungen sind daher z.B. solche, bei denen Grafiken, Audio- und Videodaten oder auch Landkarten effizient verarbeitet werden, wie in der Raumfahrt, in geografischen Informationssystemen oder auch einfach im Web-Umfeld, daneben aber auch in Systemen zur Prozesssteuerung mit integrierter Datenbank.

11.1 Installation und Konfiguration

Das Empress-Datenbanksystem kann man nicht downloaden, man kann sich lediglich als Interessent für eine Testversion auf der Empress-Homepage anmelden, um dann darauf hingewiesen zu werden, dass man einen »Sales Representative« ins Haus bekommt, der einen über die Vorzüge von Empress aufklärt, um anschließend eine 30-Tage-Evaluationsversion zu übergeben. Wir haben es nicht getestet, denn wir besaßen bereits eine Version. Die Web-Site von Empress ist

```
http://www.empress.com
```

Der Vertrieb in Deutschland geschieht durch die Empress Niederlassung in Norderstedt. Sobald Sie, wie auch immer, an eine Evaluationsversion oder eine Vollversion des Empress DBMS gekommen sind, können Sie mit der Installation beginnen. Je nach Installationsumfang benötigt Empress etwa zwischen 60 und 150 MB Plattenplatz.

Empress empfiehlt dringend, die Installation nicht als *root* durchzuführen, sondern z.B. als Benutzer *empress* (der selbstverständlich vorher angelegt werden muss). Nach dem Mounten der CD-ROM und dem Anlegen eines Benutzers *empress* (oder eines anderen Accounts, dem die Empress Distributionsdateien gehören sollen) können Sie sich daher zunächst als *root* ausloggen, um sich anschließend als Benutzer *empress* bei Linux anzumelden. Wechseln Sie dann in das CD-ROM-Verzeichnis und starten ein Skript namens *install.sh*:

```
cd /cdrom
sh install.sh
```

Dieses Skript ruft dann das Installationsprogramm auf, innerhalb dessen zunächst einen kurzen Überblick über den Installationsvorgang gegeben wird, um dann einen vierzeiligen(!) Installation Key abzufragen. Bei dessen Eingabe haben Sie fünf Versuche, bevor der Installationsvorgang abbricht.

Nach dem Aufruf des Installationsprogramms startet auch der Netscape Navigator (sofern installiert), im weiteren Verlauf wird dann eine neue Version des Browsers installiert und von Empress konfiguriert. Dieser begleitet dann den weiteren Installationsvorgang. Bei der Konfiguration des neuen Browsers werden einige Empress-spezifische Einträge in den Konfigurationsdateien vorgenommen, so etwa in der *.mailcap* der *.mime.types* und der *.profile* im Heimatverzeichnis des Benutzers, der die Datenbank installiert. Gegebenenfalls sollten Sie diese Dateien vor Beginn der Installation sichern! Nach dem Testen von Empress und dessen Werkzeugen wird man sich dann möglicherweise gar dafür entscheiden, diese Einträge an zentraler Stelle vorzunehmen, damit sie für alle Nutzer zur Verfügung stehen.

Im Laufe der Installation werden automatisch einige Umgebungsvariablen gesetzt (lokal für den Besitzer der Empress-Datenbank, also z.B. in dessen *.bashrc*). Diese sind der folgenden Tabelle 11.1 zu entnehmen. Deren Bedeutung allerdings wird im Einzelnen erst im Laufe der folgenden Abschnitte klar.

Tabelle 11.1: Empress-Umgebungsvariablen und deren Default-Werte

Umgebungsvariable	Default-Wert
EMPRESSPATH	*/usr/empress/Empress/vX.X/installation*
MOZILLA_HOME	*$EMPRESSPATH/netscape*
MSPATH	*$EMPRESSPATH/rdbms*
MSHYPERPATH	*$EMPRESSPATH/hypmedia*

Tabelle 11.1: Empress-Umgebungsvariablen und deren Default-Werte

Umgebungsvariable	Default-Wert
PATH	*$PATH:$MSPATH/bin:$MOZILLA_HOME*
LD_LIBRARY_PATH	*$ LD_LIBRARY_PATH:$MSPATH/shlib*

Man findet diese Umgebungsvariablen auch in einer Datei mit Namen *environment* im Verzeichnis *$EMPRESSPATH/empinstl*. Auch diese wird man möglicherweise an zentraler Stelle definieren, damit sie für alle Nutzer gültig werden.

Benötigen Sie in Ihren Applikationen einen speziellen Zeichensatz, dann müssen Sie diesen (im Anschluss an die Installation) in der Konfigurationsdatei *$MSPATH/costum/initfile* definieren. Für den deutschen Zeichensatz sollte hier z.B. der Eintrag

```
MSNLSCODESET='latin1'
```

eingetragen werden.

Der Installationsvorgang benötigt dann geraume Zeit (je nach Hardware bis zu etwa 30 Minuten). Sämtliche Installationsschritte werden detailliert in einer Log-Datei protokolliert. Man findet diese im Verzeichnis *$EMPRESSPATH/empinstl* als Datei *install.log*. Im Laufe der Installation wird gleich auch noch ein Apache Web-Server mit installiert und rudimentär konfiguriert. Im Anschluss an die eigentliche Installation von Empress sollte man dessen Konfiguration noch per Hand durchgehen, denn hier ist beispielsweise noch der Servername in der *httpd.conf* anzupassen.

Nicht wenige Linux-Administratoren werden sich nun fragen, wozu denn ein Browser und ein Web-Server installiert wird: Die meisten werden dergleichen schon besitzen. Empress hat es sich hier unserer Ansicht nach ein wenig leicht gemacht, indem einfach alles noch einmal installiert wird, jedenfalls in der uns zugänglichen Version 8.10. Andererseits stört das alles nicht. Sie können ja zur Not zwei Web-Server betreiben, beide zu einem integrieren oder einfach die Pfade wieder umdefinieren. Beachten Sie dabei aber, dass Empress insbesondere für die integrierten Hypermedia-Komponenten die Konfiguration des Browsers und des Web-Server braucht, die bei der Installation eingestellt wird. Diese müssten also bei einem bereits existierenden Web-Server oder Web-Browser gegebenenfalls nachgetragen werden, bevor der Pfad wieder umgestellt wird.

Nach Abschluss der Installation sollte man sich noch einmal als *root* einloggen und die Empress-Binaries aus *$EMPRESSPATH/rdbms/bin* nach */usr/bin* kopieren, damit sie systemweit für alle Benutzer gültig sind. Analoges gilt für die Man-Pages:

```
cd $MSPATH/bin
cp * /usr/bin
cd ../man
cp * man1/* /usr/man/man1
```

11.2 Komponenten von Empress

In diesem Abschnitt werden wir einige ausgewählte Produktkomponenten von Empress vorstellen. Diese betreffen insbesondere den Kern des Datenbanksystems (also das RDBMS). Daneben wird allerdings auch eine Komponente namens Empress Hypermedia zur Sprache kommen, die eine einfache Entwicklung von Web-Anwendungen mit einer Empress-Datenbank im Hintergrund unterstützt. Vorher aber werden einige Varianten vorgestellt, in denen Empress-Produkte bezogen werden können.

11.2.1 Produkt-Bundles

Empress für Linux gibt es in drei Produktvarianten:

- *Empress Embedded Database Toolkit* für den Einsatz im Zusammenhang von Embedded Systems
- *Empress E-Commerce Database Toolkit* für E-Commerce-Anwendungen
- *Empress Web Database Toolkit* für die Erzeugung dynamischer, interaktiver Web-Pages mit einer Datenbank im Hintergrund

Allen drei Produkt-Bundles gemeinsam ist die Existenz des Empress RDBMS als zentraler Bestandteil sowie ODBC-Treiber insbesondere für den Zugang aus der Windows-Welt. Die Embedded-Version beinhaltet zusätzlich C und C++-Erweiterungen, die insbesondere ein rasches Prototyping ermöglichen sollen, indem sie die Integration von ANSI-SQL-Code in C/C++-Anwendungen erlauben. Die Empress Hypermedia-Komponente ist ebenso in der Web-Version und in der E-Commerce-Version enthalten. Letztere beinhaltet zusätzlich noch JDBC-Treiber. Die folgende Tabelle 11.2 gibt eine Übersicht über die in den einzelnen Versionen vorhandenen Einzelkomponenten.

Tabelle 11.2: Komponenten der einzelnen Empress-Produktversionen

Komponente	Empress Embedded Database Tollkit	Empress Web Database Toolkit	Empress E-Commerce Toolkit
RDBMS mit C-Schnittstelle	Ja	Nein	Nein
RDBMS Runtime mit SQL-Schnittstelle	Nein	Ja	Ja
ODBC (Server und Clients)	Ja	Ja	Nein
ODBC (nur Server)	Nein	Nein	Ja
Empress Hypermedia	Ja	Ja	Ja
C-Schnittstelle	Ja	Nein	Nein
C++-Schnittstelle	Ja	Nein	Nein
JDBC-Treiber (Typ-2 und Typ-4)	Nein	Nein	Ja

Die Empress Hypermedia-Komponente wird im folgenden Abschnitt noch ein wenig ausführlicher zur Sprache kommen. Sie unterscheidet sich in den drei genannten Produktversionen ein wenig im Zuschnitt. Die E-Commerce-Variante besitzt beispielsweise Schnittstellen zu XML, Perl und Tcl/Tk, die Web-Version dagegen zusätzlich noch eine PHP-Schnittstelle.

11.2.2 Das Empress RDBMS

Das Datenbank-Managementsystem von Empress ist speziell für die schnelle Verarbeitung von BLOBs ausgelegt (bei Empress heißt dies »Bulk-Daten«). Es unterstützt z. B. das Speichern von Texten variabler Länge in Tabellen (was zwar keineswegs eine revolutionäre Besonderheit ist, aber man kann es ja immerhin erwähnen), benutzerdefinierte Funktionen und Prozeduren oder auch heterogene Client/Server- oder Multi-Server-Umgebungen. Die wichtigsten Bestandteile sind:

- *EmpSQL:* Die SQL-Implementierung von Empress
- *EmpLibC* und *EmpLibC2*: C-Schnittstellen für die Datenbankmanipulation und Datenbank-Kernel-Entwicklungen
- *ESQL/C*: C-Schnittstelle für Embedded SQL
- *EmpWriter*: Ein Empress Report-Writer
- *EzSQL*: Eine grafische Oberfläche für SQL-Anweisungen
- *Empress-in One*: Eine grafische Oberfläche für unterschiedliche Empress-Produktkomponenten

Der Betrieb des RDBMS erfordert nach Angaben von Empress für Entwicklungen 32 MByte RAM, 60 MByte Plattenplatz und einen ANSI C-Compiler, für den Einsatz der Runtime-Version werden angeblich gar nur 800 KByte RAM benötigt. Man sollte diese Angaben getrost als allerunterste Grenze ansehen: Bei einer Standardinstallation einschließlich der Hypermedia-Komponente werden locker über 100 MByte Plattenplatz belegt, und wer einen halbwegs normal frequentierten Datenbankserver mit 800 KByte RAM betreibt, ist selber schuld.

11.2.3 Empress Hypermedia

Die Empress Hypermedia-Komponente unterstützt die Entwicklung von Web-Applikationen unter Einsatz einer Datenbank im Hintergrund. Der Begriff »Hypermedia« ist in den vergangenen Jahren ein wenig aus der Mode gekommen. Vergegenwärtigt man sich dessen Herkunft als Kombination aus »Hypertext« und »Multimedia«, dann wird klar, wofür Empress Hypermedia insbesondere gedacht ist, nämlich für den Einsatz von Multimedia-Daten wie Bilder, Audios oder Videos im Web-Umfeld.

Empress Hypermedia umfasst die folgenden Bestandteile:

- *EmpHTML*: Ein HTML-Toolkit
- *JumpStart*: Gateway zum Empress RDBMS
- *EmpPerl*: Perl-Schnittstelle
- *EmpTcl/Tk*: Tcl/Tk-Schnittstelle

Wir werden auch Empress Hypermedia und dessen Anwendung im folgenden Abschnitt noch begegnen. Die Hypermedia-Komponente benötigt nach Angaben von Empress ein Minimum von 16 MByte Speicher und 50 MByte Plattenplatz sowie TCP/IP als Netzwerkprotokoll. TCP/IP ist bei Linux selbstverständlich; die anderen Werte und hier insbesondere den Hauptspeicherbedarf sollte man wiederum als aller unterste Grenze ansehen und je nach Anwendungssituation lieber großzügiger dimensionieren.

11.3 Anwendung

Empress ist ausführlich in englischer Sprache dokumentiert, eine gedruckte Dokumentation gibt es allerdings nur gegen Aufpreis. Gleich nach dem Start von Empress mit Hilfe der Anweisung

```
empress
```

öffnet sich der Navigator mit einer ausführlichen HTML-Dokumentation aller Funktionen des Datenbanksystems [dic99]. Eine gute Beschreibung der Grundlagen und der Spezifika von Empress-SQL findet sich dabei unter dem Button *Getting Started*. Die Kommandozeilenbefehle von Empress sind in Form von Man-Pages dokumentiert.

11.3.1 SQL-Oberflächen

Die meisten Datenbankoperationen können bei Empress sowohl in der Kommandozeile als auch mit Hilfe der EzSQL-Oberfläche an die Datenbank geschickt werden, wobei im letzteren Fall der SQL-Code nicht sichtbar ist. Eine Datenbank mit Namen *test* wird von der Kommandozeile aus mit Hilfe der folgenden Beispielanweisung angelegt werden:

```
empmkdb -shmem 0x50000000 test
```

In diesem Fall würde die Datenbank in einem Unterverzeichnis namens *test* unterhalb des aktuellen Verzeichnisses angelegt, und es würde die Basisadresse 0x50000000 für Shared-Memory benutzt. Empress wird dann diverse Binärdaten in dem neuen Unterverzeichnis ablegen. Um anschließend SQL-Anweisungen an die neue Datenbank schicken zu können, bietet Empress u.a. das zeilenorientierte Werkzeug EmpSQL an. Der Aufruf erfolgt einfach durch die Anweisung

```
empsql
```

Von diesem Utility aus kann man jetzt SQL-Anweisungen an die Datenbank schicken, z. B. diese

```
CREATE TABLE Person(
  Vorname CHAR(40),
  Name CHAR(40),
  Geburtsdatum Date(1),
  Lebenslauf NLSTEXT
);
```

Im obigen Beispiel begegnet uns eine Besonderheit von Empress, nämlich der Typ NLSTEXT. Neben dem Typ TEXT dient dieser der Speicherung großer Textblöcke.

Nach diesen Vorbereitungen kann jetzt auf die folgende Weise ein Datensatz in die neue Relation eingefügt werden:

```
INSERT INTO Person VALUES(
   'Peter',
   'Meier',
   '31 August 1965',
   DIRECT_FROM '/home/hans/empress_data/lebenslauf_meier'
);
```

Das Schlüsselwort *DIRECT_FROM* bewirkt dabei, dass die Datei *lebenslauf_meier* direkt aus dem angegebenen Verzeichnis in die Datenbank geladen wird. Den Typ *Date* übrigens gibt es bei Empress in etwa zehn unterschiedlichen Formaten, beim Anlegen der Tabelle haben wir »das erste« davon gewählt.

Bemerkenswert bei EmpSQL ist die Möglichkeit, dass man sich nach dem Verbinden mit einer Datenbank mit Hilfe der Anweisung

```
HELP [SQL-Anweisung]
```

zu jedem SQL-Befehl eine Inline-Hilfe über dessen Syntax und Semantik ausgeben lassen kann.

Der Autor dieses Kapitels ist weiß Gott kein Freund grafischer Oberflächen, bei denen man oftmals nicht recht versteht, was darunter stattfindet. Im Falle von Empress allerdings ist die Benutzung der Kommandozeile vielfach sehr mühsam, insbesondere wenn man komplexe Pfade zu BLOBs oder Textdateien einzutippen hat. Ferner ist die Syntax von Empress-SQL ein wenig gewöhnungsbedürftig. Sehr nützlich ist daher in vielen Fällen die grafische EzSQL-Oberfläche, mit deren Hilfe recht bequem Datenbankoperationen durchgeführt werden können. Das Anlegen einer neuen Datenbank geschieht dabei beispielsweise wie in Abbildung 11.1 dargestellt.

Das Einfügen eines Datensatzes geschieht auf ähnlich intuitive Weise, wie die Abbildung 11.2 zeigt.

Auf ähnliche Weise lassen sich auch zahlreiche weitere Datenbankoperationen mit Hilfe dieser schönen grafischen Oberfläche unter Linux ausführen. Die Zeiten, in denen Linux-Anwendungen nur von Betriebssystemspezialisten von der Konsole aus mit Hilfe von (aus der Sicht weniger kenntnisreicher Benutzer) kryptischer Befehle bedient werden konnten, scheinen in der Tat der Vergangenheit anzugehören!

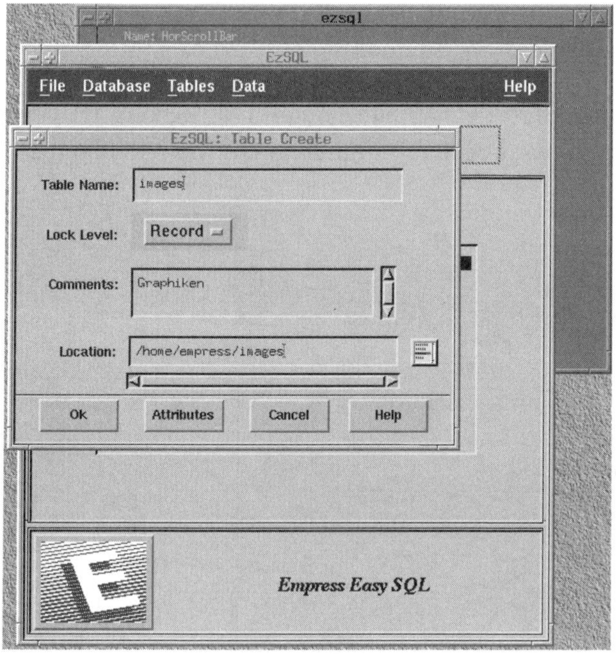

Abb. 11.1: Das Anlegen einer Tabelle mit Hilfe von EzSQL

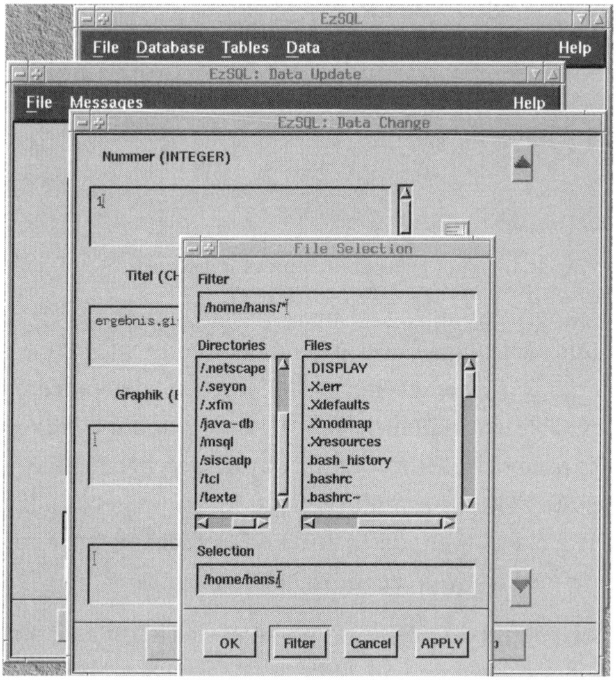

Abb. 11.2: Einfügen eines Datensatzes mit Hilfe von EzSQL

11.3.2 Administration mit Hilfe von Hypermedia

Ein auch für administrative Zwecke recht nützliches Tool ist Empress Hypermedia, und hier insbesondere die *Jumpstart*-Komponente. Damit läßt sich ein Empress DBMS auch leicht über den Browser remote administrieren. Die Abbildung 11.3 vermittelt einen Eindruck:

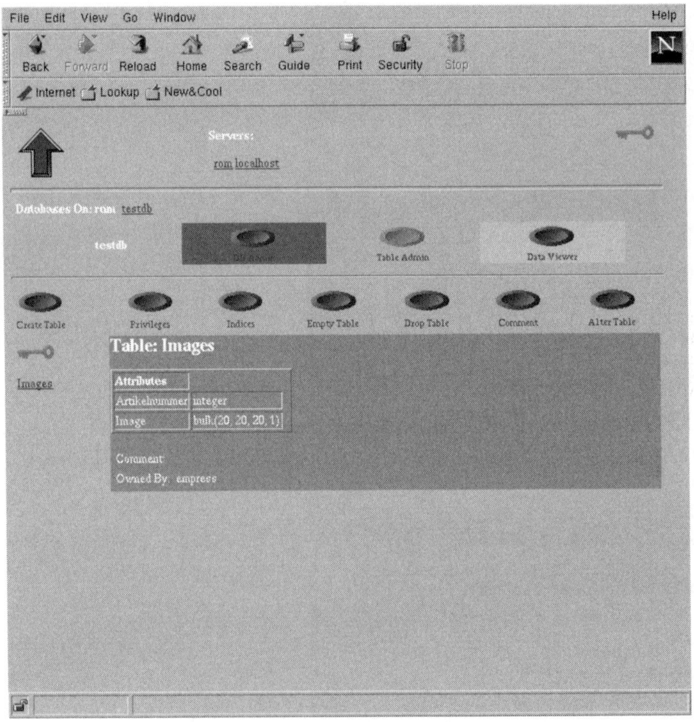

Abb. 11.3: Remote-Datenbankadministration mit Hilfe vom Empress Hypermedia

Mit Empress Hypermedia lassen sich beispielsweise Benutzer und Privilegien verwalten, Tabellen anlegen und mit Daten versehen, Tabellen löschen oder entleeren oder auch einfach nur ansehen. Selbstverständlich kann all dies auch mit Hilfe von SQL-Anweisungen von der Kommandozeile (bzw. EmpSQL) aus geschehen, und in der Unix/Linux-Welt bedeutet »Remote« ja eigentlich nichts Weltbewegendes: Ein *telnet* oder *rlogin* ist schnell hergestellt. Wer aber grafische Oberflächen der Kommandozeile vorzieht, der wird für solche Werkzeuge sicher dankbar sein.

Die Installation von Empress Hypermedia allerdings gestaltet sich nicht sehr einfach, denn die Netzwerkverbindungen werden mit Hilfe des Apache-Servers in Verbindung mit ODBC realisiert. Dazu ist insbesondere die Konfiguration des ODBC-

Servers vorzunehmen. Bei der Standardinstallation von ODBC legt Empress eine Beispieldatenbank namens *testdb* an, deren Konfiguration in den Dateien *odbc.conf* und *odbc.ini* nachgesehen werden kann. Diese können als Muster genommen werden, um sie an die eigenen Bedürfnisse anzupassen.

Der Browser greift dann mit Empress Hypermedia auf ein CGI-Skript beim Apache-Server zu und übergibt seine via ODBC definierte Datenquelle. Der Datenbankserver greift auf diese zu und führt die gewünschte SQL-Operation aus. Ein eventuelles Anfrageergebnis wird anschließend auf ähnliche Weise an den Client zurück geliefert.

11.4 Empress SQL

Empress bgreift sich nicht als Konkurrenz zu den etablierten Anbietern relationaler Datenbanken wie Oracle, Sybase, Informix etc., sondern ist spezialisiert auf den Einsatz in Embedded Systems und im Umfeld von Multimedia-Daten. Dadurch bedingt besitzt Empress auch eine SQL-Syntax, die gewöhnungsbedürftig ist. Wir werden in diesem Abschnitt die wichtigsten SQL-Befehle von Empress kurz vorstellen. Dabei werden auch einige EmpSQL-Kontrollkommandos vorkommen. Aus Platzgründen können wir hier keineswegs die vollständige Syntax der Empress-SQL-Anweisungen abdrucken; die folgenden Tabellen sollen Ihnen lediglich eine Übersicht vermitteln, nähere Informationen finden Sie beispielsweise in den bereits erwähnten Empress-Dokumentationen.

Wir beginnen mit den DML-Kommandos (DML = *Data Manipulation Language*) von Empress. Die folgende Tabelle 11.3 gibt eine Übersicht.

Tabelle 11.3: DML-Operationen von Empress

SQL-Anweisung	Bedeutung
DELETE	Entfernt Datensätze aus einer Relation
EMPTY	Entleert eine Relation vollständig
INSERT	Fügt Datensätze in eine Relation ein
SELECT	Fragt Informationen aus einer Relation ab. Bei der SELECT-Anweisung kennt Empress wie üblich unterschiedliche Grade der Komplexität, wie beispielsweise Joins zwischen mehreren Relationen
UPDATE	Modifiziert bestehende Datensätze innerhalb einer Relation

Bei DELETE-, UPDATE- und SELECT-Anweisungen kann selbstverständlich eine WHERE-Klausel benutzt werden. Die Tabelle 11.4 beinhaltet die DDL-Kommandos (DDL = *Data Definition Language*) von Empress.

Tabelle 11.4: Die DDL-Kommandos von Empress

SQL-Anweisung	Bedeutung
ALTER TABLE	Verändert die Struktur einer bestehenden Relation
CREATE TABLE	Erzeugt eine neue Tabelle
DISPLAY DATABASE	Zeigt alle Tabellen in der spezifizierten Datenbank
DISPLAY TABLE	Liefert die Struktur der spezifizierten Tabelle
DROP TABLE	Löscht die spezifizierte Relation aus der Datenbank
RENAME	Benennt eine Tabelle oder ein Attribut um. Dies ist bemerkenswert, denn die meisten DBMSe können das nicht!
CREATE RANGE CHECK	Überprüft die Wertebereiche einzelner Attribute (*semantische Integriät*)
DROP RANGE CHECK	Entfernt die Überprüfung der Wertebereiche
CREATE REFERENTIAL	Erzeugt einen Fremdschlüssel für ein Attribut oder eine Attributkombination
DROP REFERENTIAL	Entfernt einen Fremdschlüssel
CREATE VIEW	Erzeugt ein View auf einer oder auf mehreren Tabellen
DROP VIEW	Löscht ein bestehendes View

Die Tabelle 11.5 schließlich gibt einen Überblick über die DCL-Anweisungen (DCL = *Data Control Language*) von Empress-SQL.

Tabelle 11.5: DCL-Kommandos von Empress-SQL

SQL-Anweisung	Bedeutung
CREATE COMMENT	Legt einen Kommentar auf eine Relation oder ein Attribut
DROP COMMENT	Löscht einen Kommentar
CREATE INDEX	Erzeugt einen Index für einen schnelleren Zugriff auf ausgewählte Attribute
DROP INDEX	Entfernt einen Index
DISPLAY PRIVILEGE	Zeigt die Zugriffsprivilegien für eine spezifizierte Tabelle
DISPLAY GRANT PRIVILEGE	Zeigt GRANT-Optionen auf einer Tabelle
GRANT PRIVILEGE	Vergibt oder verändert ein Privileg auf eine Tabelle oder einzelne Attribute
REVOKE PRIVILEGE	Entzieht ein Privileg

Tabelle 11.5: DCL-Kommandos von Empress-SQL

SQL-Anweisung	Bedeutung
LOCK LEVEL	Definiert das Lock Level für eine Tabelle
LOCK TABLE	Sperrt eine Tabelle im Rahmen einer Transaktion für Zugriffe anderer Benutzer
SORT	Sortiert eine Tabelle bezüglich einem oder mehreren Attributen
START WORK	Beginnt eine Transaktion
COMMIT WORK	Beendet eine Transaktion, indem die Änderungen wirksam gemacht werden
ROLLBACK	Beendet eine Transaktion, indem die Änderungen verworfen werden
SAVEPOINT	Setzt einen Savepoint für geschachtelte Transaktionen
DISPLAY WORK	Gibt den Status der gegenwärtigen Transaktion zurück

Damit ist die Beschreibung der »eigentlichen« SQL-Syntax von Empress abgeschlossen. Wie Sie sehen, ist wenig Weltbewegendes darunter, allerdings fehlt auch keine wichtige Eigenschaft. Wir wenden uns jetzt noch den Kontrollanweisungen von EmpSQL zu. Dies sind Kommandos, die das Werkzeug selber kontrollieren, nicht die Datenbank. Wir stellen die Anweisungen und deren Wirkung wieder in einer Tabelle zusammen.

Tabelle 11.6: Kontrollanweisungen für EmpSQL

Anweisung	Wirkung
CHANGE WORD	Erlaubt eine einfache Alternierung zu Kommandos
DATABASE	Zeigt die aktuelle Datenbank oder ändert die Datenbankverbindung
DO	Führt Linux-Kommandos aus
EDIT	Startet einen einfachen Texteditor zur Manipulation von SQL-Anweisungen
EXIT	Beendet EmpSQL
HELP	Zeigt eine Inline-Hilfe zur Syntax und Semantik eines spezifizierten SQL-Kommandos
HOLD	Überprüft eine Anweisung, ohne sie auszuführen, oder liefert frühere Kommandos zurück
RECALL	Liefert eine Liste der früheren SQL-Anweisungen
RUN	Führt eine frühere SQL-Anweisung erneut durch oder führt eine in einer Datei gespeicherte Anweisung aus

Tabelle 11.6: Kontrollanweisungen für EmpSQL

Anweisung	Wirkung
SET	Erlaubt das Setzen genereller Variablen
SHOW	Zeigt den Wert einer Variablen
STORE	Speichert einen SQL-Befehl auf Betriebssystemebene
UNSET	Entfernt Variablen

11.5 Zusammenfassung

Im Windschatten der Großen bewährt sich Empress seit geraumer Zeit als ein Datenbankanbieter, der eine Nische in den Bereichen Embedded Systems und Multimedia-Daten belegt und der sehr früh auf Linux als Hauptplattform setzte. In diesem Kapitel haben wir versucht, Ihnen das Empress DBMS ein wenig näher zu bringen. Nach der Beschreibung der Installation und Konfiguration sind wir auf einige ausgewählte Komponenten dieses RDBMS eingegangen, um anschließend deren Benutzung anhand von Beispielen zu demonstrieren. Abschließend wurden noch die Spezifika von Empress-SQL aufgelistet und die Benutzung des EmpSQL-Werkzeugs sowie deren Kontrollanweisungen vorgestellt.

Kapitel 12

Ausgewählte andere Datenbanken

In den vorherigen Kapiteln haben wir insgesamt sieben relationale Datenbanksysteme unter Linux einer mehr oder weniger genauen Betrachtung unterzogen. In diesem kurzen Kapitel wollen wir noch kurz zwei weitere ausgewählte relationale Datenbanken vorstellen, die für Linux erhältlich sind. Zum einen die freie PostgreSQL-Datenbank, die in jüngerer Zeit zunehmend Beachtung findet, und zum anderen (in kürzerer Form) den – insbesondere bezogen auf das Mainframe-Umfeld – Giganten DB2 von IBM.

12.1 PostgreSQL

PostgreSQL ist – was die Umsetzung des ANSI-92-SQL-Standards angeht – der fortgeschrittenste Open-Source-Datenbankserver. PostgreSQL ist objektrelational und wird von einem Team von Programmierern rund um den Erdball entwickelt. Der Ursprung von PostgreSQL geht auf das an der kalifornischen Universität Berkeley entwickelte Ingres zurück (Ingres steht heute als kommerzielles Produkt zur Verfügung). In der Universität Berkeley wurde der ursprüngliche Code zu Postgres weiterentwickelt. Auch dieser Code wurde kommerzialisiert: zunächst in der Datenbank Illustra. Illustra wurde später aufgekauft, und der Postgres-Code fand Eingang in die Datenbank Informix. Postgres wurde zunächst von zwei Berkeley-Studenten als Postgres95 fortgeführt: Ihr besonderes Verdienst ist die SQL-Implementierung. Im Sommer 1996 – Postgres wurde zu diesem Zeitpunkt nicht mehr von Berkeley aus gepflegt – formierte sich ein Entwicklerteam und machte sich die Weiterentwicklung von Postgres, das seitdem PostgreSQL heißt, zur Aufgabe.

PostgreSQL ist für kommerzielle wie nicht kommerzielle Anwendungen frei verfügbar. Was PostgreSQL gegenüber Datenbanken wie MySQL auszeichnet, ist die vollständige Transaktionssicherung (einschließlich COMMIT/ROLLBACK). Der ANSI SQL92-Standard wird fast vollständig erfüllt. Sub-SELECTs, Trigger, Views und Rollen sind ebenfalls implementiert. PostgreSQL verfügt über eine prozedurale Programmiersprache (PL/pgSQL), die Oracles PL/SQL sehr ähnelt. Darüber hinaus bietet dieses DMBS einige Features wie benutzerdefinierte Typen und Vererbung welche die meisten anderen DBMS nicht vorhalten.

PostgreSQL ist derzeit lange nicht so weit verbreitet wie MySQL (und selbstverständlich erst recht nicht wie Oracle), wird aber zunehmend beachtet (so wird es seit einiger Zeit in allen wichtigen Distributionen mitgeliefert) und besprochen. PostgreSQL war lange ein Opfer der allgemeinen Auffassung, es handele sich bei diesem DBMS um ein akademisches Spielzeug, das für die reale Welt viel zu kompliziert sei. Das stimmt nicht (zumindest nicht mehr)! Es sei die Prognose gewagt, dass dieses DBMS wegen seines konsistenten Designs und seiner herausragenden Fähigkeiten im Open-Source-Bereich eine große Zukunft vor sich hat.

Derzeit ist der einzige ernsthafte Konkurrent für PostgreSQL im Open-Source-Bereich MySQL. Die Stärken von MySQL liegen in der hohen Geschwindigkeit und den erprobten und einfachen Möglichkeiten, es als Backend für Datenbankapplikationen im Web zu betreiben. In diesem Anwendungsfeld, in dem viele gleichzeitige Schreibzugriffe eher selten sind, bietet MySQL gegenüber PostgresSQL eindeutig Vorteile. In anderen Anwendungen, z. B. im Geschäftsbereich, bei der Verwaltung von Personal- und Finanzdaten kleiner und mittlerer Größe etwa, bei denen sich die geringere Geschwindigkeit nicht oder kaum auswirkt und bei denen aber die Sicherheit essenziell ist, die Transaktionen geben, ist PostgreSQL das DBMS der Wahl, sofern man sich nicht für ein kommerzielles Produkt wie Oracle oder Sybase entscheidet.

Lange Zeit bereitete die rudimentäre Dokumentation größere Schwierigkeiten und verhinderte eine stärkere Verbreitung. Inzwischen hat aber das »PostgreSQL-Documentation-Project« erfolgreich seine Arbeit aufgenommen und eine umfangreiche HTML-basierte Dokumentation erstellt. Es existieren sogar zwei deutschsprachige FAQs. Eine große Hilfe für den Einsteiger ist sicherlich auch das online verfügbare Buch von Bruce Momjian: »PostgreSQL: Introduction and Concepts« (`http://www.postgresql.org/docs/awbook.html`).

12.1.1 Installation

PostgreSQL ist per ftp erhältlich von *ftp.postgresql.org* oder dessen deutschen Mirror (*ftp.gigabell.net*). Wir zeigen nachfolgend die Installation der Version 7 (Release Candidat). Diese ist zwar noch nicht offiziell frei-gegeben. Wenn Sie diese Zeilen lesen, dürfte dies aber der Fall sein.

Bevor mit der Installation begonnen wird, sollte man sich zunächst versichern, dass nicht eine ältere PostgreSQL-Version bereits installiert ist (z. B. *mit locate postgres pgsql*). Es wird berichtet, dass man sich *erhebliche Schwierigkeiten* einhandeln kann, wenn alte Versionen nicht zuvor rückstandsfrei entfernt werden. Werden Sie tatsächlich fündig, sollten Sie – wenn irgend möglich – die installierte Version mit Hilfe des Packet-Managers Ihrer Distribution entfernen. Bei RPM-Paketen kann eine verdächtige Datei z. B. mit *rpm -qf dateiname* enttarnt werden. Der Befehl gibt den Namen des RPM-Archivs aus, dem die Datei entstammt. Mit *rpm --erase archivname* kann hernach das Archiv entfernt werden. Falls Sie eine bereits bestehende Installation upgraden wollen (weil schon Daten vorhanden sind), lesen Sie unbedingt die Datei *INSTALL*! Im Folgenden gehen wir davon aus, dass noch keine PostgreSQL-Installation durchgeführt wurde.

Zunächst muss ein Linux-Account für den Datenbankadministrator eingerichtet werden (üblicherweise *postgres* in einer gleichnamigen Gruppe). Die Installation muss nicht als User *postgres* durchgeführt werden. Wenn es notwendig ist, sich als *postgres* einzuloggen, werden Sie darauf hingewiesen. Als Nächstes muss die übliche Prozedur (*configure, make, make install*) durchgeführt werden. Wenn Sie sich bei der Datensicherung das Leben leichter machen wollen, sorgen Sie mit der Option *-localstatdir=DATADIR* dafür, dass die Daten dort abgelegt werden, wo in Ihrer Distribution üblicherweise Nutzerdaten stehen. Im Beispiel sollen die Daten nach */var/lib/pgsql* geschrieben werden. Wir legen das entsprechende Verzeichnis also an, wechseln nach */usr/local/pgsql/src* und rufen das Konfigurationsskript auf:

```
mkdir /var/lib/pgsql
chown postgres:postgres /var/lib/pgsql
cd src
./configure --localstatedir=/var/lib/pgsql\
            --with-perl
```

Wenn Sie das Perl-Interface mit installieren (Option *--with-perl*), können Sie später die Perl-API nutzen und z. B. mit Hilfe des Perl-DBI auf PostgreSQL zugreifen. Da die Perl-Module ins Perl Library Directory (häufig */usr/lib/perl* oder */usr/lib/perl5*) installiert werden, benötigen Sie in diesem Fall zur Installation *root*-Rechte. Nach der Konfiguration muss die Source kompiliert werden. Sollte zwischendurch etwas schief gehen und Sie wollen erneut konfigurieren und kompilieren (z. B. nachdem Sie Pfade verändert haben), dann löschen Sie sicherheitshalber die Datei *config.cache* und führen ein *make clean* aus!

```
make
make install
```

Einige Warnungen, die während der Kompilierung über den Bildschirm huschen, kann man im Allgemeinen ignorieren. Nach einer erfolgreichen Kompilierung und Installation erscheint die Meldung:

```
Thank you for choosing PostgreSQL,
the most advanced open source database engine.
```

Als Nächstes müssen Sie Ihrem Betriebssystem mitteilen, wo es die Shared Libraries finden kann. Dazu können Sie die entsprechenden Environment-Variablen setzen, indem Sie z.B. Folgendes eingeben:

```
export LD_LIBRARY_PATH=
$LD_LIBRARY_PATH:/usr/local/pgsql/lib
```

Es ist sinnvoll, diese Anweisungen auch in die */etc/profile* abzulegen (bzw. in einer Datei, die von */etc/profile* eingelesen wird, z.B. */etc/profile.local*). Bei manchen Linux-Distributionen ist es auch erforderlich, den Pfad zu den Bibliotheken in die Datei */etc/ld.so.conf* einzutragen. Allerdings neigen manche Linux-Zusammenstellungen dazu, bei Updates diese Datei zu überschreiben. Nachdem Sie die Zeile */usr/local/pgsql/lib* in den LD_LIBRARY_PATH eingetragen haben, müssen Sie */sbin/ldconfig* ausführen (als *root*), damit die Änderung auch wirksam wird.

Als Nächstes ist die Datenbankinstallation durchzuführen. Dazu muss der Benutzer *postgres* das Datenbank-Initialisierungsskript aufrufen:

```
/usr/local/pgsql/bin/initdb \ -D /var/lib/pgsql
```

Mit der Option *-D* wird das Datenverzeichnis angegeben, das zuvor angelegt wurde (oder jetzt angelegt werden und dem Benutzer *postgres* gehören muss). Sie sollten nun eine Erfolgsmeldung in etwa folgender Form erhalten:

```
This database system will be initialized with
  username "postgres".
This user will own all the data files and must also
  own the server process.
Fixing permissions on pre-existing data directory
  /var/lib/pgsql
Creating database system directory /var/lib/pgsql/base
Creating database XLOG directory /var/lib/pgsql/pg_xlog
Creating template database in
```

```
  /var/lib/pgsql/base/templatel
Creating global relations in /var/lib/pgsql/base
Adding templatel database to pg_database

Creating view pg_user.
Creating view pg_rules.
Creating view pg_views.
Creating view pg_tables.
Creating view pg_indexes.
Loading pg_description.
Vacuuming database.

Success. You can now start the database server using:
        ./postmaster -D /var/lib/pgsql
or
        ./pg_ctl -D /var/lib/pgsql start
```

Die in der Ausgabe genannten Startbefehle funktionieren nur dann, wenn zuvor ein *cd /usr/local/pgsql/bin* ausgeführt wurde. Es ist ferner sinnvoll, zusätzlich die Option *-s* anzugeben, damit der Server im Hintergrund gestartet wird. Die Opton *-i* erlaubt den Netzwerkzugriff. Dieser wird auch dann benötigt, wenn mit anderen als dem Standard-PostgreSQL-Client auf die Datenbank zugegriffen werden soll:

```
/usr/local/pgsql/bin/postmaster -i -S -D /var/lib/pgsql
```

Zum Schluss sollte noch die Dokumentation installiert werden. Hierzu muss innerhalb des Installationsverzeichnisses in das *doc*-Verzeichnis gewechselt und *make install* (als *root*) ausgeführt werden:

```
cd /usr/local/src/postgresql-7.0RC1/doc
make
```

Die Dokumentation befindet sich nun in */usr/local/pgsql/doc*. Damit ist die grundlegende Installation abgeschlossen. Wenn die Installation nicht nur zu Testzwecken erfolgt, sondern im Dauerbetrieb genutzt werden soll, empfehlen sich einige weitere Maßnahmen: Anlegen von Links (*ln -s*) für häufig verwendete Binaries im Pfad (z.B. in */usr/local/bin*), Aufnahme des Man-Verzeichnisses in den Manual-Pfad (*$MANPATH*), Erstellung eines Start-/Stopskripts, mit dem der Datenbankserver beim Systemstart automatisch gestartet und beim Shutdown automatisch heruntergefahren wird. Dies alles aber soll hier nicht im Detail besprochen werden.

12.1.2 Anwendung

Um mit PostgreSQL arbeiten zu können, muss selbstverständlich zunächst eine Datenbank angelegt werden. Dies geschieht mit dem Befehl *createdb*. Anschließend kann durch Aufruf des PostgreSQL-Client *psql* Kontakt mit der neu erstellten Datenbank aufgenommen werden.

```
/usr/local/pgsql/bin/createdb software
/usr/local/pgsql/bin/psql software
```

Der PostgreSQL-Client begrüßt Sie daraufhin mit folgendem Bildschirm:

```
Welcome to psql, the PostgreSQL interactive terminal.
Type:  \copyright for distribution terms
       \h for help with SQL commands
       \? for help on internal slash commands
       \g or terminate with semicolon to execute query
       \q to quit software=#
```

Durch Eingabe von *\?* offenbart psql seine umfangreichen Features, durch Eingabe von *\h* kann man sich einen Überblick über die zur Verfügung stehenden SQL-Statements verschaffen. psql verwendet die GNU-Readline-Bibliothek (Näheres hierzu: *man readline*). Viele der von der bash bereits vertrauten Befehle (wie die Pfeiltasten, *Strg-r* zum Suchen in der History, *TAB*, um einen angefangenen Befehlsnamen zu expandieren etc.) können auch hier benutzt werden.

Sehr schön sind auch die Hilfsmöglichkeiten, welche die Hilfe bietet: Das einfache *\h* zeigt alle verfügbaren SQL-Statements:

```
ABORT              CREATE TRIGGER   FETCH
ALTER GROUP        CREATE TYPE      GRANT
ALTER TABLE        CREATE USER      INSERT
ALTER USER         CREATE VIEW      LISTEN
BEGIN              DECLARE          LOAD
CLOSE              DELETE           LOCK
CLUSTER            DROP AGGREGATE   MOVE
COMMENT            DROP DATABASE    NOTIFY
COMMIT             DROP FUNCTION    REINDEX
COPY               DROP GROUP       RESET
CREATE AGGREGATE   DROP INDEX       REVOKE
```

```
CREATE CONSTRAINT  DROP LANGUAGE    ROLLBACK
      TRIGGER
CREATE DATABASE    DROP OPERATOR    SELECT
CREATE FUNCTION    DROP RULE        SELECT INTO
CREATE GROUP       DROP SEQUENCE    SET
CREATE INDEX       DROP TABLE       SHOW
CREATE LANGUAGE    DROP TRIGGER     TRUNCATE
CREATE OPERATOR    DROP TYPE        UNLISTEN
CREATE RULE        DROP USER        UPDATE
CREATE SEQUENCE    DROP VIEW        VACUUM
CREATE TABLE       END
CREATE TABLE AS    EXPLAIN
```

Die Eingabe von *\h sql_befehl* gibt weitere Hilfestellung. So führt z. B. die Eingabe von *\h CREATE TABLE* zu folgender Hilfestellung:

```
Command:     CREATE TABLE
Description: Creates a new table
Syntax:
CREATE [ TEMPORARY | TEMP ] TABLE table (
    column type
    [ NULL | NOT NULL ] [ UNIQUE ] [ DEFAULT value ]
    [column_constraint_clause | PRIMARY KEY } [ ... ] ]
    [, ... ]
    [, PRIMARY KEY ( column [, ...] ) ]
    [, CHECK ( condition ) ]
    [, table_constraint_clause ]
    ) [ INHERITS ( inherited_table [, ...] ) ]
```

Die folgende Tabelle 12.1 gibt eine Übersicht über die verfügbaren PostgreSQL-Befehlssequenzen.

Tabelle 12.1: Übersicht über die Kommandos von PostgreSQL

PostgreSQL-Client psql: Ausgewählte Befehle		
Kürzel	Aufgabe	Erläuterungen
\p	Drucken	
\g oder ;	»go«, ausführen	Führt ein SQL-Statement aus.
\q	»quit«, beenden	Beendet den Client.
\e	editieren	Verwendet den Editor $EDITOR zum Editieren des SQL-Statements.

Tabelle 12.1: Übersicht über die Kommandos von PostgreSQL

<table>
<tr><th colspan="3">PostgreSQL-Client psql: Ausgewählte Befehle</th></tr>
<tr><th>Kürzel</th><th>Aufgabe</th><th>Erläuterungen</th></tr>
<tr><td>\E</td><td>Editieren + Ausführen</td><td>Nach Beendigung des Editors wird das Statement ausgeführt.</td></tr>
<tr><td>\?</td><td>Client-Hilfe</td><td>Hilfe zum Client.</td></tr>
<tr><td>\h</td><td>SQL-Hilfe</td><td>Verfügbare SQL-Statements.</td></tr>
<tr><td>\h sql_statement</td><td>SQL Hilfe</td><td>Gibt eine genaue Syntaxbeschreibung des SQL-Statements sql_statement.</td></tr>
<tr><td>\i</td><td>SQL-Statements aus Datei einlesen</td><td>Liest eine Datei mit SQL-Statements ein und führt diese aus.</td></tr>
<tr><td>\o dateiname</td><td>SQL-Statements in Datei schreiben</td><td>Schreibt die Ausgaben der folgenden SQL-Direktive nicht mehr auf den Bildschirm, sondern in die Datei dateiname. Ein \o ohne folgenden Dateinamen oder Befehl hebt die Umleitung auf.</td></tr>
<tr><td>\o kommando</td><td>Ausgabe in Kommando</td><td>Piped die Ausgabe eines SQL-Statements in das Programm kommando (z.B. less). Ein \o ohne folgenden Dateinamen oder Befehl hebt die Umleitung auf.</td></tr>
<tr><td>\s</td><td>zeigt die History</td><td>Zeigt die History; alle Befehle, die im PostgreSQL-Client abgeschickt wurden.</td></tr>
<tr><td>\s dateiname</td><td>sichert die History</td><td>Schreibt die History in die Datei dateiname.</td></tr>
<tr><td>\!</td><td>Shell starten</td><td>Startet eine Subshell; nach Ausführung von Kommandos gelangen Sie mit exit wieder in den Client.</td></tr>
<tr><th colspan="3">Informationen zu Datenbanken, Tabellen usw.</th></tr>
<tr><td>\l</td><td>zeigt Datenbanken</td><td>Zeigt alle verfügbaren Datenbanken.</td></tr>
<tr><td>\c dbname</td><td>»connect« Datenbank</td><td>Wechselt zur Datenbank dbname.</td></tr>
<tr><td>\d</td><td>»describe«</td><td>Ohne weitere Optionen zeigt dieser Befehl alle Tabellen, Sequenzen und Indizes einer Datenbank.</td></tr>
<tr><td>\d tabelle
\d view
\d index
\d sequenz</td><td>zeigt Informationen zu Tabellen, Views, Indizes, Sequenzen</td><td></td></tr>
<tr><td>\di, \df, \do, \da, \ds, \dS</td><td>zeigt Objekte</td><td>Listet alle Indizes, Funktionen, Operatoren, Aggregate, Sequenzen, Systemtabellen.</td></tr>
<tr><th colspan="3">Optionen für die Ausgabe</th></tr>
<tr><td>\f <sep></td><td>Feldseparator</td><td>Hier kann ein anderer Feldseparator angegeben werden (z.B. |).</td></tr>
<tr><td>\H</td><td>HTML-Ausgabe</td><td>Produziert eine Ausgabe mit HTML-Tabellen (<table>). Ein Erneuter Aufruf stellt wieder zurück auf Standardausgabeformat.</td></tr>
</table>

Für ein Testen von PostgreSQL fehlt jetzt nur noch eine Beispieldatenbank. Sofern z. B. ein SQL-Dump einer einfachen Datenbank vorliegt, kann man ihn einfach mit Hilfe des Befehls *\i* importieren:

```
psql> \i PostgreSQL-software.sql
```

12.1.3 Grafische Clients

Abschließend möchten wir noch kurz auf einige grafische Clients für PostgreSQL eingehen. Sofern Sie ohnehin planen, PHP zu installieren (bzw. PHP bereits installiert ist), kann das Tool *Postgresadmin* empfohlen werden. *Postgresadmin* ist eine Adaption von *phpMyAdmin* von MySQL auf PostgreSQL. *Postgresadmin* besteht aus einer Sammlung von PHP-Skripten und ermöglicht die einfache Administration des DBMS über einen Web-Browser. *Postgresadmin* besitzt nicht ganz den Funktionsumfang wie *phpMyAdmin* für MySQL, die grundlegenden Features sind aber komplett und in gleicher Weise implementiert. Zur Installation und Verwendung von *Postgresadmin* verweisen wir daher auf den betreffenden Abschnitt in Kapitel 9. Die erweiterte Authentifizierung ist in *Postgresadmin* nicht implementiert; es muss daher das Standardverfahren verwendet und das Verzeichnis durch Web-Server-Direktiven entsprechend geschützt werden (im genannten Kapitel zu phpMyAdmin wurde das Verfahren ausführlich beschrieben).

Zur Administration von PostgreSQL eignet sich sehr gut auch *kSQL*. Dieses Werkzeug ist gerade auch dann besonders attraktiv, wenn Sie gleichzeitig mit MySQL arbeiten. Es besteht in diesem Fall die Möglichkeit, unter einer einheitlichen Benutzerschnittstelle gleichzeitig auf MySQL und PostgreSQL-Datenbanken zuzugreifen. Zur Installation und Verwendung verweisen wir wiederum auf Kapitel 9. Über die dort beschriebene Installationsprozedur hinaus müssen Sie lediglich das entsprechende Plug-in installieren. Die Installation aus der Source ist unproblematisch (eventuell müssen die Pfade in der Datei *Makefile* angepasst werden, die entsprechenden Eintragungen befinden sich am Anfang der Datei und sind durch entsprechende Kommentare dokumentiert).

Als Letztes soll auf *PgAccess*, eine Speziallösung für PostgreSQL, hingewiesen werden. PgAccess ist ein Tcl/Tk-Widget, Tcl/Tk muss also auf Ihrem System installiert sein oder werden, bevor mit *PgAccess* gearbeitet werden kann. *PgAccess* bietet in etwa den Funktionsumfang, den die beiden vorgenannten grafischen Clients auch bieten. Zusätzlich können mit PgAccess grafische Formulare erstellt werden. Für visuell orientierte Gemüter mag auch die Fähigkeit von *PgAcess* interessant sein, Queries mit Hilfe eines »Visual Query Designers« zu formulieren (siehe Abbildung 12.1).

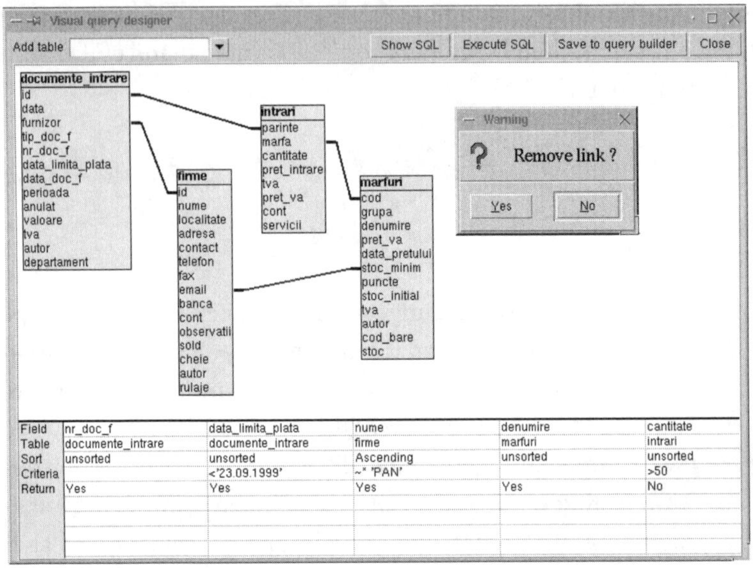

Abb. 12.1: Der Formulardesigner von PgAccess erlaubt die visuelle Formulierung von SQL-Abfragen.

12.2 DB2

Etwas später als die bereits vorher auf Unix spezialisierten großen Datenbankanbieter wie Oracle, Sybase oder Informix migrierte der besonders im Mainframe-Umfeld sehr stark vertretene Hersteller IBM mit seinem Datenbank-Flaggschiff DB2 nach Linux. Ende 1998 startete IBM ein Betaprogramm zur Portierung von DB2 nach Linux [sim00]. Über 50.000 Tester nahmen daran teil, bis im Herbst des folgenden Jahres eine Linux-Version der DB2 Universal Database (UDB) freigegeben wurde. In der Testphase wurde DB2 von einigen Linux-Anbietern wie z.B. SuSE in ihre Distributionen aufgenommen, die Betaversion von DB2 konnte daher mit YAST verwaltet werden. Zum Zeitpunkt des Verfassens dieses Abschnitts unterstützte DB2 mit seiner Version 6.1 die Linux-Distributionen von Caldera, Redhat, SuSE und Turbo-Linux.

Mittlerweile sind alle wichtigen Komponenten von DB2 nach Linux portiert worden. Neben dem DBMS als Personal, Workgroup oder Enterprise Edition zählen dazu die Netzwerkkomponenten von DB2, Administrations- und Laufzeit-Clients sowie eine Umgebung zur Anwendungsentwicklung. Die Personal-Edition ist für den persönlichen Gebrauch nebst der DB2-Connectivity-Komponenten gar kostenlos freigegeben.

In jüngerer Zeit wurde bekannt, dass IBM Linux auch für seine AS/390- und AS/400-Plattformen unterstützt, womit DB2 in der Linux-Welt zusätzlich an Interesse gewinnen wird. Wir beschreiben aufgrund der anderen Referenzdatenbanken in diesem Buch allerdings nur noch die Grundzüge der Installation und das Vorgehen bei der Anmeldung bei einer DB2-Datenbank.

12.2.1 Installation

DB2 erwartete zum Zeitpunkt des Verfassens dieses Abschnitts unter Linux mindestens die folgenden Voraussetzungen:

- Linux-Kernel 2.0.35 oder höher
- GNU-Standard-C++-Bibliothek libstdc++2.80 oder höher
- GNU-C-Bibliothek glibc Version 2.0.7 oder höher
- 100 MByte Plattenplatz für eine Standardinstallation der Datenbanksoftware
- zusätzlich 65 MByte für die HTML-Dokumentation
- Die Public-Domain-Korn-Shell *pdksh* für den Betrieb des Kommandozeilenprozessors

Zudem empfiehlt IBM mindestens 128 MByte Swap-Space, um eine gute Performance bei mittelgroßen Datenbankeinsätzen zu erreichen.

Für die Installation kommt DB2 als RPM-Package daher. Nach dessen Auspacken findet man eine Installationsroutine namens *db2setup*, deren Start mit der Option *-d* vorgenommen werden sollte. DB2 schreibt dann eine Trace-Datei namens *db2setup.trc* in das Verzeichnis */temp*, in dem sich Probleme nachlesen lassen, die möglicherweise im Laufe der Installation entstehen. Zusätzlich kann man sich die Installationsaktivitäten von DB2 natürlich auch durch Linux-Befehle wie z.B. *ps aux | grep db2* für die Beobachtung der von DB2 benutzten Prozesse oder *ipcs* zum Verfolgen der beanspruchten Ressourcen für die Interprozesskommunikation ansehen. Neben der genannten Trace-Datei beschreibt DB2 standardmäßig auch noch eine Datei *db2setup.log* im Verzeichnis */tmp*.

Die Installation geschieht interaktiv mit Hilfe des *DB2 Installer*, bei dem man einzelne Menüfelder mit Hilfe der Cursor-Tasten auswählen oder mit der Leertaste markieren kann. Zunächst ist der Punkt *Install...* zu wählen. Anschließend werden die Produkte ausgewählt, die installiert werden sollen.

Navigiert man anschließend auf den Menüeintrag *Create...*, dann erscheint ein neues Fenster, in dem eine DB2 Instance erzeugt wird, per Default zunächst *db2inst1*. Für die Administration ist für einen gleichnamigen Benutzer ein Passwort zu vergeben. Optional installiert DB2 gleich eine Beispieldatenbank namens *Sample* mit. Für spätere administrative Vorgänge sollte man sich die Port-Nummer der eingerichteten TCP/IP-Connection merken.

Vor der eigentlichen Installation (unter *Install...*) sind noch zwei weitere Nutzer anzulegen, nämlich einen für die Benutzung von gespeicherten Prozeduren und benutzerdefinierten Funktionen und einen für den Administrationsserver. DB2 schlägt dafür die Benutzer *db2fenc1* bzw. *db2as* vor. Auch für diese Benutzer werden Passwörter abgefragt. Im Anschluss an Ihre Festlegungen können Sie sich noch einen »Summary Report« ansehen, um anschließend die eigentliche Installation mit Hilfe von *OK* zu starten. DB2 zeigt dann den Installationsfortschritt, indem jeweils angegeben wird, welche Komponenten gerade abgearbeitet werden.

12.2.2 Herstellung einer ersten Datenbankverbindung

Nach erfolgter Installation können Sie leicht testen, ob Sie erfolgreich waren. Melden Sie sich dazu als Benutzer mit DBA-Rechten bei Linux an (z.B als Benutzer *db2inst1*). Haben Sie bei der Installation die *Sample*-Datenbank nicht mit installiert, dann können Sie das jetzt nachholen, indem das Programm *db2sampl* gestartet wird. Anschließend muss noch der Datenbank-Manager aktiviert werden durch die Eingabe von

```
db2start
```

Nunmehr kann eine Verbindung zur Beispieldatenbank hergestellt werden, indem auf der Linux-Kommandozeile der Befehl *db2* eingegeben wird. Es startet dann der *Command Line Processor/CLP*, in dem Folgendes eingegeben werden kann:

```
connect to sample
```

DB2 sollte anschließend Informationen über die hergestellte Datenbankverbindung zurück liefern, bevor Anfragen an die Beispieldatenbank geschickt werden können.

12.3 Zusammenfassung

In diesem kurzen Kapitel haben wir noch zwei weitere Datenbanksysteme für Linux vorgestellt, nämlich PostgreSQL und DB2. PostgreSQL wurde dabei ausführlicher behandelt: Es dreht sich dabei um ein freies Datenbanksystem, das sich in einer gewissen Konkurrenz zu Datenbanken wie MySQL befindet. Neben der Installation sind wir noch auf einige Add-ons eingegangen, die man teilweise sowohl für MySQL als auch für PostgreSQL einsetzen kann. DB2 von IBM ist relativ neu in der Linux-Welt: Eine Testversion gab es zwar bereits Ende 1998, aber eine freigegebene Version erst im Herbst 1999. Wir sind lediglich kurz auf dessen Installation eingegangen, um anschließend zu beschreiben, wie man sich bei der Datenbank anmeldet. Alles Weitere sollte der Leser selber ausprobieren oder in der Dokumentation nachlesen.

Kapitel 13

Datenbanken unter Linux im Internet

Über die stürmische Entwicklung des Internet braucht an dieser Stelle nicht ausführlich berichtet zu werden, den geneigten Lesern wird dies bekannt sein. E-Commerce-Anwendungen schießen wie Pilze aus dem Boden, Online-Buchhandlungen, Web-Auktionshäuser, Informationsbörsen usw. gehören inzwischen zum Alltag und sind oder werden so selbstverständlich wie Telefon und Fernsehen. Viele der neuen Internet-Angebote benötigen als Backend Datenbanken, und inzwischen möchten nicht nur große Konzerne, sondern auch kleinere Unternehmen und sogar private Homepages mit ihrem datenbankgestützten oder datenbankunterstützten Web-Angebot glänzen. So nimmt es nicht wunder, dass Technologien auf großes Interesse stoßen, mit denen es auf einfache Weise möglich ist, vom Web aus auf Datenbanken zuzugreifen.

Wir möchten in diesem Kapitel – in sehr unterschiedlicher Ausführlichkeit – vier hierfür geeignete Technologien vorstellen: Gründlicher besprechen wir JDBC – inzwischen schon Standard für professionelle Datenbankanbindungen im Intranet und Internet, und PHP, etwas jüngerer, aber inzwischen auch sehr weit verbreitet und wegen seiner relativ leichten Erlernbarkeit weithin geschätzt. Nur kurz angesprochen wird demgegenüber der leistungsstarke, aber komplexe Veteran PerlDBI und das noch ganz junge und noch nicht sehr weit verbreitete JSP (Java Server Pages) mit möglicherweise großen Entwicklungsmöglichkeiten.

13.1 JDBC – Java Database Connectivity

Bis vor wenigen Jahren wurde Java noch weitgehend als eine Art von »Web-Spielzeug« eingeordnet, mit dessen Hilfe man in erster Linie seine Homepage ein wenig dynamischer und interessanter gestalten konnte, wobei derartige Homepage-Auflockerungen bezeichnenderweise meistens gar in JavaScript programmiert wurden und nicht in Java. Etwas nachdenklichere Zeitgenossen sahen bereits Möglichkeiten einer effizienteren Kommunikation im WWW, etwa dadurch, dass anstelle großer Grafiken und Diagramme lediglich noch die Rohdaten zu übertragen wären nebst einem Javaprogramm, das daraus die betreffende Grafik oder das betreffende

Diagramm direkt beim Client generiert. Nur wenige allerdings konnten sich vorstellen, dass Java sich einmal zu einem ausgesprochen »seriösen« Paradigma entwickeln könnte, mit dem sich recht komplexe Systeme realisieren lassen.

Binnen kurzer Zeit hat sich die Situation grundlegend gewandelt. Auf Computermessen spielt Java inzwischen eine Hauptrolle, jede Fachzeitschrift mit etwas Anspruch lässt kaum eine Ausgabe vergehen, ohne mindestens einen Artikel zu Java und dessen Umfeld zu bringen. Java-Bücher zieren mittlerweile in großer Zahl die einschlägigen Regale der Buchhandlungen, und das Web quillt über von Dokumenten, die sich mit Java auseinandersetzen. Sun Microsystems schätzte bereits Ende 1997 die Anzahl der Desktops, auf denen mit Java gearbeitet wird, auf 100 Millionen [sun97]. Die Anzahl der Web-Pages, auf denen Java eine Rolle spielt, ist mittlerweile kaum noch zählbar. Insbesondere vor einigen Jahren war Java das Thema auf allen IT-relevanten Veranstaltungen; mittlerweile hat sich die Aufregung gelegt, Java ist in die Praxis eingezogen. Wie ist diese Entwicklung zu erklären? Was ist eigentlich dran an dieser Sprache? Wir werden diese und andere Fragen in diesem Abschnitt diskutieren. Besondere Beachtung wird dabei die JDBC-API finden, die als der initiale Entwicklungsschritt von Java zu einem universell einsetzbaren Werkzeug gesehen werden kann.

13.1.1 Java: Vom Web-Kuriosum zur seriösen Business-Lösung

Die Ursprünge von Java gehen auf das Jahr 1990 zurück. Damals begann ein Team von Sun unter Leitung von James Gosling mit der Entwicklung einer portablen und syntaktisch möglichst einfachen Programmiersprache namens *Oak*, die unabhängig von speziellen (oftmals wechselnden) Chips insbesondere die Steuerung von alltäglichen Gegenständen wie Toaster, Mikrowellengeräte oder auch PDAs (Personal Digital Assistents) übernehmen sollte. Mit der Verbreitung des Internet etwa ab 1993 erkannte das Team sehr schnell die zusätzlichen Möglichkeiten dieser neuen plattformunabhängigen Entwicklung und die neuen Perspektiven, die sich damit ergaben. Sie stellten ihre Entwicklung auf das Internet ab und nannten die auf dieser Grundlage entwickelte neue Programmiersprache *Java*. Der Name kommt von einer in den USA verbreiteten Kaffeesorte (namens Java), die auf der gleichnamigen Insel erzeugt wird. Diese Art der Namensgebung ist auf den bekanntermaßen relativ hohen Kaffeekonsum von Programmierern zurückzuführen. Die erste Version von Java wurde im Jahre 1995 freigegeben (die erste Beta-Version der Spezifikation am 30.10.1995 [jav95]), mittlerweile ist diese Version um fundamentale Erweiterungen ergänzt worden. Inzwischen hat sich Java zu einem umfassenden technologischen Konzept entwickelt. Die Hauptintention aller von Sun Microsystems bzw. dessen Ableger JavaSoft betriebenen Neuentwicklungen besteht unverändert darin, das Netzwerk zur zentralen Komponente der Datenverarbeitung werden zu lassen, während der einzelne Rechner zu einer peripheren Angelegenheit wird.

Im Kern besteht Java aus drei Komponenten (z. B. [dal97]), und zwar:

- Die *Programmiersprache Java:* Diese beschreibt das semantische und syntaktische Konzept von Java. Hinsichtlich der Programm- und Datenstrukturen ähnelt Java weitgehend C++.
- Die *Java Virtual Machine:* Die Java Virtual Machine (JVM) ermöglicht die Ausführung von Programmen auf unterschiedlichen Plattformen. Javaprogramme werden nicht für die Ausführung auf speziellen Rechnertypen mit speziellen Prozessortypen oder speziellen Betriebssystemen entwickelt, sondern mit dem Ziel einer möglichst vollständigen Portierbarkeit (»write once – run everywhere«). Dies wird erreicht durch die Erzeugung von Bytecode (anstelle von Maschinencode) bei der Kompilierung von Javaprogrammen.
- Die Entwicklungsumgebung: Die Standardentwicklungsumgebung von Java bildet das *Java Development Kit (JDK)*. Dieses beinhaltet im Kern neben einem Compiler (*javac*), einer virtuellen Maschine (*java*) und einem Debugger (*jdb*) einen Applet-Viewer (*appletviewer*), einen Generator für Dokumentationen (*javadoc*), einen Generator für native C-Methoden (*javah*) und einen Klassendisassembler (*javap*). Mittlerweile ist diese Standardentwicklungsumgebung durch spezielle Entwicklungs- und Laufzeitwerkzeuge ergänzt worden, etwa durch den RMI-Compiler (*rmic*) oder das Java Beans Development Kit. In einer modernen (und für die Entwicklung effizienten) Java-Entwicklungsumgebung spielt das JDK allerdings lediglich noch eine untergeordnete Rolle. Es gibt mittlerweile recht komfortable Entwicklungsumgebungen, die all die genannten Werkzeuge neben anderen beinhalten und die ein recht bequemes Entwickeln von Javaprogrammen nebst der benötigten grafischen Benutzeroberflächen ermöglichen.

Auf einschlägigen Java-Veranstaltungen mussten die Linux-Vertreter lange Zeit nachfragen, wann denn eine Portierung insbesondere des JDK nach Linux zu erwarten sei; erst im Rahmen der JAVADAYS '99 in Düsseldorf verlautete von Sun Microsystems (in Europa), dass für die Linux-Benutzer ein JDK erhältlich sein wird. Bis dahin waren die Java-Basiskomponenten von Sun lediglich für Solaris und Windows NT erhältlich, eine Linux-Variante wurde regelmäßig kurze Zeit später von der Blackdown-Initiative zur Verfügung gestellt [black].

In der nachfolgenden Tabelle sind die wichtigsten Kernkomponenten von Java und deren Aufgaben zusammengefasst.

Tabelle 13.1: Einige wichtige Bestandteile des JDK und deren Aufgaben

JDK-Komponente	Aufgabe
javac	Kompilieren von Java-Source Code in Bytecode
java	Ausführen von Java-Bytecode
jdb	Debuggen
appletviewer	Darstellung von Applets
javadoc	Erstellen von Dokumentationen
javah	Generierung nativer C-Methoden
javap	Disassemblierungen
rmic	Kompilieren spezieller RMI-Komponenten

Java wird gelegentlich immer noch auf eine Sprache für die Programmierung von Applets verkürzt. Zutreffend dagegen ist, dass Java semantisch vollständig ist. Mit Hilfe dieses Konzepts lässt sich im Prinzip jede Anwendung programmieren. Diese Eigenschaft ist durchaus nötig, denn gerade im Zusammenhang mit der JDBC-API werden sich oftmals umfangreiche Programmanteile aus den unterschiedlichsten Gründen nicht in Applets befinden, sondern z.B. auf einem Application Server oder in Servlets.

Die Vorzüge von Java sind in vielen Büchern und Artikeln aufgezählt worden. Hier noch einmal kurz eine Zusammenfassung [dic97]:

- Java ist *objektorientiert*: Die grundlegenden Ideen der objektorientierten Programmierung existieren bereits seit dreissig Jahren. In der Praxis hat diese Form der Softwareentwicklung allerdings erst seit Mitte bis Ende der achtziger Jahre infolge der seinerzeit oftmals zitierten »Softwarekrise« Einzug gehalten. Java verfolgt dieses Paradigma außerordentlich konsequent.
- Java ist *einfach*: Im Vergleich zu anderen objektorientierten Sprachen wie C++ oder Smalltalk ist die Syntax und Semantik von Java recht einfach und daher vergleichsweise leicht zu erlernen. So existieren beispielsweise in Java keine Zeiger, diese wurden konsequenterweise durch objektorientierte Lösungen ersetzt.
- Die Spracheigenschaften von Java sind in vielen Fällen *bekannt*: Viele der sprachlichen Möglichkeiten von Java sind an die verbreitete objektorientierte Sprache C++ angelehnt. Entwickler, die mit C oder C++ vertraut sind, haben daher kaum Schwierigkeiten beim Umstieg auf Java.

- Java ist *robust*: Java-Entwickler sind im Allgemeinen nicht genötigt, die Speicherverwaltung ihrer Systeme selber zu programmieren, dies erledigt statt dessen das Java-Laufzeitsystem. Die Entwickler sind nur noch zuständig für die Allokation von Speicherplatz durch die Instanziierung von Objekten, die Freigabe des belegten Speicherplatzes erfolgt durch eine automatische Garbage Collection. Wie andere Sprachen beinhaltet auch Java eine Syntaxüberprüfung bei der Kompilierung und einen zweiten Check zur Ausführungszeit. Die Syntaxprüfungen bei der Kompilierung sind weitgehend so ausgelegt, dass die Entwickler zu einem Stil angehalten werden, der die Zuverlässigkeit des Systems geradezu erzwingt.
- Java ist *sicher*: Ein gerade in jüngerer Zeit häufig diskutiertes Thema betrifft die Sicherheit beim Datenaustausch im Internet. Es werden immer wieder Befürchtungen laut, dass unerwünschte entfernte Zugriffe z. B. auf Systemressourcen verheerende Folgen zeitigen können. Java besitzt eine integrierte Sicherheitskomponente. Die wichtigste Auswirkung dieses Sicherheitsanspruchs besteht darin, dass ein Java-Applet extremen Zugriffsbeschränkungen unterliegt. Ein Java-Applet hat (von geregelten Ausnahmen im Zusammenhang mit TRUSTED APPLETS abgesehen) praktisch keinerlei Möglichkeiten des Zugriffs auf Dateien oder Ressourcen des Clients. Die Sicherheit von Java wurde auf Grund einiger Vorkommnisse in der Vergangenheit gelegentlich in Frage gestellt. Diese Diskussionen (bzw. die Reflexion auf Java) waren allerdings entweder die Folge mangelnder Kenntnisse (beispielsweise wurden erhebliche Sicherheitslücken von Microsoft ActiveX aufgedeckt und kurzerhand gleich mit Java in Verbindung gebracht, obwohl ActiveX von Java völlig verschieden ist) oder infolge lückenhafter Realisierungen der Java-Sicherheitsanforderungen in Browsern. Niemand dagegen hat bislang eine Sicherheitslücke in der Java-Spezifikation entdeckt.
- Java ist *portierbar*: In Java realisierte Systeme sind auf jeder Plattform lauffähig, für die ein Java-Interpreter existiert, und es gibt kaum noch ein Betriebssystem, für das dies nicht zutrifft. Die Portierbarkeit wird dadurch erreicht, dass Java-Software nicht in Maschinencode kompiliert wird, sondern in Bytecode, der anschließend plattformunabhängig von einer Java Virtual Machine interpretiert werden kann. Infolge der zunehmenden Integration von Java in diverse plattformspezifische Systeme wird die Frage der Portierbarkeit allerdings zunehmend auf die Entwickler verlagert. Mit Sicherheit (komplett) portierbar sind nur solche Systeme, die vollständig in Java implementiert werden. Da aus ökonomischen Gründen oftmals bestehende Komponenten in Java integriert werden müssen, sollte mindestens darauf geachtet werden, dass solche Komponenten

in Java realisiert werden, die von Clients heruntergeladen werden. Andernfalls wären sogar beim Client plattformspezifische Komponenten zu installieren. Ein solches Vorgehen führt jedoch neben einem nennenswerten Installations- und Administrationsaufwand auch zu einem merklichen Mangel an Flexibilität.

- Java ist *Internet- und Intranetfähig*: Die Philosophie von Java beruht zu einem großen Teil auf der Absicht, Rechnerlast vom »benutzereigenen« Desktop oder von der Workstation auf das Netzwerk zu verlagern. Nicht nur bei Sun, sondern auch bei IBM oder Apple sehen die Zukunftsperspektiven dergestalt aus, dass der gewöhnliche Anwender auf seinem Client-Rechner (wenn überhaupt) lediglich noch ein paar Standardwerkzeuge wie etwa Textverarbeitungssoftware installiert hat. Die meisten Anwendungen dagegen werden vom Netzwerk aus gestartet. Das »Netzwerk« ist in diesem Fall entweder das Intranet, auf das nur speziell autorisierte Benutzer zugreifen dürfen, oder das Internet, das einen beliebigen Zugriff erlaubt. Beispielsweise im Zuge der Entwicklung von Embedded Systems oder E-Commerce-Anwendungen spielt diese Sprache eine zentrale Rolle.
- Java ist *benutzerfreundlich*: Jeder, der im Web surfen kann, ist in der Lage, Java-Applets zu benutzen. In komplexen Systemen sind Java-Applets aber meist keine selbständigen und unabhängigen Komponenten, sondern sie sind oftmals Bestandteile von möglicherweise recht komplexen Anwendungen im Netz, die der Benutzer nicht wahrnimmt und mit denen er sich somit auch nicht beschäftigen muss.

Java hat insbesondere durch seine ausgezeichnete Netzfähigkeit und durch die Eigenschaft der Portierbarkeit Türen zu völlig neuen Anwendungsformen aufgestoßen. Die Migration von in anderen Sprachen realisierten Systemen nach Java wird durch einige Anbieter in Form von Code-Umsetzern unterstützt, JavaSoft selber bietet mit dem *Java Native Interface* (JNI) und insbesondere mit einer CORBA-Schnittstelle die Möglichkeit der Integration bestehender Software in Java. Ein JNI wird z.B. auch von Oracle für unterschiedliche Anwendungen eingesetzt (vgl. Kapitel 5).

13.1.2 Die Integration von Datenbanken mit JDBC

JDBC steht für JAVA DATABASE CONNECTIVITY. JDBC ist eine API, die entwickelt wurde, um den Bedarf nach einer standardisierten Java-Anwendungsschnittstelle zu relationalen Datenbank-Managementsystemen zu befriedigen. JDBC ermöglicht den Zugriff auf Datenbanken innerhalb von Java-Anwendungen; diese

Zugriffsmöglichkeiten sind unabhängig sowohl von der Plattform, auf der die Anwendung läuft, als auch vom zu Grunde liegenden Datenbanksystem. Die JDBC-Spezifikation ermöglicht das Erstellen von Java-Code zum Herstellen einer Datenbankverbindung, zum Verschicken von SQL-Statements an die Datenbank und zum Retrieval von Anfrageergebnissen, Metadaten und Statusmeldungen der Datenbank. Daneben beinhaltet JDBC Möglichkeiten der Konversion von SQL-Datentypen zu Javadatentypen und umgekehrt, zur Behandlung von SQL-Cursors, zum Transaktionsmanagement, zur Benutzung von Stored Procedures (das sind in der Datenbank gespeicherte vorkompilierte Prozeduren) und einiges mehr.

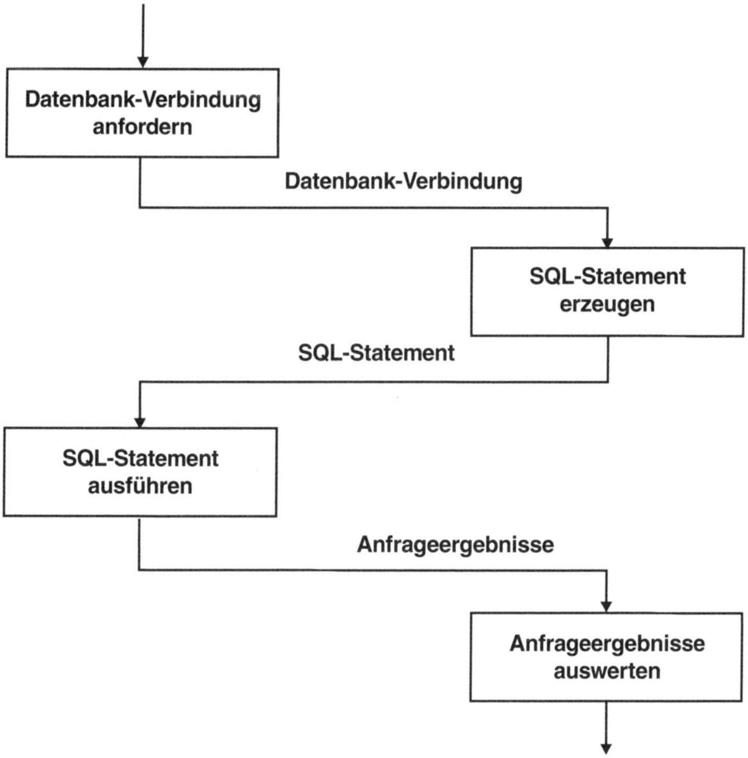

Abb. 13.1: Einige Möglichkeiten der JDBC-API in einem Ablaufszenario

»Prior to the JDBC specification, I think that a lot of people in the industry thought of Java as 'that little internet language that can make that cute little icon dance on a web site.« Diese Aussage von Karl Moss, der im Jahre 1996 bei Intersolv maßgeblich an der Entwicklung der JDBC-ODBC-Bridge beteiligt war, in einem Interview der elektronischen Zeitschrift Javology [jav97] trifft den Kern recht gut. Die Möglichkeit der

Anbindung von Datenbanken in Internet- oder Intranet-Anwendungen bestand selbstverständlich auch schon vor Java und JDBC, nämlich über CGI. Die CGI-Schnittstelle des Web besitzt allerdings im Vergleich zu Java mehrere wesentliche Nachteile. Einige davon sind:

- In CGI lassen sich nur sehr wenige Standardformen der Interaktivität benutzen.
- CGI-Programme sind plattform- und datenbankabhängig.
- Eine standardisierte oder quasi-standardisierte CGI-Schnittstelle zu Datenbanken existiert nicht. Es gibt kein einheitliches Konzept für den Datenbankzugriff über CGI.

Die JDBC-API war die erste Programmierschnittstelle, die Java zu einem kommerziell nutzbaren Werkzeug werden ließ. Inzwischen gibt es etablierte zusätzliche Konstrukte wie z.B die *Remote Method Invocation* oder *Enterprise Java Beans*, welche die Palette von Anwendungen nochmals wesentlich erweitern.

Die Entwicklung der JDBC-API geschah sehr rasant: Das JDBC-Projekt wurde bei JavaSoft im Januar 1996 initiiert, eine erste Testversion wurde im März 1996 freigegeben, die erste Spezifikation bereits im Juni 1996. Dieses Tempo war deshalb möglich, weil JavaSoft sich bei der Entwicklung der JDBC-API in der ersten Version in hohem Masse an der bereits etablierten ODBC-API orientierte. Die Strategie von JavaSoft war eine möglichst rasche Markteinführung von neuen Java-bezogenen Produkten, damit sich die Hersteller ergänzender Werkzeuge entsprechend früh mit den Neuerungen auseinandersetzen konnten. Die Gefahr dabei war, dass in vielen Fällen erst die zweite oder dritte Version eines Produktes wirklich marktfähig war. Allerdings gibt es dann oftmals gleich auch schon die entsprechenden Werkzeuge anderer Anbieter. Bislang hat sich diese Strategie als sehr tragfähig erwiesen. Die JDBC-API ist mittlerweile im Datenbankumfeld ein Standard, der mit ODBC durchaus vergleichbar ist. Es gibt sehr viele umfangreiche Klassenbibliotheken und hochintegrierte Werkzeuge, die auf der JDBC-API basieren.

ODBC bildete seit langem die wahrscheinlich verbreitetste Programmierschnittstelle zu Datenbanken. Sie bietet eine Schnittstelle zu allen verbreiteten Datenbanksystemen auf fast allen Plattformen. Damit aber stellt sich die Frage, wozu JDBC eigentlich noch benötigt wird. Einige gute Argumente für JDBC finden sich in der JDBC-Dokumentation von JavaSoft:

ODBC benutzt eine C-Schnittstelle zu Datenbanken. Komponenten, die nicht in Java geschrieben sind, können aber nicht per WWW zu einem Client geladen werden.

Eine direkte Übersetzung der ODBC nach Java wäre nicht angemessen, denn ODBC benutzt relativ viele spezielle Features, die es aus guten Gründen in Java nicht gibt (wie etwa Zeiger).

ODBC ist schwer zu erlernen, denn es vermischt einfache Dinge mit komplexen und es besitzt in vielen Fällen zahlreiche komplizierte Optionen auch für sehr einfache Anfragen. JDBC dagegen wurde auch mit dem Ziel entwickelt, »einfache Dinge einfach zu halten, während erweiterte Möglichkeiten dort vorgesehen sind, wo sie benötigt werden« (JavaSoft).

Würde man ODBC benutzen, dann müssten die benötigten Treiber auf jeder Client-Maschine installiert werden. Benutzt man dagegen reine Java-Treiber, dann können sämtliche benötigten Komponenten zum Client geladen werden. Auch bei dieser Argumentation ist allerdings zu beachten, dass es Architekturlösungen gibt, bei der dieses Argument keine Rolle spielt.

JDBC ist eine Low-Level-API (SQL-Level), d.h. sie hält lediglich Basismethoden vor, die einen einheitlichen Datenbankzugriff, den Umgang mit rohen SQL-Statements und das Retrieval von Resultaten innerhalb von Javaprogrammen ermöglicht. Sie basiert auf dem X/Open *Call Level Interface* (CLI), in dem definiert ist, wie Client/Server-Aktionen für Datenbanksysteme implementiert sind. JDBC wurde bewusst auf einer niedrigen Ebene angesetzt, um einerseits die flexible Entwicklung spezifischer Systeme zu erlauben und um andererseits anderen Anbietern die Einführung von Lösungen auf höherem Level zu ermöglichen.

Die Behauptung der Plattform- und Datenbankunabhängigkeit der JDBC bedarf einiger Einschränkungen. Der Zugriff von Javaprogrammen auf Datenbanken geschieht über so genannte JDBC-Treiber. Die Treiber aber sind von Datenbank zu Datenbank verschieden. Diese Komponente der Datenbankabhängigkeit bezieht sich aber nicht auf die eigentliche Anwendung, denn man kann dem Client entweder die Möglichkeit geben, die Treiber herunterzuladen, sofern sie in Java implementiert sind, oder man kann sie durch eine entsprechende Wahl der Systemarchitektur auf einem Applikationsserver kapseln. In beiden Fällen merkt der Client nicht, mit welcher Datenbank er es zu tun hat. Durch ein solches Vorgehen wird gleichzeitig auch die Plattformunabhängigkeit der Anwendung gewahrt. Es gibt ferner einige datenbankspezifische SQL-Features, wobei Entwickler natürlich in die Lage versetzt werden sollten, diese in ihren Javaprogrammen auch zu benutzen, denn sonst wären sie oftmals dazu gezwungen, auf effiziente und einfache datenbankspezifische Möglichkeiten zu verzichten. Auch dies aber betrifft nicht die eigentliche Anwendung, es handelt sich vielmehr lediglich um eine Frage der Implementierung.

Datenbanksysteme unterstützen ein weites Feld von SQL-Syntax und Semantik-Features, die in vielen Fällen nicht zwischen einzelnen Datenbanksystemen kompatibel sind. Beispielsweise sind die Benutzung der *Outer-Join*-Operationen oder *Stored Procedures* oftmals recht datenbankspezifisch. Diese Gegebenheiten waren bei der Spezifikation der JDBC-API von Javasoft zu beachten. Die wichtigsten Folgen sind:

- JDBC lässt jede Anfrage zunächst einmal zur Datenbank durch, d.h. die JDBC-API selber überprüft die SQL-Statements nicht. Eine Anwendung kann daher zunächst einmal beliebige SQL-Queries beinhalten. Die Fehlermeldungen kommen dann vom DBMS und werden an die Anwendung übergeben. Der Nachteil dieser Philosophie besteht darin, dass Fehler oftmals erst zur Laufzeit entdeckt werden. Beim Auffüllen größerer Tabellen beispielsweise kann dies schon mal zu einem Ärgernis werden, insbesondere dann, wenn sich nach einem möglicherweise mehrstündigem Programmlauf zeigt, dass die Datenbankkonfiguration nicht den Erfordernissen entspricht. Die Datenbankunabhängigkeit wird bei diesem Vorgehen generell durch einen erhöhten Entwicklungsaufwand erkauft. Ich spreche hier aus leidvoller Erfahrung; dies ist ein Grund, weshalb der Konfiguration der Datenbank in diesem Buch ein eigenes Kapitel gewidmet ist.
- Treiber, die den Status »JDBC compliant« tragen wollen, müssen mindestens den ANSI SQL92-Standard unterstützen. Damit wird das größtmögliche Feld an unterschiedlichen Datenbanken erfasst. Java-Anwendungen sind zwischen allen Datenbanksystemen portierbar, die ebenfalls auf diesem Standard aufsetzen. Der ANSI SQL92-Standard wird derzeit von den meisten Datenbankherstellern unterstützt.

13.2 PHP: PHP Hypertext Preprocessor

PHP ist eine Programmiersprache zur Erstellung dynamischer Web-Sites. Die Abkürzung PHP steht für »PHP: Hypertext Preprocessor«. Dies ist ein selbstrekursives Akronym im Stil von GNU (»Gnu's not Unix«). PHP gibt sich damit als Open-Source-Projekt zu erkennen. PHP ist freie Software im Sinne der Debian Free Software Guidelines (DFSG). Quelltext und Binaries des PHP-Interpreters sind frei erhältlich und können für kommerzielle und nicht kommerzielle Zwecke eingesetzt werden.

PHP ist eine Skriptsprache, deren Anweisungen in den HTML-Code einer Web-Seite eingebettet werden. Viele der syntaktischen Möglichkeiten sind den Programmiersprachen C, Java und Perl entnommen. Das Ziel der Sprache ist es, das Schreiben von Programmen zur Erzeugung von dynamisch generierten Web-Seiten zu erleichtern und zu beschleunigen. Im Gegensatz z. B. zu JavaScript werden PHP-Skripte bzw. in HTML-Seiten eingebettete PHP-Anweisungen serverseitig ausgewertet, entweder durch den Web-Server (z. B. durch den Web-Server Apache mit *mod_perl*) oder als CGI-Programm. PHP zeichnet sich durch einen sehr großen Funktionsumfang aus. Besonders bemerkenswert ist die Unterstützung sehr vieler Datenbanken über deren natives API (und nicht nur über den anerkannt schlechten Standard ODBC). Damit empfiehlt sich PHP besonders für Internet-basierte Datenbankapplikationen und damit auch für E-Commerce-Anwendungen.

Derzeit vollzieht sich bei PHP ein Entwicklungs- und Qualitätssprung, der sich auch in einer Erhöhung der Versionsnummerierung von 3 nach 4 ausdrückt. Noch wird von »offizieller Seite« empfohlen, in Produktionsumgebungen die Version 3.0.16 zu verwenden. Die Rückmeldungen aus den Mailinglisten lassen aber den Schluss zu, dass auch die neue Version 4 (PHP 4 Release Candidate 1) inzwischen sehr stabil und zuverlässig läuft. Mit der Freigabe der endgültigen PHP-Version 4 ist sicher bis zum Frühsommer 2000 zu rechnen.

Zu PHP gibt es eine hervorragende Dokumentation. Die Original-Dokumentation findet sich auf der PHP-Heimatseite. Von dem deutschsprachigen PHP-Portal `http://www.php-center.de` können darüber hinaus auch Teilübersetzungen der Originalsoftware heruntergeladen werden (vielen Dank von dieser Stelle aus an Egon Schmid, für die Übersetzung und ganz besonders für seine Hilfsbereitschaft in der PHP-Mailingliste!). Auf den Web-Seiten zu diesem Buch finden Sie Links zu zwei Versionen der HTML-Originaldokumentation: zum Standard-Manual, bei dem jedes Kapitel(chen) in einer eigenen HTML-Seite steht (1288 Dateien), und zu einer Version, in welcher der gesamte Inhalt in einer großen Datei steht (*Bigfile*, nützlich, wenn mit Hilfe der Suchen-Funktion des Web-Browsers nach Begriffen gesucht werden soll). Zum Ausdrucken eignen sich die PDF-Versionen der Dokumentation.

In seiner Aufgabenstellung konkurriert PHP mit dem freien Perl (mod_perl für Apache in Kombination mit Embperl und dem PerlDBI, vgl. hierzu Kapitel 13.3) sowie mit den kommerziellen Produkten ASP (Microsoft) und Coldfusion (Allaire). Künftig wird möglicherweise auch Java Server Pages (JSP; Apache-Jakarta, GNUJSP u. a.) eine Rolle spielen (vgl. Kapitel 13.4). Eine knappe, aber kenntnisreiche und fundierte Auseinandersetzung mit den Nachteilen und Vorzügen der derzeit verfügbaren Systeme findet sich in Kapitel 2 der FAQ der Newsgroup *de.comp.lang.php* [koroo]. Die dort vertretene Position wollen wir uns zu Eigen machen und hier nur kurz und platt in zwei (etwas polemischen, aber dennoch wahren) zusammenfassenden Sätzen wiedergeben: Während Cold Fusion unangenehm durch das verkrampfte Bemühen auffällt, sich Anfängern nicht als Programmiersprache zu erkennen zu geben, Datenbankzugriffe nur über ODBC ermöglicht und als kommerzielles Produkt die Möglichkeit verweigert, den Quelltext einzusehen und zu verändern, weiß Microsofts ASP durch die Unterstützung nur einer einzigen Plattform und durch die herstellertypischen Support-, Preis-, Lizenz- und Qualitätsmerkmale zu missfallen. Vorteil von Perl sind (für den *erfahrenen* Programmierer) die Ausdrucksstärke und Vielfalt der Sprache sowie die umfassende Sammlung an Bibliotheken (die mit *mod_perl* komplett für Web-Applikationen zur Verfügung stehen); nachteilig sind der hohe Speicherverbrauch (besonders bei größeren Projekten) und die für Anfänger schwer zu überschauende Vielfalt von Sprachkonstruktionen und Bibliotheken.

In diesem Kapitel soll die Möglichkeit beschrieben werden, mit PHP Internet-gestützte Datenbankapplikationen zu erstellen. Wir werden – relativ knapp – die Installation von PHP beschreiben und anschließend die Möglichkeiten der PHP Datenbank-Interfaces erörtern. Anhand einer Beispielanwendung wird gezeigt, wie über das Web auf eine Datenbank schreibend und lesend zugegriffen werden kann. Wir beziehen uns dabei in der Regel auf das für Internet-Anwendungen besonders geeignete DBMS MySQL. Wir stellen Ihnen darüber hinaus Möglichkeiten der Datenbankabstraktion vor, sodass bei der Entwicklung der Web-Applikation auf die letztlich verwendete Datenbank keine Rücksicht genommen werden braucht. Damit Sie einen Überblick bekommen, möchten wir aber eine knappe Deskription der Funktionen von PHP liefern, mit denen wir uns im Weiteren nicht befassen werden (weil sie für Datenbankanbindung nicht erforderlich sind).

13.2.1 PHP Funktionsüberblick (ohne Datenbankfunktionen)

Das Kapitel Funktionsreferenz der PHP-Dokumentation hat 61 Unterkapitel. In jedem Unterkapitel werden Funktionen zu einem Themenbereich beschrieben. So enthält z.B. das Unterkapitel LV die 62 -dokumentierten, in PHP verfügbaren String-Funktionen. Die Dokumentation hinkt den tatsächlich implementierten Funktionen meistens (wenig) hinterher. Wenn Sie eine spezifische Funktionalität vermissen, ist es durchaus möglich, dass bereits an der Implementierung gearbeitet wird. Sie können dies nur herausfinden, indem Sie entweder den Quelltext inspizieren oder in den (auch zu Anfängern sehr freundlichen) Mailinglisten oder der Newsgroup nachfragen. Im Folgenden referenzieren wir eine zugegebenermaßen sehr subjektive Auswahl der uns besonders wichtig oder interessant erscheinenden Funktionen. Auf selbstverständlich auch vorhandene Standardfunktionen wie z.B. String-, Array-, Verzeichnis- und Dateisystem-, Programmausführungs-, Kalender- oder arithmetische Funktionen wird hier nicht eingegangen.

1. *Rechtschreibprüfung (Aspell):* Erlaubt es, ein Wort auf korrekte Rechtschreibung zu prüfen und Alternativen anzubieten.
2. *Grafikfunktionen (Image):* Sie können die Grafikfunktionen von PHP nicht nur benutzen, um die Größe von JPEG, GIF und PNG-Bilddateien zu ermitteln, sondern auch um Grafiken bzw. Bilder dynamisch (also zur Laufzeit ihres Skripts) zu erzeugen bzw. verändern. Sie möchten die schnöden Zahlen in Ihrer Datenbank mit Hilfe von Balken-, Torten- oder sonstigen Diagrammen visualisieren? Die Image-Funktionen (bzw. frei erhältliche, auf ihnen aufsetzende Libraries) ermöglichen dies.
3. **PDF**-*Funktionen (ClibPdf/Pdf/FDF):* Ermöglicht die programmgestützte Erstellung von PDF-Dateien on-the-fly. Unter anderem stehen folgende Möglichkeiten zur Verfügung: Zeichensätze auswählen und deren Größe und Attribute manipulieren, Texte verfassen, Objekte (Linien, Kreise, Rechtecke, Polygone usw.) zeichnen, Pixelgrafiken im JPG- oder GIF-Format einbinden, Dokumentinformationen, Lesezeichen und Anmerkungen setzen u.v.a. Auch auf die vielfach noch unbekannten erweiterten Möglichkeiten des PDF-Formats (Erstellung und Auswertung von Formularen/Fragebogen) kann zugegriffen werden.
4. *FTP-Funktionen (FTP):* Alle Standardfunktionen eines FTP-Clients stehen zur Verfügung.
5. **E**-*Mail, Newsgroups (POP3, IMAP, NNTP):* Ermöglicht die Entwicklung von Applikationen mit Funktionen eines E-Mail-Clients (sowohl das noch bestehende Standardprotokoll POP3 als auch das neue IMAP werden unterstützt) bzw. eines Newsreaders für Usenet Newsgroups.
6. *Perl Regular Expressions (PReg):* Stellt den gesamten Leistungsumfang (aber leider auch die gesamte Komplexität) der Perl Regular Expressions zur Verfügung (ermöglicht äußerst flexible und komplexe Suchen-Ersetzen-Operationen).
7. *ASCII-Konvertierungen (GNU Recode):* Die sehr umfangreichen Möglichkeiten des GNU Recode Tools zur Zeichenkonvertierung werden zur Verfügung gestellt (Informationen liefert ein *info recode* auf der Konsole; Wechselseitige Konvertierungen zwischen Windows, Macintosh, Unix, älteren Großrechnerformaten, LaTeX, HTML usw.).

8. *XML-Dokumentformat (XML):* XML (eXtensible Markup Language) ist der kommende Standard für Web-Dokumente. Er wurde vom World Wide Web Consortium (W3C) definiert, und sogar Microsoft hat angekündigt, sich daran halten zu wollen. Die Möglichkeiten von XML (Repräsentation von Datenbankstrukturen, Definition von Formatieranweisungen für unterschiedliche Ausgabemedien wie Print, Web usw.) weisen sehr weit über HTML hinaus. Die nächste Browser-Generation wird in der Lage sein, XML-Dokumente zu lesen.
9. *Session-Unterstützung (Sessions):* Ermöglicht es, Benutzer-Sessions zu erstellen, d.h. Daten für einzelne Benutzer – über die einzelne Web-Seite hinaus – abzuspeichern und zur Verfügung zu stellen (eine essenzielle Fähigkeit für jeden Web-Shop, aber auch für viele andere Anwendungen).

13.2.2 PHP-Installation

Es gibt zwei prinzipiell verschiedene Möglichkeiten, PHP zu verwenden: Einerseits können PHP-Skripten in alter CGI-Manier aufgerufen werden, indem bei jedem Aufruf einer PHP-Seite der PHP-Interpreter gestartet wird, der die PHP-spezifischen Teile der Web-Seite abarbeitet. Linux-seitig muss bei jedem Seitenzugriff zunächst ein Prozess erzeugt und der PHP-Interpreter in diesen Prozess geladen werden. Speicher muss alloziert und wieder freigegeben, Filehandels und gegebenenfalls Datenbankverbindungen müssen geöffnet und ebenfalls wieder geschlossen werden. Dies alles verbraucht eine ganze Menge Systemressourcen. CGI-PHP hat zwei Vorteile: Ein Massen-Web-Hoster kann nur mit einem CGI-PHP Sicherheit für jeden seiner Kunden (vor den anderen Kunden) gewährleisten. Außerdem kann ein CGI-PHP-Interpreter genau wie ein Perl- oder Python-Interpreter zur Ausführung von PHP-»Shell«-Skripten auf der Konsole genutzt werden.

Andererseits kann PHP auch als Modul, z.B. in einem Apache-Web-Server installiert werden. Dann ist das PHP Bestandteil des Web-Servers und ständig geladen. Datenbanklinks können über die Lebensdauer einer PHP-Seite hinaus offen gehalten werden (*datenbank_pconnect()*), was insbesondere dann wichtig ist, wenn Sie als Datenbank-Backend Oracle verwenden. (Der Aufbau von Netzwerkverbindungen ist bei Oracle sehr aufwendig.)

Wenn Sie nicht gerade ein Massen-ISP sind, sollten Sie sich beide Verfahren ermöglichen, indem Sie sowohl ein PHP-Modul als auch ein CGI-PHP kompilieren und installieren. Wenn Sie mit PHP erst einmal ein wenig vertraut sind, werden Sie auch bei der Shellprogrammierung oder bei der Erstellung von Quick-and-Dirty-Skripten zur Problemchenlösung gerne auf PHP zurückkommen (und dann brauchen Sie PHP als separates Binary). Wir werden im Folgenden die Installation von PHP als Web-Servermodul beschreiben. Wenn diese Installation gelingt, gelingt auch die CGI-PHP-Installation problemlos. Um PHP als Modul zu installieren, benötigen Sie einen Web-Server, mit dem dies möglich ist. Der Web-Server Apache harmonisiert hervorragend mit PHP, weswegen wir ihn in einem kurzen Exkurs vorstellen möchten.

Exkurs: Apache Web-Server

Der Apache Web-Server ist das Paradebeispiel für ein sehr erfolgreiches Open-Source-Projekt. Dieser Freeware-Server surft allen davon: Um den Faktor drei ist Apache im Bereich der Server-Software jetzt dem Konkurrenten Microsoft überlegen. Im April 2000 sind laut Untersuchung von Netcraft (`http://www.netcraft.com/survey/`) 62 Prozent der Rechner mit dem Apache Web-Server ausgerüstet. Microsoft IIS läuft demnach gerade noch auf 21 Prozent der Server. Netcraft hat nach eigenen Angaben 14,3 Millionen Sites für die Untersuchung herangezogen. Den dritten Platz belegt Netscape Enterprise mit 6,9 Prozent.

Der Web-Server Apache zeichnet sich aber nicht nur durch seine Verbreitung aus (verbreitet ist so manche Software), sondern auch durch ausgezeichnete Qualität und insbesondere durch eine sehr hohe Stabilität (diese beiden Eigenschaften können nicht alle weit verbreiteten Softwareprodukte für sich in Anspruch nehmen). Im April 2000 (Ausgabe 8) testete die Computer-Zeitschrift c't die Erreichbarkeit von Web-Servern nach Software. Ihr Ergebnis: Der Apache Web-Server unter Unix (Linux und Solaris) erwies sich im Test als fünfmal besser erreichbar als der Microsoft Internet Information Server (IIS) unter Windows NT.

Die c't überprüfte in einem breit angelegten Test 32 Tage lang alle zehn Minuten die Erreichbarkeit von über 100 der meist besuchten deutschen Web-Server und zählte Häufigkeit und Dauer der Ausfälle. Bei der Auswertung der Ausfallzeiten pro Betriebssystem schnitten die Microsoft Windows-NT-Server deutlich schlechter ab als ihre Konkurrenten aus dem Unix-Lager. Sie waren im Schnitt während der Dauer des Tests knapp 15 Stunden nicht erreichbar, also etwa 1,9 Prozent der Zeit. Vor allem das Wochenende schlägt sich bei NT in deutlich erhöhten Ausfallzeiten nieder. Offensichtlich erfordern Web-Server unter NT eine intensivere Betreuung durch Administratoren. Systeme mit dem frei erhältlichen Betriebssystem Linux waren im Durchschnitt vier Stunden und damit 0,5 Prozent der Zeit nicht zu erreichen. Nur 0,2 Prozentpunkte besser schnitten die Server mit Suns kommerziellem Unix Solaris ab, die mit lediglich 2,5 Stunden nur etwa 0,3 Prozent der Testzeit nicht online waren.

Die neue Version 2.0 des Apache Web-Server bringt wesentliche Performance-Verbesserungen (Unterstützung von Unix Threading), eine vereinfachte Installations- und Konfigurationsroutine, eine bessere Unterstützung von Nicht-Unixplattformen sowie ein deutlich verbessertes API. Die Version 2.0 ist noch im Alphastadium, die Verwendung in Produktionsumgebungen wird derzeit ausdrücklich nicht empfohlen (und wir empfehlen, sich an diese Empfehlung zu halten). Source- und Binärdistributionen des Apache Web-Servers (sowie inzwischen auch eine Dokumentation im PDF-Format) finden Sie auf der Homepage des Apacheprojekts (`http://www.apache.org`) und auf dessen deutschen Spiegelserver (`http://www.apache.de`).

PHP Installationsdetails

Eine ganze Reihe von Funktionen fügen Sie Ihrem PHP-Modul nur dann hinzu, wenn Sie diese tatsächlich benötigen. Wollen Sie beispielsweise mit der Datenbank MySQL arbeiten, benötigen Sie nicht die Funktionen für die 15 anderen Datenbanken, die PHP unterstützt. (Natürlich können Sie aber die Funktionen für mehrere Datenbanken installieren, wenn Sie das möchten.) Wir wollen im Folgenden eine *einfache* Installation durchführen und als Spezialitäten lediglich eine MySQL- und PostgreSQL-Unterstützung installieren. Sie werden schneller Erfolgserlebnisse haben, wenn Sie ebenso verfahren. In einer Produktionsumgebung wird man später weitere Funktionalitäten hinzu kompilieren wollen. Dies erfordert aber in der Regel zunächst die Installation weiterer Software und Bibliotheken: Häufig wird für den Web-Server beispielsweise SSL-Support benötigt, damit zwischen Clients und Web-Server eine abhörsichere Verbindung etabliert werden kann. (Wenn Sie in Kapitel 9 unseren Installationsvorschlägen zu Webmin gefolgt sind, haben Sie das OpenSSL-Library bereits installiert, mod_ssl finden Sie unter `http://www.modssl.org`.) Für die Manipulation von GIF-, JPG- oder PNG-Grafiken braucht es ebenso jeweils eigene Bibliotheken wie z. B. für die Installation der PDF-Funktionen (PDFlib von Thomas Merz; `http://www.pdflib.com`). Hinweise zur Installation finden sich in den PHP-Handbüchern (sowohl in der englischen als auch in der deutschen Übersetzung), aber auch auf der PHP Portal-Seite `http://www.php-center.de`. Ein empfehlenswertes Tutorial zur LAMP-Installation (Linux, Apache, MySQL und PHP einschließlich SSL und Grafikfunktionen) hat Jörg Baach zur Verfügung gestellt (`http://www.baach.de/lamp-tutorial.html`). Sie merken wahrscheinlich schon: Wollen Sie ein eierlegendes, wollegebendes und melkbares PHP-Modul mit allen Funktionen erstellen, müssen Sie sich etwas Zeit nehmen.

Wir wollen indes nun eine einfache Version erstellen. Dabei gehen wir davon aus, dass beispielsweise die Datenbanken MySQL und PostgreSQL bereits installiert wurden. Dies ist erforderlich! Ist auf Ihrem System nicht mindestens eine der beiden DBMS installiert, sollten Sie das jetzt nachholen. Wir benötigen die Source für den Web-Server Apache und natürlich für PHP:

```
> cd /usr/local/src
> wget http://www.apache.de/dist/apache_1.3.12.tar.gz
> tar zxvf apache_1.3.12.tar.gz
> wget http://www.php.net/version4/do_download.php?download_file=\
   php-4.0RC1.tar.gz
> tar zxvf php-4.0RC1.tar.gz
> ln -s apache_1.3.12 apache
> ln -s php-4.0RC1/ php
```

Die letzten beiden Befehle (Anlegen von symbolischen Links) sind nicht zwingend erforderlich, ersparen aber Schreibarbeit. Im Folgenden ist es wichtig, die Reihenfolge präzise einzuhalten (sonst werden benötigte Libraries und Dateien nicht gefunden bzw. sind noch nicht installiert, wenn sie benötigt werden). Wenn zwischendurch etwas schief läuft und Sie es nach Änderungen (z. B. Hinzufügen von Libraries, Setzen von Links) erneut versuchen wollen, denken Sie daran, in beiden Verzeichnissen (*apache, php*) zuvor aufzuräumen (*rm config.cache; make clean*).

```
> # Apache vorbereiten
> cd apache
> ./configure --prefix=/usr/local/apache
> cd ..
> # PHP konfigurieren
> cd php
> ./configure  --with-mysql=/usr/local/mysql \
>             --with-pgsql=/usr/local/pgsql \
>             --with-apache=../apache \
>             --with-config-file-path=/etc \
>             --enable-track-vars \
>             --enable-sysvsem \
>             --enable-sysvshm
> make
> make install
```

Die Optionen *--with-mysql* und *--with-pgsql* sorgen für die Einbindung der MySQL bzw. PostgreSQL-Unterstützung in PHP. Sollten Sie zusätzlich oder alternativ z. B. Oracle-Unterstützung benötigen, geben Sie entsprechend *--with-oracle* an (und lassen die Optionen für nicht benötigte DBMS weg). Die bei den Optionen angegebenen Pfade zeigen auf die Installationsverzeichnisse. Die Option *--with-apache* sorgt dafür, dass ein PHP-Modul für den Web-Server Apache erstellt wird und kein CGI-PHP. Der Pfad zeigt auf das Source-Verzeichnis, nicht auf das Installationsverzeichnis! Die Option *--with-config-file-path=/etc* ändert den Suchpfad für die PHP-Konfigurationsdatei *php.ini* von */usr/local/lib* nach */etc*. *--enable-track-vars* schließlich sorgt dafür, dass PHP verfolgen kann, von wo GET/POST/COOKIES-Variablen kommen. Die Optionen *--enable-sysvsem* und *--enable-sysvshm* aktivieren die Unterstützung von Sys V Semaphores bzw. von Sys V Shared Memory. Es folgt das übliche *make, make install,* bei dem sich normalerweise keine Probleme ergeben.

```
> cd ..
> cd apache
> # Konfiguration des Apache Web-Servers
> ./configure --prefix=/usr/local/apache \
            --enable-module=most \
            --enable-shared=max   \
            --activate-module=src/modules/php4/libphp4.a
> make
> # Vorsichtshalber sichern wir das alte Apache-Binary
> mv /usr/local/apache/bin/httpd \
   /usr/local/apache/bin/httpd-<Erstellungsdatum>
> # Installation des Apache
> make install
>
```

Die Konfiguration und Kompilierung des Apache bereitet ebenfalls keine Probleme. Mit *--prefix* wird das Installationsverzeichnis bestimmt. Die beiden Configure-Optionen *--enable-module=most* und *--enable-shared=max* sorgen in dieser Kombination einerseits dafür, dass die DSO-Funktionalität (Dynamic Shared Objects) des Apache aktiviert wird. Damit ist es möglich, Zusatzmodule durch einfache Konfigurationsänderung in der Datei */usr/local/apache/conf/httpd.conf* (und anschließendem */usr/local/apache/bin/apachectl graceful*) dem Apache hinzuzufügen bzw. wieder aus ihm zu entfernen. Dies ist gerade dann nützlich, wenn die abschließende Konfiguration noch nicht fest steht und mit verschiedenen Modulen experimentiert werden soll. Zweitens werden die »meisten« Module aktiviert (alle mit Ausnahme einiger problematischer). Nicht benötigte Module können über das Auskommentieren der entsprechenden *LoadModule/AddModule*-Direktiven in der *httpd.conf* deaktiviert werden. Die abschließende Option *--activate-module=src/modules/php4/libphp4.a* bindet das PHP-Modul ein. Danach werden mit *make* der Apache und alle angeforderten Module kompiliert und mit *make install* alles unter */usr/local/apache* installiert.

Schließlich sollte eine PHP-Konfigurationsdatei erstellt werden. Es kann zunächst die der Distribution beiliegende Beispieldatei verwendet werden. Diese ist kommentiert, und es ist sinnvoll, sich gelegentlich mit den Möglichkeiten vertraut zu machen (eine umfassende Besprechung der Konfiguration der Datei *configuration.html* findet sich auch in der deutschen Übersetzung des PHP-Handbuchs).

```
> cp /usr/local/src/php/php.ini-dist /etc/php.ini
```

Falls Sie Ihren Web-Server nicht selbst administrieren und Ihr Web-Angebot bei einem Massen-ISP gehostet ist, können Sie einen Teil der Konfiguration auch lokal (d.h. gültig nur für Ihre Verzeichnisse) vornehmen, indem Sie in das Wurzelverzeichnis Ihrer Web-Präsenz eine Datei *.htaccess* (der führende Punkt ist Bestandteil des Dateinamens) anlegen, in die Sie neben Direktiven für den Apache *Web-Server* auch Anweisungen für das PHP-Modul ablegen können. (Genauere Informationen bezüglich der möglichen Direktiven für den Apache entnehmen Sie der Apache-Dokumentation bzw. der genannten PHP-Dokumentation.) Das funktioniert allerdings nur, wenn in der *httpd.conf* diese Möglichkeit nicht vom Provider deaktiviert worden ist und – soweit es die PHP-Direktiven angeht – wenn PHP 4 (und nicht PHP 3) installiert ist.

Als Letztes muss der Apache Web-Server so konfiguriert werden, dass er mit PHP-Dateien etwas anfangen kann. Dies erreicht man mit folgenden Eintragungen in der Datei */usr/local/apache/httpd.conf*:

```
AddType application/x-httpd-php .phtml .php3 .php4 .php
AddType application/x-httpd-php-source .phps
DirectoryIndex index.html index.php3 index.php index.php4
```

Zunächst sorgen wir dafür, dass der Apache Dateien mit bestimmten Extendern als PHP-Dateien erkennt und diese zur Vorbehandlung an das PHP-Modul übergibt. Hierfür sorgt die erste AddType-Anweisung. Im Prinzip können Sie hier jeden beliebigen Extender angeben. Die von uns genannten sind (bzw. waren oder werden es zukünftig sein) gebräuchlich. Es ist aber auch möglich, alle HTML-Dateien vom PHP-Modul parsen zu lassen (dazu müssen lediglich die Extender *.htm* und *.html* ergänzt werden). Das ist aber nur sinnvoll, wenn Ihre Dateien ganz überwiegend von PHP Gebrauch machen (z. B. weil Standardköpfe und -füße für HTML-Dateien aus einer Datenbank via PHP generiert werden sollen oder weil die Verwendung von PHP z. B. gegenüber Suchmaschinen verschleiert werden soll, weil manche Suchmaschinen PHP-Dateien nicht indizieren). Die zweite *AddType*-Anweisung sorgt dafür, dass für Dateien mit dem Extender *.phps* der Quelltext angezeigt wird (und zwar mit Syntax-Highlighting und hübsch koloriert). Weiter ist die Ergänzung der *DirectoryIndex*-Anweisung in der angegebenen Weise sinnvoll: Sie sorgt dafür, dass beim Aufruf eines Verzeichnis-Url zunächst nach einer Datei mit den aufgeführten Namen gesucht wird (und da sollen zusätzlich Dateien mit den Namen *index.php, index.php3* und *index.php4* gesucht werden) und diese statt eines Verzeichnislistings angezeigt wird. Vergessen Sie nicht, mit

```
/usr/local/apache/bin/apachectl graceful
```

dafür zu sorgen, dass der Apache seine Konfigurationsdateien neu einliest (sonst nimmt der Apache alle Ihre gut gemeinten Änderungen einfach nicht zur Kenntnis).

Wenn Sie den Apache Web-Server zum ersten Mal verwenden, müssen gegebenenfalls noch weitere Einstellungen in der *httpd.conf* vorgenommen werden. Schauen Sie diese Datei in Ruhe durch, sie ist ausreichend kommentiert. Auf jeden Fall sollte die *DocumentRoot*-Anweisung sinnvoll eingestellt sein (standardmäßig ist dieser Pfad auf */usr/local/apache/htdocs* gesetzt). Alle Dateien innerhalb dieses Verzeichnisses und aller seiner Unterverzeichnisse sind – wenn der Apache gestartet ist und Sie eine Verbindung zum Internet hergestellt und nicht irgendwelche besonderen Maßnahmen ergriffen haben – weltweit lesbar. Die Standardkonfiguration des Apache führt eigentlich immer zu einem lauffähigen System. Wenn Sie die Möglichkeiten dieses Web-Server voll ausreizen wollen, werden Sie allerdings etwas Zeit investieren müssen. Wir möchten Ihnen hierzu sehr Lars Eilebrechts Werk »Apache Web-Server« ans Herz legen [eil00].

Damit ist die Installation und Konfiguration von PHP als Apache-Modul abgeschlossen, und es steht dem Einsatz von PHP nichts mehr im Wege. Einen ersten Test können Sie durchführen, wenn Sie im *DocumentRoot*-Verzeichnis des Apache Web-Server eine Datei *php_info.php* mit folgendem Inhalt einstellen (heben Sie sich diese Datei auf, Sie werden sie immer wieder einmal benötigen, wenn Sie wissen möchten, wie Ihr Web-Server bzw. Ihre PHP-Installation konfiguriert ist):

```
<html>
<head><title>PHP-Info</title></head>
<body>
<?php echo phpinfo() ?>
</body>
</html>
```

Rufen Sie nun in Ihrem Web-Browser diese Datei auf, indem Sie als Url *http://localhost/php_info.php (bzw. http://www.ihre-domain.de/php_info.php)* angeben. Wenn alles geklappt hat (und wir sind sicher, dass die Installation mit Hilfe dieser Anleitung keine größeren Probleme bereitet), werden Ihnen neun Tabellen mit unzähligen Informationen zu PHP, dem Web-Server, dem Serverbetriebssystem und seiner Environment-Variablen und zu vielen anderen Dingen ausgegeben. Wenn Sie der Auffassung sind, dass sich hierunter auch Informationen befinden, die nicht jedermann etwas angehen, dann sollte das Verzeichnis, in dem künftig diese und andere sensible Dokumente abgespeichert werden (Vorschlag: *DocumentRoot/admin*), durch ein Kennwort geschützt werden. Wie das geht, ist in Kapitel 9.2.8 im Zusammenhang mit der Installation des Datenbank-Client phpMyAdmin unter dem Stichwort Standardauthentifikation beschrieben.

13.2.3 Datenbankfunktionen

Eine besondere Stärke von PHP ist die Unterstützung sehr vieler Datenbanken. Derzeit werden von PHP unterstützt: Adabas D, dBase, Empress, FilePro, Informix, InterBase, Microsoft SQL Server, mSQL, MySQL, Oracle, PostgreSQL, Solid, Sybase, Unix dbm und Velocis. Über die ODBC- Schnittstelle lassen sich eine ganze Reihe weiterer Datenbanken ansprechen, sogar Microsoft Access, für alle, die meinen, dies zu brauchen. Auf alle diese Datenbanken können Sie mit PHP zugreifen. Das bedeutet auch, dass Sie alle diese Datenbanken als Backend für eine Web-Site verwenden können. Das ändert natürlich nichts daran, dass einige Datenbanken sich für eine solche Anwendung gut und andere weniger gut eignen.

Der Zugriff auf eine Datenbank vollzieht sich regelmäßig in sechs Schritten:

1. Herstellen einer Verbindung zum DBMS
2. Auswählen der Datenbank, auf die zugegriffen werden soll
3. SQL-Befehle abschicken
4. Anzahl der zurückgegebenen Datensätze ermitteln

5. Das Ergebnis der Datenbankabfrage holen
6. Schließen der Verbindung zum DBMS
7. Diese Funktionen sollen im Folgenden für die beiden in diesem Buch besprochenen Open-Source-Datenbanken überblicksartig aufgelistet werden (PostgreSQL und MySQL). Bei der Zusammenstellung der Funktionen handelt es sich nur um eine Auswahl und keinesfalls um eine komplette Liste. Es sind aber alle Funktionen besprochen, die benötigt werden, um gezielt Daten aus einer Datenbank zu holen und auf einer HTML-Seite darzustellen, oder mit denen Eingaben aus einem HTML-Formular in eine Datenbank abgespeichert werden können. Im nächsten Unterkapitel wird dann eine konkrete Anwendung unter Nutzung der nativen Datenbankfunktionen für das DBMS MySQL erstellt, die Sie sich ggf. für die von Ihnen bevorzugte Datenbank anpassen können. Sie können aber auch gleich eine der Möglichkeiten zur Datenbankabstraktion nutzen, die im übernächsten Unterkapitel vorgestellt werden. Sie brauchen dann bei einem Wechsel der Datenbank keine Veränderungen in Ihren PHP-Programmen vorzunehmen.

Tabelle 13.2: Ausgewählte PHP-PostgreSQL-Funktionen

DBMS Öffnen	*int pg_connect(string Hostname, string Port, string Optionen, string Tty, string Datenbankname);* *int pg_pconnect(string Hostname, string Port, string Optionen, string Tty, string Datenbankname);* *pg_pconnect* stellt eine persistente Verbindung her. Beispiel: *$link = pg_pconnect(»«,"","","","db-name«);*
DB auswählen	entfällt; wird direkt beim Öffnen erledigt
SQL absetzen	*int pg_exec(int Verbindungskennung, string Anfrage);* Beispiel: *$result = pg_exec($link,"SELECT * FROM tab-name«);*
Ergebnisse holen	*int pg_numrows(int Ergebniskennung);* *array pg_fetch_row(int Ergebniskennung, int Zeilennr);* *array pg_fetch_array(int Ergebniskennung, int Zeilennr, int [Ergebnistyp]);* *pg_numrows* ermittelt die Anzahl zurückgegebener Datensätze; *pg_fetch_row bzw. pg_fetch_array* holt die Datensätze. Beispiel: *$anzahl = pg_numrows($result);* *for ($i=1; $i <= $anzahl; $i++){ pg_fetch_result($result,$i-1)}*
Fehlerinformation	*string pg_errormessage(int Verbindungskennung);* Beispiel: *if(!$result){* *echo »Folgender Fehler ist aufgetreten: » . $pg_errormessage($link);}*
DB schließen	*bool pg_close(int Verbindungskennung);* Beispiel: *pg_close($link);*

Tabelle 13.3: Ausgewählte PHP-MySQL-Funktionen

DBMS Öffnen	*int mysql_connect(string [hostname [:port] [:/Socketpfad]], string [Benutzername] , string [Kennwort]);* *int mysql_pconnect(string [hostname [:port] [:/Socketpfad]], string [Benutzername], string [Benutzerkennwort]);* *mysql_pconnect stellt eine persistente Verbindung her.* Beispiel: *$link = mysql_pconnect(»localhost«,»nobody«,»nothing«);*
DB auswählen	*int mysql_select_db(string Datenbankname, int [Verbindungskennung]);* *int mysql_db_query(string Datenbankname, string Anfrage, int [Verbindungskennung]);* mit *mysql_select_db* wählen Sie die Datenbank aus, auf die spätere Befehle angewendet werden sollen. *mysql_db_query* schickt gleichzeitig einen SQL-Befehl ab. Beispiel: *$result=mysql_db_query»db-name","SELECT * from tab-name");*
SQL absetzen	*int mysql_query(string Anfrage, int [Verbindungskennung]);* *Beispiel: $result=mysql_ query(»SELECT * from tab-name«,$link);*
Ergebnisse holen	*int mysql_num_rows(int Ergebniskennung);* *array mysql_fetch_row(int Ergebniskennung);* *array mysql_fetch_array(int Ergebniskennung, int [Ergebnistyp]);* *mysql_num_rows* ermittelt die Anzahl zurückgegebener Datensätze; *mysql_fetch_row bzw. mysql_fetch_array* holt die Datensätze. Beispiel: *$anzahl = mysql_num_rows($result);* *for ($i=1; $i <= $anzahl; $i++){ mysql_fetch_result($result,$i-1)}*
Fehlerinformation	*int mysql_errno(int [Verbindungskennung]);* *string mysql_error(int [Verbindungskennung]);* Beispiel: *if(!$result){* *echo »Folgender Fehler mit der Nummer« . mysql_errno($link) . »ist aufgetreten: » . $mysql_errormessage($link);}*
DB schließen	*int mysql_free_result(int Ergebniskennung);* *int mysql_close(int [Verbindungskennung]);* *Beispiel: mysql_free_result($result); mysql_close($link);* Diese beiden Befehle können bei MySQL in aller Regel ohne Nachteile weggelassen werden.
Spezialitäten	*int mysql_insert_id(int [Verbindungskennung]);* Mit dieser Funktion ermittelt man die ID, die zuvor in einer *auto_increment*-Spalte mit *INSERT* erzeugt wurde. Beispiel: *mysql_query(»INSERT INTO tab-name SET id='NULL'«);* *$id=mysql_insert_id($link);* *echo »Es wurde die ID« . $id . » erzeugt«;*

13.2.4 Web-Interface zur Beispieldatenbank »Software«

Im Folgenden soll anhand eines sehr einfachen Beispiels gezeigt werden, wie auf eine Datenbank über eine Web-Seite lesend, wie schreibend zugegriffen werden kann. Wir verwenden die schon in Kapitel 9 eingeführte Beispieldatenbank »Software« (bei der Diskussion des grafischen Clients KSql im Unterkapitel 9.2.9, einen SQL-Dump dieser Beispieldatenbank finden Sie auf der Web-Seite zum Buch). Im Beispiel benutzen wir das DBMS MySQL. Der PHP-Code ist aber mit geringem Aufwand auch auf andere DBMS übertragbar. Die erforderlichen Befehle für PostgreSQL sind in der Tabelle 13.2 wiedergegeben, für alle anderen DBMS verweisen wir auf die Original-Dokumentation (Download-Adressen finden Sie auf der Web-Seite zum Buch).

Wenn Sie das Beispiel nachvollziehen wollen, müssen Sie zunächst das DBMS MySQL installieren (vergleiche gegebenenfalls Kapitel 9.2.2 bzw. 9.2.3) und dann die Datenbank »Software« einrichten (sofern Sie das nicht bereits getan haben). Diese Datenbank könnte dazu dienen, Informationen über Softwareprodukte im Intranet oder Internet zur Verfügung zu stellen. (Sie enthält derzeit Hinweise auf einige nützliche frei verfügbare Programme für diejenigen, die auch mit Windows NT arbeiten.) Mit einem entsprechenden Web-Interface (das im Folgenden erstellt werden soll) können Informationen wie »Art der Software«, »Name«, »genauere Beschreibung«, »WWW-Heimatadresse« und »lokale Download-Adresse« abgerufen bzw. eingegeben werden.

Die Datenbank »Software« können Sie z.B. auf dem folgenden Weg erzeugen (genauso kann natürlich auch einer der grafischen Clients, z.B. phpMyAdmin, verwendet werden):

```
> cd /usr/local/mysql/bin
> # Erzeugen einer leeren Datenbank "software"
> ./mysqladmin -u root -p create software
  Enter password: top_secret
  Database "software" created.
> mount /cdrom
> # Aufspielen des SQL-Dump
> mysql -u root -p software \
  < /wo/auch/immer/MySQL-software.sql
  Enter password: top_secret
>
```

Die Pfade müssen natürlich gegebenenfalls angepasst werden. Damit ist die Datenbank eingerichtet und kann mit einem beliebigen Client bearbeitet werden. Wir verwenden im Folgenden immer den MySQL-Standard-Client *mysql*. Wie das nachfolgende Listing zeigt, enthält die Datenbank lediglich sechs Tabellen, von denen zwei administrative Funktionen haben und von KSql zum Zwecke der Formulargenerierung eingerichtet worden sind (die *__Kmysql*-Tabellen und ihre Funktion wird in Kapitel 9.2.9 diskutiert):

```
shell> /usr/local/mysql/bin/mysql -u root -p
  Password: top_secret
mysql> show tables;
  +---------------------+
  | Tables_in_software2 |
  +---------------------+
  | __KmysqlFields      |
  | __KmysqlForms       |
  | rubrik              |
  | soft                |
  | stichw              |
  | stichwoerter        |
  +---------------------+
  6 rows in set (0.00 sec)
mysql> exit
```

Ein *mysqldump*-Aufruf verschafft uns einen Überblick über die relevanten vier Tabellen:

```
> cd /usr/local/mysql/bin
> ./mysqldump -u root -p --no-data \
  software soft rubrik stichwoerter stichw
  Enter Password: top_secret

# MySQL dump 8.2
#
# Host: localhost    Database: software2
#--------------------------------------------------------
# Server version        3.23.14-alpha-log
#

# Table structure for table 'soft'
#
```

```
CREATE TABLE soft (
  id int(10) NOT NULL auto_increment,
  name varchar(120) DEFAULT '' NOT NULL,
  beschreibung text DEFAULT '' NOT NULL,
  url varchar(120) DEFAULT '' NOT NULL,
  homepage varchar(120),
  rubrik int(10) DEFAULT '' NOT NULL,
  zeit varchar(14),
  PRIMARY KEY (id)
);
```

Die Tabelle *soft* hält die zentralen Informationen der Datenbank. Die Spalte id ist ein Primärschlüssel mit dem Attribut *auto_increment*: Immer, wenn in diese Spalte der Wert *NULL* eingefügt wird, bekommt diese den Wert x+1 zugewiesen, wobei x der größte derzeit in der Spalte enthaltene Wert ist. *name* enthält den Namen und *beschreibung* eine nähere Beschreibung. Die Spalte ist vom Typ *text*, dieser Typ entspricht *blob*, mit dem Unterschied, dass Suchoperationen standardmäßig Groß- und Kleinschreibungen nicht unterscheiden. *url* enthält die lokale Download-Adresse, *rubrik* ist ein Fremdschlüssel auf den Primärschlüssel *schluessel* in der Tabelle *rubrik*. *zeit* soll den Zeitpunkt erhalten, zu dem ein Datensatz zuletzt geändert wurde.

```
#
# Table structure for table 'rubrik'
#
CREATE TABLE rubrik (
  schluessel int(10) NOT NULL auto_increment,'
  name varchar(120) DEFAULT '' NOT NULL,
  PRIMARY KEY (schluessel)
);
```

Die Tabelle rubrik enthält Rubriken wie »Archivierung«, »Datenbank«, »Editoren« (zur Beschreibung der Art der erfassten Software).

```
#
# Table structure for table 'stichwoerter'
#
CREATE TABLE stichwoerter (
  id int(10) NOT NULL auto_increment,
  soft_id int(10) DEFAULT '0' NOT NULL,
```

```
  stichwort int(10) DEFAULT '' NOT NULL,
  PRIMARY KEY (id)
);
```

In der Tabelle *stichwoerter* sollen den besprochenen Softwareprodukten Stichwörter zugeordnet werden (*soft_id* ist dabei ein Fremdschlüssel auf die Spalte *id* der Tabelle *soft*, *stichwort* ein Fremdschlüssel auf die Spalte *schlüssel* der Tabelle *stichw*.

```
#
# Table structure for table 'stichw'
#
CREATE TABLE stichw (
  schluessel int(10) NOT NULL auto_increment,
  name varchar(120) DEFAULT '' NOT NULL,
  PRIMARY KEY (schluessel)
);
```

Die Schlüsseltabelle *stichw* enthält die Klartexte der Stichwörter. Auf die so definierte Datenbank soll nun mit PHP zugegriffen werden. Wir beginnen mit einem einfachen Auslesen der Datenbankinhalte und deren Ausgabe auf einer Web-Seite.

Wir gehen im Folgenden davon aus, dass Sie über grundlegende HTML-Kenntnisse verfügen. Diese sollen hier nicht vermittelt werden. Im Zweifelsfall hilft die wirklich umfassende und hervorragend strukturierte Dokumentation SelfHTML weiter (`http://www.teamone.de/selfaktuell/extras/download.htm`).

Die prinzipielle Arbeitsweise ist folgende: Sie erstellen wie gewohnt ein HTML-Dokument (in einem Editor, der Ihnen den Zugriff auf den Quelltext erlaubt, empfehlenswert ist z.B. der Editor »Emacs« mit dem PHP-Modus *php-mode.el*, `http://guru.nu/turadg/software/php-mode.el`). An beliebigen Stellen in diesem HTML-Dokument werden *<?php php_befehle; ?>*- bzw. kürzer *<? php_befehle; ?>*-Sequenzen eingefügt. Wenn Sie das HTML-Dokument mit einem Extender abspeichern, der dieses Dokument gegenüber dem Web-Server als PHP-Dokument ausweist (üblich sind .php bzw. .php3), dann arbeitet das PHP-Modul zunächst die PHP-Befehle ab und entfernt die sie umgebenden, kennzeichnenden Tags. Das klassische Hallo-Welt-Programm sähe so aus:

```
<html>
<head>
  <title>Hallo Welt</title>
```

```
</head>
<body>
  <?php echo "Hallo Welt"; ?>
</body>
</html>
```

Wenn Sie diese Datei im Browser aufrufen, z.B. durch *http://localhost/hallo-welt.php*, dann wird in Ihrem Browser »Hallo Welt« ausgegeben. (Das funktioniert *nicht* mit der Preview-Funktion Ihres Editors, weil ja die PHP-Befehle zunächst vom PHP-Preprozessor bearbeitet werden müssen; so etwas wie *file:/home/ihr-name/hallo-welt.php* kann prinzipiell niemals funktionieren.) Wenn Sie die Funktion Quelltext anzeigen Ihres Web-Browsers nutzen, werden Sie feststellen, dass die öffnenden und schließenden PHP-Tags verschwunden sind. Solange das PHP-Modul einwandfrei funktioniert, bekommt jemand, der über das HTTP-Protokoll auf die PHP-Dateien zugreift, niemals PHP-Quelltext zu Gesicht, sondern immer nur das Ergebnis der Bearbeitung durch den PHP-Preprozessor. Dies kann auch eine Fehlermeldung sein: Wenn Sie die Anweisung *echo* z.B. in *echot* ändern, erhalten Sie die folgende Ausgabe, mit der PHP deutlich macht, dass es mit der Anweisung *echot* nichts anfangen kann:

```
Parse error: parse error in
  /usr/local/www/htdocs/test/hallo-welt.php on line 6
```

Als Nächstes soll ein Datenbankzugriff durchgeführt werden. Um das Beispiel einfach zu halten, werden die Authentifikationsinformationen für den Zugriff auf die Datenbank in der Beispieldatei vorgehalten. Dies ist jedoch ein Sicherheitsrisiko (weil dann ein Datenbankkennwort weltweit lesbar wird, falls einmal der PHP-Interpreter eine Fehlfunktion hat). Besser ist es, solche Informationen in eine Datei auszulagern (z.B. *db_setup.inc*), die außerhalb des Web-Server-DocumentRoot abgespeichert wird. Anschließend kann sie dann mit *<?php require '/pfad/zur/datei/db_setup.inc' ?>* eingelesen werden. Zunächst das Listing im Zusammenhang (die Listings können Sic sich auch von der Web-Seite zum Buch herunterladen):

```
<?php
# Datei: MySQL-Software01.php
# Konfigurationsvariablen fuer den Zugang zur Datenbank
$db_benutzer = 'nobody';
$db_passwort = 'niemand';
$db_name = 'software';
```

```
$db_server_host = 'localhost';
$admin_mail= "ihr-name@ihr-domaine.de";
?>
<html>
<head>
<title>N&uuml;tzliche Software</title>
</head>
<body>
<h1>N&uuml;tzliche Software</h1>

<?php
mysql_connect("$db_server_host",
          "$db_benutzer",
          "$db_passwort")
          or die("Kann keine Verbindung
          zur Datenbank herstellen");

$query = "SELECT name, homepage FROM
       soft ORDER BY name";
$result = mysql_db_query("$db_name", $query);

if(!$result){
 $meldung="Es gibt Probleme!
      \nFehlerhaftes SQL:\n\n$query
      \nFehler-Nr:    " . mysql_errno() .
     "\nFehlermeldung: " . mysql_error() .
     "\n\nHurtig beheben!";
 mail($admin_mail,"CATASTOPHIC ERROR: DB Software",
    "$meldung");
die("Ein schwerwiegender Fehler ist aufgetreten;\n
   der Systemadministrator wurde informiert");
}

$anzahl_rows = mysql_num_rows( $result );
?>

<p>&Uuml;ber diese <? echo $anzahl_rows; ?> Programme
  gibt es Informationen:</p>
<table bgcolor="#ccffcc" border="1">
 <tr>
   <th>Programmname</th>
   <th>Homepage</th>
```

```
49  </tr>
50
51 <?php
52 while( $row = mysql_fetch_row( $result ) ) {
53   list( $name, $homepage) = $row;
54   echo "<tr><td>" . $name .
55        "</td><td><a href=\"" . $homepage . "\">" .
56        $homepage . "</a></td></tr>";
57 }
58 ?>
59 </table>
60 </body>
61 </html>
```

In diesem Beispiel sind bereits alle wichtigen PHP-Funktionen zur Datenbankabfrage enthalten. In den Zeilen 4-8 werden zunächst die Datenbank-Zugriffsinformationen in Variablen abgespeichert und die E-Mail-Adresse des Administrators angegeben. In Zeile 9 wird dieser erste PHP-Block geschlossen, Ausgaben werden durch diese PHP-Anweisungen nicht produziert. Wie erkennbar ist, können PHP-Statements und HTML-Tags bunt gemischt werden (die Zeilen 10 bis 15 enthalten lediglich triviale HTML-Tags). In Zeile 17 wird wieder ein PHP-Block geöffnet; in Zeile 18 mit *mysql_connect()*; eine Verbindung zur Datenbank hergestellt. Scheitert die Verbindung aus irgendeinem Grund (z.B. wegen eines falschen Kennworts), »stirbt« die Verbindung (*or die()*) mit der Meldung »*Kann keine ... herstellen*«. Im Fehlerfall werden von PHP außerdem zusätzliche Informationen beigesteuert:

```
Warning: MySQL Connection Failed:
Keine Zugriffsberechtigung für Benutzer:
'nobody@localhost'. (Verwendetes Passwort: Ja)
in /usr/local/www/htdocs/test/MySQL-Software01.php
on line 28
Kann keine Verbindung zur Datenbank herstellen
```

Wenn dem späteren Endbenutzer solche Informationen vorenthalten werden und dieser nur die selbst definierten Fehlermeldungen zu Gesicht bekommen soll, schreiben Sie einfach ein @ vor die entsprechende Funktion (*@mysql_connect()*).

In der Variablen *$query* (Zeilen 24-25) wird zunächst das SQL-Statement abgelegt. (Strings können problemlos in der nächsten Zeile fortgeschrieben werden, wenn der auch abgespeicherte Zeilenumbruch – wie hier – keine Probleme bereitet.) In

Zeile 26 wird dann das SQL-Statement an MySQL übergeben. Wir verwenden die Funktion *mysql_db_query()*, mit der wir gleichzeitig auch die zu verwendende Datenbank auswählen können.

Sollte bei der Übermittlung der Query ein Fehler auftreten (die Funktion *mysql_db_query()* hat *FALSE* zurückgegeben), so fangen wir das ab (Zeile 28: *if(!$result){}*), erstellen eine Fehlermeldung (Zeilen 29-33) für den Administrator, welche die MySQL-Fehlernummer und den MySQL-Fehlertext enthält, und stellen ihm das via E-Mail zu (Zeilen 34-35). Im Fehlerfall erhält der Administrator folgende E-Mail:

```
Subject: CATASTROPHIC ERROR: DB Software
Es gibt Probleme!
Fehlerhaftes SQL:

SELECT name, homepage FROMMMM soft ORDER BY name

Fehler-Nr:    1064
Fehlermeldung: Fehler in der Syntax bei 'soft ORDER
  BY name' in Zeile 1.

Hurtig beheben!
```

In den Zeilen 36-37 wird eine Information für den Endanwender in die HTML-Datei ausgegeben und dann die weitere Abarbeitung des Skripts abgebrochen. (Das bedeutet auch, dass die HTML-Datei nicht ordnungsgemäß geschlossen wird. Wenn Sie sich gerade in einer HTML-Tabellenbearbeitung befinden, kann das Probleme machen: Der Browser stellt die Fehlermeldung auf dem Bildschirm nicht dar. Deswegen ist es besser, sich eine eigene Fehlerfunktion zu bauen, die vorsichtshalber zunächst schließende Tabellen-Tags sowie zum Ende einen schließenden Body- und HTML-Tag ausgibt. Das schadet nicht und hilft häufig).

In Zeile 40 wird ermittelt, wie viele Datensätze die Anfrage ergeben hat. Dieser Wert wird in Zeile 43 dazu verwendet, den Anwender über die Größe der Datenbank zu unterrichten. Wie Sie sehen, können Sie PHP-Statements an beliebigen Stellen im HTML-Code unterbringen (auch, was häufig nützlich ist, in Attributen von Tags).

Anschließend wird mit HTML ein Tabellenkopf produziert (Zeilen 45-49). Die *while*-Schleife in Zeile 52 holt nun zeilenweise alle Datensätze aus der Datenbank und schreibt sie in das Array *$row*. Mit *list()* werden die Datensätze in ihre Bestandteile zerlegt und diese den Variablen *$name* und *$homepage* zugewiesen. Der abschließende *echo*-Befehl gibt jeweils eine Tabellenzeile aus, wobei der Url in der Variablen *$homepage* auch gleich dem *href*-Attribut des <*a*>-Tags zugewiesen wird (damit ein Klick des Anwenders auf den so erzeugten Link ausreicht, um ihn zur Homepage der ausgewiesenen Software zu befördern.). Die Anführungszeichen der *href*-Option des <*a*>-Tags müssen mit Backslashs gequotet werden. Der Aufruf der Datei MySQL-*Software01.php* (die Sie auch von der Web-Site zum Buch herunterladen können) erzeugt die in Abb. 13.2 dargestellte Ausgabe.

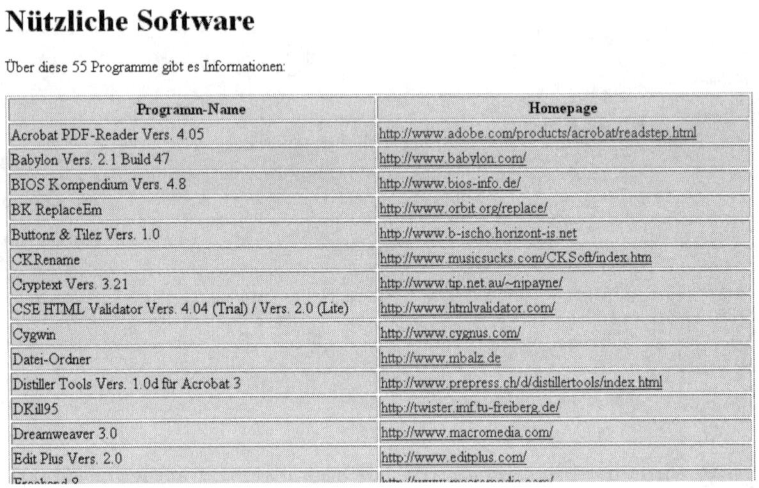

Nützliche Software

Über diese 55 Programme gibt es Informationen:

Programm-Name	Homepage
Acrobat PDF-Reader Vers. 4.05	http://www.adobe.com/products/acrobat/readstep.html
Babylon Vers. 2.1 Build 47	http://www.babylon.com/
BIOS Kompendium Vers. 4.8	http://www.bios-info.de/
BK ReplaceEm	http://www.orbit.org/replace/
Buttonz & Tilez Vers. 1.0	http://www.b-ischo.horizont-is.net
CKRename	http://www.musicsucks.com/CKSoft/index.htm
Cryptext Vers. 3.21	http://www.tip.net.au/~njpayne/
CSE HTML Validator Vers. 4.04 (Trial) / Vers. 2.0 (Lite)	http://www.htmlvalidator.com/
Cygwin	http://www.cygnus.com/
Datei-Ordner	http://www.mbalz.de
Distiller Tools Vers. 1.0d für Acrobat 3	http://www.prepress.ch/d/distillertools/index.html
DKill95	http://twister.imf.tu-freiberg.de/
Dreamweaver 3.0	http://www.macromedia.com/
Edit Plus Vers. 2.0	http://www.editplus.com/

Abb. 13.2: Datenbankabfrage mit Skript MySQL-Software01.php

Das Skript ist so noch nicht sonderlich nützlich. Eine Liste aller Einträge hätten wir einfacher auch ohne Datenbank erstellen können. Interessanter wird es, wenn die PHP-Seite mit Formularelementen angereichert wird, die es ermöglichen, Einfluss auf das zu nehmen, was ausgegeben werden soll. Wir benötigen also Formularelemente. Das folgende Beispiel soll lediglich das Prinzip deutlich machen. Selbstverständlich sollte es in einer realen Anwendung weiter verfeinert werden. Beim ersten Aufruf der Seite soll nun keine Liste mehr ausgegeben, statt dessen soll eine Auswahlbox angezeigt werden. Mit Hilfe dieser Auswahlbox können potenzielle Anwender eine Softwarerubrik auswählen, für die Informationen aus der Datenbank geholt werden sollen. Außerdem soll es möglich sein, nach frei wählbaren Begriffen zu suchen (»Gibt es Informationen zu 'emacs'«?).

Es wäre natürlich sehr unpraktisch, wenn jedes Mal, wenn eine Softwarerubrik geändert wird oder in die Datenbank zusätzliche Rubriken aufgenommen werden, auch die PHP-Seite geändert werden müsste. Daher wird der Inhalt der Auswahlbox nicht fest in der PHP-Seite verdrahtet, sondern seinerseits aus der Datenbank geholt. Wir realisieren dies mit einer kleinen Funktion, die nach dem Konfigurationsblock eingefügt wird:

```
1  # Funktion Aufzaehlung:
2  # Liest Werte fuer Selectbox aus DB aus
3  function Aufzaehlung($tabelle, $var) {
4    global $db_benutzer, $db_passwort, $db_name,
5           $db_server_host;
6    mysql_connect("$db_server_host", "$db_benutzer",
7                  "$db_passwort")
8      or die("Kann keine Verbindung zur
9              Datenbank herstellen");
10   $query = "select schluessel, name from $tabelle
11             order by name";
12   $result = mysql_db_query("$db_name", $query);
13   if ($var == "") {
14     echo '<OPTION VALUE="0" SELECTED>Bitte
15            ausw&auml;hlen!</OPTION>';
16   }
17   while ( $cols =  mysql_fetch_row($result)) {
18     if ($var == $cols[0]) { $selected = " SELECTED"; }
19     else { $selected = ""; }
20     echo '<OPTION VALUE="' . $cols[0] . '"' .
21          $selected . '>' . $cols[1] . '</OPTION>';
22   }
23 }
```

In einer PHP-Funktion sind zunächst alle verwendeten Variablen lokal. Da auf außerhalb der Funktion gebildete Variablen zugegriffen werden soll (Authentifikationsdaten), sind diese zunächst mit dem Statement *global* innerhalb der Funktion sichtbar zu machen (Zeilen 4-5). In Zeile 6 wird eine Verbindung zur Datenbank etabliert, und über diese werden aus der Schlüsseltabelle *rubrik* die Rubrikwerte und Rubrikbezeichnungen geholt (Zeile 12). Sofern noch keine Rubrik ausgewählt worden war (beim ersten Aufruf) wird »händisch« ein Wert »*Bitte auswählen*« in die Liste eingefügt (damit der Benutzer weiß, was zu tun ist, Zeilen 13-16). Die *while*-Schleife (Zeilen 17-22) sorgt schließlich für den Aufbau der Auswahlbox.

Unterhalb der Überschrift (*<h1>...</h1>*) wird Code zur Erstellung der Auswahlelemente eingefügt:

```
1 <h1>N&uuml;tzliche Software</h1>
2 <form action="<? echo $PHP_SELF ?>"
3    method="post" target="">
4 <p>
5 <select name="rubrik">
6 <% aufzaehlung(rubrik, $rubrik) %></select>
7 oder: suche nach ...
8 <input type="text" name="such_string"
9   value="<? echo $such_string ?>"
10  size="30" maxlength="120">
11 </p>
12 <input type="Submit" name="action" value="Suchen">
13 </form>
```

In Zeile 2 wird zunächst ein HTML-Formular angelegt. Als auszuführendes Skript wird *$PHP_SELF* angegeben. Diese Variable enthält den Namen des aufgerufenen PHP-Skripts, das Formular ruft sich also selbst auf. Zeile 5 und 6 bauen die Auswahlbox auf, Zeile 8-10 ein Eingabefeld für einen Suchstring. In Zeile 12 wird schließlich der Submit-Button ausgegeben. Wird dieser vom Anwender angeklickt, erhält die Variable *$rubrik* den Wert des ausgewählten Eintrags der Auswahlbox und die Variable *$such_string* den String, der in das Editfeld eingetragen wurde. Diese Werte werden dem aufgerufenen Skript übergeben (die PHP-Seite ruft sich – mit veränderten Werten – selbst auf). Die Ausgabe einer Liste machen wir nun davon abhängig, ob eine der genannten Variablen gesetzt ist. Ist dies nicht der Fall (z. B. beim ersten Aufruf der Seite), wird keine Liste ausgegeben, sondern die Aufforderung, eine Wahl zu treffen:

```
if(!$rubrik and !$such_string){
  die ("Bitte treffen Sie Ihre Wahl!\n</body></html>");
```

Abschließend bedarf es nur noch einer Änderung der SQL-Query, und unser Formular funktioniert wie gewünscht:

```
$query = "SELECT name, homepage FROM soft
 WHERE rubrik = '$rubrik' OR
   (name like '%$such_string%' and '$such_string' != '')
 ORDER BY name";
```

Unsere Änderungen führen zu der in Abb. 13.3 dargestellten Ausgabe. Wenn Sie das Formular testen wollen, finden Sie es unter dem Namen MySQL-*Software02.php* auf der Web-Site zum Buch.

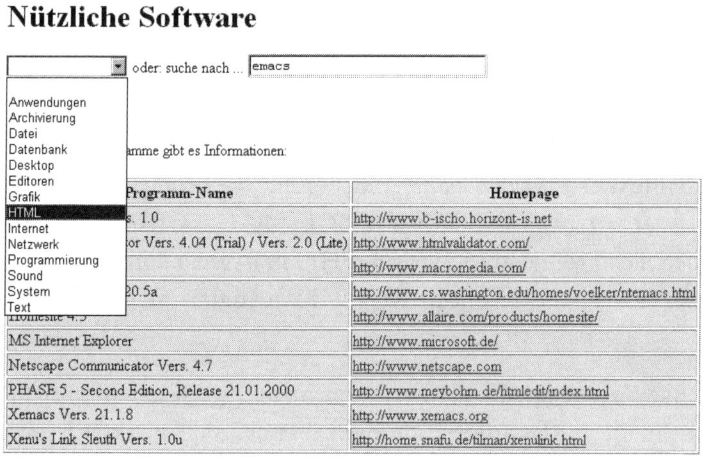

Abb. 13.3: Datenbankabfrage mit Skript MySQL-Software02.php

Die Erweiterung des Formulars, so, dass es sich auch zur Eingabe eignet, bringt nun nichts grundsätzlich Neues mehr und soll daher hier nicht dargestellt werden. Die Datei *MySQL-Software03.php* (sie wissen schon: auf der Web-Site zum Buch finden Sie auch diese Datei) enthält eine ausgefeiltere Eingabemaske, die sich sowohl zur Neudefinition von Rubriken und Stichwörtern als auch zur Neuaufnahme von Softwaretiteln eignet. Verwenden Sie den Quelltext als Anregung für eigene Experimente. Mit dieser Einführung sollten Ihnen die ersten Schritte erleichtert werden. Eine intensivere Auseinandersetzung mit den Sprachkonstrukten von PHP und ein Studium des Handbuchs oder eines Buches zu PHP kann sie freilich nicht ersetzen.

13.2.5 Datenbankabstraktion

Abschließend möchten wir auf die Möglichkeit hinweisen, sich von vornherein nicht auf eine Datenbank festzulegen, in dem Bibliotheken oder Klassen verwendet werden, die von der konkreten verwendeten Datenbank abstrahieren und die datenbankspezifischen Befehle in einem Treiber kapseln. Eine Bibliothek, die dies ermöglicht, ist die PHPLib.

Hauptgeschäft der PHPLib ist es, Sessions und Sessionvariablen zur Verfügung zu stellen, also Variablen, die ihren Wert am Ende einer Seite behalten und auf die nächste Seite mitgeschleppt werden. Darauf aufbauend offeriert die Bibliothek eine bessere und flexiblere Benutzerauthentifikation sowie ein flexibles System zur Kontrolle von Zugriffsrechten. (1. Ein Benutzer authentifiziert sich. 2. Jedem Benutzer können Rechte zugeordnet sein, die steuern, auf welche Dateien dieser Benutzer zugreifen kann bzw. welche Seiten er zu Gesicht bekommt etc.). Quasi als Abfallprodukt stellt die PHPLib eine auch unabhängig von der sonstigen Funktionalität benutzbare Klasse zur Datenbankabstraktion zur Verfügung. Wenn Sie Ihre Datenbankanbindung mit Hilfe dieser Klasse realisieren, können Sie problemlos die Datenbank wechseln. Unterstützt werden derzeit: mSQL, MySQL, ODBC, Oracle 7, Oracle OCI 8 Interface, PostgreSQL und Sybase). PHPLib ist freie Software (unter der GNU Library General Public Licence). Die PHPLib finden Sie auf `http://phplib.netuse.de`.

Eine weitere Möglichkeit zur Datenbankabstraktion bietet die class.DBI von Bill Adams. class.DBI ist eine PHP-Klasse zur Datenbankabstraktion. Syntaktisch lehnt sie sich an die PerlDBI an. Wer schon mit dieser gearbeitet hat, wird rasch auch mit PHP class.DBI zurechtkommen. Die Klasse ist nur rudimentär dokumentiert, ersatzweise kann die Perl-Dokumentation – *man dbi* – herangezogen werden. Es ist nicht die gesamte Funktionalität von Perl DBI/DBH implementiert. Zurzeit werden die folgenden Datenbanken unterstützt: Informix, MySQL, PostgreSQL, Sybase. An einem ODBC-Treiber wird gearbeitet. Auch class.DBI ist Open-Source-Software. Downloadhinweise finden Sie auf den Web-Seiten zum Buch.

Last, but not least soll auf dbwrap von Ralf Geschke hingewiesen werden. Auch dbwrap, die PHP-Datenbank-Wrapperklasse, bietet in der jetzigen Ausführung nur eine Schnittstelle zu MySQL, eine Anpassung an andere Datenbanken ist allein durch den Austausch oder die Erweiterung der Klasse dbwrap möglich (das müsste dann allerdings bei Bedarf noch geleistet werden), eine Änderung des Applikations-Codes wird somit vermieden. Auch dbwrap ist Open-Source-Software. Und auch für diese Bibliothek finden Sie den Download-Link auf der Web-Seite zum Buch.

13.3 PerlDBI und Embperl

Den Zugriff auf eine Datenbank kann nicht nur mit PHP, sondern – natürlich – auch mit Perl realisiert werden. Wenn Sie sich gut mit Perl auskennen, ist dies eventuell eine Alternative zu PHP. Sinnvollerweise verwendet man das Perl Database Interface PerlDBI. Hierbei handelt es sich um ein Datenbank-Interface, das eine einheitliche Schnittstelle (Funktionen, Variablen) für eine Vielzahl von Datenbanken zur Verfügung stellt. Wenn sich im Verlaufe eines Projekts die Notwendigkeit ergibt, die Datenbank zu wechseln, ist dies problemlos und ohne Änderungen der Web-Seiten möglich.

Eine schöne Zusammenstellung zum Perl-DBI (Treibern (DBD), Dokumentation, Mailinglisten, sonstige Ressourcen) findet sich auf `http://www.symbolstone.org/technology/perl/DBI/`. Für das PerlDBI existieren derzeit Treiber für Adabas, CSV, DB2, Empress, Illustra, Informix, Ingres, InterBase, MiniSQL, MySQL, ODBC, Oracle, PostgreSQL, SearchServer, Solid, Sybase, Unify und XBase.

Mit PerlDBI allein können zwar Datenbankzugriffe realisiert werden, es muss aber der gesamte HTML-Code durch Perl ausgegeben werden. Er kann nicht, wie im PHP-Verfahren, in die HTML-Seite eingestreut werden. Änderungen werden dadurch ziemlich erschwert, und eine sachgerechte Arbeitsteilung zwischen Programmierern und Seitenlayoutern bei der Erstellung von Web-Seiten ist nur unter erheblichem Aufwand möglich.

Interessanter wird die Angelegenheit daher, wenn man sich dazu entschließt, das Perl-Modul Embperl zu verwenden. Dieses Modul macht es möglich, Perl-Befehle in ganz gewöhnlichen HTML-Seiten zu verwenden. Die Funktionsweise ist die gleiche wie bei PHP im vorherigen Kapitel: Der Perl-Code wird in die HTML-Seite eingebettet (»embedded«), Embperl interpretiert diesen Code, führt ihn aus und schreibt gegebenenfalls das Ergebnis der Ausführung an die entsprechende Stelle der HTML-Seite. Embperl kann in klassischer Weise über das CGI verwendet werden. Wesentlich performanter wird die Angelegenheit allerdings, wenn der Web-Server Apache mit mod_perl verwendet wird. Wie mod_php wird auch mod_perl in den Web-Server Apache integriert; ein Rückgriff auf das langsame CGI-Verfahren erübrigt sich. Für den Perl-Veteranen stellt die Kombination aus Apache, mod_perl, Embperl und PerlDBI eine mächtiges und hochperformantes Werkzeug für die Datenbankintegration in Web-Angebote dar. Hier ein Auszug aus der Feature-Liste von Embperl:

- Es stellt Meta Commands zur bedingten und iterativen Verarbeitung von HTML-Dokumenten zur Verfügung.
- Es erzeugt automatisch dynamische Tabellen/Listen aus Perl Arrays oder Funktionsaufrufen (z. B. DBI fetch).
- Formulardaten, die an ein Embperl Dokument gesandt werden, sind recht einfach über einen Hash zugreifbar.

- Embperl fügt automatisch Daten aus dem Formular-Hash in HTML-Input-, -Textarea- und -Select-Tags ein.
- Es versteht HTML- und URL-Kodierung/Dekodierung.
- Embperl stellt Pro-Benutzer und Pro-Seite persistente Sessiondaten zur Verfügung. Dafür ist es lediglich nötig die Daten in einem spezielle Hash abzulegen.
- Embperl kann vollständig in Apache und mod_perl integriert werden, um die beste Performance zu erreichen. Es kann auch als CGI Skript laufen, Offline ausgeführt werden oder von anderem Perlprogrammen/-modulen aufgerufen werden.
- Das Perlmodule DBIx::Recordset bietet einen hochwertigen, einfach zu handhabenden Datenbankzugriff für Embperl.
- Wenn Sicherheit ein Problem darstellt, ist es möglich Embperl so zu konfigurieren, dass es Safe.pm nutzt. Dadurch entstehen sichere Namensräume; zudem können einzelne Perl Opcode gesperrt werden.

Nähere Informationen zu Embperl und mod_perl finden sich unter anderen auf den folgenden Web-Seiten:

- `http://perl.apache.org/`

  Homepage des Apache/Perl Integration Projects. Hier finden sich Informationen, Dokumentationen und Download-Möglichkeiten zu mod_perl und Embperl.

- `http://www.heise.de/ix/artikel/1999/09/137/`

  ix-Artikel von Gerald Richter: Kompakte Datenbankabfragen mit Embperl

- `http://www.ecos.de/x/index.htm/ep/r_embperl.htm`

  Deutschsprachige Embperl-Portalseite der Firma Ecos (Hier findet sich u.a. eine Übersetzung der Originaldokumentation ins Deutsche)

13.4 Java Server Pages

Die Java Server Pages, kurz JSP genannt, sind der derzeit neueste Stern am Himmel der interaktiven Web-Technologien. Es ist noch nicht sicher, aber es gibt Hinweise dafür, dass diese Technologie sich gerade im Bereich professioneller und größerer Web-Projekte durchsetzen wird. Viele Web-Anwendungen werden bereits unter Verwendung der Programmiersprache Java erstellt; verwendet man nun das JSP-Verfahren, können die bereits entwickelten Module und Klassen und das erworbene Know-how weiter genutzt werden.

Wir wollen an dieser Stelle auf diese kommende Möglichkeit hinweisen und die grundlegende Funktionsweise der JSP skizzieren; eine ausführlichere Erörterung dieser Technologie kann im Rahmen dieses Buches nicht erfolgen, denn dazu müßte auch auf die Programmiersprache Java eingegangen werden. generell ist festzuhalten, dass die Verwendung von JSP und den derzeit verfügbaren JSP-Applikations- bzw. JSP-enabled-Web-Servern in einer Produktionsumgebung (derzeit) noch nicht vorbehaltlos empfohlen werden kann. Dies wird sich aber in absehbarer Zeit ändern, und daher empfehlen wir Ihnen dringend, ein wachsames Auge auf die JSP-Entwicklung zu halten.

JSP wurde als plattformunabhängige Alternative zu Microsofts ASP entwickelt. Gleichzeitig könnte es sich auch als ernsthafte Konkurrenz für das »bessere ASP«, nämlich für PHP, erweisen. ASP dürfte mit größerer Wahrscheinlichkeit zum Auslaufmodell werden. Ob dies auch für PHP gilt, bleibt abzuwarten. PHP hat mit seinem neuen Sprachkern »Zend« eine höchst performante Lösung anzubieten, ist mit Sicherheit einfacher in der Anwendung und last but not least schneller erlernbar.

Nachdem sich die Erwartungen in Java-Applets nur teilweise erfüllt hatten, begann 1997 der Siegeszug der Java-Servlets, die mittlerweile sehr populär sind. Servlets verdrängen immer mehr CGI-basierte Lösungen. Ein prinzipieller Nachteil der CGI-Lösungen wird aber auch bei Servlets nicht gelöst: Die HTML-Anweisungen zur Generierung der Web-Seiten stehen im Sourcecode der Programmiersprache. Dies bedeutet u. a., das jede kleine Änderung im Design und Inhalt der HTML-Seite nicht ohne Neuübersetzung des Programmcodes realisiert werden kann. Der entscheidende Nachteil in professionellen Umgebungen dürfte aber sein, dass bei Verwendung von Servlets die Änderung auch des Layouts und des Inhalts einer Web-Seite gute Kenntnisse der Programmiersprache Java erfordert und daher eine Arbeitsteilung zwischen inhaltlich Verantwortlichen, Designern und Programmierern sehr erschwert wird.

Genau hier setzt die JSP-Technologie an. Das »kopfstehende« CGI-Prinzip, nämlich die Einbettung von HTML-Direktiven in den Programmcode, wird bei JSP »auf seine Füße gestellt«: Programmcode wird in HTML-Dokumente eingebettet. Das ist zwar nicht so neu, wie Sun uns glauben machen möchte (schließlich findet sich dieses Prinzip schon lange u. a. auch bei PHP), aber trotzdem eine gute, weil effiziente Lösung. Eine wesentliche Voraussetzung für professionelles Arbeiten ist damit erfüllt, denn inhaltliche Verantwortung, Design und Programmlogik z. B. zur Abfrage von Datenbanken müssen nicht mehr in einer Hand liegen, wodurch eine arbeitsteilige Produktion ermöglicht wird.

Um mit Java Server Pages arbeiten zu können braucht man einen Server, der JSP-Seiten interpretieren kann. Seit dem Sun Ende 1999 den Code für die Servlet- und Java Server Pages-Technologie an die Apache-Gruppe lizenziert hat, ist diese die erste Anlaufstelle für JSP-Server (Projekt »Jakarta«). Unter dem Namen »Tomcat« stellte die Apache-Gruppe Anfang 2000 die Referenzimplementierung eines JSP-Servers der Öffentlichkeit vor. Der Tomcat-Server basiert auf der von Sun entwickelten JSWDK (JavaServer Web Development Kit)-Implementierung, die nicht mehr weiter entwickelt wird. Tomcat kann als eigenständiger Applikations-Server betrieben werden. Über das JServ-Modul (*mod_jserv.so*) kann der Tomcat-Server aber auch in einen Apache-Server integriert werden – natürlich das weit performantere Verfahren.

JSP-Seiten werden beim ersten Aufruf und nach jeder Änderung in ein ganz normales Java Servlet übersetzt und profitieren damit von den Laufzeiteigenschaften der Java Servlets. In Java Server Pages sind viele Funktionalitäten bereits integriert, so etwa das Erzeugen von Sessions, die automatisch erledigt werden. Das angesprochene Session-Feature basiert allerdings auf der Verwendung von Cookies, die momentan als sicherheitskritisch diskreditiert sind und daher von vielen Anwendern deaktiviert werden. In JSP-Seiten können Java-Beans verwendet werden. Bei diesen »Bohnen« handelt es sich um konfigurierbare Module, die komplexere Aufgaben verarbeiten können und so die Programmlogik in einem einfachen Aufruf verstecken. Prädestiniert für Java-Beans ist z. B. die Programmlogik für Datenbankzugriffe. Java Beans sind ein genereller Standard und werden nicht nur in Java Server Pages benutzt. Aus diesem Grund finden sich für viele Problemstellung bereits ausprogrammierte Lösungen – das viel zitierte Rad braucht nicht ständig neu erfunden werden.

Weitere Informationen zur Java Server Pages Technologie finden Sie u. a. auf den nachfolgend genannten Web-Seiten. Die Web-Recherche ergab keine einzige deutschsprachige Portalsite für JSP. Dies zeigt, dass diese Technologie noch am Anfang steht:

- `http://jakarta.apache.org/tomcat/jakarta-tomcat/src/doc/uguide/tomcat_ug.html`

  Anleitung zur Installation sowie erste Schritte bei der Anwendung des Tomcat-JSP-Servers

- `http://www.javasoft.com/products/jsp/syntax.pdf`

  JSP-Syntax-Karte

- `http://java.sun.com/products/jsp/`

  JSP-Seiten von Sun. Hier findet sich ein größerer Fundus von Dokumenten.

13.5 Zusammenfassung

In diesem Kapitel wurden Möglichkeiten der Integration von Datenbanken in Web-Angebote erörtert. Begonnen haben wir mit Java; hier sind wir insbesondere auf JDBC (*Java Database Connectivity*) eingegangen, eine standardisierte Java-Anwendungsschnittstelle zu relationalen Datenbanken. Breiteren Raum hat die Darstellung des PHP Hypertext Preprocessors eingenommen, weil es sich hierbei um eine weit verbreitete und einfach anzuwendende Technologie handelt. Ausführlich sind wir auf die Installation und Konfiguration von PHP als Apache-Modul eingegangen. Die grundlegenden Möglichkeiten zur Realisierung von Datenbankabfragen und -eingaben mittels PHP über eine Web-Formular wurde detailliert am Beispiel des RDBMS MySQL besprochen. Demgegenüber haben wir über die Möglichkeiten des Perl Database Interface (PerlDBI) und der Einbettung von Perl-Programmen in HTML-Seiten mit Embperl nur einen knappen Überblick gegeben. Auch die zukunftsträchtige Technologie der Java Server Pages ist lediglich kurz und überblicksartig besprochen worden; ihre Erörterung erfolgte zum Schluß, weil die Darstellungen im PHP-Kapitel das Verständnis von JSP erleichtern. Die von uns vorgenommene Gewichtung im Umfang entspricht der derzeitigen Verbreitung der angesprochenen Technologien zur Internetanbindung von Datenbanken. In ihrer Funktionsweise ähneln sich die Technologien, und wir meinen, dass die genauere Kenntnis einer dieser Techniken (PHP) das schnelle Einarbeiten in die anderen erlaubt, sofern die jeweiligen Basisprogrammiersprachen Perl und Java bekannt sind.

Kapitel 14

Literaturverzeichnis

[awi99]

AXMARK, D./WIDENIUS, M.: MySQL Introduction. A look at the MySQL database – where it's been, where it is now, and where it's going. http://www.linuxjournal.com/lj-issues/issue67/3609.html. Fassung von November 1999.

[aul98]

AULT, M.R.: Das Oracle 8-Handbuch. Referenz und praktischer Leitfaden. International Thomson Publishing, Bonn 1998.

[baa00]

BAACH, J.: LAMP-Tutorial. http://www.baach.de/lamp-tutorial.html. Fassung vom 24.12.1999.

[bas99]

BAKKEN, S.S./AULBACH, A./SCHMID, E./ WINSTEAD, J./ WILSON, L.T./ LERDORF, R./ SURASKI, Z.: PHP3-Manual. http://www.php.net/manual/. Fassung vom 24.06.1999.

[bas00]

BAKKEN, S.S./AULBACH, A./SCHMID, E./WINSTEAD J./WILSON, L.T./LERDORF R./SURASKI, Z.: PHP3-Manual. http://www.php.net/manual/. Fassung vom 09.03.2000.

[bas00b]

BAKKEN, S.S./AULBACH, A./SCHMID, E./WINSTEAD, J./WILSON, L.T./LERDORF, R./ SURASKI, Z.: PHP3-Manual. http://www.php-center.de/manual/. Fassung von Mai 2000 (teilweise deutsch).

[bem00]

BEHME, H./MINTERT, S.: XML in der Praxis. Professionelles Web-Publishing mit der Extensible Markup Language. 2. Auflage. Addison-Wesley, Bonn 2000 (vgl. auch http://www.mintert.com/xml/buch/).

[ben00]

BENTON, W.: Interfacing Relational Databases to the Web. Explains, how to build a database-backed web site using Apache, the PHP3 module and the PostgreSQL relational database. http://www2.linuxjournal.com/lj-issues/issue67/3475.html. Fassung vom 28.2.2000.

[bil99]
BILHAUT, F.: The KMySql Handbook. http://ksql.sourceforge.net/doc/. Fassung vom 21.9.1999.

[black]
http://www.blackdown.org

[che99]
CHEN, A.: Setting Up a MySQL Based Website. http://www.linuxplanet.com/linux-planet/tutorials/1046/. Fassung vom 1.10.1999.

[che76]
CHEN, P.P.: The Entity-Relationship Model. Toward a Unified View of Data. In: ACM TODS. Vol.1, No.1 (1976). S. 9ff.

[cad95]
COREY, M.J./ABBEY, M./DECHICHIO JR, D.J.: Tuning Oracle. Osborne/McGraw-Hill, Berkeley 1995.

[cod70]
CODD, E.F.: A Relational Model for Large Shared Data Banks. In: Comm. ACM. Vol.13, No.6 (1970). S. 377ff.

[crs99]
CASTAGNETTO, J./RAWAT, H./SCHUMANN, S./SCOLLO, C./VELIATH, D.: Professional PHP Programming. Wrox Press, Chicago 1999 (vgl. auch http://www.php-center.de/was_ist/wrox/contents.htm).

[dhs99]
DICKEN, H./HIPPER, G./SEEGER, J.: Relativ relational. Linux-Datenbanken im Vergleich. In: iX, Heft 04 (1999).

[dic97]
DICKEN, H.: JDBC. Internet-Datenbankanbindung mit Java. International Thomson Publishing, Bonn 1997.

[dic99]
DICKEN, H.: Schnelle BLOBs. Empress für Linux Version 8.10. In: iX, Heft 03 (1998).

[die98]
DIETERICH, P.: UNIX-Systemverwaltung. Grundlagen. 3. Auflage. RRZN Universität Hannover 1998.

[dih98]
DICKEN, H./HIPPER, G.: Datenfresser. Adabas Linux Edition 10.0. In: iX, Heft 03 (1998).

[eic99]
EICHHOLZ, M.M.: PostgreSQL. Die freie Alternative. `http://privat.schlund.de/e/eichholz/PostGres/Main.html`. Fassung vom 13.11.1999.

[eil00]
EILEBRECHT; L.: Apache Web-Server. 3., überarbeitete und erweiterte Auflage. MITP-Verlag, Bonn 2000.

[ens97]
ENSOR, D./STEVENSON, I.: Oracle 8 Design Tips. O'Reilly & Associates, Köln 1997.

[erk99]
ERDMANN, B./ KÖHNTOPP, K./SCHUMANN, S.: PHP Base Library Documentation. Release phplib_7. `http://phplib.netuse.de/documentation/`. Fassung vom 1.6.1999.

[fis99]
FISCHER, K.: Speedup. Oracle: Bessere Performance in fünf Schritten. In: iX, Heft 10 (1999).

[fla99]
FLANNERY, G.: How to Install and Configure Oracle on Linux. `http://www2.linux-journal.com/lj-issues/issue67/3572.html`. Fassung vom 28.2.2000.

[gil99]
GILMORE, W.J.: MySQL Table Joins. `http://www.devshed.com/Server_Side/MySQL/Join/`. Fassung vom 6.7.1999.

[gun99]
GUNDLACH, P.: Die PostgreSQL-Datenbank. Postmodern. In: Linux-Magazin, Heft 3 (1999) (vgl. auch `http://www.linux-magazin.de/ausgabe/1999/03/PostgreSQL/postgresql.html`).

[hst99]
HOLZ, H./SCHMITT, B./TIKART, A.: Linux für Internet und Intranet. 3. Auflage MITP-Verlag, Bonn 1999.

[hug99]
HUGHES TECHNOLOGIES: MiniSQL 2.0. General Info. `http://www.hughes.com.au`.

[inf96]
INFORMIX SOFTWARE, INC.: INFORMIX MIGRATION GUIDE. Version 7. Menlo Park, CA. 2.6.1996.

[jav95]
SUN MICROSYSTEMS CORPORATION: The Java Language Specification. Version 1.0 – Beta. Fassung vom 30.10.1995.

[jav97]
Javology. Ausgabe von Februar 1997.

[keh00]
KEHOE, T.: Website Database Basics with PHP and MySQL. `http://www.devshed.com/Server_Side/PHP/DB_Basics/`. Fassung vom 11.1.2000.

[koe98]
KÖHNTOPP, K.: Data Driven Websites mit PHP. Teil 1: `http://www.koehntopp.de/kris/artikel/data-driven/`. Teil 2: `http://www.koehntopp.de/kris/artikel/data-driven2/`. Fassung von Oktober 1998.

[koe99]
KÖHNTOPP, K.: Webserver verstehen und tunen. `http://www.koehntopp.de/kris/artikel/webtune/`. Fassung von Oktober 1999.

[koe99b]
KÖHNTOPP, K.: PHPLIB-Dokumentation (deutsch). `http://www.koehntopp.de/kris/artikel/phplib-deutsch/`. Fassung von April 1999.

[koe00]
KÖHNTOPP, K.: Webserver Security. In: iX, Heft 05/2000. (Vgl. auch `http://www.koehntopp.de/kris/artikel/websec/`).

[kof99]
KOFFLER, M.: Linux. Installation, Konfiguration, Anwendung. 4. Auflage. Addison-Wesley, Bonn 1999.

[kol99]
KOCH, G./LONEY, K.: Oracle 8. Die umfassende Referenz. 2. Auflage. Hanser, München 1999.

[kor00]
KÖHNTOPP, K./RATSCHILLER, T.: de.comp.lang.php-FAQ. `http://www.koehntopp.de/php/`. Fassung von März 2000.

[mer00]
MERZ, T.: Reference Manual PDFlib. A Library for generating PDF on the fly. (Bestandteil der Source-Distribution der PDFLib). http://www.pdflib.com/pdflib/download/index.html. Fassung vom 20.2.2000.

[mom00]
MOMJIAN, B.: PostgreSQL. Introduction and Concepts. http://www.postgresql.org/docs/awbook.html. Fassung vom 21.4.2000.

[msq99]
JEPSON, B./HUGHES, D. J. et. al.: Official Guide to Mini SQL 2.0. [o.O.] 1999.

[mys00]
MySQL. Reference Manual Version 3.23.11-alpha. http://www.mysql.com/doc.html. Fassung vom 25.2.2000.

[oag98]
ORACLE CORPORATION: Oracle 8 Administrator's Reference for LINUX. Release 8.0.5 Standard Edition. Fassung von September 1998.

[oig99]
ORACLE CORPORATION: Oracle 8i Installation Guide. Release 8.1.5 for Intel Linux. Redwood Shores 1999.

[phi95]
PHILIPP, K.: Einführung in SQL. Kurzeinführung zu den gängigsten SQL-Kommandos. http://www.hrz.uni-dortmund.de/Kurse/DB-Docs/SQLOracle.html. Fassung vom 3.7.1995.

[qui00]
ORACLE CORPORATION: QUIG 2000. Quick Info Guide für Oracle-Partner. Redwood Shores/München ***o.J.***

[ree99]
REEG, C.: Datenbank, MySQL und PHP. http://ffm.junetz.de/privat/reeg/. Fassung vom 12.10.1999.

[scb99]
SCHMID, E./CARTUS, C./BLUME, R.: PHP. Dynamische Webauftritte professionell realisieren. Markt & Technik, München 1999.

[sie00]
SIECKMANN, J.: BRAVEHACK. TECHNISCHE, WIRTSCHAFTLICHE UND GESELLSCHAFTLICHE Aspekte von freier Software und Open Source. Ihr Wesen, ihre Geschichte, ihre

Organisationen und Projekte. `http://unixpr.informatik.fh-dortmund.de/~dbadmin/bravehack/`. Fassung von April 2000.

[sim00]
SIMON, M.: Eine für alle. DB2 Universal Database für Linux. In: UnixOpen, Heft 04/2000. S. 67ff.

[spm98]
STEPHENS, R.K./PLEW, R. /MORGAN, B./PERKINS, J.: SQL. Die Datenbank-Abfragesprache SQL vollständig erklärt. Markt & Technik, München 1998 (vgl. auch `http://www.mut.de/leseecke/buecher/sql/inhalt.htm`).

[sta99]
STAVERS, W./SMITH, K.: Shortcut to Optimal Flexible Architecture. Exploring Oracle. `http://www.zdjournals.com/dbm/9902/dbm9921.html`. Fassung von Februar 1999.

[ste99].
STEPKEN, G.: MySQL-Datenbankhandbuch. `http://www2.little-idiot.de/mysql/`. Fassung vom 15.9.1999.

[sun97]
SUN MICROSYSTEMS INC.: Die Vorteile von Java. (Broschüre), München 1997.

[tay98]
TAYLOR, A.G.: SQL für Dummies. 2. Auflage. MITP-Verlag, Bonn 1998.

[wpe99]
WIELSCH, M./PRAHM, J./ESSER, H.-G.: Linux intern. Technik, Administration und Programmierung. Data Becker, Düsseldorf 1999.

[war99]
WARKUS, M.: Apples and Oranges: A Linux DBMS Comparison. `http://www.linuxplanet.com/linuxplanet/tutorials/1224/`. Fassung vom 10.11.1999.

[was99]
WASSERMANN, A.: Dynamische Webseiten-Generierung. `http://did.mat.uni-bayreut.de/www2/`. Fassung von 1999.

Stichwortverzeichnis

B

J

K

L

M

N

O

P

S

ca. 450 Seiten
ca. DM 69,00, geb., mit CD
ISBN 3-8266-0620-5
erscheint im 3. Quartal 2000

Jens Kühnel

Samba

Integration von Linux/Unix-Rechnern in Windows-Netze
2., erweiterte und überarbeitete Auflage

Mit Hilfe des Samba-Servers besteht die Möglichkeit, Linux als Datei- und Druck-Server für Windows-Rechner einzusetzen. Mit zunehmender Verbreitung von Linux in heterogenen Netzwerken gewinnt diese Möglichkeit erheblich an Bedeutung.

Dieses Buch, das sich an professionelle Anwender richtet, orientiert sich an der Samba-Versionsfamilie 2.x. Neben den Schritten zur Installation und Konfiguration eines Samba-Servers konzentriert es sich auf die Arbeit mit Samba im Netzwerk. Dazu erläutert es Themen wie DNS, WINS, LDAP, Fragen der Datei-, Benutzer- und Systemverwaltung sowie der Client-Integration, Daten- und Rechnersicherheit und Backup- und Recoverystrategien. Die Einführung gibt den Blick frei auf künftige Entwicklungsansätze des Samba-Teams.